金秀年鉴

JINXIU NIANJIAN

2016—2017

金秀瑶族自治县地方志编纂委员会 编

方志出版社
Publishing House of Local Records

图书在版编目（CIP）数据

金秀年鉴．2016—2017 / 金秀瑶族自治县地方志编纂委员会编．-- 北京：方志出版社，2020.9
ISBN 978-7-5144-4475-9

Ⅰ．①金… Ⅱ．①金… Ⅲ．①金秀瑶族自治县—2016-2017—年鉴 Ⅳ．① Z526.74

中国版本图书馆 CIP 数据核字（2020）第 244653 号

金秀年鉴(2016—2017)

编　　者：金秀瑶族自治县地方志编纂委员会
责任编辑：李志瑜
出 版 者：方志出版社
地址　北京市朝阳区潘家园东里 9 号（国家方志馆 4 层）
邮编　100021
网址　http://www.zgfzcb.cn
发　　行：方志出版社图书经销中心
电话（010）67110500
经　　销：各地新华书店
印　　刷：广西汇望凤凰印务有限公司
开　　本：889mm × 1194mm　1/16
印　　张：36.25
字　　数：959 千字
版　　次：2020 年 9 月第 1 版　2020 年 9 月第 1 次印刷
印　　数：001 ～ 400 册

ISBN 978-7-5144-4475-9　**定价**：230.00 元

金秀瑶族自治县地图

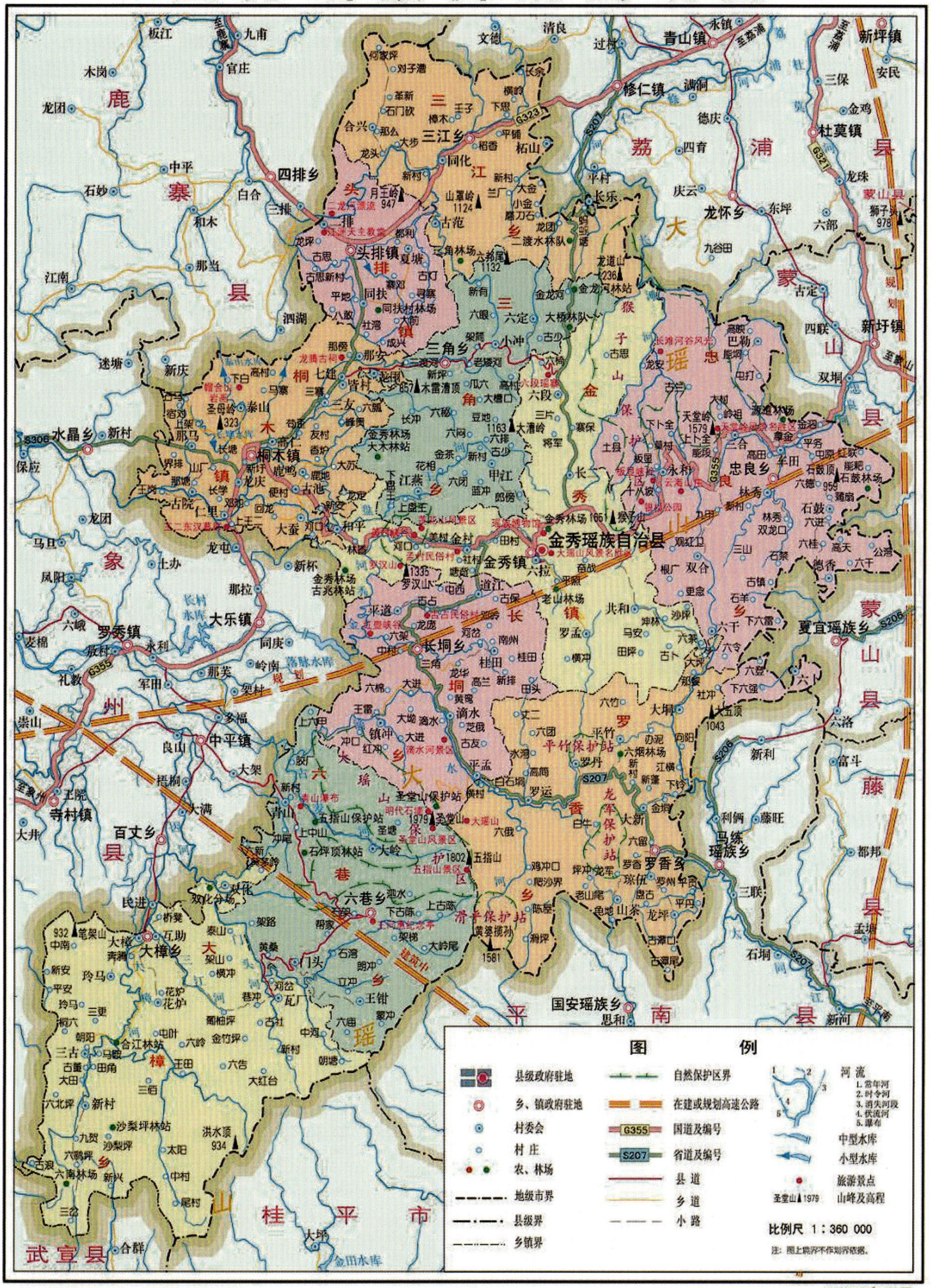

广西壮族自治区地图院编制　　审图号：桂 S（2013）46号　　2013年7月

领 导 关 怀

2015 年 9 月 11 日，自治区政协主席陈际瓦（前排左二）到金秀瑶族博物馆调研指导工作

2015 年 3 月 6 日，自治区党委常委、组织部部长周新建（前排中）到金秀调研指导工作

2015 年 10 月 28 日，自治区常务副主席唐仁健（前排右三）、副主席张秀隆（前排右二）到金秀视察脱贫攻坚工作

2015 年 2 月 2 日，市委书记李志刚（前排左一）到金秀县大樟乡（瑶山森林）检查指导工作

重大活动

2015年11月26日—28日，金秀县举办2015年“瑶族盘王节”系列活动　　（谢家强　摄）

脱贫攻坚

2015年12月22日，县长向兰东（前排中）到长垌乡贫困村平孟村马安屯调研工作

三江乡果农在采摘砂糖橘

头排镇果农在采摘桃子

六巷乡青山村姜农在收获生姜

头排镇菜农在收获芋头

头排镇菜农在收获青椒

金秀镇茶农在采摘春茶

教育事业

2015年金秀瑶族自治县关心下一代“三爱”主题教育进校园活动

2015年金秀瑶族自治县关心下一代“三爱”主题教育进校园活动

2015 年 5 月 27 日，金秀瑶族自治县第四届中小学生艺术展演活动

2015 年 5 月 27 日，金秀瑶族自治县第四届中小学生艺术展演活动

2015 年 5 月 27 日，金秀瑶族自治县第四届中小学生艺术展演活动

2015 年 7 月，金秀瑶族自治县教育和科技局荣获第十八届全国青少年五好小公民“少年向上，真善美伴我行”主题教育活动先进集体称号

旅游创建

2015年6月11日—12日，来宾市副市长游新刚（前排右一）到金秀瑶族自治县检查指导创建特色旅游名县工作

2015年6月11日，来宾市创建广西旅游名县工作现场推进会在金秀县召开

2015年6月25日，专家检查指导创建特色旅游名县工作

金秀风光

圣堂山日出　　（罗苏建　摄）

圣堂山云顶 （李日真 摄）

变色杜鹃映圣堂 （李日真 摄）

滴水村 （谢日钊　摄）

瑶寨晨曦 （赵阳萍　摄）

领导关怀

2016年5月11日，自治区党委书记彭清华（前排左一）到金秀检查指导创建特色旅游名县工作

2016年5月11日，自治区主席陈武（左一）到金秀调研指导工作

2016 年 2 月 27 日，自治区党委常委、纪委书记于春生（前排右二）到金秀县长垌乡视察工作

2016 年 6 月 29 日，自治区副主席张秀隆（左二），到金秀县长垌乡视察脱贫攻坚工作

2016年7月4日，来宾市委书记农生文（排右三），市委常委、宣传部部长、副市长韦凤云（后排右一）到金秀县桐木镇调研工业发展情况。来宾市委常委、金秀县委书记韦德斌（排右二），县长兰向东（排右五）陪同调研

2016年7月8日，来宾市委副书记、市长雷应敏（前排右三）到金秀县罗香乡调研指导工作。金秀县县长兰向东（前排右二）陪同调研

中国共产党金秀瑶族自治县

2016年7月12日—13日，中国共产党金秀瑶族自治县第十四次代表大会隆重召开

2016年7月12日，中共来宾市委常委、县委书记韦德斌代表第十三届中国共产党瑶族自治县委员会作党代会报告

第十四次代表大会

2016年7月13日，中国共产党瑶族自治县第十四次代表大会第一次会议选举产生了新一届县委常委会常务委员

2016年7月13日，中国共产党金秀瑶族自治县第十四届委员会第一次会议选举产生了新一届金秀瑶族自治县纪律检查委员会委员

金秀瑶族自治县第十六届人民代表大会

①2016年8月23日—25日，金秀瑶族自治县第十六届人民代表大会隆重召开

②2016年8月23日，县长兰向东在第十六届人民代表大会第一次会议上代表金秀瑶族自治县人民政府作第十五届政府工作报告

③2016年8月24日，县长兰向东（左三）参加桐木镇代表团分组讨论。

④2016年8月25日，金秀瑶族自治县第十六届人民代表大会举行第一次人民代表大会，会议对进行选举投票

⑤2016年8月25日，金秀瑶族自治县召开了第十六届第一次人民代表大会，会议选举产生了新一届人民代表大会常务委员会领导班子

⑥2016年8月25日，金秀瑶族自治县召开了第十六届第一次人民代表大会，会议选举产生了新一届人民政府领导班子

第九届金秀瑶族自治县政治协商会议

2016年8月22日—23日，中国人民政治协商会议第九届金秀瑶族自治县委员会隆重召开

2016年8月22日，金秀瑶族自治县政治协商会议分组进行讨论

2016 年 8 月 22 日，金秀瑶族自治县政治协商会议分组进行讨论

2016 年 8 月 25 日，金秀瑶族自治县第九届一次会议选举产生了新一届政协常委

重大活动

2016年5月6日—8日，金秀县成功举办“中国·金秀2016圣堂山杜鹃花旅游节”暨“旅游发展论坛”大会

（谢家强　摄）

2016年5月6日，圣堂山杜鹃花旅游节开幕式上文艺表演　（谢家强　摄）

2016 年 11 月 14 日—16 日，金秀县举办“中国金秀——世界瑶都·2016 瑶族盘王节”系列活动　　（谢家强　摄）

“中国金秀——世界瑶都·2016 瑶族盘王节”活动文艺表演　　（谢家强　摄）

2016年11月14日，县长兰向东在“中国金秀——世界瑶都·2016瑶族盘王节”活动开幕式上致词

（谢家强　摄）

“中国金秀——世界瑶都·2016瑶族盘王节”活动文艺表演　（谢家强　摄）

“中国金秀——世界瑶都·2016瑶族盘王节”活动文艺表演（谢家强　摄）

“中国金秀——世界瑶都·2016瑶族盘王节”活动文艺表演（谢家强　摄）

脱贫攻坚

2016年12月1日，（来宾）市委常委、（金秀）县委书记韦德斌（左一）到金秀镇共和村调研脱贫攻坚工作

2016年12月15日，金秀县委副书记、县长兰向东（左二）到水果流通企业伟丰果业了解砂糖橘市场行情

2016年9月6日，广西环保厅、广西环保产业协会到金秀县开展对点爱心扶贫捐助活动，为罗香乡罗运村和长垌乡平孟村捐赠有机肥料

2016年12月10日，大樟乡果农在采摘砂糖橘

头排镇果农在调运砂糖橘

头排镇菜农在调运豆角

金秀镇六段村茶农春季采茶
（蒙　海　摄）

金秀镇六段村茶园
（陈展杰　摄）

生姜产业　（何华文　摄）

教育事业

2016年3月14日，自治区教育厅厅长秦斌（左三）听取金秀县义务教育均衡发展工作汇报

2016年11月9日，自治区教育厅副厅长孙国友（右二）到桐木高仁小学现场督察义务教育均衡发展工作

2016年10月12日，来宾市委常委、宣传部部长韦凤云（右一）到县民族小学指导义教均衡发展工作

金秀县民族小学课外活动

头排中心校校园新貌

金秀风光

金秀县城全景　　（谢日钊　摄）

圣堂山——变色杜娟　　（黄志辉　摄）

水墨莲花　（莫志金　摄）

莲花山云海　（李荣献　摄）

目　录

2016年卷

特　载

大事记

县情综述

党政机关

军　事

社会团体

法 治

经济贸易

财政·税务

金融·保险

经济管理与监督

农林牧渔·水利

工业·信息

交通·物流

国土·城建·环保

教育·文化·体育·广电

科学技术

卫生计生

旅游业

社会生活

乡 镇

统计资料

2017年卷

特　　载

大事记

县情综述

党政机关

军　事

社会团体

法　　治

经济贸易

财政·税务

金融·保险

经济管理与监督

农林牧渔·水利

工业·信息

交通·物流

国土·城建·环保

教育·文体广电

科学技术

卫生计生

旅游业

社会生活

乡　镇

统计资料

2016年卷

数说金秀 2015

行政区域面积 2468.79 平方千米
全县乡（镇）10 个，3 镇 7 乡
行政村（社区）77 个行政村 4 个社区
年末人口 15.65 万人
少数民族人口 13.21 万人
常住人口 12.77 万人
人口自然增长率 7.68‰
地区生产总值（GDP）27.50 亿元，增长 7.4%
财政收入 1.72 亿元，下降 22.4%
公共财政预算收入 1.02 亿元，下降 28.8%
公共财政预算支出 11.58 亿元，增长 6.9%
第一产业增加值 7.96 亿元，增长 2.5%
第二产业增加值 6.28 亿元，增长 3.4%。
第三产业增加值 13.25 亿元，增长 13.4%
农业总产值 7.66 亿元，增长 2.9%
林业总产 1.82 亿元，增长 5.2%
牧业总产值 2.69 亿元，增长 0.7%
农林牧渔总产值 12.67 亿元，增长 2.5%
粮食作物播种面积 21.05 千公顷，下降 0.5%
粮食总产量 4.79 万吨，下降 0.3%

全部工业总产值同比下降 2.8%

全部工业增加值同比增长 1.5%

各项存款余额 37.11 亿元

各项贷款余额 20.54 亿元

全社会固定资产投资完成额 22.16 亿元

城镇居民人均可支配收入 26549 元

农民人均纯收入 5941 元

社会消费品零售总额 7.74 亿元，同比增长 7.5%

全县接待国内外游客人数 284.68 万人次，同比增长 33.95%，旅游收入 18.25 亿元，同比增长 43.93%

全年共完成造林面积 2.34 万亩，全县森林覆盖率达 84.21%

公共图书馆 1 个，博物馆 1 个

县级综合医院、瑶医医院、卫生计生监督、疾病预防控制中心、妇幼保健院各 1 所，乡（镇）卫生院 11 所

全县注册登记市场主体 352 户，资金 34952.85 万元

全县新增合作社 39 家

金秀瑶族自治县地方志编纂委员会

《金秀年鉴·2016》编辑部

《金秀年鉴·2016》编写组

县委办
　　王炳吉　范艳红　苏琦雄
县政府办
　　黄　恒　卢洪东　盘莉凡
县人大办
　　何显贵　吴秀明
县机关事务局
　　梁德民　全永宁
县政务办
　　盘林峰　刘　琳
县政协办
　　梁雪敏
县接待办
　　廖喜琼
县纪委监委
　　黄辉明　覃　欣　赖招鋈
县委组织部
　　巫世学
县委宣传部
　　罗　珊　邓树花
县委统战部
　　莫伟成　金　荣
县信访局
　　覃彩云　覃子薇
县直工委
　　郭世珍
县委党校
　　陈震回　唐玉莹
县总工会
　　梁茂基　李　宁
团县委
　　黄莉丽　李卫洋
县妇联
　　柳筱瑜　胡春霞
县工商联
　　黄雪华
县档案局
　　赵卓德　陶永新
县史志办
　　黄立喜　吴金凤
县科协
　　韦运斌　李金阳
县残联
　　梁德强　陶王莉
县侨联
　　覃　芬
县文联
　　杜绍康　吴金莲
县财政局
　　兰　轲　莫丽丝　盘周芸
县粮食局
　　李全球　潘美娟
县民政局
　　连丽玫　龚敏树
县人社局
　　陶杰华　梁　潇
县国土局
　　赵德良　罗云飞
县民宗局
　　黄秀萍　刘　娟

县经贸局

张有响　全　勇

县交通局

黄贵恒　梁明坤

县招商促进局

潘　成　陈木凤

县发展改革局

李小云

县统计局

赵潇潇

县物价局

覃小红

县住建局

赵德峰　赵思思

县环保局

韦宗山　李　婧

县旅发委

梁永帅　黄涌波

县农业局

陶学胜　杨罗媛　梁　成　闭春林

陈园园　王春凤　廖最荣

县林业局

吴建春　周建德

县市场监督管理局

赵国兵　严　东

县水利局

梁　森　黄桂丽

县教育和体育局

钟　春　黄礼强

县地震局

赵德金　莫曲红

县文广电局

冯春琦　曾　菲

县卫计局

覃会川　黎飞鹏

县编委办

金宝青　莫滢媛

县扶贫办

韦军贵　黄　丹

县安监局

张　莉　黄　凤

县水库移民局

韦　军　韦竺君

县调处办

吴越桂

县法制办

韦威马　李耀冰

县烟草局

相裕强

县供销联社

杨东云　黄呈高

县旅投公司

李秋萍　赵乙熹

县委政法委

彭卫东　罗冬英

县法院

方良帅　刘慧华

县检察院

姚　燕

县公安局

何　拔　周　辉

县森林公安局

陆友怀　赵水德

县司法局

韦荣泉　罗玲兰

县人武部

吴润康　陈玉萍

县武警中队

李久淼　朱加骥

县消防大队

韦宗茂　黎桂莹

县税务局

张　军　余青环

县信用联社
　　尹红军　文　宁
人民银行金秀县支行
　　陈振明　易小青
农业银行金秀县支行
　　阮兰忠　覃春钰
农业发展银行金秀县支行
　　潘　俊
人寿保险金秀支公司
　　文俊蕻　罗秋玲
人保财险金秀支公司
　　覃小青　廖　蓓
县公路局
　　钟志勇　苏子平
县气象局
　　陶炳新　张小娟
广西大瑶山国家级自然保护区
　　龙　清　陈科达
县水利电业有限公司
　　杨　军　黄江萍
县石油公司
　　陶　臻
中国邮政集团金秀分公司
　　谢永贵　闭传军
中国电信金秀分公司
　　陈如科　梁剑锋
中国移动金秀分公司
　　覃俊畯　郭慧明
中国联通金秀分公司
　　莫松寒　肖　露
广电网络金秀分公司
　　兰颂武　覃　黎
金秀镇
　　覃宏生　李秋榕
桐木镇
　　赵海斌　苏韦东
头排镇
　　文春燕　黄自德
三江乡
　　叶柳伶　刘彦丽
三角乡
　　李　海　李圆圆
忠良乡
　　谢春丽　黄　艳
长垌乡
　　赵宾宁　潘东杰
罗香乡
　　赵石官　阮士珍
大樟乡
　　曾福民　黄　浩
六巷乡
　　黄丽华　覃潇潇

编辑说明

一、《金秀年鉴·2016》以马克思列宁主义、毛泽东思想、邓小平理论、“三个代表”重要思想、科学发展观、习近平新时代中国特色社会主义思想为指导，坚持辩证唯物主义和历史唯物主义的立场、观点和方法，全面、系统记载2015年金秀瑶族自治县政治、经济、社会的基本面貌和发展情况，为社会各界人士了解和研究金秀提供权威的基本资料。

二、本卷年鉴采用分类编辑法，以条目为主体，条目为实写单元，本卷年鉴使用规范的语体文和记述体，以第三人称记述，文字、计量单位、数字按照国家标准法规使用。全书中金秀瑶族自治县简称“金秀县”。

三、本卷年鉴刊载的政治、经济和社会发展的资料，均由各级行政机关、群团组织、企事业单位等编写组负责撰写或提供，并经过各相关单位负责人审核。涉及全县的经济统计资料，由县统计局提供，每个条目中的统计数字，均以统计局公布的为准。内文图片多为撰稿人提供，也采用一些由摄影爱好者、媒体记者提供的照片。

四、本卷年鉴“图片专辑”“特载”“附录”记述内容不受年度限制。为体现事物的完整性，对部分资料在时间上进行了追溯和延伸。

特　载

县委工作报告

韦德斌

（2016 年 1 月 18 日）

2015 年，在自治区党委和来宾市委的正确领导下，县委常委会认真贯彻落实党的十八大、十八届三中、四中、五中全会和习近平总书记系列重要讲话精神，紧紧围绕“生态立县，旅游强县，农业稳县，工业富县，科教兴县，依法治县”的总体工作思路，坚持“打基础，兴产业，发展特色经济”的工作方针，依托“生态、民族、长寿”品牌资源优势，将深化改革作为调结构、稳增长、惠民生、促发展的动力支撑，主动作为、勇于创新，竭力破解发展难题，全县经济社会发展继续保持增势稳健、效益提升、后劲增强、民生改善的良好态势。

一、回顾历史，肯定成绩，提振金秀科学跨越式发展的坚定信心

（一）坚持全面从严治党，党的建设和反腐败斗争成效明显

一年来，县委常委会全力加强党的建设。落实党要管党、从严治党要求，真管真严、敢管敢严、长管长严，党的建设科学化水平不断提高。以县委常委会议和县中心组学习会议等为载体，深入学习贯彻党的十八届四中、五中全会精神和习近平总书记系列重要讲话精神，把思想政治理论学习融入党员干部经常性教育，统一了思想，坚定了信心，明确了方向。

坚持“抓基层打基础”的固本之策，扎实推进基层党组织建设。落实“六个联系”、“四个一”和“结一联十”等联系服务群众制度，密切党群干群关系，全年全县各级领导干部结对联系群众 2.2 万人，结对帮扶贫困学生 540 多名、贫困户 400 多户，为群众实现“微心愿”2860 个，引进项目资金和帮扶资金 5430 多万元，为民办实事解难事 2518 件。开展村级党组织规范化建设，排查整顿 14 个软弱涣散基层党组织，改扩建 10 个村级活动场所，完成 15 个基层党建示范点，全面推行村级党组织和村级干部“微权力”清单管理。

认真贯彻执行《干部任用条例》和市委出台的关于进一步加强干部选拔任用工作的意见和 6 个配套办法，不断提高选人用人公信度和满意度。2015 年，共调整任免科级干部 156 人。创新开展“试岗比选”，面向企事业单位和县乡机关公开选拔 20 名干部挂任乡镇长助理，为乡镇换届储备优秀人才。落实机关公务员职务与职级并行制度，解决了 261 名干部的职级晋升问题。切实加强对干部的监督管理，制定了《自治县科级非领导职务

干部管理暂行办法》，从严管理非领导职务干部，开展领导干部报告个人有关事项工作，加强县管干部和拟提拔重用干部管理。圆满完成了全县干部人事档案专项审核工作。全面完成领导干部配备“三超两乱”问题整改工作，整改消化超职数配备干部120人，其中正科级领导干部15人，副科级领导干部8人，科级非领导职务干部97人。

坚持把落实党风廉政建设主体责任与经济工作同部署、同落实、同检查、同考核，全面履行党委主体责任。层层分解反腐倡廉工作任务，建立“责任清单”，签订目标责任状，一级抓一级，落实党风廉政建设“一岗双责”制，县委书记和各常委分别担任组长，对全县10个乡（镇）76个单位落实“两个责任”情况进行督察，县委约谈乡（镇）党委书记、县直单位主要负责人104人次，全县共有6名干部因落实“两个责任”不力受到问责。支持县纪委监察局内设机构改革，增设、调整派驻机构19家，派驻纪检干部的编制和人员收归县纪委统一管理。出台《自治县加强纪检监察干部监督的意见》制度，充实乡镇纪检监察干部4名，调整不适合担任纪检工作的纪检组长2名，立案查处违规纪检组长2名。

切实贯彻落实中央八项规定，狠抓作风建设。认真组织全县党员干部认真学习贯彻《廉洁自律准则》及《纪律处分条例》，制定《自治县党员干部“不守纪律不讲规矩”责任追究暂行办法》等制度，划出作风纪律“警戒线”。带头并组织全县在职干部职工签订不参与赌博、不为赌博提供条件承诺书，规范自身行为。开展明察暗访，纠正“四风”，全年通报批评违纪单位44个（次），违纪人员10名。调整清理超标办公用房65间共1445㎡，停建违规建设楼堂馆所2所，清退干部职工违规多占住房22套。开展公车专项整治，全县公车均实行节假日定点集中停放，有效整治私用现象，努力推动落实公车改革。全年全县“三公”经费支出1688.89万元，同比下降16.17%，“三公”经费支出得到有效控制。

始终坚持高压惩治腐败，加大纪律审查力度，严厉查处发生在群众身边的“四风”和腐败问题。全年全县纪检监察机关共立案查处违纪违法案件52件（其中民生案件50件），同比增长79.31%，已结案50件，给予党政纪处分50人，移送司法机关5人，诫勉谈话6人；审查民生资金项目381项9.22亿元，排查出问题线索219条，立案13件，结案10件，给予党纪政纪处分10人，有效解决了发生在群众身边的“四风”和腐败问题。

紧紧围绕全县工作大局，深入、广泛开展主题宣传活动，加强全县工作亮点及创新情况的宣传推介，全年在国家级以上媒体报刊上稿126篇（条），在自治区级媒体报刊上稿274篇（条），中央电视台、人民网等主流媒体对我县进行了专题报道，进一步提升金秀知名度、影响力。同时，着力加强新形势下的统战工作，加大党外干部配备工作和党外代表人士后备队伍建设，深入实施“同心—惠民工程”和“同心—共建工程”，全面启动“百企助百村”活动，发挥统战成员优势服务经济发展、民生改善和社会和谐。

（二）扎实开展“三严三实”专题教育和“讲规矩守纪律”主题教育，有效提高行政效能

县委常委会带头践行“三严三实”，扎实组织开展县处级领导干部“三严三实”专题教育，并深化拓展专题教育范围，同步开展科级领导干部“守纪律讲规矩”主题教育，要求各级领导干部把纪律挺在法律的前沿，严守政治规矩和组织纪律，突出问题导向，开展“换位听民意，沉底解难题”专题调研，查摆出“不严不实”突出问题36个；深入开展“四风”问题督查、约谈监督、规范项目招投标、权力运行的制约和监督等专项活动，排查整改20个不作为问题和5个乱作为问题，进一步解决领导干部“不作为、慢作为、乱作为”问题；创新组织开展“守纪律讲规矩”主题联合组织生活会和专题民主生活会，促进行业、系统、部门之间的协作，有效巩固全县各级党组织思想政治建设和作风建设；切实把规矩立起来，纪律严起来。

（三）全力配合巡视工作，营造风清气正的政治环境

县委常委会从事关全局和长远的高度充分认识巡视及巡视整改工作的重要性，将全面落实巡视整改工作作为重要政治任务，与全县各级领导干部的思想高度统一到中央、自治区党委、来宾

市委做好巡视整改工作的部署要求中去。

认真贯彻《巡视工作条例》和习近平总书记关于巡视工作的系列重要讲话精神，高度重视自治区党委第二巡视组巡视金秀县反馈意见的整改工作，先后召开5次专题会议，研究制定整改方案，针对存在的5个方面16个主要问题，细化分解为43个具体任务，制定了《自治县贯彻落实自治区党委第二巡视组巡视反馈意见整改工作方案》，明确每项整改工作任务的牵头领导、牵头单位、责任单位和整改时限、目标要求，并及时督促整改，检查整改结果，确保整改事项件件有结果。

积极配合来宾市委第六巡视组进驻我县开展巡视工作，先后抽调县纪检监察干部68人次，协助巡视组开展核查工作，积极协调各级各部门，及时解决巡视中的各项问题，保障巡视工作有序开展。

（四）科学编制“十三五”规划，做好金秀科学发展部署

县委常委会认为，我县经济基础相对薄弱，编制好切合实际的“十三五”规划，对找准发力点、全面打赢金秀脱贫攻坚战，同步全面建成小康社会至关重要。

我们积极研究对接上级“十三五”规划编制情况，编报完成申请列入国家、自治区和来宾市“十三五”规划的重大事项、重大政策和重大项目。同时，科学编制我县“十三五”规划，按照“四个全面”战略布局和“五位一体”总体部署，牢固树立创新、协调、绿色、开放、共享发展理念，围绕全面建成小康社会目标，实施“生态立县、旅游强县、农业稳县、工业富县、交通活县、依法治县”发展战略，确立“打基础、精产业、兴经济、富民生”的发展思路，积极运用好国家对民族自治地区、国家生态保护地区、国家贫困县的倾斜政策，主动融入“一带一路”，发展以生态旅游为主体，以生态农林业和生态工业为两翼的特色产业链，做好旅游、粮食加工、水果、水资源、瑶医药、林下经济等文章，实现生态保护与经济发展互惠双赢。经过广泛征求意见和多次修改，形成《自治县委关于制定国民经济和社会发展第十三个五年规划的建议（提审稿）》，提请此次全会审议。

（五）推进全面深化改革，发展活力不断增强

县委常委会认为，全面深化改革是解决矛盾、发展生产力的必由之路，是推进“四个全面”战略布局发挥作用的强大动力。

我们在认真贯彻落实上级党委决策部署的同时，结合金秀实际，推出一批高质量、有特色的改革举措，改革成果加速落地，为促进金秀跨越发展注入强劲动力。简政放权力度加大，全面完成行政审批事项清理，推行政府部门权力清单、责任清查。商事制度改革持续推进，“三证合一”“一照一码”全面推行，全县注册登记市场主体352户，资金34952.85万元，市场主体实现较大增长。金融服务“三农”的政策体系不断优化，马骏红茶业有限公司和盘王谷深航假日酒店两家涉农企业成功挂牌上市。农村改革加快推进，三江乡现代特色农业核心示范区雏形初现，头排镇、三江乡试点土地承包经营权确权登记颁证顺利进行，新型农业主体、经营模式日趋成熟，全县新增合作社39家。生态文明制度改革稳步实施，绿色生态产业发展持续推进，全年成功创建2个AAAA级景区和2个AAA级景区，我县被列为全国生态保护与建设示范区，金秀瑶都养生被列入自治区发展规划，生态资源向生态效益转变取得突破性进展。此外，统筹推进社会治理、党的建设、纪律检查等方面改革。

（六）坚守生态保护底线，协调推进生态建设

县委常委会认真贯彻中央加快推进生态文明建设的意见，制定加强生态和生态产业发展的意见，以“差别考核”机制为契机，推进绿色发展和生态惠民，努力实现生态建设与经济社会双赢发展。

精心组织实施了《金秀瑶族自治县生态县建设规划（2011—2020年）》和《金秀瑶族自治县生态保护建设与发展总体规划（2011—2020年）》，全年共完成造林面积2.34万亩，全县森林覆盖率达84.21%。深入开展电鱼、毒鱼、炸鱼及盗挖罗汉松专项整治。持续加强自然资源保护，严厉打击滥伐盗猎等违法犯罪行为，以高压态势打击各种猎杀和盗挖野生动植物违法行为，全年全县共受理各类涉林案件195起，其中刑事案件立63起破46起，行政案件立132查处132，生态环境得

到有效保护。同时，加大山林权属纠纷调处力度，将 24 起山林纠纷案件列入全县专案组包案范围，全年共办结县内山林纠纷新旧案件 30 起，案件调结率达 83.33%。

（七）大力推动产业发展，综合经济实力实现质的飞跃

县委常委会积极研究破解经济发展重点难点问题，大力推动经济结构调整，团结带领全县各级领导干部群众，努力实现金秀社会稳定、经济不断增长。全县实现地区生产总值 27.07 亿元，同比增长 5.3%。财政收入 1.72 亿元，同比下降 22.2%；固定资产投资完成 18.1 亿元，同比增长 1.8%。社会消费品零售总额 7.74 亿元，同比增长 7.5%。城镇居民人均可支配收入 26674 元，同比增长 6.5%。农民人均纯收入 5969 元，同比增长 9%。

1. 特色农业发展成效显著。深入实施“农业稳县”战略，积极调整农业产业结构，在巩固传统农业的基础上，大力发展特色农业产业。继续按照“山外水果，山内茶叶”的发展思路，截至 2015 年年底，全县茶叶种植总面积达 5.58 万亩，水果种植面积达 6.42 万亩，以金秀、大樟、忠良为中心的茶叶产业带和以三江、桐木、头排为中心的优质水果产业带基本形成，以三江乡生态柑橘类水果基地为核心特色农业核心示范区初现雏形，三江乡于 11 月获自治区人民政府优秀“一村一品”村镇表彰，命名为“广西砂糖橘之乡”。食用菌、有机生姜、大瑶山香芋、鲜食甜糯玉米等优势特色农业实现面积、产量双增。大鲵（娃娃鱼）、圣堂鸡、蜜蜂等特色养殖业不断发展壮大。积极培育新型农业经营主体，全县新增合作社 39 家，家庭农场 16 家，“公司 + 基地 + 农户”和“合作社 + 基地 + 农户”的产业化经营模式日趋成熟。农业基础设施建设步伐加快，重点完成了总投资 2800 万元的水库除险加固、水毁修复、抗旱水源和中小河流建设等一批水利工程。

2. 旅游产业发展迅速。坚持“旅游强县”战略，以创建广西特色旅游名县为契机，提升旅游服务质量，加强旅游宣传力度，不断完善景区基础设施和旅游服务设施建设，游客服务中心、旅游公厕等一大批公共服务设施建成并投入使用，“柳州—金秀旅游直通车”和景区旅游专线车、出租车等先后开通，全县旅游服务功能和形象大幅提升。圣堂山景区和县城“山水瑶城”景区顺利通过国家 AAAA 级景区验收，青山瀑布景区和古沙沟景区先后获评国家 AAA 级景区，“山水瑶城”景区顺利通过了自治区级旅游度假区的验收，我县创建广西特色旅游名县项目也顺利通过自治区旅发委专家评定组验收，评定分数排名全区创建验收县第二，达到创建县标准。2015 年，全县接待国内外游客人数 284.68 万人次，同比增长 33.95%，旅游收入 18.25 亿元，同比增长 43.93%。

3. 特色工业产业加快转型升级。深入实施“工业富县”发展战略，在着力巩固水电、化工、冶炼、米业等主导产业的基础上，大力培育具有民族特色的瑶医瑶药、养生长寿保健品、生态有机食品、饮用水等战略性新兴产业，走新型工业化道路。同时，继续实行县四家班子联系重大项目工作机制，深入贯彻落实自治区“48 条”和来宾市“49 条”扶持企业发展的稳增长政策，促进在建、新建项目早竣工、早投产。杰新香料有限公司年产 1500 吨天然香料深加工生产项目正在加紧建设中，广西德坤药业有限公司年产 1200 吨药材饮片产品和年产 1200 吨口服液体制剂产品生产项目、威奇化工有限公司金秀分公司年产 1.2 万吨乳化炸药生产线的前期建设、金玉米业有限公司年产 1 万吨粮食深加工项目、圣堂药业有限公司新 GMP 技术改造项目顺利实现投产。2015 年，全县实现工业总产值 8.2 亿元，完成规模以上工业增加值 2.93 亿元，工业产业向好趋势进一步凸显。

4. 城乡统筹发展持续优化提升。积极贯彻落实中央和自治区城镇化工作会议精神，统筹城乡一体化发展，注意突出地域特色，在空间布局、建筑造型等方面，充分展示出瑶都山水之灵气和民族风情文化之魅力，建设了一批体现民族风格和民族特色的村镇。金秀镇荣获第四届“全国文明村镇”称号。金秀镇金田村美村屯获国家民委首批“中国少数民族特色村寨”命名挂牌。同时，我们以创建广西特色旅游名县和国家 AAAA 级景区为契机，完善城镇基础设施建设，完成县城综合整治、绿化美化、夜景亮化等建设项目，县城

（山水瑶城）顺利升级为开放式国家AAAA级景区；不断巩固提升乡镇政府所在地综合整治成果，延伸拓展公路沿线重点村屯综合整治；桐木镇“全区百镇示范工程”有序推进，县城污水处理项目完成主管网和部分支管网改造，桐木镇污水处理项目进展顺利，城镇综合承载能力进一步提高。

5. 项目建设和招商引资稳步前行。紧紧依托资源优势，根据经济社会发展规划，围绕重点产业和重点项目开展招商，动态完善招商项目库，全年全县成功实施招商项目21个，到位资金总额超12亿元。继续实行县四家班子成员联系重大项目制度，将项目建设列为县四家班子“六个一”绩效考评内容，明确目标任务和工作内容，强化全程跟踪协调服务，统筹推进重大项目54项，完成投资19.7亿元，实现了“开工一批、续建一批、投产一批、储备一批”的良好格局。

（八）扎实开展扶贫精准识别，打牢脱贫攻坚战基础

县委常委会认真贯彻中央、自治区和来宾市扶贫开发工作会议精神，按照中央“六个精准”“五个一批”要求，将脱贫攻坚作为紧要任务来抓，不断加大产业支撑力度，夯实扶贫开发基础，坚决打赢脱贫攻坚战。

年内，扎实开展精准识别贫困村贫困户工作，顺利完成精准识别入户评估、“两评议一公示”、入户评估表信息录入等工作，有序推进建档立卡工作，为精准扶贫打下坚实基础。依托金秀特色资源，以特色产业发展激活贫困区域经济，积极探索出“特色基地＋扶贫龙头企业＋专业合作社＋贫困户”的产业链模式扶贫新机制，通过“以奖代补”方式基本实现“山外人均1亩果，山内人均1亩茶”的扶贫产业发展目标。结合移民搬迁，推进生态旅游、乡村旅游和“农家乐”等特色旅游产业发展，打造“百里瑶寨”旅游带，辐射带动周边10多个少数民族村屯、1300多户贫困户、6500多贫困人口通过参与旅游产业实现增收。2015年，通过产业扶贫，全县减贫4288人，实现全年贫困人口减少10%的目标。2015年10月，全区扶贫产业开发现场推进会在金秀成功召开，会议对金秀扶贫产业开发工作取得的成效给予了充分肯定。

（九）持续保障和改善民生，增进人民福祉

县委常委会顺应人民群众过上好生活的新期待，扎实推进以保障和改善民生为重点的社会建设，努力让人民群众有更多的获得感和幸福感。

坚持“科教兴县”战略，继续实施教育优先发展五项制度，促进民族教育事业均衡、迅速发展，县幼儿园成功创建自治区级示范幼儿园。深入实施卫生、优生服务惠民工程，加快完善城乡卫生计生服务体系，积极推动瑶医药事业健康发展。不断加强社会保障工作，社会救助、救灾救济、优抚安置等各项工作均扎实有效，灾民和困难群众的基本生活得到切实保障。积极发展文化体育广电事业，农村文化进一步繁荣，金秀获评为全国“三下乡”工作先进集体；加强瑶族文化挖掘、整理、宣传和开发利用，《瑶族文化（金秀）生态保护区规划》通过自治区审批；11月，成功举办“瑶族盘王节”系列活动，大型瑶族历史剧目《瑶都神韵》从5月起对外常态化演出，并创作完成大型盘瑶族原生态剧目《瑶韵神牌》排练对外演出，特色文化品牌知名度和影响力不断增大。

（十）创新社会管理，有效保障社会稳定

县委常委会认为，社会稳定、国泰民安既是我们党治国理政的基本目标，也是广大人民群众的热切期盼。

我们不断加强和创新社会管理，深入推进社会治安综合治理，全面深化“平安县”建设，积极预防化解社会矛盾，全力维护群众合法权益，推行领导干部公开接访、下访和包案化解积案等措施，全县信访总量持续下降。全年全县无重大特大安全生产事故、群死群伤恶性事件和重大食品药品安全事故发生，刑事案件、治安案件分别同比下降12.1%、31%，社会公众安全感全市排名第一、全区前列。2015年10月，全区民族自治县基层司法行政工作经验交流会在我县召开，我县在会上作典型发言。

在充分肯定成绩的同时，县委常委会对转型发展中面临的困难和存在的不足进行了深刻分析。一是从严治党工作仍需抓紧抓实。领导班子和干部队伍建设有待加强，干部队伍的精神面貌和能力与新形势新要求还有一定距离，干事创业的激

情和开拓进取精神有待进一步增强。党风廉政建设和反腐败斗争形势依然严峻复杂，党风廉政建设主体责任落实尚需加强，源头治理措施和日常监督落实还不够到位，整治“四风”工作还需常抓不懈。二是全面深化改革任务重、难度大。当前我县改革进入了攻坚期和“深水区”，各领域、各环节改革涉及面广，专业人才严重缺乏，全面深化改革工作推进难度较大。三是经济发展面临较大压力。全县工业企业少而小，没有过亿的产业集群，经济社会难以在短期内取得突破性进展；旅游等第三产业发展还处在初级阶段，现代服务业水平还不高；农业发展纵深不足，产业化程度不高等现状一时难以改变；新的经济增长点不多，发展后劲还不足。四是社会管理面临新的挑战。社会管理和基层基础工作面临着社会结构变化和人民诉求更加多元的双重挑战，工作理念、制度、方法还需进一步创新，改善民生和维护社会稳定任务艰巨。对于这些问题，我们在将今后的工作中高度重视，采取有效措施，认真加以解决。

二、适应新常态，把握新机遇，努力实现金秀全面建成小康社会的奋斗目标

当前，我们步入了“十三五”的开局之年，迎来了又一个新的征程。“十三五”是金秀全面推进“四个全面”建设、加快转变经济发展方式的关键阶段，是继续推进县域生态文明建设、完善区域民族自治、发展壮大县域经济、全面建成小康社会的攻坚阶段。根据《金秀瑶族自治县国民经济和社会发展第十三个五年规划》，我县“十三五”时期经济社会发展的指导思想是：高举中国特色社会主义伟大旗帜，全面贯彻党的十八大和十八届三中、四中、五中全会精神，坚持以马列主义、毛泽东思想、邓小平理论和“三个代表”重要思想、科学发展观为指导，深入贯彻习近平总书记系列重要讲话精神，牢固树立“创新、协调、绿色、开放、共享”的发展理念，以“四个全面”统领经济社会发展全局，落实“五位一体”，深入实施“生态立县、旅游强县、农业稳县、工业富县、交通活县、依法治县”发展战略，围绕“打基础、精产业、兴经济、富民生”的发展思路，积极运用好国家对民族自治地区、国家生态保护地区、国家贫困县的倾斜政策，主动融入“一带一路”，发展以生态旅游为主体，以生态农、林和生态工业为两翼的特色产业链，做好旅、粮、果、水、药、林等文章，实现生态保护与经济发展互惠双赢，脱掉国家贫困县的帽子，到“十三五”末期，实现全面建成小康社会、建成国家生态保护与建设示范区和建成国家级旅游度假区“三个建成”的总目标。

县委关于制定“十三五”规划建议把今后五年的发展目标定位为：全县经济结构调整和发展方式转变取得显著成效，生态循环经济体系基本形成，人口规模及素质与生产力发展要求相适应，经济社会发展与资源、环境承载能力相适应，人民生活不断改善，民族更加团结和睦，全县经济、社会、生态、民族和谐发展，同步全面建成小康社会。

全面实现“十三五”总体目标，我们要注意把握“四个重点”：

（一）认清“十三五”时期的工作形势，把握发展机遇，奋力开启金秀跨越发展新时代

“十三五”是金秀同步全面建成小康社会的决胜阶段，要实现这个总目标，必须认清“十三五”期间我们面临的机遇和挑战。

——纵观大势，现实性机遇叠加，金秀大有可为。世界经济曲折复苏，新一轮技术革命和产业革命蓄势待发，“互联网+”对经济社会发展催化作用日益彰显；国家、自治区和来宾市深入实施一系列重大发展战略和举措，新的经济增长点、增长极不断涌现，结构性改革红利持续释放；“一带一路”战略规划和“珠江—西江经济带”发展规划深入实施，西部大开发深入推进，国家加大对民族地区、贫困地区、生态地区扶持力度加大，市委、市政府更大力度推动金秀经济振兴，采取一系列措施、政策促进贫困民族生态地区经济社会发展，这些都为我们谋求更高层次跨越开辟了广阔空间、注入了强劲动力。

——分析现状，基础性优势扎实，金秀理应有为。经过几十年来的奋斗，金秀的经济社会发展基础不断夯实，综合实力和发展水平有了较大提升，新的增长动力加速形成，发展空间不断优化、路径更加清晰，美誉度和知名度不断提高，经济发展的稳定性明显增强，低碳经济和循环经济发

展新模式为我县经济发展与结构调整指明了方向，形成了宜游宜居宜农的生态优势、民俗文化特色鲜明的民族优势、休闲健康养生的地理优势等不可复制的优势，为我们谋求更高层次跨越发展奠定了坚实基础、提供了现实可能。

——面对重任，内源性动力充足，金秀必有作为。我们通过深入开展党的群众路线教育实践活动和“三严三实”专题教育、“讲纪律　守规矩”主题教育改进工作作风，通过巡视整改工作重整“家风”，通过制定和完善各种规章制度树立规矩，不断完善科学跨越发展目标考核体系和督查推进机制，营造了心更热、火更旺、水更活的发展氛围和风清气正的政治生态，为我们谋求更高层次跨越提供了强大的政治保证。

（二）明确“十三五”时期的发展思路，主动适应新常态，奋力实现金秀经济社会新发展

实现“十三五”时期经济社会发展目标，我们必须坚持以党的十八届五中全会提出的“创新、协调、绿色、开放、共享”的发展理念，深入实施生态优先战略、旅游突破战略、脱贫攻坚战略、改革创新战略、城乡统筹战略，引领和指导金秀发展，努力在新常态下实现经济社会稳步发展。

——坚持创新发展，解决经济增长动力问题。创新是引领经济发展的首发动力，抓创新就是谋发展，我们要把创新发展融入金秀经济社会发展工作当中。一是系统推进全面深化改革。实施改革创新战略，把握改革的主导权和主动权，有序推进行政审批制度改革、政府部门权力清单、财税改革、农村金融改革等行政管理体制改革，加快经济体制改革，逐步完善农村综合配套改革，深化各项社会事业改革。二是激发创新动力。多渠道引进人才，改善人才结构，提升人才素质，特别是生态建设、旅游管理、瑶医药方面人才。加快与科研院所和高校到我县兴办产学研基地，加快开发利用瑶山资源，将生态资源转换成经济效益。

——鼓励企业研发投入、技术创新和成果应用，引导、鼓励企业实施技术改造，提升产品档次和附加值。推动产业升级。坚持做大总量和提升质量有机统一，升级传统产业，壮大新兴产业。走农业高效可持续发展道路，优化农业结构，提升产品品质，开发和培育具有地区特色绿色农产品和品牌，加快发展现代农业；实施“旅游突破”战略，推进旅游景区景点精品化和配套服务设施、旅游产品体系建设，培育旅游新业态，助推县域经济发展，促进农民增收；提升现代服务能力，进一步带动物流、金融、通信等生产性服务业和文化、医疗卫生保健、餐饮住宿、批发零售等消费性服务业的发展，促进全县第三产业实现新的突破；实现发展动力快速转换、产业结构不断升级，打造具有金秀特色和竞争力的产业体系，创造金秀经济增长的突破点。

——坚持协调发展，实施解决发展不平衡问题。注重均衡发展和整体效能，坚守发展和生态两条底线，做到既要保护生态，更要发展经济，坚持做到在保护中开发和在开发中保护。合理布局区域产业发展，深入分析山内山外的优势与不足，取长补短，优势互补。统筹城乡协调发展，积极推进城乡一体化建设。按照互利共赢、共同发展的要求，在医疗卫生、劳动力供应、旅游市场开发等经济社会领域开展合理分工，聚集资源，共同发展。着力解决区域、城乡、经济和社会、物质文明和精神文明等方面的不平衡、不协调问题，努力在推动协调发展中拓宽发展空间。

——坚持绿色发展，解决经济与自然和谐问题。生态环境是金秀赖以生存和可持续发展的基础，发展经济必须是不以破坏环境为前提。发展过程中，我们坚持绿色发展理念，在实施绿色发展战略中追求永续，深入实施生态优先战略，坚持生产和生活两头入手、治理和保护两手齐抓、约束和激励两端发力，加快形成节约资源和保护环境的空间格局、产业结构、生产生活方式。同时，以来宾市对金秀实行“差别考核”为契机，探索绿色发展之路，推进生态文明建设，加大环境治理力度，实施“互联网+”行动，以旅游业为龙头，农旅结合，以“兴一业带百业”的产业发展思路，围绕旅游产业来调整一、二、三产业布局，促进生态产业化、产业生态化。并继续做大农林产品、瑶药加工业、旅游产品加工，加快发展水资源开发。深入推进节能减排降耗，坚持绿色低碳发展，建设生态金秀，不断提高公众对生态环境满意率。

——坚持开放发展，解决发展内外联动问题。开放是金秀繁荣发展的必由之路，实现开放发展必须坚持开放发展理念，利用国内区内更广阔的开放环境，实行更加主动的开放战略，在开发中寻找发展动力。一要畅通县域内外交通。积极构建以县城为中心、高速公路为重要公路、国省道为主线、县级公路为脉络的“县外联通、县内循环”的公路交通网络。重点推进梧柳、贺巴2条高速公路金秀段、G355线蒙山—象州金秀段和G323线金秀段、S205线修仁—平南大鹏金秀段和S507线头排—柳州金秀段等出口通道开工建设，完成县内公路提级改造。二要主动融入开发大环境。主动融入“一带一路”，积极承接国内外产业转移，引进创新人才和创新成果应用。大力发展以生态旅游为主体，以生态农林和生态工业为两翼的特色产业链。坚持走进去、请进来，实施科学招商、精准招商，发展电子商务、旅游、健康养生等外向型经济，推进全县经济社会全面发展。

——坚持共享发展，着力增进人民福祉。坚持共享发展理念，牢固树立“民生优先、民生为重、民生为本”的工作导向，把改善民生放在优先位置，围绕完善就业、收入分配、社会保障、医疗卫生、住房等保障和改善民生开展工作，加快发展民族教育事业，扎实推进义务教育均衡发展，稳健推进素质教育；完善公共卫生和基本医疗服务体系，提高城乡卫生服务能力；实施文化惠民工程，构建覆盖城乡的公共文化服务体系；推进社会保障制度建设，加强食品药品安全监管，加快“和谐金秀”建设，不断提高人民群众的安全感和满意度，营造和谐稳定的社会环境。努力提高人民群众的生活幸福感，使发展成果惠及全县人民，促进民族团结协调。

（三）聚焦“十三五”时期的扶贫工作，实施精准扶贫、精准脱贫，坚决打赢脱贫攻坚战

“十二五”期间，我们不断创新扶贫机制和开发模式，完善扶贫各项基础设施，扶贫开发工作取得了阶段性成效，全县贫困人口由2010年年末的74694人，下降到2015年年末的31302人，全县农民人均纯收入由2010年的3298元增长到2015年的5969元，提前一年达到5000元以上的计划目标。成绩令人振奋，但我们也要清醒地认识到任务的艰巨性。目前，我县精准扶贫开发工作已进入啃“硬骨头”、攻坚拔寨的冲刺期，截至2015年年末，全县仍有21个贫困村，贫困人口37265人，贫困人口人均年纯收入在2736元以下。全县贫困人口中农业人口比重较大，群众整体收入水平比较低，农村贫困“面广、量大、程度深、重点群体多”的现状没有根本改变，实现全面脱贫的任务仍然十分艰巨。

决战决胜扶贫脱贫是我们下一阶段工作的重中之重，我们要再接再厉，坚持精准扶贫、精准脱贫，抓好“四个必须”，集中力量坚决打赢脱贫攻坚战，确保3.7万贫困人口全部脱贫，实现同步全面建成小康社会。

——我们必须认真落实精准扶贫措施。按照扶贫对象精准、项目安排精准、资金使用精准、措施到户精准、因村派人精准、脱贫成效精准等“六精准”要求，坚持问题导向，因地制宜，针对建档立卡扶贫对象的不同致贫原因、不同帮扶需求，精准实施发展生产脱贫一批、易地搬迁脱贫一批、生态补偿脱贫一批、发展教育脱贫一批、社会保障兜底一批“五个一批”扶贫攻坚行动计划。充分挖掘潜在优势，精准实施基础设施建设脱贫攻坚工程、产业发展脱贫攻坚工程、乡村旅游富民工程、教育培训脱贫攻坚工程、金融服务脱贫攻坚工程、公共服务保障脱贫攻坚工程、社会帮扶脱贫攻坚工程等“七大工程”，精准扶贫、全面脱贫。

——我们必须建立精准脱贫责任制度。严格实行“一把手”负总责的脱贫攻坚责任制，构建县负总责、乡镇为主体、村屯落实、部门配合的工作机制。强化乡镇在脱贫攻坚中的工作主体、责任主体、实施主体地位，全面落实责任、权力、资金、任务“四到县”制度。层层签署脱贫攻坚责任书，逐级立下军令状，建立年度脱贫攻坚报告制度和年度扶贫开发工作逐级督查制度。创新完善精准识别工作机制、资产收益扶贫机制、考核激励机制、财政稳定投入机制、扶贫资源资金整合机制，建立贫困村屯退出机制和脱贫激励机制。全面落实定点帮扶单位、驻村工作队、贫困村党组织第一书记的帮扶职责和激励政策。

——我们必须创新精准扶贫新路径。一是深

入实施乡村旅游富民工程。以发展“一村一品一业”为重点的产业基础建设，加快推进旅游景区及公路沿线的整村推进与连片开发，通过“公司＋农户”的模式，引导支持有条件的贫困村、移民搬迁安置新村充分利用当地旅游资源，开展民族风情游、生态风光游等乡村旅游。二是大力推进产城互动。把城镇化、工业化、农业现代化与扶贫开发工作相结合，大力推动以工辅农，加快城市化和新型工业化进程，促进产城互动发展，让城镇成为吸纳农民进城就业和外出农民工回乡创业的“容纳器”和“吸铁石”，有序促进农村转移人口城镇化。三是深入实施林下经济扶贫工程。引导贫困村、贫困户种植绞股蓝、经典瑶药等名贵特色中草药或林下野生茶、瑶山鸡、食用菌、野生蜂蜜等特色种养，鼓励加工企业和销售商与贫困村、贫困户合作，采取订单生产、基地合作模式，带动贫困户脱贫实施扶贫。四是深入实施生态移民搬迁工程。对不适合居住的贫困村、贫困户，实施扶贫生态移民搬迁。完善搬迁安置点土地改良、生态建设、道路建设、产业培育及公共服务设施，为移民群众营造舒适的人居环境和良好的发展环境，加强技能培训，确保搬得出、留得住。

——我们必须调动提高社会参与积极性。调动贫困地区和贫困人口积极性，同时积极吸纳、调动致富能手，加强对贫困村民的帮扶和带领，提高致富本领，增加村民的现金收入，实现脱贫致富的目标。要动员全社会力量广泛参与扶贫事业，鼓励支持各类企业、社会组织、个人参与脱贫攻坚，加快形成全社会参与的大扶贫格局。

（四）实现“十三五”时期的发展目标，关键在于担当，必须在从严治党中持续强化科学跨越发展根本保障

顺利实现进年和“十三五”规划目标任务，党的领导是根本，干部队伍是关键，我们必须认真落实全面从严治党要求，扎实推进党的建设和反腐败斗争，为推动更高层次科学跨越发展提供坚强保障。

——我们要强化对党忠诚、坚贞不渝的信仰执着。忠诚是党员之魂、从政之本。我们要深入开展宣传思想教育活动，推动党员干部把系统掌握马克思主义基本理论和中国特色社会主义理论体系作为看家本领，把学习贯彻习总书记系列重要讲话和十八届五中全会精神作为最重要的政治任务，真正做到学而信、学而用、学而行，切实将学习成果转化为对理想信念的坚守。要强化党性锤炼。把严格党内政治生活作为锤炼党性的重要平台，教育党员干部增强在党意识、站稳政治立场，严守党的政治纪律和政治规矩，始终与党中央保持高度一致，自觉做到对党忠诚不改初衷、无怨无悔，守住浩然正气。

——我们要着力提高各级领导干部统筹驾驭经济社会发展的能力。一是提高科学决策的能力。领导干部身处经济工作的第一线，是推动发展的“关键少数”，我们必须统筹谋划，发挥党委总揽全局、协调各方的领导核心作用，充分调度各方面抓经济社会发展的积极性，不断提高科学决策、履职尽责的能力和水平，不断开创新常态下各项事业的新局面。二是提高狠抓落实的能力。我们要率先垂范，以狠抓执行促落实，特别是在涉及全局的重大决策、中心工作和重点项目上，各级领导干部尤其是主要领导要靠前主抓、亲自督办，引导各级干部提振精气神、增强执行力，以卓有成效的实绩向党和人民交上一份满意的答卷。三是提高群众工作的能力。我们必须牢固树立正确的群众观、权力观、利益观，以群众满意不满意作为履职用权、谋事创业的出发点和落脚点，最大限度地维护好发展好群众的根本利益，不断增强人民群众的获得感和幸福感。四是提高运用法治思维和法治方式的能力。当前，全面建成小康社会进入决胜阶段，改革发展任务之重前所未有。适应新常态、把握新常态、引领新常态，迫切要求我们各级领导干部用法治眼光审视改革发展问题、用法治思维谋划改革发展思路、用法治手段破解改革发展难题，促进和保障改革发展各项措施落到实处、改革发展成果由人民共享。

——我们要从严从实加强党员干部队伍建设。没有一支过硬的党员干部队伍，党的各项事业发展无从说起。十八大以来，党中央对从严治党、从严治吏作出了一系列重大部署，开辟了党的建设新境界。我们必须坚决贯彻中央、自治区党委和市委的

要求，认真履行从严治党责任，把党员干部队伍建设提高到一个新的水平。一是思想教育要从严。按照“三严三实”要求，坚持不懈抓好党员干部的理想信念、道德修养、廉政意识、法治意识教育，造就一支具有铁一般信仰、铁一般信念、铁一般纪律、铁一般担当的党员干部队伍。二是选人用人要从严。严格按照《干部任用条例》，坚持好干部标准，把政治强、懂专业、善治理、敢担当、作风正的党员干部提拔到领导岗位。今年是县乡换届之年，要确保通过换届调优配强县乡领导班子和领导干部，增强各级党组织统筹经济社会发展的能力。三是监督管理要从严。认真落实《关于组织人事部门对领导干部进行提醒、函询和诫勉的实施细则》，对干部身上的小毛病、小问题，及时提提领子、扯扯袖子，不以问题小而姑息、不以违者众而放任。认真落实《推进领导干部能上能下若干规定（试行）》，对那些政治上不守规矩、廉洁上不干净、工作上不作为不担当或能力不够、作风上不实在的干部坚决进行组织调整。四是推进作风效能转变要从严。以改进“五风”为抓手，把作风建设抓到底，形成作风建设新常态。要用铁的纪律整治各种面上的顶风违纪行为，努力改进思想作风、学风、工作作风、领导作风、干部生活作风，使党的作风全面好起来。强化干部责任意识，健全落实工作的责任体系和各项推进机制，营造更为浓厚的合力干事氛围。五是加强党风廉政建设要从严。细化、分解党风廉政建设“两个责任”，强化监督、评议、考核工作，真正做到党委履行主体责任“不松手”、书记履行第一责任“不甩手”、班子成员履行“一岗双责”“不缩手”。全面落实从严治党要求，深入开展廉政教育，突出预防在前抓好宣教，构建立体式教育体系。六是惩治腐败要从严。加强权力监督制约，一方面要建立健全党内民主制度，坚持用制度来约束权力、管好干部，另一方面要发扬人民民主，不断拓宽基层民主、社会舆论监督等各种渠道，让权力在阳光下运行。同时，始终保持惩治腐败的高压态势，坚决查处违法违纪行为，坚持有案必查、有腐必惩，实行“一案双查”，以零容忍态度惩治腐败，以反腐倡廉的实际成效取信于民。

此文为在中国共产党金秀瑶族自治县第十三届委员会第十二次代表会议上的报告

政府工作报告

县委副书记、县人民政府代县长　兰向东

一、“十二五”时期工作回顾

“十二五”时期，是我县经受严峻考验、战胜各种困难、取得巨大成就的五年，也是综合实力提升最快、城乡面貌变化最大、人民群众得益最多的五年。面对复杂多变的宏观经济形势和艰巨繁重的发展稳定任务，在市委、市政府和县委的正确领导下，在自治县人大及其常委会和县政协的监督支持下，我们坚持“生态立县、旅游强县、农业稳县、工业富县、科教兴县、依法治县”发展战略和“打基础、兴产业，发展特色经济”的工作方针，团结依靠全县各族人民，紧紧抓住市委、市政府对我县实行差别考核的契机，以邓小平理论、“三个代表”重要思想和科学发展观为指导，深入贯彻落实习近平总书记系列重要讲话精神，大力推进全县经济转型，努力克服各种困难挑战，紧紧抓住“发展”这一主线不放松，统筹推进稳增长、促改革、调结构、惠民生、防风险各项工作，全县经济社会持续健康发展，为同步全面建成小康社会打下坚实基础。

——五年来，我们始终坚持发展第一要务，经济实力明显增强

我们加强科学研判宏观经济形势，积极组织应对，全力以赴转方式、调结构、促增长，经济综合实力进一步提升。全县地区生产总值由2010年的17.6亿元提高到27.07亿元，增加了9.47亿元，年均增长6.6%。全县三次产业结构由2010年的29.9 ∶ 29.7 ∶ 40.4调整为30.1 ∶ 25.2 ∶ 44.7，第三产业的比重提高了4.3个百分点，产业结构进一

步优化。财政收入从2010年的1.38亿元提高到1.72亿元，年均增长4.5%。金融机构人民币存款余额从2010年的18.4亿元增加到37.11亿元，年均增长13.7%，金融机构人民币贷款余额从2010年的11.99亿元增加到20.54亿元，年均增长15%。

——五年来，我们始终坚持深化改革开放，发展动力愈发强劲

我们注重强化发展软实力，各项改革深入推进。政府部门权力清单制度工作有序开展，行政审批制度改革成效明显，县本级行政审批事项从523项缩减到296项，精简率达43.4%，实现行政审批事项在政务服务中心一站式办结，办理提速89%。积极推行“先照后证”“三证合一、一照一码”商事登记制度改革，降低市场准入门槛，不断激发市场活力，新增私营企业529户，比“十一五”末增长341%。顺利完成新一轮政府职能转变和机构改革，全面完成卫生和计生、食品药品监督、工商、质量技术和监督等部门的职能和机构整合及乡镇机构改革，政府部门组织结构进一步优化。有效推进财税体制改革，国库集中支付、预算绩效管理、政府投资评审和政府采购等财政改革进一步深化，财政科学化管理不断加强。农村金融改革顺利推进，建成银行助民服务点87个，实现行政村全覆盖，村屯布放固定电话支付终端、存取款一体机等设备200多台，累计投入政策性农业保险155万元，发放财政小额贴息贷款884万元。

——五年来，我们始终坚持“生态立县”战略，生态建设成效显著

我们以来宾市对我县实行差别考核为契机，进一步加强和巩固生态环境保护与建设在全县经济社会的基础地位，全力保护好金秀大瑶山这座“天然绿色水库”。深入开展“绿满八桂”造林绿化工程，累计新造林12.29万亩，森林覆盖率达84.21%，比2010年提高0.84个百分点。大力发展低碳经济和生态经济，淘汰金秀县金源矿冶公司、鑫泰铁合金公司、金秀县水泥厂等3家落后产能企业，万元GDP能耗从2010年的0.79万元/吨标准煤下降到0.55万元/吨标准煤，年均下降8%，完成“十二五”主要污染物减排任务。推行“村收镇运县处理”、“村收乡运乡处理”、建设小型垃圾焚烧炉等垃圾处理模式，城乡环境综合治理和生态村屯建设成效显著。城区污水处理率达84%，生活垃圾无害化处理率达85%，统筹资金9000多万元开展“清洁乡村”、“生态乡村”活动，获自治区命名“生态村”26个，创建县、乡两级“生态乡村”示范点19个。累计完成中小型垃圾处理中心5个，山内偏远小村寨建设焚烧炉415座，垃圾就地处理覆盖率达60%以上。全县环境质量保持良好，2013年国家重点生态功能区县域生态环境质量考核结果为生态环境质量一般变好，2015年列入国家生态建设与保护示范区。

——五年来，我们始终坚持“旅游强县”战略，第三产业迅猛发展

我们坚持把旅游作为金秀最具特色的产业来培育，狠抓旅游基础设施建设、强化宣传营销，全县旅游业发展成效显著，成功创建广西优秀旅游县、广西特色旅游名县。建成国家AAAA级旅游景区3个、AAA级旅游景区3个，广西农业旅游示范点3家，星级农家乐18家，四星级乡村旅游区1家，星级酒店6家，其中五星级酒店1家，盘王谷深航假日酒店荣获全国“十佳特色主题酒店”。成功举办自治县成立60周年县庆、瑶族盘王节、大瑶山山水文化旅游节、非物质文化遗产展示等一系列重大活动，金秀知名度和美誉度进一步提升，游客满意度调查排名广西第一。五年累计接待游客908.47万人次，实现旅游收入49.17亿元，比“十一五”时期分别增长503%、766%。旅游产业带动服务业迅速发展，服务业占GDP的比重达到44.7%，比“十一五”末提高了4.3个百分点。全县社会消费品零售总额由2010年的4.27亿元提高到7.74亿元，年均增长12.6%。商贸、住宿、餐饮及医疗保健、物流、金融、信息等现代服务行业加快发展，外贸进出口从无到有，到2015年达500万美元，金秀瑶都养生现代服务业集聚区列入自治区发展规划。

——五年来，我们始终坚持“农业稳县”战略，农业产业结构优化

我们高度重视“三农”工作，优化产业结构，培育特色产业，建设品牌基地，大力发展现代农业。农林牧渔业总产值从2010年的8.14亿元提高

到12.81亿元，年均增长4.9%。农业机械化水平达45.15%，2014年荣获全国“平安农机示范县”称号。粮食、水果、茶叶、食用菌、蔬菜产量均实现“五连增”，粮食总产量47861吨，较2010年增长13.25%，其中水果、茶叶发展最为迅猛，面积、产量比2010年分别增长124%、49%，231%、49%，基本实现“山外人均一亩果、山内人均一亩茶”目标，形成山外乡镇水果带和山内乡镇茶叶带的特色农业产业布局。食用菌种植获得欧盟有机认证和国家菌产品有机认证，种植规模达300万棒。肉类、水产品总产量分别达8626吨、1749吨，比2010年增长4.5%、33.3%，大鲵、圣堂鸡、林下养蜂等特色养殖保持良好发展。全县共有农产品注册商标67个，SC认证茶叶加工企业13家，成功申报“金秀红茶”地理标志产品，金秀红茶被确认为国家生态原产地保护产品。瑶都桔香现代特色农业（核心）示范区创建市级示范区顺利推进。全县重点龙头企业5家，各类专业合作社109家，家庭农场24家，各类农业示范项目逐步成型，示范效果明显。全县土地流转面积达43650亩，比2010年增长482%，为促进农业适度规模经营奠定良好基础。

——五年来，我们始终坚持“工业富县”战略，特色工业转型升级

我们在优化结构、提高效益、降低能耗和生态环境平衡的基础上，着力推进工业聚集区建设，壮大支柱产业，大力培育发展高新技术产业和特色优势产业，突出发展循环经济，延长产业链，努力形成特色鲜明、优势明显、布局合理的工业发展格局。工业总产值从2010年的10.14亿元提高到11.26亿元，年均增长2.5%。规模以上工业总产值从2010年的5.9亿元提高到8.2亿元，年均增长7.83%，规模以上工业企业达到13家。工业聚集区建设全面加快，累计投资3788.5万元完成桐木工业集中区标准厂房、配套办公宿舍楼、园区道路及配套排水渠道等建设，2011年被认定为自治区B类园区，入驻企业21家，其中规模以上工业企业10家。积极引导制糖、冶炼、化工等传统产业转型升级，加快林产化工、民族医药、天然饮用水等特色工业和新兴产业发展，成功引进松源林产公司歧化松香、松香钾皂和浅色树脂生产、广西德坤药业公司药材饮片和口服液制剂生产、广西秀瑶圣水公司优质天然矿泉水等一批特色工业项目。2015年新兴产业实现产值1.6亿元，占工业总产值15.78%。

——五年来，我们始终注重统筹兼顾，基础建设全面提速

我们坚持扩大投资，协调推进，着力补齐短板增后劲，打牢基础利长远，交通、水利、供水、供电、通信、污水垃圾处理等基础设施进一步完善。“十二五”期间累计完成全社会固定资产投资102亿元，年均增长17.4%，统筹实施市级层面重大项目38项，县级重大项目171项，两项占固定资产投资比重达38.1%。完成农村公路项目建设投资4.68亿元，比“十一五”期间增加244%。全县公路总里程达893.37公里，较“十一五”末增加87.39公里（其中，二级公路122.83公里，三级公路24.76公里，四级公路720.04公里等外路25.74公里），基本实现行政村通沥青（水泥）路。建成小型水利渠道73.6公里，农村饮水安全工程207处，解决5.57万人饮水困难问题。完成水库除险加固8座，中小河流治理工程4个。实施5个土地整治项目，新增耕地130.9公顷，基本农田保护面积9324.34公顷。实施“村村通”广播电视工程，新建5个乡镇基站，受益人口达5万人。实施农网改造升级工程，累计新建和改造变电站5座、线路396.28公里，2011年年底全面实现村村通电，提前完成“十二五”目标任务。

——五年来，我们始终坚持城乡一体化，城乡面貌大幅提升

我们秉承“大规划促大发展”“富规划促大建设”的发展理念，完成县城区总体规划调整、9个乡镇的总体规划、全县157个村屯的规划编制。县城建成面积从2010年的1平方公里扩大到1.65平方公里，全县城镇化率从2010年的29.19%提高到33.89%，年均提高1.5个百分点。县城“民族化、山城化、公园化”建设进一步提升，成功创建县城“山水瑶城”国家开放式AAAA级景区，公共基础设施建设步伐加快，投入4948.73万元完成县城瑶族购物长廊、瑶族壁画、县城路面改造、金

秀河净化美化、田村水库“风雨桥”和水上步道、瑶族文化艺术中心等工程，形成具有浓郁瑶族风情和生态特色旅游的中心城镇。加快推进桐木镇新型城镇化建设，将桐木镇城镇建设纳入县级管理，并作为全县政治、经济、文化副中心进行规划建设；以桐木镇深入实施自治区城镇建设“百镇示范工程”为契机，投入近4000万元完善市政公用基础设施。投入2300万元实施10个乡（镇）政府所在地环境综合整治，城乡面貌得到极大改善。2012年，县城荣获第八届城市市容环境综合整治“南珠杯”竞赛县城类别优秀奖，桐木镇和头排镇分别获得乡镇类别特等奖和先进奖。成功创建一批特色名村，金秀镇田村获“广西特色文化名村”命名、美村获“中国少数民族特色村寨”命名，长垌乡古占村获得“全国特色景观旅游名村”“广西特色旅游名村”命名，平道村获2015年度“中国十大最美乡村”提名。

——五年来，我们始终坚持以人为本，民生福祉持续改善

我们高度关注民生，坚持每年办好10件为民办实事工程，努力让人民群众共享发展成果，民生投入持续加大，累计支出29.08亿元，占总支出的59.71%，年均增长11.16%。城乡居民收入不断增加，城镇居民可支配收入由2010年的17228元提高到26674元，年均增长9.1%；农民人均纯收入由2010年的3299元提高到5969元，年均增长12.6%。

扶贫开发成效显著。“十二五”期间，我们全面实施新一轮扶贫开发攻坚战，切实围绕实现贫困人口“两不愁、三保障”和人均纯收入5000元以上的目标，整合资金1.64亿元，抓好基础设施建设、产业开发、转移就业培训、行业扶贫和社会扶贫，实现脱贫41906人，年均减少8300人。

社会保障明显增强。“十二五”期间累计新增城镇就业5945人，城镇登记失业率控制在目标范围内，新增农村劳动力转移就业28735人。“五项保险”参保人数41813人，启动城乡居民和机关事业单位工作人员养老保险制度，实现养老保险制度全覆盖，城乡居民社会养老保险参保人数56246人，累计发放城乡居民低保资金1.02亿元，救助51.8万人次。投入救灾资金611.9万元，救助灾民6.64万人次。保障性安居工程开工建设490套，建成入住378套，发放租赁补贴92.07万元。完成农村危房改造7810户，补助资金1.43亿元。养老服务体系不断完善，现有县级民政福利园区1个、乡（镇）敬老院11个和五保村14个。荣获“中国长寿之乡”称号、头排镇、桐木镇敬老院分别荣获“全国第一届敬老文明号”“全国农村五保供养先进单位”称号。

教育事业跨越发展。“十二五”期间累计投入2.56亿元完善教育基础设施，办学条件不断改善。新建县城幼儿园1所、乡镇幼儿园9所、村级幼儿园7所，实现乡（镇）幼儿园全覆盖，学前三年毛入学率达78%，县幼儿园被评为“自治区示范性幼儿园”。义务教育均衡发展稳步推进，九年义务教育巩固率达92%，中考成绩保持在全市前列，我县被评为全区义务教育常规管理达标县。高中阶段毛入学率达89%，高考上线率逐年提升，县民族高中被评为“自治区示范性普通高中”。县职业技术学校实现普职融通办学，与高职院校“2+3”贯通办学，我县被评为“自治区职业教育攻坚进步县”。

卫生计生事业稳步发展。卫生基础设施建设明显增强，“十二五”期间累计投入1.2亿元，新建和完善了县、乡、村三级卫生业务用房和乡镇卫生院职工周转房，完成食品药品监督管理体系改革和乡镇卫生院医改工作。积极推进农村新型合作医疗，切实解决群众看病就医问题。瑶医瑶药突破发展，建立完善县、乡、村瑶医药三级服务网络，并通过自治区级评审验收；104种经典瑶药和重点临床使用的14种瑶药列入广西首卷《瑶药材质量标准》目录，“产后三泡颗粒剂”成为广西首个获批准的瑶药院内制剂。瑶医瑶药保健品生产企业迅速兴起，产品推向全国，以瑶药保健为主的“三媚玉瑶养生堂”连锁加盟店发展到区外，瑶医医生褚清纯被评为“广西瑶族医药非物质文化遗产保护与传承人代表”和“广西乡村名中医”。计划生育完成既定目标任务，荣获“全国计划生育优质服务先进单位”“自治区诚信计生示范县”。五年来，全县无卫生计生、食品药品监督重特大事件发生。

文化体育科技事业加快发展。县、乡、村三

级公共文化设施基本完善，基本解决村级办公场所困难问题，建成县乡两级图书馆、文化站并全部免费开放，村级公共服务中心综合楼、篮球场各53个，文体活动广场10个，村屯文艺活动空前活跃。建成瑶族艺术中心、瑶族博物馆改扩建、五个瑶族支系生态博物馆、大瑶山自然生态博物馆等一批文化设施。打造了《瑶都神韵》《瑶韵深牌》等一批文化精品，成功申报非物质文化遗产项目3项（其中，国家级1项、区级2项），登记在册非物质文化遗产传承人26人（其中，国家级1人、区级7人、市级18人）。《破竹》《瑶族顶鼓》分别荣获第九届、第十届全国少数民族体育运动会三等奖，2013年我县被文化部授予“中国民间文化艺术之乡”称号。科技事业发展步伐加快，共申请发明专利136件，比“十一五”时期增加117件，2011年、2013年分别获科技部授予“全国科技进步工作先进县”荣誉称号。此外，金秀镇和县委宣传部分别荣获“全国文明村镇”“全国科技文化卫生‘三下乡’先进集体”荣誉称号。

——五年来，我们始终坚持“依法治县”战略，社会稳定不断加强

我们注重加强自身建设，坚决服从县委领导，认真执行县人大及其常委会的决定，自觉接受人大、政协和社会监督，人大代表议案、政协委员提案办复率100%。认真贯彻落实中央八项规定精神，扎实开展党的群众路线教育实践活动和“三严三实”专题教育，加大财政资金管理使用和审计监察力度，实现“三公经费”逐年下降目标，深入开展涉农资金专项检查活动，以反“四风”为切入点，严厉查处和惩治腐败，政府自身建设得到加强。

同时，统筹抓好社会稳定和安全生产。加快推进政府职能转变，切实提高行政效率和施政水平，更好地为改革发展大局服务，为广大人民群众服务。布建“天网工程”高清监控点670个，构建覆盖全县的无间隙、网格式防范网络。认真解决信访工作突出问题，妥善处理群体性事件。深入组织开展“三大纠纷”大排查、大调处、领导包案下访工作，全县共依法调解土地山林水利权属纠纷557件，调结率84.3%，成功调处其他各类民间纠纷14546件，调处成功率达97.9%。推行农村“一村一警”、城区网格化管理机制，依法严厉打击黑恶势力和多发性侵财等违法犯罪活动，大力整治“黄、赌、毒”等社会丑恶现象。圆满完成“六五”普法工作，被全国普法办评为“全国法制建设先进县”。建立健全“党政同责、一岗双责、齐抓共管”的安全生产责任体系，营造和谐稳定的社会环境，群众安全感和满意度连续五年排名全区前列。

此外，国防动员、民兵预备役和“双拥”工作迈出了新步伐；民族宗教、物价、侨务、人防、消防、保密、统计、供销、气象、防震减灾、史志、档案、法律援助、妇女儿童、老龄、残疾人等工作取得新进步，人民银行、各专业银行、税务、电力、烟草、通信、邮政等为地方发展做出了积极贡献。工会、共青团、妇联等群团组织在经济社会发展中发挥了重要作用。

刚刚过去的2015年，面对严峻的宏观经济形势，我们认真贯彻落实自治区稳增长“48条”、来宾市稳增长“49条”，将“稳增长、促改革、调结构、惠民生、防风险”作为首要任务，努力扭转经济下滑态势，全力推动经济转型升级，经济社会实现平稳发展。初步统计，全县实现地区生产总值27.07亿元，同比增长5.3%。财政收入1.72亿元，同比下降22.2%；固定资产投资完成18.1亿元，同比增长1.8%。社会消费品零售总额7.74亿元，同比增长7.5%。城镇居民人均可支配收入26674元，同比增长6.5%。农民人均纯收入5969元，同比增长9%。金融机构各项存款余额达到37.11亿元，同比增长8.95%，各项贷款余额20.54亿元，同比增长10.43%，其中涉农贷款17.78亿元，同比增长12.54%。

五年的成就令人振奋，积累的经验弥足珍贵。我们深深体会到：办好金秀的事情，必须坚定不移地贯彻落实自治区党委、政府、市委、市政府和县委的决策部署，深化开放合作，充分发挥区位优势，不断探索符合金秀特点的发展之路；必须坚持深入学习实践科学发展观，调整优化经济结构，推动经济又好又快发展；必须坚持解放思想，创新发展理念，突出发展重点；必须坚持改革创新，破除发展体制机制障碍，提升发展的质量和效益，增强发展的动力与活力；必须坚持发挥社会主义制度的政治优势，凝聚起人民群众的强大力量和坚强

意志，克服难事，办好大事；必须坚持加强生态文明建设，切实保护和改善环境，实现人与自然和谐发展；必须坚持以人为本，切实保障和改善民生，推进和谐社会建设，让人民群众共享改革发展成果；必须坚持求真务实、清正廉洁，把打造人民满意政府作为第一目标。

在看到成绩和总结经验的同时，我们也必须清楚地看到，我县发展面临的各种困难和不稳定因素仍然较多。主要是投资后劲不足，经济总量小，“十二五”部分经济指标没有完成预期目标。工业产业规模小、链条短，仍缺乏带动力强的大项目。传统产业比重大，新兴产业规模小，高附加值产业比重低的矛盾短期内难以改变，结构调整任务还很艰巨。财政可用财力有限，投资不足。社会事业和民生建设相对薄弱，改善人居环境、保障公共安全、应对突发事件的任务还很繁重。经济发展环境有待进一步优化，土地、金融等要素制约尚未得到根本缓解。贫困人口基数大，脱贫攻坚任务依然艰巨。政府自身建设有待进一步加强。对这些问题，我们一定高度重视，认真研究，在“十三五”时期切实加以解决。

二、“十三五”时期经济社会发展主要目标和任务

根据《金秀瑶族自治县国民经济和社会发展第十三个五年规划纲要（草案）》，以下简称《纲要（草案）》，我县“十三五”时期经济社会发展的指导思想是高举中国特色社会主义伟大旗帜，全面贯彻党的十八大和十八届三中、四中、五中全会精神，坚持以马列主义、毛泽东思想、邓小平理论和“三个代表”重要思想、科学发展观为指导，深入贯彻习近平总书记系列重要讲话精神，牢固树立创新、协调、绿色、开放、共享的发展理念，以“四个全面”（全面深化改革、全面依法治国、全面建成小康社会、全面从严治党）统领经济社会发展全局，落实“五位一体”（是十八大报告的“新提法”之一。经济建设、政五位一体简介治建设、文化建设、社会建设、生态文明建设——着眼于全面建成小康社会、实现社会主义现代化和中华民族伟大复兴，党的十八大报告对推进中国特色社会主义事业作出“五位一体”总体布局），深入实施“生态立县、旅游强县、农业稳县、工业富县、交通活县、依法治县”发展战略，围绕“打基础、精产业、兴经济、富民生”的发展思路，积极运用好国家对民族自治地区、国家生态保护地区、国家贫困县的倾斜政策，主动融入“一带一路”，发展以生态旅游为主体，以生态农、林和生态工业为两翼的特色产业链，做好旅、粮、果、茶、水、药、林等文章，实现生态保护与经济发展互惠双赢，到“十三五”末期，实现全面建成小康社会和建成国家生态保护与建设示范区“两个建成”的总目标。

围绕全面建成小康社会目标，《纲要（草案）》提出“十三五”时期经济社会发展目标是：

——地区生产总值力争达到43亿元，年均增长7%以上，人均生产总值达到27300元；

——三次产业结构调整为25.9∶22.3∶51.8；

——固定资产投资力争突破34亿元，年均增长10%；

——财政总收入力争突破2.2亿元，年均增长5%；

——社会消费品零售总额年均增长10%；

——城镇居民人均可支配收入年均增长5.6%、农民人均纯收入年均增长9%；

——现行标准下农村贫困人口全部脱贫，贫困县、贫困村全部“摘帽”；

——城镇登记失业率控制在4.5%以内；

——总人口控制在15.7万人以内；

——全面建成小康社会和建成国家生态保护与建设示范区，力争将金秀建设成为广西旅游扶贫示范县、广西生态旅游经济可持续发展先行先试区、世界瑶族文化展示体验区、全国重要的瑶族医药生产基地、广西旅游商品生产基地、广西最大的野生茶生产基地、中国南方养生避暑胜地。

《纲要（草案）》提出“十三五”时期经济社会发展的主要任务措施是：

（一）绿色发展，促进生态文明升级。一是坚持主体功能区定位。合理控制开发强度，把适宜开发的国土空间开发好，把不适宜开发的国土空间切实保护好，构建科学合理的城镇化格局、农业发展格局、生态安全格局，形成以生态旅游业为龙头、生态工业为重点、生态农业为特色的生态产业体系。确保基本农田保护面积占耕地总面积的80%以上，林地保有量达到20.52万公顷，征占用林地总额控制在597公顷以内。二是加大生态保护和环境改善力度。重点加大森林资源保护、污染治理和旅游资源保护的力度，新造林7.5万亩，退耕还林面积保存率保持在80%以上，实现森林覆盖率达到85%以上。合理开发利用各类风景旅游资源，合理安排生态旅游线路，控制好接待规模。三是加快社会主义新农村建设。力争生活垃圾无害化和生活污水集中处理率不低于85%，90%以上行政村达到市级以上生态村要求，集中式饮用水源水质达标率、村镇饮用水卫生合格率达100%，农村生活用能中清洁能源所占比例50%以上，农村卫生厕所普及率95%以上。四是大力发展生态经济。加快发展生态农业、绿色富民产业生态旅游和生命健康产业，深挖“民族、生态、长寿”三大品牌潜力，积极推进金秀瑶都生态养生服务基地建设。

（二）突破发展，提升旅游产业竞争力。实施“旅游突破”战略，以推进旅游精品化建设为主线，强化旅游扶贫功能，打造自然生态、瑶族文化、养生健康三大旅游品牌。力争到2020年单年接待游客总人数达到372万人次，旅游总收入达到37亿元。一是加快旅游基础设施建设。加快圣堂山、莲花山、圣堂湖、银杉公园、古沙沟等旅游景区通达公路建设，改善进入旅游景区交通条件，提高景区互通互联。完善各旅游客运站的建设和布局、合理规划旅游公交线路和停靠站点，鼓励发展景区停车场、社会停车场，加快旅游厕所建设和改造。二是优化升级旅游产品体系。加大旅游产品开发力度，提升旅游产品档次，形成立体化、多功能的生态旅游产品格局。重点打造生态旅游、瑶族文化旅游、养生度假旅游等精品，力争完成圣堂山生态旅游景区、莲花山旅游景区创建AAAAA景区、银杉公园景区、古沙沟景区、六巷生态民俗旅游景区创建AAAA级景区，完成县城“山水瑶城”景区创建国家级旅游度假区。力争到2020年我县国家AAAAA级景区达到2个、国家AAAA级景区达到5个。三是提升旅游服务能力。加快旅游标准化建设，提高住宿接待能力，打造一批具有金秀地方特色的美食文化品牌，力争到2020年全县建设有五星级酒店1家，四星级酒店2家，三星级酒店3家以上，宾馆酒店总床位数达到1.3万张以上。

（三）转变方式，加快农业现代化。实施以拓展特色农林资源为主的生态农业突破工程，夯实发展基础，调整优化农业产业结构，稳定规模，提升品质，大力发展优质、高效、生态、安全农业，促进农旅结合，促进农业增效农民增收。一是建立现代农业产业体系。稳定种植规模，提升山外产品品质，确保粮食生产面积稳定在16万亩，总产量4.5万吨以上；“双高”糖料蔗种植面积稳定在0.2万亩以上。确保三江、头排、桐木水果带健康发展，规模控制在10万亩左右，探索发展高寒山区特色水果种植。保证品质，扩大山内产品种植规模，大力发展野生茶叶、食用菌、生姜、药材等产业，特别是加大低产茶园改造和良种推广力度，抓好大瑶山野生茶繁育和母本园基地建设，扩大野生茶种植面积，茶叶面积增加到10万亩以上。鼓励适度规模特色养殖，打造高端农产品品牌。二是健全农业发展服务体系。加快电子商务在“三农”服务中的应用，重点推进农村和农产品电子商务发展。建立农业科技创新服务专家团队，积极培育和发展农村经纪人队伍。探索建立农村综合信息服务平台，构建农产品质量可追溯体系。积极推广科学合理密植、测土配方施肥、水肥一体浇灌、“三诱”绿色植保、病虫害综合防治等高效栽培技术，加强柑橘黄龙病综合治理，加快对病老果园的更新改造，确保产业的可持续发展。三是扶持新型农业经营主体。积极扶持发展农业专业大户、农民合作社、家庭农场等新型农业经营主体，重点扶持组织化程度高、带富力强的农民专业合作示范社，切实增加农民收入。鼓励、引导以土地流转为平台，采取“公司＋基地＋农户”、“合作社＋基地＋农户＋职业经理人”、种植大户及家庭农场的模式，充分发挥各类经济组织的示范引领作用。

（四）转型升级，培养工业新活力。围绕发展生态工业，转变发展方式，提升现有农产品深加工、木材加工和树脂生产等产业的科技含量，加快制药、旅游商品、健康食品及清洁能源等产业建设开发，逐渐发展为以瑶族医药、健康食品、旅游商品、新能源为主的生态工业体系，工业总产值年均增长10%以上。一是加快园区建设升级。按照自治区级B类生态工业园区的标准增加桐木工业集中区投资，加快园区建设力度，完善基础设施，优化园区投资环境，提升园区承载能力。在头排镇规划建立轻工及生物科技产业园区。二是加快扶持传统产业发展。重点支持旅游商品、茶叶、天然饮用水、农产品、健康食品、木材加工等传统企业，力争在“十三五”时期培育出3家自治区级、5家市级、20家县级龙头企业。三是加快培育新兴产业。依托原材料基础和引进优势骨干企业，突出培育发展瑶医瑶药、清洁能源等战略性新兴产业，形成新的支柱产业。

（五）拓宽领域，提升现代服务能力。通过旅游产业大发展，进一步带动物流、金融、通信等生产性服务业和文化、医疗卫生保健、餐饮住宿、批发零售等消费性服务业的发展，促进全县第三产业实现新的突破。一是搞活商贸物流业。进一步优化乡镇商业网点布局，加快现有市场网点升级改造。围绕“三江—头排—桐木”山外三个乡镇水果产业带，重点建设桐木镇大型水果批发市场、桐木仓储物流项目、三江乡水果流通项目、三江乡果蔬冷链物流基地。积极发展电子商务，积极实施“互联网+”战略，力争到“十三五”期末，全县年销售额达100万元的电商企业达4家，年销售额达50万元的电商企业10家。外贸进出口额达到2000万美元以上。二是加强对金融服务业的支持。积极主动与金融机构对接，鼓励金融机构增加营业网点，加大对县域基础设施建设和茶叶、瑶医瑶药、旅游项目等特色产业资金支持力度。三是深挖文体产业。以瑶族文化为基础，将极具金秀特色的民间艺术与旅游业紧密结合，打造一批具有浓郁瑶族文化特色和艺术魅力的演艺精品，做好非物质文化遗产传承和保护。四是拓宽瑶医药服务。充分发挥瑶医院、瑶医瑶药一条街和民间瑶医医生的作用，结合生态旅游，提供以瑶药、药浴、药膳、瑶医保健为主的服务。努力将瑶医院打造成“二级甲等”民族医院，充分利用“金秀瑶族自治县瑶医药协会”的组织作用，全力推进瑶医药持续、科学、健康发展。

（六）产城互动，提升新型城镇化水平。按照重点发展县城、集约发展特色小城镇、统筹城乡一体化发展的思路，突出基础设施建设，加快培育发展城市产业，促进“产城融合”，加快新型城镇化进程。一是拓展县城建设提升形象和品位。以县城为核心，桐木镇为重点进行规划建设，到2020年，中心城市建成区面积达5平方公里，城镇人口达4.692万人，城镇化率达到40%，基本建成布局合理、特色鲜明、功能完善、生态宜居的旅游城市。按照一级城镇发展要求，科学编制桐木总体规划，提高空间利用效率。二是加快重点城镇建设。以头排、三江等为重点城镇，以公路主要交通干线为轴线，将产业发展与城镇建设有机结合。加快金秀—桐木、桐木—头排、头排—三江沿线建设，形成重点城镇群。三是加快特色名镇名村建设。将乡村旅游与新型城镇化有机结合，合理利用民族村寨、古村古镇，创建以历史记忆、地域特色、民族特点为特色的旅游小镇，建设一批特色景观旅游名镇名村。重点将六巷乡、长垌乡、忠良乡、罗香乡建设为特色旅游城镇。

（七）打牢基础，保障生产持续发展。着力加强交通、水利、电力设施等基础设施建设，进一步夯实扩展经济发展基础和空间。一是构建畅通交通。构建以县城为中心、高速公路为重点、国省道为主线、县道为脉络的“内循环、外联通”的公路交通网络。重点推进梧柳、贺巴2条高速公路（金秀段）、G355线蒙山—象州（金秀段）、S205线修仁—平南大鹏（金秀段）和S507线头排—柳州（金秀段）等出口通道开工建设，完成县内公路提级改造。二是夯实水利基础。加快县城备用水源郎旁水库、大卜冲水库供水工程建设，继续加大农村饮水安全工程建设力度，到“十三五”末，全部解决我县农村人口饮水不安全问题。加快防洪工程、农田水利基础设施等建设。三是大力推进信息化建设。加强信息化基础设施建设，实现移动信号村通率100%，人口覆盖率95%。

（八）精准发力，打赢脱贫攻坚战。坚持精准扶贫、精准脱贫，切实解决好“扶持谁”“谁来扶”“怎么扶”等重大问题，坚决打赢脱贫攻坚战，确保3.27万贫困人口全部脱贫，确保我县与全区全国同步全面建成小康社会。一是认真落实精准扶贫措施。突出抓好“产业扶贫、道路交通、旅游扶贫、生态补偿、教育扶贫”，全力推进脱贫攻坚“十大工程”，在自治区“八个一批”的基础上，带动全县精准扶贫、精准脱贫工作。二是建立精准脱贫责任制度。严格实行“一把手”负总责的脱贫攻坚责任制，构建县负总责、乡镇为主体、村屯落实、部门配合的工作机制。全面落实责任、权力、资金、任务“四到乡”制度。建立年度脱贫攻坚报告制度和年度扶贫开发工作逐级督查制度。落实定点帮扶单位、驻村工作队、贫困村党组织第一书记的帮扶职责和激励政策。三是创新精准扶贫新路径。深入实施乡村旅游富民、生态补偿、电商扶贫、金融扶贫、社会救济和社会帮扶等工程。

（九）共享发展，提升公共服务水平。着力于全面建成小康社会，加快推进城乡一体化，把改善民生放在优先位置，坚持以人为本，提高人民群众的生活幸福感，形成城乡群众共创共享改革开放成果的良好局面。一是加快发展民族教育事业。积极争取国家对民族地区教育改善扶持资金和项目，加大义务教育投入，加快中小学布局调整，强化发展职业教育，进一步改善办学条件，力争义务教育均衡发展工作通过自治区级和国家级评估验收。到“十三五”末，实现乡乡有一所示范幼儿园，全县学前三年毛入园率达84%，九年义务教育巩固率达95%，高中毛入学率达90%。二是完善公共卫生和基本医疗服务体系。扎实推进县级公立医院改革，争取做到小病不出乡，大病不出县。重点建设县人民医院桐木分院的整体搬迁项目、县瑶医医院二、三期工程项目、乡镇卫生院医养结合项目、县疾病预防控制中心检验楼项目。三是建立全覆盖的公共文化服务体系。加快城乡公共文化设施、广播电视、互联网基础设施建设，实施文化惠民工程，巩固提升公共文化服务体系示范区工作。四是实现社会保障全覆盖。加快公共就业服务体系建设，鼓励大众创业、万众创新。推进社会保障制度建设，实施全民参保计划，推动社会保障由制度全覆盖到人群全覆盖，健全完善城乡低保制度和五保供养制度，充分发挥民政兜底保障作用。继续完善村级组织活动场所建设，逐步提高村级办公经费保障。五是创建和谐稳定的社会环境。规范市场秩序，做好综治、信访、维稳、社会治安、安全生产等工作，加强社会各类矛盾纠纷调处，确保社会稳定。加快建设“平安金秀”，完善网络化建设，加快大数据、云计算和互联网等社会治安防控体系建设。

（十）改革创新，构建发展新动力。一是主动深化改革。有序推进行政审批制度改革、政府部门权力清单、财税改革、农村金融改革等行政管理体制改革，加快经济体制改革，逐步完善农村综合配套改革，深化各项社会事业改革。二是推动创新动力。多渠道引进人才，改善人才结构，提升人才素质，特别是生态建设、旅游管理、瑶医药方面人才。引进科研院所和高校到我县兴办“产学研”基地，加快开发利用瑶山资源，将生态资源转换成经济效益。鼓励企业研发投入、技术创新和成果应用，引导、鼓励企业实施技术改造，提升产品档次和附加值。三是推动质量兴县。加强品牌和标准化建设，不断完善名牌产品、著名商标、地理标志产品等知名品牌的培育评价体系，积极开展服务业名牌创建工作，加大全县支柱产业的名牌培育力度。积极开展旅游服务标准化、农业标准化示范推广活动和循环经济、战略性新兴产业试点。

三、2016年主要工作目标与工作重点

五年看头年，起步是关键。2016年是“十三五”时期的开局之年，也是全面建成小康社会的承启之年，做好今年的工作，任务艰巨，事关长远，意义重大。我们将紧紧围绕“十三五”的目标要求，不断开创经济社会发展新局面。

经济社会发展的主要预期目标是地区生产总值增长6%；农林牧渔业总产值增长4%；工业增加值增长5%；财政收入增长5%；固定资产投资增长7%；社会消费品零售总额增长8%；城镇居民人均可支配收入增长7%；农民人均纯收入增长10%；人口自然增长率控制在8.8‰以内；城镇登记失业率控制在4.5%以内；完成上级下达的节能减排任务。

为实现各项目标任务，我们重点抓好以下工作：

（一）着力加快推进生态文明建设，建设美丽金秀

一是加强生态环境建设。深入实施“绿满八桂”造林绿化工程，计划植树造林1.5万亩，建设绿化示范村屯23个，确保森林覆盖率保持在84.21%以

上。扎实推进“美丽金秀·生态乡村”活动，创新管理机制，实现清洁乡村常态化。推进农村清洁能源建设，农村生活用能中清洁能源所占比例50%以上，农村户用沼气池保持在2万座以上，努力打造一批特色鲜明、宜居宜游的美丽乡村。二是抓好森林资源保护。继续以高压态势打击各种盗采、滥伐野生植物和捕杀野生动物的违法行为，加强森林防火和林业有害生物防控，预防和减少各类灾害造成森林资源损失。三是强化生态环境保护。按照《金秀瑶族自治县生态县建设规划（2011—2020）年》及《金秀瑶族自治县生态保护、建设与发展总体规划（2011—2020年）》目标任务，做好广西重点生态功能区县域生态环境质量监测，加强水、空气、土壤的环境治理、农田土壤重金属污染防治，加快推进污水管网、污水处理设施建设，污水和生活垃圾无害化处理率达85%以上。加强企业污染物排放监控，严厉惩处违法排放行为，大力开展重金属企业排查整治工作，全面完成节能减排任务。

（二）实施精准扶贫，为打赢“十三五”脱贫攻坚战开好局

把脱贫攻坚作为头等大事和第一民生工程来抓，强化责任落实，加强扶贫资源整合，举全县之力抓好脱贫攻坚“十大工程”，力争实现贫困村脱贫2～3个，贫困人口脱贫6000人以上。一是完善基础设施建设。深入推进贫困村路、水、电、网络等基础设施建设。二是抓好产业扶贫。重点发展特色产业，依托旅游发展带动作用，加快贫困地区产业结构调整，拓宽贫困对象增收渠道。三是抓好搬迁扶贫。采取易地搬迁、整村推进，就近搬迁等多种方式，加快扶贫搬迁步伐，改善群众生活条件。四是抓好就业扶贫。围绕市场需求和劳动者意愿实施精准培训，提高贫困人口的致富能力。五是抓好教育扶贫。建立城乡教育发展帮扶机制，解决农村困难家庭学生上学难问题，促进城乡义务教育均衡发展。六是抓好社会救助扶贫。做好农村低保与扶贫开发有效衔接，将丧失劳动能力、无法通过产业扶持和就业帮扶实现脱贫的贫困人口纳入低保范围，通过低保兜底帮助脱贫。七是抓好旅游扶贫。引导扶持旅游资源丰富的乡镇创建旅游扶贫示范区，引导支持贫困地区参与特色旅游名镇名村、最美休闲乡村创建，建设更多的乡村旅游扶贫重点村。八是抓好金融扶贫。加快农村金融体制改革，以解决贫困户担保难、贷款难、发展难为主攻方向，实现资金直接扶持到村到户，解决贫困群众发展生产资金短缺的问题。九是抓好社会扶贫。动员和凝聚全社会力量广泛参与扶贫开发，坚持专项扶贫、行业扶贫、社会扶贫“三位一体”大扶贫格局。十是抓好结对帮扶。认真按“十三五”期间帮扶联系点贫困村方案要求，做到单位定人、定点、定责包干扶持，确保每个贫困村都有驻村工作队，每户贫困户都有帮扶责任人。

（三）大力发展特色民俗生态旅游，提升现代服务业发展水平

一是完善提升旅游基础设施。启动圣堂山创建国家AAAAA级景区、六段拉珈部落AAA级景区、“百里瑶寨风情画廊”建设等工作。完善提升县城“山水瑶城”景区金秀河景观、夜景工程和青山瀑布景区生态特色休闲设施建设，充实景区游览内容。加快圣堂山景区索道建设，力争完成银杉公园AAAA级景区、古占瑶寨AAA级景区、自治区级旅游服务标准化示范县创建工作，打造树立一批公路沿线农家乐示范村屯。二是加强旅游宣传推介工作。充分利用电视、网络、报刊、户外广告、微信等媒介，加大“圣堂仙境　生态瑶都”和“中国长寿之乡”品牌推广力度，加强与全国各地旅行社沟通合作，提高团队游客量。支持社会民间节庆活动，利用瑶族文化打造好文化旅游，提高金秀知名度、美誉度，营造旅游良好氛围。三是以旅游业为龙头，进一步带动金融、运输、通信等生产性服务业和医疗卫生保健、文化、餐饮住宿、批发零售等消费性服务业的发展，促进全县第三产业实现新的突破，力争接待游客人数达到308万人次，实现旅游收入24亿元以上。

（四）加快发展特色农业，促进农村农业发展和农民增收

一是优化农业产业结构。坚持“稳面积、增单产”，确保全县粮食总产量达4.5万吨以上。大力发展水果、茶叶、蔗糖、特色养殖等高效农业。新植果树0.3万亩，力争水果种植面积达6.7万亩

以上；新植野生茶面积1万亩，力争茶叶种植面积达5.6万亩以上；大力推进“双高”基地建设，“双高”甘蔗种植面积力争达到0.2万亩以上；以“公司+基地+农户”订单农业的模式发展农户种植食用菌300万棒以上。同时，继续发展大鲵、圣堂鸡、竹鼠、蜜蜂等特色养殖业。二是推进现代特色农业（核心）示范区建设。在确保三江乡瑶都桔香现代特色农业（核心）示范区通过来宾市验收的基础上，努力打造成为自治区级示范区。支持乡镇按“一村一品”“一乡一业”打造区域特色农业示范区，为产业脱贫打基础，为评定县、市、区特色农业示范区作备选。三是完善农业基础设施建设，争取完成水晶河桐木镇河段治理工程（二期）建设。继续深入推进农村土地承包经营权确权登记颁证工作。

（五）加快工业转型升级，做大做强特色工业

一是培育壮大新兴产业。充分发挥我县生态资源和瑶医药优势，大力引进1～2家高端水生产企业，做好生态水文章，突出抓好德坤药业、亿草丰茂、宝丰瑶浴及中草药加工业的发展。二是推进传统产业发展。积极做好现有企业的跟踪服务工作，重点解决企业改制、融资、用地、用电、政策等问题。引导企业通过技术改造、延伸产业链，推动传统产业发展困局有效破解。同时，加大规上企业培育工作，力争新增2家规模以上工业企业。三是狠抓重点工业项目推进。继续加快推进金利水泥公司水泥粉磨站项目、杰新香料公司植物香料深加工生产项目等5个重点工业项目。协调解决县鑫瑞木业公司扩建用地问题，力争完成该企业扩能工程。四是继续完善工业园区建设。整合各方面资金，加大工业园区基础设施建设投资力度，重点开展土地平整、道路建设、厂房建设、倒锥形水塔建设、10KV高压线路改造、园区大门建设等工作。

（六）加快城镇化步伐，统筹城乡发展

一是强化规划引领。加快完善桐木镇和头排镇的总体规划修编和控制性详规编制，同时延伸至各乡（镇）以及部分重点特色村屯的规划编制。二是提升“美丽县城”建设。继续实施县城污水管网支管网改造工程，实现城区生活污水集中处理，达标排放。完成县城至莲花山供水管网改扩建，同时修建县城至道班段沿湖步栈道，继续抓好县城“山水瑶城”AAAA级景区绿化、美化等各个项目，努力推动城区向生态特色旅游中心城镇目标发展。三是加快桐木镇城镇化建设。切实加快推进桐木镇污水处理厂及配套管网建设项目，力争2016年4月份全面竣工；同时，实施桐木城区道路以“畅通、提质”为主要内容的“百镇建设示范工程”和综合整治项目，构建较为完善的城区道路交通网络。四是巩固提升其他乡镇政府所在地整治成果，稳步推进公租房建设、棚户区改造，强化对特色明显、具有代表性的特色村寨、特色建筑的保护工作，扎实推进社会主义新农村建设，进一步改善农村生产生活条件。

（七）全力抓好招商引资和重大项目建设，增强经济发展后劲

充分发挥投资对经济增长的拉动作用，完成固定资产投资增长7%。一是统筹抓好重大项目建设。安排市级重大项目18项，年度计划投资5.16亿元，县级重大项目37项，年度计划投资8.75亿元。着重抓好莲花山洲际度假区一期工程、锦远国际商贸城、桐木桐鑫现代城、桐木镇西一路和西二路改造工程、头排鸿达鑫城小区建设、金利水泥粉磨站、通用机场、航空旅游休闲区项目等一批重大项目建设。二是加快推进交通基础设施建设项目。抓好梧州至柳州高速公路（金秀段）建设，争取梧柳高速公路王钳互通纳入同步建设，做好贺州至巴马高速公路（金秀段）项目跟踪落实工作，争取贺巴高速金秀桐木至象州段动工建设。修建金新线十二公里至平老岭景区三级公路。同时，加大财政投入，加快农村公路建设和管养力度，重点抓好县内联网公路建设和屯级公路硬化项目建设。农村公路管养工作进一步加强，逐步推进县道县管市监督、乡道乡管县监督、村道村管县乡监督的管养模式。三是围绕重点产业和项目开展招商，包装一批涉及旅游、生态农业、农副产品精深加工、瑶医药和健康养生等项目。加强项目对接洽谈力度，凝聚各方力量，破除一切难题，为项目落地扫除障碍。力争2016年实现到位资金10亿元以上，引进亿元项目3个以上。四是继续实行县四家领导班子联系重大项目制度，及时协调解决项目建设

中的困难和问题，进一步规范项目建设各项程序，切实抓好项目的落户和顺利实施。同时，加强国土资源工作。加快编制实施自治县土地利用总体规划，认真做好基本农田划定、耕地保护工作，加强建设用地报批和征地拆迁工作，力争完成供地400亩、盘活存量建设用地100亩以上，认真做好地质灾害隐患点治理和土地矿产卫片执法检查工作。

（八）加强税源培植和税收征管，加快财税金融工作发展

力争财政组织收入达到1.8亿元，财政支出12.23亿元。一是突出抓好财源建设，紧紧围绕项目建设、招商引资、重点产业，优化发展环境。依法加强税收征管，大力实施社会综合治税，确保应收尽收。二是扎实做好财政精细化管理，提高预算编制、执行、决算的管理水平，加强项目资金支出与绩效目标管理，做好结余结存资金统筹管理，构建与公共财政相匹配的财政监管机制。三是扎实开展“三公”经费清理、检查和公开工作，严格控制一般性支出，健全完善投资评审和政府采购制度，切实降低行政成本，提高财政资金的使用效益。四是加大金融支持力度，继续深入推进农村金融改革，培育完善金融服务体系，运用好与市担保公司共建的融资担保平台，解决企业融资难问题，推动担保公司和小额贷款公司的发展，密切银政关系，加强银企合作，引导金融资本投向实体经济，为小微型企业的发展壮大提供更好的金融支持，实现地方经济与金融业共赢发展。

（九）坚持以人为本，进一步保障和改善民生

优先发展科教事业。一是积极抓好科技工作。全面落实《广西实施发明专利双倍增计划》，着力推进科技项目实施，提高科技对主导产业的支撑作用。二是大力发展民族教育事业。继续落实好我县发展民族教育的“五个方案”以及国家各项教育惠民政策，全面推进我县教育事业发展。通过争取上级资金实施学校标准化建设和信息化建设，改扩建县民族中学。积极发展学前教育，新建三江中心幼儿园；推进义务教育均衡发展，力争通过自治区评估验收；继续实施职业教育综合改革，逐步解决教师老龄化和学科断层问题，确保教师队伍的稳定，加大教研教改的力度，全面提高教育教学质量。

积极发展文化体育广电事业。一是继续挖掘瑶族民间传统文化，积极开展艺术创作和艺术指导工作，重点做好《瑶族织绣》《瑶族竹编技艺》等申报国家、自治区级非遗保护名录工作。加大对国家级非遗项目《黄泥鼓舞》的保护力度，完善黄泥鼓舞传习基地的建设。二是继续做好公共文化基础设施免费开放工作。积极开展国家二级博物馆创建工作，力争完成古占山子瑶生态博物馆、塘背盘瑶生态博物馆和六段茶山瑶生态博物馆布展并对外免费开放，巩固提升已开放的坳瑶、花蓝瑶生态博物馆。三是继续推行大型瑶族歌舞《瑶都神韵》“周周演”，支持和鼓励民间重要节庆活动，营造浓厚的民族文化氛围，不断提高金秀文化知名度和旅游市场影响力。

加强推进卫生计生和食品药品安全工作。加快推进公立医院改革步伐，着力解决群众看病就医难问题。加强卫生计生基础设施建设，推进乡镇卫生院、村卫生室、乡镇医院周转房、瑶医医院二期等项目建设。突出抓好疾病预防控制，完善突发公共卫生事件应急体系。加快推进人口健康信息平台建设，逐步实现医疗服务、医疗保障与公共卫生服务信息共享。建立健全新农合统筹工作机制，参合率以乡镇为单位达99%以上。推进诚信计生示范县建设，扎实开展创建基层群众自治示范村（居）活动和“幸福家庭”活动，实施全面二孩政策。狠抓瑶医药发展，做好瑶医院创建“二级甲等”瑶医医院申报和“全国农村中医药工作先进单位”省级复评和国家级评审验收工作；申报瑶医瑶药国家级非物质文化遗产；引导瑶医协会会员单位建设瑶药材种植基地。继续推进食品检验检测机构整合工作，强化食品药品监管力度。

切实抓好社会保障和就业工作。一是进一步完善就业服务体系，实现新增就业人数1000人，农村劳动力转移就业新增3000人次，城镇登记失业率控制在4.5%以内。二是加大社会保险基金征缴力度，推进“五险合一”数据大集中、社会保障“一卡通”，做好机关事业单位工作人员养老保险制度改革工作。三是加大劳动保障法律法规宣传力度，加快劳动保障监察“网格化、网络化”建设，稳步

提高劳动合同签订率，积极开展清理整顿劳动用工专项执法检查，切实维护好劳动者的合法权益。

扎实开展民政工作。一是完善城乡社会救助体系。开展城乡低收入居民家庭经济状况核对工作，全面落实优抚政策，着力解决重点优抚对象生活、住房、医疗三个难题。二是加快推进民政项目建设。力争2016年开工建设桐木殡仪馆、桐木镇农村养老服务中心等项目，不断提升养老机构和专项社会事务服务能力。三是抓好防灾减灾工作。继续实施农房政策性保险工作，全面深化综合防灾减灾能力建设，提高灾害救援救助能力。

实施十项惠民工程。一是社保惠民工程。实施城乡居民社会养老保险项目，筹措资金为年满60周岁城乡居民发放基础养老金，为参保人员缴费提供财政补贴。二是民政惠民工程。实施城乡居民最低生活保障项目，为全县符合条件的城乡最低生活保障对象发放最低生活保障金。实施农村住房政策性保险项目，为全县约3.38万户农村居民住房购买政策性保险。三是安居惠民工程。续建完成公共租赁住房120套，计划改造农村危房740户，缓解危困群众住房困难问题。四是教育惠民工程。实现义务教育均衡达标，继续推进县四家领导班子成员及县直单位联系学校扶持贫困学生工作，新建县民族高中教学楼和三江中心幼儿园。五是卫生计生惠民工程。实施新型农村合作医疗项目，支持农村居民参加新农合，为参合农民缴费提供财政补贴。在全县范围内开展艾滋病防治工作和免费基本公共卫生服务。开展免费孕前优生健康检查，为符合要求的目标人群补助检查经费。六是人饮供水惠民工程。完成老山水库及县城供水配套工程，解决县城居民饮水安全问题。七是强基惠民工程。实施小型农田水利重点县建设项目，完成桐木镇大蚕灌片、凉亭坝灌区两个项目区建设共10个行政村73个自然屯，涉及2.67万人口，灌溉面积2.7万亩。八是巷道硬化惠民工程。实施20个村屯巷道硬化，每个村屯硬化巷道1000米以上。九是农补惠民工程。为我县种粮农民发放农资综合补贴，为购买农机具的农民发放购置补贴。十是文化惠民工程。对全县公共图书馆、文化站、博物馆免费开放后正常运转经费给予补助。实施县城广播电视高山台站基础建设，解决县城广播电视无线接收问题。

（十）加强政府自身建设，提高服务效能

认真抓好全面深化改革各项目标，优化政府服务方式，切实提高行政效率和施政水平，更好地为改革发展大局服务，为广大人民群众服务。一是强化责任担当。推进学习型政府建设，提高履职能力水平。建立重点工作领导负责制、集中调度制、定期督办制。完善政府法律顾问制度，提升政府科学民主决策水平。加强教育培训和能力建设，努力打造政治坚定、能力过硬、清正廉洁、作风优良、奋发有为的高素质干部队伍。二是提升服务效能。巩固群众路线教育活动和“三严三实”专题教育成果，提高政府网站办事能力，认真办理群众关心的热点难点问题。推进政府部门权力清单制度、简政放权、放管结合，转变政府职能，进一步简化行政审批事项。推进服务承诺、首问负责、限时办结等制度，坚决杜绝行政慢作为、乱作为、不作为现象。依托县、乡、村三级政务服务中心，实行“一站式”服务。三是坚持廉洁从政。全面落实廉政建设责任制，认真履行“一岗双责”，加强涉农资金监管，建立健全惩治和预防腐败体系。全面推进公车改革，严控“三公”经费和一般性开支。深化政务公开，让权力在阳光下运行。以“零容忍”态度惩治腐败行为，切实做到干部清正、政府清廉、政治清明，为经济社会全面发展提供坚强的政治保证。

深入开展社会治安综合治理和社会矛盾纠纷排查化解，加强安全生产监督管理，推进社会和谐稳定模范县建设，巩固“平安金秀”建设成果。完善灾害事故、公共卫生、食品安全、社会安全事件的预防预警和应急处置体系，全面提升人民群众安全感。继续加强国防建设，支持驻金秀人民解放军和武警部队建设，推进“双拥”共建活动。依法保障公民特别是妇女、未成年人和残疾人的合法权益。发挥工会、共青团、妇联、残联、工商联、红十字会等群团组织的作用。继续做好民族宗教、物价、统计、气象、水文、人防、防震减灾、外事侨务、档案、史志、金融保险、邮政、电信等工作。

此文为2016年1月30日在金秀瑶族自治县第十五届人民代表大会第六次会议上

大事记

大 事 记

3月，正式开通“柳州—金秀旅游直通车”。

5月，国家发展改革委、科技部等11部门发布《关于印发生态保护与建设示范区名单的通知》，明确将金秀瑶族自治县列为首批国家级生态保护与建设示范区。

10月，古沙沟景区成功创建为国家AAA级旅游景区。

11月26日—28日，举办了自治县2015年“听千年瑶韵·展金秀风采”瑶族盘王节系列活动。

11月，银杉公园景区、青山瀑布景区成功创建为国家AAA级旅游景区。

12月3日—5日，自治县接受了自治区创建广西特色旅游名县专家组的评定验收。

12月，圣堂山景区、山水瑶城景区成功创建为国家AAAA级旅游景区。

县情综述

建置沿革

【地理位置】 金秀县位于广西中部偏东，地处桂中，地跨北纬23°40′～24°28′，东经109°50′～110°27′之间，东界蒙山县，东北邻荔浦，南部与桂平、平南接壤，西靠象州县，西南与武宣相连，西北与鹿寨县毗邻。东西广62.4公里，南北袤93公里，总面积2818平方公里。

【历史沿革】 明朝以前，境内山高岭峻，居民绝少。明朝初年，瑶族、壮族始迁徙至今金秀县境内居住，官府开始了对金秀县境内的统治。今县境东北部属平乐府永安州（今蒙山县），南部属浔州府桂平县、平南县，西部属柳州府象州，北部属平乐府修仁县、荔浦县。

清代，今金秀县境域归属沿明时不变，但划界更为明确。清乾隆三年（1732年），修仁县府在桐木圩附近立“象州修仁交界”界碑1块。乾隆四十二年（1777年），永安州府在金秀县中心山区忠良乡永和村土县屯东立“永安州至图县（即土县）村西界”碑1块。今金秀镇大部、三角乡、桐木镇（仁里、古院、那马、泰山等村除外）、头排镇、三江乡属平乐府修仁县，长垌乡（原名东北乡）、六巷乡（原名东南乡）大部及大樟乡的大樟、花炉、三古村，桐木镇仁里、古院、那马、泰山等村，属柳州府象州，大樟乡西南部（原名翁祥村）属柳州府武宣县，大樟乡东南部（今瓦厂、双化、玲马、新村各一部，六巷乡东南部）属浔州府桂平县，罗香乡（另含今金秀镇罗孟村、忠良乡六干村）属浔州府平南县，忠良乡大部属平乐府永安州。宣统元年（1909年），官府将金秀县境内中心山区划分为金秀、罗香、滴水、六巷等4个团，总团设在罗香乡罗运村。金秀团辖今金秀镇大部和三角乡全部、忠良乡大部及长垌乡小部，罗香团辖罗香乡全部及金秀镇罗孟村，滴水团辖长垌乡大部，六巷团辖六巷乡和大樟乡大部、团，为军政合一的组织，偏重于军事。清朝政府还分别委任4名瑶族团总，并分授五品军功。

民国时期，各县分管大瑶山的地域不变，但更加强了对今金秀县境内的统治。民国22年（1933年），大樟、长垌、六巷、罗香等地先后成立乡组织。民国31年（1942年），国民党政权设立金秀设治局。设治局下辖永宁（今金秀镇）、崇义（今三角乡及三江乡一部分）、东北（今长垌乡）、东南（今六巷乡）、木山（今大樟乡大部及桂平市木山村）、罗香、罗运、平竹（以上三地今属罗香乡）、古朴（今金秀镇共和村、忠良乡双合村一部和六干村）、岭祖（今忠良乡三合村岭祖一带）、三合（今忠良乡三合、双合一部、永和、高源及车田、中山、林秀等瑶族村寨）、贵山（今金秀镇和三江乡与荔浦县三河乡交界一带）、翁祥（今大樟乡新村及花炉村大部）等13个乡，各乡接受金秀设治局及周围各县双重管辖。

1949年12月1日，大瑶山解放。

1952年5月28日，大瑶山瑶族自治区（金秀瑶族自治县前身）成立，属平乐专区管辖。1955年8月26日，大瑶山瑶族自治区改称大瑶山瑶族金秀县，属平乐专区管辖；1958年7月改属柳州专区管辖。1966年4月8日，县名又改称金秀瑶族自治县。

1984年7月17日，国务院批准，原属象州县的桐木公社、鹿寨县的头排区划入金秀县。同年10月，撤销公社体制，桐木公社改为桐木镇，头排区不变，其他公社改为乡，各乡镇成立人民政府。1987年4月金秀乡和金秀镇合并，称金秀镇；头排区改为头排乡。1987年8月增设七建乡和三江乡。1994年4月，头排乡改为头排镇。2005年7月，撤销七建乡并入桐木镇。2002年11月柳州地区撤销后，金秀县划入新成立的来宾市。2015年年底，金秀县辖3个镇、7个乡，乡镇共下设77个行政村及4个居民社区，645个自然村（屯）。

【行政区划】 2015年年底，金秀县辖金秀、桐木、头排3镇，三角、忠良、罗香、长垌、大樟、六巷、三江7乡，乡镇共下设77个行政村及4个居民社区，685个自然村（屯）。2015年年底金秀县城面积发展到6.4平方公里、建成区面积1.48平方公里。

表1　2015年年末金秀各乡镇、行政村、自然村（屯）表

乡　镇	行政村、社区名称	自然村个数
金秀镇	六拉、金田、和平、长二、六段、共和、罗孟，民乐社区、荣兴社区	57
桐木镇	高仁、泰山、桐木、古池、鹿鸣、大蚕、龙庆、仁里、古院、那马、七建、皆村、三友、那安，城中社区	91
头排镇	头排、二排、同扶、夏塘，头排社区	42
三角乡	三角、龙围、小冲、六定、甲江、江燕	42
忠良乡	忠山、车田、林秀、三合、永和、双合、六干、德香、六卜、石鼓、巴勒	118
罗香乡	罗香、琼伍、龙坪、山茶、大垌、大新、罗丹、罗运、平竹	98
长垌乡	长垌、镇冲、道江、滴水、平道、平孟、桂田	53
大樟乡	大樟、互助、玲马、三古、新村、花炉、瓦厂、双化	73
六巷乡	六巷、青山、王钳、门头、大岭	54
三江乡	三江、同化、古范、合兴、长乐、柘山	57
合　计	行政村77个、社区4个	685

自然环境

【地质地貌】 金秀县境内中间高四周低，中心地区为崇山峻岭，边沿为丘陵，西部和西南部还有小片平原和台地。大瑶山地处南亚热带交汇处，地质构造古老，气候因素复杂，土地肥沃。海拔高程在500～1979米之间。金秀县最高峰是圣堂山，海拔在1979米。

【环境质量】 2015年，金秀县环境空气的二氧化硫、二氧化氮、一氧化氮、臭氧、PM2.5、PM10项目的日均值均符合或优于Ⅱ类标准天数为365天，优良率100%。地表水环境。县内河流水质良好，所监测项目均达到国家地表水环境质量Ⅲ类标准。城区集中式饮用水水源地水质达到Ⅲ类标准，水质达标率为100%。

【气　候】 2015年县城年平均气温18.3℃，极端最高气温32.3℃，出现在4月9日，极端最低气温-0.4℃，出现在2月6日。年降水量2234.7毫米，主要集中在4—9月的汛期。年内出现霜冻5天，

寒潮3天，大风1天。年内主要出现的自然灾害为低温冷害及暴雨洪涝灾害。

【水　文】 金秀县境内地表水，汇成干流长5公里以上的河流29条，从中心山区呈辐射状流出周围各县市。这些河流分属柳江、浔江、桂江等3河系，统属珠江流域西江水系，流域面积2229.4平方公里，干流长度合计485公里，总长度1879.4公里，河网密度为每平方公里0.76公里，多年平均流量67.29立方米每秒，多年平均径流量21亿立方米以上。金秀县境内的河流，具有河网密、河流小、切割深、曲折、落差大、水量丰富、水能蕴藏量大，利于开发利用的特点。干流长5公里以上的29条河流分别是：金秀河、平道河、长垌河、滴水河、古麦河、六巷河、大樟河、三角河、盘王河、六秘河、古范河、六定河、兰厂河、长滩河、忠良河、大垌河、罗香河、平贡河、滑坪河、山茶河、罗丹河、炭窑河、公湾河、新兴河、三叉河、三江河、头排河、石抬河、桐木河。

【山　脉】 大瑶山山脉，占据金秀县大部分面积，北东—南西走向，是广西中北部弧形山系东翼的主体，山脊线在海拔1000～1200米之间，南北长约80公里，东西宽约32公里（西南段约只有16公里），大部分为中山、低山山地，海拔801～1500米的山峰有727座，海拔1501～1979米的山峰有16座。

【土　壤】 金秀县境内土壤以山地土壤为主，水稻土次之。山地土壤主要是红壤和黄壤，成土母质以砂岩为主，次为页岩和花岗岩。红壤土类分布于海拔500～600米以下的地区，为地带性土壤；黄壤土类分布于海拔600米以上的地区，为垂直带谱土壤。水稻土主要分布于桐木、头排、三江等平原低丘陵乡镇，山内各河流河谷两旁亦有少量分布。

自然资源

【生物资源】 金秀大瑶山地处南亚热带向中亚热带的过渡地带，生物资源十分丰富，有维管束植物213科870属2335种，植物种类居广西之首。其中有国家一级重点保护植物7种，二级保护17种，国家I类珍贵树种4种，II类珍贵树种11种。陆栖脊椎动物373种，其中国家一类保护动物4种，二类保护动物22种。昆虫资源也极为丰富，有21目168科570属853种，其中珍稀种类有14种，有些系属金秀县首次发现。专家认定，金秀是广西最大的“天然绿色水库”，是重要的天然植物园，也是广西乃至全国少有的物种基因库。有世界动物活化石“瑶山鳄蜥”和世界植物活化石“银杉”。经科学家鉴定，金秀县还有27科、83属、144种大型真菌。

【水资源】 金秀县境内共有集雨面积10平方公里以上的河流26条，担负着周边柳州、梧州、桂林、贵港等4个地（市）7个县（市）41个乡镇200多万人口的生产生活用水及1500万亩耕地灌溉用水，年输出水量25亿立方米。河流落差大，水能蕴藏量达26.46万千瓦，可装机16万千瓦，年可发电2亿多度。

【土地资源】 全县总面积2468.7901平方公里。

【森林资源】 全县总面积2468.7901平方公里，森林面积329.35万亩。森林覆盖率87.34%，其中水源林面积158.59万亩。有“广西最大水源林区”“国家级珠江流域防护林建设源头示范县”“大瑶山国家级森林公园”“大瑶山国家级自然保护区”四个称号。

【矿产资源】 县内有铁、铜、金、水晶、重晶石、彩色大理石，彩色花岗岩、石灰石等10余种近百个矿点，矿石品位高、质量好、埋藏浅，开采地质水文简单、易采易选、交通方便。其中，桐木镇、头排镇的重晶石矿储量为250吨；桐木彩色大理石储量为3000万立方米以上，长垌彩色花岗石预测量为1.5万～3万立方米。

【土特产资源】 金秀县土特产资源有灵香草、八角、香菇、茶叶、绞股蓝、玉桂、甜茶、竹笋、油茶、木耳等。

旅游资源

【主要景区】 全县共有国家AAAA级景区6个(圣堂山景区、莲花山景区、山水瑶城景区、圣堂湖景区、银杉公园景区、古沙沟景区),国家AAA级景区1个(青山瀑布景区)。

居民生活

【民　族】 2015年年底,金秀县瑶族人口占全县人口的37.71%。瑶族中有盘瑶、茶山瑶、花蓝瑶、山子瑶和坳瑶5个支系,是世界瑶族支系最多的县份和瑶族主要聚居县之一,瑶族文化、民俗风情保持完整。

【人　口】 2015年,金秀县人口15.65万人,其中农村人口12.03万人,有瑶族、壮族等少数民族13.21万人。人口自然增长率7.68‰。

表2　　2015年金秀人口情况统计表

指标 乡镇	总户数	总人口			分年龄段人口			
		合计	男性	女性	18岁以下	18~35岁	35~60岁	60岁以上
合　计	51190	156538	80624	75914	31639	39498	60226	25175
金秀镇	6528	18314	9256	9058	3772	4280	7466	2796
桐木镇	17478	52212	26720	25492	10430	12354	20100	9328
头排镇	7151	20820	10607	10213	4059	5422	8076	3263
三角乡	1709	5808	2908	2900	1159	1411	2315	923
忠良乡	3294	11205	5793	5412	2404	2927	4261	1613
罗香乡	4547	13676	7516	6160	3026	4217	4735	1698
长垌乡	1694	5798	2919	2879	1216	1472	2242	868
大樟乡	3768	12385	6438	5947	2454	3219	4785	1927
六巷乡	1569	5603	2957	2646	1160	1569	2019	855
三江乡	3452	10717	5510	5207	1959	2627	4227	1904

指标名称	单位	2015年	2014年	比上年同比增长%
年末常住人口	万人	12.77	12.67	
城镇人口	万人	3.62	4.23	
城镇人口比重	%	28.35	33.39	
城镇化率提高(个百分点)		0.83		

【居民收入】

表3　　2015年金秀县城乡居民收入与消费情况表

指标名称	单位	2015年	2014年	比上年同比+、-%
1. 农村居民：全年纯收入	元	5941	5476	8.5
#工资性收入	元	2198	2011	9.3
家庭经营纯收入	元	3384	3203	5.7
财产性纯收入	元	56	36	55.6
转移性纯收入	元	303	226	34.1
生活消费人均支出	元	4812	4343	10.8
#服务性支出	元		988	
食品	元	2165	2015	7.4
衣着	元	189	165	14.5
居住	元	756	680	11.2
家庭设备、用品	元	346	322	7.5
交通和通信	元	706	610	15.7
文化教育、娱乐	元	350	295	18.6
医疗保健支出	元	224	191	17.3
其他商品和服务	元	76	65	16.9
2. 城镇居民：人均可支配收入	元	26549	25046	6.0
#工资性收入	元	18576	17609	5.5
经营净收入	元	4007	3645	9.9
财产性纯收入	元	1626	1688	-3.7
转移性纯收入	元	5161	4811	7.3
生活消费人均支出	元	14675	13564	8.2
#服务性支出	元		2356	
食品	元	6596	6322	4.3
衣着	元	1401	1301	7.7
居住	元	1310	1222	7.2
家庭设备、用品	元	856	810	5.7
交通和通信	元	1420	1889	15.7
文化教育、娱乐	元	563	1227	19.8
医疗保健支出	元	2221	1889	17.6
其他商品和服务	元	308	323	-4.6

【民俗节日】 11月26日—28日，金秀县举办2015年“听千年瑶韵·展金秀风采”瑶族盘王节系列活动。

2015年国民经济社会发展概况

【经济社会】 2015年，实现地区生产总值27.5亿元，其中第一产业增加值7.96亿元，第二产业增加值6.28亿元，第三产业增加值13.25亿元。财政收入1.72亿元，其中公共财政预算收入1.02亿元；公共财政预算支出11.58亿元。全社会固定资产投资完成额22.16亿元。社会消费品零售总额7.74亿元。城镇居民人均可支配收入26549万元。

表4　　2015年地区生产总值一览表

指标名称		单位	2015年	2014年	比上年同比增长%
1. 地区生产总值（当年价）		万元	274962	260289	
其中：第一产业		万元	79601	78246	
第二产业		万元	62846	67886	
#工业		万元	37175	42948	
#建筑业		万元	25671	24938	
第三产业		万元	132515	114157	
2. 地区生产总值（可比价）		万元	245672.45	228709	7.4
其中：第一产业		万元	65659	64063	2.5
第二产业		万元	68872	66639	3.4
#工业		万元	45686	44741	2.1
#建筑业		万元	23185	21898	5.9
第三产业		万元	111142	98047	13.4
3. 地区生产总值的构成	第一产业	%	29.0	30.6	1.6
	第二产业	%	22.8	27.2	4.4
	第三产业	%	48.2	42.2	-6
人均地区生产总值（元）		万元	21619	20601	6.7

【政治文明】 一是深入推进法治金秀建设。切实加强对人大工作的领导，加强社会主义协商民主建设，加大法治政府建设，实施“七五”普法工作，加快推进司法体制改革，实施法官、检察官员额制改革，优化执法权力运行机制。二是加强和改进党对统战工作的领导，加强非公有制经济领域统战工作，做好党外代表人士队伍建设及党外干部配备工作。三是切实加强党管武装工作。全力支持国防建设，先后召开县委常委会、县委议军会议研究部署武装工作，坚持参加军事日活动，努力形成军爱民、民拥军的生动局面。四是切实加强制度建设。在全市率先制定《关于加强各级纪委对同级党委班子成员监督工作的暂行办法》《处级领导干部带头营造“亲”“清”新型政商关系制度（试行）》《机关企事业单位重大项目备案制度（试行）》等制度机制。五是始终保持高压态势惩治腐败。坚持对腐败零容忍，有腐必惩、有贪必肃。

【精神文明】 一是发挥党校的阵地作用，积极搭建村级学用理论政策服务中心、理论小广播等平台，构建多级联动的理论武装体系，“党建＋扶贫”宣讲做法获得《广西日报》、《当代广西》、中国扶贫网等主流媒体的推介。二是开展理想信念教育，深化中国特色社会主义和中国梦教育，弘扬民族精神和时代精神。深化群众性精神文明创建活动，县民族小学获“第一届全国文明校园”称号，金秀镇顺利通过全国文明单位复查，三是突出中心，内外兼顾，宣传舆论工作取得新进步。

【生态文明】 一是守好金山秀水。创建国家级生态保护与建设示范区，抓好中央环境保护督察反馈意见的整改，对在大瑶山国家级自然保护区内违法开发水电进行了全面整改，严厉打击滥伐盗猎等违法犯罪行为。二是推进乡村建设。产业富民、服务惠民、基础便民三个专项活动取得初步成效，不断提高城乡保洁质量公路沿线环境卫生质量，不断完善村屯保洁长效机制，防止“脏乱差”现象反弹。六段村荣获第二批“中国少数民族特色村寨”称号。（缺少数据）三是打造旅游新格局。顺利通过自治区广西特色旅游名县复核验收和自治区级旅游服务业标准化示范县创建验收，成立金秀瑶族自治县旅游投资有限公司，加快推进航空旅游休闲、世界瑶都文化产业园、莲花山创建国家AAAAA级景区等重大旅游项目，成功回收圣堂山景区经营权。加快民宿旅游示范点打造，全县民宿酒店已达25家，民宿旅游走在全区前列。四是抓好现代农业核心示范区建设。成功创建区级（核心）示范区1个（三星级）、县级示范区1个、乡级示范园2个，7个示范区（园）列为区县乡级创建入围单位。五是加快新型农业经营主体培育步伐。六是县域交通网络雏形初现。梧柳高速（金秀段）实现通车，贺巴高速（金秀段）开工建设，柳州至贺州城际铁路线初步确定途经金秀县并在头排镇设站点。

党政机关

中国共产党金秀瑶族自治县委员会县委工作

【概　况】 中共金秀瑶族自治县委员会是中国共产党驻自治县的领导机关，属于自治县党员代表大会的常设机构。在代表大会闭幕期间执行自治县党员代表大会的决议，领导自治县党的全面工作。中共金秀瑶族自治县委员会设办公室、政法委、纪委、组织部、宣传部、统战部、机要局、信访局、老干局、县直工委、总工会、党校、团委、妇联、档案局、工商联、史志办、科协、残联、文联、侨联、社科联等22个部门。

书　记：韦佑江（12月离任）
　　　　韦德斌（12月任）
副书记：赵贵坤（6月离任）
　　　　兰向东（12月任）
　　　　莫慧军
常　委：简国兵（县人武部部长）
　　　　赵东渐（副县长）
　　　　樊广平（政法委书记）
　　　　熊　燕（纪委书记）
　　　　莫克兵（组织部部长）
　　　　李成金（宣传部部长，副县长）
　　　　赵群英（统战部部长）
　　　　潘宝军（办公室主任）

重要会议

【中国共产党金秀瑶族自治县第十三届代表大会第五次会议】 2015年1月19日，中国共产党金秀瑶族自治县第十三届代表大会第五次会议召开，出席大会党员代表200人。大会由中共金秀瑶族自治县委员会副书记、自治县人民政府县长赵贵坤主持并致开幕词。会议首先听取和审议《中国共产党金秀瑶族自治县第十三届委员会2014年工作报告》；其次听取和审议通过《中国共产党金秀瑶族自治县第十三届纪律检查委员会2014年工作报告》；再次审议《2014年党建工作报告》；最后审议《2014年度党费收缴、使用和管理情况报告》和《自治县十三届四次党代会以来代表提案提议办理情况的报告》。会上，中共金秀瑶族自治县委员会书记韦佑江代表中共金秀瑶族自治县委员会作题为“全面深化改革　加快转型跨越　努力开创金秀改革发展新局面”的十三届委员会报告。同时，大会审议通过《中国共产党金秀瑶族自治县第十三届委员会2014年工作报告》《中国共产党金秀瑶族自治县第十三届纪律检查委员会2014年工作报告》《2014年党建工作报告》《2014年度党费收缴、使用和管理情况报告》《自治县十三届四次党代会以来代表提案提议办理情况的报告》等有关决议。

重大决策

【管党治党】 2015年，自治县党委全力加强党的建设，深入学习贯彻中共十八届三中、四中、五中全会精神和习近平总书记系列重要讲话精神，落实党要管党、从严治党要求，党的建设科学化水平不断提高。一是扎实推进基层党组织建设，落实“六个联系”“四个一”和“结一联十”基层党建“八大工程”等联系服务群众制度，密切党群干群关系。全县各级领导干部结对联系群众2.2万人，引进项目资金和帮扶资金5430多万元，为民办实事解难事2518件。深入开展村级党组织规范化建设，排查整顿14个软弱涣散基层党组织，改扩建10个村级活动场所，完成15个基层党建示范点，全面推行村级党组织和村级干部“微权力”清单管理。二是认真贯彻执行《干部任用条例》和市委出台的《关于进一步加强干部选拔任用工作的意见》和6个配套办法，调整任免科级干部156人，选人用人公信度和满意度不断提高。创新开展“试岗比选”，面向企事业单位和县乡机关公开选拔20名干部挂任乡镇长助理，为乡镇换届储备优秀人才。制定《金秀瑶族自治县科级非领导职务干部管理暂行办法》，从严管理非领导职务干部，落实机关公务员职务与职级并行制度，解决了261名干部的职级晋升问题。开展领导干部报告个人有关事项工作，切实加强对干部的监督管理。全面完成领导干部配备“三超两乱”（超职数配备干部、超机构规格提拔干部、超审批权限设置机构，擅自提高干部职级待遇、擅自设置职务名称）问题整改工作，整改消化超职数配备干部120人。三是全面履行党委主体责任，深入落实党风廉政建设“一岗双责”制，县委书记和各常委分别对全县10个乡（镇）、76个单位落实“两个责任”情况进行督察，约谈乡（镇）党委书记、县直单位主要负责人104人次，全县共有6名干部因落实“两个责任”不力受到问责。支持县纪委监察局内设机构改革，增设、调整派驻机构19家，实现派驻纪检干部的编制和人员收归县纪委统一管理。出台《金秀瑶族自治县加强纪检监察干部监督的意见》制度，充实乡镇纪检监察干部4名，调整不适合担任纪检工作的纪检组长2名，立案查处违规纪检组长2名。四是切实贯彻落实中央八项规定，狠抓作风建设。认真组织全县党员干部认真学习贯彻《廉洁自律准则》和《纪律处分条例》，制定《自治县党员干部“不守纪律不讲规矩”责任追究暂行办法》，划出作风纪律“警戒线”。组织全县在职干部职工签订不参与赌博、不为赌博提供条件承诺书，规范自身行为。开展明察暗访，纠正“四风”，全年通报批评违纪单位44个（次），违纪人员10名；调整清理超标办公用房65间共1445平方米，停建违规建设楼堂馆所2所，清退干部职工违规多占住房22套；开展公车专项整治，推动落实公车改革，全县公车均实行节假日定点集中停放；有效控制“三公”经费支出，全年全县“三公”经费支出1688.89万元，同比下降16.17%。五是强化党风廉政建设，全力配合自治区党委第二巡视组和来宾市委第六巡视组巡视工作，及时督促问题整改，营造风清气正的政治环境。始终坚持高压惩治腐败，严厉查处发生在群众身边的“四风”和腐败问题。全年纪检监察机关共立案查处违纪违法案件52件（其中民生案件50件），同比增长79.31%，已结案50件，给予党政纪处分50人，移送司法机关5人，诫勉谈话6人；审查民生资金项目381项9.22亿元，排查出问题线索219条，立案13件，结案10件，给予党纪政纪处分10人，有效解决发生在群众身边的“四风”和腐败问题。六是紧紧围绕全县工作大局，深入、广泛开展主题宣传活动，加强全县工作亮点及创新情况的宣传推介，全年在国家级媒体上稿126篇（条），在自治区级媒体上稿274篇（条），新华社、人民网、中央电视台等主流媒体对金秀县进行了多次专题报道，进一步提升自治县知名度、影响力。同时，着力加强新形势下的统战工作，加大党外干部配备工作和党外代表人士后备队伍建设，深入实施“同心——惠民工程”和“同心——共建工程”，全面启动“百企助百村”活动，发挥统战成员优势服务经济发展、民生改善和社会和谐。七是扎实开展“三严三实”专题教育和“守纪律 讲规矩”主题教育，有效提高行政效能。县委常委会带头践行“三严三实”，扎实组织开展县处级领导干部“三严三实”专题教育，同步开展科级领导干部“守纪律　讲规矩”主题教育，突出问题导向，开展“换位听民意，沉底解难题”专题调研，查摆“不严不实”突出问题36个；开展“四风”问题督查、约谈监督等专项活动，排查整改20个不作为问题和5个乱作为问题；创新组织开展“守纪律　讲规矩”主题联合组织生活会和专题民主生活会，促进行业、系统、部门之间的协作，有效巩固全县各级党组织思想政治建设和作风建设。

【环境保护工作】　2015年，自治县党委、自治县人民政府以“差别考核”为契机，坚持“在保护中开发，在开发中保护，保护是为了更好地开发”的原则，大力发展生态经济，坚持走“生态立县”科学发展道路。一是全面落实实施《金秀瑶族自治县生态县建设规划（2011—2020年）》《金秀瑶族自治县生态保护、建设与发展总体规划（2011—2020年）》两个十年规划，并组织实施全县10个乡镇《生态乡镇规划》评审工作。加强全县181.48万亩公益林管护工作，加快兑现金秀县森林生态效益补偿资金。二是养生长寿食品、饮品和药品等生态产业有序开发，生态优势转化为经济优势成效明显。三是加强自然资源保护，严厉打击滥伐盗猎等违法犯罪行为，共受理各类涉林案件193起（刑事案件61起，行政案件132起），其中滥伐林木刑事案件28起，占刑事案件总数的45%；盗伐林木刑事案件10起，占案件总数的16.3%。全县森林覆盖率保持在84.21%以上。四是深入开展以环境倒逼机制推动产业转型升级攻坚战，推进节能减排，确保环境安全。2015年，全县万元生产总值能耗下降0.2%，化学需氧量、二氧化硫、氨氮和氮氧化物等主要污染物总量减排控制在来宾市下达指标以内。2015年5月，国家发展改革委、科技部等11部门发布《关于印发生态保护与建设示范区名单的通知》，将金秀县列为首批国家级生态保护与建设示范区。

【旅游业发展】　2015年，自治县党委、自治县人民政府以创建广西特色旅游名县为契机，不断完善景区基础设施和旅游服务设施建设，游客服务中心、旅游公厕等一大批公共服务设施建成并投入使用。“柳州—金秀旅游直通车”和景区旅游专线车、出租车等先后开通，更换或重新设置各种交通标识、旅游标识、导览标识，大幅提升全县旅游服务功能和形象。同时，加大景区景点的打造和提升力度，生态民俗风情旅游带初现雏形，圣堂山景区和县城“山水瑶城”景区顺利通过AAAA级景区验收，青山瀑布景区和古沙沟先后获评AAA级景区，“山水瑶城”景区还通过了自治区级旅游度假区的验收。马安、青山、滴水、古占、金村、孟村等乡村旅游带规模不断扩大，旅游产业扶贫成为农民增收的一大亮点。2015年，全县接待国内外游客人数284.68万人次，同比增长33.95%，旅游收入18.25亿元，同比增长43.93%。

【农业发展】　2015年，自治县党委、自治县人民政府认真实施“农业稳县”战略，继续按照“山外水果，山内茶叶”的发展思路，大力发展特色农业产业，积极调整农业产业结构。一是在稳定、巩固和提升传统农业的基础上，继续按照“山外水果，山内茶叶”的特色农业发展思路推进产业发展，全年新植野生茶6919.75亩，全县茶叶种植总面积达5.58万亩，新植果树1.8万亩，全县果树种植面积达6.42万亩，茶业产业带和水果产业带基本形成。二是创建自治区级现代特色农业（核心）示范区工作顺利推进，示范区雏形初现。三是特色养殖业不断壮大，重点突出发展大鲵（娃娃鱼）、圣堂鸡、蜜蜂等特色养殖业，其中全县娃娃鱼存池1500尾以上的规模养殖场有6个，规模场存池娃娃鱼3万余尾，圣堂鸡达3500多羽；全县养殖蜜蜂5000箱以上，年产蜂蜜达50余吨。推广种养结合，立体清洁的生态养殖模式，形成循环经济，农民收益大幅增加。

【工业项目建设】　2015年，自治县党委、自治县人民政府立足资源优势，深入实施“工业富县”发展战略，在着力巩固水电、化工、冶炼、米业等主导产业的基础上，大力培育具有民族特色的瑶医瑶药、养生长寿保健品、生态有机食品、饮用水等战略性新兴产业。一是在着力巩固水电、化工、冶炼、米业等主导产业的基础上，大力培育具有民族特色的瑶医瑶药、养生长寿保健品、生态有机食品、饮用水等战略性新兴产业，特色工业实现突破发展。二是继续实行县四家班子联系重大项目工作机制，促进在建、新建项目早竣工、早投产，年产 70 万吨水泥粉磨站、年产 1200 吨药材饮片产品项目已进入试生产阶段；年产 1500 吨天然香料深加工生产项目和圣堂药业有限公司投资的 4800 万元新 GMP 技术改造项目顺利施工，并达到预期进度。三是深入贯彻落实自治区“48 条”和来宾市“49 条”扶持企业发展的稳增长政策，兑现了 2014 年度 2 家公司上规模、上台阶资金奖励政策，推动了“你追我赶”的良好氛围。

【科学教育工作】 2015 年，自治县党委、自治县人民政府围绕实现自治县“科教兴县”的总体目标，规划整合教育资源，优化教育资源配置。一是加强科技进步工作。积极组织开展“科技活动周”“中国科普流动馆”等科普活动。加大知识产权保护和专利申请力度，全年完成专利申请 53 件，专利授权 12 件。二是落实义务教育均衡项目资金 4855 万元，全县 26 个新建项目已开工建设 23 个，开工率达 88.5%。大力营造优质的教书育人环境，县民族小学“和美、瑶韵、灵秀”主题；忠良中心校“团结向上、朝气蓬勃”主题；桐木中学“林静书香，立德树人”主题的校园文化建设稳步推进。学前教育三年毛入园率由 78% 提高到 80% 以上。2015 年，高考本科上线 146 人，录取一本 14 人，中考 A+、A 等次学生 239 人，占中考总人数 25.9%，中考优秀率、良好率、及格率排全市前 3 名，小学毕业水平测试双达标率为 100%。

【依法治县】 2015 年，自治县党委、自治县人民政府以维护国家安全和社会政治稳定为首要任务，认真落实深化建设“平安金秀”和“法治金秀”要求，深入实施“依法治县”发展战略，加强社会管理创新，提高社会管理科学化水平。一是继续积极开展“思想道德法制教育”活动。整合宣传、法制、教育等资源，以科学发展观为统领，以践行社会主义核心价值体系为抓手，大力提倡“爱国守法、明礼诚信、团结友善、勤俭自强、敬业奉献”的道德基本规范，上下联动，思想道德法制教育活动进机关、进校园、进乡村（社区）、进企业，全县形成了学法用法的浓厚氛围，不断提高党员、干部、群众的道德素质和法律意识。二是全面深化“平安县”建设。继续按照创建“平安金秀”的统一部署，抓好综治和平安建设工作，继续推行领导干部公开接访、下访和包案化解积案等措施，全县信访总量持续下降，无重大特大安全生产事故发生，刑事案件、治安案件分别同比下降 12.1%、31%，群众安全感全市排名第二。积极预防化解社会矛盾，全县社会公共安全感一直保持广西壮族自治区前 20 名以内。10 月，广西壮族自治区民族自治县基层司法行政工作经验交流会在金秀县召开，金秀县在会上作典型发言。

【城镇化建设】 2015 年，自治县党委、自治县人民政府以“美丽金秀”建设为抓手，把城乡建设工作推上一个新的台阶。一是加强城乡规划编制，将桐木镇控制性详细规划与县城总体规划同步协调进行，促进城乡规划管理全覆盖。二是完善城镇基础设施建设，完成县城综合整治、绿化美化、夜景亮化等建设项目，县城（山水瑶城）顺利升级为开放式 AAAA 级景区；加强桐木镇、头排镇、忠良乡、大樟乡、罗香乡等乡镇的综合整治工作，不断巩固提升乡镇政府所在地综合整治成果，延伸拓展腊河村、七建村等公路沿线重点村屯综合整治，打造精品小集镇；桐木镇“全区百镇示范工程”有序推进，县城污水处理项目完成主管网和部分支管网改造，桐木镇污水处理项目已通水投入试运行，城镇综合承载能力进一步提高。

【精准扶贫工作】 2015 年，自治县党委、自治县人民政府深入贯彻落实中央、自治区和来宾市扶贫开发工作会议精神，扎实组织推进精准识别贫困村、贫困户和建档立卡工作，为精准扶贫打下坚实基础。一是扎实开展并全面完成精准识别贫困村贫困户识别工作。全县 1707 名精准识别工作队员，深入全县77个行政村、649个自然屯、953个村民小组开展入户评估工作。全县入户数达到21635户，完成需调查总户数的100%，“两评议一公示”工作已完成评议村民小组数953个，占评议村民小组数的100%；已完成评议行政村71个，占行政村总数的92.2%；已完成公示村民小组数953个，占公示村民小组数的100%。同时，信息录入工作和精准扶贫建档立卡启动及培训工作也稳步开展。二是因地制宜开展农业扶贫、旅游扶贫，拓宽贫困户产业增收渠道。2015年，全县贫困人口减少10%，贫困村农民人均纯收入略高于全县平均水平，全面实现“十二五”规划21个贫困村农民人均纯收入5000元以上，基本达到“两不愁三保障”的扶贫开发目标。2015年10月，全区扶贫产业开发现场推进会在金秀县成功召开。

【招商引资和项目建设】 2015年，自治县党委、自治县人民政府紧紧依托资源优势，围绕重点产业和重点项目开展招商。2015年，全县实施招商项目21个，到位资金总额12亿元。新签约并开工的年产1500吨天然香料深加工生产、华东生态植物观光园、桐鑫现代城、金秀县金鸿机动车检测中心、桐木镇向阳西路路段改造工程和大瑶山茶博园等6个项目，项目计划总投资6.46亿元，实际到位2.08亿元。同时，继续实行县四家班子成员联系重大项目制度，将项目建设列为县四家班子“六个联系”绩效考评内容，强化全程跟踪协调服务，统筹推进重大项目54项，完成投资19.7亿元，实现了“开工一批、续建一批、投产一批、储备一批”的良好格局。

【“十三五”规划编制】 2015年，自治县党委、自治县人民政府及时研究，督促指导完成申请列入国家、自治区和来宾市“十三五”规划的重大事项、重大政策和重大项目的编报工作。同时，充分把握当前的宏观形势、国家战略机遇以及自治区、来宾市的工作部署，结合自治县当前的发展实际，科学编制“十三五”规划，明确“十三五”期间的各项工作重点，合理制定“十三五”期间的各项发展指标，制定《中共金秀瑶族自治县委员会关于制定国民经济和社会发展第十三个五年规划的建议（草案）》。

【深化改革工作】 2015年，自治县党委在认真贯彻落实上级党委决策部署的同时，结合自治县实际，推出一批高质量、有特色的改革举措。加大简政放权力度，行政审批事项清理全面完成，政府部门权力清单、责任清查顺利推行。金融服务“三农”的政策体系不断优化，马骏红茶业有限公司和盘王谷深航假日酒店两家涉农企业成功挂牌上市。生态文明制度改革稳步实施，绿色生态产业发展持续推进，自治县被列为全国生态保护与建设示范区，自治县瑶都养生被列入自治区发展规划，生态资源向生态效益转变取得突破性进展。此外，统筹推进社会治理、农村体制、党的建设、纪律检查等重点领域改革，为促进自治县跨越发展注入强劲动力。

【民生保障工作】 自治县党委、自治县人民政府在致力发展经济的基础上，坚持以人为本，高度关注民生，坚持统筹兼顾，协调推进各项社会事业全面发展。一是较好完成“十二五”规划各项指标的评估，确保“十二五”规划圆满收官。同时，科学编制符合金秀发展的“十三五”规划，增强经济社会发展新活力。二是继续实施教育优先发展的五项制度，促进民族教育事业均衡、迅速发展。三是深入实施卫生惠民、优生服务惠民工程，全县卫生和人口计生工作保持良好的发展态势。四是持续推进“美丽金秀·生态乡村”活动。投入活动资金总计9000多万元。继续实施“绿满八桂”等造林绿化工程，完成植树造林2.34万亩，占计划任务的101.7%。其中，实施自治区级村屯绿化示范点22个，一般村屯绿化示范点250个，实现每个乡镇都有1个以上村级生态绿化示范点，每个行政村有1个以上屯级生态绿化示范点。五是积极发展文化体育广电事业，加强对瑶族文化的挖掘、整理、宣传和开发利用，2015年4月，自治区审批同意在金秀县设立“瑶族文化（金秀）生态保护区”；2015年11月，自治县成功举办“瑶族盘王节”系列活动，瑶族特色文化品牌进一步提升。六是积极推进民政工作，社会救助、救灾救济、优抚安置等各项工作均扎实有效，灾民和困难群众的基本生活得到切实保障。

（李晓松）

县委办公室

【概　况】 中共金秀瑶族自治县委员会办公室是自治县党委的综合办公机构。2015年，自治县党委办公室内设秘书股、信息股、财务股3个股室；同时根据中共金秀瑶族自治县委员会办公室《关于印发中共金秀瑶族自治县委员会办公室职能配置、内设机构和人员编制方案的通知》（金办发〔2002〕12号）文件精神，自治县保密委员会办公室（自治县国家保密局）、自治县机要局、自治县委督查室在自治县党委办公室挂牌，在编干部职工11人，其中主任1人，副主任4人。

主　任：潘宝军
副主任：邱祖华
　　　　黄　恒
　　　　李惠玲
　　　　梁启英
　　　　肖正宇

【办文办会】 自治县党委办公室在每年召开的党代会、人大、政协工作例会等各项重大会议中，全力以赴做好会议文稿撰写、材料印发、会场布置、人员接待等服务工作。确保各种大会的胜利召开。同时，按时保质保完成阶段性工作汇报和工作总结。2015年撰写题为《全面深化改革　加快转型跨越　努力开创金秀改革发展新局面》的自治县党委工作报告。

【信息工作】 紧贴全县工作大局和自治县党委的决策部署，围绕全县改革发展稳定中的大事要事、社会关注的热点难点，及时、准确、全面地收集、撰写各类信息，积极向上级党委反馈各项决策部署的实施情况和自治县经济社会的发展情况，为领导决策提供科学依据。2015年，自治县党委办公室共向上级党委报送各类信息482条，其中获来宾市委办采用202条、中办或自治区采用69条。

【督查工作】 按照自治县党委的指示精神，对关系全局的党风廉政建设、产业发展、民生工程、社会难点、热点等问题进行有效督查，切实保证党的各项方针政策得到贯彻落实。2015年共制发督查通报39期，督查专报68期。

【机要保密】 2015年，按时完成上级部署保密检查工作任务。加强对机关单位、乡镇的广大干部职工进行保密教育，保密工作井然有序，无泄露机密或丢失机密文件现象发生。

【干部培训】 2015年，为进一步提高自治县党委办公室人员尤其是文秘工作人员政治素质和业务水平，先后选派了8名办公室领导、干部赴自治区和市党校参加业务知识学习培训，不断提高领导干部在新时期、新形势下做好党委办公室工作的能力。同时，进一步推进自治县党委办公室学习型机关创建工作，结合自治县深入学习贯彻习近平总书记系列重要讲话精神、“三严三实”和“讲规矩，守纪律”活动，组织干部职工进行学习培训，办公室全体干部职工的思想认识、职业道德得到有效增强。

（李晓松）

组织建设

【概　况】 2015年，中共金秀自治县委员会组织部内设机构有办公室（信息办）、组织股、组织员办、干部综合考察调配股、干部监督股、干部教育股、人才工作股、公务员管理股。中共自治县委组织部（含中共自治县委老干部局、自治县党联办、自治县远程办和自治县非公党工委）编制为：行政编制14名（其中县委老干部局2名），参公事业编制3名，机关后勤服务事业编制2名。部领导职数为：部长1名，副部长3名（其中分别兼任中共自治县委党联办主任、中共自治县委老干部局局长或自治县非公党工委书记）。

部　长：莫克兵
副部长：何金胜（兼党联办主任）
　　　　卢冰若（兼非公党工委书记）
　　　　谢春丽（兼老干部局局长，6月离任）
非公党工委专职副书记：李　波

【领导班子和干部队伍建设】　认真贯彻执行《干部任用条例》及相关干部政策，严格按照规定程序和资格条件选拔任用干部，切实把好动议、民主推荐、考察、讨论决定等干部选拔任用全程纪实制度关和干部选拔任用预审制度关，向市委组织部上报动议方案2批179人次，均待批准后按照规定程序进行调整任免干部。同时，严格执行公务员调任有关规定，需办调任手续的3名干部，做到上级批复同意后才下文任职。县委共调整任免科级干部156人，其中提拔13人（正科级领导干部4人，副科级领导干部9人）；交流任职74人；改任非领导职务5人；免职61人（职级晋升后免职41人，退休1人，提前退休2人，违纪6人，工作调动4人，其他7人）；试用期满转正3人。同时，严格按照有关程序面向全县企事业单位和县乡机关确定了2个批次20名试岗锻炼人员，“试岗比选”乡镇领导班子后备干部工作，分别挂任10个乡（镇）的乡（镇）长助理。继续高标准、严要求，加强对“美丽广西”乡村建设（扶贫）工作队员的教育管理，完成19名县级贫困村党组织第一书记中的7名第一书记新一轮的选派，全县共有41名第一书记（其中自治区级15名、来宾市级7名、县级19名）进驻36个贫困村，并从第一书记中选任10人分别挂任乡（镇）党委副书记，并兼任美丽广西乡村建设（扶贫）工作分队队长，为干部的成长提供锻炼的平台。同时，中央、自治区、市、县四级共选派330多名精准识别工作队员进驻到77个行政村开展工作，为脱贫攻坚精准识别工作队伍提供有力保障。继续推行县四家班子领导“六个联系”、县直单位“四个一”、驻村干部“结一联十”制度和廉洁驻村“8项制度”。组织全县广大干部职工广泛开展“双进一回”活动（即“干部进村住户、农民进城住家、党员回乡服务”大行动），在互动交流中密切干群关系，增强发展信心，促进社会和谐，深化和拓展市委部署的“三万三进”大行动（即“万名干部进村、万名农民进城、万名党员进社区”为民服务大行动）。

【干部人事制度改革和人才工作】　自治县稳步推进干部人事制度改革，自治县严格按照2014年1月中共中央新修订的《党政领导干部选拔任用工作条例》和中央严禁超职数配备干部等有关规定规范做好干部选拔任用工作，把习近平总书记提出的好干部选拔到合适的领导岗位，统筹推进年轻干部、妇女干部、少数民族干部、党外干部的培养选拔，充分调动各类和各年龄段干部的积极性。制定出台县委常委谈心谈话制度，规范领导干部离任职交接管理。改进和完善公推差选办法，将年度考核、获奖情况纳入选拔过程，不唯考唯分取人，逐步建立科学完备的选人用人机制。推行乡镇干部夜访制度，建立健全干部选拔任用、管理监督制度，完善了干部选拔任用监督体系、选人用人责任追究、干部监督联席会议制度。有序整治机构设置和领导干部配备“三超两乱”（超职数配备干部、超机构规格提拔干部、超审批权限设置机构，擅自提高干部职级待遇、擅自设置职务名称）问题。按照中共中央办公厅、国务院办公厅《关于县以下机关建立公务员职务与职级并行制度的意见》（中办发〔2015〕4号）和自治区党委组织部、自治区人力资源和社会保障厅、自治区公务员局《关于县以下机关建立公务员职务与职级并行制度的实施意见》（桂人社发〔2015〕9号）等文件精神，认真贯彻实施县、乡机关公务员（含参公）职务与职级并行制度，已按权限审批晋升职级261人，其中晋升副处级职级80人、晋升正科级职级57人、晋升副科级职级124人。制定印发《自治县干部人事档案专项审核工作实施方案》，严格按照标准抓好各项指标建设。全面完成了对全县公务员（含参公）、事业单位中层以上管理人员和具有中级职称以上干部共2432人的档案专项审核，其中县委管理干部人事档案424册，人社、卫生、教育部门管理干部人事档案2008册。全年消化超职数配备干部120名，委托自治县审计局对6名乡科级领导干部进行任期经济责任审计，其中离任审计4名，任中审计2名。

坚持以“三个注重（即：作用发挥、政治激励、组织关怀）”为目标，研究制定《自治县科级非领导职务干部管理暂行办法》，明确组织部门和各单位的职责，管好用好科级非领导职务干部，进一步加强对科级非领导职务干部的管理监督。另外，积极做好硕士研究生乡官服务、培养和选拔工作，协调县财政部门按政策兑现了硕士研究生乡官的安家费补贴，选拔任用硕士研究生乡官进入乡镇领导班子。全县符合提拔条件的硕士研究生乡官已经全部到乡（镇）领导班子任职，通过“试岗比选”选拔1名硕士研究生乡官到乡镇挂任乡（镇）长助理，进一步配强和改善乡（镇）领导班子结构。

【干部教育培训】 稳步推进干部教育工作，结合“三严三实”专题教育，组织广大党员干部深入学习党的基本理论，深入学习贯彻中共十八届四中、五中全会和习近平总书记系列重要讲话精神，组织广大干部认真参加广西干部教育网络学习，配合上级选调县处级领导干部参训7期35人次，科级领导干部参训8期13人次。同时，组织做好全县科级以上领导干部、中青年干部、妇女干部和党外干部的有关培训工作。按照中组部和国家人社局文件要求，从2015年起将所有公务员参加脱产培训情况记入年度考核中，并明确培训时间、主办单位、培训机构、培训名称、考核结果等内容。同时，新编印“自治县在职干部全员培训登记证”4000余本，全部发放到位，并建立了领导干部培训档案，将每次培训情况记录归档，进一步加强干部教育培训档案管理工作。

表5 2015年干部教育培训工作情况统计表

投入资金（万元）	举办科级领导干部培训班		举办知识讲座		举办专业技术培训班		选调学员参加区、市级培训班	
	期数	人次	期数	人次	期数	人次	处级	科级
10.6	6	1862	7	1290	13	3260	35	13

【基层党组织建设】 2015年，自治县有党的基层组织765个（其中，基层党委12个，直属党工委2个，党总支部89个，党支部662个），行政村77个，社区4个，屯级党支部466个，公有制企业法人单位党组织1个，非公有制企业法人单位党组织21个，另有机关党组32个。

坚持以提升党建“四化”（规范化、示范化、品牌化、信息化）水平为目标，全面推进基层组织建设，进一步夯实基层党建科学化水平。将民族文化、民族团结与基层党建工作有机结合，将开展基层服务型党组织创建活动与推进基层党建“四化”建设有机结合，集中力量深入实施10个村级活动场所的改扩建工程（即：金秀镇和平村、桐木镇大蚕村、头排镇二排村、三角乡龙围村、三江乡三江村、忠良乡车田村、罗香乡大新村、长垌乡道江村、大樟乡互助村、六巷乡六巷村），着力打造12个基层党建示范点［即：分山内、山外两条线路进行打造。山内线主要有：金秀镇金田村金村屯，长垌乡滴水村、平孟村、平孟村青山屯，金秀祥云旅游开发有限公司，罗香乡罗运村；山外线主要有县非公企业党群服务活动中心（桐木镇），桐木镇桐木村，头排镇二排村江洲屯，广西东达制糖有限责任公司，三角乡龙围村，三江乡三江村］，规范化和示范化建设有序推进。

全面施行乡镇党代表联名质询制度和乡镇党代表询问制度，并探索推进村级干部“培源强基”工程和党的组织生活质量提升工程2项“书记创新工程”的实施，品牌化建设工作有效开展。继续抓好“远教广场影院”“党建之声广播”“组工手机消息”“电视党教之窗”“瑶山活页网络”“党员之家Q群”6座平台建设，较好地发挥基层党建信息化载体的作用。深入实施2015年基层党建“八大工程”，抓好各项工程的细化落实，特别是确定了“整合项目经费、责任部门支持、县级财政兜底”的经费筹集思路，预算或协调落实县委组织部50万元和10个乡镇党委每个10万元的党建工作经费、每个党员每年50元的基层党组织活动经费、81个村（社区）每个5万元的服务群众活动经费等，协调落实各级各部门支持党建经费达270多万元，加大了基层党建经费的投入。金秀县的做法在《广西组工信息》《当代广西》《来宾组工信息》等媒体进行了推介。强化分类指导，大力整治软弱涣散基层党组织。按照中央和上级党委关于“要形成软弱涣散基层党组织整治转化工作的常态化”的部署要求，全县年初以来共摸排出软弱涣散基层党组织14个。针对这些软弱涣散基层党组织，县委组织部和相关党（工）委坚持以问题为导向，制定有力措施，实行分类指导，进行了有效整顿，年底已全部实现整治转化。

夯实基层组织，认真做好村屯干部的服务管理。完成了全县285名村（社区）“两委”定工干部和1578名屯级党支部书记、村民小组长、屯长的年度考核工作，并兑现了村级“两委”定工干部、大学生村官和农村小组长的年度绩效奖励合计128.44万元。继续加强大学生村官培养和关心关爱工作，分期抽调5名在职大学生村官到县基层办进行轮训学习，给他们锻炼和学习的平台。同时，分两次为符合条件的22名大学生村干部，落实了15.5万余元增补津补两项补贴，确保他们的待遇标准与全县机关公务员同步提升。此外，还提供了4个乡（镇）机关公务员职位专门面向大学生村官招考，为他们的政治成长搭建了良好平台。扎实推进村级干部素质提升工程，采取市调训、县乡联训和外出学习等形式，配合市级调训13期38人次，全覆盖对全县285名村级“两委”定工干部开展精准扶贫能力素质提升培训，切实提高定工干部参与当前农村重点工作的业务素质；提供2个乡（镇）机关公务员职位供村级“两委”干部考试，切实增强了激励村级干部的政治成长作用。提高在职村级“两委”定工干部待遇。自治区《关于提高村干部报酬、村干部养老补贴和村级组织办公经费标准的通知》（桂组通字〔2015〕1号）、来宾市《关于调整全市村级干部待遇的通知》（来办发〔2015〕20号）下发之后，金秀县由县委组织部、县民政局、县财政局和各乡（镇）会同负责，及时落实了追加预算工作。2015年1月起调整村级干部报酬为：支书、主任“一肩挑”的1100元/月，支书、主任1000元/月，其余900元/月；业绩考核奖励报酬（即年终绩效奖励），考评优秀的奖励2100元/年、良好的奖励1800元/年、称职的奖励1600元/年。另外，5月份，正式启动在职村级干部待遇增加养老保险补贴项目，为全县符合条件的285名在职定工村级干部，按城乡居民养老保险每年800元参保档次（平均每人每月67元），落实21万余元的基本养老保险补贴。完成了年满60周岁离任村级干部的离任补贴审核、发放工作。按照上级统一要求和部署，完成对年满60周岁的离任村级干部养老补贴标准进行了新的调整和提升，在原来每任职满一年给予养老补贴8元/月提升至15元/月（半定工村级干部减半）。按照自治区《关于提高村干部报酬、村干部养老补贴和村级组织办公经费标准的通知》（桂组通字〔2015〕1号）要求，金秀县结合实际下发了《调整全县村级办公经费的方案》，按A、B、C、D四类核发村级组织办公经费，分别是A类村（农村社区）17个，1.9万元/年，B类村（农村社区）39个，1.7万元/年，C类村（农村社区）23个，1.5万元/年；D类村（县城社区）2个，2万元/年。同时，出台了相关的专项经费管理规定（意见），要求各级党组织做好经费的管理和使用。落实村级组织和村级干部“微权力”清单管理。借鉴武宣县的“微权力”清单管理办法制定金秀县的管理办法，经进行广泛地征求意见、多次修订后，下发到各乡（镇）党委，在全县81个村（居）民委对村级组织和村级干部“微权力”清单进行全面推广落实。

强化党组织政治功能，创新推进基层服务型党组织建设。针对有些基层党组织政治功能不够强的问题，金秀县结合市委和市委组织部的部署要求，实施了党员党性教育强化工程，严格党员日常管理，通过认真执行“三会一课”制度，加强对党员的培训教育。特别是以问题为导向，采取了“分类实施”的办法，多层面加强党员的党性教育，强化党组织的政治功能。分别在县处级领导干部中开展“三严三实”专题教育；在科级领导干部中开展“守纪律讲规矩”主题教育；在机关、事业单位干部职工中开展“学政策强服务”活动；在非公经济组织和社会组织党员中开展“为企业（组织）添彩，为党旗增辉”活动；在村级“两委”干部中开展深化“正风气、守清廉、树形象”活动；在屯级组织中开展“四会一组合议共建”活动等活动，以进一步发挥基层党组织的战斗堡垒作用和党员的先锋模范作用。2015 年开展的“三严三实”专题教育、“守纪律讲规矩”主题教育等工作均按照既定的实施方案顺利推进。同时，在积极推进关爱党员活动、农事村办、“一办三中心”、“三个五”和“三评三定”等相关工作的基础上，以创新活动载体、健全服务网络、加强团队建设、搭建服务平台为抓手，组织开展“党员回乡服务”活动，组织党员志愿者开展志愿服务活动，帮助家乡困难群众实现“微心愿”等活动。

【非公经济党组织】 扎实推进“两新”组织党建百日攻坚大行动工作，扩大党的组织覆盖工作覆盖。根据《自治区非公经济组织和社会组织党工委2015 年工作要点》（桂非社工发〔2015〕1 号）《关于开展非公有制经济组织和社会组织党组织组建百日攻坚大行动的通知》（桂组通〔2015〕25 号）和《来宾市开展非公有制经济组织和社会组织党组织组建百日攻坚大行动工作方案》（来组通〔2015〕19 号）精神，金秀县结合实际，按照全面调查摸底、确定目标任务、细化工作措施、群团组织联动的方法步骤，扎实开展“两新”组织（非公经济组织和社会组织）党组织组建百日攻坚大行动，取得了阶段性成效。经排查，全县列入“百日攻坚大行动”创建任务的非公经济组织有 125 个、社会组织（含民办非企业单位）有 43 个，已组建非公企业党组织 34 个（其中新组建 22 个），共覆盖 97 个非公企业，覆盖率达 77.6%；已组建社会组织党组织 13 个（其中新组建 12 个），共覆盖 32 个社会组织，覆盖率达 74.4%。同时，金秀县还按每名党员每年 50 元的标准落实了党组织活动经费；按每个“两新”组织党组织每年 1000 ～ 5000 元的标准落实了“两新”组织党组织活动经费，按每个“两新”组织党组织书记岗位津贴每人每年 1000 元的标准落实“两新”组织书记岗位津贴。同时，出台相关的专项经费管理规定（意见），要求各级党组织做好经费的管理和使用。

【远程教育】 坚持学用结合，继续推进远教终端站点建设特别是远教“高清互动电视”试点建设，强化学用实效，进一步抓好党员现代远程教育。及时做好远教终端站点的信号排查工作，做到月初摸查，站点设备有问题的立即报修；月中督查，督促站点管理员对设备的使用；月底追查，追踪“零”点播站点使用情况。此外还积极组织拍摄电教片，计划摄制 5 部电视专题片，已完成 6 部电教片拍摄工作，超额完成任务，其中《瑶山度戒》和《带到崖茶飘香时》分别获评为全区文化艺术类专题片一等奖和优秀奖。同时，筹措经费协助市委组织部和市远程办完成《瑶山公仆 · 赵文强》微电影的拍摄工作任务。

【党员教育管理】 坚持以自治县委党校、乡（镇）党校为主阵地，完善基层干部和党员队伍的培养教育制度，加大对基层干部和党员的理论培训及业务培训力度。2015 年，举办各类培训班共 460 期，培训农村党员 1.2 万余人次，农村党员参加培训率达 95% 以上。继续深化拓展“干部进村住户，农民进城住家，党员回乡服务”（简称“双进一回”）活动，全县党员组建成 168 支党员志愿者服务队，各级机关企事业单位干部职工结对帮扶贫困学生540 多名、贫困户 400 多户，联系群众 2 万多人。全县各级各单位干部职工深入农村基层落实一系列为民服务措施，共召开各类座谈会 385 场次，发放调查问卷 7320 多份，发放各类资料 4.89 万多份（册），访谈农民群众 4.85 万多人次，完成农事、农情调研 76 篇，领办群众“微心愿”2200 多个，开展劳务推介会 20 场次，落实支农资金 5340 万多元，慰问困难群众 960 多户，为民办实事解难事590 件，有力推动了“三农”工作开展，促进了城乡和谐，进一步激发了基层党组织和广大共产党员的创造力和凝聚力，发挥其战斗堡垒和先锋模范作用。同时，加强党务工作者的业务培训。从县管党费中划拨专项经费，为全县各党（工）委、党（工）委书记、党（工）委组织委员、党（总）支部书记和县委组织部本部全体干部职工、县四家班子党员领导干部和在职处级党员干部征订、分发了《发展党员工作手册（新编本）》，要求各党（总）支部书记组织班子成员和广大党员认真学习，深刻领会新《细则》的重大意义，全面抓好新《细则》落实。同时，组织开展基层党组织书记集中轮训工作，分3期对215名行政村（社区）、机关事业单位、国有企业和非公有制经济组织等各领域基层党组织书记全覆盖轮训，各基层党组织书记带队伍能力和综合素质得到进一步提升。整合各农村党员大培训成员单位资源，组织开展相关培训56期，累计培训农村党员9600多人次，有效地加强了党员队伍的教育管理。5月份开始，金秀县以高标准、严要求组织开展“三严三实”专题教育。成立县委专题教育领导小组和办公室，印发专题教育方案，明确教育对象，落实工作责任和工作经费，由书记带头讲专题党课顺利启动各项工作。全县处级干部均参加了“严以修身，对党忠诚”“严于律己，个人干净”“严以用权，敢于担当”三个专题的学习研讨。每次专题学习研讨，都先调研、后学习，使学习研讨与调查研究、解决实际问题结合起来，并且都邀请自治区有关领导、专家、学者作专题辅导。按照上级要求，在认真做好学习研讨、征求意见、剖析事例、谈心谈话、对照检查的基础上，组织召开科级以上领导班子“三严三实”专题民主生活会和各基层党组织“三严三实”专题组织生活会。在专题民主生活会和组织生活会上，领导干部和全体党员均本着对组织、对同志、对事业高度负责的态度，直截了当开展批评，指出具体问题、提出改进建议，相互批评有的放矢、切中要害，既做到了红脸出汗有“辣味”，又达到了团结—批评—团结的目的。通过自己找、群众提、互相帮、集体议、上级点，处级干部均对照检查，查摆了存在的“不严不实”主要问题，制定了整改方案或措施，明确了整改责任和时限，切实抓好整改工作。尤其注重抓好专项整治工作，年内已开展“四风”专项整治、腐败现象专项整治、不作为慢作为乱作为专项整治等几个大方面的专项整治，党员干部队伍作风建设得到进一步增强，“不严不实”和“不守纪律不讲规矩”现象得到了有效遏制。同时，在科级干部中同步开展“守纪律讲规矩”主题教育活动，并组织开展以“守纪律讲规矩”为主题的联合组织生活会，深化专题教育工作。自行设计专题教育和主题教育工作统计表，实行“逢8报”工作汇报机制。组建6个专项工作督导组，深入开展督导检查，督导情况作为年度专项工作绩效考评的重要依据，完善督查考评机制，强化“不严不实”问题整治，促使领导干部转作风、强服务，政治思想建设取得了新进展。

【党员发展和管理】 严格按照《中国共产党章程》《发展党员工作细则》《发展党员工作手册》的规定，严把党员“入口关”，稳步探索建立以“优进、严管、劣出”为主要内容的党员队伍纯洁机制，重点探索和完善了发展党员推荐制、公示制、票决制、预审制和责任追究制等工作机制，扎实做好发展党员的各项工作。科学规划，落实责任。按照县委2015年发展党员指导性计划，对要求各党（工）委制定年度发展党员计划、定期召开发展党员专题会议研究部署发展党员工作，做到年初有计划，年中有检查，年底有总结。严格执行发展党员推荐制、公示制、票决制、预审制和责任追究制等工作机制。县委组织部根据《中国共产党章程》和新《细则》新要求，于7月23日印发《关于印发〈金秀瑶族自治县发展党员责任追究制度（试行）、发展党员预审制度、发展党员公示制度、发展党员票决制度、发展党员民主推荐制度〉的通知》，进一步规范发展党员工作。规范党员档案管理。按照新《细则》要求，规范新发展党员档案，做到档案材料不齐全的不予讨论。同时要求各党（工）委逐步清查、完善近年来发展党员的档案材料。全年培养入党积极分子426名、发展新党员133名。同时，认真做好党费收缴管理工作，定期进行党费公开，自觉接受基层党组织和广大党员的监督。

【老干部工作】 认真抓好离休干部“两费”工作的落实，提高护理费标准。采取一张联系卡、二必到、三慰问的“123”工作服务法，深入开展走访慰问活动，加强对离休干部的亲情化服务。以县委老干部党校、老年大学、县老年活动中心等阵地作为老干部“老有所学、老有所为、老有所乐”平台，举办电脑培训班1期，培训学员40余人，并组织开展了学习习近平总书记在全国离退休干部“双先”表彰会上的重要讲话精神活动。积极参与区、市离退休干部先进集体和先进个人推荐评选，金秀县获全区先进个人表彰1人，获全市先进个人表彰4人，县老年大学被评为全市离退休干部工作先进集体。

【关心下一代工作】 “三爱”主题活动有声有色。按照上级的统一部署，制定金秀县“三爱”主题教育活动工作方案，成立领导小组，保证活动开展的组织基础。在桐木中学召开“爱学习、爱劳动、爱祖国”活动启动仪式，领导小组成员单位、各乡镇代表及桐木中学的广大师生参与了启动仪式，并开展了种植草皮活动。开展志愿者捐一本世界名著书本活动。活动共发动了“五老”志愿者、青年志愿者、城市小学生志愿者、网络志愿者等400多名，为全县5所中小学校捐去图书1600多册，影响面广，收到的社会效果好，得到了社会的好评。三是组织“五老”志愿者及妇联、团委、公安、交警、武警等开设爱心瑶家课堂。制作《多读书　读好书》《美丽的金秀——我的故乡》《社会主义核心价值观》课件及交通安全、禁毒、家庭教育、消防知识、武警演练等进校园，全方位关心下一代的健康成长。四是积极发动中小学生为白血病患者赵莹爱心捐款活动，向社会各界爱心人士筹集爱心救助款11万余元，为其进行骨髓移植配型所需巨额费用解决的燃眉之急。

宣传工作

【概　况】 中共金秀瑶族自治县委员会宣传部（简称中共自治县委宣传部）主要职责是宣传党的路线、方针、政策；围绕中共自治县委、自治县人民政府的重大决策，抓好社会宣传工作；提出和制订全县理论中心组学习方案和措施；加强和改善党的思想政治工作，研究新时期思想政治工作的规律；加强舆论引导和舆论监督，加强对新闻出版、广播事业和文化艺术部门的领导，对归口单位实施领导和管理；做好对外宣传工作和宣传队伍的建设；负责全县未成年人思想道德建设和精神文明创建工作。2015年年底，中共自治县委宣传部行政编制7人，实有人数6人；工勤编制1人，实有人数1人；设有办公室、精神文明办、新闻股、宣传股、党教理论股、未成年人思想道德建设股等股（室）。

部　长：李成金

副部长：杜绍康

　　　　罗　珊

【理论学习和思想政治工作】 以抓好“三个三分之一”（即集中学习占全年理论学习的三分之一；破解难题专题讨论占全年理论学习的三分之一；邀请专家解读占全年理论学习的三分之一）为重点。制定了《中共金秀瑶族自治县委员会中心组2015年理论学习方案》《关于2015年全县理论学习的通知》《中共金秀瑶族自治县县委中心组开展“三严三实”专题学习方案》等文件。为县委中心组成员征订《党建》《领导月读》《习近平总书记系列重要讲话读本》《理论热点面对面2015》等10多种理论学习资料。全年开展7次县委中心组集中学习会议，分别邀请自治区保密局副局长肖刚、自治区党委党校专家黄飚、曾林、自治区社会科学院哲学所专家曾家华等进行专题辅导。组织县“四级宣讲团”深入乡镇、机关（社区）、学校、企业等开展理论政策宣讲活动180多场次，受益干部群众达3万多人次。各级领导完成调研报告420篇。举办基层理论宣讲骨干培训班2期，培训人数80人。选派桐木镇龙庆村党支部书记到自治区参加为期一周的宣讲培训。选派选手参加来宾市乡镇（街道）宣传委员暨“乡村讲坛”种子宣讲员理论宣讲大赛荣获一等奖。充分利用村级小广播、乡村讲坛、远程教育站等平台，组织县委宣讲团、百姓宣讲团、县四家班子领导和县直各单位主要领导深入开展理论政策解读活动，针对群众提出的难点、节点问题及时解答，释疑解惑，理清情绪，把科学理论送到田间地头。全年举办理论政策宣讲和解答活动300多场次。一些种养协会在享受理论政策带来实惠的同时，还积极发动身边的群众一起学政策用政策，三江乡水果合作社和头排镇养蛇专业户挂牌成立了学用理论政策成果转化基地。组织县理论专家和理论骨干深入各乡镇及县外开展实地调研活动，撰写调研信息，共向上级报送舆情信息和典型案例15篇（条）。

【舆论宣传和对外宣传】 全县在国家级主流媒体上稿量126篇（条）。其中，报刊11篇，人民网42篇，新华网23篇，中国新闻网30篇，中央电视台新闻和专题片20条（1月2日、2月27日和2月28日中央电视台新闻频道和音乐频道分别播出“争奇斗艳冠军歌手故乡行”在金秀县录制的新闻和专题片；3月2日中央电视台新闻频道出播综合新闻《来宾金秀：早春的桃花开了》；3月5日中央电视台新闻频道播出新闻《七彩春天：大瑶山春色美景》；7月14日中央电视台新闻频道播出新闻《警察抓盗贼　街头上演“飞车大战”》；9月20日中央电视台军事—农业频道《绿色时空》栏目播出专题片《金秀瑶医瑶药》；10月中央电视台国际频道播出《长寿广西》；10月中央电视台国际频道《传承》栏目播出金秀县黄泥鼓舞传承人纪录片；10月7日中央电视台新闻频道分别播出《广西金秀：暴雨过后　当地全力救灾》《广西金秀：洪水退去　县城街道清淤完成》2条新闻；10月8日中央电视台财经频道《第一时间》栏目播出新闻《“彩虹”过后：广西金秀：越野车雨中侧翻》；10月8日中央电视台新闻频道播出新闻《广西金秀：多部门展开全力搜救　17名探险者初获营救》；10月10日中央电视台《面对面》栏目播出专题访谈节目《被救援的驴友》；10月14日中央电视台新闻频道播出新闻《广西金秀17名受罚驴友仅2人认罚》；10月14日中央电视台《共同关注》栏目播出新闻《广西金秀驴友搜救行动直接经济支出达10万多元》；10月15日中央电视台国际频道播出新闻《广西金秀：17名驴友深山遇险　各方艰难营救》；10月中央电视台新闻频道《共同关注》栏目播出新闻《广西金秀：驴友深山遇险　50多小时救援》；10月16日中央电视台财经频道《第一时间》栏目播出新闻《广西金秀：驴友违规探险　被救后受罚》；12月7日、8日中央电视台军事—农业频道《美丽中国乡村行》栏目播出专题片《醉在金秀》）；自治区级媒体上稿量274篇（条）；市级媒体上稿量590篇（条），年度主流媒体上稿量合计990篇章（条）。2月19日江苏电视台《新闻眼》栏目播出在金秀县长垌乡录制的《全家福：等待了67年的团聚》节目；4月至5月中央电视台《记住乡愁》《文化中国》和广西电视台科教频道《美丽的大瑶山——金秀发生的事》等栏目组相继在金秀县完成拍摄。

对外宣传工作紧紧围绕“团结稳定鼓劲、正面宣传为主”的方针，精心策划中共十八大、十八届三中、四中、五中全会精神、培育和践行社会主义核心价值观、“三严三实”专题教育暨“守纪律讲规矩”主题教育、“美丽金秀·生态乡村”、“长寿之乡”、创建广西特色旅游名县、特色产业、第二届滴水村油菜花旅游节、第三届金秀大瑶山生态山水旅游节暨广西旅游彩色跑跑进“金秀”活动、金秀瑶族盘王节系列活动等主题宣传。积极邀请上级主流媒体，全方位多层次宣传报道金秀。6月，邀请自治区级以上的20多家主流媒体到金秀县集中采访旅游、基础设施建设方面工作；7月，邀请新华社广西分社到金秀县采访报道差别化考核及扶贫攻坚工作；11月上旬和下旬，分别邀请中央、自治区30多家主流媒体2次到金秀县采访报道创建广西特色旅游名县、灾后重建、文化、交通、城镇建设等方面工作。3月，《光明日报》人文地理版“家乡的名山栏目”以《大瑶山：瑶都迎来宾》，全视角报道金秀大瑶山的风土人情。结合培育和践行社会主义核心价值观、“三严三实”专题教育暨“守纪律讲规矩”主题教育，深入挖掘各条战线涌现出的先进典型，将评选出的10名“美丽金秀人物”的先进事迹录制成专题片在县电视台播出。重点推荐赵文强、廖文雄等2人参加第三届自治区道德模范评选活动和全国道德模范评选活动。赵文强入选了第五届“中国好人榜”、第三届自治区道德模范和广西十大楷模人物。先后策划邀请中央、自治区新闻媒体到金秀县开展先进典型人物的采访报道活动，在各类媒体上大力宣传好人好事，增强了先进典型在社会上的影响力，弘扬了社会正能量。同时，加强对县内网站监管力度，认真对思想理论动态、社会舆情、网上舆情和宣传工作动态进行收集和分析研判，及时发现和处理网络上各类虚假、有害信息。成功处置了桐木镇白村事件、大樟乡面包车落水事件、台风彩虹探险者失联事件、赵贵坤事件等突发新闻事件。将绝大部分负面新闻处理在萌芽当中，对已报道的及时与上级宣传部门、媒体领导、前线记者沟通联系，将负面新闻第一时间引向正面报道，有效降低不良影响，为全县经济社会发展营造良好的舆论环境。

【思想文化建设】 抓好公益广告宣传，把弘扬中华优秀传统文化、雷锋精神、诚信教育、勤劳节俭、孝道敬老、文明旅游、生态环境、社会主义法制等作为公益广告宣传重点内容，利用电视台、LED显示屏、户外大屏等长期滚动播出宣传标语，出版了大量形象生动、贴近民意的黑板报、壁报和宣传专栏，采用文艺演出、演讲比赛等形式将核心价值观宣传引向深入。全县在公路沿线树立了36块大型核心价值观广告牌，在县城街道制作46盏核心价值观灯箱宣传牌，在县城瑶都广场制作了36块核心价值观国学文化展板，印制了5000份社会主义核心价值观挂历、5000本山歌小册子和制作了3000把公民文明公约小扇子发放给群众，深受广大群众的喜爱。扎实推进国学民居画廊和文化公园建设，把核心价值观与爱国主义教育、县情乡情教育、廉政建设、平安建设、生态乡村建设等内容有机结合起来，采用奇石雕刻、石头上墙、字画进宣传文化长廊、瑶族文化绘画上墙、树立善行义举榜等多种形式，形象生动地向广大群众展现社会主义核心价值体系蕴涵的真、善、美，让社会主义核心价值体系真正成为群众的心灵寄托和归宿。县民族小学紧紧抓住小学生的心理特点，在校门入口的步行道刻上“百家姓”，在校园楼道和墙面上书写弟子规、核心价值观内容及瑶族文化图文，受到小学生的喜爱；头排镇、三江乡、三角乡、忠良乡等乡镇的中心小学用小石块把核心价值观内容与民族文化内容融合起来镶嵌上墙，营造校园文化氛围；三江乡平步屯把国学画廊与石头文化相结合；桐木镇三寨屯、小马屯那么屯分别把核心价值观与精神文明建设、国旗工程生态乡村建设相结合；忠良乡、六巷乡将国学画廊与瑶族文化和校园文化建设相结合；县城的文化公园建设与创建广西特色旅游名县工作相结合。全县10个乡镇均完成了1个国学民居画廊示范点和1个主题公园建设任务。通过以文艺演出、演讲比赛等形式大力宣传社会主义核心价值观，充分利用农村文化广场这一平台，组织农村文艺队开展社会主义核心价值观文艺演出300多场次，开展送文艺下乡12场次。

【爱国主义与国防教育】 瑶族博物馆、大瑶山剿匪纪念公园荣获来宾市第三批国防教育基地称号；完成桐木镇龙庆村小马屯、三寨村三友屯、头排镇头排村等3个国旗一条街示范点建设。积极开展国防教育征文比赛活动，共推选出18篇文章参加自治区征文比赛评选；推荐2户家庭参加自治区“情系国防教育好家庭”评选活动。瑶族博物馆分别被评为自治区级、来宾市级爱国主义教育基地，金秀大瑶山剿匪纪念公园被评为来宾市级爱国主义教育基地；荣获来宾市“我邀明月颂中华”——抗战爱国经典诗词诵读大赛优秀组织奖，选派的7名选手均获得优秀奖；瑶族博物馆讲解员代表来宾市参加全区爱国主义解说比赛获得优秀奖。组织开展了爱国读书活动、“1234”工程和经典诵读活动、“三爱”、“学雷锋、做美德少年”、“学道德模范、诵中华经典、做有德之人”、“我们的节日——缅怀革命先烈，传承优良传统”、“向国旗献礼”、“日行一善”、“洒扫应对”、“共筑强大国防，建设美丽家园”、唱响“中国梦”、“感念恩情　点亮心灯”、“复兴中华　从我做起”、网上签名寄语、校园心理剧等10多个主题教育活动。积极组织开展“奋发向上　崇德向善”青少年爱国读书征文比赛活动，评选出一等奖58名、二等奖97名、三等奖79名；组织中小学生参加来宾市爱国读书征文比赛活动中，共有109名学生获得一等奖、132名获得二等奖、156名获得三等奖；组织12名教师、学生代表参加来宾市第二十二届“奋发向上　崇德向善”青少年爱国读书活动演讲暨讲故事比赛，有2名获得一等奖，1名获得二等奖，9名获得三等奖，县初中组的李晓玲还代表来宾市参加自治区的演讲比赛。

【精神文明建设】 充分利用公共场所、LED显示屏、广告牌、宣传栏等阵地，广泛开展“讲文明树新风”公益广告宣传，各单位、村镇踊跃参与文明村镇、文明单位、军（警）民共建精神文明先进单位的评选。全县共评选出第五批文明单位3个、文明村镇5个，向来宾市推荐文明单位7个、文明村镇1个、军（警）共建文明先进单位1个。建成道德讲堂示范点12个，开展各类道德讲堂活动80余次，1800多人次走进讲堂聆听模范先进事迹，净化了心灵。金秀镇荣获第四届“全国文明村镇”称号。制定“十星级文明户”创建活动方案，成立自上而下，层层负责，责任到人的领导机构，把好创建工作的每个环节，评选出县级“十星级文明户”50户、乡镇级“十星级文明户”100户。推荐50户“十星级文明户”参加来宾市的评选。对获得认定的“十星级文明户”进行表彰、挂星级牌、张贴对联、颁发荣誉证书。协调各责任部门进一步兑现“十星级文明户”优惠政策。在中央专项彩票公益金的支持下，头排中心校和三江乡中心校成为2015年乡村少年宫新建示范点。扎实抓好已建成的乡村少年宫的管理和服务工作，充分利用“阳光小书吧”“快乐科学营”“天文观测角”“科技探索园”等活动阵地，结合学生的兴趣、爱好、特长做好相应的培训计划，组织开展形式多样的乡村少年宫学教活动，丰富了未成年人的精神文化生活。同时，加强未成年人教育基地的申报工作，瑶族博物馆获得自治区未成年人思想道德建设示范点称号。

【文艺事业发展】 借助“民族、生态、长寿、养生”等文化品牌，把文化与旅游紧紧融合起来，成功打造出大型瑶族历史舞台剧《瑶都神韵》和盘瑶族舞台剧《瑶韵深牌》，《瑶都神韵》实现了每周一演的常态化演出目标，实现了金秀县旅游文艺演出产品零的突破，《瑶韵深牌》也面向游客及群众进行了7场公演，受到游客和群众的好评。在桐木镇、头排镇、三角乡、三江乡等乡（镇）建成了9个基层群众文化活动基地示范点。全县建成文艺舞台66个、篮球场97个、科技文化卫生综合楼77栋；组建129支农民文艺队和164支篮球队，每个行政村均有一支农民文艺队。结合瑶族盘王节、春节等传统节日及各种节庆，开展民族文化交流活动和组织开展丰富多彩的文化下乡、“周周演、月月演、季季演”、农村文艺大展演等活动。共组织文艺下乡700多场次，农村文艺队进城演出80多场次。完成一部瑶语电影译制工作，公益电影放映900多场次。县委宣传部荣获2015年全国科技文化卫生“三下乡”先进集体称号。选送的节目参加自治区举办的文艺比赛分别荣获“中国梦”广西第七届广场舞大赛三等奖和世界瑶族歌曲大赛优秀奖。全县成立130多支文化志愿者服务队，其中县级7支共150人，各乡（镇）、村委（社区）均成立1支以上服务队，开展志愿服务活动180场次。完成第五批区级申报项目《瑶族服饰》《瑶族八仙舞》的申报工作和这两个项目的传承人区级申报工作。

【民俗特色文化创建】 着力打造瑶族风情带，加强对古占山子瑶、孟村茶山瑶、圣堂湖盘瑶、罗运坳瑶、门头花蓝瑶的瑶族民俗文化传承展演村的打造力度，完成古占山子瑶、孟村茶山瑶、圣堂湖盘瑶、罗运坳瑶、门头花蓝瑶的节目编排工作，指导田村文化名村和六段民俗村成立了文艺表演队。完成了六巷乡古陈坳瑶生态博物馆和门头花蓝瑶生态博物馆、大瑶山生态博物馆、长垌乡古占屯的山子瑶生态博物馆、金田新村的盘瑶生态博物馆馆舍的建设（其中，坳瑶生态博物馆、门头花蓝瑶生态博物馆、大瑶山生态博物馆已正常对外开放），金秀镇六段村的茶山瑶生态博物馆在建设之中。征集到五个瑶族支系文物816件。

【科技宣传普及工作】 组织社会科学工作者围绕党和政府中心开展课题调研、理论研讨、社科普及等活动。联合县科协等单位到三江乡三江村开展形式多样的社科普及活动，推进了金秀县的科学技术普及，为实施“科教兴县”战略起到了积极作用。积极关注留守儿童，与南宁市青少年健康服务学会在地处偏远高寒地区的金秀镇六段村开展了为期5天的“成长的天空不孤单——2015金秀陪伴成长”公益夏令营。专业的社会工作志愿者通过去挖掘存在于瑶族儿童身上的潜力和优势，让这些瑶族孩子在寓教于乐的氛围中度过暑期，学会感恩、学会分享，同时能得到更多的陪伴。管好用好“乡村讲坛·社科普及基地”，在桐木镇龙庆村那么屯和三江乡平步屯开设了“乡村讲坛·社科普及基地”，基地宣传员通过指导农民群众学习科普知识和农业技术知识，帮助农民脱贫致富，为农民群众生产、生活提供帮助和服务，取得了较好的效果。同时，加强应用课题研究，积极申报社科学术成果。自治县“生态立县”课题组考察金秀县长垌乡道江村委古占屯、滴水村委溶洞屯、平孟村委青山屯等境内比较典型的特色民俗生态旅游产业发展状况和当地农村党建基本情况，为教学培训、科学研究和咨询服务准备大量详细可信的素材。

统一战线工作

【概　况】 2015年，县委统战部认真贯彻落实中共十八届三中、四中五中、全会及习近平总书记的系列重要讲话精神及市委、县委的党代会精神，主动适应新常态，紧紧围绕自治县“生态立县，旅游强县，农业稳县，工业富县、科教兴县，依法治县”的总体工作思路，致力在参政议政、服务社会、促进和谐、助推发展上推出新举措，做出新成效，为自治县经济社会发展凝心聚力。主要工作职责是：贯彻执行中央、自治区党委、市委关于统一战线的方针、政策，向县委反映统一战线工作情况，协调统一战线各方面的关系；联系无党派代表人士，负责对本县辖区内无党派人士进行组织培训，及时反映无党派人士提出的意见和建议；依法协调管理辖区内宗教事务；贯彻落实中央和国家的对台方针、政策，做好台胞、台属的联系协调工作；调查研究并反映金秀县非公有制经济及非公有制代表人士的情况，协调关系，提出政策建议；协调解决非公有制经济发展中的困难和问题，教育和引导非公有制经济人士践行社会主义核心价值观；负责开展统一战线的宣传，指导乡镇党委统战工作和开展统战成员的培训，协调政府各有关部门的统战工作。2015年，中共自治县委员会统战在职干部4人，工人1人。领导职位：部长1人，副部长1人（副部长兼任县工商联党组书记），县台湾工作办公室主任、台湾事务办公室主任职位空缺，办公室工作人员2人、司机各1人，全县10个乡镇均配备了统战委员。

部　长：赵群英

副部长：郭　军

工商联党组书记：郭　军

【自身建设】 2015年，县委统战部着力强化理论武装、教育引导，不断巩固统一战线共同思想政治基础，自觉把思想认识和行动统一到服务党的“四个全面”战略布局和市委、县委一系列决策部署上来，把学习贯彻中共十八大、十八届三中、四中、五中会全和习近平总书记系列重要讲话精神作为统战工作的首要政治任务，多形式、多途径组织全县广大统一战线成员开展政治理论学习活动。全年，共召开3次统战委员会议、4次工商联执委会、1次商会会员代表大会、举办2个专题学习培训班，深入学习习总书记关于全面深化改革的新思想、新观点、新要求和关于新的历史条件下统一战线重大问题的重要论述，提升全县广大统一战线成员的思想觉悟，形成保稳定、促发展、惠民生，构建和谐社会的思想意志和自觉行动。始终把党风廉政建设工作当大事、要事来抓，并与统战工作同部署同落实。组织统战全体干部认真组织学习贯彻有关党风廉政建设和反腐败工作会议精神，并认真落实“两个责任”清单和自治区巡视组巡视的整改工作意见。同时，制定完善《金秀县非公有制经济侵权投诉工作制度》及《中共金秀县委统战部机关单位干部管理制度》等制度。进一步深化本部门本系统的党风党性党纪教育，积极开展“三严三实”专题教育和“守纪律讲规矩”等主题教育活动，学习贯彻《中国共产党廉洁自律准则》《中国共产党纪律处分条例》、观看教育专题片等。做到边学边查边改，建立健全长效机制，全年统战干部队伍的思想认识与宗旨意识明显加强，工作作风与精神风貌明显提升，服务科学发展的能力明显提高。

【非公有制经济领域统战工作】 积极做好非公有制企业发展的现况调查和非公有制经济工作调研，组织非公经济人士开展交流联谊活动6次，走访46家企业，完成自治县非公有制发展情况、商贸物流发展情况和年轻一代非公有制情况等的调研报告提供给县委、县人民政府做决策参考资料。以“民营企业家与中国梦”为主题，通过“四信”教育引领、法制教育引导，在全县非公有企业中组织开展以守法诚信为重点的理想信念教育实践活动，在全县非公有制经济领域内形成诚信守法的浓厚氛围。积极开展工商联组织建设“创五有，争五好”活动，加强工商队伍的建设和管理，夯实基层商会的基础。全县新发展商会会员 41 名、会员企业 15 家。深入实施非公经济人士“素质提升”工程，组织开展非经济人士“诚信守法”“致富思源”助学行动等理想信念教育和光彩事业工作。自治县非经济人士“扶贫济困救助基金”扶持 10 名大学生完成学业，非经济人士共捐款 39.6 万多元参与光彩事业和社会公益事业。其中，捐资 7.3 万元帮扶持 19 名贫困学生上学、捐助病残者 1 人 5000 元；全年新兴工业企业实现产值 1.6 亿元，占全县工业总产值的 15.78%；非公经济约占全县地区生产总值 53%，自治县非公经济得到健康发展。

【“百企助百村”活动】 围绕精准扶贫、精准脱贫攻坚工作目标，组织、引导全县民营企业突出“特色产业、基础设施建设和生态建设”三个方面的帮扶思路，坚持以点带面、点面结合的原则，采取“一帮一”或“多帮一”等形式联系帮扶贫困村。全年共开展 7 次联谊活动、举办 3 期培训班、落实 19 家企业参与结对帮扶贫困村 10 个，具体落实帮扶项目 10 个，到位资金 20.6 万元，覆盖 8 个乡；其中，大瑶山天然植物有限公司扶持贫困群众 450 多人 150 多农户，种植叶茶面积达 450 亩，先后为贫困村及周边农村提供季节性就业机会 800 余人次。同时，以特色产业激活贫困区域经济，开展“百企助百村”活动，积极探索出“特色基地 + 扶持龙头企业 + 专业合作社 + 贫困户”的产业扶贫新机制，辐射带动 10 多个贫困村屯的 1300 多户 6500 多贫困人口，通过参与发展特色产业、旅游产业实现增收。

【党外人士工作】 全面落实中央统战工作会议和《中国共产党统战工作条例》的精神，建立健全党外联谊交友制度、建立和完善党外代表人士数据库，抓好党外干部的发现、培养、配备和学习调训工作。全年共举办党外代表人士培训班 1 期 60 人次，选派 10 人参加区、市两级培训，全县政府部门及公、检、法、司配备有党外干部和市、县两级人大代表、政协委员安排党外代表人士均按要求达标。

【“同心”品牌工程建设】 围绕自治县生态乡村建设工作，积极引导无党派人士、非公经济人士积极参与“同心”品牌工程建设。先后创建了三江乡平步屯“同心·生态园林”、三江乡稻香屯“同心·生态道路”、金秀县金秀镇生态茶园“同心·生态产业”以及桐木镇小马屯“同心·品牌工程示范点”等项目建设，助推自治县生态乡村建设。

【民族文化开发和利用】 围绕自治县“旅游强县”的发展战略，以创建特色旅游名县为契机，充分发挥统一战线资源优势和组织、协调的作用，着眼于民族文化的挖掘、整理、传承、保护、开发、利用等工作，通过非公经济企业和民间文化活动平台，加强民族工艺品的开发和文艺精品的创作与打造，稳步推进自治县瑶族传统文化和民族文化产业的发展。2015 年，围绕服务旅游业和推进民族文化产业的发展，引进一家私营企业在金秀县成立演艺传媒公司，全面负责完成金秀瑶族大型历史情景舞台剧《瑶都神韵》的完善提升工作，实现了周周对外接待演出（演出达 24 场次，接待游客 1.2 余万人）。举办瑶族刺绣及各类艺术学习培训班 36 期。同时，通过广西金秀大瑶山联谊会成功创作了具原生态的盘瑶族传统文化大型歌舞表演《瑶韵深牌》，成功组织举办 2015 自治县“瑶族盘王节”期间系列活动。全县民族工艺品开发市场逐步活跃，销售经营规模不断扩大，从事工艺品行业人员有近 1500 人。非公企业“鸿宇轩”民族工艺品厂房建成完工，桐木弘琴工艺品厂运营生产经营，共和民间竹藤编织作坊正式生产销售。全县建成瑶民族服装店 7 家、民族银器店（作坊）5 家、十字绣作坊销售店 5 家、木艺雕刻品具作坊 15 家、竹藤编织品销售门市 2 家。富含瑶族文化特色的工艺品集中进入旅游商品市场销售，全县特色文化品牌知名度和影响力不断增大。

【协商民主建设】 2015 年，配合民盟、民建、农工党等民主党派调研组 20 余人（次）。完成《我县新型城镇化建设》《加强工业园区环保建设促进园区可持续发展》《关于少数民族人才队伍建设工作情况》《非公有制经济发展情况》《水源地水源保护及环境污染治理》等 6 个重要课题调研。通过调研活动，为各民主党派人士就制定自治县政策和少数民族事业发展建言献策提供重要依据。

【宗教事务管理】 2015 年，全面加强民族宗教事务的检查督促，认真贯彻落实中央、自治区及来宾市民族工作会议精神。加强对宗教工作形式的研判，深入开展宗教工作情况、基督教发展情况及宗教管理工作的专题调研工作。制定出台《金秀县宗教工作监测机制》，有效防范、抵御境外利用宗教进行渗透。全年全县未发生涉及宗教因素的突发性事件。

党校工作

【概　况】 2015 年，县委党校在县委领导下，以中共十八大、十八届三中全会和习近平总书记系列重要讲话精神为指导，紧紧围绕中共金秀瑶族自治县委、自治县人民政府制定的“生态立县，旅游强县，农业稳县，工业富县，科教兴县，依法治县”方针和“打基础，兴产业，发展特色经济”发展战略思路，坚持“忠诚于党、科学办校”的办学方针，树立“团结务实、求是创新”的工作理念，围绕“教学立校、科研兴校、人才强校”的工作思路，凝心聚力，锐意进取，在干部培训、科学服务队伍建设、扶贫工作等方面取得较好成绩。中共金秀县委党校（金秀瑶族自治县行政学校）为全额事业单位，内设办公室、培训部、科研室、后勤处四个处（室），编制部门核准编制 12 人，其中行政人员 4 人，专职教学人员 6 人，工勤人员 2 人。

党校校长：莫慧军

常务副校长：陈震回

副校长：祝远峰

【干部培训工作】 深化教学改革创新，在课程设置上，围绕国情、县情的变化，因时施教，及时把《十八届五中全会精神解读》《拒绝家暴伤害，共筑和谐家园》《民营企业创新发展与民营企业转型升级》《坚持群众路线，践行“三严三实”》和《把党纪党规刻印在每个党员心上——学习领会新修订的〈中国共产党廉洁自律准则〉和〈中国共产党纪律处分条例〉精神讲义》等党的理论创新成果充实到培训内容中。让这些课题始终坚持“服务大局、按需施教”的原则，顺应形势和经济社会发展的需求，服务于干部教育培训工作，提高干部队伍的培训质量。

【科研咨政工作】 党校科研工作为推进党的理论创新服务和党委、政府决策服务。在充分调研论证的基础上，建立了桐木镇党性教育教研基地，桐木工业园区工业经济发展教研基地，忠良乡、罗香乡现代生态特色农业产业发展教研基地，金秀镇民族化、景区化建设教研基地，长垌乡、三江乡农村生态文明建设教研基地，六巷乡瑶族非物质传统文化遗产研究教研基地等 6 个教学科研基地。同时，县委党校结合党的群众路线教育实践活动，开展“下基层、接地气、转作风、连民心”大调研活动。5 月份，县委党校与县社科联合作，承担了区社科联关于全区县级社科联开展应用对策课题研究——《金秀瑶族自治县实施“生态立县”战略决策的研究与思考》，并于 9 月底完成结题工作。县委党校承担的课题——《金秀瑶族自治县生态旅游资源的开发与思考》通过来宾市党校系统深入农村、厂矿、企业开展联合大调研课题立项工作，并于 10 月底完成结题报送工作。全年，县委党校教师在《学校教育研究》《商品与质量》等国家级刊物上发表文章 6 篇，在《楚天法制》《文化产业》等省级刊物发表文章 7 篇，在区党校系统《工作简报》发表通讯一篇。另外，在参加各类征文比赛中，《浅谈如何把握在新常态下政治思想教育的灵魂——深入学习领会习近平总书记系列重要讲话的内涵与实质》荣获“中国梦·全国优秀教育论文评选大赛”一等奖;《基层贫困县贯彻落实〈民族区域自治法〉初探》在自治区党校系统第四届《桂海论坛》征文荣获三等奖。

【教工队伍建设】 县委党校坚持人才强校，扎实推进队伍建设，牢牢把握机遇“走出去”学，自2014年至2015年两年间县委党校共选派14名(次)教师分批到国家、自治区、市委党校及其他高等院校和培训机构进行深造学习，或参加学术研讨等。

县直机关工委

【概　况】 2015年，中共金秀瑶族自治县直属机关工作委员会(简称自治县直属机关工委)，管理自治县直属机关和企事业单位的中共党组织。2015年，自治县直属机关工委以加强基层党组织的凝聚力和战斗力为重点，以开展党的群众路线教育实践活动为契机，深入贯彻落实《中国共产党党和国家机关基层组织工作条例》，进一步理顺组织关系，规范党支部管理。2015年12月，有行政编制4人，机关后勤编制1人。

书　记：黄　恒

副书记、纪工委书记：文苏妮

【基层组织建设】 自治县直属机关工委管辖基层党组织103个(其中，党总支部7个，党支部96个)，党员1501人。2015年，审批县工商局党总支部等13个基层党(总)支部进行换届选举，补选支部书记12人，调整支委36名。积极开展非公经济组织和社会组织党组织组建百日攻坚大行动，指导新成立金秀、桐木、头排三个“小个专”联合党支部。全年共发展基层党员30名，讨论审批预备党员按期转正21名，保证党员队伍的纯洁性和先进性。

【党组织活力不断增强】 制定下发《关于加强金秀瑶族自治县直属机关基层党组织生活规范化建设的通知》，并执行党组织生活月报制度，促使机关党组织生活开展常态化、规范化。2015年县直属机关党(总)支部开展党组织生活1900多期(次)，参与党员6800多人(次)，党员回乡服务、为民办实事好事5200多件。组织开展一系列各具特色、主题鲜明的党建活动，丰富机关党建工作内容。继续抓好基层党建示范点的创建工作，指导县检察院、县人民医院等6个单位开展创建工作，为整体推进机关党建工作奠定基础。

【党内关爱帮扶】 进一步深化和拓宽党员关爱工作。2015年，组织机关党员参加“情系瑶山·爱心奉献”党内互助金募集活动，募集资金6.3万元，为7名困难党员申请到党内互助金7100元。深入开展“慰问送温暖”活动，全年共走访慰问了何以安等贫困党员、老党员152名，发放慰问金、慰问品19300元，让机关老党员、贫困党员感受到党组织的关怀和温暖。

【党费收缴】 积极配合中共自治县委组织部对各党组织的党费收缴、使用和管理工作。通过采取各种形式，广泛对党员进行宣传教育，提高党员对缴纳党费的思想认识，增强缴纳党费的自觉性和主动性。2015年，自治县直属机关工委收取党费20.5万元，按期如数上缴中共自治县委组织部。

【党风廉政建设】 严格落实党风廉政建设主体责任。认真落实党风廉政建设党委主体责任和纪工委监督责任，共列出单位“两个责任”清单25条，其中党委主体责任清单16条，纪委监督责任清单9条;列出个人“两个责任”清单54条。所有清单均列入落实党风廉政建设工作任务进行责任分解，并按照要求抓好落实。加强反腐倡廉思想教育，筑牢党员领导干部思想道德防线。认真开展“守纪律，讲规矩”主题教育和“勇于担当、坚守廉洁”作风建设年活动，严格查处发生在群众身边的“四风”和腐败问题。加大案件查办力度，做到有案必查。2015年，县直工委共查办党员违纪案件2件，并按照《中国共产党纪律处分条例》的规定，对违反纪律的2名党员分别给予开除党籍和党内严重警告处分。

(黄汝华)

县编委（编办）工作

【概　况】 2015年，全县有县直党政群行政机构（含公检法司机关）54个、事业单位197个；乡（镇）党政机关行政机构10个、事业单位101个。全县总编制5025名，其中行政编制990名，机关后勤服务事业编制96名，事业编制3939名。全县实有在职人员4067人。县机构编制委员会办公室有内设机构2个（综合股、监督检查股），核定编制数5名（其中，行政编制4名、机关后勤编制1名），实有在职人员5人，核定领导职数2名。有二层参公事业单位1个：金秀县事业单位登记管理局，核定编制数5名，另核定后勤服务控制数1名，实有在职人员2人。

编办主任：梁铸才

副主任：陶宝明（10月离任）

【政府系统机构改革工作】 金秀县按照“精简、统一、效能”与来宾市机构改革相衔接和体现金秀县情的原则，深化人民政府机构改革，稳步推进大部门体制改革，强化机构和职责整合，规范机构设置，理顺权责关系，完善体制机制，加快形成精干高效的自治县人民政府组织体系。按上级核定的机构限额，金秀县设置24个政府工作部门，12个挂牌机构，机构核置改革工作已全部完成。对卫生局和计划生育局，工商行政管理局和质量技术监督局，民族局和宗教局分别进行整合。涉及职能整合的生产环节食品安全监督管理职责、流通环节食品安全监督管理职责、研究拟订人口发展战略、规划及人口政策等职责全部整合到位，并承担新划入的职能职责。

【乡镇机构改革工作】 2015年，乡镇机构改革主要任务是理顺县与乡镇人民政府之间的职责关系，减少县人民政府各部门对乡镇政府微观事务的行政干预，最大限度发挥乡镇政府的积极性，进一步增强县乡政府全面履行职能的能力，创新工作制度，明确责任分工，确保权责保持一致，工作协调运转，加强相关公共服务职能。对乡镇党政机构按原统一设置的综合性五大办公室（党政办公室、社会事务办公室、经济发展办公室、卫生和计划生育办公室、社会治安综合治理办公室）不变。对乡镇事业机构进一步强化社会管理和公共服务职能，实行“县乡共管，以县为主”和“乡镇管理为主、上级业务部门进行业务指导”两种管理体制。重点加强村镇规划建设管理、国土资源管理、乡村清洁、环境卫生监管和环境保护、安全生产监管、食品药品监管、农产品质量安全监管。对社会保障服务中心、文化体育和广播电视站、人口和计划生育服务站、农村土地流转服务中心，规建环保安监所等5个乡镇事业单位实行“乡镇管理为主、上级业务部门进行业务指导”管理体制；对乡镇财政所、水产畜牧兽医站（动物产品质量安全监管站）、农业技术推广站（农产品质量安全监管服务站）、林业工作站、水利站、农业机械化管理推广站实行“县乡共管，以县为主”的管理体制。同时，创建试点，探索综合管理机构。将头排镇作为试点，把国土资源管理、村镇规划建设和环境卫生、环境保护、安全生产监管职能进行整合，组建综合职能机构——国土规建环保安监所，挂头排镇综合行政执法队牌子，实行综合执法。建立综合执法队伍，形成一个执法主体、一支队伍、一个平台、一个口径，杜绝了“无序执法，多头执法”，形成政府行政执法的强大合力。整合后“四所”的工作职能仍按原来的方式运转，集中办公，提高为民服务的质量和效率。

【事业单位分类改革工作】 对原有274个事业单位按照性质及职能进行分类，其中行政类4个，公益一类242个，公益二类10个，生产经营类10个，因机构性质暂未分类8个，并对2015年新设立的24个事业单位划分为公益一类事业单位。

【机构编制管理工作】 按照市编办下达金秀县控编减编目标任务，以2012年底机构编制、财政供养人员统计数为基数，对职能萎缩、名存实亡的单位进行清理。核减全县事业单位编制131名，上收市级管理，全面完成2015年年控编减编工作，盘活机构编制，优化人员结构，实现机构编制资源优化配置和使用效益的最大化，推动机构编制工作更好地服务全县社会经济发展。2015年，对上报中央的实名制数据进行了修改，确保了机构与编制与实际数一致。但内设机构、实有人员没有全部录入完成。

【事业单位法人登记管理】 2015年，事业单位法人年度检验改为年度报告公示制，并在编办专用网络红页统一将事业单位法人登记情况报告进行公示。全年完成事业单位年度报告公示225个，变更登记32个，初始登记4个。

【深化行政审批制度改革】 金秀县2015年按照工作方案继续推进行政审批制度改革工作，侧重于行政审批事项的事中事后监管和动态管理方面，并结合推行政府部门权力清单制度开展。在原有的行政审批事项《目录》基础上进行修订，编制出台《县本级行政审批事项目录（2015年修订）》及《取消非行政许可目录》，保留的行政审批事项296项（含承接上级下放32项），直接取消126项（其中行政许可10项，非行政许可116项），调整管理方式119项。对现有保留的296项行政审批事项，制定出了事中事后监管制度。对取消及调整的245项行政审批事项，制定出了后续监管办法。加强开展有业务的审批事项进行实地监管，做好监管记录和处置等相关工作。

【权力清单制度建设】 成立权力清单制度工作领导小组，制定出台《推行自治县人民政府部门权力清单制度实施方案》和《推行政府部门权力清单制度工作指南》，明确小组的职责分工以及督促协调组员之间的工作。采取电话联系、邮件发送或者面对面交流的方式及时督促、指导部门负责人上交权力清单，已完成权力清单、责任清单的审理及相关材料整理，自治县权力清单目录草案编制工作已基本完成。

（罗冬玲）

信访和群众工作

【概　况】 金秀瑶族自治县信访办公室成立于1988年1月，编制2人，受中共金秀瑶族自治县委员会领导；1999年9月编制增加到3人。2009年12月25日金秀瑶族自治县信访办公室更名为“中共金秀瑶族自治县委员会、金秀瑶族自治县人民政府信访局”。办公地点位于金秀县金秀镇平安路38号。2015年年底，编制为3人，实有在职人员4人，属正科级单位，设一正一副职位。

局　长：梁启英

副局长：黄远明

【受理人民来信来访】 2015年，共受理群众来信来访57件275人次，与2014年同期88件130人次对比，件次下降35.2%，人次上升111.5%。其中，来信25件，较2014年同期56件相比，下降55.4%；来访32件250人次，与2014年同期32件74人次相比，件数相同人次上升237.8%；其中，集体访为9件200人次，与上年同期3批35人次，分别上升200%和471.4%。已办结55件，办结率96%。

【化解上级信访积案】 2015年，市级交办信访积案4件，结案4件，办结率100%。

【办理自治区巡视组交办信访事项】 自治区巡视组驻来宾期间，交办到县信访局信访事项共44件，已按照交办要求办结44件，办结率100%。

【办理上级督办件】 2015年，自治区级督办件1件，已按时办结，办结率100%；市级督办件1件，已办结1件，办结率100%。

【网上信访信息平台建设和应用】 按自治区和来宾市信访局要求，县信访局于9月份接通全区网上信访信息平台，实现网上受理、办理信访事项。11月底前，已把全区信访信息平台覆盖到10个乡

（镇）和27个县直部门，且已按要求在平台上补录2015年1月1日以来的信访信息，全县应补录68件，已补录68件。

金秀瑶族自治县人民代表大会

机构设置

【常务委员会】 金秀瑶族自治县人民代表大会常务委员会是金秀瑶族自治县人民代表大会的常设机关，对自治县人民代表大会负责并报告工作。自治县人民代表大会常务委员会由主任、副主任若干人、委员若干人组成。自治县人民代表大会常务委员会主任、副主任组成主任会议。主任会议处理常务委员会的重要日常工作。自治县人民代表大会常务委员会下设：办公室、民族法制委员会、财经教科文卫工作委员会和选举联络工作委员会。

主　任：李金来（兼任党组书记）

副主任：梁　明

杨　华

梁爱华

赖春飞

【办公室】 办公室是自治县人大常委会的办事机构，负责自治县人大常委会机关日常工作，办理自治县人民代表大会、常务委员会、主任会议交办的事务，做好有关会议和人民代表大会的服务工作。

主　任：覃宏生（4月离任）

副主任：兰月丽（4月离任）

黄　强（4月任）

【民族法制委员会】 民族法制委员会是自治县人民代表大会的常设工作机构，受自治县人民代表大会领导，对自治县人民代表大会负责。在自治县人民代表大会闭会期间，受自治县人大常委会领导。负责对法院、检察院、公安局、司法局、民族局等单位贯彻实施法律法规、上级和本级人民代表大会及其常委会的决议、决定的情况进行督促检查，承办上级或本级人大及其常务委员会有关民族、法制工作的事项，并负责受理和办理有关群众来信来访、申诉和意见工作。

主　任：廖克胜

副主任：全玉明

【财经教科文卫工作委员会】 财经教科文卫工作委员会是自治县人大常委会的工作机构，负责与自治县人民政府的金融、财经、文教、卫生等部门的联系，调查了解这些部门在贯彻执行党的方针、政策和国家法律、法规的情况。对自治县重大问题、重大事项和群众反映强烈的问题进行调查研究，并向常务委员会或主任会议提出报告和建议。

主　任：秦全珍

副主任：莫智灵

【选举联络工作委员会】 选举联络工作委员会是自治县人大常委会的工作机构，负责选举和联络人大代表各项事务性工作，指导乡镇人大做好人大代表的选举以及开展人大代表工作，组织开展人大代表视察活动，做好人大代表的学习和培训工作，同时承办常委会和主任会议交办的其他事项。

主　任：黄进贵（7月离任）

赵有毅（7月任）

副主任：黄莉琳

重要会议

【人民代表大会会议】 金秀瑶族自治县第十五届人民代表大会第五次会议于2015年1月20日至22日在县城瑶族艺术中心召开。会议于1月21日开幕，1月22日闭幕。157名代表组成11个代表团出席了会议。

会议议程：听取和审议自治县人民政府工作报告；审查和批准自治县2014年国民经济和社会发展计划执行情况与2015年国民经济和社会发展计划草案的报告，批准2015年国民经济和社会发展计划；审查和批准自治县2014年财政预算执行情况与2015年财政预算草案的报告，批准2015年财政预算；听取和审议自治县人大常委会工作报告；听取和审议自治县人民法院工作报告；听取和审议自治县人民检察院工作报告；审议自治县人大民族法制委工作报告；补选自治县十五届人大常委会委员。

会议审议通过《关于自治县人民政府工作报告的决议》《关于自治县 2014 年国民经济和社会发展计划执行情况与 2015 年国民经济和社会发展计划的决议》《关于自治县 2014 年财政预算执行情况和 2015 年财政预算的决议》《关于自治县人大常委会工作报告的决议》《关于自治县人民法院工作报告的决议》《关于自治县人民检察院工作报告的决议》《关于自治县人大民族法制委员会工作报告的决议》，依法补选秦全珍、梁兵亮为自治县第十五届人民代表大会常务委员会委员。

【常务委员会会议】 人民代表大会常务委员会会议由主任召集，每两个月至少举行一次。2015 年，金秀瑶族自治县人民代表大会常务委员会共举行了八次会议。

金秀瑶族自治县十五届人大常委会第二十九次会议。会议于 2015 年 1 月 16 日在县城举行。会议由自治县人大常委会主任李金来主持，副主任杨华、梁明、梁爱华，委员覃宏生、廖克胜、罗维弋、黄进贵、李萍、谢春丽、韦贵周、梁柏成出席会议；赖春飞因事请假未出席本次会议。

会议听取和审议自治县人大常委会代表资格审查委员会关于代表出缺和补选代表的代表资格审查报告、自治县人大常委会办公室关于自治县第十五届人民代表大会第五次会议筹备情况的报告；召开自治县第十五届人民代表大会第五次会议的决定；自治县第十五届人民代表大会第五次会议相关人员的建议名单（草案）；自治县第十五届人民代表大会第五次会议列席人员决定（草案）；自治县人大常委会关于自治县十五届人大四次会议代表意见、建议和批评办理情况的报告；审查自治县 2015 年财政预算（草案）安排、审查自治县人大常委会工作报告（讨论稿）；审议通过了关于提请黄通才等人任免职的议案。

会议审议通过了依法补选赵东渐、向开林、焉东、秦全珍、梁兵亮、秦建华、盘璇、盘秋芳等人为自治县第十五届人民代表大会代表；审议通过了自治县人大常委会办公室关于自治县第十五届人民代表大会第五次会议筹备情况的报告；审议通过了召开自治县第十五届人民代表大会第五次会议的决定；审议通过了自治县第十五届人民代表大会第五次人民代表大会第五次会议主席团成员建议名单，秘书长、副秘书长建议名单，各代表团团长、副团长建议名单，议案审查委员会主任委员、副主任委员、委员建议名单；审议通过了自治县第十五届人民代表大会第五次会议列席人员的决定；审议通过自治县人大常委会关于自治县十五届人大四次会议代表意见、建议和批评办理情况的报告；审议通过了自治县 2015 年财政预算安排、自治县人大常委会工作报告。会议作出了任命黄通才为金秀瑶族自治县人民法院审判委员会委员、曾秋程为金秀瑶族自治县人民法院审判委员会委员、韦才周为金秀瑶族自治县人民法院民事审判第二庭庭长、苏成德为金秀瑶族自治县人民法院立案庭庭长、陈玉华为金秀瑶族自治县人民法院桐木人民法庭庭长、周扬为金秀瑶族自治县人民法院头排人民法庭庭长、陈晓敏为金秀瑶族自治县人民法院行政审判庭副庭长、梁霞娜为金秀瑶族自治县人民法院桐木人民法庭副庭长、林华为金秀瑶族自治县人民法院头排人民法庭副庭长、周毅峰为金秀瑶族自治县人民法院审判员、覃武琦为金秀瑶族自治县人民法院审判员、姚国东为金秀瑶族自治县人民法院审判员的决定；免去韦才周的金秀瑶族自治县人民法院桐木人民法庭庭长职务、苏成德的金秀瑶族自治县人民法院行政审判庭副庭长职务、陈玉华的金秀瑶族自治县人民法院民事审判第一庭副庭长职务、陈晓敏的金秀瑶族自治县人民法院立案庭庭长职务、林华的金秀瑶族自治县人民法院民事审判第二庭副庭长职务、兰春晖的金秀瑶族自治县人民法院头排人民法庭庭长职务、张斌的金秀瑶族自治县人民法院审判员职务的决定。

金秀瑶族自治县十五届人大常委会第三十次会议。于 2015 年 4 月 14 日在县城举行。会议由自治县人大常委会主任李金来主持，副主任杨华、梁明、梁爱华、赖春飞，委员覃宏生、廖克胜、黄进贵、李萍、韦贵周、梁柏成、梁兵亮出席会议。罗维戈、谢春丽、秦全珍因外出学习请假未出席该次会议。

会议审议通过关于提请黄强等人任免职的议案；关于接受覃宏生辞去金秀瑶族自治县十五届人大常委会委员职务的请求。

会议作出了任命黄强为金秀瑶族自治县人大常委会办公室副主任的决定；免去覃宏生的金秀瑶族自治县人大常委会办公室主任职务、兰月丽的金秀瑶族自治县人大常委会办公室副主任职务的决定；接受覃宏生辞去金秀瑶族自治县十五届人大常委会委员职务请求的决定。

金秀瑶族自治县十五届人大常委会第三十一次会议。于2015年6月12日在县城举行。会议由自治县人大常委会副主任杨华主持，副主任梁明、梁爱华、赖春飞，委员廖克胜、黄进贵、秦全珍、谢春丽、李萍、罗维戈、韦贵周、梁柏成、梁兵亮出席会议；李金来因外出开会未出席本次会议。

会议审议通过关于提请盘志华等人任免职的议案；关于接受赵贵坤辞去金秀瑶族自治县第十五届人民政府县长职务的请求；关于提请罢免赵贵坤来宾市第三届人民代表大会代表职务的决定。

会议作出了任命盘志华为金秀瑶族自治县人民法院陪审员、覃智为金秀瑶族自治县人民法院陪审员、蒙期兆为金秀瑶族自治县人民法院陪审员、郑荣文为金秀瑶族自治县人民法院陪审员、盘志林为金秀瑶族自治县人民法院陪审员、刘燕玲为金秀瑶族自治县人民法院陪审员、韦军为金秀瑶族自治县人民法院陪审员、罗付华为金秀瑶族自治县人民检察院检察委员会委员的决定；免去郑美嫦的金秀瑶族自治县人民检察院检察员职务的决定；接受赵贵坤辞去金秀瑶族自治县十五届人民政府县长职务的请求的决定；罢免赵贵坤来宾市第三届人民代表大会代表职务的决定，并报请来宾市人民代表大会常务委员会备案，由来宾市人民代表大会常务委员会公告。

金秀瑶族自治县十五届人大常委会第三十二次会议。于2015年6月29日在县城举行。会议由自治县人大常委会主任李金来主持，副主任杨华、梁明、梁爱华、赖春飞，委员廖克胜、黄进贵、秦全珍、谢春丽、李萍、罗维戈、梁柏成、梁兵亮出席会议；韦贵周因事请假未出席本次会议。

会议审议通过听取和审议自治县人大常委会代表资格审查委员会关于罢免赵贵坤金秀瑶族自治县第十五届人民代表大会代表资格的审查情况报告。

会议作出了关于罢免赵贵坤的金秀瑶族自治县第十五届人民代表大会代表职务的决定。

金秀瑶族自治县十五届人大常委会第三十三次会议。于2015年9月7日在县城举行。会议由自治县人大常委会主任李金来主持，副主任杨华、梁明、梁爱华、赖春飞，委员秦全珍、廖克胜、黄进贵、李萍、韦贵周、罗维戈、谢春丽、梁柏成、梁兵亮出席会议。

会议听取和审议自治县人民政府关于对自治县人大常委会2013年10月份开展野生植物资源保护专题视察提出的意见和建议落实情况的报告以及听取和审议自治县人大常委会专题调查组关于对2013开展的"野生植物资源专题视察"的意见和建议落实情况进行回审的调查报告；听取和审议自治县人民政府关于自治县教育发展状况工作情况的报告以及自治县人大常委会专题调查组关于自治县教育发展状况工作情况的调查报告；听取和审议自治县人民政府关于自治县县城创AAAA级景区工作情况的报告以及自治县人大常委会专题调研组关于自治县县城创AAAA级景区工作情况的调研报告；听取和审议自治县人民政府关于自治县2014年财政决算情况的报告和关于自治县2014年度财政预算执行情况和其他收支情况的审计工作报告以及听取和审议自治县人大财经教科文卫工作委员会关于自治县2014年财政决算的审查报告；并作出《关于批准自治县2014年财政预算调整的决议》；审议通过关于提请赵有毅等人任免职的议案；关于接受黄进贵、胡志辉辞去代表职务及黄进贵、谢春丽辞去金秀瑶族自治县十五届人大常委会委员职务的请求的决定。

会议审议通过了自治县人民政府关于对自治县人大常委会2013年10月份开展野生植物资源保护专题视察提出的意见和建议落实情况的报告以及自治县人大常委会专题调查组关于对2013开展

的“野生植物资源专题视察”的意见和建议落实情况进行回审的调查报告；审议通过自治县人民政府关于自治县教育发展状况工作情况的报告以及自治县人大常委会专题调查组关于自治县教育发展状况工作情况的调查报告；审议通过自治县人民政府关于自治县县城创AAAA级景区工作情况的报告以及自治县人大常委会专题调研组关于自治县县城创AAAA级景区工作情况的调研报告；审议通过自治县人民政府关于自治县2014年财政决算情况的报告和关于自治县2014年度财政预算执行情况和其他收支情况的审计工作报告以及听取和审议自治县人大财经教科文卫工作委员会关于自治县2014年财政决算的审查报告；审议通过了《关于批准自治县2014年财政预算调整的决议》；会议作出任命赵有毅为金秀瑶族自治县人大常委会选举联络工作委员会主任的决定；免去黄进贵的金秀瑶族自治县人大常委会选举联络工作委员会主任职务的决定；接受黄进贵、胡志辉辞去金秀瑶族自治县第十五届人民代表大会代表职务；接受黄进贵、谢春丽辞去金秀瑶族自治县十五届人大常委会委员职务的请求的决定。

金秀瑶族自治县十五届人大常委会第三十四次会议。于2015年12月4日在县城举行。会议由自治县人大常委会主任李金来主持，副主任杨华、梁明、赖春飞，委员秦全珍、廖克胜、李萍、韦贵周、罗维戈、梁兵亮出席会议。梁爱华、梁柏成因事假未出席本次会议。

会议听取和审议自治县人民政府关于听取和审议自治县人民政府关于《中华人民共和国劳动合同法》的贯彻实施情况的报告以及听取和审议自治县人大常委会执法检查组关于《中华人民共和国劳动合同法》执法检查的报告；审议通过依法补选黄洪波为来宾市第三届人民代表大会代表；关于提请樊占强任职的议案；关于接受吴红辞去职务的请求。

会议审议通过了自治县人民政府关于听取和审议自治县人民政府关于《中华人民共和国劳动合同法》的贯彻实施情况的报告以及审议通过自治县人大常委会执法检查组关于《中华人民共和国劳动合同法》执法检查的报告；会议作出关于依法补选黄洪波为来宾市第三届人民代表大会代表的公告，并报请来宾市人民代表大会常务委员会代表资格审查委员会审查确认；任命樊占强为金秀瑶族自治县人民政府副县长的决定；接受吴红辞去金秀瑶族自治县人民政府副县长职务的请求的决定。

金秀瑶族自治县十五届人大常委会第三十五次会议。于2015年12月14日在县城举行。会议由自治县人大常委会主任李金来主持，副主任杨华、梁明、梁爱华、赖春飞，委员秦全珍、李萍、韦贵周、梁兵亮、罗维戈出席会议；梁柏成、廖克胜因事请假未出席本次会议。

会议听取和审议关于提请兰向东任职的议案，并审议关于兰向东代理金秀瑶族自治县人民政府县长职务的决定。会议作出任命兰向东为金秀瑶族自治县人民政府副县长的决定；作出金秀瑶族自治县人民政府副县长兰向东代理县长职务的决定。

金秀瑶族自治县十五届人大常委会第三十六次会议。于2015年12月28日在县城举行。会议由自治县人大常委会主任李金来主持，副主任杨华、梁明、梁爱华、赖春飞，委员秦全珍、廖克胜、李萍、罗维戈、梁兵亮出席会议；韦贵周、梁柏成因事请假未出席该次会议。

会议听取审议自治县人民政府《对自治县大常委会2014年10月份开展“自治县旅游业发展状况专题调研”的意见和建议落实情况的报告》以及自治县人大常委会对《2014年10月份开展“自治县旅游业发展状况专题调研”的意见和建议落实情况进行回审的调查报告》；听取和审议自治县人民政府《关于要求调整2015年度财政预算的报告》以及自治县人大常委会财经教科文卫工作委员会《关于自治县人民政府2015年财政预算调整方案的审查报告》，并审议《关于批准自治县2015年财政预算调整的决议》；审议通过关于提请李东任职的议案。

会议审议通过自治县人民政府《对自治县大常委会2014年10月份开展“自治县旅游业发展状况专题调研”的意见和建议落实情况的报告》以及自治县人大常委会对《2014年10月份开展“自治县旅游业发展状况专题调研”的意见和建议落实情况进行回审的调查报告》；审议通过自治县人民政

府《关于要求调整2015年度财政预算的报告》以及自治县人大常委会财经教科文卫工作委员会《关于自治县人民2015年财政预算调整方案的审查报告》；审议通过《关于批准自治县2015年财政预算调整的决议》；会议作出任命李东为金秀瑶族自治县人民政府副县长的决定。

常委会主要工作

【履行职责】 2015年，在自治县党委的正确领导下，自治县人大常委会坚持以邓小平理论、“三个代表”重要思想和科学发展观为指导，深入贯彻落实中共十八大和十八届三中、四中、五中全会精神以及习近平总书记系列重要讲话精神，紧紧围绕全县工作大局，认真落实县委各项决策部署，扎实开展“三严三实”专题教育工作，各项工作取得新的进展。全年共听取审议“一府两院”专项工作报告5个、计划预算报告2个，检查了3部法律实施情况，组织开展了2项专题回审、13项专题调研和视察，依法任免国家机关工作人员19人，为自治县全面建成小康社会做出积极努力。

【监督工作】 2015年，自治县人大常委会紧紧围绕全县经济社会发展大局，主动适应经济新常态，聚焦转大型升级，突出对经济工作中的重点领域和重点工作的监督。

加强经济监督。自治县人大常委会听取和审议了县人民政府关于2014年县财政决算情况和2015年上半年财政预算执行情况的报告，审查批准2014年县级决算和2015年预算调整方案，提出严格依法理财治税、全面加强税收征管、努力优化财政支出结构、进一步深化财政改革、加强专项资金的监管等意见建议。同时，严把决算审查关。在对财政预算执行草案审查中，重点对专项资金使用情况、结转下年度资金、预备费安排情况的审查。要求财政部门对法定支出的项目、预备费使用程序和使用范围做出说明，做到专款专用。

加强产业监督。为积极助推自治县旅游服务产业的发展升级。常委会组织开展对2014年10月份开展“自治县旅游业发展状况专题调研”的意见和建议落实情况进行回审的专题调研，提出要将旅游规划与其他相关规划实行“多规合一”进行编制、加快旅游基础设施建设、加强旅游人才队伍建设等意见建议。为助推县城创建AAAA景区顺利通过验收，常委会组织开展自治县县城创AAAA级景区专题调研工作，在调研报告提出了存在的12个问题，以及提出了17条好的意见和建议。此外，组织县乡人大代表以乡镇为单位围绕全县改革发展稳定的重大问题和人民群众普遍关心的热点难点问题深入开展集中视察活动。

加强生态监督。为加强对自治县野生植物资源保护力度，常委会组织开展了对2013年10月份开展野生植物资源保护专题视察提出的意见和建议落实情况进行回审调研工作，指出了自治县名贵植物遭受盗挖主要发生地、涉案人员主要分布情况、名贵植物主要流出途径、名贵植物遭受盗挖的主要原因等问题。提出了进一步加大宣传力度，提高群众保护管理野生植物资源重要性的认识；进一步完善和落实野生植物资源保护管理工作政策和措施等意见建议。自治县人民政府高度重视，责令相关部门重点打击盗挖名贵植物的事件。

【重大事项决定】 自治县人大常委会坚持围绕全县经济社会发展和民主政治建设的重大问题，围绕人民群众切身的实际问题，依法决定重大事项。全年共作出决议决定11项。

【人事任免】 坚持党管干部与地方国家权力机关任免干部相统一的原则，依法任免地方国家机关工作人员。常委会依法任命12名县级国家机关工作人员，免去5人职务，接受2人辞职，为自治县国家机关工作的正常运行提供了组织保障。依法补选了1名市人大代表；依法罢免了1名市、县人大代表职务。指导乡镇人大补选了3名县人大代表。

【代表工作】 自治县人大常委会认真贯彻落实代表法，着力推进代表履职平台、能力和制度建设，激发代表履职活力，推动了代表建功立业。

加强代表履职能力建设工作。采取“请进来、走出去”等方式，加强代表和人大干部学习培训和对外交流。邀请了自治区人大常委会民族委员会及选举联络工作委员会专家到金秀县进行人大立法、人大代表履职情况及乡（镇）人大工作等方面的授课。首次组织27名县乡人大干部参加来宾市人大常委会在全国人大北京培训基地举办的人大业务培训班，促使人大代表和人大干部的理论水平得到的进一步的提高。

加强代表履职渠道建设工作。加强人大常委会委员与代表的联系、沟通，坚持邀请县人大代表列席县人大常委会会议，参加常委会组织的调研、视察、执法检查等活动，为代表知情知政、履行职责创造良好条件。2015年共开展了14次活动，参加代表共76人次。

加强代表履职方式建设工作。常委会建立完善了联系代表和选民工作制度，组织常委会组成人员深入基层联系代表，深入选区向选民述职，直接面对面听取代表和选民的意见和建议。一年来，共组织常委会组成人员向选民述职12人次，直接联系人大代表24名，联系选区12个，收集代表和选民的意见和建议58条，为群众办理实事好事23件。

加强代表履职平台建设工作。常委会深入开展乡（镇）人大规范化建设工作，规范化了全县10个乡镇人大的办公场所、办公设施和制度建设，并以“代表活动中心”和“代表之家”建设为载体，进一步完善代表服务平台。一年来，利用“代表活动中心”和“代表之家”开展学习培训达640人次，开展履职交流36次，协助纠纷调解136件。

加强代表建议意见督办工作。自治县十五届人大四次会议的66件代表建议和意见，全部在规定期限内办理完毕，使一些群众最关心、社会关注的问题得到有效解决，促进了“一府两院”及其各部门工作的开展。

【民族立法】 经县委批准同意，常委会于5月份开始对《金秀瑶族自治县自治条例》进行修改，制定下发《金秀瑶族自治县人大常委会关于金秀瑶族自治县自治条例修改工作方案》，召开1次启动会、2次部署会，3次初稿讨论会。按照现阶段以及今后自治县经济社会发展的趋势需要，根据宪法及有关法律的规定，对原自治条例中的54条规定进行了修改，内容涉及条例框架的设置、自治机关的自治权、享受的法定权益及民族关系等。自治县人大常委会已审议通过《金秀瑶族自治县自治条例》修正稿，准备提交县委常委会审议。

【“三严三实”专题教育】 自治县人大常委会结合“三严三实”主题教育工作，不断强化自身建设，提升履职水平。切实加强学习教育，大力弘扬走中国特色社会主义政治发展道路和坚持人民代表大会制度的自觉性、坚定性，全年共组织开展了4次中心组理论学习及3次“三严三实”专题教育集中学习研讨。采取走出去听、请进来议、面对面谈、专题会查、回过头看的方式，广泛征求意见建议，共发放征求意见函400余份，召开座谈会8次，走访代表和群众100余人，征求经梳理的群众意见建议57条，为常委会及机关改进“不严不实”的工作作风、提升履职水平提供了充足的“养分”和能量。针对群众反映和自身存在的突出问题，组织开展了3次专项工作整治和12个具体问题整改，健全了常委会议事规则、机关干部调研宣传等5项规章制度，改进作风常态化、长效化机制初步形成，常委会及机关形象进一步提升。

金秀瑶族自治县人民政府

人民政府工作

【概　况】 金秀瑶族自治县人民政府，是自治县最高行政机关，负责执行上级组织和自治县党委、自治县人民代表大会的决议；通过其工作部门和直属机构、各乡（镇）人民政府，管理自治县社会、经济、文化等行政事务。2015年，自治县人民政府工作部门有自治县人民政府办公室、县扶贫开发办公室、县发展和改革局、县经济贸易局、县公安局、县监察局、县民政局、县司法局、县财政局、县人力资源和社会保障局、县教育和科技局、县国土资源局、县住房和城乡建设局、县交通运输局、县农业局、县林业局、县文化体育广电局、县统计局、县环境保护局、县审计局、县食品药品监督管理局、县卫生和计划生育局、县民族和宗教事务局、县旅游局、县工商行政管理局、县质量技术监督局。县监察局与县纪律检查委员会机关合署办公，列入县人民政府工作部门序列，不计入县人民政府机构个数；县人民政府办公室加挂县法制办公室、县政务服务管理办公室、县调解处理土地山林水利纠纷办公室牌子；县发展和改革局加挂县物价局牌子；县财政局加挂县粮食局牌子；县住房和城乡建设局加挂县人民防空办公室牌子；县农业局加挂县水利局、县水产畜牧兽医局牌子；县经济贸易局加挂县安全生产监督管理局牌子；县教育和科技局加挂县地震局牌子；县食品药品监督管理局加挂县食品安全委员会办公室牌子。

县　长：赵贵坤（6 月离任）
副县长、代理县长：兰向东（12 月任）
副县长：赵东渐
李成金
彭卫东
黄日红
焉　东
庞月嫔
刘海波（挂职）
吴　红（挂职）
樊占强（12 月任）
吴保春（挂职）
李　东（12 月任，挂职）
调研员：苏金萍
副调研员：陈柏坤（10 月离任）
文俊东（3 月离任）

表 6　2015 年金秀乡镇政权机构一览表

单位名称	人民政府乡（镇）长数	下设部门	各村（社区）党支部书记人数	各村（社区）村（居委会）主任人数	其他村（社区）“两委”定工干部人数
金秀镇	4	党政办公室、社会事务办公室、经济发展办公室、卫生和计划生育办公室、社会治安综合治理办公室、社会保障服务中心、文化体育和广播电视站、人口和计划生育服务站、农村土地流转中心、规建环保安监所	9（其中 2 人为一肩挑）	9（其中 2 人为一肩挑）	16
桐木镇	4	党政办公室、社会事务办公室、经济发展办公室、卫生和计划生育办公室、社会治安综合治理办公室、社会保障服务中心、文化体育和广播电视站	15（其中 2 人为一肩挑）	15（其中 2 人为一肩挑）	56
头排镇	4	党政办公室、社会事务办公室、经济发展办公室、卫生和计划生育办公室、社会治安综合治理办公室、社会保障服务中心、文化体育和广播电视站、人口和计划生育服务站	5	5	11
三江乡	4	党政办公室、社会事务办公室、经济发展办公室、人口和计划生育办公室、社会治安综合治理办公室、社会保障服务中心、文化体育和广播电视站、人口和计划生育服务站	6	6	8
忠良乡	5	党政办公室、社会事务办公室、经济发展办公室、卫生和计划生育办公室、社会治安综合治理办公室、社会保障服务中心、文化体育和广播电视站、人口和计划生育服务站、农村土地流转中心	11	11	14

续表 6

单位名称	人民政府乡（镇）长数	下设部门	各村（社区）党支部书记人数	各村（社区）村（居委会）主任人数	其他村（社区）“两委”定工干部人数
长垌乡	4	党政办公室、社会事务办公室、经济发展办公室、卫生和计划生育办公室、社会治安综合治理办公室、社会保障服务中心、文化体育和广播电视站、人口和计划生育服务站、农村土地流转中心、规建环保安监所	7	7	7
三角乡	4	（一）党政机构设置：党政办公室、社会事务办公室、经济发展办公室、卫生和计划生育办公室、社会治安综合治理办公室（维护社会稳定办公室）；（二）事业机构设置：1. 所属公益类事业机构 5 个：社会保障服务中心、文化体育和广播电视站、人口和计划生育服务站、农村土地流转中心、规建环保安监所；2.“县乡共管、以县为主”的事业单位 6 个：乡财政所、水产畜牧兽医站、农业技术推广站、林业工作站、水利站、农业机械化管理推广站；3. 派出机构 2 个：国土资源管理所、食品药品监督管理所	6（其中 4 人为一肩挑）	6（其中 4 人为一肩挑）	12
罗香乡	4	党政办公室、社会事务办公室、经济发展办公室、卫生和计划生育办公室、社会治安综合治理办公室、社会保障服务中心、文化体育和广播电视站、人口和计划生育服务站、农村土地流转中心、规建环保安监所	9	9	13
大樟乡	4	党政办公室、社会事务办公室、经济发展办公室、卫生和计划生育办公室、社会治安综合治理办公室、社会保障服务中心、文化体育和广播电视站、人口和计划生育服务站、农村土地流转中心、国土所	8	8	12
六巷乡	4	党政办公室、社会事务办公室、经济发展办公室、卫生和计划生育办公室、社会治安综合治理办公室、社会保障服务中心、文化体育和广播电视站、人口和计划生育服务站、农村土地流转中心、规建环保安监所	5	5	15

【加快生态文明建设】 自治县积极实施“绿满八桂”等造林绿化工程，完成植树造林 1560 公顷，占计划任务的 101.7%，重点结合“美丽广西·生态乡村”活动，全县实施自治区级村屯绿化示范点 22个，一般村屯绿化示范点 250个，实现每个乡（镇）都有 1 个以上村级生态绿化示范点，每个行政村有 1 个以上屯级生态绿化示范点。在水源林区继续推广清洁能源项目，完成 7 个自然屯太阳能路灯项目的实施工作。严格执行林木采伐限额制度，全县核发林木采伐许可证 9 万立方米，同时查处无证采伐、运输、经营加工等违法行为，立案查处违法行政案件 149 起，处罚 151 人。加大日常执法巡查力度，2015 年全县发生盗采和猎杀野生动植物案件 9 起，查处 8 起，查处率为 88.9%，高于 85% 的目标，使县内野生动植物资源得到有效保护。

【提升第三产业发展水平】 创建广西特色旅游名县工作达到了广西特色旅游名县标准。完成《大瑶山国家级自然保护区总体规划》《广西金秀瑶族自治县旅游业发展总体规划（修编）》《金秀“世界瑶都”文化健康度假区总体规划》《圣堂山旅游区总体规划》《广西金秀瑶族自治县乡村旅游发展规划》《金秀瑶族自治县旅游资源与生态环境保护规划（2015—2020）》等 12 个旅游规划，确定了重点打造“自然生态、瑶族文化、长寿养生”三大品牌旅游产品，为促进金秀旅游产业健康快速发展奠定了坚实的基础。圣堂山AAAA级景区、县城“山水瑶城”开放式AAAA级景区通过自治区评估组验收，青山瀑布AAA级景区、古沙沟3A级景区已通过市评估组验收并颁证，建成投入使用县级游客服务中心、圣堂山景区游客服务中心、圣堂湖游客服务中心，先后开通了“柳州—金秀旅游直通车”和景区旅游专线车，“直通车”的开通为游客提供了较为通畅的旅游交通网络。以横村、马鞍旅游民俗村、古占特色旅游名村、青山生态观光农业村、溶洞村重要旅游节点和孟村、金村特色旅游名村为重点的生态民俗风情旅游带初现雏形，一批旅游公厕等旅游公共服务设施投入使用，金秀旅游服务功能和形象大幅提升。2015年1—11月，全县接待国内外游客人数273.08万人次，同比增长33.69%，旅游收入17.46亿元，同比增长54.24%。旅游业带动第三产业快速发展，前三季度全县第三产业同比增长8.8%，较上半年上升了2.1个百分点，对全县前三季度经济增长贡献率高达98%，拉动GDP增长4.43个百分点。

【招商引资工作取得新成效】 加大拓展招商力度，认真开展招商引资工作，取得了较好成效，在招商工作中呈现了新亮点。抓住重点，积极推介金秀良好的自然生态环境，为重点旅游项目的引进奠定基础，2015年引进了意向投资亿元以上旅游项目2个。创新招商引资方式，利用各种有利平台，通过“走出去、引进来”的办法，提高了招商引资的质量；三是加强服务质量，不断改善投资环境，全年共为广大客商解决急难事等共60多件。

【特色农业建设效果明显】 成功创建自治区级现代特色农业（核心）示范区，完成核心区路网、水利渠道硬化、防洪堤、果园升级、村屯美化、亮化工程等项目建设，完成投资1133.5万元。大力做好野生茶发展文章，抓好全县野生茶育苗基地建设，加大扶持管理力度，2015年，全县有野生茶育苗基地13个，面积共8.07公顷，完成新植茶叶面积达461.32公顷。

【大力打造民族文化特色产业】 2015年自治县获得自治区授予设立“瑶族文化（金秀）生态保护区”，完成录制瑶语电影《举起手来》并播放。5月1日，银杉公园的大瑶山自然生态馆开馆迎客，加快推进了自治县民族文化产业的发展，实现了自治县旅游文艺演出产品零的突破。开通了“广西金秀大瑶山旅游”微信公众号，分享自治县最新的旅行资讯和神秘的瑶族文化，为游客提供最及时、最全面了解自治县旅游信息的渠道。金秀瑶族原创乡土歌舞与重新整合的充满古朴与新意的大型歌舞集锦——《瑶都神韵》于5月1日正式对外开演；借助中央电视台《美丽中国乡村行》主题节目深入、生动地宣传自治县丰富的自然和人文旅游资源，有效提高外界对金秀旅游发展的关注度。2015年，组织实施了六巷乡邦家屯文化室项目、罗香乡白石洞屯文化室建设项目、少数民族手工品保护基地建设项目、长垌乡马安屯文化长廊项目、金秀镇罗孟村新建屯村道硬化工程。项目资金共110万元，直接受益群众515人。进一步改善了少数民族地区基础设施条件。

重要会议

【自治区扶贫产业开发现场推进会】 10月29日，全区扶贫产业开发现场推进会在自治县召开，自治区党委常委、自治区常务副主席唐仁健，自治区副主席张秀隆，自治区人民政府副秘书长、扶贫办主任蒋家柏，自治区人民政府副秘书长周光华等领导出席会议，自治区扶贫产业开发专责小组成员自治区农业厅等20个单位、全区14个市105个县（市、区）及54个扶贫开发工作重点县（市、区）领导参加了会议。会议上总结交流了扶贫产业开发工作经验，研究部署了下一步扶贫产业开发工作，并进行业务培训。

【大瑶山瑶学学会】 11月17日，金秀大瑶山瑶学学会召开了第一次会员代表大会，正式成立金秀大瑶山瑶学会。金秀大瑶山瑶学学会的成立，将极大发挥瑶族同胞在金秀大瑶山经济社会发展中的积极作用，对进一步传承、保护和弘扬瑶族优秀传统文化，促进民族团结进步，起到十分重要的作用。

【参加 2015 中国—东盟博览会】 5 月 29 日—31 日，组团赴桂林参加 2015 中国—东盟博览会，并在展会期间，在自治县举行了 2015 第三届来宾金秀大瑶山生态山水旅游节暨广西旅游彩色跑跑进金秀活动推介会系列活动，吸引了大批游客到自治县观光旅游，进一步提升了自治县的知名度和美誉度。

【举办2015年“瑶族盘王节”】 11月26日—28日，自治县成功举办 2015 年“瑶族盘王节”系列活动，活动突出主题，弘扬特色，充分展示金秀丰富的民俗文化，推动自治县非物质文化遗产的保护，提高全县广大人民群众的凝聚力，促进民族文化与旅游产业融合发展，提高了金秀的知名度和美誉度，得到了国内外嘉宾，特别是瑶族同胞的高度赞誉。

【县长办公会议】 5 月 5 日，自治县人民政府常务副县长赵东渐在县行政中心 4 楼会客室主持召开县长办公会议。会议就县木材公司改制的有关事宜进行了研究，会议决定：请县林业局严格按照自治县十五届人民政府第 18 次常务会议通过的《金秀瑶族自治县木材公司改制职工安置方案》执行，加快推进改制有关工作。

5 月 20 日，自治县人民政府常务副县长赵东渐在县行政中心 4 楼会客室主持召开县长办公会议。会议对近期县人民政府工作中的一些重要事项进行了讨论和研究，并作出了相应的决定。会议研究讨论了四项议题：关于县木材公司改制职工安置费计发方案的有关问题。关于给予韦某中、闭某平行政开除处分的问题。关于给予梁某欢、李某宝立案调查问题。关于给予廖某龙行政开除处分问题。

7 月 1 日，自治县人民政府常务副县长赵东渐在县行政中心 401 会议室主持召开县长办公会议。会议对近期县人民政府工作中的一些重要事项进行了讨论和研究，并作出了相应的决定。会议研究讨论了两项议题：关于县民族小学不再举办学前教育班的问题。会议决定：同意县民族小学从 2015 年秋季学期起，不再举办学前教育班，原在民族小学举办的学前教育班改在县幼儿园举办。关于县民族小学、县民族中学不再举办民族班的问题。会议决定：同意县民族小学从 2015 年秋季学期起，不再举办民族班；请县教育和科技局就县民族中学取消民族班问题向上级主管部门请示汇报后，再作讨论研究。

7 月 3 日，自治县人民政府常务副县长赵东渐在县行政中心 401 会议室主持召开县长办公会议。会议就金秀县 2015 年野生茶种苗的扶持标准进行了研究，会议决定：2015 年金秀县野生茶种苗继续按 0.46 元 / 株、运费按 0.01 元 / 株标准给予扶持。

7 月 31 日，自治县人民政府常务副县长赵东渐在县行政中心 301 会议室主持召开县长办公会议。会议对近期县人民政府工作中的一些重要事项进行了讨论和研究，并作出了相应的决定。会议共研究讨论了十一项议题：关于调配旧县妇幼保健院大楼一楼作县信访局办公用房的问题。会议决定：同意将旧县妇幼保健院大楼一楼调配给县信访局作办公用房，同时将二楼（含二楼）以上办公用房调配给金秀镇人民政府使用。关于确定桐木新市场产权移交接收主体的问题。会议决定：同意由县市场开发服务中心作为主体与市场建设方对接洽谈桐木新市场产权移交接收相关事宜。关于重新与广西金秀华粮食品有限公司签订原内燃机厂场地租赁协议的问题。会议决定：同意重新签订租赁协议，租赁期限为 8 年。由县经贸局根据会议讨论意见修改租赁协议，修改后的协议书经县法制办审核把关后报县人民政府签订。关于重新出让长垌乡六架冲重晶石矿采矿权的问题。会议决定：暂不考虑，请县国土局会同相关部门做好可行性研究报告，报县人民政府再议。关于调整金新线九公里至六段村路口公路水泥混凝土路面宽度的问题。会议决定：同意调整增加金新线九公里至六段村路口公路水泥混凝土路面宽度 1 米，调整后的水泥混凝土路面宽度为 5.5 米。请县交通局依法依规组织实施。关于确定自治县出租汽车客运运价标准的问题。会议决定：原则同意县物价局在自治县十五届人民政府第 27 次常务会议提交的《自治县出租汽车客运运价标准的听证报告》中的定价意见，由县人民政府按程序提请县委审议。关于确定县幼儿园教育收费执行临时收费标准的问题。会议决定：原则同意县幼儿园教育收费标准由原来的550元/人·学期提高到750元/人·学期，执行时间暂定一年，由县人民政府按程序提请县委审议。关于乡镇机关事业单位工作人员实行乡镇工作补贴的问题。会议决定：同意按上级文件规定落实乡镇机关事业单位人员乡镇工作补贴，请县人社局、县财政局根据上级文件精神和会议讨论意见重新修改完善《金秀瑶族自治县实行乡镇工作补贴实施方案（草案）》后报县人民政府审定，按程序提请县委审议通过后印发执行。关于安排共建融资性担保公司增资资金的问题。关于退还金秀县广源房地产开发有限公司征地预付款的问题。关于减免县瑶医医院二期工程小城镇基础设施配套费的问题。

9月10日，自治县人民政府常务副县长赵东渐在县行政中心301会议室主持召开县长办公会议。会议对近期县人民政府工作中的一些重要事项进行了讨论和研究，并作出了相应的决定。会议研究讨论了三项议题：关于唐田湘等3名聘用期满大学生村官续聘的问题。关于补发县工商局退休职工吴荣禧待遇的问题。关于县工商局陶海舟、叶启鸿、李开元三人申请提前退休的问题。

11月23日，自治县人民政府常务副县长赵东渐在县行政中心301会议室主持召开县长办公会议。会议对近期县人民政府工作中的一些重要事项进行了讨论和研究，并作出了相应的决定。会议研究讨论了五项议题：关于县森林公安局罗汉生申请提前退休的问题。关于县公安局黎敦焕申请提前退休的问题。关于给予莫某荣行政开除处分问题。关于《金秀瑶族自治县县级公立医院综合改革工作实施方案》（草拟稿）的修改问题。会议决定：请县医改办根据会议讨论意见进行修改，其中方案涉及的县级公立医院医护人员编制控制数设置问题，请县医管委根据金秀县医疗卫生发展现状做好医护人员需求调查统计后，报县人民政府再行研究。关于向农业发展银行申请县域基础设施建设项目贷款的问题。会议决定：金秀镇、桐木镇、头排镇三个镇为城镇建设重点，三江、三角、罗香、长垌、忠良、大樟、六巷等乡（镇）重点报送污水垃圾处理、城区供水、政府所在地综合整治提升等项目，请各乡（镇）按照会议要求梳理填报项目于本周三前报县住建局汇总后报县人民政府审定；请县扶贫办及时与县农发行对接，按照扶贫项目领域贷款要求，尽快提出拟贷款项目计划报县人民政府。

12月28日，自治县人民政府代县长兰向东在县行政中心301会议室主持召开县长碰头会议。会议主要内容为县纪委书记熊燕导学《中国共产党廉洁自律准则》《中国共产党纪律处分条例》，讨论修改政府行事议事相关制度，代县长兰向东对近期重点工作进行了安排部署。

【县人民政府常务会议】 1月15日在县行政中心301会议室召开十五届人民政府第23次常务会，会议研究讨论了六项议题：关于《2015年政府工作报告》（讨论稿）的修改问题。关于《2014年国民经济和社会发展计划执行情况与2015年国民经济和社会发展计划草案报告》（讨论稿）的修改问题。关于《2014年财政预算执行情况与2015年财政预算草案报告》（讨论稿）的修改问题。关于2014/2015年冬春新种、翻种蔗扶持政策的问题。会议决定：同意对2014/2015年冬春新种、翻种蔗加大扶持力度，即从100元/亩提高到200元/亩予以扶持。关于核定县建设工程招投标管理站单位性质的问题。关于调整县新艺污水处理厂、县恒泰垃圾处理场职工工资的问题。

3月24日，在县行政中心301会议室召开第十五届人民政府第24次常务会，会议研究讨论了八个议题：关于调整兑现全县事业单位及机关后勤人员津贴补贴问题。关于柳州裕海房地产开发有限公司请求退还金桐小区项目部分土地出让金的问题。关于2015年度桐木镇城区百镇示范工程及综合整治项目建设计划的问题。关于引进航空旅游项目的问题。关于金秀大酒店有限公司申请减免金秀大酒店项目报建费用的问题。关于解决县环卫站临时工工资的问题。关于自治县第二期学前教育三年行动计划（2014年—2016年）方案的问题。关于调整桐木镇七建卫生院建设项目的问题。

4月14日，在县行政中心301会议室召开第十五届人民政府第25次常务会，会议研究讨论了四个议题：关于广西林业集团有限公司到金秀县投资签订合作框架协议的问题。关于《金秀瑶族自治县2015年统筹推进重大项目建设安排计划表（讨论稿）》的修改问题。关于《金秀瑶族自治县“十三五”重大项目建设计划表（讨论稿）》的修改问题。关于引进浙江运达风电股份有限公司风电场项目的问题。

6月1日，在县行政中心301会议室召开第十五届人民政府第26次常务会，会议研究讨论了九项议题：关于提高自治县敬老院、五保村管理人员工资的问题。关于江盟铁合金有限公司申请电价扶持的问题。关于解决全县中小学校园“三防”设施建设资金和安保人员工资的问题。关于开发大进水电站和雅当水电站的问题。关于征收桐木镇西环路两侧土地作政府储备用地的问题。关于县城污水管网改扩建项目变更签证的问题。关于广西绿东房地产开发有限责任公司申请退还蝴蝶谷建设项目土地竞拍金的问题。关于桐木镇向阳西路改造项目供地规划的问题。关于县城农贸市场门前瑶医药一条街摊位搬迁的问题。

7月14日，在县行政中心301会议室召开第十五届人民政府第27次常务会，会议研究讨论了七项议题：关于调整桐木镇七建卫生院业务综合楼和职工周转房建设项目的问题。关于柳州裕海房地产开发有限公司请求退还桐木金桐小区项目部分土地出让金的问题。关于落实桐木镇污水处理厂管理机构及人员的问题。关于确定桐木镇污水处理厂建设模式的问题。关于《中大飞天金秀国际通用航空基地项目投资合作框架协议书》的修改问题。关于落实县级基层就业和社会保障服务中心综合办公楼建设项目用地的问题。关于确定自治县出租汽车客运运价标准的问题。

9月10日，在县行政中心301会议室召开第十五届人民政府第28次常务会，会议研究讨论了六项议题：关于原金秀镇卫生院和平卫生室办理过户手续的问题。关于表彰“大樟7·25”事故救援先进个人的问题。关于变更县微型客车车队经营管理权属的问题。关于确定2015年公共租赁住房建设项目及配套基础设施建设模式的问题。关于建立政府法律顾问制度的问题。关于调整县民族高中附近停车场管理权属的问题。

9月23日，在县行政中心301会议室召开第十五届人民政府第29次常务会，会议研究讨论了五项议题：关于成立金秀瑶族自治县城乡建设投资有限公司的问题。关于将和平小学等34所小学变更为教学点的问题。关于确定2015年公共租赁住房“以购代建”建设项目政府采购最高控制价的问题。关于来宾市大同房地产开发有限公司两个开发项目超规划建设的问题。关于给予翁儒华行政开除处分的问题。

11月17日，在县行政中心301会议室召开第十五届人民政府第30次常务会，会议研究讨论了十项议题：关于《金秀航空旅游项目投资框架协议》的修改问题。关于对长乐铜矿采选厂和三和选矿厂资金补助的问题。关于解决创建广西特色旅游名县缺口资金的问题。关于调整乡镇村卫生室改造项目资金的问题。关于将县木材公司罗香木材站土地划拨给罗香乡人民政府的问题。关于给予退休专业技术人员岗位晋升的问题。关于2015/2016冬春新种、翻种蔗扶持政策的问题。关于中兴公共汽车运输公司申请公交车财政补贴的问题。关于《金秀瑶族自治县公共租赁住房管理实施细则》（草拟稿）的修改问题。关于收回金秀月亮湾大酒店投资有限责任公司国有建设用地使用权的问题。

（盘莉凡）

金秀瑶族自治县人民政府办公室

【概　况】　2015年自治县人民政府办公室内设综合股、秘书股、文电会务股（公共节能办）、行政财务股、应急办（信访接待股）、信息督查股、侨务办公室、机关后勤服务中心等8个股室。在职干部职工31人（不含自治县政府领导）。在自治县人民政府的直接领导下，办公室坚持党的基本路线，紧紧围绕经济建设中心，遵循参与政务、管理事务、做好服务的原则，积极开展各方面工作，当好自治县人民政府的参谋助手。自治县人民政府办公室秉承“和谐、严谨、实干、创新”的工作方针，扎实履行联系上下、协调左右、沟通内外的中枢职能，较好地完成了“为领导服务、为基层服务、为群众服务”的各项任务，为推动自治县经济社会平稳较快发展做出了积极贡献。

主　任：黄贵恒

副主任：梁德民

潘发清（4月任）

李红兵（4月任）

潘　成（4月任）

纪检组组长：廖云贵

【办文办会】　办文办会是自治县人民政府办公室的一项重要和经常性工作，为充分发挥公文在行政工作中的作用，自治县政府办公室积极突出协调服务作用，严格执行中央“八项规定”，提高办文办会水平。要求对每一件公文认真把好政策关、文字关和程序关，积极倡导简洁、明快的文风，围绕全县各阶段中心任务，认真收集有关资料，确保文字材料真实可靠。2015年，分别制发政府文件33件，政府请示75件，政府办公室文件139件。

【政务信息】　政务信息是为各级领导机关决策和指导工作提供科学翔实资料的依据，是政府办公室围绕自治县人民政府工作重心，紧扣领导和广大群众关心的热点问题，有计划、有目的地进行调研，是开发高层次信息的保证。自治县人民政府办公室强调突出透明高效，提高政务宣传水平，第一时间将自治县的重大决策、会议精神、重点工作以及政务信息、政府公文、政策法规等最新公开信息在网上发布，方便部门及群众查询，提高政务宣传的透明度。2015年编辑并分别向自治区1611条，获采用52条，为领导决策和经济社会发展提供了及时有效的参考服务。

【政务督查】　自治县人民政府办公室紧紧围绕自治县人民政府的重大决策、重大部署、重大事项，逐一分解落实责任部门和单位，定期跟踪，逐项“对账”，及时通报，联合县委督查室、监察局等部门，组成联合督查组，突出督导检查，不断提高政府工作落实效率，有效地推动了全县重大决策部署的落实。2015年，共承办10余次督查任务，有效地推动了政府重点工作的落实。此外，自治县人民政府办公室还及时组织召开人大代表建议、政协提案交办会，并根据承办单位的任务量和群众关注程度，有针对性地催查、督办，及时掌握办理工作动态。2015年，办理人大议案56份，政协提案23份。

【协调服务】　充分发挥“协调”职能作用，切实做好上传下达、协调各方工作。自治县人民政府办公室在工作中注重发挥“总调度”和“中转站”作用，协调好上下关系，增强县政府领导班子的凝聚力和战斗力。有效地做好为民办实事工程、目标绩效考评等重大活动的沟通、协调工作，促进政府部门之间形成整体合力，共同促进地方发展。积极协助县政府领导抓好与部门的衔接工作，处理好日常事务，全力全速落实好领导交办、部门提报和群众反映的各类事项。自治县政府办公室始终牢记为人民服务的宗旨，深入基层，勤于调研，用心做好机关后勤及“联系点”工作，突出“多快好省”，提高蹲点包村、行政后勤和政工工作水平，制订帮扶实施计划和帮扶规划，2015年，政府办多次深入桐木镇六段村、头排镇、长垌乡桂田村等开展帮扶活动，直接帮助解决或通过积极协调相关部门为六段村落实解决巷道硬化款2万元、扶持头排镇生态乡村建设经费5万元、解决长垌乡桂田村巷道硬化款2万元，集中开展清洁乡村行动5次，解决实际问题4个，办好事实事9件，切实解决了群众反映的热点、难点问题，帮助困难群众解决了一些实际困难。

（谢直高）

接待办公室

【概　况】　2012年8月根据（金编〔2012〕21号）精神，成立中共金秀瑶族自治县委员会金秀瑶族自治县人民政府接待办公室，核定领导职数为：主任1名、副主任1名；人员编制结构为行政管理人员1名，专业技术人员2名。2013年11月，根据（金编〔2013〕34号）精神，中共金秀瑶族自治县委员会金秀瑶族自治县人民政府接待办公室机构级别定为相当正科级事业单位。2013年7月，根据（来组通〔2013〕41号）精神，同意中共金秀瑶族自治县委员会金秀瑶族自治县人民政府接待办公室参照公务员法管理。2015年县接待办实有工作人员4人。其中，接待办主任1人，接待股股长、办综合股股长、后勤保障股股长各1人。县接待办是县委、县人民政府管理的全额拨款参公单位，年初由县财政划拨接待经费，保证日常接待工作的开展。

主　任：李惠玲

【工作职责】 负责县四家班子领导的公务接待；精心安排好公务接待中的食宿行；坚持有利于公务、简化礼仪、务实节俭、杜绝浪费、尊重少数民族风俗习惯的原则，按照接待规定，从严把好费用开支关；认真做好公务接待登记及费用统计工作；定期向县人民政府汇报公务接待及费用开支情况。

【工作顺利开展】 2015年年底，共接待各级检查组、考察团宾客等441批次，共4946人次，接待厅级以上领导171人次，处级领导858人次。主要完成了创建广西特色旅游名县工作现场会、全区扶贫产业开发现场推进会、政协委员考察团、自治区党委第二巡视组等重大活动的公务接待工作。

县政务服务办公室

【概　况】 2010年4月，经中共自治县委、自治县人民政府批准，金秀瑶族自治县政务服务中心管理办公室成立，设在自治县人民政府办公室。2013年11月，自治县编办下文改称为金秀瑶族自治县政务服务管理办公室，核定行政编制4人。2015年实有工作人员　人。其中，主任1名，副主任1名。

主　任：梁德民（4月离任）
　　　　韦卫忠（4月任）
副主任：韦卫忠（4月离任）

【主要职责】 贯彻执行《中华人民共和国行政许可法》等行政审批法律、法规和国家、自治区、来宾市有关行政审批制度改革的方针、政策；负责推进行政审批项目集中办理，组织县直各职能部门为社会公众和行政管理相对人办理行政许可事项与非行政许可事项及相关配套的管理与服务事项，并进行规范和监督管理；负责审查县级各职能部门行政审批事项的授权，受理行政审批的相关投诉；负责对涉及两个以上部门行政审批项目联合审批的组织协调；负责对进驻政务服务中心的单位及其工作人员进行管理、考核、考评和奖惩；指导和监督各行政主管部门办事大厅、办事窗口的工作；提供行政审批法律、法规和政策咨询服务；负责自治县政务公开、政府信息公开工作，指导、协调全县政务公开、政府信息公开工作。全面落实自治区、来宾市关于深化政务公开加强政务服务工作部署和要求，不断完善“一服务两公开”（政务服务、政务公开、政府信息公开）工作的管理体制机制，努力提升政务服务质量和效率，深入推进行政审批制度改革，积极推动政府职能转变和社会管理创新，努力为促进全县经济社会又好又快发展打造优质的政务环境。

【政务服务】 规范县级政务服务中心管理，出台《金秀瑶族自治县政务服务中心管理制度章程》，制定了人员管理、大厅管理、网络管理等36个规章制度，从审批服务的程序到工作人员的行为规范都作了严格的规定，进一步规范行政审批行为，提高审批效能。2015年，自治县政务服务中心各窗口共受理各类行政审批服务事项34958件，办结34898件，按时办结率达100%，承诺提速率达70%，办理提速达89%，群众满意率达99.98%，实现了政务服务零投诉，无超时办结现象发生。

进一步推进基层政务服务中心建设。2015年，金秀县积极开展乡镇、村级政务服务中心标准化建设，全县10个乡（镇）、81个村（社区）已全部建立了基层政务服务中心，覆盖面达到100%，此外，金秀县2015年重点打造金秀镇金田村、和平村等17个村级政务服务中心示范点，通过示范点建设以点带面，规范村级政务服务中心建设，为全面推行金秀县“一服务两公开”工作奠定了良好的基础，为全县群众办事提供了良好的政务环境。截至12月底，全县乡镇政务服务中心受理行政审批服务事项3928件，办结3928件，办结率100%。

【政务公开和政府信息公开】 自治县政务办积极采取三措施，进一步推进政务公开政府信息公开：一是完善了政务服务中心、图书馆和档案馆3个政府信息公开查询点的软硬件建设；二是积极筹备，成功举办金秀县第三届“政务公开”活动，共计整理问题42件，发放便民手册3000余册、资料4000余份，现场解答咨询500余件，为进一步推进便民服务奠定了基础；三是完善本级政府门户网站、自治区政府信息公开统一平台建设，积极部署基层信息化平台，进一步扩大公众的知情权，迎合公众关注、参与、监督政府工作、生产和生活的需求。截至12月31日，金秀县通过统一平台、政府门户网站共发布信息5887条，并通过网络政民互动栏目答复网上咨询投诉62条。

县调处办

【概　况】 1984年以前，未设专门调处机构，自治县土地山林水利权属纠纷均由自治县人民法院调处科和自治县司法局调解处理。1984年1月，自治县人民政府根据自治区人民政府办公厅桂政办〔1984〕118号文件精神，成立自治县人民政府调解处理土地山林水利权属纠纷办公室（简称“自治县调处办”）；2014年10月，根据《中共金秀瑶族自治县委员会、金秀瑶族自治县人民政府关于自治县人民政府机构设置的通知》（金发〔2014〕20号），自治县调处办在自治县人民政府办公室挂牌，主要职责是负责对辖区内土地山林水利权属纠纷调解、处理的组织协调、督促指导工作，并负责自治县人民政府交办的土地山林水利权属纠纷案件调解、处理的具体工作。

2015年，内设信访接待股和调处股2个机构，核定编制数4名：主任1名、副主任1名、干部1名、后勤服务事业编1名，2015年实有工作人员8名。

主　任：潘发清

副主任：吴越桂

【调处成果】 2015年，共排查受理“三大纠纷”新发案件65起（其中，土地纠纷2起、山林62起、水利1起），调结59起（其中，协议解决36起），调结率90.8%，比上年增长0.2个百分点，调解纠纷面积4575亩，挽回经济损失达500万元；历年“三大纠纷”积案20起，调结17起，调解纠纷面积8559亩，调结率85.0%，比上年增长0.3个百分点。2015年，全县没有发生因“三大纠纷”调处不力而引发严重危害社会稳定的重大群体性事件和恶性刑事案件，圆满完成金秀县年初制定的年内新发案件调结率达90%以上，历年积案调结率达80%以上的任务目标。　（廖至明）

中国人民政治协商会议
金秀瑶族自治县委员会

【概　况】 2015年，自治县政协常委会在中共自治县委的正确领导下，坚持以邓小平理论、“三个代表”重要思想和科学发展观为指导，认真贯彻落实中共十八大和十八届三中、四中、五中全会精神，把服务和促进发展作为第一要务，牢牢把握团结和民主两大主题，认真履职，积极作为，完成了自治县政协八届五次会议确定的各项任务，为推动全县经济社会科学发展作出了积极的努力。

主　席：朱转保

副主席：肖龙玉

　　　　张国华

　　　　黄　萌

　　　　李先沣

秘书长：梁雪敏（1月离任）

　　　　盘寿亮（1月任）

办公室

主　任：梁雪敏（1月离任）

　　　　盘寿亮（1月任，兼）

副主任：韦宗山

提案委员会

主　任：黄淑英

副主任：郭达兰

学习文史资料和民族委员会

主　任：黄　静（1月离任）

梁雪敏（1月任）

重要会议

【政协金秀瑶族自治县第八届委员会第五次会议】 政协金秀瑶族自治县第八届委员会第五次会议于2015年1月20日—21日在县城召开，本届委员130名，实到会议委员126人。会议一是听取和审议了政协金秀瑶族自治县第八届委员会常务委员会工作报告；二是听取和审议政协金秀瑶族自治县第八届委员会常务委员会关于八届四次会议以来提案工作情况报告；三是列席自治县十五届人大六次会议；四是补选了盘寿亮为自治县政协第八届委员会秘书长；五是审议通过政协金秀瑶族自治县第八届委员会第五次会议政治决议和其他决议。会议有10名委员就文化教育、三农服务、生态乡村、新型农村合作医疗、文化遗产保护、野生茶种植、交通事业等方面工作进行了大会发言。

【政协金秀瑶族自治县第八届委员会常务委员会第十四次会议】 2015年1月16日自治县政协第八届委员会常务委员会第十四次会议在县城召开，会议由朱转保主席主持，副主席肖龙玉、张国华、黄萌、李先沣，常务委员覃学康、杜伟、郭达兰、赵德金、盘威、卢政通、许李军、金荣、钟健、全琼、覃康平，自治县政协各委办主任、副主任出席会议，常务委员祝远胜因事请假。会议一是听取自治县政府办公室副主任陆家喜报告自治县政协第八届四次会议以来提案办理工作情况；二是同意梁雪敏辞去自治县政协八届委员会秘书长职务；决定任命梁雪敏为自治县政协学习文史资料和民族委员会主任，免去其自治县政协办公室主任职务，任盘寿亮为自治县政协办公室主任，免去黄静自治县政协学习文史资料和民族委员会主任职务，增补盘寿亮为自治县政协八届委员；三是协商通过自治县八届五次会议各项议程、《常委会工作报告（草案）》、《提案工作报报（草案）》、《2015年政协常委会工作要点（草案）》以及《政协委员约谈制度》、《领导联系常委，常委联系委员制度》和《反映社情民意信息工作条例》、《视察工作条例》、《主席会议工作规则》、《常委会工作规则》、《全体会议工作规则》。

【政协金秀瑶族自治县第八届委员会常务委员会第十五次会议】 2015年1月20日自治县政协八届委员会常务委员会十五次会议在县城召开，会议由朱转保主席主持，副主席肖龙玉、张国华、黄萌、李先沣，常务委员覃学康、杜伟、郭达兰、赵德金、盘威、卢政通、许李军、金荣、钟健、全琼、覃康平、祝远胜出席会议，县委常委组织部部长莫克兵莅会指导。会议协商通过盘寿亮为自治县政协第八届委员会秘书长候选人建议名单和《大会选举办法》（草案）；协商通过提请自治县八届政协五次会议总监票人，廖韦霜、李永双、许李军为监票人建议名单。

【政协金秀瑶族自治县第八届委员会常务委员会第十六次会议】 2015年6月5日自治县政协八届委员会常务委员会第十六次会议在县城召开，会议由朱转保主席主持，副主席肖龙玉、黄萌、李先沣，秘书长盘寿亮，常务委员覃学康、杜伟、郭达兰、赵德金、祝远胜、盘威、许李军、金荣、钟健、全琼、覃康平，县政协各委办主任、副主任出席会议，副主席张国华、常务委员黄雪华、卢政通因事请假。会议一是传达学习习近平总书记在全国人大会议参加广西代表团讨论重要讲话精神；二是协商确定自治县乡村旅游发展，自治县农产品流通体系建设情况作为2015年度政协专题调研课题；三是协商确定了2015年度委员视察工作方案。

【政协金秀瑶族自治县第八届委员会常务委员会第十七次会议】 2015年9月27日自治县政协八届委员会常务委员会第十七次会议在县城召开，会议由朱转保主席主持，副主席肖龙玉、张国华、黄萌、李先沣，秘书长盘寿亮，常务委员赵德金、覃学康、黄雪华、卢政通、郭达兰、全琼、覃康平、盘威、杜伟、祝远胜、钟健、许李军出席会议。会议一是传达学习自治区政协工作会议精神，二是对《关于自治县农产品流通情况调研报告》《自治县乡村旅游发展情况调研报告》两个专题调研报告进行讨论协商，提出修改意见，并原则通过。

政协职能工作

【专题调研工作】 2015年，自治县政协围绕中共自治县委工作部署，对事关全县发展全局的重要问题进行专题调研，为县域经济发展提供了决策支持，年内共协调服务驻金秀的市政协委员完成视察工作4批人次以上。县政协委员开展视察、调研活动10批人次以上，对金秀县创建“广西特色旅游名县”、饮用水资源开发利用、水果产业发展、工青妇工作情况进行视察调研，形成《关于金秀县农产品流通情况的调研报告》《关于金秀县乡村旅游发展情况的调研报告》。

【提案办理工作】 坚持把提案工作作为政协基础性工作来抓。自治县县政协八届五次会议以来，共收集到委员提案35件，立案34件，全部得到答复办理。在立案的提案中选出8件重点提案，交主席会议审议通过并督办，提高重点提案的督办质量。主动加强与县委、县政府督查室沟通联系，互通信息，并于2015年5—7月，联合县政府办针对自治县政协八届一次会议至四次会议以来的提案，由政协主席、副主席带队，深入各乡镇、县直相关单位上门督办，开展了提案办理“回头看”活动，大多数委员对提案办理结果表示满意。

【民主评议工作】 充分发挥政协委员中特邀监督员、行风评议员、人民陪审员的作用，继续加强民主监督工作，支持委员认真履行职责，积极反映社会各方面的意见，为改进部门工作发挥了较好的作用。对行政执法部门的依法行政、履行职责、端正行风、廉洁自律、提高办事效率等进行民主监督，促进了部门工作的改进。

【委员视察工作】 2015年组织委员围绕自治县饮用水资源开发利用、工青妇工作、特色旅游名县创建工作、水果产业发展情况等开展了专项视察活动，提出了意见和建议，并完成《关于自治县饮用水资源开发利用情况视察报告》《自治县工青妇工作情况视察报告》《关于对自治县创建广西特色旅游名县工作情况的视察报告》《关于自治县水果产业发展情况的视察报告》。视察工作为委员知情知政，建言献策提供了平台，收到了良好效果。

【反映民意工作】 2015年，自治区政协把自治县列为反映社情民意工作联系点，为发挥政协信息“直通车”作用，召开了社情民意工作座谈会，建立了信息员队伍，聘请了一批关注民生、有责任心的特约通讯员，对自治县政协社情民意工作作出了部署。自治县政协机关领导利用视察、调研、走访等活动，广泛收集社情民意，及时反映社会各阶层的心声。全年共向上级政协报送社情民意51条。

【走访委员工作】 加强走访和联系委员工作，制定《政协金秀瑶族自治县委员会领导联系常委联系委员制度》。机关班子利用政协会议和视察、考察、调研、协商活动，主动加强与工商联和无党派人士的联系，深入到委员所在单位走访委员，与委员以及委员所在单位领导交心、谈心，了解委员的工作和生活情况，征求委员对政协工作的意见。在沟通交流中理顺情绪、凝聚人心，不断营造民主和谐的政治环境。

【文史资料工作】 完成《金秀文史》第九辑《金秀村寨史略》初稿。配合市政协完成了《来宾文史》（第四辑，抗战专辑）金秀史料的征集工作任务。

【机关作风建设】 认真开展“三严三实”专题教育暨“守纪律讲规矩”主题教育实践活动，扎实推进机关干部作风建设。自治县政协党组暨机关党支部按照中央和自治区党委、市委和自治县党委的部署和要求，加强党风廉政建设，落实“两个责任”，始终把思想教育和制度建设作为一项重要的工作来狠抓落实，组织党员领导干部深入学习贯彻习近平总书记系列重要讲话精神，切实抓好党员领导干部的思想教育建设。制定《自治县政协机关党风廉政建设工作制度》《自治县政协机关公务接待制度》《自治县政协机关考勤制度》《自治县政协机关学习制度》《自治县政协机关车辆管理制度》《委员联系制度》等六大制度。在新的工作机制的作用下，机关干部思想作风、工作作风不断增强。经过教育主题教育活动，全体党员干部职工受到了马克思主义群众观点的深刻教育，思想作风建设、联系群众、服务群众意识得到了进一步提高和增强。

【对外联谊工作】 注重拓展具有政协特色的工作领域，借助政协系统资源平台，促进了自治县与区市有关部门的联系与交往。认真做好自治县生态建设、第三产业发展、公共文化服务体系建设、发展现代职业教育、农业产业结构调整、现代农业示范建设等调研视察活动以及区市政协领导到自治县开展的其他调研任务。加强与各地政协的联系与交流，全年共接待区内、外政协组织 16 批 270 余人次到金秀县考察学习，在交流中积极宣传推介金秀。

【精准帮扶工作】 开展“四个一”联系帮扶行动以“三严三实”专题教育暨“守纪律讲规矩”主题教育实为载体，认真组织干部职工深入村屯、学校和企业，开展联系一个村、联系一所学校、联系一个项目、争取一个项目和资金等“四个一”联系帮扶行动，为基层群众、学校、企业办实事做好事。一是积极协调争取广西协力扶助基金会和县委宣传部、县财政局、县水利局、县民族局、县农业局等单位筹集资金 52.54 万元为罗香乡罗运村委购置办公室设备。为罗运村的立冲、勤冲、石门冲、九冲、华山界等 6 个屯实施了巷道硬化工程、完成了九冲屯、华山界屯的人饮工程，扶持横村文艺队添置音响设备；扶持六俄屯广朗生态果园基础设施建设等实事好事。二是深入联系学校开展调研帮扶活动，2015 年“六一”节，政协机关领导深入腊河小学，为学校送慰问金和一批慰问品。机关领导干部深入联系学校开展结对帮扶贫困生活动，全年个人捐资共 2800 元，资助腊河联小结对帮扶贫困学生 7 人。积极联系并争取广西协力扶助基金会扶持实施腊河联小进校台阶建设项目，目前已经签订项目合同，项目资金 15 万元，项目由县教育局负责组织实施，项目资金按工程进度分 3 期拨付。三是联系莲花山养生旅游度假区（一期）项目。为加快工作进度，班子领导成员经常过问项目工程建设，积极帮助协调解决一些实际问题，项目工程有序推进实施，安全生产。四是争取一个项目和资金。争取到财政专项扶贫资金、广西协力扶助基金会、南宁市爱心人士文铭宇、来宾市政协委员会文史征集经费等共 283.2 万元，建设鸡冲屯到滑坪屯公路、罗运横村桥和腊河小学校门；捐赠母婴用品一批，价值 5.7 万多元给县妇幼保健院及各乡镇卫生院发放给住院分娩的妇女；文史征集工作得到有效开展。

（梁雪敏）

金秀县纪检监察委员会

【概　况】 中共金秀瑶族自治县纪律检查委员会成立于 1970 年 12 月 25 日，县监察局成立于 1978 年 6 月 23 日，两个部门于 1993 年合署办公，主管党的纪律检查工作和行政监察工作。2010 年 6 月，根据《关于调整金秀瑶族自治县纪律检查委员会（监察局）机关编制和内设机构的通知》（金编〔2010〕11 号），自治县纪委监察局定编 20 人，属县副处级单位，设办公室、党风政风监督室、第一纪检监察室、第二纪检监察室、案件审理室、信访室（举报中心）共 6 个室。纪委监察局共派驻 25 名纪检组长、纪工委书记到自治县的直属机关单位，自治县共有专（兼）职纪检监察人员 104 人。

纪委书记：熊　燕
纪委　副书记：李文涛（6 月离任）
黄辉明（6 月任）
监察局　局长：李文涛（6 月离任）
黄辉明（6 月任）
监察局副局长：罗　平
连丽玫
韦江华

【党风廉政建设】 实行“一岗双责、层层落实”的党风廉政建设责任制，年初县委与10个乡（镇）党委、70个县直单位党组（党委）签订责任状，层层分解工作任务，建立“责任清单”。县委书记等四家班子领导亲自率领5个检查组对全县各乡（镇）、各单位落实党风廉政建设“两个责任”情况进行督查，确保落实到位。实行述职述廉制度和“双重约谈”制度。定期听取党（工）委书记抓党风廉政建设工作汇报。年内，县委书记共约谈乡镇党委书记、县直单位主要负责人104人（次），县纪委书记共约谈乡镇纪委书记、县直单位纪检组长［纪（工）委书记］160人（次），点对点传导压力，实打实促进“两个责任”落实。

制定出台自治县党员干部“不守纪律不讲规矩”责任追究暂行办法等制度，以制度和规定从严管理监督干部，划出作风纪律“警戒线”。开展上班纪律、公款吃喝、公务用车等明察暗访6次，开展会风会纪检查7次，对违反工作纪律的5个单位及10名工作人员、违反会议纪律的39个单位进行全县下文通报6次。通过整治，全县333辆公车均实行节假日定点统一集中停放，公车私用现象得到有效控制；全县“三公”经费支出1688.89万元，同比下降16.17%；调整清理超标办公用房65间共1445平方米，清退干部职工违规多占住房共21人22套1938平方米（其中退房5套，补房差价17套）。

调整充实自治县反腐败协调工作领导小组，年内召开2次协调工作会议，制定查处发生在群众身边的“四风”和腐败问题专项工作方案，成立专项工作领导小组，将相关责任列入党委主体责任清单和纪委监督责任清单。自9月开始，开展查处发生在群众身边的“四风”和腐败问题以来，全县以整体推进和重点抽查相结合，共梳理排查林业、民政、农业、教育、扶贫等20个部门2013年以来民生资金项目381项9.22亿元，排查出问题线索219条，已核实198条，督办44件，立案13件，拟立案18件。其中，于10月抽调12名纪检组组长和10名纪委书记分成2组对全县林业资金和民政资金等专项资金进行为期20天的脱产蹲点式排查，排查出问题线索30条。

【查处违法违纪案件】 2015年，金秀县纪检监察机关共受理信访举报件122件，立案查处违纪违法案件52件（其中民生案件50件），同比增长79.31%；已结案50件，给予党政纪处分50人（其中移送司法机关5人）；诫勉谈话6人；函询8件，其中函询单位1件，函询个人7件（正科级干部5件，副科级干部2件）。

【反腐倡廉宣传教育】 开展县处级领导干部“三严三实”专题教育和科级领导干部“守纪律讲规矩”主题教育，全县各级党委、党组中心组和纪检监察干部700多名干部参加了学习；县处级领导、乡镇、县直单位主要负责人亲自给广大干部职工上廉政党课16次，受教育干部职工700多人（次）。组织全县3900多名党员干部观看专题片《作风建设永远在路上》。通过组织全县356名副科级以上领导干部到市警示教育基地参观学习1次、开展集体廉政谈话2次、召开干部警示教育大会2次等多种方式，提高广大干部和群众廉政意识。新修订的《准则》和《条例》颁布后，组织2次全县科级以上党员干部（含乡镇站所负责人）通过参加讲座培训、集中研讨等形式认真开展学习，并征订《准则》《条例》7500多册发放到全县党员干部手中，做到党员人手一册，实现党员学习全覆盖。开展查处发生在群众身边的“四风”和腐败问题专项工作宣传，悬挂大型宣传牌15块、展板130块、标语1000多条，发放宣传单30000多份，实现县、乡、村宣传全覆盖。全县投送的反腐倡廉新闻信息稿件111篇，其中中央级采用4篇，自治区级采用12篇，市级采用42篇，发表评论文章17篇，县级采用36篇。

深入推进廉政文化“七进”创新工程，加强廉政文化宣传。在巩固完善原有的廉政文化示范建设基础上，创建了卫计局、三角中心小学、三江村委、头排村委、来宾市广播电视局《党风廉政建设在基层》摄制组对三角乡古占屯等廉政文化基地工作，以点带面扎实开展廉政文化宣传教育。配合来宾市纪委开展“落实约谈精神，把纪律挺在前沿”专栏访谈活动，县委书记访谈录制栏目在市、县二级电视台进行播放；联系来党风廉政建设工作先进事迹，以及对桐木中学廉政文化进校园活动开展专题拍摄工作，制作《风清气正净化政治生态环境扮靓瑶族小乡》和《廉政花香满校园》专题片，对在市、县二级电视台进行播放。

注重源头治理，廉政风险前移。召开任前廉政集体谈话会。对新提拔、拟提拔和岗位变动的领导干部进行任前廉政集体谈话，将廉政关口前移；开展任前廉政法规测试活动，对新提拔、拟提拔和岗位变动的领导干部进行任前廉政法规测试活动，打好“预防针”；注重重点岗位廉政教育。由纪委书记对财政、农业、林业、计生等重点部门的“一把手”、主要负责人和重点岗位的相关人员岗位调整、变动和提拔前开展谈心谈话廉政教育活动，深化廉政教育的针对性；开展约谈提醒制度。县委书记和纪委书记分别对 10 个乡（镇）党委书记和纪委书记、60 个县直单位主要负责人、31 个纪检组长［纪（工）委书记］进行约谈提醒。建立廉政约谈、廉政谈话、日常提醒制度。出台印发《金秀瑶族自治县党风廉政建设约谈制度》和《金秀瑶族自治县关于对纪检监察干部进行提醒、函询和诫勉的规定》，建立廉政约谈、廉政谈话、日常提醒制度，坚持抓早抓小，从制度上进行制约。

2015 年，自治县采取多种多样形式和措施，开展反腐倡廉教育。开展猜廉政灯谜活动，让 1000多名干部和群众在潜移默化中接受廉政教育。抓好节点教育，利用春节、元宵节、中秋、国庆编发廉政短信 8000 多条到领导干部手中。开展廉政知识竞赛活动，1000 多名领导干部和家属接受了廉洁教育。组织 200 余名乡（镇）干部、人大代表和政协委员到县法院旁听庭审，接受警示教育。征订《中国纪检监察报》《党风廉政教材》《中国监察》等纪检监察报纸杂志 946 册。

【执法监察】 对全县范围内的重大项目（区、市、县级层面）进行执法监察，开展对强农惠农资金、社保资金、民政救灾资金、医疗保险资金等专项资金的监督检查，继续对全面深化改革等重大决策部署落实情况进行监督检查，推动重大决策部署落到实处。加强对公共资源交易的监管，推进统一规范的公共资源交易市场的建设，加强对《中华人民共和国招标投标法》贯彻执行情况的监督检查。

【推进体制改革】 将县纪委原参与的 72 个议事协调机构进行清理，保留 12 个议事协调机构。完成了县纪委监察局内设机构改革，从原来的 10 个职能室整合为 6 个职能室，办案人员增加到 9 人，使一线办案人员达到总编制数的 45%，充分发挥监督执纪问责的职能作用。采取单独派驻与归口派驻的方式，增设、调整 19 家派驻机构，全县共设纪检组 35 个，增设纪检组副组长 18 人，实现全县纪检监督全覆盖。出台《关于加强纪检监察干部监督的意见》，加强纪检干部的管理，充实乡镇纪检监察干部 4 名，调整不适合担任纪检工作的纪检组长 2 名，立案查处违规的纪检组长 2 名。选派纪检监察干部 56 人（次）到上级纪委跟班学习，并于 9 月举办全县纪检监察干部培训班，对全县纪检监察干部进行培训，提高纪检干部的综合素质。

【重要会议】 2015 年 2 月 10 日，中共金秀瑶族自治县第十三届纪律检查委员会第五次全体会议在县人大政协五楼会议室召开。到会的纪委委员 18 人，列席代表 78 人，纪委书记熊燕会上作了纪委工作报告。

军事

人民武装

【概　述】 2015年，全军上下按照中央军委习近平主席提出的整顿备战改革规划的总体年度工作思路，努力开创强军兴军新局面。县人民武装部也紧跟形势，在思想政治建设、民兵和征兵工作及内部管理等取得新的成绩，被评为“自治区征兵工作先进单位”和“来宾军分区安全稳定工作先进单位”。

部　长：吴润康（2月任）

政　委：简国兵

副部长：袁进东（2月任）

【思想政治建设】 2015年，县人武部按上级部署，认真开展“三严三实”专题教育活动和认真落实古田政工会议精神，加强思想建军的纯洁性和落实思想政治工作生命线地位的自觉性，进一步打牢了全体干部职工安心瑶山工作，立志艰苦奋斗，为金秀武装工作提升发展打好基础。5月28日，军分区后勤部部长伍庚代表军分区党委参加了县人武部“三严三实”教育活动专题民主生活会，对专题教育开展情况予以肯定。

【民兵工作】 一是民兵整组。按“三破三立”的思路，认真进行民兵整组，5月27日—28日，广西军区廖长武副参谋长带工作组对县民兵整组和征兵工作进行检查调研，现场点验了县民兵应急连和抽点了其他民兵分队整组情况，工作组对金秀县予以表扬。认为金秀人员齐、装备全、精神好、歌声亮，标准高。二是民兵集训6月7日—14日，组织县民兵应急连成建制125人到广州军区鹿寨训练基地进行封闭式集训，训练了队列、射击、投弹、防暴队形和长跑。6月13日，军分区陈坤山参谋长带队对应急连成建制考核，总成绩为全市第四名。训练期间，县委副书记莫慧军带队慰问了驻训官兵。三是紧急救援。7月25日，大樟乡奔腾桥因洪水发生车辆翻河事故，政委简国兵当日即随县救援组第一时间赶赴现场组织救援；26日—28日，按救援指挥部统一部署，县人武部组织民兵应急连和桐木、头排、金秀、三江、三角、大樟民兵应急排部分兵力共计367人次进行失踪人员搜救。四是抗洪抢险。10月5日，全县普降大雨，县城洪水暴涨漫街，县武装部按县抗洪抢险指挥部命令，全县民兵应急分队启动待命。当日，17名驴友在大瑶山国家级自然保护区忠良大坪岭区域失联，自治区要求全力搜救，搜救兵力以来宾消防特勤人员为主，县人武部参与了失踪人员地点图上研判和提供迷彩服17套。

【征兵工作】 完成2015年征兵任务，大学生比例在来宾六县市区列第一位。新兵主要去向为广东武警某师和广西消防。年底，组织县征兵办和乡镇征兵办，对新入伍士兵逐家上门家访、春节慰问和荣送“光荣军属”牌，召开自治县首次年度退伍老兵座谈会，这些拥军做法被《广西武装》图片报道。

【基础设施】 自治县统建的体能训练馆继办公楼后完工，武装部营院整体改造规划完成，武装部硬件设施实现了跃升，充分体现了县委、县政府和全县人民对武装工作的重视。10月，武装部提前中止大瑶山宾馆的租赁合同，回收后不再承租，向县政府申请款项9万余元，进行修葺和购置铁架床及被服等，恢复了民兵训练基地功能。

【其他工作】 根据“依法治军、从严治军”要求，按照上级统一部署，认真组织开展了财务大清查、干部工作大清查、工程建设项目和房地产资源专项整治和廉洁征兵等行业风气整治活动。8月18日，广西军区副司令员周平带工作组对金秀县征兵及县武装部安全工作进行检查调研。

武装警察中队

【概　况】 2015年，武警金秀县中队按照《军队基层建设纲要》要求，以习主席重要讲话精神为指导，认真学习贯彻总队、支队党委扩大会议精神，聚焦强军目标，强化战斗力标准，坚持用“创标梦”引领建设，用瑶山精神凝心聚力，扎实抓好各项工作末端落实，高标准实现了“两个确保”（确保圆满完成中心任务，确保部队内部安全稳定），中队全面建设不断取得新进步。2015年12月，中队被武警广西总队评为“基层建设标兵中队”，被自治区党委、自治区人民政府表彰为“第七次民族团结进步模范集体”。

【基层组织建设】 2015年，中队坚持把党支部班子和党员队伍建设摆在核心位置来抓，认真抓好习主席重要讲话精神和三级党委扩大会议精神学习贯彻，大力开展“创先争优”活动和党支部岗位练兵活动，按照“五个好”（领导班子好，制度落实好，党员队伍好，工作成绩好，官兵反映好）和“五个带头”（带头学习提高，带头践行宗旨，带头爱岗敬业，带头遵纪守法，带头弘扬正气）的要求，大抓党支部“三个能力”（解决自身问题的能力、领导单位全面建设的能力和带领官兵遂行多样化军事任务的能力）建设，“一线战斗堡垒”坚强有力，党员先锋模范作用明显。“一班人”民主团结，支部核心凝聚力进一步增强。坚持用良好的风气凝心聚力，在处理热点敏感问题上，始终坚持做到公平公正公开，官兵普遍满意。

【思想政治教育】 中队紧紧围绕“牢记强军目标，献身强军实践，永远做党和人民的忠诚卫士”目标，扎实开展主题教育活动和经常性思想教育，坚持用“瑶乡爱民模范中队”这面最高荣誉旗帜激励官兵，引导官兵把忠诚于党、热爱人民、报效国家、献身使命、崇尚荣誉转化为“把瑶山当故乡，视瑶胞为亲人”的实际行动，积极为瑶乡政治、经济、文化、社会、生态文明建设做出应有贡献。扎实开展“深知兵、真爱兵、诚育兵”活动，把思想工作融入操场、融入哨位、融入文体活动，突出了谈心交心、一事一例、“三互”（互帮、互学、互教）活动作用，在思想交流中找症结、解疙瘩，确保每名战士思想稳定，安心服役。切实关心战士成长进步，积极为官兵成长成才铺路搭桥。

【执勤战备训练】 中队主要担负自治县看守所外围武装警戒任务。中队党支部牢固确立执勤工作的中心地位，严密组织各类勤务。在严格落实议勤制度的基础上，根据不同季节、不同天气和官兵思想实际，扎实开展勤务教育，周密制定各类情况处置预案，并加强训练演练，确保一有情况随时能拉得出、打得赢，确保中心居中，目标安全，实现了连续58年无执勤事故，中队连续17年被评为正规化执勤一级单位。注重加强“四防”（人防、物防、技防、联防）一体化建设，不断提高保打赢、保安全能力。2015年，中队投入经费16万余元，对看守所监门哨进行了新建，对岗楼楼梯进行了安全改造，在哨兵观察死角安装摄像头，检修更新了一批执勤设施，为圆满完成任务提供了有力保障。中队官兵紧贴能打胜仗要求，苦练军事技能，锻造过硬本领。严格按照《军事训练与考核大纲》要求施训，突出“两官”（警官、士官）的“三能”（能指挥作战、能组织训练、能管理部属）、“四会”训练，警（士）官的组织指挥能力和部队战斗力得到大幅提高，为圆满完成各项任务奠定了坚实基础。注重加强应急班建设，投入14万元购买配备了反恐装备，合理编成人员，完善处置预案，加强训练演练，为完成处突反恐任务提供了力量保障。2015年，中队在支队组织的勤训轮换考核和应急班军事比武竞赛均取得第一名的好成绩。

【依法从严治警】 深入开展“百日安全竞赛”“五个一遍”活动，从严落实《基层正规化管理规定》、“三大条令”（内务条令、纪律条令、队列条令）、“十个不准”要求，突出抓好官兵作风养成，采取部队严格管控、官兵互管自控、家庭社会联控管理模式，注重强化安全意识，积极防范重大安全问题，推行“安全问题天天讲、安全警句天天诵、安全法纪天天学、安全隐患天天查”的群众性创安措施，强化各级守底线保安全理念。突出“三种人”（在外人员、公勤人员、敏感岗位人员）管理教育，把教育管理视线从八小时内延伸到八小时外，从工作圈拓宽到交际圈、生活圈，确保管理不留死角，不漏人员，有效提升了管理效益。扭住安全制度落实不放松，健全抓安机制，细化举措办法，落实责任分工，防止空喊空转。2015年，共排查整改8类27处安全隐患，实现了执勤目标安全和部队内部稳定双丰收。

【拥政爱民工作】 中队官兵继承和发扬光荣传统，视驻地为故乡，视人民为亲人，在完成以执勤为中心的各项任务的同时，开展拥政爱民活动，进一步密切警政警民关系，受到驻地人民群众的高度赞扬，中队官兵被瑶族同胞亲切地称为“进山瑶”，年底中队被县委、县政府颁发“进山瑶”牌匾，由县长进行揭牌仪式。中队与金秀县地税局警民共建17年，定期开展军事训练、法律服务、文化体育等交流活动，双方建立了深厚的友谊，促进了两家单位的全面建设，成为警民共建活动的典范。9月份，中队与金秀公路管理局签订共建协议，正式成为警民共建单位。积极开展“手牵手　一起走”关爱留守儿童和空巢老人活动，中队官兵与共和希望小学16名留守学生和金秀镇5名孤寡老人结成对子，定期开展关爱活动。4次到共和希望小学看望慰问师生，共赠送价值8600元慰问品。2015年，中队官兵军训学生1200人次，无偿献血11000毫升，参加义务劳动15次，看望慰问孤寡老人6人次。

【后勤综合保障】 中队始终坚持“后勤不落后”的理念，大力抓好后勤规范化管理。通过干部帮带、在岗培训、外送学习等方式，大抓后勤队伍建设，提高后勤人员业务水平。严格落实财经制度，积极开展农副业生产，不断改善伙食保障，扎实做好卫生防病工作。积极争取驻地党委、政府对中队建设的支持，中队“四项设施”（执勤、训练、文化和生活设施）进一步完善。

公安消防大队

【概　况】 金秀县公安消防大队隶属来宾市公安消防支队领导，主要职责是负责辖区内单位的消防监督检查，火灾事故调查，新建、改建、扩建工程的消防设计审核和验收，审查各单位制定的具体防火办法的防火技术规范，检查消防安全，消防宣传工作。金秀县公安消防中队隶属县消防大队，主要担负辖区灭火和社会应急救援，同时根据群众需要和大队实际为金秀县人民群众提供社会救助服务。自成立武警金秀县消防大队以来，按照“忠诚可靠，服务人民，竭诚奉献”的总要求，认真履行职责，全面完成以防火、灭火和抢险救援为中心的工作任务，同时积极配合参与当地政府经济和精神文明建设，做到拥政爱民，为金秀县平安和谐发展做出应有的贡献。

【思想政治建设】 把廉政教育月、“牢记强军目标、献身强军实践”、“增强党性、严守纪律、廉洁从政”、“强素质、正风气、塑形象”、民主评议政风行风等专题教育贯穿到全年政治教育活动中，不断夯实广大党员“立警为公、执法为民”的思想基础，确保部队始终保持忠于党、忠于祖国、忠于人民、忠于法律的政治本色。2015 年，大队号召全体党员干部向杨科璋烈士学习，并掀起“学英模见行动，为实现中国梦、强军梦而努力奋斗”的学习热潮。为大力弘扬伟大的抗战精神和民族精神，引导官兵牢记历史、弘扬传统、激发斗志，大队不断创新活动载体，精心组织实施，效果非常显著。共开展爱国主义专题授课 4 次，观看抗战题材电影 4 次，影后谈心 8 次，组织官兵到烈士纪念碑开展参观活动 1 次，制作专题板报 3 期，利用 LED 滚动播放宣传标语 10 次。9 月 3 日，还组织全体官兵观看“纪念中国人民抗日战争暨世界反法西斯战争胜利 70 周年阅兵式”和中央在京举行的纪念大会，认真学习习近平总书记在纪念大会上的重要讲话精神，进一步激发官兵爱国主义情怀和践行强军目标热情。

【队伍建设】 2015 年，大队围绕“学习践行强军目标，做新一代革命军人”主题，开展微电影、警营原创 DV 和“一队一精品”创作活动。积极推进警营文化建设，丰富官兵业余生活，陶冶官兵情操，组织开展打篮球、气排球、桌球、每季度一次集体生日晚会等娱乐活动，并为全体官兵购买篮球服和运动鞋。大队还联系盘王谷度假酒店游泳度假中心和室外攀岩体验中心，带领大队官兵每周进行一次游泳训练和攀爬训练，娱乐训练并重，营造拴心留人的良好环境氛围。严格落实请销假、车辆外出审批、营门岗哨履职、查铺查哨等日常生活制度，加强官兵“八小时”外的管理，对重点时期、重点人员和敏感事件加大管控力度；规范官兵言行举止，要求官兵警容严整、举止文明、遵纪守法、令行禁止；一日生活制度正规有序，各项训练、管理、学习、生活制度落实到位，官兵关系和谐。按照总队、支队年初部署，制订相应训练计划，以体能、单兵技能为基础，班组合成操法为提升空间，突出整建制中队实战化训练为重点；深入辖区开展“六熟悉”，定期组织灭火救援实地演练，加强业务理论学习，不断提高官兵单兵素质和全队整体作战能力。2015 年，中队共开展辖区“六熟悉”和灭火救援演练 60 次，修订完善各类预案 30 份，录入类型、重点单位灭火救援预案 40 份，消防水源、作战实力，执勤力量相关数据录入更新修订及时到位。在岗位练兵的基础上，注重强化第一出动力量和战斗编成，中队立足于现有的车辆和装备，规范了灭火救援组织指挥程序和战斗规程，进一步明确了岗位责任。全年中队共接警出动 37 次，其中灭火出动 23 次，抢险救援 10 次，社会救助 4 次，出动消防车辆 81 辆次，官兵 486 人次，抢救被困人员 45 人，抢救财产价值 600 多万元，官兵无一伤亡。特别是在参与处置 2015 年“10·5”金秀县抗击台风“彩虹”抗洪抢险救援中成功解救被困驴友，圆满完成各类灭火、抢险救援和社会救助任务。

【防火监督】 为确保辖区火灾形势的持续稳定，预防和遏制重特大火灾尤其是群死群伤恶性火灾事故的发生。2015 年，开展人员密集场所门窗设置影响逃生灭火障碍物专项整治行动、在建工地消防安全专项整治行动、建筑自动消防设施专项治理、重大火灾隐患集中整治专项行动、夏季消防安全大检查、消防产品“打非治违”专项行动等治理。在整治程中，大队结合实际，科学制定专项治理工作方案，依据相关政策规定和技术规范，督促各部门、各单位按时完成火灾隐患整改任务，加大对消防违法行为的查处力度。同时焉东副县长带队，组织工商、安监、公安、质监、卫生等部门联合开展消防安全检查。强力推进重大火灾隐患整治。大队开展了重大火灾隐患集中整治，由专人负责指导督促整改工作，通过上门指导服务，基本上完成了对顺鑫宾馆的整改销案。将农贸市场火灾隐患情况报政府常务会议讨论，研究消除火灾隐患的整改方案。2015 年，共检查单位 653 家，发现火灾隐患 566 处，督促整改火灾隐患 552 处，下发《责令改正通知书》306 份，确保了辖区内火灾形势的平稳。

【后勤保障】 2015 年，大队积极将消防装备、个人防护装备和灭火救援装备器材配备情况形成文字报告县政府，征得县政府同意购买了1辆中（重）型泡沫消防车和1辆具有救援功能的举高类消防车，所需经费200万元由县财政在2015年预算中解决。另外，县政府也同意拨付20万元“三个经常性”工作追加经费并列入2015年预算，消防大队预算由年初的为265.08万元，增加到285.08万元，比2014年增长88.30%，实现了历史性的跨越。

社会团体

县总工会

【概　况】 金秀瑶族自治县总工会在职人员6人，其中：主席1名，副主席1名，内设三部一室（组织民管部、法律劳保宣教部、财务部、办公室）。2015年，自治县总工会在县委和上级工会的领导下，认真落实“两个责任”，积极开展“三严三实”、“守纪律、讲规矩”教育活动，深入学习贯彻落实中共十八大和十八届三中、四中、五中全会及中央群团工作会议精神，坚持以职工为本，主动依法科学维权，以发展为第一要务，切实履行维护、建设、参与、教育等各项职能，充分发挥工会联系职工群众的桥梁纽带作用和工人阶级在自治县改革、发展、稳定中的主力军作用。

主　席：肖龙玉（3月离任）
　　　　李先沣（3月任）
副主席：覃瑶升

【基层组织建设】 紧盯数据库新增企业名单，坚持职工人数10人以上的企业单独建工会，职工人数10以下难以单独建会的企业通过组建联合工会和行业工会，把不同类型企业、不同就业方式的职工最大限度地组织到工会中来。2015年，新建工会组织17家，发展会员218人，全面完成了市总工会下达的目标任务。恢复或建立机关事业单位工会组织，全县机关事业单位基本建立了工会组织、改变了一直以来机关事业单位工会组织几乎瘫痪的状况。全面开展基层工会法人资格登记工作，实行建工会组织与工会法人资格登记工作同步进行，夯实依法治会基础。以“双亮”活动为载体，加强基层工会规范化建设。督促已建会企业悬挂与企业名称相对应的工会组织牌匾，工会主席、副主席，佩戴胸卡、设置办公座牌等一种或多种形式亮出身份，活动开展面达85%以上。加强基层工会干部培训工作，完成了市总下达的各种调训和培训任务，先后专派8名基层工会干部、县总工会干部16人次参加自治区、市总工会业务培训。桐木镇作为乡镇职工之家试点乡镇、争取到区总补助60万元。

【发展和谐劳动关系】 深化劳动关系开展和谐企业创建活动，健全完善劳动关系和谐企业管理办法，强化激励和约束机制建设，对获劳动关系和谐企业称号的单位实行动态管理，国有及国有控股企业民主管理工作全部实现了规范化、制度化和全覆盖，已建职代会的非公企业达80%。同时，加强厂务公开的分类指导和规范，进一步完善了公开的内容，拓宽公开形式和渠道。全县机关、事业单位政（事）务公开率为100%，企业厂务公开率达90%以上，厂务公开工作已纳入了全县党风廉政建设目标管理。继续推进非公企业职工董事、监事制度，基本实现了让权利在阳光下运行。

【非公企业工资集体协商】 以非公有制企业为

重点，推行行业性、区域性工资集体协商。截至11月底，全县建会企业工资集体协议签订33份，覆盖企业483家，单独签订21份，签订区域性工资集体协议8份，行业性工资集体协议4份，覆盖面达到85%。对非正常生产经营企业和个体工商户通过签订区域性工资集体协议进行全覆盖。同时，注重建设一批协商规范、实效性强的示范企业。年内签订女职工专项合同33份，实行应签尽签全覆盖。

【劳动保护】 积极参与县人大的执法检查、县政协的视察工作，善于从保护职工利益的角度提出合理建议。认真开展法制“六进”活动，深化劳动法律法规宣传监督，与县司法局、县人社局集中开展普法宣传2次，向广大职工发放《维权手册》等法律法规宣传资料2000余份，增强职工依法维权意识。开展专项督查，配合人大、政协、劳动保障等部门对全县企事业执行集体合同、劳动用工、劳动安全卫生等进行3次专项督促检查。参与安全事故调处5起，配合县安监局开展职业病防治专项培训，邀请有关专家讲解职业病的识别、防范措施。同时，广泛组织开展“百日安全生产”活动和“安康杯”竞赛活动，严格按照“零容忍、全覆盖、严问责”的要求，全面推进了企业安全生产管理、安全文化建设和职工安全健康培训教育。全面开展基层工会法人资格登记工作。实行建工会组织与工会法人资格登记工作同步进行，夯实依法治会基础。

【劳模服务与管理】 落实尊重劳动、尊重知识、尊重人才、尊重创造的重大方针，认真做好全国、自治区、市三级先进模范的评选推荐工作，举办劳模风采展、座谈会、报告会，集中宣传劳模的先进事迹，大力弘扬工人阶级伟大品格和劳模精神，进一步在全社会唱响“中国梦·劳动美”的主旋律。年内组织7名劳模集中进行了免费体检，并建立了健康档案。6名困难劳模得到有效救助，4名劳模参加了区、市组织的疗休养。

【保障帮扶】 继续开展“四季服务”活动，共受理政策咨询32人次，对294人名因重大疾病或其他因素造成生活特别困难的职工（农民工）家庭实施了生活救助，发放资金25.30万元。依托“春风行动送岗位”“工会就业援助月”等行动，与县人社局等单位联合开展了1次民营企业现场招聘活动，为62人（次）提供就业咨询服务。“夏送清凉”活动购买3万元的防暑降温慰问品，看望慰问了桐木工业园区企业车间工人和环卫工人等295名一线工作人员。金秋助学帮扶援助90名困难职工子女和困难农民工子女上学，发放帮扶救助金19.95万元。广泛动员职工参加大病互助医疗保障计划。全年共办理互助保障619份，兑现了保险赔付2人共1.67万元。为2656名农民工赠送意外伤害保障。深入实施“农民工援助行动”，发放小额贷款87万元，帮扶10名下岗失业人员、困难职工和返乡农民工实现了自主创业。

【扎实深入开展服务工作，为民办实好事】 开展结对帮扶和社会公益活动，根据自治县党委、自治县人民政府的部署，以挂点联系为载体，深入开展结对共建创先争优行动，组织单位党员干部职工深入农村，服务基层群众，帮助联系点群众改善生产生活条件，寻求增收渠道，和村委干部、群众代表一起理出增收的路子；选派一位干部到联系点三角乡甲村挂任农村第一书记。积极筹措资金，用于村屯开展“美丽金秀．生态乡村”活动，环境整治、村道硬化、修建群众娱乐场所及戏台建设、慰问困难群众、开展“七一”活动等共投入资金113298.00元。到联系学校甲江小学开展“六一”儿童活动，给他们送慰问品等价值700元，领导干部联系困难学生4名，资助助学金1200元，让孩子们感受到党和政府的关怀，更好地安心学习。

（金秀县总工会办公室）

团县委

【概　况】 中国共产主义青年团金秀瑶族自治县委员会（简称“团县委”），属党群部门，1953年4月成立，名称为中国新民主主义青年团广西省大瑶山瑶族自治区（县级）工作委员会，名称几经修改，现为中国共产主义青年团金秀瑶族自治县委员会。1955年3月，在县城召开自治区（县级）第一次青年团员代表大会，选举产生团自治区（县级）委领导成员，成立中国新民主主义青年团自治县委。1957年，中国新民主主义青年团自治县委改名为中国共产主义青年团自治县委。1972年中国共产主义青年团自治县委改名为中国共产主义青年团金秀瑶族自治县委员会，沿用至今。2015年年底，共青团金秀瑶族自治县委员会内设办公室、组织部、宣传部、青农部、学校部、青工部、希望工程办公室等机构；团县委编制3人，实有工作人员1人。

2015年，团县委紧紧围绕中共自治县委、自治县人民政府各项中心工作，以“服务大局　服务社会　服务青年”为总基调，充分发挥共青团先锋模范作用，为青年就业创业、成长成才提供服务，认真实施党建带团建、青少年造林绿化、青年志愿者行动、预防青少年违法犯罪等工作。2015年，自治县共有青年团员3282人，有基层团委17个，团（总）支179个，其中乡镇实体化大团委建设189个。专职团干部13人，女团干部8人。

书　记：黄莉丽

【团建基础工程】　坚持以党建带团建工作模式，自治县各级团组织始终以团的建设和推进团的事业发展为重点，不断强化共青团的组织功能和服务功能，提高团的凝聚力、战斗力和社会影响力。做好团员注册、团证颁发工作，加强团员发展审批、团费收缴、团组织活动阵地和团员教育评比等。一是扎实推进党建带团建工作。下发《关于在全县共青团组织和广大团员中开展“活力支部、魅力支书、得力团员”争创活动实施方案》，重点在全县基层团组织中开展“三力”团支部创先争优活动。同时依托村级党员活动中心，抓好村级团组织活动场所建设，全县100%行政村挂牌建立“青少年之家”，鼓励推荐优秀青年加入中国共产党。二是创新基层团组织建设。以“乡镇大团委建设”活动为载体，依托乡镇实体化大团委建设创新基层团组织构建，并选优配强各级团组织领导班子，积极推动35岁以下村“两委”干部兼任村团支部书记，青年致富带头人、大学生村官和在校大学生兼任村团支部副书记。实施“一计划两活动三工程”，抓好团干部“青春引擎”全员培训、新任团干部（青年骨干）大培训活动、农村青年致富工程、青年人才素质提升工程。三是着力抓好“两新”组织团建工作。依托县工业园区开展非公企业建立团组织，创建非公团组织，创建社会性组织类别的团支部，并开展丰富多彩的活动，把开展团组织活动与提高团员综合素质、促进企业生产经营和加强企业文化建设结合起来，探索出了一条“两新组织”团建的新路子。

【青少年思想道德教育】　2015年，团县委加强青少年爱国主义、社会主义核心价值观教育，开展统一团、队主题活动，举办青少年法制教育讲座。在“五四”“六一”等节日加强青少年理论知识的学习；在雷锋日、环保日开展医疗、维权、清洁、结对关爱帮扶等志愿服务活动；利用七一、国庆、重阳节走进敬老院服务老人等活动；在清明节开展缅怀革命先烈活动，接受革命传统教育；与公安、司法部门联合举办中职中学生法律知识竞赛、交通安全知识讲座、青少年法制教育讲座，通过开展各类主题活动提升青少年思想道德素质。

【少先队工作】　2015年，团县委以大力培育和践行社会主义核心价值观作为少先队工作和中学共青团工作载体。一是抓住建党、建团周年纪念日、抗日战争胜利70周年、中共十八届四中全会等重大节日为契机，通过组织开展宣讲报告会、专题讲座、座谈研讨、主题教育活动等形式，深入开展“学党史、知党情、跟党走”、“我与祖国合个影”、“庆五四，红心向党”青年篮球赛等主题宣传教育活动，在广大青少年中深入开展核心价值观教育，引导广大青少年进一步坚定跟党走中国特色社会主义道路的理想信念，帮助青年构筑起强大的精神支柱。二是深入开展学雷锋活动。以“弘扬雷锋精神，参与志愿服务”为主题，组织广大青年集中学习宣传雷锋精神，举办“雷锋榜样进校园”等活动，引导青少年从小事做起、从身边做起，时刻树立为他人服务的意识，践行基本道德规范，弘扬社会文明新风。三是创新活动载体激发青年活力。联合县内青年艺术团开展以“弘扬社会主义核心价值观”为主题的文艺演出，深受广大群众和青年朋友们欢迎；举办“中国梦·家乡美”摄影、书画、诗歌、散文征集主题活动，引导全县广大青少年参与其中，在活动中学习理解习近平总书记对“中国梦”的深情阐释；启动全民阅读读书月活动，引导青少年进行经典书籍的阅读，在传统文化的熏陶中接受传统文化的沐浴，在阅读中养成尊老爱幼、懂得感恩传播社会正能量。四是积极运用新媒体和先进文化手段进行引导。通过建立基层团组织QQ群，开通团组织实名微博，开通团县委微信公众号、微信群等办法来引导青年，还通过浏览中国青年网、广西团区委、来宾团市委网站主页等形式，对青少年思想进行正确引导。

【“希望工程”行动】 2015年继续开展“希望工程”圆梦行动，通过上级团组织的侧重关爱以及团县委的努力争取，得到多方的爱心资助，资助18名大学新生入学；推荐2名优秀初中毕业生获学杂费全免的“希望高中”录取。

【青年文明号创建】 推动青年文明号创号行动2014年市级青年文明号2个，自治县青年文明号14个，其中自治区级6个、市级7个、县级1个。为庆祝创建青年文明号开展20周年，3—4月以“青年文明号诚信示范月活动”为主题，14个创号单位开展了一系列的活动。10月，11个集体开展了“岗位建功创一流，文明点亮中国梦”青年文明号创新服务大赛。

【青年科技活动】 团县委紧紧围绕中共自治县委、自治县人民政府“富民强县新跨越”发展战略，引导、促进青年创业就业，联系和帮扶农村青年开展就业创业，建立各类青年示范基地，开展青年就业创业培训活动。一是实施“五个计划”为青年就业创业助力。通过“青年创业信贷扶持计划”“青年就业创业技能培训计划”“青年就业创业见习基地升华计划”“青年就业创业服务体系建设计划”“青年就业创业人才培养计划”五个扶助计划，联合银行、学校、企业等单位，为我县青年解决创业道路中所遇到资金、技术、经验等一系列问题，辐射带动全县青年就业创业。2015年，各部门共为50多名青年创业提供资金支持300多万元，带动就业200多人，青年创业就业培训50多（人/次），累计培训青年400多人。创建3家青年就业创业见习基地，组织青年见习上岗20人（次），帮助青年积累工作经验、提高就业创业能力。二是积极响应和贯彻落实自治区“大众创业·万众创新”号召，积极推荐青年创业能手参加“合作银行杯”来宾市首届青年创业创新大赛。创业青年全桂莲的“农家乐乡村旅游”项目在比赛中获得“优秀奖”。三是为切实加强农村青年的创业劲头，充分发挥农村青年的先锋模范和生力军作用，积极推进农村青年创业创新，开展了“百场创业创新沙龙进农村”活动。四是为青年朋友搭建交友平台。通过举办“青春携手　共创未来”等交友活动，给青年搭建相识、相知、相恋的交友平台，丰富金秀青年业余文化生活。

【青少年志愿服务活动】 组织引导广大青年投身青年志愿服务队伍中，以社会所需、他人所难为服务出发点和落脚点，充分发挥青年志愿者的正能量。一是成立青年就业创业志愿服务队。组建了一个以政策宣传志愿者、青年创业志愿导师为主的青年就业创业志愿服务队，为金秀县青年提供及时有效的就业创业服务。二是成立绿色家园志愿服务队。“美丽金秀、生态家园、青年当先”是金秀县志愿服务品牌活动之一，我们先后组织近千名志愿者到公路沿线、乡镇街道、农村开展清洁家园、清洁水源、清洁田园义务劳动、义务植树，引导人民群众共同打造青山碧水的美丽金秀。三是组建爱心志愿者服务队。以“关爱空巢老人、残疾人、农民工、留守儿童”为主要服务对象，由社会各界爱心人士组织建立起多支志愿者服务队。爱心志愿者利用节假日时间，开展系列关爱活动。四是积极开展青年网络文明志愿者活动，努力营造健康文明、积极向上的清朗网络空间。举办一期全县网络文明志愿者专题培训班，共培训网络文明志愿者60余人。五是积极组织发动团员青年及各界爱心人士注册成为志愿者，科学、系统的管理全县志愿者，推进志愿者队伍建设。金秀县注册志愿者有1500多名。

【预防青少年违法犯罪工作】 深入开展不良行为青少年、闲散青少年、服刑人员子女、流浪青少年和农村留守儿童等五类重点青少年群体的服务和管理，组建了常态化的预防专兼队伍；深化共青团与人大代表、政协委员“面对面”活动，建立沟通协调制度。积极围绕青少年违法犯罪、青年就业创业、社会教育与青年全面发展、新生代青年农民工社会融入等热点问题征求意见和建议，在全社会营造关心支持青少年工作的浓厚氛围；深入开展法制“四进”宣传活动，确保法律在学校、机关、社区、农村青少年中得到普及，增强青少年的自我防范意识和自我保护意识。

县妇女联合会

【概　况】 金秀瑶族自治县妇女联合会（简称自治县妇联），2002年机构改革后，核定干部编制3名，其中正副职领导各1名，一般干部1名。2011年5月，增加一名工勤人员即工人（司机）编制。10个乡镇妇联，均配备专（兼）职妇联主席1名；77个村民委、4个社区妇代会组织，均配备有妇代会主任。

2015年，自治县妇联认真做好妇女儿童维权工作，服务于妇女儿童，为民办实事好事；开展“五好文明家庭”（爱国守法，热爱公益好；学习进步，爱岗敬业好；男女平等，尊老爱幼好；移风易俗，少生优育好；勤俭持家，保护环境好）创建活动，2015年忠良乡陶福连家庭等10户获得来宾市“五好文明家庭”称号；开展防毒拒毒，防治艾滋病、妇女宫颈癌、乳腺癌免检查筛等宣传活动，发动广大城乡妇女积极参与两癌查筛。举办妇女干部培训班，家庭教育讲堂，预防未成年人犯罪等活动。

主　席：陆爱桂

副主席：覃彩云

【开展服务工作】 开展结对帮扶和社会公益活动，根据县委、县人民政府的部署，以“挂包联驻”为载体，深入开展结对共建创先争优大行动，组织单位党员干部深入农村，服务基层群众，帮助联系点群众改善生产生活条件；选派1名干部到联系点大樟乡双化村挂任农村第一书记，积极筹措资金，用于村屯开展“美丽金秀，清洁乡村”活动，环境整治、村道硬化、开展村文艺队的创建等建设，资助家庭困难学生上学等，为挂点村办实事、好事：一是分别资助大樟乡玲马村、双化村共计15000元用于村委各项建设。二是捐助给县小学、县幼儿园、金田小学、三江中心小学、头排中心小学等学校“六一”儿童节活动经费及慰问经费共9000元；三是开展“七一”慰问扶助困难党员活动，捐助1000元慰问大樟乡村双化村、玲马村困难党员10名，得到了群众好评。四是扶助患“两癌”重病困难妇女14人，共计45000元。五是慰问家庭困难的儿童20名，共计送去慰问金2000元。六是及时将蓝天空军资助金秀县的100名春蕾女童扶持款4万元发放给每个受资助的女童，让她们更好地安心学习。

【维护妇女儿童合法权益】 为强化对妇女维权服务，县妇联结合“三八”节、“五一”节、法制宣传周、科技下乡、科普宣传周等节日，开展妇女法律维权宣传、咨询活动。建立健全县、乡（镇）、村妇女儿童维权服务网络，开通家庭暴力维权热线11个，预防和制止家庭暴力。在金秀法院民一庭、头排法庭成立妇女儿童维权岗。2015年，县妇联开展了法律咨询宣传活动1场（次），举办法律维权知识讲座1场。接待妇女群众的来信来访10件，调处率100%。对来信来访，及时作好调解处理工作，宣传有关维护妇女儿童合法权益的法律、法规。调解处理不下的及时移交司法等有关部门处理，把群众的纠纷、矛盾消除在萌芽状态，较好地维护家庭和社会的和谐、平安、稳定。

【开展预防艾滋病宣传活动】 自治县妇联积极主动地与县直有关部门开展预防、防毒宣传咨询活动，营造妇女维权良好氛围。3月6日，金秀县妇联、法院、卫计局、县总工会、妇保院等部门联合在县城文化广场开展男女平等基本国策、妇女儿童维权法律法规知识、新两纲、新规划以及妇女健康知识、防艾知识、两癌筛查政策、计生政策宣传咨询服务活动，设立法律知识、政策咨询台和医疗卫生服务台，对群众现场解答疑问、开展健康卫生知识、测量血压等服务活动。共发放《中华人民共和国妇女权益保障法》、《中华人民共和国未成年人保障法》、禁毒、防艾、计生、妇女健康知识等法律、法规宣传资料1200多份，大力宣传男女平等基本国策、妇女儿童维权知识，提高了她们法律维权知识和防艾意识，促进社会的和谐稳定。参加咨询活动的群众有1100多人，取得了良好的宣传效果。在全县范围内大力开展“预防艾滋病，健康进家庭”防治艾滋病宣传活动。

【开展妇女文体活动】 2015年，自治县妇联在“三八”国际劳动妇女节，分别在县城、桐木镇等开展男女平等、维权等宣传活动。举办了以践行社会主义核心价值观和构建美丽家庭、共筑和谐社会为主题“三八”妇女节文艺晚会2场。在地税局召开“巾帼建功创伟业，和谐社会共创建”为主题庆祝“三八”妇女节座谈会。

【实施“春蕾计划”】 自治县妇联继续实施“春蕾计划”，通过自治区妇联牵线搭桥，自治县有100名特困女童得到中国空军——“蓝天春蕾”资助上学。2015年，每个春蕾女童每年得到资助金400元，共获得“蓝天春蕾”款4万元。

【创建儿童家园】 抓好“妇”字号示范基地建设，树立科技致富女能手典型，带动农村妇女科技致富。2015年，自治县妇联创建了儿童家园6个，巩固创建“妇女之家”81个，并为“儿童家园”、“妇女之家”购置了图书、羽毛球、乒乓球等体育器材，为妇女儿童提供了良好的娱乐活动场所，促进了社会主义精神文明建设。“妇”字号基地的女能人示范带头作用得到充分发挥和体现，在“妇”字号基地，在女能手的示范、带动、引导下，广大农村妇女已成为推动农村经济发展，建设社会主义新农村的重要力量。

【开展妇女培训学习活动】 关注基层妇女干部，广泛覆盖、创造提升妇女干部素质的学习平台。2015年，县妇联组织村委女干部和乡（镇）妇联干部举办了2期政策理论、业务及法律法规知识培训班，邀请县委党校老师授课，讲解男女平等基本国策等内容；传授讲解维护妇女儿童法律知识，如何帮助妇女依法维护自己的合法权益等，收到了良好的效果。通过加强培训，进一步提高了村“两委”女干部为群众服务的能力和水平，村“两委”女干部的带富能力得到提高。

【开展家庭教育活动】 2015年，在村屯、学校、儿童家园举办家庭教育知识讲座13场，参加讲座的家长2200多人，其中由县妇联主办5场1000多名家长参加听课。5月、6月、10月县妇联邀请金秀县民族小学优秀教师李春梅分别到大樟乡中心小学、金秀镇金田小学等5所小学、幼儿园开展家庭教育讲座，通过开展家庭教育讲座，提高了广大家长科学教子的能力和水平，促进未成年人健康成长。

【做好“两癌”筛查的宣传发动】 为增强广大妇女健康保健意识，做到乳腺癌、宫颈癌早发现、早治疗，确保广大妇女的身体健康。县妇联积极配合县卫计局开展实施“两癌”筛查项目，积极发动广大妇女参加检查，为广大妇女的身体健康提供力所能及的帮助。2015年，扶助患“两癌”重病困难妇女14人，共计45000元。

（罗筱敏）

县科学技术协会

【概　况】 金秀瑶族自治县科学技术协会成立于1978年12月，属中共金秀县委领导下的人民群众团体组织，是县委、县政府与全社会各界科技工作者联系的桥梁与纽带。协会成立初期，与自治县科学技术委员会合署办公，1984年从自治县科学技术委员会分出单独办公。金秀瑶族自治县科学技术协会（简称“自治县科协”）从科学技术委员会分出来后，原工作人员2人，后增加人员到5人，机构设置有办公室、学会部、科普部等工作部门；2002年机构改革后编制2人，工作人员2人，只设置科协机关办公室；2015年年底编制3人，在职人员3人，实有人数4人（借调1人）。

主　席：钟　宾

副主席：卢洪东（兼）

杨为志（兼）

张发远（兼）

涂世钊（兼）

梁晓芳（兼）

彭晓玲（兼）

【主要活动】 2015年组织和参与开展5次较大规模的科技普及活动：中国流动科技馆在金秀展出、青少年科技创新大赛活动、全国科技活动周活动、十月科普大行动及“爱科学月”活动结合《科普法》和《全民科学素质行动计划纲要》的宣传贯彻实施要求，继续与县广播电视局开办《科普大篷车》知识栏目，针对不同的季节，播放相关的农村适用技术52期。10月16日，由县科协等县级组委会组织在三江乡三江街举行广西“十月科普大行动”金秀县活动启动仪式暨科普大集活动，当天参加启动仪式的人员有33个县直单位67人和三江乡乡直干部、群众和学生代表近2000人。

【科技培训】 2015年，会同自治县科技局、扶贫办、农业局、畜牧局、林业局、妇联、团委、总工会、民族局、组织部等部门及各乡镇党委、政府采取多种形式组织农村党员、基层干部和农民因地制宜地开展农村实用技术培训工作，全年科协（含少普队）开办培训班15期，培训人员1532人次，圆满完成年度培训任务。

【青少年科普教育】 2015年组织全县19所中小学生和老师开展各类科普活动，全年共收到参赛作品130件，经评选上报来宾和自治区评选作品71件，共有51件作品获得奖励，其中首次参加机器人大赛的作品共有6个获得奖励，金秀县也因为青少年科普工作突出获得自治区、来宾市科协的表扬，获得参加11月23日—25日在北京举办的全世界机器人大赛观摩代表资格。

【科普惠农兴村计划】 “科普惠农兴村计划”由中国科协、财政部于2006年联合启动实施。根据农村科普工作的特点，“科普惠农兴村计划”通过“以奖代补、奖补结合”的资金投入方式，通过表彰、奖补农村专业技术协会、农村科普示范基地、少数民族科普工作队和农村科普带头人，以点带面，榜样示范，进一步激发广大农村基层科普组织和科普工作者的积极性、创造性，引导激发广大农民学科学、讲科学、用科学的积极性、创造性，引导全社会共同关注农村科普工作，助力社会主义新农村建设。一是2015年组织申报2015年度全国、广西“科普惠农兴村计划”项目共4个，其中金秀瑶族自治县亿草丰茂瑶医药基地获得广西“科普惠农兴村计划”先进集体称号、金秀县六巷青山生姜种植协会获得全国“科普惠农兴村计划”先进集体称号，两个单位获得奖补资金共28万元。二是积极组织自治县2006年以来获得全国、自治区“科普惠农兴村计划”项目先进单位和个人参加广西第7次“科普惠农兴村计划”成果展和“农产品对接洽谈会”活动。2015年12月4日—5日组织金秀县六巷生姜种植协会、金秀瑶族自治县大瑶山茶叶产业协会（瑶山王公司、聚福堂公司）等参加活动，其中广西金秀瑶族自治县亿草丰茂瑶药基地所带瑶浴药品最受市民青魅。

县归国华侨联合会

【概　况】 金秀瑶族自治县归国华侨联合会（以下简称“自治县侨联”），属中共自治县委领导下的人民群众团体组织，是党委和政府联系广大归侨侨眷的桥梁和纽带。自治县旅居海外的华人华侨及港澳同胞有近80人，分布在世界8个国家和地区。2015年以来，自治县有归侨侨眷280多人，其中归侨1人（主要来自于马来西亚）。侨眷的海外亲属主要分布在马来西亚、泰国、英国、美国、新加坡、日本、加拿大、缅甸、印尼、越南等国家。

2015年，自治县归国华侨联合会编制1人，实有工作人员1人。

2015年，县侨联在县委、县政府和县委统战部及上级主管部门的领导下，坚持以“三个代表”重要思想、中共十八大精神为指导，落实科学发展观，认真贯彻落实区、市侨务工作会议精神，紧紧围绕县委、县政府的工作部署，坚持“以侨为本，为侨服务”为宗旨，切实贯彻国家的侨务方针政策。在做好侨联日常业务工作的同时，采取集中学习、自学、通读文件与专题报告等形式结合起来深入领会十八大精神。积极参加上级侨联部门举办的各种侨务干部学习班，通过学习，提高理论水平和政策水平，进一步认识到新形势下侨联工作的责任感和紧迫感。

主　席：覃　芬

【为侨界服务】 2015年，县侨联始终坚持把贯彻《中华人民共和国归侨侨眷权益保护法》作为一项政治任务，努力为侨服务办实事，通过各种渠道以多种形式认真做好群众工作，年初看望慰问了6户归侨侨眷，给他们送去了慰问金和慰问品，把党和政府及侨联组织的关心和问候送到了归侨侨眷的心坎上。同时把信访工作作为侨联联系群众的重要渠道，本着“侨胞利益无小事”的原则，认真接待来访的侨眷，在侨务政策允许的范围内协调有关部门为归侨侨眷解决一些实际困难，对他们提出的问题都能帮助和协调解决。上门走访侨眷，进一步倾听侨众的心声，了解他们的诉求，在及时反映、切实解决他们具体问题的过程中，化解潜在矛盾，增进彼此之间的感情，有效地促进了全县侨界的稳定和发展。按照来宾市侨联的工作布置，认真开展侨情的调查摸底工作，建立侨眷信息库。

【海内外联络联谊】 县侨联参加全市侨联系统开展的各种联谊活动并积极调整工作思路，利用接待区、市及县外对口部门前来交流工作经验的接待机会，沟通交流工作，促进友谊，并以热情的接待，优质的服务，积极主动向他们宣传金秀，从而吸引他们到金秀投资，促进金秀建设和发展。

【积极参政议政、依法维护侨益】 自治县侨联认识到民主参与是为侨服务的有效途径，注意发挥在人大和政协舞台的作用，认真撰写高质量的议案和提案，为自治县各项事业发展和以法护侨做了大量的工作。在自治县召开“两会”之前，自治县侨联积极与其他政协委员取得联系，围绕中心议题交换意见，积极反映侨界的呼声、意见和建议，共撰写联合提案1份。

【为民办实事】 县侨联除了积极做好本职业务之外，始终服从县委和县政府的统一安排和布置，积极配合做好中心工作。如：开展思想道德法制教育、认真落实开展“美丽金秀·清洁乡村”活动，积极深入联系点，参与对联系点的服务和指导工作。多次与县委统战部全体成员到六巷乡开展“美丽金秀·清洁乡村”工作，使群众进一步增强对环境卫生的意识，“美丽乡村”工作得到进一步夯实。扶持联系点六巷乡门头村委厨房建设2000元，六巷乡大岭村委围墙建设1000元，三角乡村委围墙建设2000元，头排镇同扶村淮海屯修建河堤2000元。

县工商业联合会

【概　况】 金秀县工商业联合会是面向工商界，以非公经济企业和非公有制经济人士为主体的人民团体的商会组织，是县委、县人民政府联系非公有制的桥梁和纽带，是县人民政府管理和服务非公有制的助手，具有统战性、经济性、民间性有机统一，有10个乡（镇）商会，会员678名，会员企业30家。

主　席：黄雪华

【参政议政】 2015年完成《金秀县2014年非公有制发展调查报告》《金秀县商贸物流发展报告》《金秀县年轻一代非公有制调查报告》，为县委、县政府制定相关工作措施提供了决策依据。

【公益活动】 2015年内开展非公有制经济人士

致富思源，助学行动。6位工商联兼职副主席、26会员代表捐集到善款7.3万元，帮扶19名贫困学生完成学业及支持地方开展公益事业。

【百企助百村工作】 动员、鼓励、组织全县民营企业积极参与全县“百企助百村”活动、扶贫开发贫困村整村推进工作，结对扶助贫困村，通过引进项目，投资办厂，捐资助学、发展产业、安置就业、改造风貌等多种途径、帮助开发优势资源、培育主导产业，扩宽致富门路，改善生态环境，提高发展能力，力争到2020年实现结对帮扶村同步实现小康的目标。2015年，全县共有21家企业与9个贫困村结对帮扶，共举办7次联谊活动，3期培训班，捐资20.6万元，思想、信息、技术、资金等方面力所能及的支持所联系的贫困村开展新一轮扶贫开发。

【融资服务】 2015年6月，县工商联与广西金融投资集团举办以“银企携手、增强合作、共谋发展”为主题的银企座谈会，银企双方就企业发展需求以及如何深化合作等方面进行交流、探讨。通过座谈会，促进非公有制企业和金融机构的沟通，拓宽企业的经贸合作渠道，收到了良好的效果。

【交流活动】 2015年7月10日，组织100名非公经济代表人士分别在大樟乡、桐木镇与柳州金秀联谊会会员30名开展活动。举办一场文艺公演，并筹得柳州金秀联谊会会员资金7万元，其中1万元扶持桐木中学发展教育事业，1万元捐助给桐木敬老院，5万元扶持给16名贫困学生完成学业。2015年5月10日，组织11名商会会员与兴宾区7名会员在桐木镇联谊，交流乡镇商会建设及农业产业发展。（陈晋湘）

文学艺术界联合会

【概　况】 2015年，自治县文联下设作家、戏剧、音乐、舞蹈、美术、书法、摄影、民间文学艺术、赏石、诗词和老年诗书画楹联等11个协会和学会，新吸收25名各类优秀文学艺术人才充实到各协会中，登记在册会员108名。乡镇设桐木镇、头排镇2个基层文联组织，24个协会。全县组建有农村业余文艺队120支。现有行政管理编制1名，设兼职主席1名，由中共金秀瑶族自治县委员会宣传部一名副部长兼任；兼职副主席3名，实有工作人员2名。其中，副主任科员1名。有办公室1间（约为21平方米）位于自治县行政中心1号楼1楼，配置有办公专用桌椅3套，电脑3台（其中，2台为2012年前购置，现已无法正常使用），激光多功能打印机1台，520尼康单反相机1台，铁皮档案柜1组，木质沙发2套（每套1张长沙发、2张单人沙发、1张长茶几、1张短茶几），旧木质档案柜3组，简易书画台1张。

主　席：杜绍康（兼）
副主席：卢冰若（兼）
　　　　罗伟才（兼）
　　　　赵松佐（兼）

【文学创作】 自治县作家协会会员在各级报刊以及《麒麟》《瑶都》等刊物上发表文学作品共90多篇。

【戏剧创作】 成功打造大型瑶族历史舞台剧《瑶都神韵》和盘瑶族舞台剧《瑶韵深牌》。《瑶都神韵》于5月1日始实现每周一演的常态化演出目标，实现自治县旅游文艺演出产品零的突破；《瑶韵深牌》面向游客和群众公演7场(次),受游客和群众好评。

【书画创作】 投入6000元完善自治县书画创作室建设，添置一批笔墨纸砚。利用创作室这一平台，组织自治县书画爱好者开展书画交流活动4次，组织书画展出活动2次，接待各级书画家到创作室开展书画创作10批（次）。与自治区民协共同组织区、县两级6名书法家到金秀镇美村屯开展义务写春联活动；组织自治县7名书法爱好者到桐木镇仁里村开展为期两天的“送春联下基层”活动，免费为群众书写对联300多幅。

【诗词创作】 6月，成立金秀县老年诗书画和楹联协会，协会再添新成员。选举出会长1名，副会长3名，理事8名。协会多次组织开展县城楹联视察活动，对一些不规范的楹联提出修改意见。

【文艺工作】 《瑶族顶鼓》表演获全国第十届少数民族传统体育运动会表演项目竞技类三等奖。在桐木、七建、头排、三角、三江等乡镇（村）建立9个基层群众文化文艺活动基地示范点。组织开展丰富多彩的文化进城和文化下乡、文艺“周周演、月月演、季季演”、农村文艺大展演等活动。举办自治县第四届校园文化艺术节，全县700名学生参与演出器乐、声乐、合唱、校园剧、舞蹈、朗诵等76个节目。协助自治县做好中央电视台“争奇斗艳——冠军歌手故乡行”活动的录制工作。与圣堂湖景区、滴水村联合举办第二届滴水村文化旅游节，组织滴水村文艺队开展瑶族文化艺术展演和圣堂湖景区盘瑶族文艺表演等活动。在桐镇举办首届“信合杯”广场健身舞大赛，共有58支健身队和文艺队900多人参赛。共组织文艺下乡700多场（次），农村文艺进城演出80多场（次）。积极配合部门做好各种文艺宣传演出活动。与自治县文化体育广电局联合举办县、乡（镇）迎春文艺晚会12场（次）；与自治县卫计局联合举办了防艾宣传文艺晚会；与自治县武装部联合举办国防教育和征兵文艺晚会12场（次）；与自治县老干局联合举办“九九”重阳节文艺晚会1场（次）；与自治县民族局联合举办“民族团结宣传月”文艺演出等。

【摄影活动】 举办“醉美瑶山·生态金秀”摄影大赛，征集到参赛作品813幅，评选出特等奖1名，一等奖6名，二等奖14名，三等奖20名，优秀奖24名，奖获奖作品在县瑶族艺术中心展出一周，并刊登在《瑶都》季刊上。

【山歌活动】 举办“培育和践行社会主义核心价值观”山歌比赛、“三月三”弘扬优秀民族文化山歌大赛、瑶族同胞唱响金秀山歌擂台赛、“盘王节”系列活动山歌擂台赛等。全年共组织各类山歌活动7次，参加的山歌手120多名。

【三套丛书编辑工作】 成立12人的收集编辑小组，完成八桂诗词清代卷、民国卷、当代卷等三套丛书中金秀部分的收集整理和编辑工作。

【传统村落立档调查工作】 完成中国传统村落下古陈村（该村于2014年列入中国传统村落名录）的立档调查工作，拍摄300多张图片及资料上送自治区民协。

【文艺期刊】 完成自治县唯一刊物《瑶都》春、夏、秋、冬4期的编印工作，共刊登文学艺术作品130多篇（其中本土作品90多篇），特别是通过这一平台，涌现一批文学新星。指导桐木镇文联出版《桐木文苑》刊物。

【人才培养】 举办自治县摄影、写作专题培训班2期，邀请自治区及来宾市专家授课，培训摄影爱好者和文学爱好者160多人（次）；举办桐木、头排、罗香、三江等乡（镇）级摄影、舞蹈、戏剧、声乐专题培训班，培训乡镇文艺人才300多人（次）；举办乡（镇）业余文艺队舞蹈小品创作能力培训班16期，培训乡（镇）业余文艺队舞蹈小品人才95人（次）。选送8人（次）文艺人才到自治区及来宾市培训学习。开展乡（镇）、村屯、校园文艺辅导活动，指导古占屯山子瑶、孟村屯茶山瑶、圣堂湖景区盘瑶、罗运屯坳瑶、门头村花蓝瑶等村屯编排各瑶族支系节目，指导金田文化名村、六段民俗村成立文艺表演队伍。

【采风活动】 组织自治县摄影、文学、书画、剧艺等协会的会员到六巷乡、三角乡、忠良乡等地开展采风活动3次，收集到采风文学作品40多篇、摄影作品50多幅。年内接待南京书画院、广州军区创作部、自治区文化厅、自治区民协、自治区作协、防城港市港口区以及各县市区文联等各级采风团体13批（次）。

【志愿服务活动】 成立130多支文化志愿者服务队，确保每个乡（镇）、每个行政村（社区）均有一支以上的服务队，全年开展文化志愿服务活动180多场（次）。成立3支文学文艺志愿服务队，全年开展各种志愿服务活动6次。如自治县书法诗词志愿服务队年前分别到美村屯、仁里村开展义务送春联活动；县文艺志愿服务队在春节期间深入农村开展“文艺进万家　欢乐下基层”文艺慰问演出活动；桐木镇文联志愿服务队举办青少年教学比赛和“广场舞”比赛志愿服务活动；县书法诗词志愿服务队到忠良乡中心小学开展百名师生书画现场竞技比赛和到桐木镇开展革命老区慰问演出志愿服务活动等。

（吴金莲）

县残疾人联合会

【概　况】 金秀瑶族自治县残疾人联合会（以下简称“自治县残联”）成立于1990年12月26日，联合会机关为副科级，隶属于县民政局。1996年12月升格为正科级，从自治县民政局分离单列，隶属于中共自治县委。自治县残疾人劳动就业服务站于1999年12月26日成立，是自治县残联下属单位。2001年机构改革后，自治县残联编制3名，设领导职数1名，工作人员2名。各乡镇于1999年上半年成立残疾人联合会，残联助理由乡（镇）民政办主任兼任。2015年年底，自治县残联编制5人，领导职数1名，工作人员4名（其中残疾人劳动就业服务站人员2名）。

理事长兼副主席：梁德强

【基层组织建设】 在上级残联的指导和扶持下，自治县10个乡（镇）、4个社区、77个村民委均建立残疾人协会，共有残疾人专职委员91人，残疾人专职委员均得到一定补助，其中陶军华、张寿彬和覃金和等14位乡（镇）和社区残疾人专委继续聘为自治县残联公益岗人员，续聘期1年。按照中国残联统一部署，1—3月，组织开展残疾人基本服务状况和需求专项调查工作，各乡镇专项调查员200多人，深入全县81个村（社区），对3885名残疾人基本状况与需求进行调查，填写有效残疾人调查表3885份，社区调查表81份。残疾人组织联络工作得到加强。根据《中华人民共和国合同法》更换了1名乡镇级（罗香乡的梁英年龄已达55周岁，换成覃军）和2名村级残疾人专职委员，并在10月上旬举办了残疾人专委培训班。全县残疾人在基本生活保障、医疗、养老、教育、康复、培训就业、对国家政策的认识等方面均有明显改善和提高，对自身权益保障和诉求需求越来越重视，全县残疾人整体状况有较大进步。

【信访与维权】 2015年，全年共接待残疾人来电来访23件（次），在来电来访中要求落实农村低保、临时救助、农村危房改造等诉求，所有来信来访100%回复。

【残疾人康复】 完成七彩梦项目救助听力2人、人工耳蜗2人，脑瘫1人、孤独症儿童1人、智障儿童1人；救助9名重症精神病患者在头排精神病院住院治疗，年救助4000元/人；18名轻度患者得到服药救助，年救助450元/人；发放彩金免费辅具35件、儿童辅具14件、为14名低视力残疾人适配助视器30件；完成定向行走训练10名；完成肢体残疾社区康复任务18例；完成智障儿童社区康复任务8名；完成白内障复明手术任务64例。完成成人助听器救助项目4人。

【残疾人扶贫】 一是实施社保助残，开展贫困残疾人参加新农保等工作。经与各乡镇、民政局和扶贫办等部门共同审查，2015新增符合参保条件的残疾人265人，其中三、四级残疾人为135人，重度残疾人为130人。截至10月底，已办理1408人。落实重度残疾人参加新农合按参保个人缴费的60%给予补助的政策，全县293名重度残疾人获得补贴，每人54元。二是实施生产助残，帮助农村残疾人发展生产增加收入。继续实施“党员扶残”项目。78名轻度肢体残疾人享受项目扶持。完成扶助对象的调查、确认和填表申报工作。8月资金发放到位，每个扶助对象1000元。开展残疾人实用技术培训。全年举办4期培训班。主要培训内容：砂糖橘种植、黄龙病防治和家禽养殖技术，共培训残疾人及其家属180人次，使他们掌握1门以上农村实用技术。

建立“阳光助残扶贫基地”。2014年8月初，桐木凤兴养殖场确定为金秀县“阳光助残扶贫基地”，2015年6月份扶持151户贫困残疾人养殖鸡苗，每人获得0.5公斤以上的免疫童鸡、饲料及兽药价值1200元以上，国庆节开始上市，人均增收2000元以上。三是实施生活助残，不断提高残疾人生活水平。继续开展全县重度残疾人护理补贴工作。启动新增重度残疾人护理补贴申报审批工作，全县新增193名。5月底资金全部发放到位。1121名重度残疾人受益，360元/人年，共发放资金40.356万元。实施“阳光家园”项目。对200名智力、精神和重度肢体残疾人进行筛查、填表、申请、审批。7月份发放补贴1000元/人年。发放残疾人机动车燃油补贴。发放2015年度全县残疾人机动轮椅车燃油补贴170人，每人260元，共发放资金4.42万元。实施残疾人居家无障碍改造工作。完成51户，根据不同的需求，实施卫生间、扶手、安装热水器等改造项目，提高残疾人生活质量和水平。均投入资金4000元/户。四是实施教育助残，不断提高残疾人的受教育水平。资助夏木凤、梁桂喜等4名残疾学生读大学、莫丹等2名读高中、9名残疾人子女读大学，共资助资金2.8万元。资助学前教育残疾儿童2名，共6000元。五是实施就业助残，维护残疾人劳动就业权益。扶持残疾人个体就业、灵活就业和自主创业。扶持陶永斌等5名开展种养创业，扶持资金共1万元。扶持梁东玲开办小微企业，扶持李威良种植花卉，开办花卉店。

【文化和体育】 一是以“关注孤独儿童，走向美好未来”为主题，编排残疾人文艺节目，5月份在县城成功演出。二是选拔残疾人运动员诸葛修兰参加第九届全国残运会，获女子坐姿飞镖第五名。

【其他业务】 坚持按指定医院及专家检测鉴定办理残疾人证，办证前报办公室审批，录入系统前经领导审批。2015年共办理“残疾人证”314本。积极主动争取“残疾人托养中心”建设项目，项目在财审、图审、规划许可证办理、报建阶段，争取2016年年初开工。

（张叶英）

红十字会

【概　况】 金秀瑶族自治县红十字会成立于1988年8月。成立后一直与县卫生局合署办公。2008年4月经县编委审批核定为副科级单位。为了更好地开展红会工作，2014年2月，红十字会从县卫生局剥离出来，设独立法人，独立开展工作，直属县人民政府领导。机关事业编制2名，其中领导职数1名（专职副会长1名），专干1名。职责是协助政府开展人道主义工作，开展救灾备灾、社会救济救助、“红十字博爱送万家”活动，开展无偿献血宣传和组织发动等工作。

会　长：庞月嫔

常务副会长：祝远胜

【宣传活动】 2015年，采用多种形式大力宣传“人道、博爱、奉献”的红十字精神。2015年3月11日，以科普“三下乡”活动为契机，与有关单位和部门一起到桐木镇、三江乡开展红十字知识宣传活动；2015年5月8日，在县城民族广场开展了主题为“关爱生命——红十字在行动”纪念世界红十字日暨中国第七个防灾减灾日宣传活动，通过设立宣传展板、悬挂横幅、发放资料、现场急救技能演示等形式，向群众宣传红十字知识和防灾减灾等知识。发放《红十字会法规选编》、《应急救护知识普及手册》、《捐献造血干细胞知识读本》、红十字基本知识、预防艾滋病、人体器官捐献知识以及防灾减灾等宣传资料共1200余份（册）。2015年5月8日是第68个世界红十字日，通过中国移动通讯群发短信息1万条，宣传红十字会相关知识。

【救助救护】 2015年春节前，开展“红十字博爱送万家”活动。为让联系村琼伍村委困难群众过一个和谐、温馨的大年，送去棉衣20件（价值1200元）和10个温暖箱（价值3000元）。同时，自治县人民政府副县长、县红十字会会长庞月嫔亲自走访慰问金秀镇金秀村委和共和村委的部分贫困家庭，切实把党和政府的关爱送到困难的群众手中；10月4日，受台风“彩虹”影响，全县受灾人口共18180人，农房倒损79户154间，紧急安全转移安置367人，全县因灾造成直接经济损失8995.94万元。为了更好地协助政府做好台风“彩虹”引起的水灾灾后重建等救助救灾工作，自治县红十字会及时上报灾情，经过积极争取，上级红十字会调拨给金秀县家庭包100个，价值30500元；夹克衫300件，价值12510元；救灾药品21箱，价值71275元。

开展“先天性心脏病”——重大疾病医疗救助等公益项目的救助工作。全年共为7位患有“先心”“白血病”等儿童上报申请救助等相关材料，争取上级红十字会给予他们医疗救助，其中金秀县桐木镇七建村白血病患儿梁某某、三江乡三江村患儿廖某某获得小天使基金彩票公益金项目资助各3万元。

【开展国际协作义诊活动】 2015年5月，自治县红十字会得到来宾市归国留学人员的大力支持，邀请到广西欧美同学会（广西留学人员联谊会）及其组织的15名美国志愿者，于5月28日在县城文化小广场开展眼科义诊活动，主要内容是由15名美国志愿者为自治县群众免费检测视力并免费派发近视眼镜和老花眼镜。在该活动中，志愿者总共为自治县1000多名群众免费检测了视力，免费派发1000副近视眼镜和老花眼镜。

（祝远胜）

法　治

政法工作

【概　况】　中共金秀瑶族自治县委员会政法委员会是中共自治县委领导、管理政法工作的职能部门。负责组织、协调、指导自治县维护社会稳定工作；检查自治县政法部门执行宪法、法律、法规和公正司法的情况；组织、协调自治县社会管理综合治理工作；研究和加强自治县政法队伍建设和领导班子建设的措施，协助中共自治县委、中共自治县委组织部考察、管理政法部门领导干部；协助纪检、监察部门查处政法部门领导干部违法违纪案件；组织、协调、指导自治县防范和处理邪教组织工作，推动各项工作措施的落实。自治县社会管理综合治理委员会办公室（简称综治办）、自治县维护社会稳定领导小组办公室（简称维稳办）、自治县防范和处理邪教问题领导小组办公室、自治县国家安全领导小组办公室（简称国安办）、2015年成立的金秀瑶族自治县法学会均在自治县政法委挂牌。2015年，核定人员编制为行政编8人，机关工勤编2人，实际在职人员为9人。中共自治县委政法委认真贯彻落实全国、全区、全市政法工作会议精神，把维护社会稳定作为自治县的一项中心工作之一，切实抓紧抓好。不断加强政法队伍建设，提高队伍的理论和执政水平，增强政法队伍的执法能力，使各政法部门形成维护社会稳定工作整体合力，共建平安和谐新金秀。

书　记：樊广平（2月任）

副书记：廖后杰

　　　　韦荣泉

综治办领导人员

主　任：廖后杰

副主任：滚智辉

　　　　陆虹秀（11月离任）

维稳办领导人员

主　任：韦荣泉

副主任：罗春安

主　任：廖后杰

副主任：甘凤兰

国安办领导人员

主　任：韦荣泉

副主任：黄　湘

【建设平安金秀】　2015年，全县政法机关同心协力，以促进社会公平正义和保障人民安居乐业为目标，保持“严打”方针不动摇，严厉打击各类违法犯罪活动。2015年1—2季度，社会稳定七项动态指标排名第1名、第89名；3—4季度社会稳定八项动态指标排名为第60名、第79名。社会公众安全感分别为第2名、第35名、第8名、第12名，全年总排名为第9名。为全县的经济发展和群众生活创造一个法治公正、治安良好的社会环境。县公安局共立各类刑事案件393起，同期相比下降 12.1%；受理治安案件 392 起，同期相比下降 31.0%；共破获刑事案件 158 起，抓获违法犯罪嫌疑人 208 名，逮捕 130 人，抓获各类在逃人员 17 名，查处治安案件 244 起，调解治安案件 20 起，行政处罚 421 人次，其中罚款 152 人次，行政拘留 238 人次，强制戒毒 25 人次，收缴折款 3.9195 万元。自“神剑 1 号”专项行动开展以来，共立刑事案件 5 起破 4 起，查处行政案件 4 起，刑事拘留 6 人，逮捕 2 人，行政拘留 2 人，罚款 2 人。在查破案件中共收缴枪支 9 支，通过张贴通告发动群众主动上缴各类枪支 56 支，枪管 11 根，子弹 16 发。办理张阶枝非法买卖爆炸物品案中，在桐木镇石塔岭收缴 108 枚导爆管雷管、9 枚电雷管，本县有涉爆单位 3 家排查 3 家，爆破使用现场 8 个排查 8 个，停业整顿 1 个，排查涉爆从业人员 42 人。县检察院共立查各类贪污贿赂职务犯罪案件 8 件 9 人，上年同期 6 人，同比上升 33.33%，查办大案率为 100%；其中贿赂案 6 人，贪污案 2 人，挪用公款 1 人。侦查终结并移送审查起诉 9 件 10 人，同比上升 150%，法院作出生效判决 6 人，上年同期 1 人，同比上升 500%。县法院共受理各类案件 819 件（包括 2014 年旧存 88 件），结案 697 件，结案率为 85.10%，上年同期收案 688 件，结 561 件，结案率为 81.54%，收案比上年上升了 19.04%，结案率上升了 3.56 个百分点。继续加强刑事审判工作，共受理各类刑事案件 137 件，审结 119 件，结案率为 86.86%；受理各类民商事案件 466 件，审结 398 件，结案率为 85.41%，大部分案件通过和谐方式化解，案件调撤率达 83.03%，民族化调解工作继续保持较好水平；常规抓好行政审判工作，受理行政案件 12 件，结 11 件；借助执行指挥中心等现代科技力量，执行案件得以高效执结，受理执行案件 204 件，结 176 件，累计结案标的金额 3368.97 万元，实际执结率 37.5%，执行标的到位率 43.95%。县司法局的法律援助以“关注民生、改善民生、保障民生”为重点，创新工作方式，建立健全县、乡、村、屯四级法律援助网络，形成“一县一中心、一乡（镇）一站、一村一室、一屯一点，一点一员”的工作格局，构建由基层法律服务工作者担任村、社区法律顾问的“一村一法律顾问”，法律援助覆盖全县 10 个乡镇 81 个村（居）委，并通过“12348”法律服务热线电话、“12348”微信服务平台、来宾市“12348”网上公共法律服务网站等“便捷化”的网络平台，提供办事指南、申请、预约、查询等服务，实现了“让群众少跑腿、让数据多跑路、用信息服好务”的便捷化服务。2015 年，共接待群众来访、来电、来信咨询 348 人次、办理各类法律援助案件 197 件。2015 年，全县共排查矛盾纠纷隐患 1776 起，调解 1776 起，调解成功 1745 起，调解率 100%，调解成功率达 98.25%。

【开展创建平安校园活动】 针对全国多地发生的暴力伤害中小学生、幼儿园儿童的恶性事件，自治县政法机关继续加强校园周边安全防范工作，加强警力巡逻力度。同时，充分发挥法制副校长和法制辅导员的作用，对学生进行自我防护及法律法规宣传。该工作开展以来，自治县未发生有侵害学校、幼儿园师生的安全事件。

【继续开展政法干警下村挂职活动】 2015 年，自治县根据来宾市政法机关统一安排部署，调整充实了 81 名下村挂职的政法干警队伍，通过积极开展农村警务工作，促进了解社情民意，宣传法制知识，排查化解社会矛盾纠纷，最大限度地维护了社会和谐稳定。

【法治金秀建设】 拓宽普法教育渠道，巩固政法宣传阵地，不断提高群众知法、守法、用法的意识。自治县政法部门通过联合多部门、多形式、多渠道、全方位开展反邪教、国家安全、公安反恐和“六五”普法教育宣传活动，取得了良好的社会效果。一是利用各乡镇的圩日，在群众最密集的时间段和地段设置宣传阵地，做到了全县 10 个乡镇的全覆盖宣传；二是通过举案说法、广播、电视、橱窗、法制宣传栏、知识问答等形式大张旗鼓地进行宣传法律知识，不断拓宽宣传阵地；三是在县电视台开设《瑶都政法之窗》专题栏目，加大政法工作宣传力度，用舆论造势推动“平安金秀”建设；四是加大政法综治宣传力度。

政府法制工作

【概　况】 1991年5月成立金秀瑶族自治县法制局。1997年1月正式更名为金秀瑶族自治县法制办公室（简称金秀县法制办）。2001年12月，根据自治县机构改革方案在，县法制办在自治县人民政府办公室内挂牌。2015年年末，行政编制3名，在职人员5名。内设综合股、行政复议室和审理室，是自治县人民政府办理法制工作事项的工作机构。

主　任：李红兵

副主任：韦佳彤

【行政复议和行政诉讼】 金秀县法制办认真贯彻行政复议法及其实施条例，充分发挥行政复议在行政监督、解决人民内部矛盾和维护社会稳定方面的重要作用。2015年以来公审理了行政复议案件　件，切实维护公民、法人和其他组织的合法权益，保障和监督行政机关依法行政。2015年，代理行政诉讼案件　件。对案件认真进行把关，并明确具体职责分工，其中维持　件，撤销　件，驳回　件，每一案件都确定具体审查人，确保政府的裁决合法有效吗，致力于将政府在行政裁决案件方面的败诉率降到最低。

【政府规范性文件】 金秀县法制办始终将规范性文件制定审查工作作为依法、科学、民主决策的重要内容来抓。一是严格执行规范性文件的制定程序，没有按自治区规范性文件监督管理办法制定规范性文件，一律不得上常务会。二是严格把好合法性审查关，始终坚持合法性与可行性并重的原则，提高发文的科学性和实效性。三是根据法律、法规、规章和国家方针、政策的调整以及实际情况的变化，2015年，再次对规范性文件进行全面清理，确保政令的合法有效。四是严格按照规定报送市政府法制办和自治县人大常委会备案，主动接受其指导和监督。

【发挥法制参谋助手作用】 做好法律服务工作的主动性、预见性、针对性和实效性，充分发挥法制在政府工作中的参谋、助手和顾问作用。一是更加注重听取公众意见。每一项重大决策都要通过座谈会、听证会等形式听取公众意见，切实保障社会公众的知情权和参与权。二是充分发挥政府法制机构的参谋助手作用。对重大、疑难法律问题，先由自治县法制办进行充分讨论，形成建议和意见，为自治县政府常务会审议提供决策参考，事实证明经过听取公众意见和政府法制部门审查后做出的决策的合法可行，没有一件引起法律纷争。三是加强政府、机关事业单位签订合同的法制审查。一年来为金秀县人民政府及其他机关事业单位与其他主题签订的合同审核　份，经过法制审查的合同在执行过程中没有发生纠纷。四是金秀县法制办全程参与与对较大信访案件处理，提供法律服务，促进部门正确适用法律，妥善处理问题，减少重复上访、群访、集访的发生。

【行政执法监督检查】 根据年度工作重点，采取有效措施，进一步加强行政执法和政府法制监督工作力度，不断地规范行政执法行为，取得了显著成效。

公安工作

【概　况】 2015年，金秀瑶族自治县公安局设有3个科室、3个中心和11个大队，下辖11个派出所、1个看守所、1个拘留所；共有民警149人（民警中大专以上文化程度占96.64%；民警数占全县常住人口的9.51‰），事业编2人、工人4人、协（辅）警94人。

2015年以来，县公安局以中共十八大、十八届四中、五中全会和习近平总书记的系列重要讲话精神为指导，在县委、县政府和市局党委的正确领导下，按照“抓队伍、转作风、强基础、创品牌、争进位、保平安”的总体思路，紧紧围绕建设“平安金秀、和谐瑶都”这一主题，突出维护政治稳定、严打整治斗争、执法规范化和队伍正规化建设等重点工作，为全县经济建设、各项社会事业的发展和人民群众安居乐业创造了稳定和谐的治安环境。

2015年，金秀瑶族自治县公安局有1个集体、6名个人获得县级以上（含县级）荣誉称号，其中巡逻警察（城区警务警察）大队获得来宾市公安局2015年集体三等功；范来友、周辉、陈辉特、张程、兰兰获得来宾市公安局授予个人三等功；潘健获得来宾市烟草专卖局、来宾市公安局授予2015年度卷烟打假打私工作先进个人。

局长、党委书记：焉　东

政委、党委副书记：龙刚玉

副局长：岑恒龙

黄浩声

盘小君

张国宁

副政委：罗晓基

党委委员：刘　芳

梁雪芹

【队伍建设】 2015年，在金秀瑶族自治县县委、县政府和上级公安机关的正确领导下，县公安局民警能按照“抓队伍、转作风、强基础、创品牌、争进位、保平安”的总体思路，紧紧围绕建设“平安金秀、和谐瑶都”这一主题，以“四项”建设为抓手，坚持用法治思维和法治方式引领各项公安政治工作，扎实推进各项业务工作和队伍建设的顺利开展。

【接处警工作】 2015年，金秀瑶族自治县公安局共接报警电话8895个（含110报警服务台共接到报警7048个），分别比2014年上升8.34%、上升24.48%。其中违法犯罪案件1959个，交通事故399个，纠纷345个，家庭暴力17个，公民求助719个，走失寻人7个，其他5449个，有效报警3756个，无效报警5139个，分别比2014年下降10.22%、上升27.64%，协调出警35580人次。

【刑侦工作】 2015年，金秀瑶族自治县公安局共立刑事案件425起，破案168起，破案率为39.5%，与上年同期相比下降11.08%、下降28.81，下降9.9%。其中立命案4起破5起（其中破积案1起），命案现案破案率为100%；故意伤害案立12破7，强奸案立3破2，抢劫立2起破2起，盗窃立221起破61起，诈骗立70起破6起，抢夺立2起未破，破坏市场经济案立6起破3起，毒品案件立12起破15起，交通肇事立7起破6起，其他案立86起破6起，其中重、特大案件立48起破18起。抓获刑事作案成员226人，刑事拘留140人，逮捕137人，移送起诉140人，抓逃20人。

【禁毒工作】 2015年以来，按照上级的工作部署，结合金秀县的实际情况，认真贯彻执行“预防为主，综合治理，禁种、禁制、禁贩、禁吸并举”的禁毒工作方针，坚持不懈地开展堵毒源，打零包战役等工作，共破获毒品案件9起，逮捕5人，强制隔离戒毒35人，行政拘留47人，罚款66人，社区戒毒5人，缴获毒各类毒品5895.93克。

【治安工作】 2015年，金秀瑶族自治县公安局共受理行政案件426起查处286起494人，其中受理治安案件361起查处244起469人，查处率为67.6%，与上年同期受理599起查处437起614人比分别为下降39.7%，下降44.1%，下降23.6%。调解治安案件20起，行政处罚469人次，其中罚款180人次，行政拘留258人次，强制戒毒25人次，其他6人次。

【经侦工作】 2015年，全县共立经济类刑事案件10起，立案数与2014年齐平，破案6起，与2014年齐平，移送起诉6起，与2014年同期相比上升200%，撤销案件2起，与2014年齐平；刑事拘留4人，与2014年同期相比上升100%，监视居住1人，与2014年同期相比下降100%，取保候审1人，逮捕4人，与2014年同期相比上升100%，协助外省调查案件共3起，与2014年齐平。

【交通管理】 2015年，金秀瑶族自治县公安局辖区共发生道路交通事故333起，死亡9人，受伤7人，直接经济损失15500元，比2014年分别上升88.13%、下降47.05%、下降72%，下降75%。

【出入境管理】 2015年，出入境大队将外国人管理纳入辖区派出所实有人口管理，联合治安、刑侦、派出所等部门开展清理整治“三非”等违法犯罪外国人专项行动，重点清理排查“三非”外国人容易滞留的重点区域、村屯以及“三非”外国人容易落脚进行非法务工的酒店、宾馆、娱乐场所、发廊、出租屋、按摩院、农场、林场养殖场、采矿场等行业场所，积极营造了不容留、不雇佣“三非”外国人的良好环境，行动中并未发现金秀县境内存在新增“三非”外国人。

公民出国（境）管理情况：2015年，共办理护照1136证，与上年同期相比增加25%。往来港澳通行证2987证，与上年同期相比增加67%，大陆居民往返台湾通行证50证，与上年同期相比增加258%，单程证2证。

境外人员来金秀管理工作：一是境外人员在金秀县住宿情况。2015年国外在金秀停留84人；港澳台居民在金秀停留106人，均按照规定登记入住旅店。二是滞留金秀的越南妇女情况。2015年，滞留金秀县非法入境的越南妇女11人，与金秀县村民非法生育子女26人，其中21个子女已在金秀县落户。

【户政管理】 2015年，金秀瑶族自治县公安局辖区常住人口总户数51190户，比2014年减少242户，增长率下降0.47%；金秀瑶族自治县公安局辖区常住总人口156538人，比2014年增加413人，其中壮族等少数民族人口123077人。2015年，金秀瑶族自治县公安局辖区登记流动人口4301人，比2014年减少181人，下降4%。2015年，县公安局户政中队共受理审核上传二代身份证7546张；办理临时身份证5869张；审批迁入户籍材料共565份；签发户口准迁证402份；审批办理户口项目变更更正材料552份；提供人口查询出具户籍证明287份；审核补落户人员266人；核查重复户口8人；清理18周岁以上无照片人员1128人。

【监所管理】 在金秀瑶族自治县公安局领导的关心重视下，金秀县看守所AB门建设于1月1日完成基础建设，并实行民警在AB门值班制度，5月13日武警广西总队验收组对看守所AB门建设进行了验收，6月30日武警岗哨正式上岗。看守所AB门符合“联动、封闭、通视”的基本标准，AB门的使用，进一步杜绝了脱逃、暴狱、劫狱、袭警等一切可能，有效地防范和制止在押人员脱逃事故的发生，确保监所的安全稳定。同时，注重落实医疗协作机制。在金秀县公安局领导班子高度重视下，分管监所工作的副局长亲力亲为，主动协调，积极争取县财政局、县卫生局、县人民医院等部门的支持。通过多方协调，7月6日金秀县看守所实现了医务人员正式进驻看守所24小时提供医疗服务的医疗协作机制，保障了监所医疗场所安全。2015年，看守所共收押刑事拘留、逮捕人员138人次，其中刑事拘留104人，直捕27人，临时羁押3人，本省市转入2人，异地羁押2人。共处理出所人员137人，其中转取保候审25人，监视居住2人，投送监狱61人，刑满释放28人，缓刑出所4人，其他出所17人。看守所现有在押人员68人，其中短刑犯4人，刑事拘留9人，逮捕55人。

森林公安

【概　况】 2015年，自治县森林公安局内设办公室、警务保障股、政工督察股、法制股、刑事侦查大队、治安大队6个队室，下辖金秀、三角、头排、忠良、罗香、大樟、城中、大瑶山等8个派出所，全局人员核定编制65名，其中政法专项编制61名，后勤服务事业编制4名。2015年年底，实有在职人员57人。其中，本2015度招录6人，调出3人。2015年，自治县森林公安局积极开展各种严厉打击破坏森林资源和野生动植物资源违法犯罪行为的活动，全力维护森林资源生态安全，确保了林区治安大局的和谐稳定。全年破获各类破坏森林资源刑事案件63起，查处林业行政案件132起，抓获各类违法犯罪嫌疑人216人。

2015年，自治县森林公安局有3个集体、13名个人获得县级以上（含县级）荣誉称号，其中1名个人立三等功；3个集体、14名个人获嘉奖。2016年3月，县森林公安局获得来宾市森林公安局2015年度集体嘉奖，2016年1月，金秀瑶族自治县公安局给县森林公安局大樟派出所、大瑶山派出所授予2015年度集体嘉奖。2015年9月，国家林业局森林公安局给覃明飞记个人三等功，来宾市森林公安局给岑恒龙、赵荣春、李科、赵平生、钟明杰5人记嘉奖一次，金秀瑶族自治县公安局给钟崇铭、朱凤辉、周思材、张裕鹏、周师5人记个人嘉奖一次，2015年11月，来宾市森林公安局授予陈永耀、周师、钟明杰、覃明飞4人2015年全区警务技能大比武个人嘉奖一次。2015年7月1日，县森林公安局大瑶山派出所所长覃道腾因敬业奉献入选由中央宣传部、中央文明办主板的中国好人榜“我推荐、我评议身边好人活动”7月候选人。同年12月，覃道腾被国家林业局授予保护森林和野生动植物资源先进个人，2016年4月被自治区公安厅授予2015年度全区优秀人民警察一次。

2015年7月1日，根据金秀瑶族自治县机构编制委员会《关于确定金秀瑶族自治县森林公安局机构级别的通知》精神，金秀瑶族自治县森林公安局级别由原来的副科级提升为正科级，成为广西壮族自治区首个正科级县级森林公安机关。

局　长：岑恒龙
政　委：赵荣春
副局长：吴　强
　　　　陆友怀

【队伍建设】 2015年，全县森林公安队伍建设工作的指导思想和主要任务是高举中国特色社会主义伟大旗帜，以马克思列宁主义、毛泽东思想、邓小平理论、“三个代表”重要思想和科学发展观为指导，全面贯彻落实中共十八大和十八届三中、四中全会精神，认真践行“忠诚、为民、公正、廉洁”政法干警核心价值观。积极组织民警参加各项教育活动，严格抓好民警政治学习。结合“守纪律讲规矩”、“忠诚、干净、担当”主题教育活动和“党员回乡服务活动”的开展，在全体民警中开展了以“坚守廉洁、勇于担当”为主题的教育活动。从思想上、组织上、作风上建警、管警、待警、治警，切实转变作风，狠抓业务，改进工作，争创一流。以高度的责任感和执行力，切实担负起森林资源保护和林业执法主力军的责任，坚定不移地打击涉林违法犯罪，在县林业局、公安局、政法委的正确领导下，先后开展了《立案突出问题专项治理》《“打击不力、出警不及时、侦破案件慢、徇私枉法、包庇纵容”专项整治》《严厉打击破坏野生动植物资源违法犯罪专项行动》等专项整治活动，广辟线索来源，深挖细查，维护林区治安稳定，确保全县森林资源安全，为推动全县森林生态安全建设提供更强有力的服务保障和推进全县森林公安事业发展打造一支过硬队伍。

队伍正规化建设严格执行公安部“五条禁令”“七项规定”“三项纪律”，严格公务用枪和警车管理使用，从基本的行为准则和标准规范抓起，严格考勤制度、上班着装、请销假制度、局领导也严格执行领导干部请销假、外出报告制度。进一步严格民警24小时值班制度和领导带班制度，强化队伍管理，培养民警良好的职业风范，保障各项警务工作正常、有序开展。2015年，自治县森林公安局队伍稳定，民警没有违法违纪事件发生。

【林区社会治安】 2015年，自治县森林公安局相继开展了“春季破案战役”“秋季破案战役”“打击非法侵占林地违法犯罪”“继续严厉打击破坏野生动植物资源违法犯罪专项行动”“神剑1号行动”等一系列专项行动，加大了对破坏森林资源违法犯罪的打击力度，有力维护了林区治安的稳定。

【森林资源管理】 2015年，共受理各类涉林案件175起，其中刑事案件立63起破46起（罗汉松案8起破8起，楠木案1起破1起，盗伐林木案10起破5，滥伐林木案33起破26起，失火案立6起破2起，故意毁林立2破1，非法占用农用地立2破2，非法收购国家重点保护的珍贵、濒危野生动物案立1起破1起），行政案件立132查处132起。出动警力10790人次，机动车辆4522车次，打击处理各类违法犯罪人员216人次（逮捕17人，采取其他强制措施83人，行政处罚139人），移送起诉78人（含直诉）。收缴罗汉松10株，楠木14株，杉原木506立方米，桉原木59根，杂树2042株等，为国家和林农挽回经济损失100多万元。为保护自治县森林和野生动植物资源，保障自治县经济建设的顺利进行做出了应有的贡献。

【林区安全巡护】 2015年，县森林公安局继续开展打击破坏罗汉松资源专项整治行动，活动期间抽掉了精干警力，组成3组巡逻组24小时在路上巡查，路口守候，到案件多发村屯以通告、发宣传单的形式进行法制宣传教育。2014年11月以来，县森林公安机关安排了五5个部门共20人轮流对圣堂山、五指山等案发较多的地方进行巡查。2015年此类案件发生10起，查处10起，逮捕7人，采取其他强制措施12人，移送起诉15人，缴获罗汉松10株，楠木14株，案发地主要为圣堂山和五指山。

【候鸟保护】 2015年，森林公安局组织开展了保护候鸟专项行动，为候鸟迁徙提供了一条安全通道。民警们在县文化广场、大街小巷、壮村瑶寨、田间地头、人员集中地开展“保护候鸟”宣传活动。此次活动共悬挂横幅50条，发放宣传单1000余份，签订《保护候鸟，拒食、拒售野生动物承诺书》100多份，为保护候鸟奠定了坚实基础，并拉近了森林公安民警与百姓的距离。

【普法宣传工作】 为增强人民群众的守法意识，金秀瑶族自治县森林公安局利用下乡办案时将法律法规带到村屯，利用拉横幅、发放宣传单等形式号召广大群众加入保护森林行列，并与县电视台联系，在政法之窗栏目，集中对金秀瑶族自治县森林公安局的打击整治效果和典型案例多次进行报道，取得了良好的社会效果，有效提高群众的法制意识，促进了林区和谐稳定。

（温 颖）

检察工作

【概 况】 2015年，自治县人民检察院内设政工科、办公室、人民监督员办公室、侦查监督科、公诉科、反贪污贿赂局、反渎职侵权局、监所检察科、民事行政检察科、控告申诉检察科、检察技术科、法警大队、案件管理办公室、驻桐木镇检察室、驻头排镇检察室共15个职能部门。全院共有编制36个（含事业编制1个）。2015年，自治县检察院有干警32名，工人1名，在编人员共33名。其中，检察官18名（含高级检察官9名），占在编人员的56%；助理检察员1名，法警2名，书记员9名，新招干警1人，办事员1人，当年调去市院1人。检察人员中大学本科以上29名，占在编人员的85%；大专2人，占在编人员的6%；其中，全日制本科13人，占在编人员的38%；在职本科16人，占在编人员的38%；其中，法学本科（含全日、在职）22人。

2015年，县检察院获自治区检察院荣记“集体二等功”、广西检察微信创新实践奖；撰写的1篇年度综合报告、1篇预防调查报告分别获评全区检察机关第五届预防职务犯罪精品年度综合报告、预防调查报告；1篇论文荣获自治区检察机关三等奖，1篇案例分析获优质案例分析、1篇民行法律文书在全区检察机关民事行政检察文书评选中获精品法律文书奖，多名干警获上级部门表彰，队伍整体素能有了较大提高。

党组书记、检察长：曾家秀
副检察长：赵木群
林 娜
何剑平
纪检组组长：陆定怀

【队伍建设】 2015年，自治县检察院根据县委和上级检察机关的部署安排，该院扎实有效的开展“三严三实”及“守纪律讲规矩”专题教育活动，采取集中学习、个人自学和观看专题片相结合。一年来，组织全院干警进行集中学习7次，院领导以专题党课和廉政党课形式分别作了专题辅导。通过对习近平总书记系列重要讲话和重点篇目的学习，深入开展理想信念、党性党风党纪和道德品行教育，干警们对开展“三严三实”及“守纪律讲规矩”教育活动有了更全面、深刻的认识，更清晰、全面地把握其中的精神内涵，树立责任意识和全局观念，全体干警坚定了深入推进党风廉政建设和反腐败斗争的决心，时刻保持严明的政治纪律、政治规矩和组织纪律；全体干警对照党课认真查摆整治，认真查找出存在的“不严不实”问题干警个人共96条，部门问题共60条，班子问题共5条，针对发现问题及时开展大整治，逐一提出整改措施并完成了整改。通过开展“三严三实”及“守纪律讲规矩”专题教育活动，提高了干警政治意识、大局意识和责任意识，增强了检察人员的职业认同感、归属感和荣誉感。

【规范司法行为】 按照上级检察机关的统一部署，开展的规范司法行为专项整治活动与全区检察机关开展的“执法不严、司法不公”自查自纠活动相结合，与全市政法机关开展的“不作为乱作为”专项整治活动以及与县委开展的“守纪律讲规矩”三个专项活动有机结合，认真制定专项整治活动方案重点整治履行法律监督职责过程中的九大方面问题。在动员部署阶段，召开专门会议进行动员部署，统一思想，深化认识，制定工作方案，开展集中大学习、大讨论，切实增强参与整治工作的责任感和紧迫感。对照检查、整改落实阶段，通过自身查、同事帮、群众提、召开专题民主生活会、谈心谈话等多种方式征求意见和建议12条，排查案件112件，共排查出不规范司法行为12类。对排查出的不规范行为，坚持边查边改、立查立改，按照轻重缓急和难易程度，制定整改落实的具体工作方案，有针对性地提出整改措施，树立了正确的司法理念。

【反贪污贿赂检察】 2015年，自治县检察院以开展“三严三实”专题教育活动，规范司法行为专项整治活动为契机，加大对职务犯罪的查办力度，认真完成年内工作目标。全年共立案侦查贪污贿赂案件8件9人，立案人数与上年同比上升50%，所立查案件均为大案，其中贿赂案件6件6人，占立案数的67%；科级以上干部2人，占立案数的22%；年内已侦查终结并移送审查起诉7人，结案78%，未结2件2人，占立案数的22%；其中，1人在逃，已经进行网上追逃。年内起诉贪污贿赂案件6件6人，与上年同比持平，所起诉的贪污贿赂案件年内法院作出有罪判决5件6人（含上年积存），均已生效，同比上升100%。未有无罪判决，法院未判决5件5人。所立查案件涉及水利建设、危房改造、林业建设等民生领域，反腐倡廉工作取得了实质性进展和良好的社会效果。

【反渎职侵权检察】 2015年，自治县检察院反渎职侵权检察以开展查办粮食直补、畜牧系统监管领域渎职侵权行为作为工作重点，加大查办发生在群众身边、损害群众利益的渎职侵权犯罪。2015年，共受理各类渎职侵权案件线索8件，初查案件线索8件，立案侦查2件2人，两人均为正科级干部。移送审查起诉3件3人（其中1人是2014年积存案件），所立案件全部侦结并移送审查起诉，收到法院生效判决1人。所立查案件涉及畜牧、粮食系统等民生领域，主要涉嫌滥用职权、玩忽职守、受贿等罪名。

【刑事检察】 2015年，自治县检察院始终把维护社会和谐稳定作为首要政治任务来抓，突出打击严重暴力犯罪、多发性侵财犯罪等影响社会稳定、危害人民群众生命财产安全等刑事犯罪。把“眼到、手到、心到、口到”作为审查案件的最基本要求，进一步强化办案责任意识，严格办案纪律，确保办案质量，杜绝错案发生，为维护社会稳定，搞好社会治安综合治理，使人民群众安居乐业做出应有贡献。

侦查监督。全年共受理公安机关移送审查逮捕案件81件145人，与2014年同比受理案件件数下降3.57%，人数上升12.4%，其中批准逮捕犯罪嫌疑人78件129人，不批准逮捕16人。批准逮捕人数上升（2014年为117人）10.25%；不批准逮捕人数上升（2014年为10人）60.25%，全年共纠正漏捕犯罪嫌疑人2人，同比下降80%（2014年为10人）；纠正漏捕后有罪判决6人（2014年为18人），同比下降66.67%纠正漏捕判处3年以上有期徒刑以上刑罚为0人（2014年4人）。从批捕的案件情况看，案件类型多样化：涉嫌妨害社会管理秩序罪案27件75人，涉嫌侵犯财产案33件45人，涉嫌侵犯公民人身权利、民主权利案12件14人，涉嫌危害公共安全案7件9人，涉嫌破坏社会主义市场经济秩序案2件2人。

立案监督案件10件，与2014年持平。其中，立案监督案件判决有期徒刑8人，同比上升100%，其中有1起立案监督案件被告人判处有期徒刑十一年。提前介入刑事案件、参加现场勘查案4件，向公安机关发出《纠正违法通知书》4份，同比上升100%。此外还为侦查机关办理延长犯罪嫌疑人侦查羁押期限11件102人。主动提前介入案件侦查，2015年在桐木镇太山村发生5·6事件中，检察长第一时间组织干警赶赴现场，提前介入事件侦查和参与事件处置，检察长多次亲自接待来访群众，积极做好释法说理工作，做好稳控工作，有效维护了全县社会稳定。

公诉。2015年，公诉部门共受理各类刑事案件137件233人，2014年同期164件299人，件数同比下降16.46%，人数同比下降22.07%；审结各类刑事案件130件204人，2014年同期189件336人，审结率（件）为90.91%，2014年同期为87.91%，件数同比下降31.22%，人数同比下降39.29%；经审查后，向法院提起公诉案件126件198人（2014年同期181件320人），件数同比下降30.39%，人数同比下降38.13%，起诉率（件）为96.92%；不起诉6人（其中捕后不诉1人），不起诉率（人）3.03%。截至12月止收到一审刑事案件生效判决122件211人，2014年同期14件208人。无撤回起诉案件，无无罪判决案件，纠正遗漏同案犯11人，纠正侦查活动违法4件，纠正审判活动违法2件，进一步促进执法司法公正。共受理职务犯罪案件13件14人，其中贪污贿赂案件10件11人，渎职犯罪案件3件3人。审结职务犯罪案件13件14人，退回自侦部门建议撤案3件3人，改变管辖1人，审结率（件）100%；提起公诉10件10人，起诉率（人）71.43%，收到一审生效判决4件5人（2件3人为2014年提起公诉案件），其中贪污贿赂案件2件3人；纠正遗漏犯罪嫌疑人11人（2014年同期21人），同比下降47.62%。监督纠正侦查活动中违法情形4件，侦查机关均已经纠正。监督纠正刑事审判活动中违法情形2件，审判机关均已经纠正。共受理未成年人刑事犯罪案件2件2人，起诉1件1人，共收到法院一审生效判决2件4人。

【监所检察】 2015年，积极开展看守所监管执法专项检查活动，加大留所服刑人员的减刑、假释的监督力度，开展羁押必要性审查，安装驻所检察室与监管场所信息联网监控设备，完成创建规范化检察室工作。2015年，金秀县看守所羁押人犯总数146人，其中已投送监狱服刑或因取保候审等原因出所148人，留所服刑4人，看守所在押人犯60人；年内监外执行五种人犯347人，其中经考察未发现有违法犯罪活动，考察期届满已解除的人员141人，尚处于考察期间的人犯206人，通过驻所检察与对监外执行五种人犯的考察中，发现公安机关违法违纪或者执行不规范的情况13次，向司法局发出纠正违法通知书8件。对此，向违法单位提出口头纠正意见3件，发出书面纠正违法通知书13件，发出各项检察建议5份，成功审理羁押必要性审查案件8件8人，监所科共书面监督纠正监管活动违法6件，书面监督纠正监外执行履行职责不当11人，采纳变更强制措施8人。驻所检察人员配合看守所和武警对监管场所进行安全大检查11次，联合召开狱情分析会5次，处理社区矫正情况反映8件，与在押人员个别谈话75人次，从中掌握在押人员的思想动态和改造情况。

【控告申诉检察】 2015年，控告申诉部门深入开展下访巡访和联合接访，积极做好矛盾纠纷排查化解工作。认真做好2013—2015年度“自治区文明接待室”复查验收工作。坚持检察长接待日制度，依法处理来信来访，注意结合群众所反映的问题，有针对性地做好法制宣传教育和息访息诉工作。2015年共受理、办理各类控告申诉信访、来访案件51件116人，所受理的信访、来访案件，做到件件有答复。其中，受理举报贪污贿赂、渎职侵权线索17件18人（有涉嫌受贿罪3件3人、行贿罪4件4人、贪污罪3件3人、挪用公款罪1件1人、滥用职权2件3人、玩忽职守罪2件2人、巨额财产来源不明罪1件2人），其中初核并移送立案4件，转本院自侦部门12件，转公安机关1件；受理控告申诉案件25件，其中受理民事监督案件12件；

实施刑事被害人救助 8 件，发放救助资金 2.4 万元。开展以“依靠群众惩治职务犯罪，公开检务强化自身监督”为主要内容的举报宣传周活动，活动中共出动宣传车辆 6 台次，参加活动干警 14 人，接受群众咨询 200 余人次，分发宣传资料 1500 余份，认真开展检察长接待日活动，全年开展检察长接待日 43 次，接待来访人员 30 余人。

【民事行政检察】 2015 年民事审判和行政诉讼监督，加强对新《中华人民共和国民事诉讼法》实施后的民事行政案件的监督力度，开展了民行检察宣传活动，积极与法院、司法局（所）、律师协会的协作和沟通，搭成统一司法理念，提高监督质量和监督水平。民行共受理案件 14 件，审查案件件数 1 件；民事行政审判活动违法、执行监督检察建议数 13 件，全部获得法院采纳。

【检察技术】 2015 年技术部门认真做好检察内网的维护管理工作，确保检察网络、视频系统正常运行，积极配合业务部门做好文证审查、鉴定及同步录音录像等技术协助工作。共办理技术案件 47 件，其中办理技术性协助案件数 24 件，技术性证据审查案件数为 23 件，已完成涉密系统分级保护现场测评工作。

【司法警察】 司法警察严格按照职责范围，扎扎实实的围绕办案开展各项工作，加强办案区的规范化管理。2015 年，法警队共协助执行传唤 8 次，参与搜查 2 次，看管犯罪嫌疑人 15 次，参与处置突发事件 4 次，送达法律文书 16 件，完成领导交办其他任务 60 多次，确保了办案安全。

【职务犯罪预防】 2015 年，把案件查办、职务犯罪预防、检察宣传有机结合起来，形成“侦、防、宣”三位一体的工作协作机制。同时，加强对扶贫资金、各项强农惠农资金领域的职务犯罪预防工作，坚持重点领域重点预防。预防部门积极开展畜牧系统、水利系统专项预防工作，开展行贿犯罪档案查询数 2225 次，完成预防调查报告 14 篇，职务预防案例分析 11 篇，结合办案提出检察建议被相关单位采纳 14 件，警示宣传教育活动 40 次，预防职务犯罪宣传联播网工作稳步推进，预防职务犯罪文书评选取得 2 篇精品 1 篇优质的好成绩。

【服务工作】 2015 年，办公室做好服务工作，做到材料汇报及时准确，保密、密码万无一失，上传下达、办文办会及时、规范、周密。对上级来文及时提出拟办意见呈送领导审批，对领导批示的文件及时转部门处理并督促落实。利用纸质、网络媒体宣传该院亮点工作，信息调研宣传力度取得新进展，共向县委、县政府及上级检察机关上报信息 19 篇，宣传稿件被省级以上媒体采用 106 篇，调研文章获省级法学期刊采用 28 篇。2015 年 4 月，县检察院相继开通官方微博、微信公众平台。微信工作 5 次进入全国政法机关排行榜前 20 名，13 次进入全区检察机关排行榜前 10 名，12 条微信获正义网、区检察院等官微采用，努力打造了检察宣传和检务公开新平台，及时传递检察新动态，释放法律监督正能量，取得良好的宣传成效。

【人民监督】 2015 年，自治县检察院按照上级检察机关的安排部署，继续完善人民监督员制度工作，充分发挥外部监督作用，全年共监督拟撤销案件的“三类”案件 2 件，经人民监督员评议后同意作撤案处理。

【案件管理办公室】 2015 年，扎实开展案件流程管理，把好案件进出口关，全年共受理登记报捕案件 73 件 132 人，受理提请延长侦查羁押案件 11 件 102 人，受理移送审查起诉案件 130 件 223 人，共接收案卷 389 册，送案审核案件 248 件。以上受理案件全部准确录入统一业务系统并移送到办案部门。每日通过对案卡的检查，查看办案部门是否填录完整、是否存在预警或者超期现象，全年向办案部门口头发出流程监控预警案件 25 件次，杜绝了填录不及时、案件超期的现象。共受理登记入库涉案赃证物 231 件，涉案赃款入库 28.4288 万元，登记赃证物出库 208 件，赃款出库 21.9908 万元；接待律师查询、查阅案件 11 人次；复印案卷材料共计 1368 页。组织案件质量评查报告 2 篇。同时，纠正案件数据质量问题 49 类，编写案件统计分析报告11篇。通过网络公开程序性案件信息424条。发布重要案件信息18条，法律文书107篇。

【驻乡镇检察室】 2015年，自治县检察院驻桐木镇、头排镇两个检察室，以发挥派驻乡镇检察室职能作用，着眼检力下沉，为基层服务。开展了法律服务进社区、进街道、进村屯、进企业、进校园活动，从注重监督向注重服务与监督并重延伸。全年两个检察室共受理民事行政申诉案9件、处理社区矫正情况反映8件、接待群众和法律咨询42件、进行法律宣传和讲座6次，积极参与社会矛盾纠纷的化解工作，为当地的社会稳定做出贡献。

【社会治安综合治理】 2015年，为保障全县经济社会发展规划顺利实施，县检察院始终把社会治安综合治理工作摆在全院工作大局来谋划和推进。根据县委工作思路，结合检察工作职责，积极开展创建民生检察活动，认真完成县直单位“四个一”“六个联系”工作目标。检察长多次带队到联系项目桐木金桐小区进行实地调研，组织检察干警主动送法进项目、进工地、进企业，提出检察建议，帮助解决项目建设中遇到的法律政策问题，积极开展各项中心工作。2015年，县检察院为扶贫联系点捐赠水泥60吨进行村级巷道硬化，为联系点村委捐赠6000元，解决工程建设资金问题，还多次为联系学校新村小学捐赠办公用品、学习文具等解决教学设备问题，院领导班子成员为贫困学生捐款2400元。继续派出7名干警下村挂职，组建工作队、扶贫工作小组积极投身扶贫开发、生态乡村建设等活动。同时，该院还积极派出4名干警到扶贫联系点大樟乡开展精准扶贫工作，为当地群众生产生活提供帮助。

（闭建武）

法院工作

【概　况】 2015年，金秀瑶族自治县人民法院内设立案庭、刑事审判庭、民事审判一庭、民事审判二庭、行政审判庭、执行庭（局）、司法警察大队、办公室、政工科、研究室、纪检监察室、审判监督庭（审管办）共12个职能部门，下辖桐木、头排2个基层人民法庭。全院共有编制65人。2015年，自治县人民法院共有在编干警64人，其中审判员34人（含助审员），书记员22人，司法警察8人。其中，具有硕士研究生学历1人，占1.6%，本科学历58人，占90.6%，大专学历5人，占7.8%。

党组书记、院长：吴选刚

党组成员、副院长：胡　明

莫庆师

副院长：王　歆

党组成员、政工科科长：李强锋

党组成员、纪检组组长：韦庆文

【队伍建设】 实现司法公正，关键在队伍，重点在基层。2015年，县法院加强队伍建设，努力建设高素质法院队伍。一是强化党建工作。积极贯彻落实“一把手”抓党建第一责任人制度，形成院领导亲自抓党建，以“党建带队建促审判”的浓厚氛围，党建工作取得成效，院机关一支部和头排法庭四支部成为金秀县基层组织建设示范点。二是强化能力训练。围绕提升法官驾驭庭审、认定事实、适用法律、化解矛盾纠纷、做群众工作、信息化应用等能力，扎实开展正、副院长、庭长带头办案、观摩优秀示范庭、案件质量评查等岗位培训活动，法官业务水平显著增强，办案质量明显提高。三是强化文化建设。充分发挥法院文化陶冶情操、滋养心灵、塑造人格、弘扬法治的重要作用，引导广大干警树立坚守司法职业良知，增强事业心、责任感，凝聚法院工作正能量，2015年该院荣获来宾市民族团结进步先进集体。四是强化司法廉洁。认真贯彻执行各项规定，做到令行禁止。强化内外监督，推行廉政风险防控，规范“三公经费”和公务用车管理。深入推进作风建设，集中开展执法“不作为、乱作为”等专项整治活动，坦诚面对在班子建设、司法业务建设和司法队伍建设中存在的薄弱环节，认真分析原因并进行整改，以严格执纪、严肃问责的高压态势，使作风建设得到长久坚持、持续改进。一年来该院无违法违纪等情况发生。五是强化基础建设。2015年院机关、桐木及头排法庭的新诉讼服务大厅已建成并投入使用，给辖区群众诉讼带来极大便利。全面加强基层人民法庭基础设施建设，大大改善基层法庭干警的办公、生活等条件，人民法庭的各项规范化管理走在全市前列。

2015年，自治县人民法院集体共获市级表彰2次，个人荣获自治区级表彰5人次，市级表彰3人次。

【刑事审判】 2015年，全年共受理各类刑事案件148件，审结136件，结案率为91.89%。在刑事审判工作中，积极推进量刑规范化工作，规范自由裁量权，提升刑事审判质量效率。2015年，生效判决的被告人236人，给予刑事处罚的235人，所审案件被告人不服判决提出上诉的仅10人，罪犯服判率达95.76%。判决10年以上有期徒刑1人，判处5～10年有期徒刑6人，判处5年以下有期徒刑246人，拘役6人，有力地震慑了犯罪分子。其中，审结危害公共罪案件16件15人，审结破坏社会主义市场经济秩序罪3件4人，审结侵犯公民人身权利、民主权利罪15件19人，审结侵犯财产罪40件73人，审结妨害社会管理秩序罪54件145人，审结贪污贿赂罪恶7件7人。不断加大简易程序适用率，148件公诉案件中，适用简易程序审理了53件，适用率达到35.81%。

围绕建设“生态金秀”加大对破坏金秀县生态环境刑事案件的打击力度，从重从快审结盗伐、滥伐林木、盗挖国家重点保护植物等犯罪案件42件133人。运用审判职能进一步推进食品安全保护，顺利审结金秀县首例生产有毒有害食品案件；注重刑事审判调研，通过集中宣判破坏金秀县生态系列刑事案件等措施，为推进生态金秀、平安金秀建设做出积极贡献。

认真贯彻“教育为主、惩罚为辅”的方针，做好未成年犯罪的教育挽救工作，专门设立少年审判庭，审理涉及未成年人犯罪案件，共审理未成年人犯罪案件4件4人，完善“圆桌审判”方式，开展未成年被告人心理咨询与疏导工作，温情司法取得了良好的法律效果。

扎实推进量刑规范化建设，正确贯彻宽严相济刑事政策，对具有法定从轻、减轻处罚情节的犯罪分子，依法从宽处理，判处缓刑95人；严格执行“醉驾入刑”法律规定，进一步加强刑事被害人救助和轻微刑事案件和解工作，2015年，受理刑事附带民事赔偿案件10件，调撤5件，调撤率达50%，最大限度增加和谐成分，减少社会不稳定因素。

【民商事审判】 在民商事案件审判执行中，一是高度关注经济运行情况，切实维护民生民利，对涉及群众切身利益的案件优先立案、调解、审理、执行，对审判中发现的新情况、新问题，及时分析研判，公正、高效审理在当前经济转型中发生的各类案件。依法妥善审理涉及经济运行、民间借贷、小微企业资金链断裂等案件，支持实体经济发展。二是坚持把调解贯穿于审判执行全过程，全年案件调撤率达81.36%，大部分案件通过和谐方式化解。2015年县法院继续深化“一院一品”活动，结合“石牌”等村规民约、民风良俗，联同族老运用“石牌律法”高效便捷地化解瑶族群众矛盾纠纷，民商事案件调撤工作得到进一步巩固和深化。因该项工作具有亮点特色，成效显著，区高院组织广西电视台进行采访，并得到《人民法院报》深入报道。三是加强对人民调解、行政调解、行业调解的对接互动，合力化解矛盾。强化涉诉信访处置，坚持法官带案下访、判后回访答疑等措施，做好当事人服判息诉工作。开展“进企业、送法律、送服务”活动，增强企业风险防范意识，维护职工合法权益，促进企业稳定发展。

2015年，自治县人民法院共受理各类民商事案件486件，审结472件，审结率97.12%，审结标的达5283.3409万元。其中，审结婚姻家庭纠纷案件117件（判决离婚11件，调解72件、撤诉29件，继承、赡养、抚养等纠纷案4件），有效地保护了妇女儿童合法权益，促进社会和谐；审结侵犯公民人身、财产权利的权属及侵权案件118件，使得遭受不法侵害的公民权益得到及时保护救济；审结合同纠纷案件239件，维护社会经济秩序。在民商事案件的审判中积极践行“司法为民”理念，推行人民法庭定期受询、设点收案、现场调解、就近开庭、巡回办案等便民措施，全面启用“假日法庭”“圩日法庭”“午间法庭”“夜间法庭”等绿色通道快审快结案件。2015 年，自治县人民法院共调撤案件 384 件，案件调撤率达 81.36%，有力地维护了自治县社会的和谐稳定。

【行政审判】 行政审判中，自治县人民法院从化解官民纠纷、协调“官”“民”关系出发，一是坚持公正廉洁执法办案。积极开展案件回访，听取和反馈群众反映的意见，及时排查、梳理和化解涉案矛盾纠纷，努力做到案结事了，维护社会稳定，促进社会和谐。二是积极疏导和化解行政争议。积极了解和掌握辖区行政争议的基本情况及工作态势，平息涉案矛盾；深入推动落实“五项制度”，努力促使行政首长出庭应诉，保护行政相对人合法权益，促进依法行政，较好地实现和谐办案的社会效果。三是全力参与推进社会矛盾化解和社会管理创新工作。从推动金秀全面建设小康社会的宏伟目标出发，继续将行政审判工作的重心前移，积极参与“保增长、保民生、保稳定”工作，深入开展涉诉矛盾纠纷调解和诉外行政协调工作以及审判延伸服务，发挥能动司法作用，及时为领导决策提供可行性意见和建议，用心引导群众通过理性、合法方式和途径解决合理诉求。2015 年，依法审结涉及土地行政确认、林业行政确认等行政案件 13 件，结案率为 100%。其中，经协调原告撤诉 2 件，撤诉率为 15.38%；判决驳回原告的诉讼请求 4 件，驳回起诉 4 件。

【执行工作】 2015 年，自治县人民法院有效利用执行指挥中心开展执行工作，强化执行联动机制，坚持将拒不履行人民法院判决裁定的被执行人纳入失信被执行人黑名单并予以曝光，加大对失信被执行人的信用惩戒力度，特别是被执行人为公职人员的，县委政府高度重视，将“失信名单”纳入干部晋升提拔的重要参考依据。积极开展执行案件集中清理月活动，推进执行回访工作成为院工作新常态，据统计，2015 年该院已回访了 81 名案件当事人，收集到意见建议 12 条，进一步指导执行工作整改完善。狠抓反规避执行不放松，主动奔赴异地跨区域执行，适时采取强制执行措施解决执行难题。在开展“转变执行作风、规范执行行为”活动中，该院结合金秀县实际，集中人力物力，采取强有力措施和灵活多样富有特色的方式优先执行涉民生案件，着力保障和改善民生，清理拖欠工资、追索抚养、赡养费等涉及群众切身利益的涉民生案件 121 件，案件标的总金额 578.91 万元，已结案件 121 件，到位标的 165.59 万元，结案率 100%。

2015 年，继续将少数民族地区多层次调解工作机制延伸至执行工作中，大力推行执行和解制度，采取入乡随俗，因地制宜的方法开展工作，善用亲情感化，创新圆桌执行模式。全年共受理各类执行案件 214 件，结案 212 件，结案率 99.07%，结案标的 4520.23 万元，执结标的到位 1917.6 万元，执结标的到位率 44.46%。执行和解结案 8 件，执行和解率 3.77%。

【立案与审判监督】 2015 年，自治县人民法院全年共登记立案民商事案件 486 件，登记立案刑事案件 148 件，登记立案执行案件 214 件，登记立案再审案件 3 件。共接待群众来访 139 人次，解答法律咨询 89 人次，处理群众来信 8 件。规范有序推行立案登记工作，自 2015 年 5 月 1 日实施立案登记制以来，主动适应立案登记制改革的需要，加强相关法律法规宣传力度，切实解决人民群众反映强烈的“立案难”难题。全年，共审理再审、发回重审案件共 3 件。在审判监督上，坚持依法审理再审案件，严格履行审判监督职责，接受检察机关的监督。对发回重审和再审案件，以及决定再审案件，能够坚持以法律为准绳、以事实为依据，依法审判。在工作中注意与检察机关的相互沟通和协调，力争把问题解决在抗诉之前，从而减少到没有抗诉，节省司法资源，达到共同维护司法公正和司法权威的目的。坚持在开庭前开好预备庭，进行庭前证据交换和收集新证据。开展庭审评议工作，确保审判人员在合议庭评议时，能够按照事先写好的审理报告，讲清终审判决情况、当事人申诉理由、对方当事人答辩理由、双方当事人争议的焦点、再审查证的情况和具体的处理意见。坚持做调解工作，讲究办案艺术，确保办案的法律效果与社会效果统一。

（方良帅）

司法行政

【概 况】 金秀瑶族自治县司法局内设办公室、法制宣传股、公证处、基层工作股、法律援助中心、社区矫正股等6个股室处中心，下辖10个基层司法所。金秀瑶族自治县司法局主要负责普法依法治理、公证、人民调解、安置帮教、社区矫正、法律援助和法律服务等职能工作，和公安局、检察院、法院一道打击各种犯罪分子，为社会稳定扫清障碍，为创造和谐稳定的社会环境、公平正义的法治环境、优质高效的服务环境做出应有的贡献。至2015年年底，司法行政系统政法编制36个，实有31人，地方事业编制1个，实有1人。

局长、党组书记：文俊威

副局长：韦威马

陶金合

廖佑铭（10月离任）

纪检组长：连丽邕

【队伍建设】 2015年，金秀瑶族自治县司法局党组以创建“政治素质好、团结协作好、作风形象好、廉洁行政好”的“四好班子”为目标，进一步加强领导班子建设。在班子建设中形成“抓班子、带队伍、促发展”的工作思路，把班子建设成为团结、实干、廉洁的坚强集体，充分发挥班子在队伍建设中的领导核心作用。同时，金秀瑶族自治县司法局以“政治坚定、业务精通、作风优良、执法公正”为标准，不断加强司法行政干部队伍建设，注重队伍业务知识和业务能力的提升及干部的工作作风。在开展“双进一回”、党员回乡服务活动及“守纪律讲规矩”活动中，要求全体干警切实转变工作作风，以实际行动帮助解决好直接联系群众和服务群众的问题。据统计，活动开展以来，该局干警深入联系村宣传强农惠农政策8次，参加清洁卫生10次，组织群众参观走访6次，为民办实事12件，慰问困难党员、群众30多人，落实帮扶资金20000多元，进一步密切了干群关系。为贫困村争取项目3个，资金90多万元，落实幸福院建设资金10万元，联系帮扶贫困村——双化村民委群众生活水平明显改善，顺利摘掉贫困村帽子。

【法制宣传教育】 2015年，金秀瑶族自治县司法局深入开展“六五”普法工作，着力抓好普法培训工作，共举办普法培训班3期，培训人员150多人次。深入开展“法律七进”活动，采取宣传手册、宣传栏、法制宣传文艺晚会、为学生上法制课，发放青少年普法读本等方式进行普法宣传和法制宣传，同时，狠抓领导干部、公务员、青少年、农民工和企业经营管理人员学法用法，确保了全县各类普法重点对象教育覆盖面95%以上，加大重点对象的学法用法力度。为丰富法律宣传途径，开通了金秀瑶族自治县司法局官方微信，进一步拓宽了法制宣传渠道。2015年，金秀瑶族自治县顺利通过市、自治区“六五”普法验收。据统计，2015年共开展法制宣传活动17次，法律进学校15次，法律进机关、单位1次，法律进农村8次，法律进社区1次，法律进企业1次，共发放宣传资料13000多份，宣传手册3000多本，展出宣传展板9块。

【人民调解】 2015年，金秀瑶族自治县司法局积极开展了各类纠纷排查调处工作，加大纠纷排查调处力度，抽调富有调解经验的司法干警参与全县重大矛盾纠纷突出问题化解工作，消除了不稳定因素，维护了社会的稳定和人民群众的安定。同时，县司法局与县旅游局联合设立了县旅游纠纷调解委员会，解决发生在县内的各类旅游纠纷案件，对金秀县旅游业的发展和社会稳定起到了较好的保障。金秀瑶族自治县司法局积极参加来宾市司法局组织开展的人民调解案件评比活动，并获得全市人民调解案件评比二等奖。2015年，全县共排查矛盾纠纷2103件，调解2103件，调解率100%；调解成功2018件，调解成功率达98.3%。

【社区矫正 安置帮教】 金秀瑶族自治县司法局突出社会管理创新，积极推进社区矫正和安置帮教工作。一是按高标准建成了包括宣告室、教育培训室、个别谈话室等社区矫正功能室，充分利用功能室的作用对社区服刑人员进行集中教育、入矫宣告等。2015年，社区矫正中心、司法所共开展社区矫正培训35期，其中对山内服刑人员开展茶叶栽培技术培训3期120人次，对山外开展砂糖橘和蓝莓种植技术培训5期160人次。同时，金秀瑶族自治县司法局以广大群众喜闻乐见的晚会形式开展社区矫正法制宣传，不断扩大社区矫正工作的社会影响力。2015年，金秀县在册社区矫正对象214人，无一脱管漏管，无重新犯罪。二是安置帮教工作体现政府人文关怀，刑释解教工作取得新成绩。司法局从人文关怀出发，构建“四支队伍”，形成齐抓共管格局，广泛动员社会各界力量参与。2015年，共接收“两释”（指劳动教养释放人员和劳动改造释放人员）回归人员62人，刑释帮教安置62人，帮教安置率100%，无重新违法犯罪发生。

【法律援助，法律服务，公证工作】 法律援助以“关注民生、改善民生、保障民生”为重点，创新工作方式，一是构建由基层法律服务工作者担任村、社区法律顾问的“一村一法律顾问”，法律援助覆盖全县10个乡镇81个村（居）委。二是丰富公共法律服务手段。通过“12348”法律服务热线电话、微信服务平台、网上公共法律服务网站等“便捷化”的网络平台，提供办事指南、申请、预约、查询等服务，实现了“让群众少跑腿、让数据多跑路、用信息服好务”的便捷化服务。2015年共接待群众来访、来电、来信咨询360人次、办理各类法律援助案件超过400件，确保受援对象的应援尽援。三是全面提高公证服务水平，改过去被动服务为主动服务，深入基层，主动为困难群众上门公证，公证工作成绩显著。2015年，共办理各类公证127件。

【公共法律服务体系建设】 为贯彻落实中共十八大、十八届三中全会关于加强公共服务体系建设的决策部署和十八届四中全会关于全面推进依法治国的重大决定，以及《国务院关于印发国家基本公共服务体系“十二五”规划的通知》精神，进一步建立完善覆盖城乡居民的公共法律服务体系，推进金秀县基本公共法律服务均等化，不断满足人民群众日益增长的法律服务需求，根据司法部和来宾市的要求，2015年，金秀县出台《关于推进公共法律服务体系建设的实施意见》和《关于成立金秀瑶族自治县公共法律服务体系建设工作领导小组的通知》等文件，在县、乡（镇）、村（居委、社区）、屯（自然村、居民小区）建立的公共法律服务中心、站、室、点，着力打造“管理一站式、服务一家人、办事一条龙”的“温馨之家·贴心服务”综合性公共法律服务体系平台，为群众提供家人般的关怀、一站式的服务，达到“服务在身边，满意在心中”的社会效果，促进社会和谐稳定。金秀瑶族自治县司法局投入150多万元，加强了司法所和县局公共法律服务用房建设，新建司法所业务用房一个，扩建三个，县局造成1300平方米的公共法律服务中心和社区矫正中心。2015年10月23日，自治区司法厅在金秀县召开全区民族自治县基层司法行政工作经验交流会，金秀瑶族自治县司法局在会议上做了推进公共法律服务体系建设工作经验发言。金秀县率先在全市稳步推进公共法律服务体系建设，取得了好的成绩，达到可推广可复制的目标。全年接待全区各市、县到金秀参观学习的团队18批230多人次。司法行政工作金秀模式已经名声在外。

（梁金燕）

经济贸易

招商引资

【概　况】　金秀瑶族自治县招商促进局内设办公室和投资项目股两个股室。编制5人，年底实有编制5人，其中局长1名，副局长1名。2015年金秀县招商工作紧紧围绕“旅游产业、特色农业及林下经济产业、养生长寿健康产业、民族文化产业、城镇化、工业化”等八大产业开展工作，政府主导，全民参与，扩大招商领域，采取“走出去，请进来”的方式，扎实开展招商引资工作，全县招商引资工作迈上新台阶。

局　长：潘华生

副局长：金　榕

【完成招商任务】　2015年来宾市下达金秀县的招商引资任务为12亿元（其中外资任务500万美元）。2015年全县实施招商项目21个，到位资金总额12.0047亿元，完成全年任务的100.04%，其中内资到位资金11.56亿元，外资到位资金0.4447亿元，完成外资任务的141.17%；续建项目12个，到位资金7.885亿元，新建项目9个，到位资金4.1197亿元。

【创新招商思路】　2015年，县招商局依托丰富的资源优势，在招商方式上，实行推进领导招商和全民招商，拓展企业招商和以商招商，重点发展中介招商和委托招商，采取“走出去”和“请进来”相结合的方式开展招商活动。在招商过程中，通过创新招商思路，从而改进工作作风，提高服务效能，切实抓好一站式服务、保姆式服务，着力营造政府依法行政、企业守法经营的文明法制环境。尤其是认真解决外商企业在立项、审批和生产经营过程中的困难和问题，努力打造“服务全方位、发展零障碍”的投资创业环境。

【招商活动】　为努力开拓招商视野，捕捉更多的招商引资信息，2015年，全县招商引资重点向福建、广东、上海等区域延伸，充分利用大瑶山资源优势、能源价格优势、劳动力资源优势寻找突破口，招商引资的方式突出优势产业链招商、以商招商。

【优惠政策】　为加快金秀瑶族自治县招商引资和项目建设步伐，进一步强化政策激励，充分调动全社会参与招商引资的积极性，吸引和鼓励中外客商在金秀县境内投资兴业，促进自治县经济社会的发展，2014年2月，县委、县人民政府结合本地实际出台了招商引资优惠政策，即《金秀瑶族自治县招商引资优惠政策及奖励办法》（金办发〔2014〕年5号）。

【项目跟踪服务】　2015年，县招商局把项目跟踪服务作为一项重要工作来抓，对洽谈的有意向的项目，落实专人负责，全程跟踪服务，促成项目落地和开工；对已投产的企业，创造宽松的生产环境，深入一线了解情况，积极主动协调相关部门解决企业生产过程中遇到的问题和困难，营造亲商扶商助商的投资氛围。

（梁梅秀）

供销合作

【概　况】 自治县供销合作社联合社隶属自治县人民政府领导下的一层参公事业单位。编制8人，设主任1名、副主任2名。2013年12月，经自治县机构编制委员会批准设立理事会、监事会机构。分别设理事会主任1名、副主任2名，监事会主任1名、副主任1名。下辖金秀、桐木、头排、忠良、罗香、六巷、长垌7个基层供销社和县级农资公司、土产日杂公司等2个直属公司。全系统有干部职工290人（其中，在职职工105人，退休职工185人），固定资产6291万元。2015年，按照自治县党委、政府的指示精神，供销系统认真做好“三农”服务工作，为全县经济发展做出新的贡献，荣获2015年度来宾市供销系统综合业绩考核特等奖。

理事会主任：覃学康
副　主　任：赵才显
　　　　　　郭珍莲
监事会主任：罗维戈
副　主　任：刘金花（3月离任）
　　　　　　季永斗（3月任）

【主要经济指标】 2015年，全系统完成经营总额18110万元，占任务17900万元的101.17%，购进总额8502万元，占任务8500万元的100.02%，同比增长13.38%，销售总额9608万元，占任务9400万元的102.21%，同比增长15.73%，农副产品购进总额2203万元，占任务总额2200万元的100.14，同比增长37.52%，消费品零售额3302万元，占任务3300万元的100.06%，同比增长17.84%，售给农民的农业生产资料4114万元，占任务4100万元的100.34%，同比增长11.19%，建立农民专业合作社2个，固定资产投资（项目建设）完成850万元，占任务750万元的113.3%，实现利润44万元，较好完成上级下达的目标任务。荣获2015年度全市供销系统综合业绩考核特等奖

【项目建设】 县供销社按照“改造自我，服务农民”的要求，以改革为动力，发展为目标，效益为核心，狠抓项目建设，一是抓好大瑶山农资配送中心项目建设，已完成投资额812多万元，已完成五层主体楼面封顶，12月底前主体工程全面完工心。二是抓好罗香供销社综合楼项目建设，现主体工程已全面完成，门面改造在抓紧推进。三是抓好六巷供销社超市项目建设，12月底前完全面完成。

【农资商品供应】 2014年11月底县供销社就着手做好冬储肥料方案及早与生产厂家和经营公司联系，做好货源的组织工作、全年调运化肥12600吨，根据金秀农民的用肥特点及产业调整，做好水稻、水果、桉树等专用肥料存储；所存储的化肥均系国内知名正规厂家生产的名牌产品，绝大部分化肥都是以生产厂家及公司直接调拨，减少了流通环节，降低了流通成本，年销售农资化肥12600吨，农药540吨，农膜8900公斤，有利支持了全县的农业生产。

【学习培训】 2015年，县供销合作社举办了一期农民经纪人培训班，参加人次150多人，特邀南宁商贸技校的教授和一些专家到会讲课，培训内容取得了良好的效果。

【支援联系点建设】 积极主动深入联系点桐木镇七建那安村委开展“四个一”工作，组织全体干部职工4次到联系点开展清洁乡村和生态乡村建设及精准扶贫入户调查工作，捐助现金3500元给村委建设公厕，“六一”儿童节慰问那安小学捐款500元。帮助那安小学解决教室线路改造捐款1100元。“七一”到村委开展慰问困难党员活动，共慰问困难党员4人，现金600元，帮助扶贫联系点古院村委小古院屯解决道路硬化水泥20吨，村委办公用品及打印机等合计金额2000多元。

烟草商业

【概　况】 1989年12月，金秀县烟草专卖局（公司）成立。2004年烟草行业进行经营体制改革，取消三级法人代表资格，由原“金秀瑶族自治县烟草专卖局（公司）”改制为“金秀瑶族自治县烟草专卖局（营销部）”。2011年4月拆除旧办公大楼及宿舍在原址重建，局（营销部）搬迁至桐木镇梧桐大道租用房子进行办公。实行“一套班子、两块牌子、合署办公”和“统一领导、垂直管理、专卖专营”体制。下设综合管理股、专卖监督管理股、市场部、物流中转站、市场管理中队、内管派驻组等6个股室（组、中队）。2016年，共有在岗员工25人，其中正式职工3人，合同工22人，大学本科以上学历1人（全日制），管理和服务卷烟零售户825户。

局长、经理：李金友

副局长：韦祖斌

副经理：黎国佑

【营销业绩】 *总体销售情况* 2015年，销售卷烟总量4890.33箱，完成全年任务的96.84%，同比下降4.68%；实现单箱额20690.64元，同比增加251.21元。

各类别卷烟销量情况 一类烟销量522.87箱，同比下降12.16%，占比10.69%；二类烟销量304.37箱，同比下降5.14%，占比6.22%；三类烟销量3499.47箱，同比下降3.14%，占比71.56%；四类烟销量527.89箱，同比增加1.47%，占比10.79%；五类烟销量34.44箱，同比下降57.44%，占比0.7%。

【专卖管理】 2015年全年共查获各类涉烟案件47起。其中，万元案件3起，千元以上案件16起，千元以下28起，47起案件中1起为销售非法生产的烟草专卖品案件，1起为无证运输案件，其余45起为无证经营案件。查处实物9.01万支，其中假烟3.32万支，本地区真烟5.69万支。

【全面推进零售终端建设】 按照高标准、严要求，全员联动、分片包干、挂点到人、责任到人的工作模式，全力开展现代终端建设工作，并取得了较好的成效，完成打造74户功能终端客户。推进现代终端标杆示范点建设，共打造4户终端示范点，主要突出整店烟草视觉形象，发挥样板效果和示范作用。

【队伍建设】 通过将工资二次分配、督查考核办法等措施积极调动员工完成工作的积极性、激励性，提高了工作开展的质量和效率；结合开展“思想作风纪律整顿暨学法执法年”和“专卖管理知识竞赛”活动，把提升专卖队伍的综合能力作为一项主要工作来认真抓好，共组织专卖人员集中培训13次，以会代训5次，培训参与人次达220人次，培训面达到100%，培训内容涉及行政处罚文书制作、专卖技能鉴定专业知识等内容。

【卷烟市场清理整顿】 积极与县委、县政府，公安、工商等相关执法部门密切沟通联系，着力构建完善以政府部门为主导的卷烟市场清理整顿联合长效机制，通过加强卷烟市场日常检查和重点对象专项打击的形式，全力维护卷烟销售旺季的市场良好秩序，着重组织开展好元旦、春节、清明、五一、中秋、国庆等重点节假日卷烟市场清理整顿专项行动，同时积极部署开展综合治理无证照经营烟草制品专项行动和“水银”“利剑”行动以及清理“白皮烟”专项行动，有效地净化了辖区卷烟市场经营环境，较好地维护了辖区卷烟市场的经营秩序。共对210多户次零售户是否执行卷烟统一零售价进行调查，批评教育和治理8户零售户。继续推进工商烟草联合监管工作，加强与工商部门的沟通协调，强化无证经营案件的移送和办理力度，提升案件办结率，2015年的移送率、办结率均为100%。严格办证纪律，严把审核关，按程序和要求对行政许可新办类和管理类开展工作。2015年共受理各类行政许可184份，其中新办申请31份，管理类申请68份，延续申请85份。

【加强物流配送管理工作】 推进精益物流管理，全面推广实施流程标准化、表单标准化、现场管理标准化和作业标准化建设。实现货款回笼率100%，配送0差错率，配送成功率100%，中转卷烟出入库0差错率。

粮食流通

【概　况】 2015年，金秀瑶族自治县粮食局，因机构改革，1—6月设在县发展与改革局，7月在县财政局挂牌。内设机构有粮食监督检查和调控综合股、粮食流通与科技发展股2个股室。核定人员编制5人。其中，行政编4人、工勤编1人。全县粮食系统共有机构4个，其中行政部门1个，事业单位1个，国有粮食企业2个，职工总人数95人，从业人员20人。

局　长：范汉坤（县发展与改革局局长兼，6月离任）

陆志忠（县财政局局长兼，7月任）

副局长：李全球

纪检组组长：梁　鸿（县财政局纪检组组长兼，7月任）

【粮食购销】 2015年，粮食流通体制继续进一步深化改革，粮食购销市场全面放开，金秀县粮食局在新的形势下，与时俱进，及时调整思路及对策，帮助粮食企业协调粮食收购资金、有效仓容、人员配置等问题，采取行之有效的措施，加大企业产业化经营，引导国有粮食企业发挥粮食购销主渠道作用，为政府宏观调控、确保粮食安全奠定基础。2015年全县国有粮食企业在严格执行国家相关政策的前提下，按购得进、销得出的原则随行就市，共收购粮食1209吨（原粮，下同，其中救灾粮107吨，直补订单粮888吨，其他粮214吨），销售粮食122吨（其中，救灾粮107吨，其他粮15吨）。粮食品种齐全，供应正常，价格稳定。全年国有粮食购销企业利润持平。2015年，金秀县粮食局仍列为直补订单收购县，共签订“订单粮食”合同435份，涉及18个村民委，435户农户，收购订单粮食888吨，完成任务59%，向种粮农户兑现直补资金21万元，力争把惠农政策落到实处，实现企业增效、农民增收。

【粮食仓储管理】 2015年，全县国有粮食企业共投入资金15万元，维修库点4个，维修总库容0.5万吨。粮食企业按照储粮要求，采取绿色、环保的科学储粮技术，加强储粮仓储管理，组织业务骨干参加自治区粮食局举办的各种业务培训，提高粮食收购、储存、运输、加工等业务水平，实现科学保粮、规范管粮。储粮粮仓常年达到“一符四无”国家标准。

【粮食流通监督检查】 2015年金秀县粮食局深入开展《粮食流通监督检查条例》颁布宣传活动，通过召开粮食经营者及经纪人座谈会、举办培训班、出墙报、印横幅、发宣传单等方式，利用通信、媒体、宣传车，深入全县各乡、镇村屯宣传粮食经营政策法规，使条例深入人心、家喻户晓，增强粮食经营者及经纪人法律意识。年初制订工作计划时把粮食流通监督检查工作列为重要日程，制定《金秀县2015年粮食流通监督工作要点》，由监督检查股重点组织对7家持有“粮食收购资格许可证”的企业开展粮食库存、粮食安全、市场整顿等专项工作，一年来共组织监督检查6次，出动人员19人次，检查各类粮食企业16个次，并逐步完善粮食执法机构和制度，继续搞好执法资格、执法业务和素质培训，积极健全粮食执法体系，推进粮食执法工作，与工商、卫生、质监等部门不定期特别是在重要节假日联合检查，全面打击无证收购及销售粮食行为，维护正常的粮食流通秩序。确保粮食购销市场有序、健康地流通。

【粮食应急措施】 2015年，金秀县粮食局为确保全县粮食安全，维护社会安定，进一步完善粮食应急体系，修改完善了新的《自治县粮食应急预案》，配合相关部门，明确责任，确保突发事件粮食有效供给，结合“放心粮油工程建设”，确定了10个粮食应急供应网点和3家粮食应急加工网点，签订好协议，明确责任和义务，向财政争取到10万元的网点供应经费，确保突发事件时粮食持续供应，并积极配合民政部门到灾区一线了解灾情，核实群众受灾情况，及时组织粮源，一年来共向全县灾区提供了大米107吨。确保受灾群众“有饭吃、不挨饿”，维护了社会稳定。

【粮油诚信体系完善】 确保粮油质量安全是保障人民健康水平的重要举措，是体现以人为本，关注民生的一项民心工程，为更好地为耕者谋利、为食者造福，2015年金秀县粮食局根据自治区、来宾市人民政府的要求，对2014年以前创建的12家“放心粮油超市专柜”、经销店在监管方面不断地完善，创新，在年初、年中、年末对他们经营商品的质量、进货渠道、明码标价、环境卫生等等经营情况进行检查，发现问题及时解决处理，进一步提高粮油品质诚信，确保群众吃上“放心粮油”。

【粮食仓储设施建设】 根据广西粮食仓储设施建设规划和自治区党委政府对全区粮食仓储设施建设工作要求，金秀县仓储设施建设重点项目是金秀县粮食储备库仓储改造建设项目，项目建设内容为规划用地面积12976.4平方米，扩建、新建中心粮库仓容1.6万吨、总投资2614万元。经过多方努力，2015年争取到上级部门粮仓建设第一期补助资金200万元，本级财政配套资金80万元，用于建设一个仓容2853吨的仓库，前期工作已经全面完成，已进入项目招投标阶段。二是应急大米加工厂建设项目，已开始动工建设，建成后将进一步提高金秀县的粮食应急供应保障能力。

表7　　2015年金秀贸易、旅游、服务业主要指标一览表

指标名称	单位	2015年	2014年	比上年同比+、-%
贸易业：				
社会消费品零售总额	万元	77312.0	71996.0	7.38
其中：零售业销售额	万元	64869.3	60640.9	6.97
住宿业	万元	1193.7	1267.7	-5.84
餐饮业	万元	11249.0	10087.4	11.52
限额以上法人企业	个	2	2	0
商品销售额	万元	2974	2191	35.74
限额以上住宿和餐饮业企业	个	3	3	0
营业收入	万元	2750	2742	0.29

中石化金秀分公司

【概　况】 中国石化销售有限公司广西来宾金秀石油分公司（简称中石化金秀分公司）2015年在营加油站10座，易捷便利店10个，总库容量1000立方米，经营范围：汽油、煤油、柴油的批发：润滑油、燃料油、化纤及其化工产品的销售；国内贸易等等。2015年中石化金秀石油分公司从业人员55人，油品销量17395吨，非油销售额460.54万元。

经理：潘国伟（7月离任）

黄　健（7月任）

【综合改革】 为了激发员工的经营积极性，根据上级公司工作部署，中石化金秀分公司于2012年9月与下属加油站签订第一批经营承包合同，承包者有了用人权及绩效二次分配权。第一批承包站

成功推行后，于2015年11月又在所属加油站大范围实行承包制，实行承包制再次掀起员工参与经营的积极性，员工收入也相应得到提高，实现销量与效益双丰收。公司所属加油站全部使用罐内液位仪及高清监控设备，确保油品数质量、资产资金的安全，设备设施运行良好，无安全事故发生，确保应急油品供应。

【石油市场清理整顿】 2015年，公司在做好自身经营生产工作同时，参加了县级领导组织各相关单位成立的打非治违小组，共同致力于打击非法经营销售、劣质油品销售等系列工作，努力创造一个油品质量安全、销售竞争有序的市场环境。

（陶　臻）

财政·税务

（一）财政

财　　政

【概　况】 金秀瑶族自治县财政局内设办公室、综合股、预算股（小汽车定编办公室、行政审批办公室）、国库股、行政政法股（行政事业单位国有资产管理股）、教科文股、经济建设股、社会保障股、农业股（农业综合开发办公室）、农村财政财务管理股（县农村综合改革工作领导小组办公室）、企业股、政府采购监督管理股（金融管理股）、会计管理股、人事教育股（法规税政股）、财政监督检查股等股（室）15个，设财政投资评审中心、政府采购中心、财会培训考试中心、财政资金管理所、财政信息管理办公室、预算编审中心、国库支付中心等二层机构7个，下设10个乡（镇）财政所，共有编制80人，现有人员76人，其中局机关行政编制18人，机关后勤编制4人，二层机构及财政所编制54人。

2015年自治县财政局紧紧依靠上级财政的支持，在县委、县人民政府的正确领导下，严格执行财政收支预算，不断完善国库集中支付和部门预算管理等各项财政改革，扎实做好财政精细化管理，提高预算编制、执行、决算的管理水平，加强项目资金支出与绩效目标管理，做好结余结存资金统筹管理，构建与公共财政相匹配的财政监管机制，大力支持自治县发展特色经济产业，促进社会经济的平稳快速发展，圆满完成自治县人大常委会下达的16900万元的财政收入任务。

局　长：李先洋（5月离任）
　　　　陆志忠（6月任）
副局长：杨为志
　　　　肖宗勤
纪检组组长：梁　鸿

【财政收支】 2015年全县财政收入17167万元，比上年22113万元下降22.37%，其中国税部门完成5210万元，地税部门完成8993万元，财政部门完成2964万元。2015年，全县财政支出115837万元，比上年108343万元增加7494万元，增长6.92%。

【支持企业发展】 积极向上争取财政扶持企业专项资金，夯实和壮大工业发展，促进县域经济科学发展。2015年，落实361万元资金支持企业技术改造、贷款贴息；加大支持新办微型企业，落实120万元，支持一批特色产业，如茶叶、油茶、大鲵养殖、旅游产品等开发项目和科技型企业共40户。

【支持"三农"发展】 2015年，通过"农补网"直接向农户发放农资综合补贴资金775万元，发放粮食直补资金 33.6 万元，发放农业支持保护补贴（原称为农作物良种补贴）资金 164.97 万元，退耕还林补助资金 159.9 万元，森林生态效益补偿资金 1837.9 万元，农机补贴资金 177 万元。

【支持公益事业发展】 2015 年，共投入资金 976.25 万元，其中中央和自治区补助资金 529 万元，金秀县财政配套奖补资金 176 万元，拉动了农民群众筹资筹劳 141.51 万元，村集体和社会捐赠 124.28 万元，其他投入 3.96 万元，农民投工投劳 59230 个标准工日，实施村级公益事业建设项目 55 个，其中村道硬化 54 个 43 公里，村容美化亮化 1 个，安装太阳能路灯 30 盏。加大农村基础设施建设，另投入美丽乡村建设资金 139.5 万元，完成村屯道路硬化 4 个，共 3.5 公里。安排为民办实事项目专项资金 22912.2 万元，推进六项惠民工程实施：1. 教育惠民工程：投入 6423.20 万元推进县域学校布局结构调整和教育重点项目建设；营养改善计划补助 853.01 万元；寄宿制生活补助 448.07 万元；中小学公用经费 1345.73 万元；贫困大学生补助 13.6 万元；高中助学金 148.3 万元；高中免学费 173.34 万元；学前入园补助 58.25 万元；职校免学费 53.6 万元。2. 强基惠民工程，农村安全饮水工程 455 万元。3. 安居惠民工程，城镇保障性安居项目——公共租赁住房、廉租房建设 600 万元；农村危房改造项目 4128 万元。4. 农补惠民工程，农资综合补贴资金 775 万元。5. 生态惠民工程，污水垃圾处理项目 2003.5 万元。6. 通畅惠民工程，一般公路建设项目和“千村公路通畅”项目 5003.6 万元；投入 290 万元资金推进“美丽金秀·清洁乡村”活动；投入全县 10 各乡镇“美丽金秀·生态乡村”示范点建设资金共 140 万元。

【支持社会保障事业】 2015 年，城乡社会养老保险支出 2145.11 万元，城乡低保支出 2378 万元，新型农村合作医疗支出 5243.78 万元，城镇居民基本医疗保险支出 107.07 万元。

【支持科技、教育、文化事业发展】 2015 年，自治县财政不断加大对科技、教育、文化的投入。科技支出 303 万元，比上年减少 924 万元，下降 75.31%。教育支出：1. 学前教育支出 1235 万元；2. 义务教育支出 17365 万元；3. 普通高中教育支出 1579 万元；4. 职业教育支出 1549 万元；5. 其他普通教育支出 2376 万元；6. 普通教育管理事务支出 468 万元。文化事业支出 2089 万元，比上年增加 233 万元，增长 12.55%。

【加强政府集中采购】 2015 年，审批采购项目 352 宗，采购预算金额 7586.20 万元，实际成交金额 7020.71 万元，节约 383.50 万元，节约率 5.05%，其中竞争性谈判 29 宗，公开招投标 7 宗。

【加强财政性投资项目管理】 坚持基建投资项目“先评审，后下达预算；先评审、后招标、采购”的原则。2015 年，全年已审结 66 个项目工程的招标预算控制价，送审金额 28806.15 万元，审定金额 27156.12 万元，审减不合理资金达 1650 万元，审减率 5.73%，充分发挥了财政投资评审对财政资金的“节支增效”作用。

【加强“三公”支出管理】 中共十八大后，特别是中央八项规定出台后，自治县积极落实规定要求，完善配套相关制度，规范接待管理、严格监督问责，以实际行动落实中央八项规定精神，三公经费明显降低。2015 年，全县公务接待支出 716.75 万元，比上年减少 356.41 万元，下降 33.21%；因公出国（境）支出 1.18 万元，比上年下降 4.9 万元，下降 80.6%；公务车辆购置及运行费支出 958.25 万元，比上年增加 22.89 万元，增长 2.45%。

（二）税务

国家税务

【概　况】 金秀瑶族自治县国家税务局是主管国家税收工作的行政管理机构，于 1994 年 9 月由原自治县税务局分设成立。2015 年年底，内设办公室、政策法规股、税源管理股、收入核算股、纳税服务股（办税服务厅）、征收管理股、人事教育股、财务管理股、监察室和机关党办等10个股室；1个直属机构：稽查局；1个派出机构：桐木税务分局；1个事业单位：信息中心。全局共有干部44人。

局　长：陈海新

副局长：潘维舒

钟恣龙

陆　海

纪检组组长：覃雪燕

【税源税收】 2015年，县国税局深入开展税源调查和税收分析，加大税源监控，强化纳税评估，狠抓税务稽查和税收征管，层层落实收入任务，进一步提高税收收入的质量。结合金秀县税源的实际情况，加强对收入形势的分析，及时发现并解决组织收入工作中出现的情况和问题，提高收入预测准确率，并积极向地方党委政府汇报，牢牢掌握组织收入工作主动权。2015年，国税局共组织各项税收收入5841万元，完成目标任务5700万元的102.47%，完成区、市、县级口径税收收入5215万元（区、市、县级口径一致，包括增值税、企业所得税），完成区、市级口径目标任务5000万元的104.28%，完成县政府目标任务5215万元的100%。

【服务发展】 坚持围绕服务地方经济稳增长要求，切实发挥税收在稳增长、调结构、促改革、惠民生等方面的调控作用，认真落实各项税收优惠政策，助力企业发展。2015年，享受增值税小微企业税收优惠政策的企业共有122户，共减免税额11.8万元；小微企业享受增值税优惠共减免34.75万元；小型微利企业享受企业所得税税收优惠共有13户，共减免企业所得税9.26万元；车辆购置税政策优惠减免税额40.67万元。

【纳税服务】 一是坚持巩固优化“便民办税春风行动”。进一步推出便民办税、提效减负的措施，着力解决在行政审批、办事效率、服务意识、办税负担、纳税诚信、规范执法等方面的各项便民办税举措，切实完善服务功能；贯彻落实好全程服务、限时服务、延时服务、预约服务、提醒服务等服务举措，有效避免纳税人多次往返税务机关，提高办税效率；进一步推行“办税便利通”软件，大力推进网上办税，强化网上认证、报税功能，提升办税便捷度，纳税人满意度显著提升，2015年，我局投诉率为0，纳税人满意率为100%。二是全面落实纳税信用评价工作。联合地税局共同商定具体工作方法，联合推进落实信用评价工作。2014年，适用办法的纳税人486户，其中应评价的纳税人为192户，不予评价的为294户，应评价的纳税人已全部给予评价。三是积极开展“三证合一”“一照一码”登记制度改革。根据市局部署，加强政策宣传引导，实现信息共享。向纳税人分发办证指南及办税流程图等宣传资料，详细介绍变更、注销、纳税申报等涉税事项，于10月1日起顺利实现“三证合一”“一照一码”登记制度改革，进一步推进简政放权工作。四是加大政策宣传力度。丰富宣传载体，借助多样化载体平台，如宣传活动、信息报道、大厅显示屏、国税网站等平台，广泛宣传税收政策尤其是税收优惠政策。2015年，积极开展税收宣传月活动暨“小微企业税收优惠政策宣传日”活动，“小微优惠进瑶寨帮助瑶胞富起来”税收宣传活动、“联户进企”等宣传活动，共发放宣传资料1350份和政策小手册1120册，确保政策宣传解释到位，获得了纳税人的一致好评。

【组织建设】 坚持践行“三严三实”，工作质效稳中提升。一是认真学习，精确把握。通过集中学习和个人自学的方式认真学习贯彻落实“三严三实”要求，深刻理解“三严三实”专题教育的内涵。在开展专题教育期间，全局党员干部集中学习19次，组织党组中心组学习12次，党组书记讲党课1次，党组成员开展专题研讨3次，邀请上级领导上专题辅导课、专题讲座4次，组织局党组成员参观来宾市廉政教育基地1次，开展廉政警示教育11次，开展革命传统教育暨重温入党誓词活动1次，参加县委县政府党课、讲座等13次。全局44名党员干部每人撰写了一篇学习心得。通过学习，增强了全局党员干部的宗旨意识、服务意识、群众等意识，在切实改进作风、服务纳税人等各项工作中收到良好效果。二是查摆问题，落实整改。采取双向互动，一对一，面对面的形式开展交流活动，讨论剖析当前系统及局班子成员存在的“不严不实”现象，通过边查边改增强党员干部的主体意识和担当意识。专题教育期间，共征求到行政管理、业务工作类问题和意见24条，班子存在“三严三实”问题8条，班子成员存在“三严三实”问题7条。根据工作中的问题落实整改措施和整改期限，坚持边学边查边改，有针对性地加以整改提高。三是从严从实，确保实效。制定活动实施方案，对专题教育活动的内容、时间、方式及调研主题做出明确规定。坚持把专题教育同税收工作一起谋划、一起部署、一起考核，紧扣学习“三严三实”、践行“三严三实”，创造性地开展工作，既提高了干部队伍的纪律观念和规矩意识，又推动了中心工作的开展；既得到了上级局以及社会各界的肯定，又得到干部职工、纳税人的好评。（作者姓名）

地方税务

【概　况】 金秀县地税局，现有干部职工50人，其中行政编干部35人，后勤服务事业编5人，助征员和临时工10人。全局设立有7个内设机构、5个派出机构。

局　长：石才伟
副局长：沈峰元
　　　　梁海锋
　　　　黄寿成（6月离任）
　　　　咸冬松（5月任）
纪检组组长：冯　丽

【税收收入】 受税收收入基数较高，一次性税源比重大，辖区内缺乏主体税源支撑，加之“营改增”税收政策落实、房地产市场有价无市等因素影响，2015年全县地方税收收入形势异常严峻。面对严峻形势，全县地税系统坚持“早”字当头，对于税收工作早计划早谋划早分析早调研，及时分解税收收入任务，严格落实局领导、股室长、分局长、管理员分片包干制度，将税收任务层层落实到人。严格收入目标考核，强化税源监控，抓好重点税源征管。深入开展“六项清理四项加强”，挖掘税收增长潜力，积极与县委、县政府加强联系协调，争取县委、县政府最大协税护税力度，提高综合治税能力，尽最大努力缩短收入差距。2015年，地税局累计组织入库各项地方税收入9209万元（按县政府考核口径统计），同比减收2593万元，下降21.97%。

【服务发展】 全面落实简政放权工作。进一步深化了涉税行政审批制度改革，压缩审批事项，下放审批权限，实行涉税审批事项前移。深入开展“便民办税春风行动”。推行首问责任制、限时办结制、责任追究制，推广了网上办税、自助办税、免费复印等服务措施，落实《全国县级税务机关纳税服务规范》（2.0版），为纳税人提供了优质便捷服务。在金三上线时，由于系统更新转换，一些信息对接不到位的情况时有发生，地税局领导班子成员在上线期间轮流到办税服务厅值班，耐心解答纳税人的疑问，与纳税人“面对面”交流，也缓解了前台的业务压力，加强了征纳双方的沟通和互动，获得了纳税人的一致好评。

【税收征管】 面对异常严峻的经济税收形势，尤其是下半年以来，认真贯彻落实区局、市局指示精神，尽量减少会议和其他活动，狠抓管理，抢抓收入，为收入目标的实现提供了坚强组织保障。细化增收措施，突出收入重点，着力抓好建筑业和房地产业征收管理，牢牢把握收入主动权。

【加强欠税清缴力度】 全面梳理、欠税企业名单、核实欠缴金额，澄清欠税底子，限期清缴入库；对零散性、一次性税源强化巡查检查力度，实现税收征管无死角、无盲区，确保“颗粒归仓”。

【重点税源企业的调查分析和监控管理】 以税收大分析为契机，通过对重点税源企业经济指标分析，全面掌握企业的生产经营状况，排查薄弱环节，实现堵漏增收。联合财政、国土、公安等部门开展行业税收专项清查，全面清查金秀县耕地占用税、土地使用税税款征收管理情况，凝聚征管合力，杜绝税收流失。将税源清查与政策调整、提升纳税服务相结合，通过税源清查完善税源监控机制，强化税务登记管理，澄清税源底数，掌握第一手资料。以税源清查为契机，积极开展“大走访”活动，了解纳税人需求，争求纳税人意见，不断改进服务手段，强化服务措施，提高服务水平。

【所得税管理】 一是强化年所得12万元以上纳税人自行纳税申报管理。通过网络、税法送上门、办税服务厅设立咨询台等形式，大力宣传个税纳税自行申报；圆满完成了年所得12万元以上纳税人自行纳税申报的各项服务工作。2015年，共有100人进行2014年度纳税申报，缴纳税款160.57万元。二是强化企业所得税汇算清缴工作。2015年共有37户企业参加2014年度所得税汇算清缴，应缴企业所得税款122万元，实际已预缴企业所得税107.5万元，应补缴14.5万元。

【税收征管】 一是规范征管业务。按照上级统一部署，结合金税三期优化版征管系统，积极推行《全国税收征管规范1.0版》的落实，对现行岗责体系、业务流程进行了梳理改造，特别是对注销税务登记流程进行了明文下发，重新明确了各层级税收征管职责，注销规定和办理移交稽查手续，全面衔接纳税服务规范和税收风险管理。二是强化户籍管理。加强与国税、工商信息的比对，积极探索推行“三证合一”登记制度，创新税务登记管理，提高税源管理水平。三是税收信息化支撑作用凸现。面对“金税三期”刚上线的问题重重，知难而进，系统学习操作手册，通过QQ群发、面对面交流、问题报告平台，有效解决了遇到的各类问题，有效地保障了日常申报征收。

【规范代开发票和委托代征工作】 通过建章立制，严把“受理关”“审核关”，完善管理流程，明确征管范围，落实职责分工，使代开发票更加方便纳税人办税办事；通过严格执行《委托代征税款管理办法》，从严审核、从严控管，进一步规范办事流程，规避执法风险。

【落实各项税收政策】 严格执行国家结构性减税以及促进相关产业发展的优惠政策，深入开展小微企业税费负担调查，积极研究措施，为纳税人创业、投资、发展营造宽松环境。2015年该局共21户纳税人享受小型微利企业税收优惠政策，共计减免税4.17万元；共有3户纳税人享受西部大开发企业所得优惠政策，减免所得税额395万元。

【执行税收规范性文件制定权限和管理程序】 做好规范性文件的起草、审核、备案、公告、评估、清理和修改、废止工作。2015年，县地税局减免税领导小组对所有符合享受税收优惠政策的企业和纳税人都通过领导小组讨论后，才制作减免告知书进行备案登记，并形成会议纪要存档。2015年，地税局依照法律法规及有关政策共计办理减免地方各税470多万元（包括二手房交易在内），极大地维护了纳税人得以享受的合法权益。

金融·保险

金　融

人民银行

【概　况】 2015年，中国人民银行金秀县支行在来宾市中心支行的正确领导下，坚持稳中求进的工作总基调，紧密围绕“依法行政，深入推进改革创新年”主题，积极应对复杂严峻的经济金融形势，全力支持地方经济稳增长，不断优化金融管理和服务，科学高效履行基层央行职责。

党组书记、行　长：陈振明

党组成员、副行长：彭秀凤

纪检组组长：彭秀凤（兼）

【货币信贷管理】 一是加强窗口指导，合理运用货币政策工具。2015年，人民银行金秀县支行认真贯彻落实稳健货币政策，加强窗口指导；合理运用货币政策工具，加强日常监测，严格执行总行5次下调存贷款基准利率政策、4次全面下调存款准备金率和1次定向下调存款准备金率政策；加强信贷政策导向评估，进一步提升信贷政策执行效果，发挥金融对经济结构优化和转型升级的促进作用；积极配合地方政府推进农村金融改革工作，加快农村信用体系建设和金融服务创新。截至2015年年末，金秀县金融机构人民币各项存款余额37.11亿元，同比增长8.96%；人民币各项贷款余额20.54亿元，同比增长10.43%。其中，涉农贷款17.68亿元，同比增长12.45%；小微企业贷款4.70亿元，同比增长4.9%，存贷款增速面临较大下行压力，但总体呈企稳震荡运行。二是积极推进普惠金融工作。用足用好民贸民品生产贷款优惠政策和各项优惠政策，2015年，民贸民品贷款余额9700万元，利息贴补286多万元，有力地支持了地方民族经济和当地农村经济的发展；继续推动万家成长型小企业信贷扶持工程，重点支持万家成长型小企业信贷扶持工程名录库内的小微企业发展，引导辖内金融机构加大对实体经济的信贷支持。2015年，小微企业贷款余额4.70亿元，比年初增加0.22亿元，增长4.9%，有力地支持了县域实体经济的发展。

【金融稳定】 继续做好农村信用社央行票据兑付后续监测考核工作。2015年对金秀县农信社开展了专项中央银行票据兑付实施后续现场监测考核；加强日常监测分析；深入推进“两管理、两综合”制度，依法合规开展“存量个人银行存款账户相关身份信息真实性核实验收、反洗钱专项业务、征信管理、人民币收付业务管理、经办国库业务”等5项业务实施现场检查；对辖区4家银行业金融机构开展综合评价及涉农、小微企业信贷政策导向效果评估工作；参与打击非法集资宣传月活动，扩大宣传效果，净化金秀县民间融资环境；围绕“权利、责任、风险”活动主题，开展“3·15金融消费权益日”宣传活动，开展“老年消费投资理财行为及金融消费权益保护问卷调查”有效保障消费者合法权益；认真做好辖区地方法人机构存款保险投保和保费缴纳的各项准备工作，确保存款保险制度各项工作在辖区顺利实施。2015年，完成地方法人机构保费缴纳5万元。

【金融服务】 一是进一步加强金融统计与调查分析。认真贯彻落实各项金融统计工作制度，做好日常性金融统计工作；加强对小贷公司、融资担保公司、典当行等民间融资机构的监测，强化对利率水平的动态监测。按季度开展民间融资调查、农户问卷调查、银行家问卷调查、专项调查、特色调查等调查与分析。二是进一步强化国库管理水平。做好新《中华人民共和国预算法》实施及央行经理国库30年宣传工作；加强对金融机构办理国库业务检查、指导和监督，2015年8月，对辖内农村信用社办理国库业务实施现场检查，进一步规范了金融机构办理国库业务行为，保证国库资金收支安全、高效运行；进一步开展TIPS业务推广工作；2015年，办理各级预算18553笔，各级预算收入3亿元；办理预算支出11324笔，金额13.57亿元，办理退库48笔，退库金额366万元，做到了安全无资金风险。三是进一步加强支付结算服务。开展ACS综合前置子系统推广工作，实现系统安全稳定运行。深入开展联合整治银行卡网上非法买卖专项行动。全面落实账户实名制，对金秀县信用联社进行验收；规范账户行政审批行为，全年，共核准办理银行结算账户203户；配合南宁中支广西农村支付服务环境建设验收检查工作组完成对金秀县的农村支付服务环境建设工作验收检查。四是进一步加强人民币流通管理。2015年，接收上缴假币67025元，反假货币监管合力持续强化；新版100元人民币在金秀县平稳发行，冠字号码查询贴标工作全面完成；对辖区信用社开展人民币收付业务管理专项检查；做好“抗战胜利70周年”流通纪念币兑换工作。

（林 慧）

2015年金秀县银行业金融机构各项存、贷款情况一览表

表8 单位：亿元

年 份	各项存款余额	其中：储蓄存款余额	各项贷款余额	其中：涉农贷款余额
2015	37.11	22.95	20.54	17.68

农业发展银行

【概 况】 中国农业发展银行金秀瑶族自治县支行（以下简称农发行金秀县支行），为农发行来宾市分行管辖的县级支行，属于政策性银行。内设办公室、信贷业务部、会计结算部等3个职能部门，下设对外营业部1个。现有职工8人，管辖金秀、象州两县政策性贷款业务。2015年，各项贷款余额万9389万元，比年初增加992万元；各项存款余额4127万元，比年初增加2934万元。

行 长：杜秋涛

副行长：潘 俊（3月任）

【存、贷款业务】 2015年，农发行金秀县支行认真贯彻落实中央经济工作会议精神，紧紧围绕中央“稳增长”部署和总行党委改革发展新举措，以稳中求进为总基调，以“六型银行”建设为抓手，以“三严三实”为动力，积极作为，业务经营总体稳中向好，各项工作取得了良好的工作成效。截至2015年年底，各项存款余额4127万元，比年初增加2934万元；各项贷款余额9389万元，比年初增加992万元。

【金融服务】 2015年，农发行金秀县支行认真履行政策性银行职能，始终按照总行和区分行的统一部署和安排，围绕金秀、象州两县人民的发展战略，坚持以服务“三农”为工作重点，加大信贷资金支农力度，积极支持金秀、象州两县地方经济的发展。一是营销象州县城区防洪工程2.8亿元项目贷款，当年获得农发行广西区分行审批。二是申报农发重点基金建设项目2100万元，支持象州县江宾园区体育馆项目建设，当年获得农发行总行的批准。四是营销扶功坚贫贷款，其中，金秀县4亿元；象州县8亿元，项目以相关部门对接。五做好收购资金供应与管理工作，积极支持金秀、象州两县粮食收购，全年累计发放粮食收购贷款2961万元，支持国有粮食企业收购粮食889万公斤，做到“钱等粮”，没有出现“打白条”和区域性卖粮难的现象，为金秀、象州两县扶贫攻坚工作做出积极贡献。

农业银行

【概　况】 中国农业农行金秀瑶族自治县支行（以下简称农行金秀县支行）为农行广西来宾分行管辖的县级支行，为金秀县唯一一家国有大型商业银行。截至2015年年末，辖内有支行营业室、桐木支行、头排支行3个营业网点，其中县城1个，乡镇2个，另外设在行式自助银行4个，离行式自助银行2个，共有在编在岗员工58人，全行人民币各项存款余额11.97亿元，各项贷款余额5.6977亿元。

行　长：唐建华

副行长：阮兰忠

蒙美秋

赵国阳（11月任）

【存款、贷款业务】 2015年，农行金秀县支行在金秀县委、县政府及上级行的正确领导下，在县人民银行的关怀与指导下，在金秀金融同行的帮助下，带领全行员工紧紧围绕“稳中求进”的总基调，贯彻“比学赶超、争创一流”的总要求，强化依法治行、从严治行理念，加强党建和作风建设，践行“三严三实”，深化改革创新，狠抓市场营销，严守风险底线，不断提升内部管理能力和市场竞争力，各项业务指标全面完成任务，各项管理工作取得新成效。2015年年末，全行人民币各项存款余额11.97亿元，比年初增加6804万元，其中储蓄存款余额7.18亿元，比年初增加4578万元，对公存款余额4.79亿元，比年初增加2226万元。全行人民币各项贷款余额5.6977亿元，比年初增加2967万元，其中个人贷款余额2.43亿元，比年初增加321万元，法人贷款余额3.2亿元，比年初增加2646万元。

【服务“三农”】 一是从讲政治的高度和自身发展的角度出发，积极转变服务理念，提高对“三农”金融服务重要性和紧迫性的认识，围绕金秀县“旅游产业特色”及打通“三农”服务“最后一公里”路径的发展思路，有效拓展“三农”服务渠道。2015年12月末，县农行在全县10个乡镇所有行政村发放惠农卡13338张，在10个乡镇68个行政村布放了电子机具，2015年增设了30个助农取款服务点，使农民足不出村即可享受到现代金融服务。二是大力支持政府精准扶贫工作，按照县政府的安排部署，派专人驻扎联系村屯进行精准扶贫工作，同时通过县政府开展的村级“两委”定工干部素质提升班推介农业银行的“惠农通”工程及电子银行业务，加大力度宣传农行“服务三农”精神。三是以农户贷款为抓手，以专业大户等新型农业经营主体为重点，累计发放农户贷款1496万元，并积极促进农户贷款有效增长。通过举办“三农”金融产品推介会和专业大户培训会，不断加大对农村、农民的宣传力度，使广大农民群众对该行的金融产品有了新的认识，为下一步做好“三农”金融服务工作打下了一定基础。

【优质服务】 农行是服务领域最广，服务对象最多，业务功能齐全的大型商业银行。服务业务范围覆盖了全国的大、中都市、乡村，并通达全世界；服务对象囊括了所有行业和各类用户；服务的手段不仅包括柜台服务、上门服务等传统方式，还推广了“95599”电话银行、网上银行、自助银行等高科技手段；除了常规国内，国际金融产品以外，还为客户在证券、保险、基金等行业架设了沟通桥梁，并延伸到社会经济领域的各个角落。更可根据客户的特别要求，度身定做金融产品。除此之外，还可以利用营业网点的优势为行业性、系统性客户提供“一揽子”理财方案。

以覆盖面最广的网点网络体系和领先的信息科技优势，向全县客户提供便利、高效、优质的金融服务。

【风险管理】 2015年，农行金秀县支行坚持从严治行，抓好内控合规管理。通过加强员工行为管理、开展员工规章制度学习活动、案防制度落实活动，千方百计压降农户不良贷款、严控案件风险、严控操作风险、加强党风廉政建设，防范腐败风险等各项措施，牢牢守住风险底线，实现全年安全运营。

（谢芳琳）

2015年农行金秀县支行存贷款业务发展状况表

表9 单位：万元

各项存款余额	其中		各项贷款余额	其中	
	对公存款	储蓄存款		个人贷款	公司贷款
119791	47954	71837	56985	24257（惠农贷款）	32728

信用合作社

【概　况】 2015年年底，金秀县农村信用合作联社有11个管理部门（办公室、党务办、人力资源部、财务会计部、计划信贷部、稽核审计部、资产风险管理部、法律合规部、市场开发部、电子银行部、安全保卫部）及14个营业网点。2015年年底，共有在职在编人员135人。

党委书记、理事长：林　传

党委副书记、主任：韦玉忠

党委委员、副主任：刘海东（4月离任）

纪委书记、监事长：李永斌

党委委员、副主任：张火强（12月任）

【存、贷款业务】 2015年，金秀县农村信用合作联社在自治区联社的正确领导下，在银监部门、人民银行的依法监管和帮助下，在县委、县政府及有关部门的关心支持下，坚持“立足区域，服务三农”的市场定位和“以客户为中心”的服务理念，团结一心，奋力拼搏，紧紧围绕有效防范风险和促进业务发展开展工作，积极为地方经济发展做贡献。2015年年底，各项存款余额为20.34亿元，比年初增长0.96亿元。其中，对公存款余额6.42亿元，比年初下降0.94亿元；储蓄存款余额13.92亿元，比上年末增加1.91亿元。坚持服务“三农”和县域经济的市场定位，创新支农服务方式，合理调整优化信贷结构，加大“涉农”和小微企业的信贷支持力度。2015年年底，各项贷款余额13.52亿元，比年初增加1.43亿元，增幅为11.83%。累计发放各项贷款96770万元，比上年同期多放12635万元。其中：涉农贷款累放92105万元，占各项贷款累放的95.18%。小微企业贷款余额75855万元，比年初增加8215万元，增幅12.15%，高于各项贷款增速0.32个百分点，实现“三个不低于”的监管要求。

【金融服务】 提高营业网点柜面服务水平的同时，加快自助银行建设，拓宽电子化服务渠道。2015年年末，在全辖布设ATM取款机、存取款一体机等自助设备达33台。在全辖10个乡镇77个行政村共布设惠农便民服务点68个，布放桂盛通POS机348台，让广大城乡居民更加充分地享受到现代金融带来的便捷服务。

【案防控制和内部管理】 紧紧抓住服务“三农”、中小微企业等实体经济这个功能定位不动摇，积极营销贷款，优化信贷结构、降低融资成本，大力清收盘活，优化质量确保稳健经营。以案件防范为抓手，切实加强稽核监督，认真开展合规经营、合规操作检查，充分发挥监督制约作用，为案件防控提供了更好的技术保障。强化安全意识，进一步加大安全防范设施建设投入，开展应急预案演练，提高员工应变能力，实现无“四类”案件和无重大责任事故的工作目标。

【履行社会责任】 2015年，金秀联社积极履行社会责任，主动参与社会公益活动。一年来，参与各种社会公益活动捐款共计2.42万元。

广西金融投资集团有限公司金秀综合金融服务中心

【概　况】 广西金融投资集团成立于2008年7月28日，是全国省级第一家以“金融”冠名的金融控股集团，是自治区党委、自治区人民政府为进一步促进广西地方金融发展，更好地服报务广西经济建设和社会全面发展而组建的国有独资企业，由自治区人民政府直接管理。2013年，广西75个县都成立了综合金融服务中心，金秀综合金融服务中心也于2013年5月20日挂牌成立。在册员工9人，办公地址设在金秀瑶族自治县瑶都大酒店一楼，2014年9月在金秀县桐木镇成立了服务部，2015年在头排镇设立服务网点。该中心开展的主要业务：应急资金贷款、担保贷款、互联网理财、个人消费贷款、农业保险、车辆保险、人身意外险等业务。

【经营业绩】 截至2015年12月底，金秀综合金融服务中心累计为金秀中小企业提供贷款应急贷款金额4320万元，营销理财产品345万元，累计保险保费935万元。

邮政储蓄银行

【概　况】 邮储银行金秀县解放路支行成立于2011年12月2日，定位于服务社区、服务中小企业、服务“三农”，辖内共有营业服务网点3个，共设ATM机7台。其中自营机构8人，代理机构11人。

行长：谭燕阳

【业务经营】 2015年，邮储银行金秀县解放路支行各项存款余额1.85亿元，年新增0.19亿元。各项贷款余额0.37亿元，年新增0.11亿元。

【三农服务】 2015年，邮储银行金秀县解放路支行大力积极农业产业经济，涉农贷款余额0.21亿元，涉农贷款余额占各项贷款余额比例56.75%，有效带动农民生产、就业和增收。

【小微服务】 2015年，邮储银行金秀县解放路支行推出了医院贷、小水电贷、船舶抵押贷、林权贷、排污贷、发票贷、快捷贷等贷款产品，更好的服务小微企业。

【社会责任】 2015年，邮储银行金秀县解放路支行在3.15消费权益日、金融知识普及月、反假币和反洗钱知识宣传月开展形式多样、内容丰富的宣传教育培训活动，提升消费者对金融产品和服务的认识能力，优化金融生态环境。

保　险

人寿保险

【概　况】 2015年，中国人寿保险股份有限公司金秀支公司（以下简称国寿金秀支公司）围绕“稳中求进、奋力拓展”总基调，进一步强化发展基础，巩固发展根基，稳步提升公司经营成果，不断践行中国人寿“成己为人，成人达己”的“双成”理念，推进公司实现又好又快发展。

经　理：文俊蕻

【业务经营】 2015年，国寿金秀支公司继续发展农村小额保险、开发政府类法人业务，积极应对监管要求，强化风险防范的管控力度，总保费收入1388元，其中新单保费（含短险）721万元，续期保费668万元，总体同比增长11个百分点。

【保险理赔】 2015年，国寿金秀支公司加快理赔便捷服务，共理赔案件400多人次，合计赔付金额153万元。

【保险服务】 2015年，国寿金秀支公司强化理赔职能考核，开展多样化理赔服务，引导客户及时电话报案，协助客户收集理赔资料、提高理赔时效等，着眼细节、全方位提升客户满意度。同时公司也开展形式多样、丰富多彩的增值服务活动，落实区分公司 VIP 服务活动、积极配合业务渠道开展服务进职场活动。

【风险管控】 2015 年，国寿金秀支公司进一步强化风险防范，避免恶性群体事件发生，严格落实治本抓源头工作，开展商业贿赂专项治理自查及进行关键岗位检查，进一步消除风险隐患；在销售人员中开展诚信宣传活动，将诚信教育、依法合规教育作为各类培训的必修课，做好涉嫌销售人员销售误导等违规行为的信访投诉的应对预案。对《保险从业人员行为准则》和《保险从业人员行为准则实施细则》执行情况进行自查自纠，规范展业的良好氛围，切实维护广大客户权益；认真开展反洗钱工作，履行反洗钱工作义务，落实反洗钱工作责任，强化反洗钱管控力度。

财产保险

【概　况】 2015 年，中国人民财产保险股份有限公司金秀支公司（简称人保财险金秀支公司）继续加强人才队伍建设，全力打造了一支具有经验丰富的团队，不断推进保险业务上新台阶。业务员由 12 人增加到 20 人，公司保险业务收入持续稳步增加，全年保费收入 1259 万元。

经　理：覃小青

【保险业务】 2015 年，作为自治县境内唯一一家国有商业性财产保险公司，人保财险金秀支公司主要开办机动车辆保险、财产保险、意外责任险、健康险、农业保险等险种。机动车辆保险。2015 年，人保财险金秀支公司以提高车辆保险服务点为切入点，进一步提高车辆保险水平，先后在三江乡、象州的水晶乡设立车辆保险售后服务点，为广大客户提供全方位售后服务，进一步推动了公司业务量的增加，全年保费收入 786 万元。意外、健康险。以企事业单位、学校为重点对象开展好意外、健康险业务，全年保费收入 423.67 万元。农业保险。2015 年，人保财险金秀支公司根据自治县人民政府部署，积极履行应尽的社会义务，开展与百姓生活息息相关的能繁母猪、育肥猪、商品林保险业务，在各业务部门的积极配合，育肥猪保费收入 17.55 万元，能繁母猪保费收入 3.35 万元，商品林保费收入 3.9 万元。

表 10　2015 年人保金秀支公司主要业绩一览表

业务名称	保费收入（万元）	赔款金额（万元）
机动车险业务	786	265.3
财产险业务	168	37
意外、健康险业务	256	82
农业保险业务	49.1	58
合　计	1259.1	442.3

【保险理赔】 2015 年，人保财险金秀支公司狠抓理赔服务质量，严格按照快速赔付流程，为客户提供力所能及的方便。全年共赔付保险赔款 442.1 万元，其中机动车辆保险 265.30 万元、财产险 37 万元、意外健康险 79.5 万元、农业保险 58 万元。充分体现了人民保险为人民，人民保险造福人民的宗旨。

表 11　　2015 年财政、金融、保险业主要指标一览表

指标名称	单位	2015 年	2014 年	比上年同比 +、-%
1. 财政收入	万元	17167	22111	−22.4
# 公共财政预算收入	万元	10235	14369	−28.8
税收收入	万元	13702	16508	−17.0
一般财政预算支出	万元	115837	108343	6.9
# 教育、医疗、卫生、科学技术和农林水事务支出	万元	62878	62073	1.30
一般公共服务支出	万元	11123	10367	7.3
2. 金融各项存款余额	万元	371092	340551	9.0
# 单位存款	万元		132336	
居民储蓄存款余额	万元	229493	203858	12.6
财政性存款	万元		4323	
金融各项贷款余额	万元	205370	185996	10.42
# 境内贷款	万元		185996	
# 短期贷款	万元		65696	
中长期贷款	万元		120117	
3. 保险业务中保费收入	万元	3403	2799	21.6
# 财产险	万元	1709	1228	39.2
人身险	万元	1695	1571	7.9
赔偿、给付	万元	1028	1204	−14.6
# 财产险	万元	482	847	−43.1
人身险	万元	546	357	52.9

经济管理与监督

发展和改革

【概　况】 2015年年末，县发展和改革局内设办公室、国民经济综合股、固定资产投资股（行政审批办公室）、农村经济发展股、重大项目建设股（自治县重大项目稽查办公室）、国民经济动员办公室，下设项目规划室；核定机关编制9人（行政编制7名，后勤服务编制2名），事业编制3人。实有人员10人，其中局长1人、副局长3人，纪检组组长1人。

局　长：范汉坤

党组书记：黄呈高（7月离任）

　　　　　范汉坤（7月任）

副局长：黄呈高

　　　　陈　刚

　　　　严金水（5月离任）

　　　　廖正平（5月任）

纪检组组长：卢国飞

【项目审批】 县发改局积极组织开展行政审批提速提效专项活动，集中清理审批事项和优化办事流程，推进行政审批阳光运行。依托各种公开媒体，把行政审批过程和结果动态公开，接受社会各界群众监督。所办理的事项均承诺办结时限比法定时限压缩50%以上。2015年，经行政中心窗口审批项目102个，总投资38.8亿元。其中，审批（含建议书、可研、初设）78个，总投资4.7亿元；备案17个，总投资23亿元；核准7个，总投资11.1亿元。

【以工代赈】 2015年，实施以工代赈项目10项，总投资665万元，以工代赈项目资金640万元，地方配套25万元。年内完成工程投资450万元，开工率为100%。完成桐木镇古池屯、桥凳屯2项小型农田水利项目，建设水利3公里，改善灌溉农田600亩，575人受益；完成忠良乡车田村至六怒屯、三江乡柘山至兰厂屯、忠良乡金蒙二级公路至岭祖屯3项乡村公路建设24.9公里，解决1577人行路及运输困难；完成忠良乡林秀村上六拿屯、车田村石琢屯、三角乡六排屯3项农村饮水工程，新建新建拦水坝一座4米、蓄水池2座50立方米，铺设引水管5500米，解决人口609人、大牲畜790头饮水难问题。完成长垌乡桂田村新排屯、桂田村高兰屯2项巷道硬化4.9公里，解决377人行路难问题。

【易地扶贫搬迁】 2015年，实施易地扶贫项目3项，搬迁金秀镇将军屯、忠良乡卜扇屯和龙安屯，新建住房5261平方米，解决67户256人住房难问题。项目总投资221万元，其中中央资金153.6万元，自治区财政配套资金34万元，扶贫办扶贫发展资金26万元，其余为市县配套资金。年内完成工程投资90万元，占总投资70%。

【存量资金使用】 经县扶贫领导小组同意，对全县历年易地扶贫搬迁和以工代赈存量资金 931.5 万元进行调整使用，制定《金秀瑶族自治县易地扶贫搬迁和以工代赈存量资金项目实施方案》，采用以工代赈的实施项目 17 个，总投资金 451.6 万元，采用“一事一议”的实施方案 28 个，总投资金 331.4 万元，采用“招投标及政府采购”的实施项目 6 个，总投资金 68.9 万元，采用“结付工程余款”的实施项目 12 个，总投资金 67.9 万元，预留 11.7 万元用于道路、桥梁等项目的设计费用。全部项目在年内实现开工建设，完成了总工程量的 80% 以上。

【项目建设】 2015 年，继续实行县四家班子领导联系重大项目制度，制定下发《金秀瑶族自治县 2015 年统筹推进重大项目建设实施方案》，调整充实了县项目办领导和工作人员，协调解决好项目建设中的困难和问题，加强项目的督查工作，切实抓好项目的落户和实施，确保项目有序推进。全年完成固定资产投资 18.1 亿元，同比增长 1.8%。2015 年全县统筹推进的重大项目共 54 项，年度投资目标任务为 19.7 亿元，其中市级层面项目 15 个（新开工 2 项、在建 7 项、前期工作 6 项），县级层面项目 36 个（新开工 8 项、在建 11 项、前期工作 17 项）。市级层面项目完成投资 1.45 亿元，完成全年目标任务的 78%；县级层面项目完成投资 16.65 亿元，完成全年目标任务的 108.1%。一是加快“村村通”建设进程。续建上年度农村公路工程项目 15 个，其中建制村通沥青（水泥）路项目 6 个，建设里程 129.6 公里，改造危桥 9 座桥长 416 延米；新建农村公路建设项目 12 个，其中建制村通水泥路项目 6 个，建设里程 84.8 公里；县乡联网路项目 3 个，建设里程 20.3 公里，安保工程 2 个 98.96 公里处隐患长度 24.5 公里；危桥改造项目 1 座 44 米，计划总投资 15280 万元。二是配合做好重大交通项目建设。梧柳高速公路（金秀境段）建设里程约 19.5 公里，年前已完成投资 6.1 亿元，征地拆迁任务已完成 80%；贺巴高速公路项目建设方案已基本确定，现正在进行项目前期工作；金平路口—圣堂湖景区三级公路、金新线十二公里—平老岭景区三级公路已立项。三是加快项目前期工作、做好项目储备作为保持项目建设连续性的重要手段来抓，努力实现“开工一批、续建一批、投产一批、储备一批”的良好格局，为争取项目早日开工创造条件。年内推进市级重大项目前期工作项目 6 个，县级重大项目前期工作项目 17 个。

【养生长寿健康产业】 紧紧围绕金秀“生态、民族、长寿”特色品牌，着力抓好养生长寿健康产业项目资金争取、产业及品牌的培育与宣传推介、产品开发生产、产业基地建设、养生长寿健康文化挖掘和宣传等五大项工作，努力促进养生长寿健康产业发展工作取得新成效。一是着力抓好瑶医药产品研发生产。瑶医医院研发的“产后三泡颗粒剂”获得院内制剂注册批文，成为广西首个获批准的瑶药院内制剂，并在全县住院分娩产妇中全面推广使用；瑶医医院推出了十大“金秀大瑶山瑶药养生膳食汤系列”，将其推介到周边县（市）乃至全区。瑶医药产品开发取得显著成效。二是加强养生长寿健康产业实体注册登记工作。全县范围内共注册登记与养生长寿健康产业相关的市场主体共 352 户，注册资金 3.5 亿元；其中，涉及瑶医药材和药品、药浴粉等的 122 户，涉及养生酒、绞股蓝保健品、茶叶等的 107 户，涉及饮用水的 2 户，涉及水果、茶油、优质大米、红薯干等的 115 户，涉及娃娃鱼、圣堂鸡、瑶凤鸡等的 6 户。养生长寿健康产业实体规模增长较快。三是树立“养生长寿健康产品”品牌意识。年内全县药品、瑶药浴粉、保健品、茶叶、酒类、大米、饮用水、水果蔬菜、圣堂鸡等产品已获得商标证书 114 个；协助企业申请保健药发明专利 18 件，保健药酒发明专利 5 件，茶叶发明专利 5 件；积极推进茶叶标准加工生产，全县已有 13 家茶叶加工企业通过 SC 认证，其中有 3 家较大型的标准化茶厂。养生长寿健康产业品牌得到进一步提升。四是全力加快养生长寿健康项目建设。瑶医医院项目实现一期工程验收、二期工程开工建设；结合创建广西特色旅游名县工作，建成规划统一、管理规范的瑶医药一条街；德坤瑶药业公司完成绞股蓝保健品和药材饮片生产车间改造、设备安装并进行试生产；圣堂药业有限责任公司完成新 GMP 技术改造；杰新香料有限公司年产 1500 吨植物油加工生产项目基本完成厂房主体工程；此外，社会福利院老年养护楼主体工程如期封顶。这些项目的实施，为金秀县加快养生长寿健康打下了良好基础。五是努力挖掘和宣传养生长寿健康文化。年内完成自治区文化精品工程——《广西长寿文化集萃（金秀篇）》组稿工作；深入挖掘整理瑶药的偏方、秘方，完成《常用瑶药临床使用指南》和《瑶药养生歌谣》的编写，同时评选出10名乡村名瑶医、民间瑶医特色疗法传承人；收集整理了百岁老人基本情况和日常生活图片及150首瑶医药养生民谣并形成初稿，养生长寿健康文化得到进一步继承和传播。

（李成全）

表12　　金秀瑶族自治县2015经济社会发展主要指标完成情况表

指标名称	单位	2015年1—12月累计	2014年1—12月累计	累计比上年同期增长%
1. 地区生产总值（当年价）	万元	274925	260289	7.4
#第一产业	万元	79601	78267	2.5
第二产业	万元	62846	67886	3.4
#工业	万元	37175	42948	2.1
第三产业	万元	132478	114136	13.4
2. 农业总产值（当年价）	万元	127918	124192	2.5
3. 全部工业总产值（现价）	万元	104427	107404	−2.8
全部工业总增加值（现价）	万元	37175	37054	1.5
#. 规模以上工业产值（现价）	万元	82111	86749	−5.4
规模以上工业增加值（现价）	万元	28095	29205	0.4
#. 规模以下工业产值（现价）	万元	22317	20655	8.0
规模以下工业增加值（现价）	万元	8480	7849	5.6
4. 全社会固定资产投资完成额	万元	221579	216902	2.2
#城镇固定资产投资完成额	万元	181033	177815	1.8
5. 社会消费品零售总额	万元	77312	71996	7.4
6. 金融机构存款余额	万元	371092	340551	9.0
#居民储蓄存款余额	万元	229493	203855	12.6
7.　金融机构贷款余额	万元	205370	185996	10.4
8. 财政总收入	万元	17167	22111	−22.4
#公共财政收入	万元	10235	14369	−28.8
9. 城镇居民人均可支配收入	元	29768	27951	6.5
10. 农民人均现金收入	元	7314	6710	9.0

说明：地区生产总值及各项增加值绝对数按现行价格计算，增长速度按可比价格计算。农业总产值、规模以上工业产值绝对数按现行价格计算，增长速度按上年价格计算

审计工作

【概　况】 2015年，自治县审计局机关内设5个职能股室，下辖政府投资审计中心（二层工作机构）；核定编制人数11人（含政府投资审计中心2人），其中领导职数5人，审计人员5人，后勤服务人员1人。

党组书记、局长：陆志忠（4月离任）
　　　　　　　　李文涛（5月任）
副局长：莫宗文
　　　　廖正平（4月离任）
　　　　杨　玲
纪检组组长：文俊奎

【财政审计】 自治县审计机关对县本级2014年财政预算执行和其他财政收支情况进行审计监督，查出管理不规范金额277.82万元，其中应调账处理35.68万元，应归还原渠道资金242.14万元。

【经济责任审计】 审计局机关根据中共中央办公厅、国务院办公厅颁发的《党政主要领导干部和国有企业领导人员经济责任审计规定》，加强对党政主要领导干部和国有企业领导人员任职期间履行经济责任情况进行审计。2015年，对领导干部经济责任审计8项，查出违规和管理不规范资金249.98万元，其中应归还原渠道资金110.84万元，应上缴财政资金6.23万元；应调账处理资金132.9万元。

【专项资金审计】 审计机关对行业机构管理的本级保障性安居工程、“美丽广西·生态乡村”活动财政专项资金管理使用情况依法进行审计监督，存在主要问题是项目建设进度缓慢，导致资金使用率低（2015年该项目总安排投资建设778万元，至2015年10月31日，只使用176.23万元，资金使用占总项目安排资金的22.65%）。

【固定资产投资审计】 审计机关对县以县以及乡（镇）以政府投资为主的建设项目的审计预算执行情况和决算进行审计监督，防止建设资金流失和舞弊行为的发生，2015年，固定资产投资审计项目计91项，送审金额合计10542.64万元，审定造价9083.28万元，核减1459.36万元，核减率为13.84%。

（黄进福）

统计工作

【概　况】 自治县统计局是县人民政府的综合性社会经济信息职能工作机构，依法担负着对自治县国民经济和社会发展进行统计调查、统计分析、向社会提供统计资料和统计咨询意见，实行统计监督的任务。2015年年底，自治县统计局内设有办公室、农调股、城调股、工业执法股、投资能源股、劳资贸易股等职能机构，二层机构设立城乡经济调查队。全局在编人数12人，其中局机关在编7人；城乡经济调查队5人。领导职数2人，专业统计人员10人，其中统计师1人、会计师1人、助理经济师1人、统计员7人。

局　长：卢文彪
副局长：梁春丽

【统计工作管理】 2015年，自治县统计局，以改革创新为突破口，着力推进统计体制改革，加快统计信息化进程，夯实统计基础力量建设，不断提高统计数据质量。以开展群众路线教育实践活动为契机，强化作风建设，打造诚信统计品牌，提升统计服务水平，推动统计工作再上新台阶。狠抓统计双基建设，不断夯实基层基础。继续加强统计基层基础建设，县、乡镇统计规范化建设工作得到不断提升。全面提升统计服务水平。坚持把提高统计服务质量与开展党的群众路线教育实践活动有机结合起来，强化统计服务意识，不断增强统计服务基层、服务社会的意识。围绕县域经济发展的总体目标，加强对全县经济运行状况进行全程的跟踪分析，及时为各级领导和决策部门提供参考，共完成信息18篇，编印统计信息18期，统计调研论文5篇。进一步深化统计制度改革，继续推进一套表改革工作。积极做好“四上”（即规模以上工业、有资质等级以上建筑业和房地产业、限额以上批零贸易业、限额以上服务业）新增单位的申报，及时做好“个体转企业”单位入库工作，加强对“四上”企业名录库的更新和维护，为提高统计源头质量提供了保障，从而提高了“四上企业”联网直报工作的水平。加快统计信息化进程，强化数据发布功能。按照上级的工作部署，县统计局县、乡、村三级统计基础建设。做好县级统计档案整理和制度的建设，投入资金为每个乡镇配置统计专用的电脑、打印机、铁皮档案柜，抓好乡镇做好统计制度的上墙工作，指导乡、村做好统计台账的基础工作。

【统计法制工作】 加强统计法制的宣传教育，突出重点，扎实开展统计法制宣传教育，努力营造良好的统计法制环境。结合《中华人民共和国统计法》颁布中国统计开放日等，在全县范围掀起了统计法制宣传的新高潮，不断推进普法教育进程，全县统计法制和基础建设得到进一步加强，依法统计意识得到进一步强化。

【统计业务培训】 2015年，县统计局多次安排县、乡统计人员参加上级主管部门等组织举办的各种统计业务知识培训班，县统计局也多次举办基层统计员培训班，全年共举办各类统计业务培训班8期，参加183人次；完成统计从业资格考试和认定12人；在岗统计人员继续教育56人。通过各个层次的培训，不断提高统计人员的业务水平。

【统计调查】 城乡住户一体化调查更加完善。以季度（月度）例会为平台，进一步加强对辅助调查员的专业知识培训。通过对调查网点的走访，加强对住户调查工作的督促、检查和指导，确保记账户所记录的数据真实、准确。切实抓好贫困监测统计调查，为真实反映金秀县的农村贫困状况提供依据。积极配合来宾市调查队开展企业投资环境调查，为切实改善金秀县投资环境，加大招商引资力度提供决策依据。组织开展了小康测评调查、妇女儿童统计监测、旅游、交通运输、邮政、文化教育、卫生、体育、社会保障、公用事业等全县性基本数据的调查统计工作。

为做好2015年1%人口抽样调查工作，县统计局认真做好各项工作。一是县乡分别成立了1%人口抽样调查工作领导小组，制定工作方案；二是落实普查人员和工作经费。县统计局根据工作需要，落实了7名调查指导员和14名调查人员。县财政安排了2015年1%人口抽样调查经费10.1万元。为调查工作开展提供了财力保障；三是有序推进调查工作。

工商行政管理

【概　况】 2015年，自治县工商行政管理局行政编制44名，机关后勤聘用人员控制数5名，实有在岗人数44人。下设8个内设机构：办公室、法规与行政执法督察股、反不正当竞争执法与商标广告监督管理股、消费者权益保护与食品流通监督管理股、市场与合同规范管理股、企业与个体私营经济监督管理股、人事股、财务股；设监察室（与纪检组合署办公）；设金秀瑶族自治县工商行政管理局经济检查大队为直属机构；设金秀瑶族自治县工商行政管理局12315消费者申诉举报中心；保留金秀、桐木、头排、忠良、大樟、罗香、长垌、三角、六巷、七建等10个工商行政管理所，为金秀瑶族自治县工商行政管理局的派出机构。

2015年11月26日，根据《金秀瑶族自治县机构编制委员会关于调整自治县人民政府工作部门设置的通知》（金编〔2015〕33号）精神，与县质量技术监督局整合组建为县工商行政管理和质量技术监督局。整合组建后，县工商行政管理和质量技术监督局核定编制49名，其中局机关行政编制25名，直属机构及工商所行政编制24名，后勤服务控制数6名。主要职责由县工商行政管理局和县质量技术监督局整合划入。组建后，县工商行政管理和质量技术监督局未合并办公。

局长、党组书记：赵国兵

副局长：罗明武

　　　　蒋江流

林　明
党组或员、纪检组组长：李家兵

【经济登记管理】 全县共登记各类企业995户，注册资本共计170981.05万元，比上年同期分别增长14.4%、24.8%。其中，私营企业共计763户，注册资本139414.42万元；其中，微型企业178户，注册资本共计1479万元。个体工商户共登记4806户，注册资本31984.6万元，比上年同期分别增长了16.3%、6.3%。全县共登记注册的农民专业合作社共138户，注册资金17758.14万元，成员总数1854人，其中农民成员1703人。其中，2015年新登记注册成立农民专业合作社40户，出资总额4738.5万元，成员总数528人，其中农民成员485人。全县共登记注册的家庭农场12户，注册资本788万元，从业人数53人。其中，新发展家庭农场6户，注册资本260万元。办理股权出质登记6件，出质股权数额2620万元，被担保债权数额6235万元。办理动产抵押登记5件，主债权2450万元。

【商事登记制度改革】 推行商事登记制度改革，重点抓好“先照后证”工作，同时实施“三证合一、一照一码”改革，实施注册资本认缴制，放宽简化住所和经营场所登记条件，改革年检验照为年报，推行企业信息公示，积极探索电子营业执照等改革内容。通过这些改革不断降低了市场准入门槛，减轻经营者负担，极大增强了全民创业的热情，市场主体特别是与养生长寿健康产业相关的市场主体获得了较大增长，新增企业372户，同比增长66.07%。2015年，共注册登记与养生长寿健康产业相关的市场主体（包括企业、个体工商户、农民专业合作社）共356户，注册资金34992.85万元；其中涉及瑶医药材和药品、瑶药浴粉等的122户，注册资金11352.4万元；涉及养生酒、绞股蓝保健品、茶叶等的107户，注册资金9209.85万元；涉及饮用水的2户，注册资金3500万元；涉及水果、茶油、优质大米、红薯干等特色食品的115户，注册资金10590.6万元；涉及娃娃鱼、圣堂鸡、瑶凤鸡等特色养殖的10户，注册资金340万元。

【消费者权益保护】 认真落实工商所属地监管和执法人员监管责任制，在乡、村共设有52个消费维权服务站。12315指挥中心受理消费者各类咨询、投诉、举报120件，其中咨询106件，投诉14件，已办结14件，调解成功率达100%，为消费者挽回经济损失4.83万元。

【行政执法】 全年共办理违法案件65件，罚没金额合计22.71万元，其中办理案值2000元以上的一般程序行政案件29件（其中，无照经营案5件；违法广告案7件；产品质量违法案10件；商标侵权案1件；不正当竞争案5件，其他案件1件；罚款金额合计16.95万元），办理行政强制措施查封产品质量违法案件5件。

【红盾护农】 一是监督辖区农资经营户规范执行“两账两票一卡”台账；二是开展流通领域农资商品质量监测，2015年共对辖区的12个化肥品种进行质量抽检，检验结果均为合格。截至2015年年底，辖区内有农资经营户163户。

2015年共开展两期农村党员经纪人培训班，培训农村经纪人60人，共印制宣传资料500份。截至2015年，金秀县注册经纪人240户（从业人员1678人），其中农民专业合作社137户（从业人员1834人）、微型企业136户（从业人员565人）、家庭农场12户（从业人员53人）。

【广告监管】 加强对广告经营者的监管，进一步规范全县广告市场秩序，切实维护全县人民群众切身利益，把关系人民群众身体健康安全的医疗、药品、食品等广告作为整治重点，严格落实广告发布审查的各项管理制度。共审核签发户外广告登记证29个，户外广告备案登记2个。出动执法人员143人次，执法车辆36车次，检查医疗、药品、保健食品经营户75户次，检查广告95条次，检查房地产企业42家次，立案查处违法广告案4件，其中未经登记擅自发布户外广告案4件，未发现有医疗药品保健品虚假违法广告等行为。

【商标监管】 充分发挥商标注册指导、打击商标侵权行为的专业职能优势，指导和协助企业、个体工商户等市场主体树立“养生长寿健康产品”品牌意识，为其产品注册商标，提升产品的经济附加值；同时大力打击假冒、仿照、“傍名牌”等商标侵权行为，着力维护商标持有人的合法权益。在全县范围内分别开展打击侵犯注册商标专用权专项整治行动及开展地理标志商标和农产品商标专项整治行动。共出动执法人员204人次，执法车辆47车次，检查各类经营户1222户次，共查处侵犯注册商标专用权商品案件1件，查处农资、啤酒虚假宣传案6件。未发现有滥用、冒用、伪造地理标志专用标志和注册商标标记行为。2015年，全县注册商标拥有量113个。其中，药品、保健品、瑶浴浴粉类等21个商标，茶叶、食品类56个商标，酒类7个商标，大米类5个商标，饮用水10个商标，水果、蔬菜类6个商标，服务类6个商标，特色养殖类商标2个。2015年培育指导4家企业（“香哩歌”“億草丰茂”“瑶居神液”“圣塘山”4个商标）参加广西著名商标申请认定工作，其中“億草丰茂”、“圣塘山”两个商标荣获广西著名商标。目前，金秀县已获得广西著名商标的是：广西金秀圣堂药业有限责任公司的“圣堂”商标；广西金秀圣塘山天然保健品有限公司的“瑶都”商标；广西金秀圣塘山天然保健品有限公司的“圣塘山”商标、广西金秀亿草丰茂瑶药有限公司的“億草丰茂”商标。

【合同监管】 加强合同监管。重点检查涉及与消费者签订格式合同的单位（企业、个体工商户），主要行业有：通讯、电信服务业，物流业，旅游业等。共出动执法人员20人次，执法车6辆次，对上述行业30户次进行检查，并让他们提供合同样本，以便备查。办理一起违反《合同违法行为监督处理办法》的案件。同时做好2014年度广西“守合同重信用”企业公示活动工作，出动人员12人次，车辆3辆次，向符合条件的企业发放该活动有关工作的通知20份，指导企业提交材料参与申报。

【市场监管】 按照职责，认真开展各类专项检查和管理。一是开展各类节假日市场专项检查。对全县范围内的农资市场、建材市场、日用品市场、五金电器市场、烟花爆竹市场、药店进行检查，共出动执法人员102人次，车辆30辆次，检查经营户258户次，发放了40份责令整改通知书，口头责令整改对经营户进行16次。二是开展成品油市场检查专项行动。共出动执法人员100人次，执法车辆26辆次，对金秀县辖区的13个加油站进行检查，对2个不符合规定的加油站下达责令整改通知书，抽检2个批次加油站的车用柴油，均检验合格。三是开展打击假冒伪劣日用品专项行动。共出动执法人员48人次，执法车辆8此次，检查宾馆、饭店以及城乡接合部的商场、超市等日用品经营户325户次，暂未发现假冒知名日用品商标、商品包装、装潢等商标侵权、不正当竞争行为及销售有毒有害、“三无”、过期失效日用品行为。四是开展汽车市场专项集中整治行动。共出动执法人员115人次，执法车辆28车次，检查汽车销售、配件、维修经营户178户次，暂未发现有以上9类违法行为。五是开展红盾网剑专项行动。共出动执法人员10人/次，车辆4架/次，走访企业6家/次，排查网络交易平台9家，其中5家网站浏览正常，4家网站因商家没有维护导致打不开网页，暂无发现违法行为。六是开展打击制售假冒伪劣商品专项行动。出动执法人员144人次，执法车辆12车次，检查各类经营主体285户次，检查批发零售市场、集贸市场等各类市场45个次，暂未发现各类制售假冒伪劣商品的违法行为。七是开展流通领域儿童用品质量专项整治行动。出动执法人员32人次，执法车辆5车次，检查儿童用品经营主体123户次，暂未发现有不合格和假冒伪劣的儿童用品上架销售。八是开展流通领域服装鞋帽等商品质量专项整治行动。出动执法人员38人次，执法车辆8车次，检查服装鞋帽、通信器材类、洗涤用品、儿童玩具、家用电器、电动童车等经营主体258户次，暂未发现有不合格和假冒伪劣的服装鞋帽、通信器材类、洗涤用品、儿童玩具、家用电器、电动童车等商品上架销售。九是开展农村和城乡接合部市场假冒伪劣专项整治行动。出动执法人员115人次，执法车辆28车次，检查各类经营户485户次，立案查处6起案件，案值2.2万元。十是开展“质量月”

活动。出动执法人员 24 人次，执法车辆 6 车次，检查家用电器、儿童用品、服装鞋帽、汽车配件、装饰装修材料、成品油、汽车产品等经营主体 136 户次，暂未发现销售以不合格商品冒充合格商品、失效、变质商品，国家明令淘汰并停止销售的商品，伪造产地、伪造或者冒用他人厂名厂址、篡改生产日期的商品，伪造或者冒用认证标志等质量标志以及侵权仿冒的商品等违法行为。十一是开展直销规范管理工作。共出动执法人员 291 人次，出动执法车辆 90 车次，检查经营户 1261 户次，对相关直销企业的有关情况进行核查，在辖区内未发现有这些公司的分支机构及传销、违规直销及其他违法行为。十二是配合相关部门对金秀县辖区的电器商店、电器修理店、农贸市场等进行检查，共扣押卫星地面接收天线 4 面，卫星电视接收机 17 台，高频头 13 个。

【扶贫助困工作】 为忠良巴勒红薯产业专业合作社向自治区工商局争取资金 10 万扩建工坊及购置相关设备，使该社获得了 QS 认证；为联系点桐木镇大蚕村捐助资金 1 万元硬化新村屯巷道；慰问困难党员资金合计 1100 元；六一慰问桐木镇大蚕村小学，捐助电脑一套，慰问品学兼优的贫困生及留守儿童 10 人，慰问金及慰问品 1000 元。选派林明到贫困村太山村委任第一书记，抽调 5 名工作人员进村开展贫困户精准识别工作，共识别 854 户，确定贫困户 301 户。

【党建工作】 充分发挥党组的核心领导作用，配齐配强各党支部班子，完成机关党总支部换届选举。罗明武任局党总支书记，李家兵任党总支部副书记。（与前面记述不一致）以“非公党建推进年”为载体，以党的组织和党的工作“两个覆盖”为重点，利用注册登记和巡查对职能散布在小微企业、个体户中的隐形、口袋党员进行摸底排查，动员指导这些党员组建了 3 个小个专联合党支部，党员 18 名，引导党员干部践行和培育社会主义核心价值观，基层党支部的战斗堡垒和党员的模范作用得到体现，延伸了党的基层组织，扩大了党的影响力。 （聂　露）

质量技术监督

【概　况】 2015 年，金秀瑶族自治县质量技术监督局是政府管理标准化、计量、质量、认证认可、特种设备安全监察工作并行使执法监督职能的工作部门。内设办公室、法规监督股、稽查股、综合管理股、特种设备安全监察股等 5 个机构，下辖金秀瑶族自治县标准计量所。有行政编制 9 人，2015 年 1 月至 9 月，实有人员 6 人，有局长 1 名，副局长 1 名；有事业编制 8 人，实有人员 4 人。2015 年 10 月，行政编制 10 人，实有人数 8 人，局长 1 名，副局长 1 人；有事业编制 8 人，实有人员 4 人。

2015 年 11 月，根据《金秀瑶族自治县机构编制委员会关于调整自治县人民政府工作部门设置的通知》（金编〔2015〕33 号）精神，组建自治县工商行政管理和质量技术监督局，为县人民政府工作部门，不再保留县工商行政管理局、县质量技术监督局，将县工商行政管理局、县质量技术监督局职责整合划入县工商行政管理和质量技术监督局，组合后未合并办公。

党组书记、局长：卓　芸

副局长：林　艳

【计量监督】 自治县质量技术监督局大力宣传贯彻《中华人民共和国计量法》，实施量值的传递工作，对用于贸易结算、安全防护、环境监测、医疗卫生的计量器具实行强制检定，对定量包装产品实行计量监督管理，开展工业企业计量定级、升级工作。自治县气象局避雷检测所、卫生防疫站、建设局工程质检站、香料香精有限责任公司先后通过了自治区计量认证。自治县标准计量所在全县范围内开展强制检定天平、加油机、压力表、衡器等各类计量衡器并完成量值传递任务。

【计量宣传】 一是在县城广场进行“5·20 世界计量日”宣传活动，接待咨询 300 多人（次），发放宣传材料 600 多份，并邀请县电视台对此次宣传活动进行相关报道。二是开展 1 个集贸市场固定摊点计量器具免费检定活动，接受免费检测计量器具摊点30余家，免费检定计量器具46台/件，免收检定费7500元。

【计量诚信体系建设】 持续推进“计量惠民生诚信促和谐”双十工程2015年度工作。根据县城实际情况有侧重地开展民生计量监督和计量惠民服务活动，提升企业计量诚信主体责任，推动全社会诚信建设，使计量工作真正惠及城乡群众。2015年与供水供电2个单位签订《计量诚信承诺书》。

【计量检测】 对县城内的集贸市场固定摊点贸易结算衡器进行免费检测，接受免费检测计量器具摊点35家，检定计量器具40台（件）。

【计量监督检查】 从2015年9月1日起至9月20日在全县范围内集中组织开展了一次加油机专项计量监督检查，共出动执法车辆5辆（次），出动执法人员20人（次）。对我金秀县辖区内中石油1家、中石化10家和其他2家加油站共计13家加油站进行监督检查。经检查，在用加油机的计量检定证书均在有效期内，各部位铅封完好，未发现擅自改动或拆装加油机、擅自改动或拆装的加油机、偷换加油机计量控制主板和计量芯片等计量作弊的行为发生；加油站所使用的加油机已启动防欺骗功能；各加油站向社会做出公开诚信计量自我承诺；没有因计量作弊被消费者投诉和举报记录、没有因计量违法行为被媒体曝光记录等。

【计量所能力提升及强制计量器具检定】 2015年，计量所共计检定燃油加油机229台（件），电子秤61台件（其中免费检定固定摊点电子秤46台件），压力表208块，电子汽车衡8台（件），天平55台（件），累计检定计量器具559台（件）。

【标准化监督管理】 自治县质量技术监督局建立健全县标准化档案。深入企业开展标准化基础调查工作，2015年，严格按相关要求办理企业产品标准备案手续。8月，广西德坤药瑶药业有限公司向自治县质量技术监督局递交申请办理企业标准备案材料，自治县质量技术监督局对相关材料进行严格审核并办理备案手续。2015年自治县质量技术监督局对7个单位进行组织机构代码证年检，为企业单位新办组织机构代码证211本，换证91本，变更组织机构代码证95本，注销组织机构代码证16本，组织代码证迁入1本。

【产品质量监督管理】 自治县质量技术监督局加强对流通领域和生产领域的产品质量监督管理，对制售假冒伪劣产（商）品的违法行为，依据《中华人民共和国产品质量法》《广西壮族自治区产品质量监督管理条例》等法律法规予以查处并取得较好的成绩，对整顿和规范全县市场经济秩序起到了积极作用。自治县技术监督局制定2015年度工业产品质量定期监督检查计划表，对红砖生产企业列入定期监督检查范围，全年完成了对这9家企业的定检工作，合格9个样品，未有不合格样品。

【行政执法】 自治县质量技术监督局严格执行依法行政相关规定开展行政执法工作。2015年共出动稽查执法人员162人（次），检查生产、经销企业及特种设备使用单位54家。一是开展了絮用纤维制品专项执法检查。对县民政局用于发放救灾物资的棉被、被单、毛巾被、卫生衣等6种产品进行监督检查，经查，未发现救灾物资产品棉被标识不符合国家规定要求。二是开展了“打假保春耕”农资专项执法行动。共检查经销店（面）24家，出动执法车辆18台（次），执法人员40人（次）。根据上级局的有关要求和统一部署，自治县质量技术监督局组织开展了农资专项执法打假行动。重点打击故意降低化肥产品养分含量、化肥产品虚假标注坑农害农以及无证生产化肥、农药等违法行为。同时执法人员还对经销店（面）负责人讲解、宣传有关法律法规以及识别假冒伪劣化肥知识，并要求把好进货关，进一步净化金秀县农资市场经济秩序，严厉打击不法分子的违法行为。

【特种设备安全监察】 自治县质量技术监督局对金秀县辖区内的30个电梯使用单位（业主），63部电梯进行了细致的全面排查。经查，金秀县辖区内电梯使用状况总体较好，使用单位的安全意识比往年有所提高，大部分单位均建立有设备管理制度，落实有专职或兼职管理人员，备有技术档案。2015年，自治县质量技术监督局共下达了5份安全监察指令书，均已整改完毕。

【农村工作】 2015年，自治县质量技术监督局深入到基层群众中去，帮助群众、为扶贫联系点长垌乡平孟村解决实际困难。一是加强对联系点综治（平安建设）工作、“党的群众教育实践”和“三严三实”“守纪律讲规矩”等专题教育活动。并在扶贫联系点设立“产品质量安全咨询服务站”，并把档案柜、图书、光碟、打印宣传资料送到他们手中，加强质量宣传；二是做好“美丽金秀、生态乡村”新农村建设工作，在“10·5”水灾后及时捐献价值4000多元的物质和资金给长垌乡平孟村用于水毁巷道修复；三是做好“精准扶贫”攻坚工作。自治县质量技术监督局积极配合长垌乡“精准扶贫”工作步骤和进度要求，派出专车专人全力予以配合。

【班子建设】 2015年质监局通过开展“三严三实”“守纪律讲规矩”等专题教育活动，着力加强班子建设。首先班子做到凝心聚力，坚持大局至上。在日常工作生活中，努力做到班子成员之间共同营造团结共进、和谐共事、和睦共处的氛围；其次班子强化组织，增强配合意识。班子成员唱的是“同台戏”，“班长”唱主角，副职当配角。“班长”积极负责，指挥协调，充分尊重其他成员的意见，协调好各方关系，副职善于当好参谋，用心工作，形成风劲气足的良好局面；最后班子充分发挥表率作用。“群雁高飞头雁领”，班子成员是旗帜、是标杆，起着向导作用，以身作则、率先垂范，努力做到以先进思想引领人，以扎实工作鼓励人，以良好的品质折服人，以过硬的作风带动人，一起带领着质监干部职工，为质监工作迈向新发展做出积极贡献。

食品药品监督管理

【概 况】 金秀瑶族自治县食品药品监督管理局于2011年6月成立，前身为来宾市食品药品监督管理局金秀瑶族自治县分局，为县人民政府管理的工作部门之一。负责自治县境内药品和医疗器械生产、经营、使用的监督管理；负责境内食品生产、食品流通和食品餐饮环节的监督管理，酒类食品安全的监督管理，保健食品化妆品生产、经营监督管理，药品、医疗器械不良反应监测工作。2015年年底，内设办公室、综合协调股（食品安全委员会办公室）、食品生产监管股、食品流通监管股、食品餐饮监管股、药品生产监管股、药品流通监管股、保健食品化妆品监管股；设有二层机构食品药品稽查大队，稽查大队在10个乡镇派设食品药品监督管理所。核有行政编制13人，后勤服务事业编制1人，参公编制32人。2015年年底，实有行政编制9人，后勤服务事业编制1人，参公编制28人。

局长、党组书记：庞瑞淳

副局长：吕碧燕（党组成员）

聂　丽（党组成员）

覃毓铭

食品安全办主任：庞瑞淳（兼）

【食品检验检测机构整合工作有序推进】 金秀县作为自治区首批食品检验检测资源整合试点县，已完成场地选址、设计和项目招投标工作，预计2016年可完成整合工作并通过验收投入使用。

【食品药品监督管理所实现正常运转】 在2015年度的公务员招录中，食品药品监管局的27个参公职位顺利通过上级批准实施公开招考，正式录用了23人，大幅充实了金秀县的食品药品监管执法队伍，基本解决了金秀县乡（镇）监管所无工作人员问题。

【综合协调、联合执法突显新成绩】 县食安办组织相关成员单位开展了春节前食品安全联合大检查，硫黄熏制竹笋大检查，清明、“五一”节前食品安全联合检查、食用油小油坊联合执法等行动，全县初步形成群防共治的良好局面。尤其是县食安办与桐木镇政府联合查处硫黄熏制竹笋行动，查处并销毁“硫黄鲜笋”2.5万多公斤。

【全县学校食堂食品安全监管能力显著提升】 县药品食品监管局联合教育部门共同开展“食品安全快检设备进校园”工作，全县已落实15套药残留快检箱进校园，春季学期食堂检查143家，有效地防范食品安全风险，进一步保障学校师生的安全和健康。

【食品生产环节监管】 组织开展了“食用植物油小油坊”、白酒生产企业等专项检查行动，全县共出动执法人员203人次，车辆49台次，下发监督意见书31份。2015年全县持有有效的食品生产许可证41家，落实了食品生产企业的第一责任人和质量安全主体责任。

【食品流通环节监管】 全面落实全县食品经营者和市场开办者主体责任工作，加大索证索票制度管理，加强对临近保质期食品的管理，加强乳制品、白酒、冷冻库食品、肉及肉制品等重点品种的监管，规范散装食品经营行为，遏制问题食品流入市场。全年累计出动执法人员309人次，执法车辆101台次，检查各类食品经营户主体949户次，规范食品经营行为77户次。

【食品餐饮环节监管】 开展餐饮环节重点场所和重点品种专项整治，通过春秋季学校食堂、火锅底料、鹘鹰行动等专项检查，共监督检查餐饮单位1562户次，出动执法人员785人次，下达专项监督检查意见书220份，责令改正通知书64份。推进餐饮安全监督量化分级管理工作。全县共有384家获证餐饮服务单位，全年共完成369家餐饮服务食品安全年度等级规范评定，量化率为96%。

【保健食品化妆品监管】 以开展药店保健食品、宾馆酒店化妆品、虫草类保健食品等专项整治为契机，完善保健食品化妆品经营管理制度，全年保化工作检查共出动执法人员271人次，执法车辆64台次，检查保健食品生产经营户92家次，化妆品生产经营户59家次。完成化妆品不良反应监测新哨点医院建设1家，全年共完成化妆品不良反应监测32例，完成任务数320%，在来宾市排名第一。

【药品生产安全监管】 重点开展含特殊药品复方制剂经营管理、体外诊断试剂等专项整治行动。共出动执法人员64人次，检查涉药涉械单位44家次，下发整改意见书5份，确保了金秀县用药用械安全。高质量完成全县所有药品GSP认证工作。2015年药品零售企业换发证企业6家，23家药品零售企业通过药品GSP认证跟踪检查。超额完成药品不良反应监测上报工作。药品、医疗器械、滥用药物监测报告任务完成率分别为129.4%、320%、109%，在来宾市排名首位。

【稽查工作】 全面加大食品药品稽查力度，规范“四品一械”市场管理秩序。全年食品流通立案9起、食品餐饮立案11起，食品生产立案5起，药品流通立案3起，立案数共28件，已全部结案，涉案货值达32786元，没收物品总值1971.6元，没收违法所得7138.98元，罚款50332元。12331投诉举报平台共接到投诉举报6起，限期内处置率100%。

【食品药品行政审批】 以便民为目的，继续深化行政审批工作，2015年，全县共受理行政许可事项313件，办结302件；受理网上行政审批214件，办结193件，满意度达到100%。

【监督抽检工作】 全年共抽检生产环节104批次，合格率94.2%；流通环节共抽检36品次，合格率91.6%，快速检测270品次，合格率100%；餐饮环节抽检26批次，合格率为96.1%。快速抽检120批次，合格100%；抽检药品8批次，收到的检验报告均为合格。化妆品抽检16批次，收到检验报告10批次，结果都合格；保健品抽检8批次，收到检验报告7批次，结果全部合格。

【宣传工作】 围绕树立“宣传”也是“监管”的工作理念，提高新闻宣传工作的时效性和针对性。开展食品药品科普宣传活动，将食品安全培训地点前移，深入到社区、农村、课堂、企业、机关以及食堂现场对从业人员和管理人员进行培训和指导；加大与新闻媒体的沟通，着力围绕党的教育实践活动为契机，宣传开展“护卫舌尖上的安全”食品安全整治工作。全年共有36篇信息稿件被各级媒体、政务网站采用。结合“3·15”、食品安全宣传周、“政务公开日”等宣传活动，开展食品安全法律法规及食品安全知识、行政审批事项宣传活动，全年累计接受咨询4000余人次，发放宣传资料26000余份，悬挂宣传标语180幅，展示宣传展板63幅次。

（黄玉美）

安全生产监督管理

【概　况】 金秀瑶族自治县安全生产监督管理局（以下简称自治县安监局）成立于2004年8月，为自治县人民政府工作部门，核定人员编制9名（其中行政编制8名，机关事业编制1名），领导职数4名，现有干部职工10人（其中科级领导干部4人），内设办公室（行政审批中心）、工矿行业监管管理股、危险化学品安全监督管理股、烟花爆竹安全监督管理股、职业卫生监督股等5个股室，加挂金秀瑶族自治县安全生产委员会办公室牌子，实行一套人马二块牌子办公。下设一个事业单位即安全生产执法大队，核定事业编制4名，实有人数3人。

局　长：闭国烈
副局长：郭起松
　　　　刘桂森
纪检组组长：欧孔章

【落实安全生产责任制】 2015年，金秀自治县人民政府认真执行党和国家安全生产方针政策和法律法规，贯彻落实国务院、自治区、来宾市安生产工作部署，定期组织召开各季度安全生产防范重特大事故工作会议，听取安全生产工作汇报，布置落实各项工作。始终坚持贯彻“安全第一，预防为主，综合治理”和“谁主管，谁负责”的工作方针，强化安全生产行政首长负责制，狠抓安全生产工作责任制的落实，做到职责明确，各司其职；自治县人民政府分别与各乡（镇）人民政府、县安委会成员单位、重点企业签订了2015年安全生产责任状45份，明确分解下达安全生产控制指标，各相关单位和乡（镇）也分别与其行业（辖区）内各企业及二层机构签订安全生产责任状，建立了一级抓一级、层层抓落实、职责分明的安全责任体系。进一步完善安全生产目标考评机制，将有关安全生产指标纳入中共自治县委、自治县人民政府年度目标管理考评，安全生产目标管理单独考核，实行“一票否决”，2015年度全县安全形势总平稳，各乡镇各单位经考核考评均没有被实行“一票否决”。

县安监局坚决按照上级的工作部署，严格落实安全生产责任制，全面组织开展重点行业（领域）安全生产检查和隐患排查工作，集中开展“六打六治”打非治违专项行动，加大隐患排查治理整改力度，加强事故预警、预防和应急救援工作，强化安全生产监督管理，把安全生产监督管理工作真正落到实处，全县安全生产保持相对稳定的态势。

表13　2015年各类死亡控制指标完成情况表

年度	死亡控制指标（人）	实际死亡（人）	占控制数(%)	较大事故控制指标（起）	实际发生(起)	占控制数(%)
2015年	6	5	83.3	1	1	100

【组织开展安全生产宣传教育培训工作】 采取多种形式，加强新修订《中华人民共和国安全生产法》宣传贯彻工作，大力提高人民群众自我保护意识和安全法制意识。一是协助市安监局在金秀县举办新修订的《中华人民共和国安全生产法》学习培训班工作，组织全县各乡（镇）、各部门主要领导和分管领导参加培训学习，进一步提高领导干部安全生产责任意识。二是由县安委办分别在桐木镇、金秀镇举办新《中华人民共和国安全生产法》宣传教育培训班，主要是组织全县各

厂矿企业负责人和安全员参加学习培训，参加学习培训人数达 150 多人次，全面提高了企业管理人员的安全主体责任意识，同时要求各企业负责人加强对企业一线工作人员的安全教育培训工作，全面提高全体职工的安全意识。三是深入企业开展新安法宣传活动，组织在县松源林产有限公司举办文艺演出，以群众喜闻乐见的方式开展新安全生产法宣传，进一步提高人民群众安全生产意识。四是积极开展安全教育培训，全面落实持证上岗制度。2015 年以来举办危险化学品、烟花爆竹和工矿商业贸易企业负责人和安全管理员培训班 6 期，培训安全企业负责人和安全管理人员共 650 人次。五是结合实际，制定《金秀瑶族自治县安全生产月活动方案》，成立工作组织机构，以“加强安全法治，保障安全生产”为活动主题，全面部署落实安全生产活动月各项宣传工作。活动月期间组织举办安全生产文艺演出 2 场次，法定宣传咨询日（6 月 16 日）在桐木镇集中开展安全生产现场咨询活动，发放宣传资料 10000 多份，宣传安全生产法律法规知识，大力提高从业人员以及广大人民群众的安全意识和安全素质。六是召开专题会议，组织学习《广西壮族自治区安全生产“党政同责、一岗双责”暂行规定》，督促各乡（镇）、各部门切实履行监管职责，认真落实安全生产责任。

【开展安全生产“六打六治”打非治违专项行动】 根据上级统一部署，组织制定《金秀瑶族自治县安全生产委员会关于印发自治县集中开展安全隐患大排查大整治暨“六打六治”打非治违专项行动的通知》（金安委字〔2015〕8 号），进一步落实责任，明确工作内容和要求，建立了部门沟通协调机制和政府统一领导、相关部门和公检法、纪检监察机关共同参与的联合执法机制，推进“打非”工作向纵深开展。全县各乡（镇）、各部门基本都按照安全生产“一岗双责”规定，各司其责，稳步推进各项检查工作，县安全生产大检查办公室认真做好大检查组织协调、督导检查及统计汇报工作。在集中开展打非治违联合执法工作中，全县派出检查组 35 个，派出检查人员 400 人次，检查企业 100 多家，检查出一般事故隐患 22 项，已全部完成整改工作；出具现场处理决定书 16 份，没收非法储存、生产经营烟花爆竹制品一批（总价值约 20000 余元），给予行政处罚款共计 19400 元。

【建立重大隐患监控制度】 为加强对重大安全事故隐患的综合整治，有效防范各类重特大事故发生，保障人民群众生命财产安全，促进自治县安全生产形势稳定好转，自治县安监局继续认真加强对重大安全事故隐患进行监控，建立健全了区、市、县、乡（镇）、村委会五级重大安全生产事故隐患监督管理制度，层层做好安全生产防范与监控工作。在排查出的重大隐患中没有列入自治区重点监督的重大隐患项目，列为市级监控的重大事故隐患 2 项，列为县级监控的重大事故隐患 8 项，列为乡（镇）级监控的重大事故隐患 6 项，列为村级监控的重大事故隐患 5 项，由县人民政府在全县范围内通报各重大隐患项目，明确整改责任单位、整改责任人以及整改督办单位、督办责任人，要求全县各乡（镇）、各有关部门、各整改责任单位切实按照“谁主管、谁负责”的原则，认真履行安全生产职责，切实加强对重大安全事故隐患整治的领导，及时制定整治方案，做到整改内容、整改标准、整改措施、整改时间进度和整改责任人五落实。全年有 2 项重大隐患（大樟乡奔腾桥水毁安全隐患、金秀县忠良乡林秀村大亮桥安全隐患）由于工程大、雨季长，角石原料市场供应不够等客观原因未完成整改，按有关程序申报延期，其他各项重点督促整改的重大安全隐患均按期按质完成整改工作并予“挂牌销号”。

【安全生产检查治理工作】 在全县范围内组织开展安全生产大检查工作，对全县所有乡（镇）、所有行业领域，所有生产经营企事业单位和人员密集场所进行检查。重点检查道路交通、金属非金属矿山、尾矿库、消防、危险化学品和烟花爆竹、冶金有色、建筑施工、水利、电力、农业机械、特种设备、食品药品加工、民爆器材等行业领域。突出重点地区，突出消防、化工、烟花爆竹、建筑等重点行业，突出学校、医院、商业和文化娱乐场所、车站、旅游景点等人员密集的公共场所，突出农民工等人员集中的劳动密集型企业，突出反复发生、长期未得到根治的重点问题开展检查。在集中开展安全生产大检查中，全县组织检查组275个，组织检查人员1100人次；检查企业300家，责令改正、限期整改、停止违法行为165起，完成整改工作158项，整改率达96%。

【尾矿库闭库工作】 根据自治区环保厅《关于金秀瑶族自治县铜矿矿区整治工作有关问题的意见》（桂环函〔2011〕1923号），金秀县对长乐选矿厂、三和选矿厂、六定矿业公司选矿厂作出了关闭处理的决定。为确保关闭后的这三个选矿厂尾矿库长期安全稳定，金秀县指定安监部门为这三个尾矿库的直接监管责任单位尽快完成闭库工作。为切实做好已关闭的尾矿库闭库工作，确保不发生环境污染事故，2014年9月县安监部门积极向上申报项目资金，取得关闭小企业中央财政补助资金269.15万元，2015年争取自治区本级金属非金属矿山治理财政补助资金265万元。自治县安监局通过竞争性谈判方式，对三和尾矿库闭库工程和长乐尾矿库闭库工程进行公开招标，确定金秀县二建公司为尾矿库闭库施工单位组织对尾矿库实施闭库工程。六定矿业公司选矿厂尾矿库属在建库，未竣工验收便投入使用，2011年停止建设后已进行了相应的整治工作。2015年自治县安监局组织自治区专家组分别对六定尾矿库和三和尾矿库闭库工程及长乐尾矿库闭库工程进行了验收，全面完成了三个尾矿库闭库工作。在完成2011年关闭尾矿库闭库工作后，自治县安监局又对2012年关闭的鑫利、鑫亮两个选厂尾矿库开展了闭库前期治理工作，由资质单位完成了安全设施设计方案编写并通过了专家评审，共投入经费10万元。

【作业场所职业卫生安全监管】 为切实做好全县作业场所职业卫生安全监管工作，自治县安监局认真开展了调查摸底工作，并结合实际制定下发《2015年全县职业病危害重点行业专项整治实施方案》和《关于进一步做好职业病危害项目申报工作的通知》，会同有关部门在全县范围内组织开展工矿商贸重点领域粉尘专项检查治理行动，要求各企业用人单位切实按照《中华人民共和国职业病防治法》以及《职业病危害项目申报办法》规定，及时如实做好职业病危害项目网上申报工作，同时指导企业完善有关制度建设和做好职业卫生安全材料上报工作，以便迎接国家安监总局的督促检查。在开展职业卫生专项整治工作期间，共填写了现场检查记录18份，整改复查意见书6份，下发了责令整改指令书6份，发放职业卫生宣传资料300份。

【生命防护安保工程】 为贯彻落实全区实施安全生命防护工程现场会议精神，根据自治区安监局《关于印发〈推进做好公路安全生命防护工程的指导意见〉的通知》要求，金秀县进一步加大对全区辖区内事故多发地段和临水临崖、急弯陡坡路段安全隐患排查，确定金秀至新圩、中平至瓦厂两条公路为2015年的生命防护安保工程项目，整治里程约90公里，争取到上级补助资金400多万元，县人民政府已将相应的配套资金纳入财政预算计划，2015年项目已经通过财审和招投标工作，中标单位分别为广西叙达交通工程有限公司和平安交通建设工程有限公司。

（黄燕平）

价格监督管理

【概　况】 2015年，自治县物价局内设办公室1个股室，下辖价格监督检查分局和价格认证中心两个二层机构。共有编制7名，2015年年底在职人员8人。

局　长：金宝青

副局长：潘安庆

【价格变革】 根据《广西壮族自治区物价局　财政厅转发国家发展改革委　财政部关于取消收费许可证制度加强事中事后监管的通知》（桂价费〔2015〕69号）规定，自2015年1月1日起，停止行政事业性收费许可证核发及年度审验工作，2015年6月29日起，取消收费许可证制度。经营服务性收费许可证制度同步取消。根据桂价医〔2015〕56号文件《转发国家发展改革委等七部委关于印发推进药品价格改革意见的通知》，2015年6月1日起，除国家规定的麻醉药品和第一类精神药品外，取消原政府制定的药品价格。麻醉药品和第一类精神药品暂按国家规定的最高出厂价格和最高零售价格管理。

【价格管理】 完成了瑶都地下停车场、青山瀑布景区、县幼儿园教育收费的批复工作。全面运行收费动态监管系统，实现收费管理和统计工作实时化、动态化。建设12358价格举报管理信息系统，实现价格举报业务网上处理。加强市场价格监测预警和分析。安排专人做好粮油肉蛋菜等重要商品的价格监测报告工作，共到实地采价280次，汇总上报各类价格监测信息数据21篇，监测数据1000个。积极跟踪上级价格研究机构对国内物价形势的分析，并及时向自治县人民政府分管领导汇报，提高政府应对市场异常波动的能力和市场价格突发事件的处置能力。

【价格监督】 以元旦、春节、五一、中秋、国庆等节假日为重点，组织开展市场巡查。主要围绕粮菜油肉蛋奶等生活必需品进行重点监管，以水、电、液化气，以及与旅游相关的住宿、餐饮、停车、景点门票等价格和收费为重点行业开展巡查，保障了市场正常价格秩序。在“3·15”国际消费者权益日纪念活动，向消费者发放物价管理政策法规资料500份，提高群众对物价管理工作的认知度与支持率。

【专项检查】 开展教育收费专项检查工作。对民族中学、民族小学、民族高中等3个单位进行检查，未发现违规收费行为。开展药品价格专项检查。先后检查了桐木老药店、济康大药房、桐惠药店、桐木老百姓药店、桐木宝芝堂药店、向阳药店等6家药店。检查结果：所检查到的药店都有“药品经营许可证”“药品经营质量管理规范认证证书”“工商营业执照”等有效证件，手续合法；药品销售都实行了明码标价，并且比较规范；所抽查的政府定价药品，其零售价格都没有超过规定的限价标准。开展液化气价格专项检查。针对全县石油液化气价格偏高问题，对桐木气库、金秀镇、桐木镇、头排镇各零售点检查，掌握了实际的批发、零售价格，对照相关的规定，责成经销商降低价格。这次专项检查促使金秀县城的液化气价格由原来的125元/灌降至105元/灌。

【社会监督】 安排专人值守价格投诉举报电话“12358”，确保群众投诉渠道畅通。全年共受理价格咨询5件，均做到事事有回音，件件有答复。

【价格服务】 全年共完成各类价格认证业务416件，评估总值6567.1万元。其中，涉案价格鉴定162件；鉴定值151.3万元；其他认证7件，评估金额317.9万元；涉税物价格鉴证247件，评估值6097.9万元。为财政增加税收约282.6万元，对促进金秀县的司法公正、税收增长、社会和谐稳定发挥了积极作用。

（覃小红）

农林牧渔·水利

农林牧渔

农　　业

【概　况】 金秀瑶族自治县农业局（以下简称“自治县农业局”），隶属于自治县人民政府的行政职能机构，行政职责是全面贯彻落实党和政府在农村各项方针政策和大力宣传农业法律法规，制定农业生产规划，开展农业技术推广，调优农业产业结构，加快农业产业化发展进程，为种植户提供产前、产中、产后服务。自治县农业局设置有自治县农业技术推广站、自治县经济作物技术指导站、自治县农村经济经营管理站、自治县种子管理站、自治县土壤肥料工作站、自治县农作物病虫害测报站、自治县糖蔗生产技术推广站、自治县水果茶叶技术指导站、自治县农业科学研究所、自治县农业技术推广中心、农业执法大队、自治县农产品质量安全检测站、办公室、法制股、财务股、区划股、信息股、科教股、农广校等十多个业务部门。全县三镇七乡都设置有农业技术推广站，负责乡镇的农业技术推广和日常农业生产服务工作。2015 年年底，自治县农业局全系统核定编制 94 名，实有在职在编人员 87 名。2015 年，全县农民人均纯收入 5941 元，较 2014 年的 5476 元增长了 8.49%。

党组书记、局长：廖　雄（3 月离任）
　　　　　　　　陶学胜（4 月任）
副局长：廖　雄（4 月任）
　　　　李德宝（4 月任）
　　　　张发远
　　　　卢政通
纪检组组长：罗裕贵（3 月离任）
　　　　　　黄韬霖（4 月任）

【农业执法】 2015 年，检查农资市场 128 次，出动执法检查人员 380 人次。检查农药品种 300 个，检查肥料品种 83 个，抽检水稻种子 18 份。

【农产品安全检测】 一是质量安全检测。2015 年，县乡两级检测站出动监测车辆 405 辆（次），培训指导 835 人次，培训以农产品质量安全监管以及无公害农产品、绿色食品、有机农产品、农产品地理标志有关知识为主要内容。完成自治区例行检测样品 8976 个，合格样品 8961 个，检测合格率 99.83%。二是“三品一标”认证。“三品一标”（无公害农产品、绿色食品、有机农产品、农产品地理标志）。2015 年自治县“三品一标”认证有 7 个。其中，有机农产品 3 个、无公害农产品 3 个、农产品地理标志 1 个。

【粮食作物种植】 一是粮食种植。2015 年，全县粮食作物种植面积 1.0846 万公顷，产量 4.7861

万吨。其中，种植稻谷6990公顷，产量3.6134万吨；种植玉米1971公顷，产量8379吨；种植豆类938公顷，产量1437吨；种植薯类947公顷，产量1911吨。二是推广优良品种与技术水稻优良品种主要以稻淦鑫668、Y两优1号、禾两优1号、中浙优8号、天丰优998为主，推广水稻集中育秧与机插秧技术、水稻合理密植和防早衰技术、水稻测土配方施肥技术和水稻病虫害统防统治等栽培技术。玉米品种以迪卡007、迪卡008、正大619、正大999品种为主，推广玉米免耕栽培技术、地膜玉米栽培技术、玉米测土配方施肥技术。

【经济作物种植】 一是蔬菜种植。2015年，自治县蔬菜种植面积4352公顷，蔬菜总产量8.9978万吨。二是生姜种植。2015年，自治县生姜种植主要分布在六巷、忠良、大樟、长垌、三角、金秀、罗香七个乡镇，种植面积439公顷，产量1.32万吨。三是鲜食甜（糯）玉米种植。2015年，自治县鲜食甜（糯）玉米种植面积833公顷，产量2.04万吨。四是花生种植。2015年，全县花生种植面积558公顷，产量1342吨。五是木薯种植。2015年，全县木薯种植面积736公顷，产量3063吨。六是香芋种植。香芋的种植主要分布在自治县的桐木、头排两乡（镇）。2015年，全县种植面积71.2公顷，产量4000吨。七是辣椒种植。2015年，全县的辣椒种植面积283.6公顷，产量1.54万吨。八是马蹄种植。马蹄种植主要分布在自治县的山外乡镇。2015年，全县马蹄的种植面积280公顷，产量8000吨。

【产业结构调整】 一是水果产业。2015年，全县完成新植果树1300公顷，全县水果总面积4753公顷。2015年春季和秋季实施两次柑橘黄龙病综合治理工作，全县投入补助资金440万元，做好柑橘木虱统防统治工作和清除染病植株，共清除病株39.4万株，病株清除率96.60%，全县水果病虫害得到有效防治。二是茶叶产业。2015年，全县完成新植野生茶520公顷，全县茶园总面积3113公顷，金秀至平南公路沿线及长二至六段公路沿线“两条茶叶产业带”基本形成。

【糖蔗生产】 2015年，全县糖料蔗种植面积2821公顷，糖料蔗总产量22.3536万吨。在桐木镇建设1100亩的1片双高产示范基地，基地实施高效低毒农药防治示范建设，推广甘蔗测土配方施肥技术、深耕深松和地膜覆盖技术。

【农业经济经营管理】 一是农村企业与合作社。2015年，全县5家市级龙头企业销售收入3.518亿元，带动2412户农户1248人。新注册合作社39家，全县有156家合作社；新注册家庭农场16家，全县有22家家庭农场。二是土地流转。2015年新增土地流转面积1577公顷，土地流转金额3200万元；全县土地流转面积合计2910公顷。三是水果柑橘黄龙病投保。2015年，水果柑橘黄龙病投保完成276.7公顷，总保费24.9万元。其中，自治区、自治县财政补贴19.92万元，农户出资4.98万元。

【科技培训与农技推广】 2015年，开展农民技术指导培训110场，指导培训农民4.667万人次，培训农业科技示范户154人、发放农业技术“明白纸”5.682万份，发放书籍3.48万份，投入培训经费113万元。制定《2015年金秀县农技人员开展技术指导和培训实施方案》，加强对26名基层农技指导员的培训。年内自治县举办农技推广人员培训班1期，培训农业技术干部30人。年内安排25名农技人员参加广西特色作物研究院及广西桂林茶叶科学研究所举办的培训班。

【测土配方施肥】 2015年，冬种绿肥3467公顷，建立冬种绿肥示范样板片5个，示范面积100公顷；完成国家测土配方施肥示范面积1573公顷，帮助农民配肥27.5吨；全年完成秸秆还田6147公顷，增施有机肥料1600公顷。应用农业节水技术1977公顷，其中水肥一体化100公顷，滴灌1877公顷。

【农作物病虫防治】 2015年，自治县水稻种植面积为6990公顷，各种病虫鼠害发生面积为1.433万公顷次，占种植面积的205%；防治面积为1.54万公顷次，占发生面积的107.47%。在全年水稻发生的各种病虫鼠害中，稻纵卷叶螟、稻飞虱、稻纹枯病为中等、局部中偏重程度发生，鼠害为中等程度发生，三化螟、稻瘟病为中偏轻程度发生，稻瘿蚊、黏虫、稻蝽蟓、稻蟓甲、细条病、白叶枯病、稻曲病等为轻度发生。

（梁　成）

表 14　　2015 年主要农作物播种面积表

指标名称	单位	2015 年	2014 年	比上年同比增长 %
年末耕地总面积	公顷	13699	13699	0
一、农作物总播种面积	公顷	21174	21042	0.63
1. 粮食作物种植面积	公顷	10967	10900	0.61
# 稻谷	公顷	6990	7160	−2.37
# 早稻	公顷	3095	3247	−4.68
晚稻	公顷	2975	3003	−0.93
玉米	公顷	1971	1823	8.12
大豆	公顷	289	279	3.58
薯类	公顷	1068	1013	5.43
2. 经济及其他农作物	公顷	10207	10142	0.64
# 油料	公顷	618	555	11.35
花生	公顷	558	520	7.31
油菜籽	公顷	58	33	75.76
甘蔗	公顷	2872	3163	−9.2
# 糖蔗	公顷	2821	3115	−9.44
木薯	公顷	736	711	3.52
蔬菜	公顷	4352	4153	4.79
食用菌	公顷	38	35	8.57
年末桑园面积	公顷	600	800	−25
年末果园面积	公顷	4281	3452	24.02
年末茶园面积	公顷	1653	1560	5.96

农业机械化

【概　况】 金秀瑶族自治县农业机械化管理局（以下简称自治县农机局），是自治县人民政府赋予实施行政职能的直属事业局（参照公务员管理），下设农机安全监理站（参照公务员管理）、农机技术推广站、农机学校。局机关内设有办公室、业务股、财务股，10个乡镇均设有农机管理服务站；农机系统共有在编在职人员36人，临时聘用人员2人，中共党员23人，具有高级工程师职称资格1人，含（中级）工程师（含中级职称）资格4人，大学本科学历11人，公务用车2辆。2015年，农机化宣传工作再上新台阶，编报的农机安全生产信息被《中国农业机械化信息网》采用12条、被《广西农机化信息网》采用18条、被《来宾市农机化信息网》采用21条。

局　长：杨东云

党组书记、副局长：蒋国柱

副局长：黄通友

纪检组组长：黄　维

【农机管理】 2015年，全县新增各类农机具300多台（套），农业机械化总动力达到11.50千瓦，比上一年增加0.15千瓦，增长1.32%，超额完成了市农机局分配的目标任务。全县耕种收综合机械化水平达45.15%，比2010年增长17.15%。2015年新增“全国平安农机”示范乡1个（忠良乡），示范村2个（车田村委、双合村委）示范户20户。对列入自治县2015年度县、乡、村三级重点监督重大事故隐患整改项目的忠良乡巴勒村委至金蒙公路路口段乡村道路农机车搭人隐患进行全面整改，并已进行验收。农机事故起数和农机伤亡人数控制为零。全县农机安全生产形势持续稳定。2015年，金秀县新增农机专业合作社2个，至今共有农机专业合作社14个。

【完成各项管理目标】 2015年，全县共检验拖拉900台，占全年指令性任务100%，新增拖拉机、联合收割机入户77台；新增考试核发拖拉机驾驶证57本，占任务的100%；全县辖区范围内未发生农机伤亡事故，农机安全生产保持持续稳定的态势发展。农机人员培训方面，金秀县共开办了5期农用拖拉机驾驶员培训班，培训各类型拖拉机驾驶员170人，完成来宾市农机局下达全年任务的100%。

【农机补贴】 2015年，全县共争取获得补贴资金177万元。其中，中央资金170万元（第一批170万元；第二批0万元）；省补资金7万元（第一批7万元；第二批0万元；另外申请调整了历年省补结余资金50万元作2015年省补使用）。全年共发放指标确认通知书298份，受益农户284户，补贴农机具313台，完成使用补贴资金176.025万元（其中，中央资金169.925万元，自治区资金6.1万元），完成绩效考核指标177万元的99.45%。

【农机安全监理】 2015年，开展农机安全监理“为民服务，创先争优”示范窗口创建活动。县农机监理站规范便民服务措施，发扬“培训办证到乡村，年审检验到村屯，维修服务到田头，宣传动员到农家”精神，扎实推进“为民服务，创先争优”示范窗口创建活动。完成各类拖拉机年检900台，占指令性任务的100%；新增拖拉机入户77台；新增考试核发拖拉机驾驶证57本；全县辖区范围内未发生农机伤亡事故，农机安全生产保持持续稳定的态势发展。县农机安全监理站与农机手分别签订“农机安全生产责任书”900份。向机手及群众发放《“平安农机”倡议书》等多种宣传资料16500余份。向农机手发送安全提示短信息6000余条次。组织农机手强化学习，举办拖拉机驾驶人法律法规知识宣传教育5期，培训教育农机手220余人次；开展农机文化乡村行活动，把一批农机安全生产挂图、手册等宣传资料送进乡村、进农户、进地头，努力为农民办实事，推动农机安全生产文化建设，不断提高广大农机手安全生产意识和驾驶操作、防险避险、自救互救等技能。通过一系列的行动，提高机手安全防患意识，有效杜绝农机事故的发生，为自治县2015年顺利通过创建全国平安农机县验收做出了卓成有效的工作。

【农机教育与培训】 2015年，来宾市农机局下达给县农机局拖拉机驾驶员培训任务为170名。县农机局以县农机学校为阵地，采取多项联动，抢占各类人才培训工程，保持与自治县人社主管部门合作，把农机驾驶人员培训列入返乡农民工培训项目之一。经过农机校全体人员辛勤工作和各方面积极协调配合，全年培训五期农用拖拉机驾驶员，为170人，完成任务的100%；按质按量圆满完成来宾市农机局下达的农用拖拉机驾驶员培训任务，全县农机培训继续保持平稳态势。

【农机技术推广线】 2015年，共推广各类农业机械234台，培训各类农机技术人员365人。新增水稻工厂化育秧基地一个，新增二级公路沿示范村一个，举行新技术现场会3场，推广新机具300余台套。为积极推进农机合作社建设，引导支持合作社扩大服务范围，金秀县头排镇两个合作社开展了水稻生产全程社会化服务，为农户提供代耕、代育秧、代插服务取得良好的成效。

林　业

【概　况】 金秀瑶族自治县林业局内设办公室和财务股，辖后勤中心、林政办、乡镇林业工作总站、森防站、林业技术推广站、能源办、县防火办、水源林办8个二层机构，设大樟、河口、忠良、罗香、八里塘5个省级木材检查站，10个乡（镇）林业工作站实行“县乡共管，以县为主”的管理体制。2015年12月，核定编制153人，其中行政编制7人，事业编制146人。实有工作人员139人，其中行政编制人员13人，事业编制人员126人。有科技人员68人，其中工程师36人，助理工程师30人，技术员2人。据2015年的森林资源数据调查更新结果：全县土地总面积247129公顷，森林面积207439.50公顷。森林覆盖率为83.94%。全县活立木蓄积量1400.0010万立方米。

局　长：李小建

副局长：吴建春

苏金兰

贺华忠（7月离任）

黄进贵（7月任）

党组书记：吴建春（7月离任）

李小建（8月任）

纪检组长：肖　萍

【森林资源数据更新】 根据2015年度自治县森林资源数据更新调查结果，全县森林覆盖率为83.94%，活立木蓄积量1400.0010万立方米。按立木类型分：乔木林蓄积1345.7574万立方米，占活立木总蓄积量的96.13%；疏林蓄积1.1501万立方米，占活立木总蓄积量比例0.08%；散生木蓄积52.5015万立方米，占活立木总蓄积量的3.75%；四旁树蓄积0.5920万立方米，占活立木总蓄积量比例0.04%。按树种（组分）：杉木类蓄积量393.6064万立方米，占乔木林蓄积量的29.25%，马尾松类蓄积量86.7948万立方米，占乔木林蓄积量的6.45%，速生桉类蓄积量14.9004万立方米，占乔木林蓄积量的1.11%，阔叶树类蓄积量850.4558万立方米，占乔木林蓄积量的63.18%。全县土地总面积247129公顷，森林面积207439.50公顷，林地面积中有林地面积201600公顷，占森林面积的97.19%，国家特别规定灌木林面积5187.28公顷，占森林面积的2.50%。非林地面积中：农地乔木林面积49.87公顷，农地经济林面积486.92公顷，农地竹林面积25.93公顷，四旁绿化面积89.50公顷。

【森林防火】 金秀瑶族自治县高度重视森林防火工作，成立了自治县森林防火指挥部及其办公室，组建了自治县专业森林消防队，在乡镇和林场建立了13支半专业森林消防队。2015年，自治县共发生7起森林火灾。其中，较大森林火灾3起，一般森林火灾4起，总过火面积533.51公顷，受害森林面积32.37公顷，森林受害率为0.145‰。

【造林绿化】 自治县从2011年起全面实施绿满八桂造林绿化工程，2015年，该工程完成山上造林 1278.1 公顷，其中人工荒山造林 407.7 公顷，迹地更新 870.4 公顷。同时，完成村屯绿化 13 个，一般村屯 250 个。

【森林资源保护】 金秀瑶族自治县积极实施贯彻执行保护和发展森林资源任期目标责任制，把责任层分解落实到乡（镇）人民政府，通过开展打击破坏森林资源专项行动，加大林业案件查处力度，依法管护重点生态公益林，抓好林业有害生物防治和农村能源建设工作，有效地保护了森林资源。一是加大打击力度。2015 年，金秀瑶族自治县森林公安局2015年1—12月共立刑事案63起破46起，综合破案率 73%，其中非法采伐、毁坏野生植物案立 9 起破 9 起（其中积案破 1 起）。盗伐林木案立 10 起破 5 起，滥伐林木案立 33 起破 26 起，失火案立 6 起破 2 起，故意毁林案立 2 起破 1 起，非法占用农用地案立 2 起破 2 起，非法收购国家重点保护的珍贵、濒危野生动物案立 1 起破 1 起。年内盗采和猎杀野生动植物违法行为案件查处率 100%。行政案立 132 起破 132 起。移送起诉 78 人，批捕、移送起诉率 100%，逮捕犯罪嫌疑人 17 人，采取其他强制措施 83 人，行政处罚 139 人。二是适时调整。2015 年，经调整后，全县公益林面积为 181.48 万亩，其中集体和个人 113.32 万亩，国有林场 29.93 万亩，保护区 38.23 万亩，涉及 13662 户农户。2015 年，全县继续实施森林生态效益补偿项目，落实管护责任，集体和个人所有的公益林补偿标准为每年每亩 15 元，国有中央部分的公益林平均补偿标准增加到每年每亩 6 元，共兑现公益林补偿资金 1959.07 万元。三是加强检测与防治。通过加强监测、检疫，积极防治，2015 年全县林业有害生物发生面积 18810 亩，防治面积 18810 亩，林业有害生物成灾面积为 700 亩，成灾率为 0.23‰。四是兴建农户沼气池。2015 年，全县实施 2014 年度项目农村户用沼气池 100 座，累计建沼气池达 20166 座，适宜建池入户率达 84.24%。建设村级服务网点 4 个，累计建设村级服务网点 34 个。

【水源林保护】 县水源林工作人员组成工作组深入林区村屯开展林业法律、法规和护林知识宣传教育工作。先后深入林区开展护林宣传 12 次，召开群众座谈会 5 次，开展林业法规知识宣讲 2 场次，印发宣传资料 1000 多份，制作宣传横幅 6 条，利用移动通信网络平台发送护林知识短信 19 万多条，积极与当地交通、公路部门沟通协调，投入 1.5 万多元在林区内的金平公路路段、金忠公路路段设置了 2 块大型护林宣传牌。

【调处山林权属纠纷】 2015 年，县林业局调结县内山林纠纷案件 61 起。

【严控木材生产销售】 2015 年，自治县林业局按照上级下达的林木采伐限额，严格控制林木采伐量，依法发放林木采伐许可证。2015 年，来宾市下达给自治县的林木采伐限额总数为 32.9317 万立方米（蓄积量），全县共核发林木采伐许可证 2091 份，核发采伐林木蓄积量 87696.6 立方米，出材量 64620.3 立方米。全县共签发木材运输证 5428 份，销售木材 53240 立方米，征收育林基金 318.87 万元。

表 15　2015 年自治县造林情况统计表

单位：公顷

年份 类别	小计	造林合格面积			人工造林（荒山）				
		人工造林	迹地更新	低产林改造	小计	用材林	经济林	防护林	竹林#毛竹
2015	1278.1	407.7	870.4	0	407.7	260.3	144.5	2.9	0

表 16　2015 年自治县林业生产情况一览表

年份 类别	来宾市下达指标（蓄积量）	商品材销售（立方米）				
		合计（出材量）	杉	松	桉	其他
2015	329317	53240	27687	3643	21500	410

表 17　2015 年自治县八角、油茶生产情况表

年份 类别	八角			油茶		
	新造林面积（公顷）	年末实有造林面积（公顷）	当年产量（吨）	新造林面积（公顷）	年末实有造林面积（公顷）	当年油茶籽产量（吨）
2015	0	29333	9295	0	3666	2545

表 18　2015 年林业生产情况表

指标名称		单位	2015 年	2014 年	比上年同比增长 %
荒山造林面积		公顷	408	523	−22.99
# 用材林		公顷	260	438	−40.64
经济林		公顷	145	58	150
当年迹地更新		公顷	1085	1082	0.28
当年四旁零星植树		万株	30	27.50	9.09
当年幼林抚育作业面积		公顷	5010	4054	23.58
成林抚育实际面积		公顷	23450	22460	4.41
林产品产量	油茶籽	吨	2545	2350	8.3
	油桐籽	吨	43	38	13.16
	松脂	吨	1597	1415	5.62
	竹笋干	吨	1095	965	13.47
	八角	吨	9295	8850	5.03
木材采伐量		立方米	112500	112390	0.10
毛竹		万根	17.2	16.30	5.52
小杂竹		吨	2350	2143	9.66

水产畜牧渔

【概　况】　自治县水产畜牧兽医局，是自治县人民政府管理下的一个综合性的行政职能部门，主要负责自治县贯彻执行动物卫生方面的方针政策、法律法规、规划和计划，拟定重大动物疫病、人畜共患病防控政策、应急预案以及疫病控制和扑灭计划，监督和管理动物防疫、检疫工作，负责兽医医政、兽药药政管理，动物产品安全监督管理、官方兽医和执业兽医的管理，动物病原微生物的安全监管，组织实施动物卫生科技工作，依法对乡镇水产畜牧兽医站进行监督管理指导。

1999 年 4 月 5 日，成立自治县畜牧水产局。2001 年 12 月 5 日，自治县畜牧水产局更名为自治县水产畜牧局。2002 年 1 月 10 日机构改革时并入县农业局，单位性质、名称不变。2007 年 5 月 25 日，自治县水产畜牧兽医局更名为自治县渔牧兽医局。2008 年 1 月 6 日，自治县渔牧兽医局更名为自治

县水产畜牧兽医局，各乡镇渔牧兽医站同时更名为水产畜牧兽医站。2012年，局下设办公室（行政审批办公室）、渔牧兽医股，编制4名，设局长1名、副局长2名，后勤服务事业编制1名。现有局长1名，副局长1名，主任科员1名、副主任科员2名，行政编制超编3名。自治县水产畜牧兽医局二层机构有自治县动物卫生监督所、自治县水产渔政站、自治县动物疫病预防控制中心、自治县畜牧站4个及10个乡镇水产畜牧兽医站。2015年年底，自治县动物卫生监督所人员编制8人，设所长1人，副所长1人，监督员6人；自治县水产渔政站编制2人，设站长1人、监督员1人；自治县动物疫病预防控制中心人员编制6人，设主任1人、工作人员5人；自治县畜牧站人员编制2人，设站长1人、工作人员1人；乡镇水产畜牧兽医站总编制为26人，其中金秀镇3人、桐木镇7人、头排镇4人、三江乡2人、忠良乡2人、三角乡1人、大樟乡3人、长垌乡1人、罗香乡2人、六巷乡1人。

局　长：苏通明

党组书记：胡海华（3月离任）

副局长：卢洪东

纪检组组长：闭世忠

【畜牧业生产情况】 2015年全县肉类总产量8628吨，同比下降2%；水产品总产量达1755吨，同比增长4.5%；生猪出栏8.76万头，同比下降2.77%；牛出栏0.22万头，同比增长持平；羊出栏0.07万只，同比增长16.67%；家禽出栏87.44万羽，同比增长0.7%；2015年牧业总产值26117万元，渔业总产值1756万元。

【重大动物疫病防控工作】 全县全年猪瘟免疫11.02万头、猪口蹄疫免疫11.02万头、高致病性猪蓝耳病免疫10.68万头、牛口蹄疫免疫0.289万头、羊口蹄疫免疫0.0712万头、鸡新城疫免疫50万只、禽流感免疫66.13万羽、狂犬病免疫2320只。全县全年重大动物疫病免疫免疫密度均达到100%，免疫抗体合格率都达70%以上。全县所有乡镇都设有监测网点，每月按时上报疫情监测报表，全年全县无重大动物疫情发生。2015年，县重大动物疫病防治指挥部在桐木镇举办了突发重大动物疫情应急处置演练活动，全县应急队伍共40多人参加了此次演练。通过该次演练，进一步规范了重大动物疫情防控应急工作，提高了全县应急队伍应对突发重大动物疫情的快速反应能力和实战技能。

【水产畜牧产品质量安全监管工作】 一是为加强生猪屠宰管理，在全县三个定点屠宰场率先安装远程动态监控系统，为进一步加强生猪屠宰监管提供了有力的保障，保证了全县肉食品质量安全。同时还率先推行定点屠宰场电子出证和产地检疫电子出证业务，严格规范检疫监管行为。二是稳步推进动物检疫工作。金秀县产地检疫开展面已达到100%，全县28家规模养殖场和78个村委均已开展产地检疫，2015年全县共开展产地检疫生猪2.9046万头，牛0.0488万头；全县共屠宰检疫生猪4.1747万头，肉牛0.0596万头。生猪、肉牛检疫率达100%，合格出证率达100%。三是开展养殖投入品专项整治工作。加强投入品检查，全年累计出动执法检查人员258人次，检查生猪规模养殖场115场次，通过检查未查出“瘦肉精”等违禁药品。四是较好地完成了病死动物无害化处理监管工作任务。全年开展病死猪无害化处理监管1170次，无害化处理病死动物2605头，较好地完成了每个乡镇全年不少于50次的监管任务。

【完成规模化养殖污染减排建设任务】 2015年金秀县畜禽规模化养殖污染减排建设任务场为罗香乡猛翔养殖场。该场按照污染减排鼓励模式的要求，全面完成项目硬件建设任务。水产畜牧兽医局与县环保局加强协调、联系与沟通，督促并指导项目业主做好档案材料的收集整理。该场减排档案材料按要求规范、完善好，报送来宾市水产畜牧兽医局和市环保局，完成了绩效考评任务。

【特色产业发展取得新突破】 一是“圣堂鸡”养殖规模逐渐扩大。该局在罗香乡大新村大铃屯（金秀县态康家庭农场）建立了“圣堂鸡”原种繁育点，对圣堂鸡进行选种选育，原种繁育点占地面积30多亩。该场存栏商品鸡3000多羽，选育了种鸡以及后备种鸡1000羽，为进一步扩大繁殖奠定了坚实的基础。二是蜜蜂养殖业稳步向前发展。2015年全县养殖蜜蜂5200多箱，年产蜂蜜达58吨，其中养殖8箱以上的规模养蜂户有75户，养蜂经济效益良好，有力地促进了金秀县蜜蜂养殖业稳步向前发展。三是娃娃鱼养殖情况。全县共有规模养殖场6个，占地面积33.6亩，养殖面积9500平方米，存池各种规格娃娃鱼4万余尾，其中能繁亲本超过0.8万尾、后备亲本1万余尾，年可生产优质苗种4万余尾，成立了娃娃鱼养殖协会2个、合作社1个。全县已有4家酒店获得经营利用许可证，逐步解决了人工养殖的经营利用难题。

【各项支农惠农政策有效落实】 一是认真落实好政策性养殖业保险工作。根据自治区财政厅《关于开展2015年政策性农业保险工作的通知》文件精神，该局会同人保财险金秀支公司积极开展2015年政策性养殖业保险工作，较好地完成了2015年政策性养殖业保险任务，全县能繁母猪保险完成559头，育肥猪保险完成7020头。二是认真落实规模养殖电价优惠政策。根据有关政策，2015年县水产畜牧兽医局继续为规模养殖场（户）办理用电优惠证明，共办理优惠电价证明9件。

【渔业生态保护工作】 一是积极开展自治县2015年水生生物资源增殖放流实施活动。分别在长垌河圣堂湖河段、忠良乡河段、三江乡河段、三角乡金荼至盘王河段、大樟乡河段放流鲢鱼1.2万尾、草鱼1.5万尾、鲤鱼1万尾、鳙鱼0.2万尾；规格150克娃娃鱼共200多尾。通过开展水生生物资源人工增殖放流活动，增加天然水域水生资源量，促进金秀渔业可持续发展，增进人与自然和谐相处。

（陈园园、黄宁、王春凤、廖最荣）

表19　　2015年农林牧渔业总产值一览表

指标名称	单位	2015年	2014年	比上年同比增长%
农林牧渔业总产值（当年价）	万元	126665	124192	1.99
农业	万元	76620	75295	1.76
林业	万元	18209	17843	2.05
牧业	万元	26852	26289	2.14
渔业	万元	1805	1675	7.78
农林牧渔服务业	万元	3178	3090	2.85
二、农林牧渔业总产值（上年价）	万元	127346	124192	2.54
农业	万元	77510	75295	2.94
林业	万元	18767	17843	5.18
牧业	万元	26115	26289	−0.66
渔业	万元	1776	1675	6.05
农林牧渔服务业	万元	3178	3090	2.85
农林牧渔业总产值构成	%	100.0	100.0	
农业	%	60.5	60.6	
林业	%	14.4	14.3	

续表 19

指标名称	单位	2015 年	2014 年	比上年同比增长 %
牧业	%	21.2	21.2	
渔业	%	1.4	1.4	
农林牧渔服务业	%	2.5	2.5	

表 20　　2015 年金秀畜牧水产主要产品生产情况表

指标名称	单位	2015 年	2014 年	比上年同比增长 %
肉猪出栏头数	万头	8.76	9.01	−2.77
家禽出栏只数	万只	87.44	86.83	0.7
肉类总产量	吨	8628	8805	−2.01
#猪肉	吨	6548	6734	−2.76
牛肉	吨	207	205	0.98
禽肉	吨	1460	1449	0.76
蜂蜜	吨	90	77	16.88
蚕茧	吨	1668	1646	1.34
禽蛋	吨	356	323	10.22
水产品总产量	吨	1766	1680	5.12
#淡水捕捞	吨	10	11	−9.09
淡水养殖	吨	1766	1669	5.81
水产品养殖面积	公顷	251	249	0.8
#池塘养殖	公顷	99	99	0
河沟养殖	公顷		1	
山塘水库养殖	公顷	149	148	0.68
其他养殖	公顷	3	2	50

水　　利

水利工作

【概　况】　自治县水利局，是自治县人民政府的水利建设管理与水行政执法部门。设置有办公室、水利工程管理站、防汛抗旱办公室、水政水资源管理站、水土保持监督管理站、农田水利建设管理站、水电管理站、县城供水水源工程老山水库管理站等8个部门。其中，局办公室为公务员管理的行政单位，水利工程管理站、防汛抗旱办公室、水政水资源管理站、水土保持监督管理站4个单位为参照公务员法管理的事业单位。水利局共有干部职工36人，其中行政编制7人，事业编制20人，工人编制6人，其他从业人员3人。水利局下辖乡镇水利站10个、凉亭坝水利工程管理所、二排河水利工程管理所、桐木自来水厂、三江自来水厂和头排自来水厂等15个单位，下辖单位共有干部职工54人。

局　长：梁　森（4月任）

副局长：廖富贤

　　　　梁欢欢

纪检组组长：卢勇超

【水利固定资产投资】 2015年，来宾市下达自治县水利固定资产投资任务为6000万元。截至2015年12月底，共完成固定资产投资6004.16万元，占下达计划任务的100.07%。建设的水利工程项目主要有金秀县第六批中央财政小型农田水利重点县2014年建设项目、金秀县2015年人饮安全工程项目、金秀县水晶河桐木镇河段治理工程等12个，设计总投资10965.23万元。

【第六批中央财政小型农田水利重点县2014年建设项目】 金秀县第六批中央财政小型农田水利重点县2014年建设项目，计划总投资2814.04万元。项目建设地主要是大樟乡互助灌片、头排镇的夏塘灌片，项目实施后可新增耕地灌溉面积400公顷，改善、恢复耕地灌溉面积1350公顷，受益人口63400人，其中受益贫困村2个，贫困人口1114人。项目设计招标于2015年4月28日开标，中标单位为广西梧州水利电力设计院。施工招标于2015年9月7日开标，中标单位分别为平南县建筑水电安装公司（1标）、广西润丰水利电力建设工程有限公司（2标）、广西鑫达强建设发展有限公司（3标）。监理单位为梧州阳光建设监理有限公司。项目于2015年10月27日正式动工，正在计划建设中。

【老山水库附属工程及县城供水配套工程】 老山水库附属工程：项目总投资690万元，包括原水库续建和补充设计工程部分投资。主要建设内容有新建排洪道、交通桥、管理房、上坝步道等。该工程项目于2015年5月，在来宾市水利局抽选施工招标代理机构；8月，施工招标送财政评审；11月4日，完成财政评审；12月9日，在来宾市公共资源交易中心开标。县城供水配套工程于2015年3月21日正式进场开工建设。已完成挡土墙建设80米，净水处理厂内的反应滤池和加氯加矾车间在预计进度建设中。

【天然纯净水厂建设项目】 2015年，自治县投资开发天然纯净水项目的企业共有4家，分别是广西秀瑶圣水矿泉水有限公司、广西金秀瑶泉饮料有限公司、广西金秀大瑶山泉天宝天然泉水有限公司、广西鼎干投资有限公司。广西秀瑶圣水矿泉水有限公司和广西金秀瑶泉饮料有限公司的天然纯净水生产基地已分别于2013年、2015年建成并投产。广西金秀大瑶山泉天宝天然泉水有限公司的天然纯净水生产基地在建设当中，广西鼎干投资有限公司天然纯净水生产基地在落实征地工作。

【农村人饮安全工程建设】 2015年，自治县农村饮水安全工程建设共有55处，工程总投资749.12万元，其中中央预算内投资455万元，自治区补助资金114万元，市县投资180.12万元。截至12月底，工程建设完工55处，累计完成投资749.12万元，占计划投资任务的100%。工程建成后，解决了11372人的饮水不安全问题。受益行政村35个，其中贫困村18个，贫困人口4707人。

【水质检测中心建设】 2015年5月，自治区发改委、水利厅下达金秀县农村饮水安全水质检测中心建设任务，要求县级农村饮水安全水质检测中心要具备42项常规指标检测能力，并下达建设资金中央预算内投资89万元（桂发改投资〔2015〕480号）。已完成检测设备及检测车辆采购工作。

【中小河流治理工程】 石榴河头排镇河段治理工程，计划总投资1943.02万元，主要建设内容有：防洪堤及护岸总长为6.315千米，其中三江乡镇区河段长2.66千米，下思村河段长1.707千米，新村河段长1.948千米。沿堤（护岸）共布设1座防洪排涝闸，6座穿堤排水涵，34座下河码头。已全部完成建设任务，项目工程于 2015 年 2 月通过完工验收，完成投资 1943.02 万元。

【防汛抗旱】 汛前，县水利局组织有关单位修订了全县 11 座水库防汛预案[其中：小(1)型 4 座、小（2）型 7 座］，以及抗洪救灾、山洪灾害防御、水库防汛通讯等应急预案。3 月、4 月间，先后 5 次组织防汛办、工管站等单位工程技术人员会同乡镇水利工程管理人员对全县水库、小水电站、在建水利工程、水厂、水管经营单位等进行汛前、汛期安全大检查。2015 年，全县 10 个乡镇均不同程度受灾，农作物受灾面积为 4510 亩，受灾人口为 782 人，倒塌房屋 12 间，转移人口 21 人，无人员因灾死亡，直接经济总损失 1064.7 万元。

【水源地保护工程】 大樟饮用水水源地保护工程，项目总投资 54.37 万元，项目建设地位于大樟乡上游，取水口上游集雨面积 2 平方公里。主要建设内容：建设拦沙坝 1 座、水源保护区界标 3 块、道路警示牌 4 块、饮用水水源保护区宣传牌 2 座，种植野生山蕉 3000 棵。工程建设后可改善水源地下游 15 个村 0.8 万人的饮用水条件。工程在建设中。

【水政执法和水资源管理】 县水利局结合“世界水日”“中国水周”纪念活动，组织开展水法律法规宣传教育活动，通过悬挂宣传横幅、散发宣传资料、张贴宣传画等，强化干部群众的水法律意识、水忧患意识。同时加强河道管理及河道巡查力度，发现苗头及时制止。当年没有水事违法案件发生。其次开展水资源规费征收工作，当年完成水资源规费征收 63 万元。

【精准扶贫识别工作】 主要领导带队深入联系贫困村桐木镇古池村开展精准识别工作，按照“村不漏户、户不漏人、表不漏项、项不出错”的要求，对提交申请材料进行逐一调查，逐一实地核实，确保申报资料的真实有效性，确保精准识别工作规范进行，有序开展。共完成 432 户的调查评估以及信息录入、上报工作。

（龚　健）

水库移民工作

【概　况】 金秀瑶族自治县水库移民工作管理局成立于 2008 年 12 月，为参照国家公务员管理单位，核定编制 3 人，其中设局长（副科级）1 名，综合股（政策法规股）科员 1 名、后扶股科员 1 名。主要职责是贯彻落实国家和自治区水利水电移民工作的各项方针、政策和法律、法规；负责全县水利水电移民工程的管理、协调、监督、检查、指导，推进全县水利水电移民工作；负责与水利水电工程移民安置工作相关的部门进行协商沟通，向县人民政府提出解决水库水电移民安置问题的意见或建议；负责全县水利水电工程移民安置开发中长期规划和计划项目编报工作；制定移民工作管理办法及实施细则，并组织或指导实施；负责全县水利水电工程建设征地补偿、水库淹没处理和移民安置工作；负责全县水利水电工程移民后期扶持和移民遗留问题处理工作；负责全县水利水电工程移民资金的管理；承办自治县人民政府交办的其他事项。

局长：韦　军

【落实水库移民扶持政策】 金秀县共有大中型水库移民 1096 人，按照纳入后期扶持范围的移民每人每年 600 元的补助标准，2015 年自治区财政拨付金秀县移民补助资金 65.76 万元。全县享受直补资金移民 264 人，水库移民工作管理局按自治区统一安排，按季度做好移民补助资金发放工作，全年通过银行直接打入移民个人账户直补资金 15.84 万元；全年项目扶持资金 49.92 万元，项目扶持受益 832 人，后扶资金的及时发放，有力帮助了移民解决实在的生活困难，改善水库移民的生产生活条件。

【移民基础设施建设】 由于受 2013 年“8·19”台风“尤特”影响，导致六甲库区胶厂屯公路塌方、山体滑坡，农作物受淹，农田受损，移民群众生产、生活受到较大的影响。为解决移民群众实际困难，经向上争取资金，解决兰督屯公路改造项目，项目总投资969.46万元，区水库移民局下拨资金：82万元修复胶厂农田及防洪堤。

2015年，实施大樟乡傍往屯水库移民村屯大门一座，修建村内巷道200米、整治排污水沟150米；建设村内绿化带花圃200平方米，总投资18万元；使用后扶资金维修胶厂村背公路8.5公里，总投资：5万元；补助后期项目资金1万元建设胶厂屯农副产品交易便民大棚，帮助库区群众维修人畜饮水、公路塌方等项目合计支出3万多元，

【“生态乡村”建设】 围绕自治区关于开展“美丽广西·生态乡村”活动工作部署，扎实推进生态建设工作开展，2015年金秀县共有2个移民村屯，投资24万元建设“生态乡村”任务。为桐木镇长塘屯，六巷乡胶厂屯种植任务，已按规定任务完成。“生态乡村”的建设，美化环境得到进一步优化。

【“十三五”规则工作】 着眼金秀县库区移民五年规划，经调研，在加大移民新村建设力度，移民群众出行难，生活条件特别困难等实际做编制，已完成数据收集、按照编制要求做好编制工作，为之后项目申报打好基础。

【移民培训】 组织移民村组干部、党员和移民骨干23人参加柳州畜牧畜医学校的养殖培训学习，并于2015年3月23日与农业局等有关部门，在移民村屯开展《科技下乡》等方面的技术培训，通过这次培训提高了水库移民综合素质。

【信访工作】 抓好水库移民信访工作，将该项工作摆上重要议事日程，认真落实自治区、市水库移民信访工作维稳工作各项制度，定期开展信息排查和领导接访、下访活动，及时掌握移民关心的热点和难点问题，并通过积极向上申报项目，实施道路交通、修复农田建设等民心工程，较好地解决了移民的实际困难，从而稳定了民心。全年实现水库移民零信访。

【移民资金管理】 加强移民资金管理，保证资金安全规范使用。本局严格遵守财务制度，实行统一管理、统一核算、专款专用、注重效益，建立健全财会制度和财会工作岗位责任制，规范财务核算，做到账实相符、账账相符。保证专款专用，不挤占、不挪用、不截留移民资金，切实维护移民群众的利益。

工业·信息

工业经济

工　业

【概　况】　金秀瑶族自治县经济贸易局原称金秀瑶族自治县经济委员会。1997年1月与自治县计划委合并，称金秀瑶族自治县计划与经济局。1997年3月更名为金秀瑶族自治县经济贸易局（以下简称“自治县经贸局”），是自治县人民政府经济管理职能管理部门。负责监测、分析工业经济运行态势，收集、整理、分析和发布经济信息；研究和规划工业布局、产业（行业）发展；负责全县工业行业规划，组织实施“工业富县”发展战略，研究提出提高工业发展水平、加快工业化进程的规划和目标及全县工业企业技术改造的具体组织实施；研究和指导流通体制改革，培育发展和完善市场体系；综合管理工业企业安全生产。2015年，自治县经贸局核定编制10名，其中领导职数4名（正职领导1名、副职领导3名）。实有在职干部职工11人。其中，干部8人、工人3人。办公地址：金秀镇功德路37号（县政府大院）。

局　长：赵卓德
副局长：莫伟成
　　　　廖银香
　　　　张友响
党组书记：莫伟成
纪检组组长：陶运荣

【工业经济】　2015年年底，全县有工业企业65家。其中规模以上13家。2015年规模以上工业企业完成总产值8.20亿元，同比下降5.35%；完成更新改造投资4.8亿元，同比增长20%；制造业完成1.5亿元，同比下降43%；工业投资完成2亿元，同比下降49%。完成培育规模以上工业企业1家；完成桐木工业集中区基础设施投资150万元；完成工业储备用地50亩。

【项目建设】　完成广西德坤药业有限公司投资6800万元、年产1200吨中药饮片产品、年产1200吨口服液体制剂产品生产建设工作，正在进行试产和GMP认证工作；自治县杰新香料有限公司投资5600万元、年产1500吨天然香料深加工生产项目正在安装设备和办公楼的装修，预计2016年5月底可实现试产；完成广西柳州市威奇化工有限公司金秀分公司年产1.2万吨乳化炸药生产线的技改工作；完成江盟铁合金有限公司第二台炉子的建设工作；金玉米业有限公司投资4000万元、年产1万吨粮食深加工项目在建设中；投资190万元的自治县金利水泥有限公司厂区至307省道线道路建设项目、政府投资192万元桐木工业集中区创业大道1段道路建设项目在建设中。

【商务工作】 2015年，全县实现社会消费品零售总额7.73亿元，同比增长7.4%；2015年自治县外贸进出口额523.43万美元，同比增长4.10%；2015年引进占地262.46亩、投资6亿元的金秀锦远国际商贸城正在建设中；成功搬迁桐木镇农贸市场；商贸物流项目固定资产投资完成1.3406亿元，同比增长48.9%；完成全县的商业网点规划编制工作和完成定点屠宰监管职能移交工作；完成1家限上企业培育；完成来宾市下达的三批共5200头生猪活体储备任务。

（全　勇）

表21　　2015年全县工业主要指标完成情况表

单位：万元（当年价）

年份	全部工业总产值	全部工业增加值	规模以上工业总产值	规模以下工业总产值	规模以上工业增加值	规模以下工业增加值
2014	115350	42948	84696	30654	31300	11648

表22　　2015年工业主要指标一览表

指标名称	单位	2015年	2014年	比上年同比增长%
全部工业总产值（当年价）	万元	104427	107404	−2.8
其中：规模以上工业总产值	万元	82111	84749	−5.4
规模以上工业个数	个	14	13	7.7
规模以下工业总产值	万元	22317	20655	8.0
规模以上工业总产值	万元	82111	86749	−5.4
#轻工业	万元	30999	36160	−13.91
重工业	万元	51112	50823	0.73
#中型企业	万元	10220	11243	−0.91
小型企业	万元		75740	
#内资企业	万元	84800	86983	−0.97
全部工业增加值（当年价）	万元	37175	37054	3.96
规模以上工业增加值	万元	28695	29205	−1.75
规模以下工业增加值	万元	8480	7849	8.04
规模以上工业企业资产合计	万元	87040.40	94178	−7.58
规模以上工业企业负债合计	万元	59313.30	58992	0.54
规模以上工业企业所有者权益	万元	37727.00	35132	7.39
规模以上工业企业主营业务收入	万元	82213.60	86274	4.71
规模以上工业企业利税总额	万元	6271.40	6142	2.11
规模以上工业企业本年应交增值税	万元	2725.70	3190	−14.55
规模以上从业人员年平均人数	人	1316.00	1509	−12.79

表 23　　2015 年能源主要指标一览表

指标名称	单位	2015 年	2014 年	比上年同比 +、-%
能源消费总量	等价值，万吨标准煤	12.69	12.78	-0.70
单位 GDP 能耗	吨标准煤 / 万元	0.5163	0.5580	-7.47
单位工业增加值能耗	吨标准煤 / 万元	0.4202	0.5231	-19.68
全社会用电量	万千瓦时	15467	15628	-1.03
单位 GDP 电耗	千瓦时 / 万元	630	683	-7.86

电　　力

【概　况】 金秀瑶族自治县水利电业有限公司是一家集发、供电于一体的企业，是经自治区经贸委批准、在金秀县行政区域内唯一开展供电业务的企业，并从事发电、电力基础设施规划、设计、施工安装和供电营业等业务。公司下设经理工作部、党群工作部、人力资源管理部、财务部、安全监察部、生产技术部、营销部、建设部，下辖和平、河口、香草湖等 3 个水电站、6 个供电营业所、10 个变电站和 1 个调度所，现有在职职工 236 人（其中，在编在岗正式员工 216 人，劳务派遣工 20 人）。公司所辖水电站总装机容量 1.586 万千瓦，2015 年总自发电量 5555.55 万千瓦时。拥有 110 千伏变电站 2 座，35 千伏变电站 8 座，变电容量 117.6 兆伏安；110 千伏线路 37.10 千米，35 千伏线路 267.24 千米；10 千伏线路 655.57 千米。配电台区 1333 个，配变总容量达 154.406 兆伏安。金秀县电网已经与来宾电网、荔浦县、蒙山县、藤县电网连通，为提高供电可靠性及供电质量奠定了基础。

总经理、党总支书记：韦贵周

副总经理：张劲松

　　　　　梁呈斌

　　　　　罗　俊

党总支副书记：杨　军

【生产经营指标】 2015 年，生产经营指标：供电量：完成 19958.04 万千瓦时，完成集团下达指标数的 87.14%，同比上年减少了 8.51%。售电量：完成 18551.55 万千瓦时，完成集团下达指标数的 87.17%，同比上年减少了 8.47%。营业总收入：8882.78 万元，完成全年预算数的 89.74%，同比减少了 544.09 万元，下降 5.77%。利润总额：154.21 万元，完成全年预算数的 27.15%，同比减少了 326.12 万元，下降 67.9%。实现上缴税费：1191.37 万元（不含企业所得税），完成全年预算数的 84.4%，同比减少 152.9 万元，下降了 11.37%。

【电网建设】 完成 110 千伏桐木变电站接入方案（修订方案）评审；完成 2016—2017 年农网改造升级可行性研究设计上报并通过外部中介机构评审；完成自治县“十三五”电网规划编制工作；2015 年农网改造升级工程第一批计划总投资 1202 万元，完成 23 个配电台区改造，10 千伏田村至六段线路工程已进入基础开挖、立杆阶段。第二批计划总投资 4370 万元，10 千伏及以下工程已完成施工招投标工作，处于物资招投标阶段；35 千伏项目及自动化项目进入初步设计审批阶段。

【供电服务】 一是管控用电量。对变压器台区、三相不平衡台区及接线方式进行调整，提高配网供电能力；做好新增用户服务工作，及时对报装的专变用户、低压用户进行验收接火，全年新增总负荷 7767.5 千伏安。帮助江盟铁合金有限公司、梧柳高速公路等重点用电大户解决用电问题，促使高速公路新增用电量912.6万千瓦时。2015年，县内大工业生产用电量大幅减少，同比减少24.54%；转供邻县电量同比减少35.77%；倒供大网电量同比减少13.55%。二是堵电量损失漏洞。重点对高损线路、台区进行排查，并对全部高压计量用户进行计量检查，严堵电量损失漏洞，共追补电量43.5万千瓦时，追收电费28.41万元。三是推广银行代扣电费。推广银行代扣电费业务，全年77.27%的用户实现了电费代扣，代扣成功率为87.51%；为各供电营业所配备POS机，同时加大自动缴费机的宣传力度，全年POS机及自动缴费机共计缴费347.48万元。四是强化停电作业管理。杜绝无计划和随意停电，减少线路停电次数和停电时间，全年供电可靠率99.575%，电压合格率97.599%，同比分别提高0.025个百分点及0.021个百分点，确保了供电区域的电能稳定。同时对台风“彩虹”带来的罕见洪涝灾害，公司全力防范和抢修，及时恢复了受灾台区供电及电站正常发电，保障了县城主城区未出现停电现象，确保了主电网的安全稳定运行。

（黄江萍）

信　息

电　信

【概　况】 中国电信股份有限公司金秀分公司（简称金秀分公司），管理金秀、桐木、头排等10个支局所。2015年年末，金秀分公司用工总量56人，其中在岗合同制员工26人；内退4人，离退休26人。党员16人。研究生及以上学历0人，本科（含双学士）学历7人，高中、技校19人。

分公司总经理：陈如科

【电信业务】 2015年共设置桐木支局、头排支局、金秀山内支局、政企客户中心四个划小单元，全部采取竞标承包方式经营，截至年底，四个划小单元均按进度完成收入预算目标。2015年年末，金秀分公司移动用户数到达10500户，天翼宽带累计到达9000户。7月份开展了为期3个月渠道效能提升专项工作，拉动了公司业务发展，同时锻炼、培养了一批厅店管理骨干人才，为之后渠道运营工作打下良好基础，同时加强关键业务指标质量的改善，使得金秀分公司在二季度、三季度荣获区公司强县计划奖励。

【网络建设】 2015年，金秀分公司进一步完善防洪应急预案及重大事件应急预案，做好县局及各乡镇所有网点设备的监控工作，发现故障及时派发相关人员处理，保障通信设备故障处理及时有效，圆满完成节假日及重大事件的通信保障任务；截至2015年年底，分公司完成3个点FTTH建设工程项目，完成金秀至三角乡的中继光缆建设，开通18个C网旧站点4G基站的设备；完成政府机要局视频会议的设备改造，开通部分单位4级网、华东大酒店的网络改造及安装。同时帮助政府打造形象工程，完成了金秀镇、长垌乡、忠良乡、罗香乡、三角乡、三江乡政府的线路整治；完成2015年10月“彩虹”台风水毁抢修，布放光缆4600米。

【管理工作】 2015年，分公司积极参与新农村建设和农村扶贫工作，大力支持地方经济建设，完成县委、县人民政府的各项任务和县人民政府的年度绩效考评工作。根据县委和市公司党委的要求，认真开展“三严三实”主题教育和“守纪律，讲规矩”专题教育活动，狠抓党风廉政建设和行风评议活动，加强领导班子建设，严格遵守八条禁令。高度重视安全生产工作，员工的安全生产意识逐步提高，安全生产责任心不断加强，安全防范技能不断改善。同时加强进行安全生产检查和隐患整改，严格遵守安全操作规程，组织安全生产知识学习和教育培训，开展员工进行消防应急演习。完成工会会员代表和工会小组长的选举和员工的思想状况调查，实施改善基层员工生活条件，给员工营造一个良好的工作和生活环境；积极做好员工的政治思想工作，为员工解决生活上的困难，不断提高员工的凝聚力；组织共青团和企业文化活动，认真做好“评先评优”的评选工作，开展自治区级“文明单位”和“和谐企业”的创建工作以及“青年文明号”的复核工作。

（中国电信金秀分公司办公室）

移动通信

【概　况】 中国移动通信集团广西有限公司金秀分公司（以下简称“金秀分公司”），于1999年7月8日，从金秀瑶族自治县电信局分营正式挂牌成立，开始独立经营所有移动通信业务，隶属于中国移动通信集团广西有限公司来宾分公司，内设综合部、市场部、政企部、工程维护部4个机构，下辖10个乡镇11个营业厅；2015年12月全公司在职员工43人。10个乡镇有个体经营的18个指定专营店，专营店与营业厅分别负责县、乡镇客户的服务工作。金秀分公司综合办公楼位于自治县金秀镇夏园路1号（原地址为自治县金秀镇灵香路51号）。

2015年，金秀分公司荣获“来宾市公司2015年上半年4G业务发展劳动竞赛三等奖”“来宾市公司2015年下半年4G业务发展劳动竞赛三等奖”“来宾市公司2015年LTE网络质量提升劳动竞赛三等奖”。

总经理：陈　睿

副总经理：王　能

【通信建设】 2015年12月底，实施市场网络协同机制，提高4G网络的有效覆盖，围绕“早建设，早投入”的网络建设思路，全年新建开通4G基站130个、4G室内分布系统9个；利用手机伴侣和改造直放站解决信号弱点9个；新建开通家庭宽带小区24个；开通专线70条，在建4G基站6个。

【经营状况】 2015年金秀分公司运营收入4100万元，在网移动客户8万户。4G客户2万户，4G渗透率27%；家庭宽带0.2万户。实现了家庭宽带、互联网专线、集团短信群发、车辆定位、移动办公OA、企业互联网电视、移动会议电话的现代化信息技术发展。

（郭慧明）

联通通信

【概　况】 2015年，中国联合网络通信有限公司金秀分公司（简称中国联通金秀分公司），在册员工24人，其中合同制员工23人，退休员工1人，党员4人。内部机构设置有办公室、网络部、集团客户部、客户营销部4个部门，金秀、桐木两个自有营业厅。在市场的推动下，建立了面向全县的微信公众号：jx6011567，方便手机用户即时了解联通最新活动及相关业务。

总经理：李艳红（9月离任）

　　　　赵　军（9月任）

【业务运营】 2015年，中国联通金秀分公司在市分公司党委的正确领导下，发挥党员示范带动作用，主动开拓市场，扩大经营活动，全年共完成业务收入1170万元。客户规模2.7万户，市场占比18.1%。

【网络建设】 2015年，完成桐木镇仁里村、伦村、马寨村及头排镇夏塘村、同扶村、亚当村六个村的3G新基站建设。配合自治县政府完成光缆线路的迁改。

（肖　露）

交通·物流

交　通

交　通

【概　况】 2015年年底，自治县公路里程达到893.366公里，新增乡村四级公路87.305公里，较“十一五”期间增加了10.8个百分点。其中，国道二级公路22.69公里、省道二级公路26公里、县道二级公路70.94公里、县道三级公路24.76公里、县道四级公路179.602公里、乡道四级公路178.515公里、村道四级公路390.859公里。“十二五”期间，自治县公路交通建设的主要目标任务是实现100%行政村通沥青（水泥）路，截至2015年年底，全县77个行政村，已完成申报沥青（水泥路）项目的行政村有76个，占行政村总数的98.7%，尚有林秀村委1个行政村12.2公里的沥青（水泥路）正在争取中。交通运输系统设有金秀公路管理局和金秀瑶族自治县交通运输局（下辖公路管理所、道路运输管理所、货物运输服务站、公路养护站等4个事业单位）等2个行政事业单位及广西来宾中兴汽车运输有限责任公司金秀汽车总站和新国线集团（来宾）运输有限公司金秀分公司等2家企业。2015年年末全县交通运输系统在职干部职工总人数137人。

2015年，自治县交通运输局内设机构有办公室、规划建设股、综合运输股、综合股（行政审批办公室）、交通备战办公室，年内核定编制7名，实际在职在编10人。自治县交通运输局主要工作职责是承担全县交通基础设施建设的规划和管理、公路的养护管理和技术指导、道路运输市场管理、路政管理、道路和水上交通安全监管等工作。

党组书记、局长：赵莫坤

副局长：莫桂良

　　　　刘国成

　　　　严金水

纪检组组长：赵成武

【重大项目建设】 梧州至柳州高速公路（金秀段）自治县境段长19.5公里，经过自治县大樟乡双化、瓦厂和六巷乡门头、王钳4个村委，已全部完成征地拆迁补偿工作，工程正在进行桥梁、隧道和路基土石方施工，2015年完成投资37613万元，累计完成投资90374万元，完成总投资额的51.24%。贺巴高速公路（金秀段），贺州（钟山）至来宾高速公路（金秀段），自治县人民政府已与广西新发展交通集团有限公司达成一致意见，该项目建设方案确定的路线走向经荔浦三河乡—修仁镇—头排镇—桐木镇—象州县。工程项目可行性研究报告和相关前期工作正在开展中。银杉高山牧场三级公路，根据自治县委、自治县人民政府的指示，银杉高山牧场三级公路的测量设计工作，自治县交通运输局于2011年2月份委托广西智达工程咨询有限公司完成项目测设工作，路线全长5.45公里，设计路基宽度7.5米，路面宽度6.5米，为水泥混凝土面层，工程设计预算总投资1319.25万元。2011年自治县委、自治县人民政府筹集资金800万元完成了该路路基工程的施工。2015年，自治县为了创广西旅游特色名县又将该项目列为重点工程争取立项，建设水泥混凝土路面。区交通运输厅下达项目建设计划，工程设计预算投资报送自治县财政进行招标控制价审核。金平二级路口至圣堂湖景区三级公路，根据自治县委、自治县人民政府的指示，自治县交通运输局委托设计单位于2015年6月底完成施工图设计及投资预算，并向上级争取项目。自治区交通运输厅于当年11月下达项目建设计划，该项目建设里程9.3公里，路基宽度7.5米，路面宽度6.5米。由于项目建设缺口资金较大，2015年暂时未能开工建设。

【农村公路续建项目建设】 2015年，自治县交通运输局继续抓好上年度续建农村公路工程项目15个。其中，建制村通沥青（水泥）路项目6个，建设里程129.6公里；新建及危桥改造项目9座桥长416延米。完成建制村水泥路项目3个，即山界坳至六茶口公路及支线，金茶坳至江燕公路，完成建设里程35公里；完成新建及危桥改造项目（函主体工程）7座，桥长280延米。其余的3条公路94.6公里，即金秀至修仁、巴勒至德香、大岭至新村公路正在进行水泥混凝土路面铺筑，已完成水泥混凝土路面铺筑有40公里。奔腾桥、圣堂口桥136延米正在建设中。

【农村公路新建项目建设】 2015年上级下达给自治县的农村公路建设项目12个。其中，建制村通水泥路项目6个，建设里程84.8公里；县乡联网路项目3个，建设里程20.3公里；安保工程2个98.96公里处治隐患长度24.5公里；危桥改造项目1座44米，下达计划总投资15280万元。建制村通水泥路项目除大樟至六要坪（新兴）公路在进行财审外（11月份才下达计划），其余5个项目全部开工，正在进行路面基层施工，到12月底，大樟至六要坪公路新村支线3.9公里；腊河至罗丹公路3公里可完成主体工程施工。安保工程项目金新线和门头至瓦厂公路完成20公里波形护栏施工。县乡联网路项目长垌坳至长垌公路5.5公里，11月6日完成招投标工作，但该项目因无法办理林地手续而暂时无法开工；金平路口至圣堂湖景区公路、金新线十二公里至平老岭公路（11月份下达计划）正在进行财审，12月底完成招投标工作。危桥改造项目即金新线黄腰桥待解决便道施工涉及群众土地问题后即可开工建设。

【公路养护管理】 2015年，自治县全县公路里程为893.366公里。其中，自治县公路局负责管养的国道、省道、县道共3条里程216.957公里；自治县交通运输局负责管养的农村公路共56条里程676.409公里。自治县交通运输局负责管养的农村公路包括县道5条178.916公里，乡道16条179.2公里，村道35条318.293公里（其中以奖代补4条17.9公里）。由于历年自治县水毁公路抢修工作未能得到全部修复，加上2015年上半年自治县部分乡镇遭受大到暴雨侵袭，造成公路边坡塌方，路基被冲毁，路面损毁严重，给公路养护工作带来了很大困难。自治县交通运输局按照《公路法》“县道县管、乡道乡管、村道村管”的原则，将前提成熟的乡、村公路立即下放到乡、村管养，签订联养协议，框定养护里程和经费，确定养护标准，做好定期或不定期检查验收工作；采取“三个一点”和垫资方式多方筹集资金，按照“先通后善”的原则，投入水毁公路抢修工作。2015年，清除塌方10处5127立方米，投入资金60万元。年内对十二公里至平老岭公路两侧里程3公里进行绿化美化，种植红苞木500株。

【公路路政管理】 2015年，自治县交通运输局运用公路法律法规，维护路产路权，加强公路建筑控制区的管理，狠抓超限运输的现场管理和源头管理，完善公路交通标识、标线的设置，创建路政文明样板路，加大力度整治公路沿线增设道口违法行为，把路政管理逐渐推向规范化、法制化。2015年，发生路政违法案件7起。其中，立案查处1起，处罚金2000元；发生涉路审批案件1起，收取补偿费1800元；责令整改5起。

【道路运输管理】 2015年，自治县交通运输局发展4条农村旅游客运专线，投入16台中巴旅游客车，于5月1日正式营运。成立了出租车公司，投入出租车20台进行营运。据统计，2015年，全县完成客运量322.2万人次，同比增长2.35%；客运周转量16640万人公里，同比增长0.78%；汽车货物运输量185.4万吨，同比增长3.3%；货运周转量5213万吨公里，同比增长3.8%。

【交通运输安全管理】 2015年，自治县交通运输局始终坚持“安全第一、预防为主、综合治理”的方针和“管生产必管安全”“谁主管谁负责”的原则，局与所、所与站层层签订《安全生产责任状》，严格落实安全生产一票否决制和责任追究制，切实把交通安全生产摆到重要议事日程抓紧抓好，深入开展“平安交通”和“安全生产月”活动，继续深化“安全生产年”活动。2015年，公路部门正常开展公路安全隐患排查和治理工作，定期或不定期检查在建续建农村公路和在养地方公路，排查安全隐患14处，增设交通安全标线6道24米，清理塌方5000立方米，投入资金5万元，保证了公路的安全畅通；运政部门出动执法人员952人次、机动车302辆次上路稽查，检查车辆516辆次，查处违章经营车辆42辆次；召开安全学习会议8次，开展安全宣传4次，发放安全宣传资料500多份。对维修企业和运输企业进行安全督查12次，下达整改通知书各12份。2015年，全县辖区内无重特大交通运输安全责任事故发生。

（梁明坤）

表24　2015年金秀县交通主要指标

指标名称	2015年
公路管养里程（公里）	676.409
营运载货汽车（辆）	953
营运载客汽车（辆）	225
民用运输船（载货吨）	
公路货运量（万吨）	185.4
公路客运量（万人）	322.2
水路货运量（万吨）	
水路货运量（万人）	

续表24

物　流

公路运输

【概　况】 广西壮族自治区金秀公路管理局，是具有二类乙级公路养护工程施工资质的正科级事业单位，隶属广西壮族自治区桂中公路管理局，负责广西金秀瑶族自治县境内国省干线、主要县道公路的养护、建设、管理工作，总管养里程145.076公里，下辖金秀路政执法大队。局机关内设办公室、养护与工程管理科、财务科、安全与国有资产管理科、政工科等五个职能科室，下设头排养护管理站、田村养护管理站等两个二级机构。管养线路4条：瑞金至临沧G323线K905+310～K928+000，头排至穿山S307线K0+000～K26+000，桐木至金秀X645线K0+000～K34+320，金秀至平南X646线：K0+000～K62+066。

局　长：梁安森

支部书记、教导员：赖　胜

【公路养护】 2015年，完成路况指标为优良里程119.098公里，全部路线好路率达到82.09%，其中国省干线优良里程为48.69公里，国省干线好路率达到100%。修补罩面面积为84426.28平方米，完成全线桥梁伸缩缝的清理任务，先后对国道323线路肩进行整修培填，共38000平方米，割路基长草332.04千米，对桥梁、涵洞、排水沟进行清理疏通，共清理排水沟132千米；二是加强路面保洁力度，提高保洁频率，随脏随扫，全面完成上级下达的养护路况指标。

【路政管理】 2015年，全年共查处路政违章案件6件，其中路产赔偿案件4件，路政许可项目审批5件，收缴路产赔偿款105420元。查处超限运输案25起处罚金额22100元。卸载车辆25台，卸载货物182.7吨，上路巡查天数达210天，清理堆积物262平方米，清理非公路标志180块，清理临时搭棚1处，及时清除路障，保证道路安全畅通。大队路政案件按规定程序办理，无行政诉讼案件；报表总结及时准确，无漏报、误报现象；路政执法人员无违法违纪、无公路“三乱”，无新闻媒体曝光和纠风部门通报现象。

【精神文明建设】 2015年，为了更好地完成道路管养工作，金秀公路局组织了两次“道路清洁活动”专项会议，出版宣传板报两期，宣传教育270人次。活动主要宣传如何提高公路交通安全、路容路貌、美丽城乡环境等办法与措施，对整个“美丽广西·生态乡村”活动起到了促进作用。继续围绕公路建设管理的“三个服务”为中心，金秀公路管理局的精神文明建设工作取得了一定的成绩。对所管辖的道路以畅、洁、绿、美和安全为主进行整治，在全线积极开展“美丽广西·清洁乡村”活动，全线的环境面貌得到了全面的改善。

表25　2015年金秀交通运输业情况表

指标名称	单位	2015年	2014年	比上年同比+、-%
境内公路里程	公里	893.4	884	1.06
公路旅客周转量	万人公里	18200	8727	108.5
公路货物周转量	万吨公里	5783	4540	4.3

中国邮政

【概　况】 金秀瑶族自治县邮政局于2015年5月1日正式更名为中国邮政集团公司广西壮族自治区金秀瑶族自治县分公司（以下简称“中国邮政集团公司金秀县分公司”）。更名后，中国邮政集团公司金秀县分公司承继了自治县邮政局拥有和承担的全部资产、负债、业务、人员和其他一切权利和义务，依照中国有关法律法规继续经营邮政专营业务，承担邮政普遍服务义务，受政府委托提供邮政特殊服务，对竞争性邮政业务实行商业化运营。

中国邮政集团公司金秀县分公司内设综合办公室、市场与网运部2个职能管理部门，下设的金融业务部、电商业务部、包裹快递部、邮务部4个生产部门挂靠市场与网运部。2015年年末，中国邮政集团公司金秀县分公司有员工49人；邮政营业服务网点11个，邮政储蓄网点2个。

局　长：唐　华（4月离任）
副局长：闭明健（4月离任）
总经理：唐　华（5月任）
副总经理：闭明健（5月任）

【邮政业务】 主要经营国内和国际邮件寄递业务；报刊、图书等出版物发行业务；邮票发行业务；邮政汇兑业务；机要通信业务；邮政金融业务；邮政速递、物流业务；电子商务业务；各类邮政代理业务；农资配送业务等。

【邮政代理金融业务】 自1987年恢复开办邮政储蓄业务以来，中国邮政集团公司金秀县分公司先后经历了邮电分营、邮银速分营等重大改革，但始终坚持服务“三农”、服务中小企业、服务社区的定位，探索商业可持续的普惠金融发展道路，构建“延伸城乡金融服务最后一公里”，缓解了农村地区金融服务不足的问题。2015年，中国邮政集团公司金秀县分公司加强离行式自助银行服务渠道建设，新增头排镇离行式自助银行1处，布放ATM自动取款机1台，CRS自动存取款一体机3台。截至12月31日，全县代理金融储蓄余额规模为1.68亿元，有效卡、折客户共1.16万户。

【包裹快递业务】 中国邮政集团公司金秀县分公司加大对包裹快递业务的投入力度，完成了县城邮件封发场地的改造工作，投入4辆电动三轮车和 16 台 PDA（手持移动终端），加快邮件内部处理时间和邮件投递时限。

【邮政服务“三农”】 邮政网络是国家重要的通信基础设施，服务网点遍布城乡，贴近农村，方便农户，中国邮政集团公司金秀县分公司本着“政府满意、农民受益”的原则，推出了“科技＋产品”的全新组合下乡模式，把丰富的科技知识和质量过硬的分销产品送到农民朋友身边。创建三农服务站点的惠民系列工程，把服务点建到百姓身边，把质优价廉的农资产品送到田间地头，截至 2015 年累计建成三农服务站点 10 个，辐射全县所有乡镇，广大农民朋友足不出村便可选择适宜的农资产品。充分利用邮政的大流通优势，帮助偏僻乡镇的电商商家输送农副产品包裹，打造“邮政助力农副产品进城”的双向邮政物流模式。

表 26　2015 年邮电业情况表

指标名称	单位	2015 年	2014 年	比上年同比 +、−%
境内公路里程	公里	893.4	884	1.06
公路旅客周转量	万人公里	18200	8727	108.5
公路货物周转量	万吨公里	5783	4540	4.3
邮电业务总量	万元	1932	1760	9.8
# 邮政业务总量	万元	432	401	7.8
电信业务总量	万元	1500	1359	10.4

表 27　2015 年中国邮政集团公司金秀县分公司业务量汇总表

年度 业务种类	进口邮件（万件）							出口邮件（万件）					
	特快专递	快递包裹	普通包裹	国内小包	挂号	平信	报刊发行	特快专递	快递包裹	普通包裹	挂号	平信	报刊发行
2015 年	3.43	0.38	0.49	1.66	1.91	14.71	103.72	0.97	0.12	0.20	0.52	4.00	103.72

国土·城建·环保

国土资源

【概　况】　自治县国土资源局，于2002年1月由自治县土地管理局和自治县地质矿产局合并组建而成。局机关内设办公室、财务股、耕地保护与土地规划利用股、地籍与测绘管理股、地质勘查与矿产开发管理股、地质环境股、纪检监察室、执法监察与政策法规股，二层机构有自治县土地储备交易中心、国土资源执法监察队、国土资源土地开发整理中心、不动产登记中心和10个乡镇国土资源所。现有干部职工57人，其中县局9人、国土资源执法监察队4人、乡镇国土资源所38人、不动产登记中心6人。自治县国土资源局机关编制9名，其中：行政编制8名，机关后勤编1名。领导职数：局长1名，副局长3名，纪检组长1名。

局长、党组书记：莫世锋

副局长：赵保生（党组成员）

　　　　涂世钊（党组成员）

　　　　巫世友

纪检组组长：苏　森（党组成员）

【坚守耕地红线，提高用地保障能力】　一是完成了耕地保护目标任务。2015年，全县耕地总面积为13642.23公顷，基本农田保护面积9324.34公顷，超额完成来宾市政府下达给金秀县耕地总面积不低于12672.50公顷，基本农田保护面积不低于8950公顷的指标要求，切实守住了耕地红线。二是加快土地开发整理项目实施。2015年，全县两个土地整治项目已完成竣工验收。实施规模为453.1736公顷的桐木太山村等2个开垦项目，已完成项目工程复核及耕地质量评定工作，该项目完成后预计可新增耕地200公顷，为确保全县耕地占补平衡提供了保障。三是主动协调，全力做好建设项目用地保障工作。提前介入，主动参与，全程服务，为金秀县城镇建设、自治县重点建设项目用地进行了组件报批和跟踪服务。2015年，金秀县先后上报各类建设用地4个批次项目，总面积10.7914公顷，已获得自治区人民政府批准农用地转建设用地共1个批次，总面积3.8528公顷。

【巩固和完善国土资源规划成果】　一是完成了金秀县土地利用总体规划（2006—2020年）、乡镇土地利用总体规划（2010—2020年）调整完善工作，先后通过县、市听证，报自治区国土厅验收并修改完善；二是完成了第三轮金秀县矿产资源总体规划编制各项前期工作；三是完成了全县地质灾害防治调查；四是着手开展金秀县土地整治专项规划；五是完成了金秀县基础测绘编制工作；五是完成了城镇周边永久基本农田划定成果、耕地质量等级评定成果等系列规划配套成果。为全县经济发展提供了坚实的国土规划保障。

【保障全县经济社会发展的用地需求】　2015年

全县共划拨土地5宗，总面积5.7146公顷；公开出让土地14宗，总面积26.05798公顷，总收入8942.2503万元。保障了全县各类重点项目、民生项目用地的需求，如桐木西环路城区、桐木工业集中区、村屯公共设施、农村异地搬迁等用地需求。

【加强矿产资源管理】 根据县人民政府的统一部署，严厉打击无证勘查和开采行为，全面查处越界开采等违法行为，加强矿产资源开发利用监督检查，大力推进矿产资源优化整合。一是争取了县财政预算落实金秀县第三轮矿产资源规划经费35万元。通过招标，选取编制单位，目前正在开展编制工作。二是认真做好采矿权出让工作。办理了金秀县桐木银山寨采石场石灰岩矿采矿权延续登记，还完成头排平地和罗香鸡冲两矿山的配号发证工作。三是做好采矿权出让价款、矿产资源补偿费、矿山地质环境恢复治理保证金等征收工作。年内收取延续采矿权出让价款49.5万元，收取矿产资源补偿费17.7138万元，收取矿山地质环境恢复治理保证金金额163.2万元。四是做好探矿权、采矿权年检工作。金秀县持有有效期采矿许可证的矿山企业共有23个，其中县级发证17个，市级发证4个，区级发证2个。县级发证的矿山有13个提交年检材料参加年检，4个免检。上级发证6个矿山除长乐铜矿外均已年检。金秀县在完成各年度探矿权年检工作的同时不断减少探矿证数量，提高探矿权勘查质量，全县探矿权由2011年58本证减少到2015年26本证，提高了探矿质量，有效监管历年探矿无序状态。

【地质灾害防治工作】 认真对辖区内的地质灾害隐患点进行排查，确保人民群众的生命财产安全。全县现有各类重点监控的地质灾害隐患点26处，涉及全县10个乡镇25个自然屯1个社区，威胁1019人的生命和2289万元的财产安全。一是编制完善方案，防患于未然。认真贯彻执行《地质灾害防治条例》，切实做好地质灾害防治工作，完善了县、乡、村三级地质灾害群测群防管理体系，配备监测人员26名，并配发雨衣、雨鞋、笔和笔记本等必要的装备；完善了各项规章，进一步落实地质灾害防治工作的“五项制度”，更新发放“两卡”86份。做到未雨绸缪，防患未然，提高成功避让率。二是加大宣传培训力度，提高全民防灾意识。以“4·22”地球日、市科普活动为宣传契机，采取上街摆摊设点、发放宣传手册、宣传折页、宣传画、电视广播新闻媒体等形式，加大地质灾害防治知识的宣传力度。通过宣传，提高全民识灾、避灾、防灾意识，增强自救互求能力。三是加强协调配合，提高防范水平。汛期成员单位的密切配合，发布气候预测信息，为地质灾害隐患点单位及村寨做好防范、避让提供了保障。1—6月份共开展地质灾害巡查、排查20次，出动人员80人次，车辆20辆，通过巡查、排查，有效地为受灾群众提供了安全保障。四是积极召开了全县地质灾害防治工作会，与各乡镇签订质灾害防治工作责任状。五是开展防灾演练。2015年5月8日，在罗香乡罗丹村水湾屯开展一次地质灾害应急预案防灾演练，参加人员150多人。六是积极做好全县旅游景区景点地质灾害隐患点的排查工作，对21个隐患点下发了整改通知书，督促业主加强对景区景点的巡查，落实监测人员等。七是做好地质灾害隐患点项目治理工作。金秀县博物馆地质灾害治理工程通过验收；长垌乡马安屯完成设计预算及财审，因流标2次，在进行竞争性谈判选择施工单位；六巷乡小岭乡政府所在地隐患点正在进行施工招标。2个项目力争2016年汛期前完成施工。

【提升国土资源依法行政水平】 一是强化国土资源执法监察工作，全面推进依法行政。通过印发资料、现场咨询等宣传形式，大力开展国土资源法律法规和政策的宣传教育，提高全社会的国土资源忧患意识和法制意识。加强国土资源监察网络建设，基本建立了县、乡、村三级监察网络体系，及时掌握国土资源利用动态。开展国土资源执法监察动态巡查。认真开展卫片执法检查工作，坚决贯彻执行国家关于加强土地的管理，强化政府耕地保护责任和土地违法违规查处责任。土地矿产卫片执法检查通过上级验收。制止零星开采、勘查重晶石违法行为2起，立案查处1起越界勘查矿产资源案件，对当事人金秀县钜龙矿业有限公司作出1.5万元处罚决定，已经结案。二是依法行政取得成效。2015年，县国土资源局因在依法行政方面工作突出，获国土资源部通报表扬，被评为“全国国土资源管理系统推进依法行政先进单位”。三是完成行政审批制度改革。完成了国土资源“审管分离”，成立了审批办，落实人员办公，各项制度进一步完善。基本完成行政审批制度改革，简化了审批程序，优化了审批流程，完成审批项目下放的上下衔接工作。四是完成不动产统一登记整合。按照自治区的统一部署要求，金秀县先后下发了自治县不动产统一登记局际联席会议制度、工作领导小组、工作方案、职责整合、机构“三定”方案文件等文件，并按要求于2015年11月26日挂牌成立县不动产登记局、县不动产登记中心，人员划转方案已确定，工作人员也逐步到位。

【推进地籍测绘信息化建设】 一是扎实开展地籍管理工作，积极推进地籍信息化管理，“十二五”期间完成了全县3个建制镇的城镇地籍数据库建设及更新，利用集体土地所有权登记发证成果建立了农村土地集体所有权数据库。对农村宅基地和集体建设用地使用权进行确权登记发证，全县发证率达到96.5%，并完成了数据库建设，为今后不动产统一登记打下坚实的基础。二是积极推进基础测绘建设，完成了全县22.6平方公里地籍测量，完成了县本级（2015—2020）基础测绘规划编制，为金秀县发展提供了基础数据。三是加快推进国土资源信息化建设及管理。建立了国土资源“一张图”及电子政务平台，完成了县国土局的机房改造和建设，乡镇国土所配备了用于“一张图”的笔记本电脑和手持GPS。2015年4月，县国土局实现了无纸化办公。

【认真落实党风廉政建设“两个责任”】 2015年，在全面贯彻落实中央“八项规定”基础上，切实按照党风廉政建设和反腐败工作的部署和要求，落实党风廉政建设“两个责任”及政治纪律、组织纪律、工作纪律等各项纪律执行，按照“三转”要求，深入开展“三严三实”和“守纪律、讲规矩”教育活动，紧密结合国土资源部门的工作特点，健全和完善各项制度，加强党风廉政教育，不断推进党风廉政建设工作，制定并印发《关于落实党风廉政建设党组主体责任和纪检组监督责任的实施意见》和《局党组及其成员党风廉政建设主体责任清单》，进一步明确了局党组对全县国土资源系统的党风廉政建设和反腐败工作的主体责任。同时，还制发了《县国土资源局2015年党风廉政建设和反腐败工作任务分解表》，局党组与局属各单位签订责任状，形成一级抓一级，齐抓共管的局面。在7月3日，县委落实党风廉政建设和反腐败工作党组主体责任集体谈话会后，局党组及时在局中层干部会上进行传达学习，认真开展党组落实主体责任集体谈话，局党组书记、局长就党风廉政建设和反腐败工作及落实“一岗双责”再次进行部署并提出明确要求。

【认真开展惩防体系建设】 县国土资源局把党风廉政建设责任制和惩防体系建设工作列入工作日程，加强领导，狠抓落实，成立了党风廉政建设责任制和惩防体系建设领导小组，对承担的工作任务进行了认真学习并及时分解到各责任股室，明确了主管和分管领导。实行构建惩治和预防腐败体系一把手负总责和班子成员分工负责，对具体任务进行分解细化，确保各项工作顺利开展。并多次召开反腐倡廉专项工作会议，认真学习相关文件精神，结合国土资源系统实际工作认真研究分析党风廉政建设责任制和惩防体系建设工作，结合实际，科学提出党风廉政建设责任制和惩防体系建设工作方案及2015年度工作意见，进行任务分解。

【严格执行“三项”纪律】 一是严格执行党的政治纪律。2015年，局党组通过组织党员干部积极参加市局和县里召开的各种培训、邀请专家讲授党课等形式，认真开展政治纪律教育，引导广大党员干部牢固树立政治纪律观念。纪检组加强本系统内部的监督检查，坚决查处违反政治纪律的行为，切实维护政治纪律的严肃性。总体来看，局领导班子成员具有遵守党的政治纪律的自觉性。能够带头贯彻执行党的路线方针政策和中央、自治区、来宾市、县委的重大决策部署，坚决拥护中央权威，始终与习近平为总书记的党中央保持政治思想上的一致；自觉遵守《党章》和党内法规，坚持按照党的组织原则和党内政治生活准则办事；能够认真执行中央八项规定，认真开展“守纪律、讲规矩”主题教育活动，在加强作风建设上取得了较好成绩。二是严格执行党的组织纪律。局党组认真履行主体责任，切实抓好纪律执行。局党组“一把手”切实履职，坚持带头守纪，充分发挥表率、标杆作用。局纪检组认真履行监督责任，加强对组织纪律执行情况的监督检查，坚决查处违纪行为，确保纪律严格执行。2015 年 6 月份，局领导班子成员参加了“守纪律、讲规矩”主题教育联合组织生活会，在会上收集到了参会部门的意见。之后，国土资源局将认真开展整改工作，同时将在全系统召开中层以上领导干部民主生活会，更深入的挖掘全局在开展业务工作中存在的不足，做到立行立改。三是严格执行工作纪律。制定了全系统的《考勤管理制度》，要求局纪检组严格执行考勤制度，采取按月通报考勤措施，对当月迟到早退、事假、旷工按照《考勤管理制度》和《中华人民共和国劳动合同法》相关规定给予扣款；对迟到早退、事假、旷工相对严重的股室由局纪检组对股室负责人进行诫勉谈话。

【认真开展“三转”工作】 一是突出主业转职能，职责进一步明确。县国土资源局领导班子重新进行分工，纪检干部不再参与项目招投标、行政审批服务、项目验收等工作的微观管理领域，回归纪检监察职能本位，突出主业。二是顺应形势转方式，工作效率进一步提升。在重点突出监督检查、案件查办、教育预防等主要职责基础上，加强对工作纪律及效能情况进行监督检查，紧盯重点领域、重点岗位，管钱、管物、管项目的股室干部；重点对思想、工作、生活作风和行政效能、廉洁自律等方面出现的一般性、苗头性、倾向性问题及早处置，有效遏制问题严重化。三是慎独修身转作风，纪检干部在转作风过程中，充分发挥示范带头作用。以国土系统群众路线教育实践活动、三严三实和守纪律讲规矩教育活动为契机，不断强化作风建设。认真落实中央八项规定。以开展“勤政廉政、务实为民”为主题的“廉洁国土”系列活动为契机，强化纪检队伍业务培训学习，重点学习法律法规、国土管理业务知识、纪检监察和党风廉政建设以及办案、查案专业知识，进一步完善了纪检监察干部队伍知识结构，提升了业务水平，为工作有效开展打下了坚实基础。

城乡建设

【概　况】 金秀瑶族自治县住房和城乡建设局（简称自治县住建局）属自治县人民政府的职能部门。主要职责是贯彻执行国家、自治区有关城乡规划、工程建设、城市建设、村镇建设、市政工程、建筑业、住房制度改革、房地产业、保障性住房建设、建设工程项目招投标、燃气管理、住房和城乡建设档案管理、勘测设计咨询业、装饰装潢业等方面的法律法规和方针、政策，并负责行业管理。2010 年 7 月，金秀瑶族自治县建设局更名为金秀瑶族自治县住房和城乡建设局。2015 年，自治县住建局内设办公室、计划财务股、住房制度改革办公室、城乡规划管理股、建设工程监督管理股、市政公用事业管理股、房地产市场监督管理股、行政审批办公室 8 个股室；下辖县城建监察大队、燃气管理站、房产管理所、建设工程质量安全监督站、园林绿化管理站、环境卫生管理站、恒泰垃圾处理场、新艺污水处理厂、自来水厂、桐木镇村镇建设管理站、建筑设计室、建筑工程公司、招投标管理站、墙体材料改革办公室、城镇廉租住房管理办公室、拆迁管理办公室 16 个二层企业事业单位，全系统在职在编干部职工 136 人。局长 1 名，党组书记 1 名，副局长 3 名，纪检组长 1 名。2015 年，自治县住建局在自治县党委、自治县人民政府的领导和上级业务主管部门的指导下，求真务实、开拓创新，在建设行业管理工作中取得较好的业绩，为自治县社会发展和经济建设做出了应有的贡献。

局　长：黄伟国
副局长：文俊传
　　　　莫球生
　　　　莫运锋

党组书记：文俊传（7月免）
黄伟国（7月任）
纪检组组长：覃荣胜

【城乡规划管理】 一是规划编制。2015年完成《金秀瑶族自治县县城总体规划（2002—2020）》和《金秀县瑶族自治桐木镇城镇总体规划（2015—2035）》的修编工作，并形成初步方案报县人民政府审批；同时做好村镇规划集中行动，完成了228个村屯总体规划的编制工作，公路沿线附近的所有村屯已经实现总规编制的全覆盖。二是“一书两证”发放管理。全年完成核发《建设项目选址意见书》26份；私人建房方面，核发“乡村建设规划许可证”112份，建筑面积为13311.72平方米；“建设用地规划许可证”96份，用地面积为7678.09平方米；“建设工程规划许可证”104份，建筑面积30013.85平方米；核发公建项目“建设用地规划许可证”10份，用地面积74129.71平方米；“建设工程规划许可证”13份，建筑面积55423.97平方米，计划投资26666万元。

【创建国家AAAA级景区】 近年来，自治县住建局按照县委、县人民政府的工作安排和部署，紧紧围绕“民族化、公园化、山城化”的总体工作目标，大力推进县城市政基础设施和公共服务设施建设，并通过城市建设这一载体，对民居建筑实施民族化改造工程、园林绿化、县城亮化等项目，将瑶族文化元素浓缩在建筑风格和城镇风貌当中，逐步向世人展示一个独具浓郁瑶民族特色的县城。

2015年工作的重中之重是围绕创建广西旅游名县而重点建设县城AAAA级景区项目。一是完成县城旅游公厕的整改4座（即功德桥公厕、水景公园公厕、汽车站公厕、瑶都广场背后公厕），新建配备有残疾蹲位等功能且具有民族特色的旅游公厕2座（即体育馆旁香草湖公厕和金中球场下步行街公厕），共完成投资87.82万元；二是完成景区绿化、美化工作，其中完成了县城内绿化带苗木的更新和补植工作，完成了县城公共绿化场所的日常维护工作，在城门至药监局两侧安装立体花卉，完成投资200多万元。三是完成县城壁画、雕塑、特色小品的建设，增加民族文化氛围。主要有县城石头小品、茶文化小品、城门外两侧文化长廊、金平路口五瑶福娃四个项目，共完成投资68.5万元。四是建立起集医疗、保健、教学、科研、养生、瑶医药文化展示为一体的瑶医药展示区，启动打造酒吧一条街、品茶一条街工作：新建瑶医瑶药商品街，安装瑶医药销售亭38座，仿木纹椅45张，完成投资59.75万元。五是完成提升完善县城基础设施建设：在县城区新增和更换了一批道路交通标识牌、街道路名牌和停车牌等市政标识牌，完成投资34.62万元；完成原平安宾馆旁、县药监局路口和司法局旁三段道路路口的硬化工程，完成投资22.5万元；另华东酒店路口至民族团结公园门口段和公馆路路口道路硬化工程正在实施中；完成灾后修复工程，包含人工湖及河道乱石清理、栏杆修复、田村水库打捞垃圾等，完成投资81.3万元；完成田村水库水上步道的翻新。六是实施县城夜景工程，打造“夜游金秀”景观。完成县城主干道两侧沿街单位自行筹资安装亮化灯饰；完成对田村水上公园和团结公园安装亮化灯饰，完成投资33.3万元。以上项目的建设已全部完工，将把金秀打造成旅游特色鲜明、品牌突出、具有较高知名度和美誉度的瑶族文化体验、生态山水、养生度假为一体的生态民俗文化旅游地。经过全县人民的共同努力，金秀县城于2015年12月通过自治区验收，获得国家AAAA级景区荣誉称号。

【城镇基础设施建设】 一是桐木镇百镇示范工程。桐木镇百镇建设示范工程，先后推进7个市政基础设施项目，计划投资2300万元。2015年下半年已做好前期工作并陆续进入施工阶段。推进桐木城区综合整治项目5个，计划投资为165万元。其中，桐木镇向阳路污水及通信管道工程已完成70%；桐木灯光球场周边整治工程、桐木文化广场南入口道路硬化工程、桐木镇惠新路硬化工程、桐木镇滨江西路硬化工程在2015年12月底陆续进入施工阶段。二是城镇污水管网建设工程。桐木镇污水处理厂及配套管网建设项目，目前厂区土建部分已基本完工，并于12月10日通水试运行，完成投资约850万元。县城污水管网改扩建工程于

2015 年 7 月 10 基本完工，完成投资 1500 万元。县城污水管支管网改扩建工程：一期工程为对县城内施工难度较小的主要排水管道进行雨污分流改造工程共 7 公里，总投资约 1200 万元；二期工程为对县城地形环境比较复杂的排水管道进行雨污分流改造，共 4.5 公里。项目于 11 月 24 日完成环境影响报告，正进行可研审批。三是特色文化名村建设。六巷乡下古陈村传统村落保护规划已完成评审工作，建设内容包括各项基础设施完善、传统建筑保护修缮等几个方面，计划利用三年时间完成建设。金秀镇孟村特色名村建设，主要建设内容包含道路及排水沟改造、旅游厕所、村史室、扩建民族表演场、停车场、游客中心等项目，2015 年完成投资 483.5 万元。

【安居惠民工程】 一是保障性安居工程。完成公租房开工任务 120 套，基本建成 114 套，完成新增发放廉租住房补贴 27 户及分配入住 100 套，分配率达 100%。二是棚户区改造工程。年底前，桐木镇向阳西路 90 户棚户区改造项目已取得施工图审查报告的 3# 楼 18 套还建房，已建设至第一层封顶，累计完成投资约 900 万元。三是农村危房改造工程。2015 年自治县农村危房改造工程 2400 户，任务数已分解落实到各乡镇，分解落实到户率 100%；2015 年 12 月上旬完成县级验收工作，竣工率为 100%。总投资 14400 万元，其中中央 1920 万元、自治区 1848 万元、市级 360 万元、县级 480 万元、农户自筹 9792 万元。

【建筑施工领域安全监管】 一是严格执行基本建设程序。根据自治区住建厅的要求，严格把好建筑市场准入关，严格审查建设项目的立项审批、规划许可、施工图、质量安全生产管理措施等相关的报建资料，对不符合法定要求的，一律不予核发施工许可证。2015 年，全县新开工工程项目 17 个，总投资 1.39 亿元，总建筑面积 10.48 万平方米，其中市政工程项目 3 个，工程投资达 1200 万元，办理施工监理合同备案 26 个。二是严格监督工程质量、公平公正开展执法检查。2015 年对全县所有在建工程项目进行了现场检查 3 次。检查的主要内容包括在建工程质量安全情况、参建各方履职情况及“三包一挂”等情况。累计共检查在建工程 50 个，总建筑面积达 40 万平方米，总造价达 4 亿多元，涉及施工企业 18 家，下发隐患整改通知书 30 份，其中停工整改通知书 11 份。同时，严格按照《关于印发〈广西壮族自治区房屋建筑和市政基础设施工程安全生产动态扣分管理办法〉的通知》（桂建管〔2012〕119 号）文件要求执行动态扣分制度，下发扣分通知书 23 份，其中施工企业 5 份，监理企业 4 份，项目负责人 5 份，专职安全员 5 份，总监理工程师 4 份。三是规范建设工程招投标管理。自治区要求招标发包工程中，全部使用国有资金投资或者国有资金投资占控股主导地位的工程建设项目，必须实行公开招标。县住建局严格按照《中华人民共和国招标投标法》及配套政策法规的要求，招投标监管工作采取了一系列的措施，按照公开、公正、公平竞争的原则，择优选择承包单位。2015 年，完成公开招投标项目 7 个，中标金额共计 4932 万元，招投标备案项目 2 个，备案金额 540 万元。四是狠抓新型墙体改革管理工作。由县人民政府牵头组织县住建局、国土局、发改局、环保局等部门组成检查组，深入自治县辖区内八家砖厂进行现场督查工作，确保“限粘禁实”工作顺利进行。目前全县已淘汰和取缔生产黏土实心砖和黏土制品的炉窑，转产和技改为生产页岩多孔砖，最终顺利通过了自治区新型墙体改革办公室的验收。

【房地产开发管理】 为加强房地产市场监督管理工作，促进自治县房地产市场健康有序发展，自治县住建局认真抓好住房档案查询力度，完善房产产权登记管理，并及时更新房产管理系统信息，提高了工作效率和管理水平。同时，做好住房制度改革管理工作，严格抓好现有公有住房出售和已购公有住房上市交易，做好危旧房改住房改造的审批和指导工作，并牵头组织继续开展全县干部职工违规多占住房清退专项整治活动。

【加强党风廉政建设】 自治县住建局认真落实“两个责任”监督工作。组织全体干部职工学习中央及自治区有关党风廉政建设会议精神，研究部署党风廉政建设工作2次，召开廉政专题会议2次，及时传达廉政工作动态，结合实际作出防控措施。坚决落实“两个责任”监督制度，第一责任人履行“三个主动”，即主动部署党风廉政工作，主动给干部职工上党风廉政课，主动检查督促党风廉政落实情况。严格执行中央的八项规定，严格控制“三公”经费支出，杜绝公车私用现象发生。同时，积极开展“三严三实”专题活动。按要求成立“三严三实”活动领导小组，组织召开民主生活会，并组织干部职工通过集中学习和自学相结合的形式，学习了必讲读篇目。注重深入基层群众中去，共联系村和学校5次，帮助群众及学校解决实际困难，得到群众好评。

环境保护

【概　况】 2015年，金秀瑶族自治县环境保护局内设综合股、规划财务股、办公室等3个股室，下辖环境监察大队1个二层机构，全局核定编制7名，实际在职人员9人（其中行政编制4人，事业编制3人，行政人员超编2人）。2014年9月18日，自治县机构编制委员会印发《关于调整县环境监察大队人员编制的通知》（金编201412号），核定自治县环境监察大队财政全额拨款事业编制3名（其中领导职数1名，人员编制结构为行政管理人员编制1名，专业技术人员编制2名）。2015年自治县环境监察大队实有在职人员3人（其中1月调入专业技术人员1人，11月通过公开招考录用行政管理人员1人名，专业技术人员1人）。2015年12月，自治县环境监察大队顺利通过国家西部三级标准化验收。

局　长：金显明

党组书记：冯春生（7月免）

　　　　　金显明（7月任）

副局长：冯春生

纪检组组长：李太中

【环保宣传】 以“6·5世界环境日”为契机，悬挂5条环保宣传横幅，设立2个环保咨询台，共有80多人次进行咨询，共展出宣传展板2块，发放宣传资料500余份，发放环保桌杯垫100多块、环保围裙50多条。2015年还举行了新环保法宣传篮球友谊赛10余场，取得了较好的宣传效果。

【项目环评审批】 认真贯彻执行建设项目环境管理有关法律法规，进一步规范项目环评审批程序，加强对建设项目环评审批管理力度，严把项目环境准入关，提高环评执行率，为经济健康发展做好服务。一是规范审批，切实履行环保前置审批权。对不符合国家产业政策、选址不当、污染严重的项目坚决不批，严格控制污染增量。二是规范“三同时”管理和规划环评管理，从决策源头防止环境污染和生态破坏。2015年，本级审批建设项目环评报告表6份、登记表26份，所审批的建设项目均符合准入条件，建设项目的环保手续的及时审批，有力保证金秀县建设项目顺利推进。

【主要污染物总量减排】 2015年是“十二五规划”收官之年，经核定，金秀县2015年化学需氧排放量比2014年下降0.02%，比2010年下降1.92%；氨氮排放量比2014年下降0.64%，比2010年下降3.94%；二氧化硫排放量比2014年下降0.55%，比2010年下降64.47%；氮氧化物排放量与2014持平，比2010年下降23.31%。四项污染物减排均完成“十二五”目标任务。金秀县在社会经济持续快速发展的同时，环境质量总体保持稳定。

【环境监察执法】 2015年，共出动执法人员178人次，现场检查有关企业62家次，饮用水源取水口7处，责令限期整改2家。认真处理好辖区内发生的污染纠纷和群众来信、来访，全年共处理信访20件，办结20件，办结率100%。组织开展了的核与辐射安全应急排查行动，完成辖区内12家核与辐射单位开展电磁辐射设备（设施）申报登记工作，及时消除了辐射安全事故隐患。

【生态环境监测】 经监测，金秀县2015年地表水水质、饮用水水源地水质均达国家Ⅲ类标准

（GB3838-2002 Ⅲ类），全县空气环境质量达国家二级标准（GB3095-2012），两项指标均符合来宾市空气质量目标考核要求。

【生态县建设】 坚持生态立县，以生态建设促发展、以建设提升生态环境质量，确保全面建设小康社会宏伟目标的实现，不断提高自治县人民群众的生活质量和人居环境。一是努力争取广西重点生态功能区县域转移支付资金。认真编写考核材料和自查报告，客观、真实、准确地反映本县生态环境可持续发展战略，加强重点生态区生态环境保护和建设工作中取得较好的成效。2015 年，金秀县获得国家重点生态功能区自治区级县域生态转移支付资金 3734 万元，同比增长 5.48%。二是生态广西建设引导资金项目验收。2015 年 5 月和 10 月，由来宾市环保局组织验收组对金秀县 2010 年以来获得自治区生态建设引导资金的 6 个项目进行了验收通过，并对这些项目的建设和实施情况表示认可。三是生态村申报工作。2015 年共向区环保厅报送了 23 个生态村申报材料，其中 19 个生态村通过自治区验收，被授予自治区级生态村称号，为 2020 年实现生态县建设目标起到积极的推动作用。四是农村 1000 人以上集中式饮用水水源地保护区划分。县环保局对全县农村集中式饮用水水源取水点进行摸底调查，符合 1000 人以上的农村集中式饮用水水源取水点共计 5 个，预计 2016 年上半年通过评审，年底完成划分工作。

【环保标志发放】 2015 年，全县共发放机动车环保检验合格标志证 4452 份，其中汽油车 4132 份，柴油车 320 份。为推进车辆机动车环保检验合格标志发放工作走上正轨奠定了坚实的基础。

（梁鸿雁）

教育·文化·体育·广电

教育工作

教　　育

【概　况】　金秀瑶族自治县教育和科技局成立于2002年1月，坐落于县城民乐路18号，属正科级行政单位，自治县人民政府职能部门之一。2015年，局机关内设办公室、人事监察股、科学技术股、财务审计股等机构，编制61人，在职人员58人。

局长、党组书记：赵德海

副局长：赵德金

钟　春

朱广平

纪委书记：苏慧明

【教育基本情况】　2015年，金秀瑶族自治县有各级各类学校103所，其中公办幼儿园1所，共有小学95所（含教学点29个，一师一校教学点27个），在校生9658人，教职工870人；初级中学5所，在校生94人，教职工438人；普通高中1所，在校生1615人，教职工100人；中等职业技术学校1所，在校学生714人（含成人在职培训人员），教职工44人；公办幼儿园1所，在园幼儿516人，教职工30人。义务教育普及小学适龄儿童入学率为99.88%，初中适龄少年入学率98.02%，九年义务教育巩固率为90.54%，高中毛入学率为87%。

【教育经费】　2015年，金秀县教育和科技局教育经费总收入28116万元，比上年多1462万元，增长5.49%。其中，财政拨款收入26895万元，比上年多1238万元，增长4.83%；教育事业收入1135万元，比上年增长3.32%。教育经费总支出29312万元，比上年多1782万元，增长6.47%，其中财政拨款支出27710万元，比上年多1819万元，增长7.03%。在总支出中人员经费支出14025万元，公用经费支出15287万元。

【教育教学成果】　2015年，自治县加大对学校教育的指导工作，校本研修促进教学发展，提升教学质量。高考本科上线人数146人，14名考生考上一本大学，比2014年增加2人；中考全县总分600分以上占比为来宾市第二名，全科及格占比为来宾第三名，总分一分四率全市排名前三，中考九个学科均进入全市前十名的学校有一所。全县乡（镇）中心校开展“高效课堂”教学实验已进入第二阶段。各校积极开展课题研究，在进行的课题有11个，申报结题有3个。教师参加各项教学比赛成果显著：获区级一等奖6人，二等奖3人，三等奖5人，优秀奖1人；市级一等奖14人，二等奖24人，三等奖7人；集体奖5次。青少年校外活动中心组织学生参加2015年来宾市青年科技创新大赛机器人竞赛3个一等奖，5个二等奖；青少年科普剧获2个一等奖；少年儿童科幻画获8个二等奖；桐木小学的科学DV作品获第六届全国青少年科学影像节一等奖和“科学万花筒”提名奖。

【教师培训情况】 2015年，金秀县教育和科技局教师共培训1970人次。与中国学校教育学会培训中心合作举办为期3天的“中小学参与式课堂教学设计策略、观察与评价”研修培训班，113名中小学教师参加培训；与广西教育学院合作开展以“职业道德教育、心理健康教育和教师教学能力提升”为主题的中小学教师全员培训班，参训中小学教师1122人；与广西科技师范学院合作开展为期10天的“中小学校长任职资格培训班”，27名中小学校长参加培训；与广西教育学院合作开展为期15天“中小学校长和教导主任管理能力提升”培训班，有46人参训；与中国教师研修网合作开展中小学教师信息技术应用能力提升师资培训工作，其中50名骨干教师短期集中培训（两天），528人参加网络远程培训（完成国家规定的50学时的学习任务）；开展2015年新招聘教师岗前培训工作，参训34人。

【教育项目】 2015年，全县共实施60个教育基础项目工程。单体项目总投资2086万元。其中，义务教育农村义务教育薄弱学校改造计划项目7个，投资632万元；农村中小学校舍维修改造项目（第一批）项目10个，投资274万元；农村中小学校舍维修改造项目（第二批）项目27个，投资276万元；农村边远艰苦地区教师周转宿舍建设项目12个，投资382万元；学前教育新建幼儿园奖补资金项目4个，投资522万元。2015年，全县对教育信息化建设总投资571万元，其中中央资金416万元，县级配套资金155万元，为5所初中，11所中心小学配备计算机室，为16所村级小学配备多媒体教室84间。

【教育惠民工程】 2015年，全县实施义务教育阶段寄宿生生活补贴：覆盖学校16所，其中初中5所，覆盖学生5623人，小学11所，覆盖学生3934人，发放方式：直接打款到学生银行存折或学生饭卡；实施高中助学金：覆盖高中学校1所，覆盖学生1483人，发放方式：打款到学生银行存折；实施高中免学费：覆盖高中学校1年，覆盖学生3076人，发放方式：拨款到学校签免；实施职校免学费：覆盖中职学校1所，覆盖学生486人，发放方式：拨款到学校签免；实施职校奖学金：覆盖中职学校1所，覆盖学生9人；实施学前入园补助：覆盖幼儿园41所，覆盖学生1194人，发放方式打款到学生家长银行存折；实施大学生入学补助：覆盖学生571人，发放方式：打款到学生银行存折。

2015年，全县实施农村义务教育学生营养改善计划学校93所（点），其中初级中学4所，覆盖学生2408人；小学89所（点），覆盖学生8600人。全县学校食堂全部实行学校食堂供餐方式。2015年，金秀县营养膳食补助资金859.25万元（中央、自治区资金773.1万元，县级资金85.9万元），至2015年12月实际执行891.09万元。

表28　　2015年教育基本情况表

指标名称	单位	2015年	2014年	比上年同比+、-%
1.教育：职业中学	所	1	1	0
在校学生数	人	266	302	-11.9
专任教师	人	46	39	17.95
普通高中	所	1	1	0
在校学生数	人	1571	1612	-2.54

续表 28

指标名称	单位	2015 年	2014 年	比上年同比 +、-%
专任教师	人	94	92	2.17
普通中学	所	5	6	-16.67
在校学生数	人	3934	5706	-31.06
专任教师	人	296	376	-21.28
普通小学	所	97	65	49.23
在校学生数	人	9851	9715	1.40
专任教师	人	775	765	1.31
幼儿园	所	49	46	6.52
在园儿童	人	5619	3586	56.69
专任教师	人	193	157	22.93

文化工作

文　化

【概　况】 金秀瑶族自治县文化体育广电局，规格为正科级，内设机构 6 个，分别为办公室、文化市场和新闻出版管理股、社会文化艺术股、体育股、新闻股、社会管理股、文化市场综合执法大队。2015 年局领导职数为局长 1 名，副局长 3 名，纪检组长 1 名。单位编制 26 名，其中行政编制 5 名，参公人员 17 名，后勤服务事业编制 4 名。根据广播电视工作实际，实行了局台合一体制，电视台下设总编室、新闻部、专题部、播音室、播控室、广告部，成为宣传贯彻党的路线、方针、政策的主要载体。二层机构有文化馆、图书馆、博物馆、瑶族艺术研究展示中心、电影发行放映公司和 10 个乡镇文化体育和广播电视站。文化馆在编 8 人、图书馆 7 人、博物馆 7 人、瑶族艺术研究展示中心在编 21 名、电影发行放映公司在职人员 3 人（事业单位企业管理），乡镇文化体育和广播电视站受所在乡（镇）政府领导，业务上受县文化体育广电局指导。

党组书记、局长：李金阳
副局长：张宝宗
　　　　梁照全
纪检组组长：陶青霞

【文化工作】 2015 年获得自治区授予设立“瑶族文化（金秀）生态保护区”。11 月份成功举办“瑶族盘王节”系列活动，《瑶都神韵》《瑶韵深牌》两台戏成功演出，《瑶都神韵》在瑶族艺术中心从 5 月 1 日开始实行“周周演”，加快推进金秀县民族文化产业的发展，把文化与旅游紧紧融合起来，实现了金秀县旅游文艺演出产品零的突破。据统计，全年演出场次 24 场，观众人数达 1.2 万人次，给金秀县旅游“创特”验收工作增添项目。结合非遗传承工作，在全县旅游精品线路，推进六段、田村、孟村、金村、古占、圣堂湖六个民俗风情表演队建设，成立瑶都神韵传媒有限责任公司。积极推进金秀博物馆“1+6”模式的创建工作，银杉公园大瑶山自然生态馆，古占山子瑶生态馆、六巷花蓝瑶生态馆、六巷坳瑶生态馆开馆迎客。推进、巩固、提升公共文化服务质量创建市级示范点 3 个，县级示范点 20 个，以点带面不断提高公共文化服务能力和水平，丰富和活跃广大群众多层次多方面的精神文化生活，维护人民群众的基本文化权益，有力地促进了全县文化建设的协调发展。

【文化馆】 获得“中国梦”广西第七届广场舞大赛三等奖。全年演出42场次，创作瑶族歌曲《山瑶》《果园欢歌》《秋韵瑶乡》《深山夜话》、舞蹈《群山舞者》等优秀创作作品，2015年兰怡获自治区文化厅《世界瑶族歌首大赛优秀奖》。非物质文化遗产项目《瑶族过山音》《瑶族织绣》纳入学校艺术课，做好金秀县非物质文化遗产的传承与保护工作；《黄泥鼓舞》参加南宁市青秀区鼓乐大赛，获优胜奖。举办各类培训班41期，培训人员达1500余人次。

【图书馆】 开展“读者第一、服务至上”为宗旨，为读者服务。充分利用少儿阅览室、报刊阅览室、外借图书室、多媒体阅览室等对外服务窗口，提供借阅、咨询、文化娱乐等公共文化服务。每周开放时间达60小时，全年新购图书2000多册，订阅报刊140种，接待读者3.2万人次，外借图书2万余册，发送各种信息资料4000余份，收集地方文献20余条，免费赠书1020册，价值2万元。

【博物馆工作】 投入5万元专款，做好文物征集和民族传统文化收集整理工作，共征集文物39件（套），录制《花蓝瑶服饰制作》《盘瑶服饰制作》《跳盘王》3个民俗项目的民俗风情录像节目，《黄泥鼓制作》获得中国民族博物馆举办的民族志影展入围奖。选送3人赴河南省博物苑举办讲解员培训班和广西民族博物馆“三区人才”馆藏文物管理培训。完成第一次全国可移动文物普查任务，共录入930件馆藏文物，其中定级文物141件，一般文物789件，全年共接待观众30万人次，9月被命名为自治区未成年人思想道德建设示范基地。

【文化市场】 以整顿网络文化、整治低俗文化、打击非法出版物、整顿中小学教材教辅为重点的“扫黄打非”集中行动，对全县文化市场进行了集中整顿，开展“净网”“清源”“秋风”等专项整治行动。全年取缔了1家黑网吧、黑游戏机室；对10家网吧进行了文化行政处罚，在“扫黄打非”行动中，共开展联合行动6次，出动人员100余人次，巡查50余次，检查持证印刷企业30家次，图书门店35家次，音像门店38家次，报刊亭30家次，取缔非法出版物销售摊点3家，收缴各类非法出版物1120余册（其中，非法出版物100余册，黄色淫秽书刊、画报等60余册、盗版书刊120多余册），音像制品860余张。开展2次联合打击非法地面卫星执法行动，共出动车辆10辆，出动执法人员34人，收缴卫星接收机17台，高频头12个，卫星天线4面，下发限期拆除通知6份，群众自行拆除8面，在检查小区、社区没有发现私自安装使用卫星接收设施。“4·26”世界知识产权日，联合县工商局、县检察院、县法院等部门集中销毁侵权盗版报刊、书籍2500多本，六合彩资料1000余份；盗版、淫秽光碟3000余张。5月28日，联合县文明办、县教育局在全县中、小学及民族高中开展广西百所学校“拒绝侵权盗版、打造书香校园”倡议活动。文化市场综合执法大队报送两个案卷参加2015年度全市文化新闻出版广电系统行政执法优秀案卷和重大案件评查荣获优秀案卷三等奖。

【广播电视】 播出广播电视各类稿件1800余件，专题20多个，上送中央15条，广西电视台26条，来宾电视台获得播出88条。荣获2014年广西电视台新闻报道工作先进单位，余雪锋荣获2014年市、县台好新闻条目，为金秀县各项建设营造了浓厚的舆论氛围。县广播电视台积极与上级主流媒体沟通协调，共有20人次参加宣传文化学习培训班，加强新闻策划，开办专栏报道等栏目。围绕全区全面开展了“美丽广西，生态乡村”活动，大力宣传报道金秀县开展“美丽金秀、生态乡村”活动进程，配合县科技局播放《农村科技新视界》栏目，为农村农民提供更多更好的农业新技术。扎实做好重大节日安全播出，全年未发生安全播出事故，获得自治区新报出版广电局《2015年维护县级播出机构电视剧播出秩序先进单位》。

【广播电视事业】 新建广播电视无线台站3个，分别是头排镇平田村，三江乡三江村、罗香乡罗香村，于12月18日正式开播，转播中央、省、市、县广播电视节目，受益人口达3万人，解决群众难收听收看广播节目的问题。

【农村公益电影放映】 深入实施农村电影“2131”工程，实现了“两个确保”：确保农村公益电影放映如期正常开展放映活动，确保农民群众看到看好电影。全年放映1062场（其中在全县中小学放映爱国教育主义放映112场），超额完成全年放映任务的115%。完成录制瑶语电影《举起手来》并放映。

【体育工作】 巩固提升金秀县创建全国“全民健身示范城市”成果，加强农村体育设施建设，2015年新建篮球场10个，健身路径5套，维修篮球场5个。组织并指导各乡镇在全年的春节等传统节庆期间举办了一系列的文体活动赛事，有篮球赛、篮球精英邀请赛、气排球赛、乒乓球赛，广场健身舞大赛、斗鸡比赛，书法、绘画比赛，象棋比赛、钓鱼比赛、拔河比赛及趣味竞赛等，活动丰富多彩，让广大农民群众享受了文体联欢的乐趣；积极组织筹备上级举办的各类比赛。《瑶族顶鼓》参加第十届少数民族传统体育运动会表演项目竞技类获三等奖，积极筹备，协调、组织积极参加自治区第七届体育节活动。举办2015年度气排球大赛、广西农民篮球大赛（金秀赛区）决赛、“瑶族健身舞”大赛，全民健身周活动等十余项全民健身赛事活动。

（梁文忠）

地方史志编纂

【概　况】 2015年，在县委、县政府的正确领导下，在来宾市业务部门的大力指导下，县史志办以开展“守纪律，讲规矩”为契机，认真履行工作职责，以抓业务工作为主，扎实推进各项工作顺利开展，取得了较好的成绩。

主　任：苏忠伟

副主任：吴秀明

【史志成果】 2015年，金秀县史志办一是重点抓好《金秀年鉴（2015）》编纂和出版，截至年底，已经完成书稿并和出版社达成出版协议，“一年一鉴”的编写模式，当前此项工作在自治区走在前列。2015年8月，《国务院印发全国地方志事业发展规划纲要（2015—2020）》提出的“两个全面”中，金秀县年鉴工作也提前完成任务。二是由于在党史方面工作出色，金秀县作为全市唯一推荐参加评选全国党史系统“先进集体”单位，最终获奖名单将在明年公布。三是《人间净土——金秀大瑶山》于2015年9月启动，金秀县史志办完成了材料收集和分工，计划在2016年完成书稿和出版。四是《金秀县志（1988—2005）》12月3日在自治区召开审查验收会议，通过与会13位专家投票，顺利通过。从2007年启动县志编纂工作，到2011年通过三级评审，2015年12月在审验会上通过，历时8年，力争在2016年完成最后的材料充实和出版任务。

【其他地方志工作】 2015年，金秀县史志办一是积极完成《来宾年鉴·金秀概况》《广西年鉴·金秀篇》材料的收集、整理、编写上报工作。二是11月应邀参加《忻城县志》《兴宾区志》书稿评审，并提出了金秀县史志的评审意见。三是10月应邀参加政协负责编纂出版的《金秀瑶族自治县村寨史略》评审修改。四是地情网正常运行，加强与公安，政府相送部门网站合作，扩大地情网的宣传和影响力。截至11月底金秀县史志办地情网更新内容179条，受自治区、市级采用7条。年内，《来宾日报》刊登发表由我办提供的相关内容稿件3篇。

【其他党史业务工作】 2015年，金秀县史志办开展中华人民共和国前来宾市党史资料征集工作。根据《来宾市开展中华人民共和国前党史资料征集工程工作方案》落实金秀县三个阶段工作计划。当前金秀县史志办根据工作方案要求，聘请一名退休老同志，协助对对象开展相送采访，收集活动，相送工作有序进行中。

【抓好联系点各项工作】 2015年，金秀县史志办一直重视联系村委工作，办领导带领干部职工年内先后5次深入联系点调研，与当地的党员干部群众共谋发展，共商大计，以实际行动积极为联系点排忧解难。一是积极为联系点多方争取到资金5.8万元。二是积极行动，认真派人深入村委抓好黄龙病防治、精准扶贫等工作。三是从单位经费拨付3500元用于村委购买电脑和打印机各一台，500元给学校安装广播电视网络。

（吴秀明）

县档案管理工作

【概　况】 1952年5月，自治县成立时，设立有自治县档案室（1958年12月改为自治县档案馆，配备专职干部3人）。1959年4月，成立自治县档案科（1986年5月改为自治县档案局）。1997年自治县档案局与档案馆合并，为中共自治县委直属事业单位。2002年机构改革后，继续维持局馆合一体制，定编5人，其中正、副局长各1人、干部3人，赋予行政职能为自治县档案管理的行政和业务管理部门。内设办公室、监督指导股、管理利用股。

局（馆）长：李峻廷

副局（馆）长：魏羽晨

【开展馆藏传统载体档案数字化工作】 2015年，自治县档案局继续大力开展档案数字化建设工作，把此项工作作为工作亮点来抓紧抓好。2015年完成1694卷225144页数字化扫描工作，新增录入文件级目录45628条。数字化扫描的档案已全部挂接到档案管理系统，开始提供数字化查阅。档案数字资源利用服务已经成为自治县档案信息资源开发利用的新手段。通过档案数字资源的应用，在方便人民群众的同时对馆藏档案实体起到了极大的保护作用。自治县档案局档案数字化工作走在全市前列，获得了市档案局的高度好评。

【指导机关单位做好档案整理业务工作】 自治县档案局2015年要求各单位做好档案收集进馆工作，由于人员少任务艰巨，采用边接收、边指导，跟班学习等方法，即整理档案单位把档案拿到县档案馆，由县档案馆业务骨干现场指导规范整理，整理完毕符合进馆的档案直接进馆保存。2015年，有政法委、财政局、发改局、总工会、文体广电局、宣传部、团县委、工商局、统计局、林业局、交通局、卫计局、三角乡等13个单位派专人在县档案馆边学边做，从而加快了各单位档案整理进度。另外，对一些已掌握基本档案知识的单位，自治县档案局则派员走出去服务指导，如水利局、民政局等。

【档案接收与利用工作】 2015年，共接收档案进馆1847卷（总工会50卷、财政局1493卷、县委办98卷、金秀镇206卷），接待利用者217人次，利用档案489卷（册），充分发挥档案的凭证作用，最大限度地满足机关和人民群众的利用需求。

【指导机关单位档案室等级复查工作】 为提高全县档案工作水平，巩固各级档案室已取得的成绩，更好的发挥档案工作的服务作用，根据《广西壮族自治区档案管理条例》等法律法规的规定，2015年4月份自治县档案局到县公安局开展指导业务工作，迎接市档案局的机关、企事业单位档案室等级复查认定工作。

【开展档案宣传工作】 2015年，自治县档案局组织开展“6·9国际档案日，档案与你相伴”主题宣传活动。一是向干部群众及学生展示了档案宣传挂图，发放《档案法》等宣传资料200份，详细回答群众咨询的问题。二是通过县电信公司手机短信平台群发档案宣传短信11000条，利用电子政务平台转发《广西壮族自治区档案关于组织收看广西档案工作系列宣传报道的通知》，号召广大干部群众收看。

【档案执法暨质量检查工作】 2015年自治县档案局对全县各单位的档案开展执法暨质量检查，促进各单位档案质量的提高。检查中，严格执法程序，采取听、看、议的形式进行实地检查。对存在问题的单位，均当场一一指出，并提出整改意见，确定复查时间，档案局在规定时间再次深入受检单位进行复查。对检查结果没有异议的，受检单位填写好《档案年度检查及档案执法检查评分表》，并由主管或分管领导、档案员签名认可检查结果，主管或分管领导签写好完成整改的时间。在全县72个县直机关（垂直管理机构）单位中对24个进行档案工作年度抽查检查，获得优秀单位4个；合格单位14个；不合格单位6个。

（金　云）

广播电视网络股份有限公司

【概　况】 广西广播电视信息网络股份有限公司是在全国率先以股份制方式整合全区广电网络资产设立的国有股份制文化企业，于2004年5月正式挂牌成立，注册资本人民币13.71亿元。在全区89个市、县设立分公司。广西广播电视信息网络股份有限公司金秀分公司（以下简称“金秀分公司”）是区级公司下设的县级分公司，内设办公室、规建部、农网部、客服营销部、财务室5个机构，分公司下设3个自建乡镇营业厅、10个乡镇维护站点，每个维护站点均配备有专职的运维技术人员。金秀分公司共有在职员工28名，工程运维车辆6辆，有线电视及宽带用户1.5万户。2015年10月，金秀分公司办公、营业地址从金秀镇民乐路18号（教育局门面）搬迁至金秀镇功德路127号（金园小区13幢7号）。

总经理：江　鸿（11月离任）
　　　　兰颂武（12月任）
副总经理：韦　民（4月离任）
　　　　　何先贵（5月任）

【客户服务】 金秀分公司主营业务包括广播电视基本节目传输、高清互动电视、专业付费节目、专网业务以及宽带互联网接入服务等综合信息服务。应对市场竞争和三网融合大趋势，大力发展高清电视、视频点播、电子政务、电子商务、正逆程信息服务、宽带上网等多种新业务。金秀分公司坚持以人为本、用户至上理念，推进客户服务标准化、差异化，以优质的服务提升公司品牌形象。设立有全区统一7×24小时“96335”客户服务热线，及时回复各类业务咨询和故障报修。专业维护人员及时上门维护，使客户得到更快捷、更优质的服务。

【网络建设及覆盖】 金秀分公司有线电视宽带采用HFC、FTTH技术网络结构传输。2015年，新建光缆杆路141.192公里，新建村屯联网26个，村屯网络改造27个。2015年，金秀分公司联网行政村网络36个，自然屯286个，覆盖家庭户数1.8万户，人口7万人。

（覃　黎）

科学技术

科技管理

【概　况】 2011年12月，因机构改革，县科学技术局与县教育局合并称为金秀瑶族自治县教育和科技局。由于工作性质不同，合并后，教育和科技仍然分别办公，科技局（含科技情报所）、地震局干部职工10人。

教育和科技局副局长兼地震局局长：赵德金

【科技计划项目的申报及实施】 在科技计划项目的申报中，注重与完成自治区、市、县考核目标任务相结合，与县域产业特点相结合、与产学研相结合，坚持引导创业、支持创业、鼓励干事原则，发挥项目资金的引导作用。2015年，结合金秀县实际，积极组织申报项目，共争取到“科技特派员服务金秀茶叶等优势特色产业和贫困村建设示范”“桐木镇科技服务站建设与特色产业科技服务示范”等2个项目。继续组织实施2014年以前申报获得的各类县级科技项目6个，分别是“科技进步示范县建设”“县域产业科技扶贫专项”“金秀县茶叶产业科技信息公共服务平台建设”“金秀县互助村科普示范村建设与示范”“茶叶产业提质增效科技示范与应用”“金秀县2014年科技服务能力建设”等。

【组织开展全国科技活动周金秀县活动】 2015年全国科技活动周金秀县活动的主题是“创新创业　科技惠民”。全国科技活动周金秀活动启动仪式于5月14日上午10：30在金秀县大樟乡举行。此次活动组织县直各成员单位29个113人、大樟乡政府干部职工25人参加。科普广场活动采取科技图片展览、科技服务、科普知识有奖竞猜、行业咨询服务、医疗卫生咨询、法律知识宣传、赠送实用技术资料、科技书籍及卫生义诊等形式进行宣传和咨询活动。活动各成员单位根据本单位职能印制并发放各种宣传资料10000份，各种图书5000多册，参加科普大集活动的群众2000多人次。

【开展农村科普惠农行动】 组织下派到金秀县的14名科技特派员和金秀县推选出的10名科技特派员，以及农口科技人员深入农村、深入田间地头，广泛开展农村实用技术培训、技术指导、技术咨询、技术服务，聘请桂林柑橘研究所等专家下到田间地头举办技术培训班等。全年共举办培训班35期，培训人数3290人次，技术咨询310多人次，发放宣传资料8600多份。

【利用县电视台开设科技培训】 与县文化体育广电局签订合作协议书，利用金秀县电视频道开展科技培训工作。根据协议播出时间为每天两个时段，即：每天9：30和20：00播出，每次30分钟。播出的内容主要是结合自治县农业产业生产季节，开展种植、养殖等方面的短、平、快项目的农业科技实用技术培训，通俗易懂，实用性强。

【知识产权（专利）工作】 贯彻落实《广西壮族自治区人民政府关于在全区开展全民发明创造活动的决定》，组织实施《来宾市发明专利倍增计划》。全年完成专利申请量53件（其中，发明专利46件，实用新型专利1件，外观设计专利6件），获授权量12件（其中，发明专利7件，实用新型专利2件，外观设计专利3件），专利有效量16件，超额完成市级下达专利工作目标任务。

气象工作

【概　况】 自治县气象局主要承担本行政区的气象科技信息、大气探测、农业气象及决策、人工增雨、雷电灾害防御等业务工作任务，服务于当地政府和各行业。2015年，金秀瑶族自治县气象局以气象服务为核心，继续发展气象服务科技，通过多个监控平台把好质量关，服务方向保持多元化，服务手段与省局、市局接轨，及时推陈出新，与时俱进，服务质量得到进一步提高，新增的电子显示屏和农村预警大喇叭等新设备在农村气象灾害防御及防灾减灾服务体系中发挥了重要作用。2015年年底，自治县气象局内设观测站、气象台、气象服务与防雷中心、人工影响天气作业办公室、防灾减灾办公室，设局长1名、副局长2名，工作人员9名。

局　长：陶炳新

副局长：韦勇娟

韦铭贵（9月任）

【县城气象情况】 2015年，县城年平均气温18.3℃，年降水量2241毫米，主要集中在4—9月的汛期；极端最高气温32.3℃，出现在4月19日，极端最低气温-0.4℃，出现在2月6日。年内出现霜冻5天，结冰2天，大风1天。年内主要出现自然灾害为低温冷害及暴雨洪涝灾害。

【气象服务】 金秀气象台已发布气象服务信息97期、各类预警信号45期、农气旬月报36期，专题气象信息28期，重大气象信息专报7期。较好地发挥了气象工作在保障工农业生产、群众生活等方面的重要作用，特别是在汛期期间，狠抓汛期气象服务工作，应急响应期间安排人员24小时值班，做好天气监测及预报工作，在全县防灾减灾工作中发挥了重要作用。

【服务农业】 积极开展气象为农业服务工作，做好春秋种、冬夏收等农事关键时期的专项气象服务及异常天气的决策服务。适时发布春播春种、秋播秋种等天气预报，每月发布农业旬、月报，为合理安排农业生产，趋利避害提供了科学决策依据。2015年，继续通过LED显示屏、预警大喇叭及新浪微博三种有效信息发送渠道，将气象信息发送到村到户，提供实时天气预报和气象科普知识。并在各乡镇镇政府成立了气象服务站，及时发送各种气象信息，并经常组织人员到乡镇及学校进行气象防灾减灾科普宣传。通过各种信息渠道和信息平台，针对不同层次的客户需求，广泛发布气象信息和气象资料，为社会各界提供准确、及时的气象信息服务。

【人工影响天气及防雷业务】 2015年，组织开展了2次人影作业，两次过程共计发射炮弹18枚，人工增雨效果良好。为增加县气象局人影科技实力，购回小型气象雷达一套，并开展人影（烟炉）选址。2015年金秀县气象服务与防雷中心共完成防雷装置设计技术评价25项，新建防雷装置竣工验收项目33个，防雷安全定期检测项目36个，基本完成防雷业务年度年度目标管理任务。加快推进防雷体制、行政审批等改革。2015年按照市局要求开展防雷综合治理检查，落实气象行政审批改革工作和加强防雷市场监管，做好相关防雷行政审批项目取消后的后续监管工作。规范防雷工作管理。

防震减灾

【概　况】 自治县地震局于2008年8月成立，在县教育和科技局挂牌。成立以来，地震局贯彻落实《中华人民共和国防震减灾法》及《广西壮族自治区防震减灾条例》，根据自治区、市防震减灾工作的要求，主要负责编制防震减灾规划和计划并组织实施；建立地震监测预报工作体系；负责本辖区新建、扩建、改建、建设工程抗震设防要求的监督管理和行政审批工作。

县教育和科技局党委书记、地震局局长（兼）：赵德金

【地震台站建设】 根据来宾市地震局《关于印发广西地震烈度速报与预警系统项目来宾市台站台址勘选工作实施方案的通知》精神，确定在县民族小学、六巷乡、忠良乡建设3个地震监测基本台站。上半年完成了土地征用等前期工作，10月正式开始地质钻井。台站的建成，有益于金秀县对地震断裂活动性的监控。

【地震监测工作】 制定印发《金秀县2015年度震情跟踪工作方案》，建立县、乡群测群防工作，10个乡（镇）均落实了防震减灾助理员和灾情速报员。对全县11个地震宏观观测点，进行重新排查，筛选一批养殖户培训成为观测员，发挥了群测群防在防震减灾工作中的重要作用。

【震害防御】 对2015年度建设工程进行调查摸底，收集整理建筑工程项目资料，明确了全县建设工程抗震设防备案工作的重点和任务。与有关部门协调对重大工程及一般民用工程的监管进行衔接，保证了抗震设防要求管理顺利实施。认真贯彻行政审批的公开透明原则，做到“阳光审批”。编制了金秀县地震局政务指南，完善并优化了窗口审批程序，全年共办理抗震设防核准、审批手续11件。积极推进农村民居地震安全工程建设，重点加强易发生次生灾害的重点企业或重点部位的地震安全检查工作，并加强对建设工程场地地震安全性评价的管理。同时，加强中小学校舍、公共卫生设施和农村危房改造工程建设项目的地震安全管理力度。

【应急救援体系建设】 会同有关部门修订完善《金秀瑶族自治县地震应急预案》。指导乡（镇）人民政府及县直防震减灾指挥部成员单位及时制订、修订完善地震应急预案，并报县地震局备案。全县修编完善各级种类《地震应急预案》33个，其中县政府1个，县直单位22个，乡（镇）10个，预案网络体系初步形成。

【开展学校地震应急演练】 学校是防震减灾的重点，也是地震科普教育的重点。县地震局在全县校点开展和指导了地震避险、疏散演练和地震科普讲座18场次，共有2000多师生参加，提高了师生地震自救互救的能力。

【防震减灾宣传普及工作】 在“科技活动周”期间，组织科普成员单位到大樟乡开展科普宣传活动，发放防震减灾法律法规、地震常识、避震自救、地震宏观异常现象、地震谣言识别、农村民居抗震设防知识等内容宣传材料1000多份。同时，利用县广播电视台播放了地震科教系列片《守护生命》，提高了干部群众防灾减灾意识。开展“平安中国”防灾宣导活动，5月19日—20日，在县城瑶都广场和大樟乡播放《地震灾害预防》等科普电影2场，观看群众约2000人。

卫生计生

卫生计生工作

卫　生

【概　况】 2015年4月整合前，自治县卫生局设办公室、农村卫生和妇幼保健管理股、卫生法制与监督股、医政股、瑶医药管理股、县爱国卫生运动委员会办公室（疾病预防控制股）、艾滋病防治股等7个内设机构。自治县卫生局机关编制6名。领导职数：局长1名、副局长3名。

局　长：吴桂珍（3月离任）

党组书记、副局长：黄立喜（3月离任）

副局长：梁晓芳（3月离任）

纪检组组长：李　宾（3月离任）

2015年3月，根据《关于自治县人民政府机构设置的通知》（金发〔2014〕20号）和《金秀瑶族自治县卫生和计划生育局主要职责内设机构和人员编制规定》（金政办发〔2015〕127号），于2015年3月将县卫生局、县人口和计划生育局的卫生、计划生育管理和服务职责整合，组建自治县卫生和计划生育局。自治县卫生和计划生育局设办公室、规划信息股、财务股、法制与监督股、疾病预防控制股、医政医管股、基层卫生股、妇幼健康服务股、瑶医药管理股、计划生育基层指导和家庭发展股、考核科技教育股、流动人口服务管理股、艾滋病防治股、纪检监察室等14个内设机构。县卫生和计划生育局机关行政编制12名。局机关于2015年4月起合署办公。主要领导1人，副职领导4人（副局长3人、纪检组组长1人）。全县有卫生计生机构146个（含7个县直卫生计生机构、4个中心卫生院、7个普通卫生院、77个村卫生室、51个诊所等）。

党组书记、局长：覃会川（4月任）

副局长：余凤琴（4月任）

　　　　罗敏强（4月任）

　　　　梁晓芳（4月任）

纪检组组长：李　宾（4月任）

【实施国家基本药物制度】 金秀县卫计局制定出台《关于印发自治县进一步加强完善村卫生室实施国家基本药物制度工作方案的通知》（金卫计发〔2015〕46号）村卫生室实施国家基本药物实施方案。2015年实施国家基本药物制度的政府投资建设村卫生室覆盖率责任指标值80%以上，全县政府投资建设村卫生室共77个，2015年1月—11月实施国家基本药物制度的政府投资建设村卫生室共77个，覆盖率100%。

【基本公共卫生服务】 2015年12月底，全县高血压患者累计人数7008人、Ⅱ型糖尿病患者累计人2668人，规范化管理高血压患者累计人数4937人、规范化管理Ⅱ型糖尿病患者累计人数1861人，规范化管理率分别为70.45%、69.76%，高于责任指标值（40%）分别为30.45、29.76个百分点，高血压、糖尿病患者规范化管理率责任指标要求达到40%以上。

【疾病预防控制】 2015年，适龄儿童含麻疹成分疫苗2剂次接种率责任指标值为95%，2015年全县适龄儿童含麻疹成分疫苗RCV1（含麻类1）、RCV2（含麻类2）接种率分别达到99.20%、98.96%，高于责任指标（95%）4.20、3.96个百分点，完成责任指标任务。

【艾滋病防治】 截至2015年12月31日，全国报告现住址为金秀县的艾滋病感染者和病人40例，与上年（47例）下降14.89%（即新发感染率），完成责任指标任务。2015年新发感染数责任指标值下降5%及以上。2015年艾滋病病死率责任指标值下降5%及以上，2015年全县按终审实际死亡日期和按终审期统计病死率比2014年同期分别下降13.42%和11.68%。2015年报告当年死亡当年报告的艾滋病感染者和病人15例，既往死亡今年终审的12例；2014年当年死亡当年报告17例，既往死亡2014年终审的13例；按终审—实际死亡日期统计，2015年病死率为3.12%，上年病死率为3.60%，病死率下降13.42%，完成责任指标任务。按终审日期统计，2015年病死率为5.61%，2014年病死率为6.36%，病死率下降11.68%，完成责任指标任务。2015年责任指标值按全县总人数落实人均1元艾滋病防治经费，全县总人口数15.5289万人，年初预算艾滋病预防控制县级配套资金16万元，比指标任务多0.4711万元，完成经费筹措任务，完成责任指标任务。

【妇幼保健工作】 母婴安康工程：2015年，全县农村活产人数1512人，住院分娩人数1512人，农村孕产妇住院分娩率平均达到100%。2015年全县农村孕产妇住院分娩人数1508人，农村孕产妇住院分娩补助人数1559人（含外地户籍孕妇嫁到本地的），农村孕产妇住院分娩补助率平均达到103.38%。2015年，全县活产人数为1623人，孕产妇死亡人数为0人，孕产妇死亡率为0。2015年全县婴儿出生人数1623人，婴儿死亡为12人，婴儿死亡率为7.39‰。2015年全县活产人数为1623人，5岁以下儿童死亡人数15人，死亡率为9.24‰。

地中海贫血防治项目：2015年金秀县地中海贫血基因诊断39对，符合补助36对，获得补助36对，补助率100%，高于绩效考评指标5个百分点；地中海产前诊断6例，符合补助3例，获得补助3例，补助率100%。2015年全县婚检预计1250对，县级按比例应承担经费5万元，已落实县级婚前医学检查经费8万元，7月已足额到位。2015年全县婚检率98.16%。2015年全县分娩产妇1617人，产前筛查1080人，产前筛查率66.79%。2015年全县活产数1623人，新生儿筛查1533人，筛查率94.45%。2015年全县活产数1623人，新生儿听力筛查1511人，筛查率93.1%。

【医改工作】 金秀县于2015年9月起实施县级公立医院综合改革，并2015年10月1日零时起，三家县级公立医院全部取消药品加成（中药饮片除外），药品实行零差率销售，并同步调整部分医疗服务项目价格和医保支付政策，全面实施了破除“以药养医”机制。

【卫生监督执法工作】 依法开展卫生行政许可，严把准入关，使行政许可逐步规范。2015年以来共受理卫生许可259件，办结259件，均严格按照审批程序、审批期限、准入条件进行许可，无许可超时现象，未接到群众的不满意投诉。以保障医疗机构诊疗质量安全、完善创新依法监督机制为目标，建立依法执业诚信体系，依法对执业信息进行公示，推行不良记分记录。坚持监督与服务并举、整治与指导同步的理念，开展医疗机构专项整治，全面提升全县医疗机构的依法执业水平。在春季及秋季学期分别对辖区内的中小学校及公私立幼儿园进行了有关生活饮用水、传染病防治及幼教人员是否持证上岗的监督工作，全年共对47家学校进行监督检查，监督频次达101次，针对存在问题下达了卫生监督意见书40份并责令限期整改。对全县4家集中式供水单位、6家乡镇水厂和6家学校自备水源单位进行生活饮用水专项监督检查，重点检查各单位水质净化、消毒设施配备使用情况及取水点卫生防护及有无水污染事件防范措施，针对各单位存在问题分别下达《卫生监督意见书》17份，要求限期整改。对15家单位的17份水质进行监督抽检，检验结合均不合格，不合格项目均为细菌总数及大肠菌群超标，对4家供水单位进行了立案查处，共罚款3400元。

【瑶医药及养生长寿健康产业】 一是积极开展“全国农村中医药工作先进单位”创建活动，建立健全县、乡、村一体化管理机制，县、乡、村中医药瑶医药服务网络初步完善，通过中（瑶）医药理论知识及中医适宜技术的培训，2015年4月底，广西中医药管理局专家组对金秀县开展创建全国基层中医药瑶医药先进单位工作现场评审，根据评审及反馈意见认真进行完善及整改，确保2016年能顺利通过国家级创建全国农村中医药工作先进单位专家组的验收打好坚实的基础。二是继续加快瑶医药产业开发的步伐，继续推进与广西中医药研究院及桂林中医院联合开发“产后三泡颗粒剂”“产后三泡浓缩液”“瑶药风湿骨痛外擦酒”科研项目，其中与广西中医药研究院联合申报，由我院承担的“瑶药‘产后三泡’颗粒剂医疗机构制剂的研究课题（2012.1—2014.12）”被科技厅列为2012年千亿元产业重大科技攻关工程项目，于2015年4月获得院内制剂注册批文，成为广西首个获批准的瑶药院内制剂，并将在广西各医疗单位推广使用，成为全区提高妇女健康体质的瑶药主打产品。2015年，在2014年获5个瑶药保健品及院内制剂专利批文的基础上，又申报8个瑶药保健品专利。5月份又向科技厅申报了作为瑶医脑病科重点专科的瑶药院内制剂——“瑶医治疗脑中风后遗症康复外洗剂”科研项目（项目经费为20万元）。目前我院共申报了18个专利，5个专利已经获受理，其余13个已获得国家专利局的受理通知书。其他各项科研项目也进展顺利，为瑶医药在全区的推广使用奠定了重要的基础。三是积极推进瑶医药挖掘整理工作。在原来收集、整理民间瑶医药偏方、秘方50000多条，收集瑶药标本1000多份的基础上，瑶医药研究所继续开展瑶医药挖掘整理工作、完善大瑶山“五虎、九牛、十八钻、七十二风”104种经典瑶药标本的采集，并会同国家第四次中药（瑶药）资源普查小组在金秀范围内开展中药资源普查工作中，截至2015年11月，共开展11次野外实地踏查及样地套方的调查，采集标本200多份，药材200多份，调查了10个样地中的20个套方，160个样方。

【基础设施项目建设工作】 2015年度共开展建设项目4个，分别为三角乡卫生院业务综合楼、桐木镇七建卫生院业务综合楼、10个乡镇卫生院职工周转房、县瑶医医院业务综合楼项目。

表29　　2015年卫生基本情况表

指标名称	单位	2015年	2014年	比上年同比+、-%
卫生：卫生机构数	个		134	
卫生技术人员	人	640	643	-0.47
#执业医师、执业助理医师	人		274	
注册护士	人	152	186	-18.28
病床总数	张	574	626	-8.31
参加新农合人数	万人	12.83	12.65	1.42
新农合参合率	%	99.30	98.81	0.50

计划生育工作

【概　况】　2015年，金秀瑶族自治县人口和计生工作以科学发展观为指导，以自觉实行计划生育的群众和家庭为中心，以促进人口计生工作思路和方法的根本转变，建立广大群众自觉参与和实行计划生育的基层群众自治长效机制为重点，进一步深化计划生育村（居）民自治的进程，创建诚信型计划生育基础，构建县与乡镇、乡镇与村（居）委、村（居）委与村（居）民和村（居）民之间的和谐氛围，实现人口计生工作重心下移，形成多数人做少数人工作的计划生育工作新格局。当年人口自然增长率为6.05‰，出生人口性别比为105.49 ： 100，政策外多孩控制率为0.21%，全员人口数据库信息准确率为95%，国家免费孕前优生健康检查目标人群1000对。2015年12月获得广西壮族自治区诚信计生示范县称号。2015年1—4月，自治县人口和计划生育局设办公室、政策法规股、宣传技术股、规划统计股等4个内设机构。自治县人口和计划生育局机关编制8名。

局长1名、副局长3名。

局　长：罗志宏（3月离任）

副局长：柳筱瑜（3月离任）

余凤琴（3月离任）

唐奇明（3月离任）

【诚信计生与开展村（居）民自治、计划生育奖励扶助相结合】　依法兑现奖励扶助救助等优惠政策，定期组织计生协会会员和群众代表开展计划生育民主评议活动，听取群众对计划生育工作的意见建议，真正做到政府诚信，群众守信。

【诚信计生与计划生育优质服务相结合】　坚持以人为本，广泛发动群众参与，深入了解群众的计划生育生殖健康需求，帮助群众解决实际困难和问题。

【诚信计生与服务群众生育、生产、生活结合】计生部门及时了解群众的需求，包括奖励扶助、生殖健康、优生优育、独生子女教育以及生产生活和再就业方面的需求，及时反馈协调有关部门帮助解决。

【诚信计生与新型人口文化相结合】　开展生育文明诚信示范创建活动，树立生育文明诚信示范村、生育文明诚信示范小组，培养生育文明诚信示范户，以身边事教育身边人，形成生育文明诚信示范带动效应。

【阳光政务，村务公开与村（居）民自治相结合】大力推进以人口计生政策及其执行情况为重点的政务公开、村（居）务公开，立信于民，方便群众办事，自觉接受群众监督。

医疗保健工作

妇幼保健院

【概　况】　2015年，自治县总妇产1813，建卡数1801人，建卡率99.34%；产检数1782人，产检率98.31%；早检数1770人，早检率96.46%；孕产妇系统管理数1743人，孕产妇系统管理率96.19%；住院分娩率99.95%，其中农村户籍产妇住院分娩1645人，发放农村孕产妇住院分娩补助1685人（含嫁至自治县由男方所在地发放补助的），补助率达102.43%，2016年自治区下达自治县补助指标1632人，任务完成率103.24%；自治县新法接生率100%；无孕产妇死亡及新生儿破伤风发生。新生儿死亡6人，新生儿死亡率0.32%；婴儿死亡3人，婴儿死亡率0.32%，5岁以下儿童死亡13人，5岁以下儿童死亡率0.71%。全县7岁以下儿童11782人，7岁以下儿童保健覆盖人数11258人，7岁以下儿童保健覆盖率95.55%，系统管理10886人，系统管理率92.40%。产妇孕产期接受HIV检测1812人，孕产妇HIV检测率100%。自治县管理HIV阳性孕妇共5人（金秀户籍5人，非金秀户籍0人），继续妊娠孕妇数5人，孕妇服药数5人，已娩5人，服药5人，孕产妇阻断率100%，HIV

阳性产妇所生儿童服药率100%。2016年乙肝表面抗原阳性产妇174例，所娩活产数176人，其中注射新生儿免疫球蛋白176例。注射率100%。2014年继续免费赠补叶酸预防神经管缺陷项目，共给1500人发放叶酸，叶酸补服率100%。继续开展免费婚前医学检查工作，结婚登记1052对，婚检1012对婚检率96.20%，婚检HIV检测率100%。新生儿疾病筛查率98.09%，听力筛查1812人，筛查率98.75%。地贫筛查孕妇双方阳性93对，进行地贫基因诊断53对，地贫基因诊断率56.98%，需要进行产前诊断夫妇20人，其中进行地贫产前诊断12人，符合地贫基因诊断补助30队，地贫基因诊断补助率100%，符合产前诊断补助人数4例，实际产前诊断补助4例，产前诊断补助率100%。权限出生医学证明发放有效证件本。

自治县人民医院

【概　况】 金秀瑶族自治县人民医院始建于1952年，属一所集医疗、预防、保健、教学为一体的综合性国家二级甲等医院。医院总院设在县城，医院分院设在桐木镇；人民医院是金秀县的医疗服务中心和业务指导中心，承担着全县15.6万人的医疗、保健、急救和康复医疗服务。医院占地面积2.2万平方米，业务用房面积达2.7万平方米。金秀县人民医院设办公室、医务科、护理部、质控科、感控科、行风办、财务科、工会、信息科、设备科、防保科、病案室、医保科、妇幼信息科等14个职能科室；金秀总院设急诊科、内儿科、外科、妇产科、五官科、手术室、口腔科、血透室等8个临床科室；分院设急诊科、内科、妇产科、普外科、骨伤科、手术室、口腔科等7个临床科室。2015年，县医院现有在职职工356人，退休职工53人。卫技人员253人（其中，医生91人、医技30人、护理132人），工勤及其他人员94人。在编人员120人（财政差额编110人、自收自支编5人、工勤编5人），编外人员236人，实际开放床位286张。

县医院现拥有德国西门子6排CT、德国诺道夫腹腔镜、美国强生超声刀、德国西门子心腹两用彩超、日本奥林巴斯电子胃肠镜、日本岛津直接数字化摄影系统（DR）、医用钬激光治疗仪、贝克曼AU480全自动生化分析仪、鼻窦电动手术刀等一大批高精尖医疗设备，为临床诊断治疗及科研提供了良好的条件。医院科室设置齐全，各临床科室除能完成二甲医院常规的诊疗项目外，甲状腺疾病及腰腿痛的外科治疗更是该院的特色优势诊疗项目，吸引了周边县市较多患者到该院就诊。每年的甲状腺手术均在500例以上，腰椎间盘手术在200例以上。近几年来，骨科不断引进新技术，成功开展髋、膝等关节置换术，高位脊柱手术、颅脑外科微创手术等高难度的手术项目；普外科及妇科还常规开展了腹腔镜微创手术，泌尿外科正常开展经皮肾镜及输尿管镜碎石术、钬激光碎石术、前列腺汽化电切术等多项新技术项目；麻醉科配合胃肠镜室常规开展无痛胃肠镜诊断技术及配合妇产科开展无痛分娩和无痛人流新技术项目。微创手术的开展创伤小、愈合快、减轻了病人的痛苦，缩短了住院时间。

自治县瑶医院

【概　况】 金秀瑶族自治县瑶医医院是全国唯一一所国家事业性、公益性、非营利性瑶医药特色医院。其前身为金秀瑶医门诊部（成立于1986年），2004年4月升级为金秀县瑶医院（医院总部设在金秀县第一大镇桐木镇，医院成立时在职职工仅为8人，固定资产仅为4000多元）。在各级党委、政府及上级卫生计生部门的关心和扶持下，现医院已发展为下辖瑶医医院桐木总部、金秀县瑶医门诊部，金秀县瑶药研究所和金秀县瑶医药康复疗养保健中心的综合医院。医院在积极发挥瑶医药优势为广大群众健康服务的同时，还承担着自治县瑶医药产业开发的重任。医院桐木总部占地面积10亩，建筑面积3600平方米左右，开设床位60张；金秀瑶医门诊部业务用房为1000平方米左右，开设床位20张；金秀瑶医药康复疗养中心占地面积36亩，开设床位 100 张。医院现有在职职工 121 人，其中卫生技术人员 91 人，副高职称 1 人，中级职称 20 人，初级职称 57 人，其中瑶医、中医技术人员占总卫生技术人员的 75%。医院开设有瑶医脑病科、瑶医妇科、瑶医外科、瑶医内科、瑶医针灸推拿科、壮医科 6 个临床科室，医院坚持走民族医药发展特色之路，积极使用瑶医独特诊疗技术：瑶药外洗、点烧、薰、烫、佩戴、放血、骨灸、药物灸、药棍灸、针灸、针挑、陶瓷针、捶击、推拿、指刮、风弓刮、碗刮、青蒜刮、稻草刮等瑶医传统疗法和大瑶山原生瑶药为广大群众提供价廉、质优的健康服务。医院除了充分发挥“五虎、九牛、十八钻、七十二风”等 104 种经典老班瑶药的治疗作用外，还积极使用大瑶山常用 1000 多种原生态瑶药，为广大群众治疗常见病及各种疑难顽症。医院的特色民族瑶医药在老年人常见病及多发病的防治方面取得显著疗效，尤其是瑶医药在治疗肿瘤、糖尿病、风湿类风湿性关节炎、脑中风后遗症（偏瘫）、顽固性皮肤病、重度水（烫）火烧伤等疑难杂症方面独具优势，在区内外享有较高的声誉。

【瑶医药挖掘整理工作】 2015 年度，在原来收集、整理民间瑶医药偏方、秘方 50000 多条，收集瑶药标本 1000 多份的基础上，自治县瑶医药研究所积极协助国家第四次中药资源普查小组在本县辖区范围内开展中药资源普查工作，全年共调查了 20 个样地中的 100 个套方，500 个样方，采集标本 2500 多份，药材 300 多份。

【瑶医药产业开发】 2015 年自治县瑶医院继续推进与广西中医药研究院及桂林中医院联合开发“产后三泡颗粒剂”“产后三泡浓缩液”“瑶药风湿骨痛外擦酒”科研项目。5 月份向科技厅申报了作为瑶医脑病科重点专科的瑶药院内制剂——“瑶医治疗脑中风后遗症康复外洗剂”科研项目。截至 12 月，共申报了 18 个专利，其中 5 个专利已经获准，其余 13 个已获得国家专利局的受理通知书。

【基础设施建设】 2012 年，县委、县人民政府在县城旁划拨了一块 34.5 亩地作为瑶医医院新院建设用地，建设县瑶医药康复疗养保健中心，该项目计划共投资 8000 万元（分三期实施），建设面积达 50000 多平方米。首期投资 1000 万元，建设面积为 5000 多平方米的业务综合楼现已竣工验收。二期投资 2850 万元，建筑面积达 9500 平方米的建设项目，也已开工建设，计划 2016 年 12 月前投入使用。一、二期建成使用后将新增床位 300 张，该中心除了设置完善的瑶医药物特色治疗和康复功能外，同时还设置有瑶医药养生及 5 个瑶族支系长寿文化展示区、瑶医药特色保健体验区，瑶族习用 104 种（五虎、九牛、十八钻、七十二风）“经典”瑶药材种植园区，重点打造生态宜居瑶医药文化园。将成为全国首个集瑶医药康复、瑶医药教育、瑶医药养生保健体验及瑶医药长寿文化展示中心，成为县城 AAA 级瑶族特色文化旅游景区。

【经典瑶药培育基地建设】 2013 年起，在山内几个乡（镇）种植“走马胎”“牛大力”以及鸡骨草等中草药，2015 年发展到 600 亩。计划至 2017 年全县种植经典瑶药面积 1500 亩以上，为瑶药“产后三泡”院内制剂的生产提供原材料资源。

【瑶医药宣传工作】 瑶医医院积极利用报刊、电视、网络等多种媒介手段，加强县瑶医药特色品牌的宣传力度，进一步提高了瑶医药的知名度。

旅游业

金秀瑶族自治县旅游发展委员会

【概　况】 2015年1—10月，自治县旅游局内设办公室、质量监督股、财务股等3个股室，下辖金秀瑶族自治县旅游质量监督所、金秀瑶族自治县旅游规划发展中心，共有编制6个，实有人数5人。设局长1名，副局长3名，工作人员2名。为加强对全县旅游业的管理，加快全县旅游业的发展，2015年11月，自治县将金秀瑶族自治县旅游局更名为金秀瑶族自治县旅游发展委员会，设办公室、质量监督股、财务股等3个股室，下辖金秀瑶族自治县旅游质量监督所、金秀瑶族自治县旅游规划发展中心和金秀瑶族自治县旅游开发公司。旅游发展委员会共有编制6个，实有人数6人。设主任1名，副主任3名，工作人员2名。

下设2个二层机构。自治县旅游质量监督所（规定编制8个，实有人数6人，设所长1人，副所长1人，工作人员4人）；自治县旅游规划发展中心（核定编制2个，实有人数2人，设主任1人，工作人员1人）；自治县旅游开发公司（实有人数72人，设总经理1人，副总经理3名）。2015年，在上级主管部门的关心指导下，金秀县紧紧围绕“生态立县、旅游强县”的战略思路和“打基础，精产业，发展特色经济”的工作方针，以创建“广西特色旅游名县”为契机，大力打造“生态、民族”的品牌，狠抓旅游发展规划、景区基础设施建设、旅游宣传营销工作，加大生态民俗文化旅游开发力度，成功创建了广西特色旅游名县，创建了圣堂山、圣堂湖和山水瑶城等3个国家AAAA级旅游景区及古沙沟、青山瀑布、银杉公园等3个国家AAA级旅游景区。2015年，全县共接待游客287.76万人次，旅游总收入19.04亿元，同比增长分别为35.33%和55.75%，其中入境游客4931人次，创外汇181.41万美元，同比增长为8.71%和10.99%。

自治县旅游局

局　长：李　雪（10月离任）

副局长：莫炳登（10月离任）

梁永帅（10月离任）

孙　婕（10月离任）

自治县旅游发展委员会

主　任：李　雪（11月任）

副主任：莫炳登（11月任）

梁永帅（11月任）

孙　婕（11月任）

【强化组织协调，形成最大工作合力】 一是坚持“一把手”工程，凝聚最强组织力。及时成立了由县四家班子主要领导担任组长的创建工作领导小组，县四家班子主要领导亲自抓，以前所未有的力度，做到全县动员，全民参与，全县上下形成共同推进创建工作的良好氛围。二是制定一系列政策和方案，建立最强新机制。出台了《金秀瑶族自治县创建“广西特色旅游名县”行动方案》《金秀瑶族自治县创建广西特色旅游名县“百日冲刺”工作方案》等工作方案，保障创特工作有序推进，促进、激励全县旅游业良性竞争和健康发展，建立旅游发展长效机制。三是定期召开创建工作推进会议，形成最强协调力。先后召开了全县旅游发展大会、全县创建推进会、百日冲刺动员会等。四是坚持以问题为导向，实现最强实效性。针对评分标准，认真梳理金秀县旅游发展软硬件方面存在的突出问题，特别是认真分析2015年4月3日、6月25日区旅发委专家组到金秀县指导创建工作指出的问题，有针对性地安排部署工作，及时认真制定整改方案，切实整改落实。五是加大工作督查推进力度，落实最强执行力。根据工作方案等文件下达的任务要求，按照各项工作倒排时间表，定期与不定期对各部门创建工作开展专项督查，确保各项工作按时、按质、按量完成。

【坚持规划先行，保障旅游健康发展】 金秀县始终坚持规划先行的发展理念，先后完成《广西金秀瑶族自治县乡村旅游发展规划》《金秀瑶族自治县旅游资源与生态环境保护规划（2015—2020）》《金秀瑶族自治县百里瑶寨旅游开发规划（2016—2025）》等旅游规划的编制，为促进金秀旅游产业健康快速发展奠定了坚实的基础。

【旅游项目建设】 坚持以项目建设为重点，在财政极为困难的情况下，统筹安排建设资金，加大资金投入力度，大力推进旅游基础设施和服务设施建设。据统计，2015年县财政直接用于旅游业发展的资金达6150万元。为确保项目及时推进提供资金保障，各项目取得突破性进展。一是景区创A工作快速发展。完成了圣堂山景区、圣堂湖景区和山水瑶城景区3个国家AAAA级旅游景区的创建工作；完成银杉公园景区、青山瀑布景区和古沙沟景区等3个国家AAA级旅游景区的创建工作，丰富了金秀县旅游产品，形成了多条旅游精品线路，游客停留天数从2012年的1.5天延长到3天以上。二是旅游接待能力和服务质量大幅提升。完成全县的宾馆、酒店、农家乐提升改造，至2015年年末，金秀县宾馆、旅社的床位数达8120张，星级酒店日接待量达1200人以上，接待能力大幅提升。完成县级游客集散中心建设并完善各项设施，为游客咨询及了解金秀县旅游资源和旅游线路提供极大便利。三是旅游交通网络不断完善。开通了“柳州—金秀旅游直通车”。完成“新国线”公司和“中兴”公司两家旅游运输公司的组建，开通县城通往各主要景区的旅游专线。同时，成立了金秀旅游出租车公司，并投入运营。四是旅游厕所革命成效显著。全县新改建旅游厕所14座，其中新建11座，改建3座。6月11日，广西电视台对金秀县旅游厕所建设先进经验进行了专题报道。五是旅游公共信息图形符号焕然一新。严格按照有关规范，高标准、高质量完成了全县旅游景区、景点及公路沿线的旅游公共信息图形符号的设置，全县更新旅游标识标牌达3000多块，完善了旅游导览、咨询、投诉标识体系，方便游客出行。六是特色旅游产品和服务挖掘提升取得新成效。特色景区、景点挖掘打造取得新成绩。结合各景区景点的特色优势，深入挖掘打造了圣堂山、银杉公园、古沙沟、青山瀑布及山水瑶城等景区景点，有效挖掘、提升了金秀县的旅游资源特色。大瑶山瑶族风情旅游带初具规模。规划了“大瑶山百里瑶寨风情画廊”项目，在精品旅游线路上，重点打造古占山子瑶、孟村茶山瑶、圣堂湖盘瑶、罗运坳瑶、门头花蓝瑶的瑶族民俗文化传承展演并对游客开放。古占、金村、孟村、滴水、青山、马鞍等乡村旅游得到快速发展，有效带动了周边群众脱贫致富，旅游产业扶贫成为金秀县扶贫攻坚工作一大亮点。2015年10月，全区扶贫产业开发现场推进会在金秀县成功召开。特色旅游村镇创建取得新成效。长垌乡古占屯成功创建广西特色旅游名村并荣获全国特色景观旅游名村称号，金秀镇田村屯成功创建广西特色文化名村，六段、孟村荣获广西农业观光示范村，金秀镇美村屯列入中国首批少数民族特色村寨，六巷乡下古陈村被列入中国传统村落名录。特色街区打造取得新进展。完成瑶族特色商品街、瑶医瑶药保健街、瑶族美食街的打造，进一步展示旅游商品特色，提升旅游品味。特色文化打造展现新亮点。充分利用金秀县作为瑶族之乡、中国民间文化艺术之乡、广西列入区级以上非遗保护名录最多的县份（国家级1项、区级10项）的优势，打造了世界最大的瑶族博物馆、大型歌舞《瑶都神韵》（从2015年5月1日起每周六和旅游节假日进行常态化商业演出）和《瑶韵深牌》、古占、孟村、六段等民族风情旅游村寨以及金秀竹编葫芦系列（荣获2013年“中国旅游商品大赛”银奖）等特色旅游工艺品，同时定期举办盘王节等民族节庆活动，实现文化与旅游融合发展。六是特色服务取得新突破。瑶浴养生、瑶医瑶药、康体运动休闲、生态科普、自驾车、瑶族长桌宴、瑶族文化寻根等特色服务进一步完善，丰富了旅游服务内容。

【加强监督管理，营造良好旅游环境】 一是加强旅游秩序整治。成立了旅游质量监督所和旅游执法大队，并配备了8名人员；组织联合执法组，不定期开展旅游市场综合整治，旅游市场环境进一步优化。二是推进旅游标准化服务。推行和实施旅游行业的国家标准、行业标准，旅游标准化服务水平不断提升。三是强化安全生产。成立旅游安全监管工作领导小组，建立旅游安全监管长效机制，完善各种安全应急预案，加强对景区景点、星级宾馆酒店、星级农家乐、旅行社的安全监管，使游客的安全感进一步增强。

【强化教育培训，提高旅游人才素质】 一是加强旅游行政管理人员培训。组织全县科级以上干部及旅游管理人员学习旅游法律法规，开展旅游安全及服务专题培训，推动执法人员学法、知法、用法，不断提高依法治旅水平。二是加强旅游从业人员培训。2015年，金秀县多次组织开展酒店员工、景区、乡村旅游从业人员等系列旅游行业培训班，共培训各类旅游从业人员500多人次，为金秀县旅游产业健康发展提供保障。三是制订旅游人才发展计划。聘请专业机构在全县范围内开展旅游人才调查摸底工作，制订完善旅游人才发展目标和工作计划，并组织实施。

【加强宣传促销，提升旅游知名度美誉度】 一是组织全县相关旅游企业于2015年3月28日至3月30日在柳州参加由国家旅游局指导，自治区旅发委和柳州市人民政府主办，柳州市旅游发展委、广西天桂旅游信息服务有限公司承办的第二届广西旅游电商合作交流大会暨中国—新加坡旅游大数据论坛。二是正式开通“广西金秀大瑶山旅游”微信公众号，分享金秀县最新的旅行资讯和神秘的瑶族文化，为游客提供最及时、最全面了解金秀县旅游信息的渠道。三是“柳州—金秀旅游直通车”正式开通，组织相关旅游企业参加开通首发仪式，“直通车”的开通为游客提供了较为通畅的旅游交通网络。四是金秀瑶族原创乡土歌舞与重新整合的充满古朴与新意的大型歌舞集锦——《瑶都神韵》于2015年5月1日正式对外开演；五是于5月29日—31日组团随同来宾市赴桂林参加2015中国—东盟博览会，并在展会期间，举行了2015第三届来宾金秀大瑶山生态山水旅游节暨广西旅游彩色跑跑进金秀活动推介会；六是加强在各主流媒体开展旅游主题宣传。借助中央电视台《美丽中国乡村行》主题节目深入、生动地宣传金秀县丰富的自然和人文旅游资源，有效提高外界对金秀旅游发展的关注度。七是举办盘王节、大瑶山生态山水文化旅游节等旅游主题节庆活动，吸引了大批游客来金秀县观光旅游，进一步提升了金秀县的知名度和美誉度。

表30　2015年旅游业主要指标一览表

指标名称	单位	2015年	2014年	比上年同比+、-%
旅游业：				
接待旅游人数	万人次	287.76	202.51	35.33
旅游总收入	亿元	19.04	12.12	55.75
入境旅游者人数	人次	4931	4536	8.71
创外汇收入	万美元	181.41	163.45	10.99

广西大瑶山国家级自然保护区

【概　况】 广西大瑶山国家级自然保护区位于广西中部偏东的大瑶山山脉上，北纬

23° 40′～24° 28′、东经 109° 50′～110° 27′之间。总面积 25809.2 公顷，其中核心区 5741.5 公顷、缓冲区 5795.5 公顷、实验区 14272.2 公顷，森林覆盖率 96.1%，是一个亚热带森林生态系统类型的自然保护区。1993 年，金秀瑶族自治县政府确定大瑶山自然保护区的面积界线以及林木的处理办法；1994 年 5 月，自治区林业厅桂林政字〔1994〕067 号文设立广西大瑶山自然保护区管理处。1997 年 12 月，根据《中华人民共和国自然保护区条例》及国家有关规定，自治县人民政府再次发文确定自然保护区的山界林权，并依法给保护区核发山界林权证书。随后不断加强保护区的建设和管理，2000 年 4 月国务院批准建立广西大瑶山国家级自然保护区。

2001 年大瑶山自然保护区升格为国家级自然保护区后，自治区林业局委托原柳州地区林业局（现来宾市林业局）代管。2003 年，来宾市编委发文设立大瑶山国家级自然保护区管理局，编制 45 人。管理局内设行政科、财务科、保护科、技术科、旅游科，下设 7 个保护站 16 个护林点。2015 年年底，保护区共有管护人员 102 人。

保护区内动植物资源丰富，种类繁多。据 2008 年的大瑶山自然保护区综合科学考察，保护区内有陆栖脊椎动物 481 种，其中鸟类 287 种，占广西鸟类的 60%，占全国鸟类的 22%；两栖类占广西的 75%；列为国家一级重点保护野生动物有鼋、瑶山鳄蜥、蟒蛇、云豹、林麝、金斑喙凤蝶等 6 种，国家二级重点保护野生动物有大鲵、虎纹蛙、猕猴、穿山甲等 46 种。有维管束植物 216 科、855 属、2232 种，植物种类占亚热带植物区系的 86%，大瑶山保护区是广西植物资源最为丰富的地区之一。有国家一级重点保护植物银杉、伯乐树、南方红豆杉、合柱金莲木、异形玉叶金花、瑶山苣苔等 6 种；有二级重点保护植物白豆杉、福建柏等 16 种。

大瑶山山体庞大，林广、雨多、河密，是珠江水系重点源头之一，被誉为是一座庞大的“天然绿色水库”。境内分布着集雨面积 10 平方公里以上的河流 25 条，呈辐射状流向周边柳州、来宾、桂林、梧州、贵港五个市 8 个县 41 个乡镇，年产水量 24 亿立方米，蕴藏发电量 23.05 万千瓦；为 570 多处引水工程、1620 多座山塘水库和 590 处山区水电站提供水源。灌溉着周边 200 多万亩农田和 1500 万多亩耕地，为近 200 万人口提供生产生活用水。

局　长：罗保庭
副局长：谭海明
　　　　廖日香

【干部队伍建设】 一是全面贯彻落实中共十八大和十八届以来党的重要会议精神，认真学习贯彻习近平总书记重要讲话精神和各级党委、政府的各项政策、法律法规，积极开展“三严三实”专题教育实践活动，提升了保护区全体干部职工的政治素质，为更好的服务保护区的保护事业，建设美丽中国做出自己应有的贡献的思想保障。二是选送干部职工参加市、县组织的相关培训及区厅国家林业局举办的各种业务培训班。一年来，在积极参加县委、县政府举办的系列培训的基础上，组织干部职工参加了区厅举办的“2015 年广西自然保护区规范化建设培训班”“2015 年全区林业有害生物普查测报技术培训班”“2015 年度全区森林防火业务培训班”“森林防火地理信息系统业务培训班”；选送部分职工参加“来宾市 2015 年公文写作暨公务礼仪提升班”“来宾市 2015 年财务工作人员综合素质能力提升班”等业务知识培训。使保护区职工进一步统一了思想认识，提高了政治素质和业务能力，增强了干部职工的使命意识、责任意识，进一步提高了保护区管理人员整体文化素质和管理水平。

【提高群众保护意识工作】 2015 年，保护区注重宣传工作，通过爱鸟周宣传活动和 2015 年全国科技活动周金秀活动暨科普大集活动等契机，组织人员拉横幅、张贴标语、发放宣传品、埋设宣传牌和界碑等方式对保护区周边村屯的群众进行宣传教育，共发放保护区宣传册 600 多份，1500 多份宣传资料，80000 条公益短信和 7 条横幅，埋设了 200 套界桩，51 套区桩，9 套保护区宣传牌，进一步提高群众保护的意识，减少群众对保护区森林资源的破坏。开展野生动植物宣传月活动，通过发放宣传资料、发送公益短信、张挂横幅的形式，营造全民参与的良好社会氛围，提升社会公众自觉保护野生动植物和鸟类的意识。通过深入学校和社区举办科普讲座活动。广泛宣传野生动植物保护法律法规，野生动植物保护和鸟类科普知识等。

【强化巡山护林维护林区秩序】 巡山护林是保护区的重要工作之一，通过巡山护林，严厉打击乱采乱挖、盗猎盗伐的行为，同时加强火源管理，杜绝违规火源进山，确保保护区无重大森林火灾发生。2015 年，大瑶山保护区重新设计落实新的巡山线路，比如说容易发案的地区和火警易发区，对这些地区加强巡逻和监控，争取将事故和违法行为消灭在萌芽状态。并要求护林员切实开展巡护工作，按照预定的时间、地点、路线进行巡护，做好巡护记录，及时制止和查处巡护中发现的各类破坏森林资源的行为。一年来共组织巡山设卡 150 余次（处），累计徒步巡护里程达 3500 多公里，张贴防火、保护野生动植物等宣传标语、通告 60 余条（张），通过巡护，及时发现和解决了许多问题。针对盗挖珍稀树种现象严重的问题，大瑶山保护区对在保护区频繁出现被盗挖的站点抽调了护林员加强巡护管理。据统计，一年来共查处有关破坏保护区森林资源案件 8 起，刑事拘留 11 人，逮捕 8 人，取保候审 12 人；已经移送检察机关审查起诉 5 起，金秀县人民法院已经判决 4 起，已有 9 人被依法判决，收缴被盗挖的罗汉松 7 株。在办理的案件当中有一起为特大案件，即陶建周、陶志刚等人非法采伐国家重点保护植物案，涉案闽楠共 7 株，林木蓄积量达 14.288 立方米，该案件 4 名犯罪嫌疑人已经全部归案，案件已经成功告破。林业行政处罚案件共 22 起，罚款 25900 元，没收电鱼机 6 台。通过加强巡查力度，对林区林业违法行为进行了严厉打击，在一定程度上遏制了林区“三乱”行为，维护了林区秩序。

【生产科研】 保护区在做好管护工作的基础上，利用保护区的资源条件开展生产科研工作。2015 年主要完成六项工作。一是与广西大学林学院合作开展保护区内珍稀树种（银杉、福建柏、华南五针松、长苞铁杉、伯乐树、合柱金莲木等）监测调查，设立固定样方 20 多个。二是继续与广西自然博物馆合作开展大瑶山树蛙、广西棱皮树蛙专项调查，并于 2015 年春季成功发现，顺利完成调查。三是继续开展铁皮石斛人工繁育种植试点工程，通过前两年的种植经验，现已经初步掌握其种植技术。四是完成保护区龙道山 1543 亩生态公益幼林（石崖茶、红豆杉、罗汉松）和防火林林带的抚育工作。五是完成六麻 4 公里防火林带抚育工作。六是完成河口鳄蜥繁育场监控系统的安装和调试。

【加强项目建设与管理】 申报 2015 年自然保护区中央财政林业补助资金，获得资金 141 万元，并已完成实施方案的编制与评审工作。保护区基本建设二期工程已基本完工，在准备申报验收材料。完成银杉保护站站房维修改造工作。完成 2014 年补助资金项目实施任务的 60%。

【开展生态旅游】 在以保护为主的前提下，为带动保护区周边的经济发展，增强保护区的影响力度，促进保护区的可持续发展，积极开展生态旅游建设。一是丰富银杉景区旅游项目。在银杉景区内种植杜鹃 2000 多株，樱花 100 株，桃树 120 株。同时，进一步完善银杉景区基础设施及游客安全工作，并配合县旅游局做好景区步道扩宽建设。银杉景区内动植物标识牌、生态博物馆、景区大门、环保公厕、景区安全护栏等基础设施都全部完成并通过验收。二是完成大瑶山生态博物馆（生态展览馆、动物展览馆、植物展览馆以及 3D 放映厅）布展工作，管内收藏标本和图片 3000 多份，充分展现了广西大瑶山丰富的生物多样性。博物馆于 2015 年 5 月初正式开放，深得游客好评。三是推进旅游景区建设上档升级，打造区内外知名旅游目的地，吸引更多的游客。大瑶山保护区配合县政府，合理利用得天独厚、特色鲜明的生态旅游资源，实现旅游发展与生态保护同步，以 AAAA 级景区创建为抓手，完善景区内部、外部及周边多方面的综合配套建设，将高品质旅游资源提升为优质旅游产品，进一步深化旅游的文化内涵，体现旅游景区的生态性和特色性。2015 年，圣堂山景区和圣堂湖景区已经评为AAAA级景区，古沙沟景区评为AAA级景区。四是扎实推进广西特色旅游名县创建工作，积极配合金秀县政府完成县城（山水瑶城）创建开放式国家AAAA级旅游景区工作及做好“创特”的各项工作。

【野生动物疫源疫病监测】 作为野生动物疫源疫病国家级监测点，大瑶山保护区坚持每日向国家林业局野生动物疫源疫病监测总站报告监测情况，及时反馈信息，为全国大局防控工作提供数据。一是加强监测队伍建设。局领导对野生动物疫源疫病监测工作高度，把该项工作作为工作重点来抓，并深入学习领会国家、自治区下达的有关野生动物疫源疫病监测工作的文件精神，切实按照上级要求贯彻实施。通过召开管理局会议，多次强调野生动物疫源疫病监测的重要性，提高工作人员的思想认识，要求工作人员要本着对国民身体健康和国家公共卫生安全高度负责的态度开展监测工作。二是完善监测体系。发挥保护区的网络资源，充分利用有限的人力、物力、财力，将野生动物疫源疫病监测与巡护人员的日常工作紧密结合起来，并根据大瑶山保护区自身特点，建立适宜的监测体系。在保护区原有的“管理局—保护站—护林点—管护人员”管理模式的基础上建立了野生动物疫源疫病监测体系。管护人员将监测任务与日常巡护任务结合开展。通过现有的管护网络进行监测，范围能够遍及整个保护区，杜绝了监测盲区，并且重点区域重点监测。一线监测员配发了野生疫源疫病野外采集仪，可立即通过该采集仪上报监测数据，使数据上报更可靠更快速。三是注重日常监测和汇报。在野生动物疫源疫病监测方面将每项工作任务具体分解到人，按照“谁主管谁负责，谁当班谁负责”的工作要求对监测过程中的每个细节进行了量化，要求做到早发现，早上报，并保护好现场，决不瞒报漏报，大大强化了每个干部职工责任和安全意识。一年来，将日常疫源疫病监测工作和野生动植物保护监测巡护工作结合起来，强化迁徙候鸟期间疫源疫病监测，在鸟类迁徙前组织专门力量到位到岗，进行重点看护，掌握了候鸟迁飞、集群活动动态和疫情信息，并坚持日报、月报、年报和快报制度。经过一年的监测工作，保护区未发现有野生动物疫情发生。四是做好应急物资的储备。2015年，大瑶山保护区做好了防护服、消毒液等必要的监测物资储备，并分配到第一线监测点，确保在发生紧急情况时应急物资有保障。

社会生活

民政事业

【概　况】　金秀瑶族自治县民政局成立于1952年5月，属正科级行政单位，县政府职能部门之一，2015年，局机关内设机构有办公室（法制股）、优抚股、救灾救济股、财务股、社会福利和社会事务股、基层政权建设和区划地名股、民间组织管理股、社会救助股。县老龄办、县安置办归属县民政局管理。下属6个单位：县救灾服务中心、县城乡低保办公室、县婚姻登记处、县福利院、县低收入居民家庭经济状况核对中心、县殡葬管理所。现有干部职工17人，本科学历5人，大专12人，中共党员11人，40岁以下干部职工5人。

局　长：龚槐枢（8月离任）

党组书记、局长：龚槐枢（8月任）

党组书记、副局长：陆秀华（8月离任）

副局长：陆秀华（8月任）

盘文合

廖红英

纪检组组长：陶耀林

【社会救助】　一是扎实做好城乡低保发放工作。2015年，全县累计发放城镇低保资金349.06万元，救助对象13001人次，补助水平人均每月达到268元；累计发放农村低保资金2085.57万元，救助对象14938人次，补助水平人均每月达到155.76元，均超出自治区标准要求。五保供养经费累计支出283.9820万元，农村五保对象生活得到保障。二是做好医疗救助工作。本着救急难的原则，对农村困难群众在重大疾病进行二次救助，同时为生活困难群众进行临时救助，全年，共救助2865人次，发放医疗救助金449.87万元。三是认真开展居民家庭经济状况核对和医疗救助申请审核工作。2015年，按"动态管理"原则对在享低保对象进行核查，共清查出不符合低保条件968户，停保968户2804人次；清查出不符合低收入家庭对象的有20户75人次。四是配合上级部门较好地完成了农村"两留"人员的调查和信息库建设。

【防灾救灾】　2014—2015年度冬春期间，全县需口粮救济人口10524人，占全县农业人口7.8%，需救济粮254.668吨。共投入2014—2015年冬春救助资金158.1016万元。冬春救助共支出资金158.1016万元，其中采购及发放冬春救助粮75吨，用资金37.5万元；采购及发放衣被6640件/床/套，用资金120.5716万元；冬春期间共救助11096人/次。根据上级安排，县民政局于2014年12月对全县农村住房政策性保险情况进行普查，于7月24日将县级财政承担保的96117.99元保险费支付给中国人民财产保险股份公司金秀支公司。截至2015年年底，全县已有40户参保农户住房因各种自然灾害损坏和倒塌，理赔资金97910万元。认真做好2015—2016年度冬春灾民困难群众生活救助的调查摸底工作，据统计，全县2015—2016年度冬春期间受灾人员冬春生活需政府救助15803人，其中需口粮救助人口10138人，需口粮救助数量245152公斤，需衣被救助人口11771人，需衣被救助数量7987件/床。

【优抚安置双拥】 2015年，金秀县完成征集新兵28人任务，发放军属光荣牌28块；春节慰问军属133户，发放军属慰问金13300元；"八一"建军节慰问军属131户，发放军属慰问金13100元。发放义务兵家属优待金62户，共发放义务兵家属优待金31.1178万元。2015年，金秀县退役士兵中有意愿参加技能培训的退役士兵10人，推荐到来宾市职业技术学校培训的退役士兵10人。

【地名区划和基层政权】 创新推进基层服务型党组织建设，在积极推进关爱党员活动、农事村办等相关工作的基础上，从创新活动载体、健全服务网络、加强团队建设、搭建服务平台等方面入手大力推进基层服务型建设活动开展。扎实推进屯级"三会"组织建设工作，结合实际，抓好屯级党支部委员会、村民理事会、屯务监督委员会的建设，通过集合办公、集合精力、集合议事、集合推介的合议方式，推动了屯级有人理事、有钱办事、有地办公。同时，一是做好"六符一卷"的规范化记录；二是安规按时按质进行村务公开。认真做好区划地名工作；把县级行政界线联检，12月9日全面完成金秀、象州两县界线联检工作。

【社会福利和社会事务】 依法行政，切实抓好婚姻登记的服务及管理工作。2015年，自治县共办理计结婚登记1224对，离婚登记410对，结婚证补领284对，群众有效投诉为零；按政策办理收养登记，全年共办理15例收养登记手续。按时发放孤儿定补金。积极做好福利彩票销售工作。

【民间组织管理】 精心组织，认真做好社团年度检查工作，2015年全县在册登记的社会组织153家，其中社会团体77家，应参加年检73家，在册登记的农村专业经济协会48个，应参加年检的有47个。民办非企业单位28家，应参加年检7家。年检率达100%。

【老龄工作】 一是积极推进示范性村级老年协会规范化建设。全年投入15万元完成5个示范性村级老年协会规范化建设任务；二是免费为60岁以上老年人办理老年优待证1380本，使老年人享受到老年优惠政策。三是认真做好"高龄长寿补贴"统计及发放工作。2015年共发放90岁以上老人补助金449940元。四是县委、县政府高度重视老年工作，重阳节划拨4.6万用于开展敬老系列活动。

扶贫开发

【概　况】 2015年年初，自治县贫困人口37265人。扶贫开发工作主要通过基础设施建设、产业开发、培训、信贷、社会帮扶、贫困村互助资金试点等方式开展新一轮扶贫开发攻坚战工作，当年解决贫困人口温饱13488户4988人，按年人均纯收入低于2855元的标准，年末自治县贫困人口有8688户32277人。

主　任：赵有毅（7月离任）
　　　　胡志辉（7月任）
党组书记：吴昊原（7月免）
副主任：吴昊原
　　　　李真明
纪检组组长：黄秀萍

【扶贫资金到位情况】 2015年，扶贫部门到位财政专项扶贫资金2091万元。一是自治区扶贫办、财政厅下达金秀县第一批财政专项扶贫资金1395万元。二是自治区扶贫办、财政厅下达金秀县第二批财政专项扶贫资金568万元。三是县财政局追加县扶贫开发办2015年"美丽广西　生态乡村"屯级道路专项资金128万元。

【贫困村基础设施建设】 投入财政专项扶贫资金619.6万元，在贫困村升级硬化屯路7条16公里，独立桥 1 座 45 延米，受益群众 475 户 1935 人。分别为长垌乡平孟村平孟至二级路口水泥路 3.2 公里，投入资金 115 万元；浪冲至平孟路口水泥路 1.7 公里，投入资金 60.35 万元；同王至二级公路水泥路 1.2 公里，投入资金 41 万元；三江乡合兴村那么屯至石门坎水泥路 2 公里，投入资金 69 万元；石门坎至蜈蚣岭水泥路硬化 2 公里，投入资金 69 万元；冷水至何家坪水泥路硬化 4 公里，投入资金 139.6 万元；三角乡江燕村六坪路口至六坪屯级路改建及硬化 1 条 1.9 公里，投入资金 71.6 万元；新建大樟乡花炉村三柏桥 1 座 45 延米，投入资金 54 万元。

【生态乡村道路硬化项目】 2015 年，实施 4 个乡（镇）5 个行政村 6 个自然屯，建设硬化屯级路 6 条 8.72 公里，投入财政专项扶贫资金 128 万元，受益群众 729 户 2991 人。分别为三江乡柘山村兰厂至柳水水泥路硬化 1 条 2 公里，投入资金 32 万元；三江村八里塘至大坪小学水泥路硬化 1 条 2.5 公里，投入资金 40 万元；长垌乡镇冲村冲口至红冲水泥路硬化 1 条 2.5 公里，投入资金 40 万元；头排镇二排村头排粮所至雅当水泥路扩建 1 条 1 公里，投入资金 4.56 万元；头排村新村村前至村尾水泥路硬化 1 条 0.2 公里，投入资金 3.2 万元；头排村二级公路至卜塘水泥路硬化 1 条 0.52 公里，投入资金 8.24 万元。

【生态乡村绿化项目】 2015 年，以村屯周围、道路两旁、房前屋后和村屯公共场所为重点，组织实施生态乡村村屯绿化项目 7 个，投入财政扶贫资金 84 万元，即在每个村屯投入资金 12 万元，采取以投工投劳方式，种植米径 4 厘米以上风景树 350 株以上。7 个项目村屯分别为金秀镇长二村长滩屯、六巷乡六巷村帮家屯、忠良乡车田村车田屯、石琢屯、头排镇二排村江洲屯、桐木镇三友村三寨屯、罗香乡罗运村白石垌屯。

【非政府组织合作基础设施项目】 2015 年度组织实施非政府组织合作基础设施项目，建设巷道硬化 5 条 2375 米，村道路 1 条 400 米及平板桥 1 座 7.7 米，投入财政扶贫资金 43 万元，受益群众 118 户 503 人。分别为罗香乡大垌村双合屯巷道硬化 1 条 314 米，投入资金 5 万元；龙坪村古谭屯巷道硬化 1 条 183 米，投入资金 5 万元；三角乡三角村斗地屯巷道硬化 1 条 593 米，投入资金 7 万元；大樟乡新村村古浪屯巷道硬化 1 条 965 米，投入资金 10 万元；忠良乡车田村屯源屯开挖村道路及平板桥修建（路 400 米、桥 7.7 米），投入资金 8 万元；六巷乡大岭村圣堂屯进村路硬化建设 1 条 320 米，投入资金 8 万元。

【贫困村重点产业扶贫开发项目】 2015 年，投入财政专项扶贫资金 417 万元，在贫困村实施特色产业扶贫开发项目，发展种植 1683 亩，家畜养殖 6480 羽，低产改造 346 亩，水果施肥 2170 亩，受益群众 1605 户 5900 人。其中，种植水果 97 亩，马蹄 529 亩，甜茶 819 亩，凉粉草 238 亩，养鸡 6480 羽，竹林低改 346 亩，水果施肥 2170 亩。

【扶贫培训项目】 2015 年，投入财政专项扶贫资金 94.4 万元，一是举办农村实用技术培训班 8 期 360 人，使受训的群众能够掌握 1 ～ 2 门实用技术，进一步提高了贫困村群众科技意识，增强了科技致富能力。二是全面完成对 2015 年符合条件的 204 名学历教育培训学生扶持补助到位，做到应补尽补。

【旅游扶贫合作试点项目】 2015 年，投入财政专项扶贫资金 200 万元，其中建设长垌乡青山瀑布群景区续建工程，投入资金 100 万元；长垌乡平道村古占大龙潭天然游泳池服务设施工程，投入资金 100 万元。

【扶贫生态移民工程】 2015 年，实施扶贫生态移民工程 2 个，投入财政专项资金 154 万元，受益群众 59 户 264 人。分别为三角乡甲江村委六排屯贫困住房外墙民族化改造 4000 平方米，投入资金 37 万元；罗香乡罗丹村委六团至丈二屯级路扩建及硬化 1 条 3 公里，投入资金 117 万元。

【金融扶贫工作】 2015 年，按照广西金融扶贫有关文件精神，扶贫开发办积极主动开展各项工作，加强和县农信社、财政部门的沟通，利用2014年度结存在“奖补试点”专户的200万元试点资金，为贫困户贷款提供风险抵押。同时，安排到户贷款贴息资金169.6万元，通过县农信社，对全县在册贫困户发放到户贷款进行贴息。

【中央彩票公益金基础设施项目】 2015年，投入中央彩票公益金资金1000万元，修建屯级水泥路5条18.95公里，人畜饮水1处，桥梁2座和横村游客服务中心。

【社会扶贫工作】 按照《金秀瑶族自治县2015年扶贫开发七个到村到户精准帮扶工作方案》的要求，县委、县人民政府认真落实“领导挂点，单位包村，干部包户”的工作责任制度，当年有103个单位挂点到村开展社会扶贫工作，其中中直单位1个、区直单位4个、市直单位15个、县直单位81个。蹲点干部184人，其中区级4人、市级15个、县级83人、乡（镇）直81人。各定点帮扶单位派出赴村考察干部2093人次，其中区级275人次、市级453人次、县级1365人次。落实帮扶资金270.03万元，其中区级237元，市级9.53万元，县级23.5万元。帮扶资金主要用于基础设施项目建设239.5万元、扶持发展产业3万元，培训1.72万元、资助贫困学生9.96万元，送温暖活动35.09万元。使全县10个乡（镇）、77个村委（其中贫困村21个）、3748户贫困户受益。

【新一轮精准识别贫困户贫困村工作】 一是召开动员大会，及时启动精准扶贫各项工作。10月16日，县委、县人民政府组织召开了全县精准扶贫攻坚动员大会，对全县精准识别工作进行动员部署。县委副书记莫慧军在会上作具体工作部署，县委书记韦佑江在会上作强调讲话。全县10个乡（镇）设立分会场。会议决定，从10月中下旬开始到2015年年底，用两个多月时间，集中开展精准识别工作，把全县37265人贫困人口精准识别到村、到户、到人。二是成立组织指挥机构。10月16日，成立了自治县精准识别贫困户贫困村工作指挥部，由县四家班子主要领导任指挥长，县四家班子其他副职领导任副指挥长，县扶贫开发领导小组成员单位的主要领导任成员的工作指挥机构。指挥部下设办公室，办公室主任由分管副县长兼任，办公室具体负责指挥部的日常工作，并在指挥部的统一指挥下，组织协调全县精准识别贫困户贫困村各项工作。同时，各乡（镇）成立精准扶贫工作站，行政村成立精准扶贫工作室，实现“县有指挥部、乡有工作站、村有工作室”的目标。设立自治县精准扶贫专责小组。11月16日，县扶贫开发领导小组设立了自治县精准扶贫专责小组，设立了综合协调、资金政策、基础设施、产业开发、公共服务、组织保障、宣传报道和督查考评等8个专责小组。组建工作队伍。根据全县精准识别的任务，组织足够力量投入识别工作。县级工作队正、副队长由联系乡（镇）的县四家班子领导成员及其他处级领导干部担任，队员由县直挂点单位派出人员组成，全县组建了县级工作队员265名。同时，各乡（镇）抽调专人组成乡级工作队，与县级工作队积极配合，共同开展好精准识别各项工作。全县共有区、市、县、乡、村五级工作队员1707人，组建县、乡两级工作队130个。三是制定工作方案，明确各级责任。10月16日，金秀县制定下发了《金秀瑶族自治县精准识别贫困户贫困村实施方案》（金办发〔2015〕105号），明确由县级负责制定精准识别工作方案，组织对精准识别骨干进行培训，具体组织开展精准识别工作，结合全县贫困人口规模确定各乡（镇）贫困户数和贫困人口数，并对乡（镇）对精准识别工作进行督查；乡级则负责乡、村工作队员的培训，负责复核贫困户、贫困村信息采集相关内容，组织精准识别工作队进村入户调查；贫困村第一书记、非贫困村驻村工作队队员则对本村精准识别工作负总责，组织工作队做好精准识别各项工作；县公安、国土、住建、工商等部门则需要配合做好精准识别财产检索工作等。通过明确责任，全面部署全县在精准识别贫困户贫困村各项工作，为实施精准帮扶，实现贫困户脱贫、贫困村脱帽的精准扶贫攻坚工作目标打好基础。四是切实保障工作经费。积极筹措资金，保证全县精准识别工作顺利开展。全县根据需要入户调查识别的人数(全县共21635户,约11万人),按人均10元左右予以经费保障，共落实投入工作经费110多万元。五是开展形式多样的宣传培训。为了让精准识别工作充分得到群众理解支持和参与，各部门、乡（镇）通过手机短信、微信、宣传标语、横幅、宣传单等各类形式，广泛深入开展宣传发动工作，宣传面达100%。全县共发放宣传资料29029份，张贴标语、横幅560多条，户外固定标语14幅，召开宣传发动会议667次，贫困户精准识别做到了家喻户晓。同时，各部门、各乡(镇)举办精准识别工作的各类培训班556期，培训工作人员达31656多人次。六是因地制宜开展识别工作。首先，由县主要领导及其他四家班成员亲自带头，深入各联系点村屯，开展入户调查评分工作。其次，根据金秀县山区面积广、人口分散的实际情况，大多数农户白天外出务农，采取“5+2”“白+黑”的工作方法，工作队员利用晚上和周末的时间开展入户调查，保障了工作的进度。第三，严格选派工作队员。所有县、乡选派的工作队员均经过业务培训后，才能进村开展识别工作。工作队队员一经选定，不能随意更换，确保工作人员的稳定性。第四，及时研究解决工作中的新问题。建立问题定期报送机制，由县扶贫部门负责收集汇总各乡（镇）反馈的问题，共性问题及时上报上级部门，个性问题提交县扶贫开发领导小组会议专题解决。第五，交叉审核确保识别质量。入户调查评分结束后，金秀县组织开展组与组之间、村与村之间、队与对之间的入户评分表交叉审核，对审核中发现的问题，立即进行整改，确保了识别数据的真实性。第六，严格按程序选好评议代表。结合金秀县实际，注重将有责任心、敢说话的人，德高望重的老人、老党员、人大代表、政协委员、妇女代表等选为评议代表，确保了代表性。

【精准识别工作进展顺利】 一是全面完成入户评估工作。全县1707名精准识别工作队员，以高度负责的工作态度，深入全县77个行政村、649个自然屯、953个村民小组开展入户评估工作，全县入户数达到21635户，完成需调查总户数的100%。二是“两评议一公示”工作基本完成。全县完成评议村民小组数953个，占评议村民小组数的100%；完成评议行政村71个，占行政村总数的92.2%；完成公示村民小组数953个，占公示村民小组数的100%。对于在公示阶段发现的问题，则由各级工作队队员及时跟进核查并妥善解决；对于无法立即解决的，及时登记在册并逐级上报。三是信息录入工作稳步推进。全县识别农户录入系统全部完成，审核汇总、农户财产检索等工作有序推进。

（蒙庆成）

人力资源和社会保障

【概　况】 金秀县人力资源和社会保障局内设六股一室，即：办公室、综合培训管理股、专业技术人员管理股、社保基金管理股、工资福利与退休股、劳动保障监察股、调解仲裁管理股。人员编制15人。其中，行政编12人，工人编3人，领导职数为局长1名、副局长3名。二层机构有6个：县社会保险事业局、县就业服务中心、县人才交流中心、县城乡居民社会养老保险管理中心、县劳动保障监察大队、县劳动人事争议仲裁院，其中2015年8月整合县社会劳动保险事业管理所、城镇职工基本医疗保险管理中心两个单位组建县社会保险事业局。组织参加2015年广西农民工技能大赛，获得来宾市级比赛一等奖1名，二等奖4名，三等奖5名的好成绩。

党组书记、局长：莫运春（3月离任）
　　　　　　　　陶杰华（3月任）
副局长：黄立喜（3月任）
　　　　姚雪云
　　　　韦利民
纪检组组长：蒙凤英

【劳务输出】 为解决金秀县城乡富余劳动力就业，减少全县就业压力，积极开展劳务输出工作。继续深入开展“春风行动”活动。亲临和委托招聘的用工规范企业30多家，进场求职1000多人，提供岗位1700多个，本地企业吸纳农村劳动者就业51人；通过招工信息招聘宣传约有118人在招聘会中与用人单位达成就业意向，提供劳动维权服务和法律援助120人。2015年农村劳动力转移就业新增人数4404人，完成上级下达计划4100人的107.41%。

【再就业与技能培训】 为提高下岗失业人员的就业竞争能力，在了解用人单位对岗位需求的基础上，有针对性地根据下岗失业人员自身特点及社会就业需求，积极组织各定点培训机构金秀县技术职业学校、来宾市技工学校、来宾汽车运输职业技术学校、柳州商贸技工学校进行职业培训及培训认证工作。全年共举办培训班4期164名农民工，通过考试鉴定164人，发放培训补贴12.5万元。

【社会保障】 进一步加快完善社会保障体系建设，全面加强各项社会保障制度有效衔接，全面实现社会保险全覆盖的工作目标。全县城乡居民社会养老保险参保人数56246人，完成参保任务60889人数的92.37%，缴费人数为31782人，缴费率达84.90%，参保缴费金额408万元，发放基础养老保险金18812人，发放率100%；签订《城乡居民养老保险费委托银行代扣代缴协议》36536份，签订三方协议率为97.60%。全县城镇职工参加基本养老保险人数5160人，完成上级下达全年任务4517人的114.24%；缴费人数4157人，占年度参保职工人数的80.57%；离退休人数4667人，养老金发放率100%，社会化发放率100%。城镇基本医疗保险参保人数为20205人，完成年度任务19000人的106.34%。城镇职工基本医疗保险收入2312万元，完成城镇职工基本医疗保险基金征缴收入2000万元115.6%。工伤保险参保人数为5506人，完成年度任务5500人的100.01%。工伤保险基金收入119.58万元，完成年度任务80万元的149.48%。生育保险参保人数6110人，完成年度任务5900人的103.6%。生育保险收入106.3万元，完成年度任务80万元的132.88%。失业保险参保人数4832人，完成年度任务4760的101.51%；失业保险基金征缴收入181.29万元，完成年度任务155万的116.96%。共为196名失业人员办理了失业登记手续，支付失业保险金148.55万元。

【劳动保障监察】 认真贯彻落实《中华人民共和国劳动合同法》《劳动保障监察条例》等法律法规，及时有效处理劳动人事争议案件。全县立案受理劳动人事争议仲裁案件81件，调解结案70件，仲裁裁决11件，结案率100%，涉案金额43.75万元；接待受理劳动保障举报投诉案件162件，追回拖欠农民工工资158.90万元；受理工伤认定申请7件，已经结案7件。结案率为100%；同时开展了规范劳动力市场专项检查，检查单位63户，没有发现违反劳动力市场规定的行为。开展劳动用工检查工作，发放劳动法律法规宣传资料6000多份，共检查用人单位63户，涉及职工人数2281人，督促用人单位与劳动者补签劳动合同230份。在县城和重点乡镇初步实现了劳动保障监察“两网化”管理，全县辖区内成立了62个基层调解组织，每个调解组织均聘请了专门的调解员。2015年，向本辖区内62个调解组织发放了“基层劳动人事争议调解组织三项制度”，累计发放了213份，并配发劳动人事争议调解组织挂徽和胸徽各54枚。

【人事工作】 公务员、事业单位人员公开考录(聘)工作。坚持“公开、平等、竞争、择优”原则，认真组织公务员、事业单位人员公开考录（聘）工作。2015年金秀县公开招录公务员(含参公人员)78人，事业单位招录工作人员73名。会同县教科局做好2015年农村学校特岗教师招聘6人。2014年度机关、事业单位工作人员年度考核工作。2014年全县行政机关（含参公事业单位）参加考核人数646人，评定为优秀等次91人。全县政府机关获得嘉奖和记三等功91人，共兑现奖金8.4万元。全县事业单位工作人员（不含组织部门管理考核的领导干部职工）参加考核人数2538人，评定为优秀等次357人。在职干部职工培训。积极举办全县公务员（含参公人员）876人报名参加网络培训班学习；组织全县机关事业单位职工参加2015年技术等级考核培训；做好2015年全县事业单位工作人员生态文明与可持续发展公需科目网络培训工作，领卡学习共2160人。军转干部工作。做好全县企业军转干部春节、八一建军节的慰问发放慰问金7000元。组织全县企业军转干部进行体检一次，落实体检经费1035元；按上级文件规定及时调整了部分企业军转干部生活困难补助标准。工资收入分配制度改革工作。2015年全县事业单位提高基础性绩效工资和提高退休人员生活补贴审批手续人数分别为2553人和1292人；为机关事业单位在职人员3663人办理职务（岗位）晋升、年度考核晋升工资档次（薪级）、高定工资、学历晋升等审批手续；同时落实了金秀县机关、事业单位在职乡镇工作人员1741人乡镇补贴审批手续。

【职级并行】 认真落实县以下机关建立公务员职务与职级并行工作，全县符合职级晋升268人，已兑现工资268人（其中科员级晋升副科级124人，副科级晋升正科级57人，正科级晋升副处级87人）。

【专业技术人员职务评聘】 做好2014年度专业技术人员申报专业技术职务资格材料的审核、审批及材料归档工作，发放2014年度通过取得初级专业技术资格证书43本；配合来宾市职改办做好金秀县2015年中、高级专业技术人员职称评审材料审核推荐上报工作及外语等级、计算机应用能力报名考试工作。截至年底，共推荐上报52人申报副高、审核85人申报中级专业技术职务资格、审核48人符合初级专业技术职务资格。为每满3年的初级专业技术资格证书进行注册登记，共验证注册登记45本。

【人事干部调控】 严格人事调动工作程序，把好“入口关”。2015年办理流动（调动）手续共136人，其中公务员23人，事业单位工作人员94人，机关事业单位工勤人员19人。

【人事代理】 2015年，接收大中专毕业生564份学籍档案，接收大中专毕业生报到306人。转出档案143份，办理人事代理业务386份，办理档案托管68份。

【退休手续审批】 2015年，办理机关事业单位退休73人；办理机关事业单位死亡人员抚恤金、丧葬费72人，遗属生活困难补助29人。落实33人机关事业单位退休人员享受独生5%或10%政策待遇补助。

（金宝权）

表31　2015年劳动工资统计主要指标一览表

指标名称	单　位	2015年	2014年	比上年同比+、-%
1. 城镇单位在岗职工年末人数	人	6459	6280	2.85
	人	4615	4780	-3.45
	人	968	784	23.47
其他经济单位	人	876	716	22.35
#企业	人	2219	1854	19.69
事业	人	2134	2469	-13.57
机关	人	2106	1957	7.61
2. 城镇单位在岗职工工资总额	万元	37566	27978	34.27
#国有单位	万元	29364	20544	42.93
城镇集体单位	万元	4611	4663	-1.12

续表 31

指标名称	单　位	2015 年	2014 年	比上年同比 +、-%
其他经济单位	万元	3590	2772	29.51
# 企业	万元	9691	8793	10.21
事业	万元	13982	11470	21.90
机关	万元	13893	7716	80.01
3. 城镇单位在岗职工年平均工资	元	59846	44500	34.49
# 国有单位	元	63655	42938	48.25
城镇集体单位	元	58371	61603	-5.25
其他经济单位	元	41079	37318	10.08
# 企业	元	47549	48125	-1.20
事业	元	65674	46578	41.00
机关	元	65844	39407	67.09

新农合管理工作

【概　况】 2015 年，全县新农合以村为单位覆盖率达到 100%，应参合农业人口数 129209 人，实际参合人数 128307 人，参合率 99.3%，覆盖全县 10 个乡（镇），77 个村民委，4 个居委会，657 个自然屯。完成了自治区下达的年度工作目标任务。参合人数和参合率均比上年明显提高，其中参合人数增加 1821 人，参合率增长 0.49 个百分点。

【圆满完成全年任务】 2015 年，全县参合农民 128307 名，参合人数较上年增加 1821 人，参合率达 99.30%，高于上级下达任务 97% 的考核目标。2015 年新农合基金筹资综合为 6030.43 万元，其中农民缴纳参合资金 971.94 万元，中央财政补助 3438.39 万元，自治区财政配套 1136.8 万元，县级财政配套 300.24 万元，部门代缴资金 182.82 万元。1—12 月，全县参合农民已获医药费报销 346100 人次，发生医药总费用 7997.77 万元，共报销新农合基金 5027.4 万元，基金使用率为 83.37%。

【拓展保障范围】 2015 年，自治县将高血压等 30 种疾病的门诊治疗费用纳入住院统筹基金补偿范围，实行分类补偿。同时，将儿童急性白血病、重性精神病等 27 种病种纳入重大疾病补偿管理，将其符合补偿范围内的费用年补偿封顶线提高到 15 万元 / 人 · 年。扩大了新农合保障范围，农民受益程度逐步提高。

民族宗教事务

【概　况】 2015 年，自治县民族和宗教事务局与自治县少数民族语言文字工作办公室合署办公。属政府行政单位，机关编制 5 人，其中行政编制 3 名，后勤编 2 名。实际在职人员 9 人，其中在编人员 5 人，行政编 3 人，机关后勤编 2 人，超编 4 人。少数民族语言文字工作办公室事业成立至今，一直与县民族和宗教事务局合署办公，办公室主任由局长兼任，属参公事业单位，编制 3 人，实际在职在编人员 3 人。民族和宗教事务局，设局长、党组书记 1 名，副局长 2 名，纪检组长 1 名。

局　长：梁　森（3 月离任）

党组成员、提名局长：罗志宏（3 月任）

党组书记、局长：罗志宏（7 月任）

党组书记、副局长：韦运斌（7 月免党组书记）

党组成员、副局长：韦运斌（7月任党组成员）
党组成员、纪检组组长：刘金花（3月任）

【维护民族地区和谐稳定】 一是深入开展民族团结宣传教育活动。4月，金秀瑶族自治县紧紧围绕“加强各民族交往交流交融，进一步促进各民族和睦相处、和衷共济、和谐发展”的主题，把民族团结宣传月与“壮族三月三”宣传周结合起来，开展了一系列特色鲜明的活动，营造浓厚的节日氛围。二是积极开展民族团结进步示范点创建活动。2015年金秀瑶族自治县民族团进步结示范点创建工作安排在基础较好的桐木中心小学。该校按照创建要求，成立创建活动领导小组、制定创建活动方案，开展一系列的创建活动，取得了成效。三是深入开展民族关系监测工作，抓好“三支队伍”建设。按照区民委的要求，建立全县少数民族知名人士信息资料库，聘有民族工作信息员、专家顾问和民族关系协调员32人。

【改善少数民族群众生产生活条件】 实施少数民族发展资金项目，进一步改善少数民族地区基础设施条件。2015年，组织实施了六巷乡邦家屯文化室项目、罗香乡白石洞屯文化室建设项目、少数民族手工品保护基地建设项目、长垌乡马安屯文化长廊项目、金秀镇罗孟村新建屯村道硬化工程。总投资110万元，直接受益群众1515人。4月，宗教事务工作正式列入民族局日常工作，同时成立：金秀瑶族自治县民族和宗教事务局。为充分了解和掌握全县的宗教情况，依法管理宗教事务，组织宗教人员参加区、市举办的培训班等，积极为宗教活动场所解决实际问题。领导班子成员多次深入三江乡柘山村委进行调研，为村委、群众解决实际困难和问题。支持800元给村委开展党员活动；赠送村委电脑1台，改善办公条件。赠送柘山小学电脑、电视各1台，改善办学条件。安排6万元硬化田垌屯群众文化活动场所。抓好民贸企业认定工作。金秀县是民贸县，2015年全县民贸企业有：广西金秀松源林产有限公司、广西金秀东达制糖有限责任公司、广西金秀瑶族自治县亿草丰茂瑶药有限公司、广西金秀圣堂药业有限责任公司、广西金秀圣塘山天然保健品有限公司、金秀县锦秀眉茶业有限公司、金秀县鑫瑞木业有限公司7家企业。2015年，全县民贸企业获得国家贷款贴息资金285.886万元。做好优秀少数民族贫困学生入学补助。2015年，金秀瑶族自治县获得优秀贫困少数民族学生入学补助资金4.2万元，其中：大学生入学补助经费3万元，共10个名额；高中生入学补助经费1.2万元，共12个名额。经多方了解及各中学的推荐、考生自荐，认真筛选、核实，并对外进行公示，最后确定22位同学享受专项优秀贫困少数民族学生入学经费补助。完成民族团结公园二期工程建设。认真抓好民族团结公园第二期工程建设，完成公园凉亭、廊亭、大门、侧门建设，完成公园步道以及公园凉亭等工程，是金秀瑶族自治县第一座公园。

【民族文化展示工作】 一是认真开展2015年壮族“三月三”民族节庆活动，组织各乡（镇）在主要路口悬挂横幅、标语口号；在全县室外电子显示屏、本地电视台等媒介刊播“壮族三月三”节日的历史文化和优良传统；由各乡镇人民政府、县民宗局、县文体广电局组织专场文艺演出15场，现场观众达10000人以上。二是认真筹备参加全国第十届少数民族传统体育动会。该届运动会于10月在内蒙古自治区鄂尔多斯举行，金秀瑶族自治县参加两个项目：《瑶族顶鼓》《扭大藤》。《瑶族顶鼓》项目获得竞技类比赛三等奖。

【统领金秀大瑶山瑶学学会工作】 11月17日，金秀大瑶山瑶学学会召开了第一次会员代表大会，正式成立金秀大瑶山瑶学会。金秀大瑶山瑶学学会的成立，将极大发挥瑶族同胞在金秀大瑶山经济社会发展中的积极作用，对进一步传承、保护和弘扬瑶族优秀传统文化，促进民族团结进步，起到十分重要的作用。金秀大瑶山瑶学会成立为县民宗局2015年工作亮点。

乡 镇

金秀镇

【概　况】 金秀镇位于大瑶山腹地，是县城所在地，东面与忠良乡毗邻，南面与罗香乡、长垌乡交界，西面与桐木镇、象州县大乐镇为界，西北面与三角乡相邻，北面与荔浦县、三江乡接壤，是自治县政治、经济、文化中心。距来宾市212公里（公路），交通便利，通信发达。全镇辖六拉、金田、和平、六段、长二、共和、罗孟等7个行政村和荣兴、民乐等2个社区53个自然屯。总人口18495人，其中非农业人口9314人、农业人口9181人，瑶族占总人口数的72.5%。土地总面积303.223平方公里，耕地面积12138亩，林地面积271699.95亩（其中公益林面积175956亩），森林覆盖率90.9%，是大瑶山国家级自然保护区、国家森林公园、广西重点水源林区所在地。盛产大红八角、木耳、香菇、竹笋、中草药、野生红茶、绿茶、石崖茶、甜茶、绞股蓝茶、灵香草等名贵土特产品。绞股蓝茶远销全国各地和东南亚等海外国家，极负盛名。2015年，金秀镇财政收入实现5567.32万元；固定资产投入完成6.94亿元；招商引资完成到位资金4.38亿元，分别比2014年年底同比增长91.05%、252.28%、122.3%。2015年，金秀镇荣获全国"文明村镇"奖励；荣获自治区级"全国第三次经济普成绩突出集体"奖；镇文化站获自治区二级文化站综合评定；金田村金村屯获自治县"文明村镇"称号。

书　记：兰　轲
副书记：陶学胜（4月离任）
　　　　覃宏生（4月任）
　　　　梁兵亮
人大主席：梁兵亮
人大副主席：罗国斌
镇　长：陶学胜（4月离任）
　　　　覃宏生（4月任）
副镇长：郑黄斌
　　　　覃　飞（4月任）
　　　　陶政华（3月任）
组织委员：黄　麟
纪委书记：卢文泉
宣传委员：郑黄斌
统战委员：陶政华（4月离任）
　　　　　罗娥英（4月任）
党委委员、武装部部长：谭达彬

【经济稳步增长】 2015年，农业上全面落实中央惠农政策，进一步促进农业持续稳定发展，全镇完成农作物播种面积8232.6亩，产量3436吨；其中，粮食播种面积6065亩，产量1693吨；经济作物872亩；其他作物1326亩，产量1743吨。畜牧业全年生猪出栏4046头；肉牛出栏149头；家禽出栏22900羽；肉类总产量达373.42吨；水产品总产量达38吨。全镇畜牧业总产值990万元，同比增长5.7%，渔业总产值61万元，同比增长7%。

特色产业方面结合金秀镇山区地理、气候环境优势，唱好“山字经”。扎实发展生态菌业种植园，在长二长滩屯建成占地20亩的菌业种植园，年种植香菇菌棒120万棒，解决安置劳动力30人就业问题；大力推广原生野生茶种植，年春在六段、长二、罗孟、共和完成野生茶苗种植1500亩；积极引进竹笋罐头厂，年加工各类山野竹笋能力达1000吨，产值800万元，填补了金秀县竹笋深加工产品的空白。指导养殖户大力发展竹鼠、鲟鱼、娃娃鱼、野蜂等生态特色养殖业。生态旅游工作努力推进旅游业发展，以金秀县创建广西特色旅游名县为契机，努力推进金村、社村、孟村和六段屯等4个村屯的生态民俗旅游示范点建设，引导群众大力发展农家乐、百家宴、长桌宴和民族风情表演等旅游项目；完成《六段民俗生态旅游村设计规划》，积极配合县人民政府完成“山水瑶城”国家AAAA景区创建工作，配合完成自治县“创特”示范点建设工作，为进一步推进全镇旅游业的发展打下来良好的基础。

【农村基础设施建设】 完成了六拉、长二、罗孟、和平公朗村级文化服务中心，在和平、共和等村委兴建了5个农村老人幸福院，村级活动场所建设得到进一步加强；完成了六仁、新建、古卜等村屯2.9公里水泥路硬化；完成罗孟、共和、六段等村的村屯道路进行维修，实施共和、六段、长二和罗孟通村水泥路建设；新建六仁、十九公里人饮项目2个，升级改造六段、长二、杨柳、三片、双永5个自然屯人饮管路和水池，全力解决群众饮水难问题。

【民生工程建设】 继续执行强农支农政策，发放各类补助资金559.06万元，医疗核销总金额为256.6806万元，发放城镇和农村低保资金346.95万元，发放各种抚恤金14.27万元，城乡特困群众医疗救助17.68万元，全年共发放农村养老保险金额123.95万元。

【招商引资】 全年共实施招商引资项目8个，项目总投资19.7亿元，累计到位资金9.2亿元，本年到位资金4.38亿元。此外，还把优化投资环境，提高服务水平作为硬件指标，全力解决招商项目建设中遇到的征地、补偿、纠纷及水电等突出问题，为客商营造良好的投资环境。

【“美丽金秀·清洁乡村”建设】 以示范村建设为抓手，以环境综合整治和“三化”建设为重点，深入开展生态乡村建设。一是把范道、长滩、金村、社村、林香、六仁等村屯分别列入区、县、乡三级生态乡村示范点建设，共投入资金300多万元，完成了道路硬化、饮水净化、村屯绿化等工程建设。二是建立农村清洁卫生长效管理机制。根据各个村屯的实际情况制度管理制度，实现了全镇54个村屯都有长效管理机制的目标。三是开展环境卫生综合整治。全年共开展清洁卫生集中整治49次，清除垃圾点750多处。

【人口与计划生育工作】 计划生育宣传品进村率100%，入户率98%，全镇无多孩出生，政策外多孩出生实现率达100%，2015年，全镇人口增长率为3.34‰，比责任指标值7.8‰低4.46个千分点。

【社会环境】 进一步加强社会治安综合治理，扫除黄、赌、毒等社会丑恶现象，刑事、治安发案率同比下降65.1%、29%；全镇全年排查调处种类矛盾328起，调解成功率95%。认真抓好群众来信来访工作，全力处理六拉、昔地、田村低保问题，尽量把矛盾解决在基层、在萌芽状态。2015年全镇没有发生恶性群体性突发事件。

桐木镇

【概　况】 桐木镇位于金秀瑶族自治县西北部，地处金秀、象州、鹿寨三县的交汇点和金秀县城出口大通道上，距离县城32公里，距规划中的贺巴高速公路金秀出口30公里，省道307线穿境而过，南通贵港、梧州，西可至柳州、南宁，北达桂林，东达贺州，扼守来往金秀县城的必经之路，是串联桂林—来宾—柳州区域旅游大动脉及衔接金秀大瑶山内外旅游项目的重要节点，交通十分便利，地理区位优势独特。全镇总面积204.86平方公里，其中城区面积3.5平方公里。全镇耕地面积108384亩，其中水田59204亩，旱地48180亩。辖高仁、太山、桐木、古池、鹿鸣、大蚕、龙庆、仁里、古院、那马、七建、皆村、三友、那安14个村民委和1个社区，90个自然屯，2013年年底总人口5.2万人，其中城中人口1.8万人，壮、汉、瑶等多个民族聚居的小集镇。

桐木镇自然资源十分丰富，享有“鱼米之乡”和“大果枇杷”镇之称。盛产优质谷、西瓜、辣椒、柑橙、大果枇杷、蜜桃、糖蔗、糯玉米、马蹄等农副土特产品，特色养殖瑶香鸡、瑶香鸭发展规模不断创大。主要矿产有重晶石矿、铁矿、铝矿、铜矿等，尤其以重晶石矿蕴藏量大而闻名区内外。桐木交通便利，经济发达，贸易繁荣，是方圆百里内有名的商贸重镇，农副产品更是远销湖南、广东、香港、北京等地，产品供不应求。

书　记：谭小春（3月离任）
　　　　秦建华（3月任）
镇　长：秦建华（3月离任）
　　　　梁茂基（3月任）
人大主席：梁茂基（3月离任）
　　　　　韦群飞（3月任）
副镇长：韦群飞（3月离任）
　　　　李远福（3月任）
党委委员、纪律委员：盘莹锋
组织委员：黄福荣
宣传委员、副镇长：李远福（3月离任）
　　　　　　　　　陈衍宁（3月任）
统战委员：廖韦霜
党委委员、武装部部长：李德宝（5月离任）
　　　　　　　　　　　莫若诚（5月任）
人大副主席：覃小玲
副镇长：廖木兰

【综合经济】 2015年，全镇农业总产值从2010年的2.77亿元增长至2015年的5.14亿元，年均增长17.11%，同比增长68%；工业总产值从2010年的4.09亿元增长至2015年的8.28亿元，年均增长20.49%；财政收入从2010年的2034万元增长至2015年的5459万元，年均增长33.68%；全社会固定资产投资从2010年的2.20亿元增长至2015年的6.8亿元，年均增长41.82%。

【农作物种植】 走科学化、规模化的发展路子，做大做强优质谷、水果等主导产业。2015年，全镇粮食种植总面积达7.11万亩，其中优质谷种植面积5.08万亩，粮食总产量达2.3万吨；蔬菜种植面积稳定在3.5万亩以内，年平均产量达到4.6万吨。全镇水果种植总面积累计达到了5.5万亩，新增种植水果面积达2.7万亩，柑橘类的水果面积4.5万亩，顺利实现了“山外人均一亩果”的特色产业发展目标。全年共发放各类农机补贴资金660.6万元，水稻、玉米良种补贴451.65万元，柑橘木虱防治补贴资金77万元，农资综合补贴资金1949.78万亩。

【林业发展】 开展“绿满八桂”造林绿化和“千万珍贵树种送农家”植树活动，一年来共完成人工造林面积累计达2.37万亩，义务植树33.57万株。

【畜禽养殖】 2015年，全镇建立了生猪养殖专业合作社5个，规模养殖场87家，年平均出猪量保持在4.5万头，瑶香鸡、瑶香鸭年平均出栏达5万羽，渔牧业年平均产值达1.4亿元。

【工业生产项目】 2015年，镇党委、镇政府以抓好工业建设为强镇、富县的动力引擎，以便捷的交通条件和优越投资环境，创造企业引得进来、稳定得下来的发展空间，同时加强项目的招商引资力度，推动企业技术升级，盘活全镇工业企业的发展活力。工业聚集区建设全面推进，投资3788.5万元，完成了桐木工业集中区标准厂房、配套办公楼、园区道路及配套排水渠首等建设。一是完成了工业聚集区300多亩土地征收工作；二是积极引导企业产业转型升级，松源林产有限公司投资600多万元建成钾皂和树脂两条生产线、广西金秀松盛胶粘剂制品有限公司投资600多万元，建成了年产量6000吨热熔胶、金秀华瑶混凝土投资2000万元完成二期工程续建工作、金利集团金秀水泥粉磨站完成了生产线的改造。全镇规模以上企业增加到11家，为全县及桐木镇经济提供了有力的发展后劲。

【城镇建设】 全面实施“美丽桐木·清洁乡村”建设，一是依托全区新型城镇化建设“百镇示范”工程，实施了公路局至畜牧站道路改造、桐江河堤改造、桐木文化广场、桐木旧桥头路面改造、桐鑫桥、桐木二级客运站、桐木垃圾转运站、城中路南段道路硬化等一大批市政建设工程，有力推动了桐木镇城镇基础设施建设。二是新区开发成果显著，几年来桐木镇新区开发投资超过15亿元，其中碧鑫湾、财税小区、豪景小区、亿达商业城、交通、公路小区五大新区建设已完成；金桐商城、锦绣城、大瑶山商贸城三大新区正顺利推进。三是旧城改造扎实推进，通过多元融资盘活土地，实施了三大旧城改造项目，旧供销社、旧车站改造成桐木商城和新农资市场；旧客运站改造为现代商业城项目建设；连接西环绕城路至向阳西路、向阳一、二路旧城改造项目已经入建设阶段。三大旧城改造项目总投资6亿元，旧城焕发出新活力，成为新的商住中心。四是基础建设，公共服务设施逐步完善，城区3.5平方公里主干道全部完成硬化、亮化、美化，城区绿化率达到40%，桐木广场、县级人民医院、瑶医医院、县级客运站均正常运行，文体、教育设施不断完备。镇公共服务和基础设施建设走在全市前列。桐木镇城镇化建设“三纵四横，一河两岸”的初级建设构想已完成，桐木镇的城镇位和综合竞争力不断提升。

【新农村建设】 一是公路、桥梁建设方面，完成了大蚕新村等6条屯级沙石路、桐木至石马等55条屯级水泥路及各村屯道路硬化建设。完成了便村桥等5座桥梁建设。二是水利基础设施建设方面，共投入592万元，新修建农田水利渠道37条，共82.6公里。投入1131万元完成了26个村屯水毁水利、河堤设施的除险加固。三是人饮建设方面工程，投入938万元完成了36个村屯和13个村级教学点的人饮工程网络的改造。四是生态乡村建设方面，投入资金426万元完成龙庆村那么屯、小马屯、古池屯新农村示范点建设工作，争取到“一事一议”财政奖补资金878万元，实施了47个“一事一议”财政奖补建设项目。五是电力改造工程方面，积极协调电力部门完成了桐木村等15个村屯级电网改造工程。通过实施一系列支农惠农项目工程，全镇农村公共基础设施日益完善。深入推进“美丽桐木”工作。经常性地对城区卫生、秩序等集中开展综合整治行动，共拆除违章建筑6000多平方米，进一步规范了城区秩序。积极推动农村垃圾整治工作，建成了全县各乡镇中唯一的垃圾中转站，建立了屯、村、镇三级共建“清洁家园”长效机制，实现了“清洁乡村”向“生态乡村”建设的转变。加大各村屯环保资金的投入，通过深入开展评选“最美乡村保洁员”和“优秀乡村保洁员”活动，进一步提高群众环保意识，农村“脏、乱、差”的现象得到有效整治，打造了小马屯、那么屯、三寨屯3个县、镇生态乡村示范点项目，龙庆村、皆村村、那安村、三友村、古池村、仁里村6个自然村顺利通过了自治区创建生态村工作，为开展第三阶段“宜居乡村”活动的开展提供了坚实的基础保证。

【教育科技卫生文化体育】 全镇教育工作深入实施“科教兴县”战略，落实镇三家班子领导联系学校扶持贫困学生制度（即一个班子联系一所学校，扶持1～2个贫困学生，累计帮扶贫困学生93人次）；进一步加大教育资金投入，完成了中学校运动场1亩土地及镇中心小学运动场4300平方米征地工作，不断加大对各村小学、教师慰问及开展教育活动的力度；深入实施学前普惠性教育项目，投入资金88万元，实施雨露计划工程，解决了一批中高职、大专以上贫困学生入学难的难题，累计发放助学资金29.2万元，资助贫困学生75人次；进一步加大了教育基础设施的建设力度，打造了村级示范幼儿园5所，完善了那马、太山、鹿鸣村等幼儿园建设，推进了儿童学前教育。科技工作深入实施科教兴邦战略，推进投入500多万元科技帮扶资金，有效实现了以科技增效益，促发展的目标。医疗卫生事业进一步完善镇、村二级公共卫生服务体系建设，对全镇10个村卫生室实行乡村一体化管理，包括基础建设、医疗设备、中医药服务及办公设备等管理，不断提升乡村公共服务水平；镇中心卫生医院通过深入挖掘瑶医瑶药独特疗效，打造了推拿、针灸、足疗、刮痧等一系列特色保健项目，荣获自治区创建全国农村中医药先进单位称号；认真做好新型农村合作医疗工作，全镇参合人数从2010年的40036人、参合率从87.25%提升至2015年的43802人、参合率99.26%。看病难、看病贵的难题得到有效改善。二是计生服务方面，继续做好计生服务工作，转变职能，提升了服务水平，计划生育工作各项指标全面完成。文化体育方面，全镇修建了22座舞台，覆盖了全镇14个村民委（其中封顶舞台5座），建成了七建村、桐木社区、仁里村文化广场3处，健身场所6处，打造了龙庆村、古池屯、那么屯公共文化服务中心，建成了桐木镇最大的文化广场，面积达1762平方米，通过深化基础设施建设，文化宣传阵地得到了不断的巩固，形成了村村有文艺队，篮球队、健身队的文体队伍，实现了桐木文艺每周一演、体育每月一赛，桐木镇知名度不断提高。

【社会各项事业发展】 2015年，扶贫工作严格按照“六个精准”的要求，积极开展“精准扶贫”工作，在市、县挂点单位的大力支持和帮助下进村入户，完成4955户19450人入户精准识别评分、评议工作，以及2313户8382人贫困人口的建档立卡，联系帮扶等工作。同时积极争取各项项目资金，扶持贫困户发展种、养殖业，努力改善贫困人口生产生活条件。邮政电信事业，全镇有邮政所、电信、移动金秀分公司、联通金秀分公司各一个。全镇14个村、一个社区通高压电，90个自然村通程控电话，设有7个卫星地面接收站，每家每户都可以看到中央一套、广西频道等15个频道的节目。社会保障逐步完善，首先在全镇公平公开实施城乡低保政策，发放城乡居民最低生活保障资金985万元，满足了7766人基本生活需求，投入救灾资金105万元，救助灾民12910人次。二是认真做好新农保和城居保工作，逐步解决居民老有所养问题。全镇新农保、城居保参保人数，从2012年的7066人、参保率为22.95%提升至2015年的7343人、参保率为68.68%。三是严格按照程序开展危房改造工作。完成农村危房改造2214户，补助资金3985.2万元。四是进一步完善公共服务体系建设。投入520万元完成桐木镇示范性敬老院、社会救助站和6个联合五保村建设，社会救助和养老服务体系建设进一步完善。

【党政建设】 自觉与中共中央保持高度一致，坚持党要管党、从严治党的原则，认真贯彻落实中央八项规定，全面落实党风廉政建设责任制，认真履行“一岗双责”，加强涉农资金监管，建立健全惩治和预防腐败体系。全面推进公车改革，严控“三公”经费和一般性开支。2015年4月29日，召开桐木镇第十七届人民代表大会第五次会议，全镇有人大代表77名，全镇村委定工干部60名，村民小组长90名。

头排镇

【概　况】 位于县城西北部53公里处，东接三角乡，西连鹿寨县四排乡，南邻桐木镇，北面与三江乡接壤。交通方便，四通八达，国道323线与省道307线成“T”字形公路交叉穿境而过。总面积10742.25公顷，耕地面积1533公顷，森林面积2653公顷，北部属低山区，其余为平原和丘陵，山脉呈东北、西南走向。境内海拔最高的山峰是月皇岭，在镇政府驻地东北部5公里处，主峰海拔947.9米。1951年前为修仁县一个乡，1951年8月撤修仁县并入荔浦县后，成立头排区，1956年划入鹿寨县管辖，1958年改为头排人民公社，1962年改称头排区，1966年复名头排人民公社，1983年又改称头排区，1984年划入自治县管辖，1987年6月改称为头排乡，1995年4月由乡改为建制镇。辖头排、二排、夏塘、同扶4个行政村及头排社区，全镇有43个自然屯。镇内居住着壮、汉、瑶、苗、仫佬、侗、回、毛南、彝族等9个民族，其中壮族占83%，汉族占14%，瑶族占3%。

镇党委书记：李江山

副书记、镇长：翁善才

副书记、人大主席：梁柏成

党委委员、副镇长：李太合
纪委书记：韦萍燕
组织委员：潘信英
宣传委员、副镇长：郭起军
统战委员：吴大胜
党委委员武装部部长：陈　奕
人大副主席：梁　亮
副镇长：黄立海

【综合经济】　2015年，全镇农业总产值完成212189万元，同比增长6.4%；镇属工业总产值完成23669万元，同比增长4.3%；全社会固定资产投资完成12534万元，同比增长1.3%；形成固定资产的招商引资额2232万元，同比增长7.2%；财税收入完成3326万元，同比增长6.8%。农民人均纯收入5783元，同比增长5.6%。全镇经济社会综合发展指数位居全县前列。

【农业种植】　2015年,全镇新种植砂糖橘6500亩，全镇水果种植面积突破2万亩。在头排古思建成一个4500多亩退按还果砂糖橘种植示范基地。在同扶平地开创了一个1000亩结合种植管理、包装流通、市场销售一体化的现代水果产业发展模式。在夏塘、二排等村屯涌现出8个家庭农场连片种植超500亩的规模水果种植园区和一个水果新品种滑皮金橘种植示范基地以及一个沃柑种植示范基地。农业产业化基本形成，率先实现县委、县人民政府提出的“山外人均一亩果”的水果产业发展目标。建成一个4500多亩退按还果砂糖橘种植示范基地，开创了一个1000亩结合种植管理、包装流通、市场销售一体化的现代水果产业发展模式，建成8个家庭农场连片种植超500亩的规模水果种植园区和一个水果新品种滑皮金橘种植示范基地。同时建成了一个1400亩的“千亩万吨”糖料蔗种植基地和一个3500亩的生态马蹄种植示范基地。区域性农副产品商贸物流中心初步形成，招商引资1500多万元建成了8家大型物流园，年销售农副产品超过20万吨，城区国道沿线已形成了2公里长的农副产品物流中心。2015年建成一个4500多亩的退桉还果砂糖橘种植示范基地和一个1000多亩的集种植、包装、销售于一体的现代水果生产基地。这些均列为全市亮点工作范畴。

【林业生产】　2015年，全镇完成植树造林面积4414.1亩，完成上级下达任务3150亩的140%。全镇森林覆盖率51.16%，比上级下达任务51.13%增量0.03%。全镇完成林下经济产值4501万元，比上级下达任务0.45亿元增长1万元。全镇森林生态管护面积4217.25亩，兑现管护补助6.2204万元，兑现率100%。

【水产畜牧】　2015年，全镇完成肉类总产量为1785.31吨，同比增长1.2%。完成水产品总产量845吨，同比增长4.5%。完成生猪出栏18150头，同比增长2%；生猪存栏2564头，其中母猪存栏88头。完成禽出栏197090羽，同比增长1.9%，家禽存栏65470羽。完成牛出栏290头，同比持平，牛存栏80头。完成山羊出栏210只，同比增长6 %，羊存栏368头，与上年持平。全年镇检疫站共检疫生猪肉产品8439头，牛肉产品70头，产地活检生猪6234头，牛34头，鸭55800羽，其中检出不合格猪肉产品120公斤，全部作无害化处理。此外，还配合县监督所和动物疫控中心开展“瘦肉精”专项整治活动，检查畜禽养殖场10家，抽样检测样品300余份，发放宣传资料100多份。与规模养殖场和各屠宰场签订水产畜牧产品质量安全责任书及动物饲养场动物防疫及养殖投入品安全责任告知书10份。全年共下村入户为养殖户诊断畜禽疾病62人次，到场监督养殖户无害化处理病死猪172人次，无害化处理病死猪299头，禽532羽，到市场处理乱丢弃病死猪2只，禽50多公斤，全部作深埋处理，有效地防止了病源的进一步扩散。

【工业发展】　工业产业逐步壮大，东达制糖有限责任公司技改成效显著，日榨糖量由换届前的2000吨到日榨4000吨，公司年税收曾连续3年突破1000万元。成功引进全县唯一一个中央企业——中国黄金公司进驻头排探采雅当铜矿，为整合全县的矿产开发打下良好基础。为配合全县工业发展的总体要求，顺利引导松源林厂从头排搬迁到桐木工业园区。同时，利来选厂恢复生产。

【城镇建设】 城镇管理水平进一步提升，将城镇建设管理站的办公室设在城区中心，城管人员与群众接触更加密切，便于开展管理服务工作。整治街道五乱行为常态化，重点整治国道线省道线停车秩序、停车难、道路拥堵等突出问题，加强停车位管理，因地制宜新增临时停车点。三是大力开展街道硬化、绿化、亮化工作，2015 年，在国道、省道以及镇中街硬化面积超过 2000 平方米，新装路灯 50 盏。

【商业贸易】 有月皇岭宗教生态旅游圈和二排河漂流两个主要旅游项目，镇内有众多商业、服务行业，建有宾馆、饭店、旅社等百余家，OK 厅、网吧、娱乐室数十家，是一个集商贸、旅游、娱乐为一体的乡镇。

【项目建设】 2015 年，总投资 2.6 亿元鸿达鑫城推进顺利，完成了头排农业银行的回建和头排大酒店的建设，其他商住小区在有序建设。投资 560 万元的头排中心幼儿园正在施工。总投资 2700 万"五小"水利建设正在施工。完成了总投入 160 万元的街道综合整治工作，修建了总长 1.5 公里的辅助车道和绿化带；投资 301 万元完成了卜塘、古朝、古思、黄泥屯的道路硬化一事一议工程。投资 200 万元打造江洲屯生态乡村示范点和投资 50 万元打造了新村屯生态乡村示范点。投资 250 元解决了龙坪、龙庆、古思、新村、寻寨、岔路等 14 个自然屯人畜饮水问题。

【招商引资】 招商引资 1500 多万元建成了 8 家大型物流园，年销售农副产品超过 20 万吨，城区国道沿线已形成了 2 公里长的农副产品物流中心。成功引进全县唯一一个中央企业——中国黄金公司进驻头排探采雅当铜矿，为整合全县的矿产开发打下良好基础。总投资 2.6 亿元的头排鸿达鑫城小区正顺利建设。完成投资 1100 万元的头排城区合流制截污排水工程。完成投资 700 多万元的街道综合整治城区两延伸治理项目。

【社会事业发展】 全镇教育水平上了新的台阶，中心校获全县小学毕业水平调研成绩一等奖、鼓号队比赛第一名等荣誉称号。全年共组织开展各类技术培训班 80 多场次，培训人员 2000 多人次。2015 年，全镇出生人口人 282 人（区间），符合政策率为 91.5%，各项计生指标顺利完成，全年新农合参合率为 98%。文化体育：投资 20 万元，在头排老街废弃篮球场地址上新建一个篮球场和健身配套实施。投资 20 万元完成二排村委文体综合楼建设，投资 18 万元完成夏塘村委公共文化宣传阵地建设。从 10 月份起，全镇顺利启动了新一轮精准扶贫攻坚战略，截至年底，全镇已经完成入户调查评分、评议公示、汇总上报等阶段的工作。头排镇作为全区农村土地确权登记发证工作的试点乡镇，已经完成了该项工作，在全市处于领先。投资 200 万元打造江洲屯生态乡村示范点和投资 50 万元打造了新村屯生态乡村示范点。国道 323 线与省道 307 线成"T"字形交叉穿境而过。每天有客车来往于南宁、柳州、桂林、梧州、贺州、金秀及广东、福建等地。全镇通信发达，村村通程控电话，电信、移动、联通三大通讯公司网络覆盖全镇。中通、圆通、申通、天天等快递公司都设有营业点。

【党　建】 一是以"三严三实"专题教育活动为契机，进一步提升领导干部的执行力。全镇干部职工均参加"三严三实"教育实践活动，以问题为导向，以问责为手段，狠抓干部作风建设，全年通报干部不作为、慢作为行为 20 人次。二是进一步规范领导干部的行为。在全市率先建成一个镇级党风廉政建设教育警示中心，并安排专人负责日常工作，廉政警示教育中心和廉政庭院融为一体，整个镇政府营造出务实为民、清正廉洁的良好氛围。基层党建工作为经济健康快速发展提供了强大的组织保障。

三江乡

【概　况】 地处金秀瑶族自治县北面，东南与三角乡相连，西南与头排镇毗邻，西与鹿寨县四排乡、寨沙镇接壤，北与荔浦县茶城乡、修仁镇接壤，国道323线由南至北贯穿全境。乡政府驻地三江街。电话区号0772，邮政编码545711，距金秀县城67公里，距荔浦县城29公里，往西至柳州市110公里，往北至桂林市约130公里。全乡辖区面积209.7592平方公里，其中陆地面积175.7592平方公里，占83.79%；水域面积34平方公里，占16.21%。耕地面积748.07公顷（其中水田182.07公顷，水果种植面积566公顷）。全乡属于山区，四周为低山，中有小片平原，地势东北高西南低。境内最高山峰天堂山，海拔940.7米。土壤为沙质土。气候：属亚热带气候，其特点为气候温和，雨量充足。平均气温为18.6℃，7月气温为25.8℃，1月份气温为9.7℃；年均降雨量1722.2毫米；年均无霜期日数为354.5天；每年寒露风出现在9月中旬。水文：主要河流有石榴河，石榴河源于荔浦县的蒲芦瑶族乡，古范河源于三角乡，两河于乡内汇合后流入头排镇。全乡有丰富的铜矿资源及木材资源。名优土特产主要有柑橘类水果、竹笋、香菇、八角、罗汉果、中草药、红米花生、马蹄、山野葡萄、生姜等。水果产品不但畅销本县及周边数县，还远销上海、广东等多个省市，出口越南、新加坡诸多东盟国家。2015年，农业总产值完成10081万元，其中水果总产值达8000万元；9月，获得“广西砂糖橘之乡”荣誉称号。社会固定资产投资10497万元；2015年，全乡户籍登记人口数10717人，常住人口8854人；总人口中男性5510人，占51.41%；女性5207人，占48.59%；18岁以下1959人，占18.30%，出生人口数为145人，死亡人口数为94人，农民人均纯收6627元。

中华人民共和国成立前，三江乡地属修仁县管辖，称三江街。民国时为修仁县西圆乡驻地，建国初期，撤修仁县，建制荔浦县仍属荔浦县管辖。1953年，三江乡从荔浦县划拨柳州地区鹿寨县头排公社，改设三江大队。1984年，三江大队划拨金秀瑶族自治县管辖，改设村级乡人民政府。1987年10月，三江乡、同化乡、合兴乡、和三角乡的长乐、柘山、古范三个村公所合并成立乡级人民政府，称为三江乡。2015年末辖三江、同化、古范、合兴、长乐、柘山6个村民委52个自然屯66个村民小组。

党委书记：陈素珍
党委副书记、乡长：何显贵
党委副书记、人大主席：郭世珍
党委副书记：温林静（挂职）
　　　　　　廖建忠（挂职，8月离任）
党委委员、副乡长：李智军
纪委书记：潘丽萍
党委组织委员：潘　成（3月离任）
　　　　　　　宋富强（3月任）
党委宣传委员、副乡长：黄　强（3月离任）
　　　　　　　　　　　莫炳艳（3月任）
党委统战委员：赵成斌
党委委员、武装部部长：谭宝信
人大副主席：叶柳伶
副乡长：覃会雅

【农业生产】　粮食作物以水稻为主，2015年粮食作物播种面积8104亩。经济作物以种植水果为主，主打果类为砂糖橘、马水橘、柑橙等，基本形成了三江水果和马蹄、三江长余横岭红皮花生、长乐生姜和茶叶、柘山罗汉果、合兴山野葡萄等为主的区域化布局、规模化生产和品牌化经营的“一村一品”产业格局。2015年经济作物播种面积1253亩；其他农作物播种面积5021亩。全乡水果种植面积已超过13000亩。2015年5月，全面组织开展柑橘黄龙病防治工作，补助农户黄龙病病树砍伐经费160多万元，争取到黄龙病统防统治农药经费31万元。

【林业生产】　大力实施“绿满八桂”工程，2015年完成植树造林面积5041.7亩。大力发展石崖茶、毛竹、优质油茶等种植；合理采割松脂；发展林下食用菌种植，拓展了农民的增收渠道。

【水产畜牧业】　以生猪、家禽养殖为主。2015年全乡出栏肉猪头数8089头，家禽62897只，肉类总产量达730.12吨。春、秋防全乡共免疫猪口蹄5226头、禽流感15770只，各项指标免疫占应免疫数均达100%。同时重点发展鲟鱼及山鸡等特色养殖，进一步扩宽农民增收的渠道。水产业主要养殖中华鲟鱼、鲤鱼、草鱼、塘角鱼等，辖区内有冷水鲟鱼养殖场1个，年产商品鲟鱼3万尾；多个零散水面养殖场所，全年水产品产量140吨。

【工业生产】 2015年木材厂6家，年产值达1000万元。广西金秀瑶族自治县亿草丰茂瑶药有限公司成立于2009年，生产厂区落户在三江乡辖区，年产中草药产品450吨。杰新天然香料深加工生产项目落户在三江村下思屯，厂房和基础设施已完成建设，生产设备在加紧安装，预计2016年年底可以投产生产。

【城镇和基础设施建设】 全乡规划合理，交通便利，政府所在地三江街内部的各条道路多数已硬化，有两个圩厂，总面积为1800平方米。全年完成了合兴村委六桂屯、三江村委八里塘至大坪以及大磨等村屯共6200多米道路硬化以及寨球屯1400多米的巷道硬化；另外，完成了特色农业示范区园区主干道和观光步道路段建设。此外，古范村主道改造以及巷道硬化已全面完成；同化村委寨球屯的广场、舞台及活动中心已基本完工；大磨屯路灯建设工程已投入使用；稻香和那谷等村屯的人畜饮水工程已投入使用；石榴河三江段的小河流域治理工程完工并通过验收；投资200多万元的特色农业核心示范区防洪堤工程、三江村大磨垌、八里塘2公里以及特色农业示范园区内主要干渠的“三面光”水利渠道等工程已投入使用；投资超过500万元的农业示范园区景观台、景观亭、大门、停车场、漫水路堤等项目正在抓紧推进中；同时大坪小学建设基本完成，乡幼儿园征地工作已完成；乡社会服务中心楼和卫计综合楼已经招投标；长乐和合兴村委卫计楼已完成改扩建。

【招商引资】 2015年，全乡落地开工建设总投资500万元以上的投资项目有4个，累计完成投资11338万元。其中，杰新天然香料深加工生产项目为工业项目，建成后有望实现三江乡历史“规上”企业零的突破；另外，现代特色农业示范（核心）区建设项目的实施，将有效地为该乡水果产业保驾护航。从实际完成固定资产投入来看明显好于上年，亦为近年来的新高，随着这以上项目开工建设以及部分项目的完工启用，将进一步增强该乡今后的发展后劲。

【教育科技文化卫生】 教育事业：2015年全乡共有幼儿园3所，均为公建民营性质，在园幼儿127人，教师；中心校下辖中心小学1所、村校6所、教学点4所。在校小学生520人（不含学前），小学教职工54人。根据全乡教育师资现状，各村小、教学点仅开设学前班，一年级、二年级、三年级以上全部到中心小学就读，对偏远学生采取住校方式管理，确保学生入学率。小学适龄儿童入学率100%，九年义务教育覆盖率达100%。村校、教学点基础设施建设基本完善，均建有教学楼，除大步小学无校门围墙、大坪小学在建设外，其余9所学校均建设有校门、围墙，大大提升了学生安全管理。每个村校、教学点均设有伙房，聘请炊事员，负责学生午餐，全乡村小学、教学点实施营养改善计划覆盖率达100%。科技事业：坚持水果产业化发展，走科技化、现代化发展之路，努力培育高科技新品种的优质水果，打造大磨湾柑橘示范园和合兴村两性花山野葡萄科技示范园建设。注重科技培训，2015年举办培训班52期，受益群众达5200人次。全乡在县工商局注册登记农村合作社共5家，分别为三江水果合作社、古范利丰水果合作社、柘山水果合作社、三江乡绿林草珊瑚种植合作社、文和农产品流通合作社，各合作社探索以“农户+合作社”模式的产品销售方式，打开合作社整体带动农产品销售的良好局面，稳定全乡农产品的市场价格。文化艺术事业：全乡有广播文化站1个，设有培训室、阅览室、科技培训室等，基础设施健全，是“国家二级文化站”。全乡6个行政村，村村有综合楼、篮球场、舞台、文艺队、篮球队，村级公共服务中心建设完善。全乡农家书屋6个、村级政策理论学习中心6个，占行政村总数的100%。至2015年年底，全乡共成立协会2个，文艺团队14支，国家非遗彩调剧队4队。年内文艺队在各村屯开展各类主题文艺演出活动20多场次；参加县级农村文艺大展演活动中小剧表演获得三等奖；县级瑶族健身操比赛中获得二等奖；在盘王节庆典活动中，三江乡选拔11名人员参与尖头盘瑶特色服饰展示演出活动，为全县宣传工作增添一份色彩。医疗卫生和计生事业：乡境内有卫生院1所，诊所3家。2015年乡卫生院在职职工18人（其中，在编9人，单位内聘9人），核定编制12人，业务用房3栋，使用总面积共1250平方米，2015年，建成职工周转住房1栋140平方米。乡卫生院肩负辖区基本公共卫生、基本医疗及预防保健、康复和乡村一体化管理等职能工作。2015年门诊及住院人次共计17000人次，业务总收入98万元。全乡6个村委卫生室建设全部完成。村卫生室各村医可提供简单的公共卫生及基本医疗服，为全乡辖区居民的健康服务打下了良好的基础。村卫生室各村医可提供简单的公共卫生及基本医疗服。2015年，全乡新农合参合率达98.88%。年内全乡区间出生人口132人，计划生育率为93.94%，征收社会抚养费0.8万元；完成免费孕前优生检查85对；建成卫生和计生文化园1个，计生文化宣传一条街1个，屯级诚信计生示范点2个，顺利通过自治区诚信计生示范乡镇的验收。

【社会各项事业发展】 扎实推进精准扶贫工作。重点实施“十百千”项目，给贫困户发放化肥2041包，51.025吨；自2015年10月起，全面实施新一轮贫困村贫困户精准识别工作，工作队进行入户从住房、水、电、路、就业、产业情况等18大项内容进行综合评分，识别出全乡建档立卡贫困户619户2222人。在脱贫攻坚工作中，实施扶贫政策精准到人、帮扶力量精准到户，基础建设精准到村屯，鼓励农民自力更生、艰苦奋斗，增强自我发展、自我完善和自我服务的能力。加快推进路桥建设，国道323线由南至北贯穿全境。每天有客车（大客车）130多班次和微型客车来往于柳州、桂林、梧州、贺州及金秀等地。至2015年，全乡6行政村均有通村水泥公路，年内完成古范村二桥主体工程，全乡现有35个屯通水泥路。大力发展生态乡村建设，完成生态乡村古范和平步屯示范点的建设工作；“三化”建设取得明显成效，已完成“村屯绿化”建设项目有现代特色农业示范区、平步屯和大磨屯3个示范点；完成“饮水净化”建设项目有三江村稻香屯、横岭屯，柘山村大磨屯，同化村那谷屯等4个人饮工程；完成八里塘至大坪等村屯“道路硬化”建设项目8个。社会保障进一步加强。2015年年末，有敬老院1个，床位30张；五保村2个，床位18张。扎实做好救灾救济工作，全年发放冬春荒粮5750公斤，救助230人，发放衣被483床，救助449人；救助受灾农户128户376人；获医疗救助57人；城镇居民享受低保第一季度23户42人，第二季度23户42人，第三季度23户42人，第四季度23户42人，四季度城镇低保共发放低保金发放保障金12万元。2015年1—6月，共274户703人，1—6月发放保障金50.082万元；2015年7—12月，共311户743人，7—12月发放保障金56.4738万元。全年农村低保共发放保障金额106.5558万元。五保供养65人，发放资金19.5万元。同时，新农保工作有力推进，全乡投保2190人，合计资金27.76万元。

【土地确权工作】 2015年，自治县人民政府确定把该乡列入自治区整乡推进试点乡镇，投入40多万元开展工作，全乡6个村委、63个村民小组、2193户家庭、二调面积6462.9亩试点工作，通过测绘实际所得面积10942.5亩、通过调查重新登记家庭数2593户，完成入户调查率100%，基本完成二次公示工作，基本完成材料的整理和规范，正在准备发证工作。土地确权试点工作的顺利开展，为金秀县土地确权工作作了示范，为工作的全面铺开起了个好头，积累了宝贵的经验。

【政治建设】 2015年年底，全乡共有党总支部5个，党支部41个，中共党员360名，发展新党员7名，培训入党积极分子22名。实行党政班子成员党建“一岗双责”分工责任制，把党委书记“第一责任”、分管领导“直接责任”、班子其他成员“一岗双责”、村级党组织负责人“具体责任人”的职责明确到人，层层抓落实。年内打造三江村“四建四促”党建示范点，按照“四建四促”思路，加强阵地建设，打造综合为民服务平台，引导党员群众开展柑橘“黄龙病”的防治，确保农民增收。加强村“两委”班子建设，认真抓好村“两委”换届补举工作，严格按照程序圆满完成换届补举工作，加强对软化涣散党支部的整改和转化，提高班子战斗力。组建非公企业党组织一个，扩大党组织的覆盖面。加强对村干部的培训，分批次派送村两委班子成员参加县、市级全员培训活动，参与培训率达100%。同时，大力抓好农村党员大培训工作，年内共举办相关培训班10期，共培训700多人（次）。认真贯彻落实重大事项征询党代表制度和党代表质询制度、询问制度，不断提升党代表参政议政的能力。党委、政府扎实开展"守纪律讲规矩"主题教育活动，通过学习教育、听取意见，查摆问题、开展批评，整改落实、建章立制三个环节，认真查找、剖析、整改党员领导干部在"不守纪律、不守规矩"方面存在的问题，切实转变作风建设，通过进一步深化群众路线教育实践活动，使全乡党员干部作风建设明显增强，各项规章制度逐项建立和完善。2015年，全乡人大代表45名，党代表66名，于1月13日和4月29日，分别召开中国共产党三江乡第八届代表大会第五次会议和三江乡第十六届人民代表大会第五次会议。全乡村委定工干部共20名，屯级党支部书记与村民小组长共计103名。此外，还在2015年，组织开展公民思想道德法制教育主题活动、深化"三严三实"和"守纪律、讲规矩"教育活动、培育和践行社会主义核心价值观，"美丽三江、生态乡村"活动、双进一回活动。扎实做好计划生育、社会维稳、禁毒防艾、反邪教等工作。

三角乡

【概　况】 三角乡位于金秀瑶族自治县北部，辖三角、龙围、小冲、六定、甲江、江燕等6个村民委员会，共41个自然屯。土地总面积206平方公里，2015年年末全乡总人口5808人。境内居住瑶、壮、汉等民族，瑶族人口占总人口的84%，以盘瑶族居多。全乡现有耕地面积8717亩，其中农田面积2180亩，人均0.37亩；旱地面积6537亩，人均1.13亩。森林覆盖率达90.84%，森林蓄积量95.11万立方米。三角乡是一个山地多、耕地少的典型的"八山一水一分田"的边山穷乡镇，乡政府驻地三角街，距县城32公里，距省道307线10公里。主要农业产品有：木材、八角、油茶、中草药材、柑橘和茶叶等。矿产品主要有铜矿和铅锌矿，是自治县主要铜矿区之一。全乡境内气候温和，年平均气温为18.5℃，1月均温为9℃，7月均温26.2℃。年均降水量1546.7毫米，年均日照1440小时，年均无霜期310天。每年寒露风初现在9—10月之间。自然灾害主要有寒潮、冰冻、冰雹、大风、暴雨、山洪、山体滑坡等。

书　记：赵德峰
副书记、乡长：金　海
副书记、人大主席：李　海
常务副乡长：罗宏升
纪委书记：范艳红
组织委员：黄小青
宣传委员：黄通彬（6月离任）
统战委员：李永双
党委委员、武装部部长：曾福健
人大副主席：方　慧
副乡长：黄通彬（3月离任）
　　　　罗娥英（5月离任）

【经济运行】 2015年，全乡经济实现平稳较快发展，农业生产总值达3470万元，同比"十一五"期末的2183万元，增长59%；工业生产总值达1920万元，同比"十一五"期末的1371.7万元，增长40%；招商引资形成固定资产投资2210万元，同比"十一五"期末的1968.8万元，增长12%；农民人均纯收入突破5000，同比"十一五"期末的2910元，增长72%。全乡的综合经济实力跃上了一个新台阶。特色产业方面，围绕促进农民增收的目标，结合本乡实际，积极组织和引导群众调整种植结构，大力发展中草药材、柑橘和茶叶种植等特色产业。

【基础设施建设】 路桥建设：8.5公里的江燕村水泥路项目落地，2015年年底已建成通车，届时全乡实现六个村委均通水泥路；实施甲江村桥梁建设项目，争取到江燕村中村花相桥项目并已完成建设，实施龙围村委至三角村委公路维修建设。屯级巷道硬化方面，争取到新农村巷道硬化项目

6个，解决三角村委巷道硬化和主干线的修复。实施三角村瓜六屯、大口、革坪屯巷道硬化项目。水利：争取财政资金解决水毁防洪堤的项目建设。民生项目建设：完成卫生院综合楼主体工程建设，卫生院周转房也开工建设；广场联排商住楼建设项目（含新市场建设）已开工建设，建成后将解决全乡没有农贸市场的问题。

【生态乡村建设】 把“清洁乡村”“生态乡村”活动提到重要议事日程抓实抓好，建立活动专项领导机构，落实分片包干机制。通过深入开展宣传发动、环卫整治、完善设施、制定村规民约、开展文明评比等措施，开展各种清洁、整治活动，加大清洁乡村硬件设施建设，全乡建好垃圾池39个，垃圾焚烧炉41个。三角乡的清洁乡村工作多次通过了市、县的督查和检查，并得到充分肯定。抓好生态乡村活动。认真贯彻落实区、市、县关于“生态乡村”建设活动的工作部署，着眼于提升农村人居环境，推进乡村建设。做好“村屯绿化”“巷道硬化”“饮水净化”各项工作。在建设生态乡村“三化”的基础上，根据三角的实际，提出了“村屯亮化”的“四化”目标，在所有村屯实现安装路灯的目标。一是清洁乡村活动取得阶段性成果。开展各种清洁、整治活动，加大清洁乡村硬件设施建设，全乡建好垃圾池39个，垃圾焚烧炉41个。三角乡的清洁乡村工作多次通过了市、县的督查和检查，并得到充分肯定。二是抓好生态乡村活动。认真贯彻落实区、市、县关于“生态乡村”建设活动的工作部署，着眼于提升农村人居环境，推进乡村建设。做好“村屯绿化”“巷道硬化”“饮水净化”各项工作。在建设生态乡村“三化”的基础上，根据三角的实际，提出了“村屯亮化”的“四化”目标，在所有村屯实现安装路灯的目标。三是抓好生态建设。切实加强林业工作的领导，狠抓林业生产管理，努力提高林业的生态效益和经济效益。规范林业生产管理，严厉打击各种破坏森林资源的违法行为，维护林区良好生产秩序。发动群众利用沼气、太阳能等清洁能源。积极开展植树造林活动，有效地增加全乡的森林资源。加大对生态公益林和退耕还林的管护力度，重点公益林面积保持率、管护率达100%，全乡的森林覆盖率达90.84%。龙围村、甲江村和三角村先后被评为自治区级生态村。

【扶贫开发】 高度重视贫困村及困难群众的生产生活，进一步做好“整村推进”贫困村扶贫开发工作。不断加大扶持力度，保障和改善民生，促进全乡经济社会协调发展。坚持产业扶贫，扶持贫困户种植中草药、茶叶、水果等。实施“十百千”产业化扶贫示范工程石崖茶种植1065.5亩。切实做好编制贫困村项目计划及申报工作。扶贫工作代表自治县接受自治区精准扶贫验收组验收并获好评。注重抓好贫困村基础设施项目建设，完成甲江村和江燕村的扶贫开发工作，全乡贫困人口减少到现在407户1504人。

【教育工作】 扎实做好“控辍保学”工作，小学在校生359人，入学率为100%，巩固率达100%以上，辍学率控制在1%以内。认真落实“两免一补”政策和抓好济困助学，继续实施学生营养餐工程，全乡7个校点全部实行食堂供餐，有12名困难学生得到社会各界资助0.24万多元。得到县直联系单位捐赠资金和物资2万余元，用于完善校园基础设施建设。

【生态建设】 完成造林面积1556.6亩，其中荒山造林15亩，迹地人工更新造林1541.6亩，萌芽更新757.5亩，完成未成林抚育4030.5亩，中幼林抚育1735.5亩，义务植树共3万株，有效地增加全乡的森林资源；调运木材6658立方米。加大对生态公益林和退耕还林的管护力度，重点公益林面积保持率、管护率达100%，全乡的森林覆盖率达90.84%。规范林业生产管理，严厉打击各种破坏森林资源的违法违纪行为，受理各类森林案件6起，查破6起，为国家、集体和个人挽回经济损失达4万多元。

【民政抚恤】 发放城镇低保补助7人次金额1.45万元；发放农村低保补助1598人次，金额89.5万元；发放救济粮0.35万公斤，救助群众126户，490人；发放救助物资986件（套、床、条），救助群众405户1213人；发放五保供养金12.8万元，发放孤儿养育金0.75万元。做好拥军优抚工作，发放参战人员定补金6.2万元；做好灾情调查，兑现灾后农房受损理赔5.5万元。

【卫生与计生】 2015年第12次运转，全辖区出生上卡36名儿童。加强传染病管理，及时准确报告疫情，全年共报传染病15例，均及时网上直报，辖区内无重大的传染病发生和流行。做好全乡居民健康档案管理工作，居民规范化电子建档数4331人，规范化电子建档率为90.21%。区间内共出生婴儿57人，计划外出生5人，计生率为91.2%，高于指标值0.2个百分点。人口自然增长率为5.27‰，低于县下达指标2.53个千分点。参加国家免费孕前优生健康检查43对。为农村计划生育家庭双女结扎户、独生子女户代缴新农合795人，代缴金额共9.54万元；为独生子女户和双女户133户购买爱心保险；农村计划生育家庭小额贴息贷款金额6万元；为独生子女发放保健费6600元，获计划生育国家奖励对象9人。

【文化体育】 完成“七室一中心”（即：图书室、书画室、电子阅览室、排练室、青少年活动室、棋牌室和培训室以及文体综合服务中心）规范化建设，每周向群众免费开放时间达40小时以上，不断满足农村群众公共文化服务需求。以节假日为契机，结合实际组织农村文艺队经常性开展群众喜闻乐见的文体活动，在县内外开展文艺演出及各类比赛共30余场。加大屯级文体活动场地建设力度，先后完成六闷屯篮球场和甲江村委文艺舞台等建设以及六闭屯篮球场和活动中心的前期土地平整工作。

【社会保障】 全面实行委托银行代扣代缴新农保，共签订委托书1820份，成功代缴新农保人数1744人，发放60岁以上老人养老金共756人；做好2120人的劳动就业实名登记工作。

【政治建设】 以开展“党的群众路线教育实践活动”为契机，集中整治“四风五化六病”突出问题，密切联系群众，干部作风更加务实。继续推进“一服务两公开”工作，乡政务中心设立办事窗口5个，建立并启用乡政府、甲江、龙围、小冲等7个政务服务中心。认真贯彻落实中央关于改进工作作风、密切联系群众“八项规定”精神，进一步规范和改革公务接待制度，全乡“三公”经费同比下降达三分之一以上。

【社会公共安全】 认真落实社会管理综合治理各项措施，着力解决影响社会稳定的突出问题，共排查矛盾纠纷204件，调解204件，结案201件，矛盾纠纷调处率达到100%，调处成功率达到98.5%。全乡共立刑事案件4起，发案率同期对比下降53.85%。认真落实信访工作领导包案制度，实现进京、赴邕、入市非正常上访“零目标”。狠抓安全生产和“六打六治”工作，全年没有发生重大安全生产事故。

忠良乡

【概　况】 忠良乡位于金秀瑶族自治县城东北部，辖中山、车田、林秀、三合、永和、双合、六干、六卜、德香、石鼓、巴勒等11个行政村97个自然屯108个村民小组。乡西部与北部属中山，其余属低山和山丘。年平均气温18℃，7月份27℃，1月均温为9.4℃。年平均降雨量1896.4毫米，年平均日照为1200小时左右，平均无霜期为300天左右。气候灾害有倒春寒、寒露风、冰雹、霜冻、暴雨、大风、洪水等。土壤以山地土壤为主，有红壤和黄壤两种，花岗岩成土次之，沙石成土在乡境内也达到154.7公顷。珍稀野生动物有大鲵等，银杉保护区分布有银杉混交林。矿产资源主要有铅锌、铜、金、花岗岩等，分布在永和村卜泉和三合村岭祖一带；卜泉、岭祖一带有面积8平方公里的花岗岩体。全乡土地面积为336.3484平方公里，耕地面积1.7476万亩，其中水田0.2959万亩、旱地1.4517万亩。2015年，全乡工农业总产值12339万元，农民人均纯收入4239元，社会固定资产投资9056万元。2015年年底，总人口

11205人。城镇常住人口432人，城镇化率3.9%；2015人口出生率11.51‰，死亡率6.42‰，自然增长率为5.08‰。境内土特产品种主要有红薯干、野生茶、石崖茶、八角、笋干、水果等。2015年红薯折粮363吨，八角38万公斤，笋干1.8万公斤，石崖茶32.5万公斤，水果22.9万公斤。此外，桐油、棕衣以及各种中草药材等，都有一定的产量。巴勒村生产的红薯干，色鲜、味美，品质甚优，产品畅销县内外。

书　记：赵德良

人大主席：梁　敏（4月离任）

　　　　　吴立敏（4月任）

副书记、乡长：胡志辉（7月离任）

　　　　　　　谢春丽（7月任）

副书记：梁　敏（4月离任）

　　　　吴立敏（4月任）

人大副主席：罗延锋

党委委员、副乡长：吴立敏（4月离任）

　　　　　　　　　侯志军（4月任）

副乡长：文春燕

组织委员：梁明福

宣传委员：侯志军（4月离任）

　　　　　苏志云（4月任）

统战委员：苏志云（4月离任）

　　　　　陶天明（4月任）

纪委书记：韦荣誉（4月离任）

　　　　　梁　港（4月任）

党委委员、武装部部长：盘全志

【农业生产】 积极引导群众调整产业结构，加快全乡特色产业发展布局。一是继续抓好茶叶林带建设。重点抓好以天堂山周围海拔700～1000米的茶叶带建设，全乡发展茶叶种植总面积达13405亩。其中石崖茶11755亩、普通茶1650亩。二是抓好毛竹林带建设。以金蒙公路、德香公路两条公路沿线的毛竹林带建设为重点，低产改造毛竹3206亩，全乡毛竹种植总面积达34576亩。三是抓好水果带建设，2015年重点抓好以车田村、忠山村、林秀村沿河两岸为主的水果带建设，以砂糖橘、金橘为主的水果种植面积达1540亩。四是抓好巴勒红薯干“一村一品”产业发展，2015年积极筹措资金扶持巴勒红薯产业合作社标准化加工厂建设并帮助其申请了QS认证，进一步提升了巴勒红薯干品质。通过大力发展“三带一品”特色产业不断促进农民增收。

【林业生产】 继续实施“幸福家园·绿色金秀——全国志愿者生态扶贫植树交流”公益活动和“绿满八桂”造林绿化工程，全乡完成义务植树35190株，人工造林2102亩，签订生态公益林管护面积13.0533万亩，发放公益林补偿金192.5364万元，并切实做好森林防火和打击破坏森林资源和野生动植物违法犯罪活动，2015年全乡查处盗伐林木行政案件10起，没有发生森林火灾，森林资源得到有效保护。

【畜牧渔业】 以猪、马、家禽为主。2015年，全乡生猪存栏5860头、出栏4085头，牛存栏35头，马存栏910匹，家禽存栏15200羽。六卜养殖场已逐步成为全乡规模养殖的一个亮点。重大动物防疫工作顺利开展，各项指标免疫占应免疫数均达100%，无重大动物疫情发生。全乡主要养殖娃娃鱼、鲤鱼、罗非鱼、塘角鱼等。

【工业生产】 一是加强对小水电和竹木加工等传统企业服务和管理，全乡有木材加工厂8家，水电企业6家，装机总容量约2.27万千瓦，工业总产值3928万元。二是加大对特色产业龙头企业的扶持，围绕“三带一品”产业布局继续推进古兰茶厂、巴勒红薯产业基础设施、原料基地建设，2014年，完成古兰茶厂进厂区水泥路硬化1.5公里、建设石崖茶标准示范园1000亩，并争取资金帮扶巴勒红薯产业专业合作社建设厂房和申请QS认证。三是加快十八家山泉水项目落地，并初步完成了水厂建设用地的征地工作，特色乡镇企业初具规模，经济发展后劲明显增强。

【城乡建设】 积极推进政府所在地的城区综合整治项目，完成了城区供水管网改造和城区第一期外立面改造工程，同时启动了城区新区开发和市场扩建工程。2015年年底，全乡有商业网点228个，从业人员252人。每逢新历3、6、9为圩日，圩场面积5500平方米，每次赶圩日人数为637多人次。

【财政金融】 2015年，木材加工业、小型水电站、个体商业发展较快，工商税与日俱增，财政收入增加。金融存款余额10530万元，设有1家信用社。

【交通运输通信】 投入14万元新铺设了政府所在地到垃圾场2.5公里的沙石路。石鼓、德香、巴勒、双合、六干等5个行政村水泥路和石排桥、林秀桥两座公路桥均已完成建设，完成双树、六怒、新安三个屯级道路建设，实施六音、六门屯级道路扩建工程，增强农村公路通畅和通行能力，实现“十二五”规划村村通沥青（水泥）路目标。投入5.4万元完成了六干村委兰江屯巷道建设。投入9.1万元完成了林秀村双龙口屯巷道建设。投入10万元完成了车田村车田屯巷道建设。投入52.2万元完成了林秀村上六拿屯“一事一议”巷道硬化建设工程。投入20万元开工建设了下六拿屯生态乡村巷道项目。启动了林秀村上平庙至古寻扶贫路建设项目。投入5万元用于上年10月份“彩虹”台风造成屯级公路塌方清理。全乡有邮政所、电信、移动金秀分公司、联通金秀分公司各一家。

【社会各项事业】 招商引资工作，主要引进了农林土特产加工、竹木加工、小水电等项目。教育工作，2015年全乡学前儿童入园率达100%以上，适龄儿童入学率巩固达100%。完成了中山幼儿园、金段小学、能段小学、更范小学、长六小学、山界小学的项目建设和林秀小学的围墙建设，将逐渐投入使用；完成了忠良中学旧围墙的重建以及学校健身场地的铺设工程。科技工作，坚持石崖茶、毛竹产业化发展，走科技化、现代化发展之路，注重科技培训，2015年举办培训班22期，受益群众达2300人次。医疗卫生事业，2015年全乡有卫生院1所、诊所1家。建立了全乡居民健康档案，全面开展0～6岁适龄儿童疫苗免费接种和65周岁以上老人体检工作。进一步扩大新农合有效覆盖面，2015年全乡参合人数共9851人，参合率达98.5%。全年新农合报销26088人次，其中门诊报销24929人次，住院报销1159人次；报销补偿总金额为313.93万元，其中门诊报销92.63万元，住院报销221.3万元。加强重大疾病的预防控制工作，大力宣传艾滋病、结核病等疾病防控，年内全乡未出现重大疫情和流行病例，无重大、特大突发公共卫生事件发生。切实加快农村卫生改厕项目建设。文化体育事业，一是继续推进文化体育“两个示范”建设，积极争取资金配备更换了一批村级文化体育设施设备，加强农村青年篮球、汽排球技能培训，进一步活跃农村体育文化活动，并做好文化站、农家书屋免费开放工作。全年举办各类体育赛事5场次、文艺演出活动3场次，培训体育骨干文艺人才200人次，下村播放电影132场。二是扎实开展思想道德法制建设，积极推进思想道德法制进机关、进学校、进农村、进企业活动，在忠良中心校、车田村委、永和村永泉屯建设了3个宣传教育阵地，在忠良乡街建设社会主义核心价值观宣传一条街，社会主义核心价值观深植民心。扶贫工作，2015年，完成了1141户的扶贫精准识别和建档立卡工作，经初步审核第一到第三季度借款用途符合贴息要求的有40户，贷款金额为122.3万元，贴息金额约7.06万元。全乡共争取得2300多亩普通茶苗，扶持给全乡11个村委的群众。生态环境保护方面，忠良乡气候湿润，空气清新，气候宜人，无污染项目，环境质量好。农村沼气池使用率达4%，太阳能使用率达7%，97.93%的自然屯都建造垃圾池，实施了农户门前“包扫、包集、包整洁”的三包责任制，形成垃圾“户集村收村运村处理”的垃圾收集体系，达到乡村整齐整洁效果。社会保障到位，2015年年末，有敬老院1个，床位36张。2015年，发放救济粮食0.75万公斤，发放救济物质21200件（床），发放农村医疗救助款19.15万元，发放农村低保金400.89万元、城镇低保金20.676万元，发放临时救助金4.16万元。全年发放新型农村居民养老保险金155.2万元，有1386人受益，16～59周岁人员参保缴费3042人、缴费32.1万元，参保率达82.9%，排在全县第一位。

【党建示范点建设】 乡党委以巴勒村党总支部

为示范点，全力帮扶巴勒村委建成“领导班子好、党员队伍好、工作机制好、工作业绩好、群众反映好”的“五个好”，党建示范点。一是结合巴勒“高山瑶寨部落”景区建设，完成村委办公楼的民族化改造、通村水泥路建设。二是强化基层服务型党组织建设，全面推行村级“微权力”清单管理制度和“四议两公开一监督”工作法，进一步强化村务民主管理。三是理清发展思路，积极引导群众调整种植结构，建立300亩红薯种植示范基地，扩大红薯种植规模，夯实群众增收基层。四是严格“三会一课”，积极引导农民党员发挥好致富带头的先锋模范作用，发动党员种养大户包挂帮扶困难户，帮助困难群众脱贫致富。建成一个“整洁、民富、文明和”的新农村。紧紧围绕抓好党建促发展的理念，全面推行“实施结对双联”（将书记创新工程与中心工作、扶贫攻坚、创先争优和作风建设年活动相结合）工程，有效提升了党群共建工作合力。在2015年7月的全市基层党建工作现场会上，乡党委书记赵德良代表自治县作了“屯级组织合议共建，夯实农村党建基层”的典型发言。巴勒红薯干取得了QS认证，古沙沟景区成功创建成AAA景区，实现了党建工作与“两新”组织同步发展、同步推进的目标。2015年按照“十有标准”完善了全乡11个行政村的先关配套设施。完成村委办公楼的民族化改造，同时强化屯级组织“四会一组合议共建”机制的实施。

【党风廉政建设】 一是坚持率先垂范，党委班子一班人认真贯彻落实领导干部廉洁从政各项规定，进一步规范了公务用车、公务接待制度。二是深入开展反腐倡廉宣传教育活动，积极参加市县举办的党风廉政和警示教育巡展活动。同时畅通信访渠道，建立领导干部分片包案制度，保证群众所反应的问题及时得到核实和处置。三是结合思想道德法制教育活动，努力推进廉政文化“六进”活动，建立了忠良中心校、车田村委、永和村永泉屯3个廉政文化进学校、进农村示范点。四是坚决查办违法违纪案件。2015年，依法查办村委干部违法违纪案件1件，给予党纪政纪处分2人。

（蒙文海）

长垌乡

【概　况】 长垌乡位于金秀瑶族自治县西南部，距县城28公里，东南面与罗香乡交界，西面同象州县大乐乡接壤，南面与六巷乡相邻，北面同金秀镇相连，县道341线从乡境内穿过，交通便利。境内土地肥沃，全乡土地总面积196.52平方公里，耕地面积5480亩，其中水田2970亩，森林覆盖率91.65%。全乡下辖7个村民委56个自然屯，2018年年末，总人口5833人，有盘瑶、山子瑶、茶山瑶、花蓝瑶四个瑶族支系。全乡主要产业有林木、八角、茶叶，粮食生产以水稻为主，旱禾、玉米为辅。矿产资源丰富，主要有铁、铜、铝、锌、重晶石、石英石、花岗岩等。长垌乡旅游资源极其丰富：辖区内著名的景点有圣堂山、圣堂湖景区、古占乡村旅游区、青山瀑布群景区、滴水田园综合体、平道乡村旅游区等。

乡党委书记：覃会川（3月离任）
　　　　　　刘呈程（3月任）
乡人大主席：冯春琦
乡　长：刘呈程（3月离任）
　　　　梁　敏（4月任）
常务副乡长：梁宝善
乡纪委书记：黄位祥
乡党委组织委员：覃　欣
乡党委宣传委员：赵海斌
乡武装部部长：蒋昌文
乡统战委员：陈金生
乡人大副主席：陶松格
乡政府副乡长：邓少英

【经济发展】 加强科学研判宏观经济形势，积极组织应对，全力以赴，转方式、调结构、促增长，经济综合实力进一步提升。2015年，全乡完成工业总产值达439万元，农业总产值完成3250万元，全乡社会固定资产投资累计完成1.79亿元；农民人均纯收入4649元；信用社存款余额4946万元。

【农业生产】 2015年农业产业稳步发展，农业产业结构不断优化，特色产业发展势头良好。一是高度重视“三农”工作，落实各项支农惠农强农政策，特色优势农业加快发展。2015年，新增野生茶232亩，野生茶种植面积达2300亩，扩建道江野生茶育苗基地1个。生姜种植达800多亩，产值1300多万元。种植黄柏皮、草果、走马胎等中药材约1500亩，产值200多万元。甜茶种植10000多亩，预计产量达200吨以上，产值520多万元，单项人均收入900元，已成为长垌乡农民增收致富的重要产业之一。在稳定传统养殖业的基础上，依托特有的自然资源优势，稳步发展大鲵特色养殖业，全乡存池娃娃鱼1.9万余尾，娃娃鱼庭院养殖农户86户，养殖娃娃鱼1300多尾。

【第三产业】 长垌乡大力发展旅游产业，促进第三产业全面发展。依托多彩的瑶族文化、丰富的自然景观、优良的生态环境不断优化旅游基础设施，大力发展乡村旅游，打造精品乡村旅游品牌。整合住建、旅游、扶贫、民政、水利等部门资金600多万元建成了古占民俗村登山步道、山子瑶生态博物馆、社区老年活动中心、旅游餐饮中心及亲水休闲区，古占民俗村旅游基础设施逐步完善。创新扶贫新模式，扎实推进旅游扶贫工作，投资409万元的青山生态休闲旅游扶贫项目已基本完工，青山生态休闲观光旅游初具雏形；引导群众按“一村一品”成片种植观赏型作物，发展乡村特色农业观光旅游，如平孟村甜茶叶种植、滴水村甜茶叶及连片油菜花田园观光、道江村的生姜种植等，大力推进“农家乐”乡村旅游建设，2015年，全乡共有“农家乐”31家，其中“三星级农家乐”1家，“二星级农家乐”9家；长垌乡古占屯通过承接中央电视台《争奇斗艳》以及广西电视台《周末去哪儿》等节目的拍摄机会大力宣传推介旅游资源，带动旅游相关产业的发展。圣堂湖景区升级为国家AAAA级景区，“古占—溶洞—青山—马安”旅游带提升为自治县旅游核心线路，古占屯作为全区特色旅游名县创建工作推进现场会现场点参观。

【基础设施建设】 政府所在地城镇化建设暨人居环境综合整治项目。整合工程项目资金250多万元，完成城区平面改造，城区面貌焕然一新。对马安屯农村环境进行综合整治，整合扶贫、民族、旅游、财政等部门资金300多万元，完成了马安屯的外墙风貌改造，巷道硬化300米，修建游客接待中心、大型生态停车场以及民族团结文化宣传长廊，圣堂山景区马安服务区基础设施基本完善；整合三求办、财政资金40万元，分别建成滴水村委、桂田村委二座综合楼，大大改善了村委的办公条件。大力实施农村道路交通项目：争取发改项目资金112.2万元，修建了河岔至新排屯3.3公里水泥路；争取交通项目资金941万元，修建金平二级公路路口至桂田南州屯13.3公里水泥路，年底完成了路基铺设工程；争取扶贫资金44万元，修建了南州至大额1.2公里水泥路；争取县粮食局资金1.5万元硬化桂田田头屯228米巷道；争取扶贫资金36万元，修建了金平二级公路路口至面北1公里水泥路；争取县委办资金7万元硬化六棉屯300米进村陡坡路段；争取市民政局、县政府6万元硬化长垌六架屯巷道700米；利用财政“一事一议”项目资金15万元，完成了镇冲岭岔屯850米的村道硬化；利用财政“一事一议”项目资金13万元，完成了道江向阳屯900米的村道硬化；争取扶贫资金150万元，修建了金平二级公路路口至古友屯4.2公里水泥路；争取县委宣传部等部门资金3万元实施了平办屯1150米的巷道硬化。农村人居环境得到极大改观，基础设施进一步得到完善。

【科教事业】 大力实施自治县“科教兴县”战略及发展教育的“六个一”活动，加大科技兴农力度，积极整合农业、科技和扶贫等部门资源，大力开展实用技术培训活动，进一步提高农民群众的科学种养水平，建立健全教育安全稳定工作制度和应急预案，整合教育资源，优化教育资源配置，争取到上级项目资金，实施中心校食堂建设、校舍维修改造等项目。

【卫生计生】 长垌乡认真开展计生宣传教育服务活动，不断提升优质服务水平。2015年，全乡出生总人数66人，其中计划内出生人数60人，出生符合政策率90.91%；无政策外多孩出生；出生男婴 29 人，出生女婴 37 人，出生人口性别比为 78.4。死亡 32 人，人口自然增长率 6.1‰，女性初婚 14 人，已婚育龄妇女 1104 人。参加免费孕前优生健康检查育龄夫妇共 40 对，目标人群覆盖率为 88.88%；应享受国家计划生育奖励扶助政策 12 人，已兑现 12 人，兑现率 100%；应享受自治区计划生育奖励扶助政策 7 人，已兑现 7 人，兑现率 100%；享受自治区诚信计生一次性奖励 17 人，兑现金额 22400 元；2015 年度为诚信计生家庭购买爱心保险 123 户 362 人；购买新农合 244 户，799 人，71910 元；补贴新农保 143 户，258 人，25800 元；为 19 户农村计生家庭发放小额贷款贴息共计 15378 元；发放 40 户独生子女保健费共 4680 元。严格执行国家基本药物制度，所有药品实行零差价销售，使用国家基本药物达 400 种；认真做好公共卫生工作，全乡群众建立了居民健康档案，为 0 ～ 6 岁适龄儿童免费接种包括乙肝、卡介苗、脊灰、百白破、麻疹等 15 种国家免疫规划疫苗，接种率均达 95% 以上。并严密监测和报告计免针对性疾病的发生与流行；加强重大疾病的预防控制工作，大力宣传艾滋病、结核病等疾病防控、防治，2015 年全乡未出现重大疫情和流行病例，无重大、特大突发公共卫生事件发生；全面完成新农合筹资工作，城乡居民医疗保险参保率达 95% 以上。

【文化体育】 继续开展“两个创建”和“三馆一站”免费开放工作；向县委宣传部争取资金 3 万元建成道江屯 140 平方米二楼文化活动室；积极开展各种节庆日文体活动 30 多场次，文化体育事业蓬勃发展。

【扶贫开发】 全面实施新一轮扶贫开发攻坚战，扶贫工作有序推进。一是结合实际开展旅游扶贫工作，整合资金抓贫困村基础设施工作，扶持贫困村产业发展。长垌乡青山屯还作为全区扶贫工作现场会参观点。二是扎实开展精准扶贫工作。全乡完成对 78 分以下的 424 户 1575 人建档立卡和信息录入工作；根据自治县划定的 73 分分数线，完成分数线内 309 户 1118 人的确认工作。三是争取扶贫资金 44 万元，修建了南州至大额 1.2 公里水泥路;争取县粮食局资金 1.5 万元硬化桂田田头屯 228 米巷道；争取扶贫资金 36 万元，修建了金平二级公路路口至面北 1 公里水泥路争取扶贫资金 150 万元，修建了金平二级公路路口至古友屯 4.2 公里水泥路；完成了平道村委罗汉屯巷道硬化工程。在全乡范围内发放野生茶苗 85 万多株及茶叶肥 70 多吨，共筹集 5 万多元开展捐资助学活动。

【社会保障】 2015 年，长垌乡发放灾民救济粮食 6900 斤，发放救助物资 350 多件，救助困难群众 469 户 1946 人；审核发放农村低保 234 户 776 人、发放低保金 95 万元；核发农村医疗救助 13 人，医疗救助资金 5.6 万元，争取临时救助款 7300 元，为困难群众争取特殊慢性病补助资金 5.4 万元，救助有病困难群众 100 人。争取到农村家庭子女上大学入学救助金 2000 元。按时足额发放优抚金，为 20 名优抚对象购买新农合，发放被子 33 床、保温瓶 33 个、热水壶 33 个。

【社会管理】 长垌乡在全乡范围内开展覆盖机关、农村、企业、学校的思想道德法制教育活动，进一步加强社会创新管理。加强对各类矛盾纠纷的排查力度，积极做好人民调解工作，认真排查调处“三大纠纷”等各种社会矛盾，积极预防和妥善处置群体性、突发性事件；加强社会管理综合治理，对各类违法犯罪行为，继续贯彻“严打整治”方针，确保重大节假日、敏感时期全乡社会政治大局和治安秩序平稳。2015 年全乡共排查各类矛盾纠纷 223 起，调处率 100%，成功率 98%。定期和不定期地对各厂矿企业的安全生产工作进行检查，坚决遏制安全生产事故的发生。

【生态建设】 长垌乡加强林业生态保护与建设工作。扎实开展灭荒造林、森林防火、森林病虫害防治工作，抓好天然林、重点生态公益林的保护与建设，大力开展“绿满八桂造林绿化工程”“通道绿化”等活动。全年面上造林共完成造林合格面积 676 亩，完成年初下达任务 600 亩的 112.67%。全乡退耕还林保存合格面积 437.58 亩，重点公益林保持面积 157452.81 亩，森林覆盖率达 91.65%。按政策规定全额兑现公益林、退耕还林补偿金给群众，其中公益林补偿金每亩按14.75元计算，共计兑现公益林补偿金2322428.94元，退耕还林补偿金每亩按115元计算，共计兑现退耕还林补偿金50321.7元。大力开展野生动物和珍稀植物保护工作。以高压态势打击各种盗采和猎杀野生动植物违法行为，查处各类林业案件5起，案件查处率为100%。坚持以人和自然和谐为主线，走绿色生态化发展道路。统筹资金200多万元开展“清洁乡村”“生态乡村”活动，创建县、乡两级“生态乡村”示范点4个。推行“村收村运乡处理”、建设小型垃圾焚烧炉等垃圾处理模式，累计完成垃圾处理中心1个，建设焚烧炉33座，垃圾就地处理覆盖率达90%以上。城乡环境综合治理和生态村屯建设成效显著。

【党的建设】 乡党委始终以改革创新的精神，全面加强和改进党的建设。一是坚持党要管党、从严治党的原则，认真贯彻落实中央“八项规定”和自治区、来宾市和自治县贯彻落实中央关于改进作风、认真开展“党的群众路线教育实践活动”。集中整治了“四风”突出问题，机关作风得到较大转变，干部作风更加夯实，依法行政能力进一步增强。二是加强领导班子和干部队伍建设。认真贯彻执行《四项监督制度》和《干部选拔任用条例》，党员干部服务群众的意识得到增强；三是深入开展“五好支部、五会支书、五星党员”活动，党组织创先进、党员争优秀的氛围更加浓厚。四是加强基层组织建设，积极开展“八桂先锋行”以及“党员中心户”、村级组织“两规范、一带头”建设和“三级联创”活动。全面推行“四议两公开”工作方法和“四会一组创建工作”，基层党组织战斗堡垒作用得到充分发挥。

【政权建设】 全乡有一个基层党委，下设7个党总支部，44个党支部；有党员336名，现有乡三家领导班子成员11人，其中党委委员9名，政府班子组成人员4名（与党委交叉任职3名）、人大班子组成人员2名（与党委交叉任职1名），研究生学历1名，大学学历1名，大专学历1名，女同志3名，全乡人大代表46名，党代表76名，村级“两委”定工干部21名（其中女性8名），村民小组长54名。

罗香乡

【概　况】 罗香乡位于自治县东南部，东邻贵港市平南县马练瑶族乡，南接平南县大鹏镇、国安乡，西连六巷乡、长垌乡，北部与金秀镇、忠良乡相连，乡政府驻地距县城68公里，金秀至平南二级公穿境而过。辖罗香、平竹、山茶、大垌、罗丹、罗运、琼伍、龙坪、大新等9个行政村、96个自然村。主要以瑶、汉族为主，其中瑶族人口占总人口74%。2015年年末总人口13676人，人口自然增长率5.6‰。全乡总面积297.31平方公里，耕地面积1335公顷，其中水田257公顷，旱地1078公顷。乡境内自然资源丰富，主要山峰有黄婆揽孙、龙军山、罗香山、观音山等，龙军山位于乡政府驻地西南5公里处，为原始森林区，最高峰海拔975米，有珍稀的国家一级保护野生动物瑶山鳄蜥。主要河流有大垌河、罗丹河、罗香河。水电、矿产、旅游资源具有很大的开发潜力。名优土特产有八角、白牛茶、竹笋、香菇、木耳等。清朝年间，平南官府曾以白牛茶进贡皇上，颇负盛名。

党委书记：王炳吉
人大主席：秦晓珍（4月离任）
　　　　　覃毓桂（4月任）
乡　长：赵石官
副书记：秦晓珍（4月离任）
　　　　覃毓桂（4月任）
副乡长：覃毓桂（4月离任）
　　　　盘林锋（4月任）
　　　　余小聪
人大副主席：赵德财（4月离任）
　　　　　　卢小云（4月任）
纪委书记：蒋春平
组织委员：廖祖坚
宣传委员：盘林锋（4月离任）
　　　　　赵德财（4月任）
统战委员：沈李东

武装部部长：李灵福（4月任）

【经济发展】 2015年，全乡实现农业总产值完成10091.8万元，同比增长6%；工业总产值完成3383.5万元，同比增长15%；全社会固定资产投资完成9410万元，同比增长15%；农民人均纯收入4311.1元，同比增长11%。其他各项经济指标均比2014年有较大增长。种植业完成农作物播种面积约253.33公顷，农业生产保持稳定。野生茶产业加快发展，特色种植规模化发展。新植野生茶160.73公顷，水果种植约7.37公顷，技术指导茶叶种植示范户6次，举办柑橘黄龙病防控技术培训班。养殖业：特色养殖业发展迅速，“圣堂鸡”品种选育工作有序推进，商品鸡出栏数稳定并略有增长；蜜蜂规模化养殖和家庭（定点）养殖不断扩大；成功引进了一个茶叶加工厂，扩大了该乡茶叶的购销渠道。林业：全乡森林覆盖率保持在92.98%以上，上年度增加地类面积共22.01公顷同时，加强森林保护，严格执行森林采伐限额制度，有效地打击无证采伐、滥伐林木等违法行为，乡林业公安派出所全年共立各类森林案件17起，其中刑事案件10起，查破15起，采取强制措施14人，移送人民检察院起诉14人，追回赃款9.8万元；查处林业行政案件7起，处罚7人，已全部办结，切实维护了林区正常的生产经营秩序。

【城镇建设】 乡政府所在地、腊河口环境综合整治两个城镇基础设施建设工作，总投资达224万元。结合水利站的建设对乡党委、人大、政府办公综合楼进行了维修改造，新购置了部分办公桌椅，改善了干部职工的工作条件；另一方面通过争取项目和部门资金扶持，对罗运和大新村党建示范点、琼伍和罗香村委村级公共服务中心、平竹和龙坪村委食堂等进行了建设，进一步完善了基层政权基础设施建设。

【基础设施建设】 完成罗运村鸡冲至滑坪屯级砂石路改扩建、罗运村鸡冲桥、罗运村滑坪横二桥3个项目建设，启动了横村屯独立桥建设，总投资达286万元，争取10个“一事一议”项目完成了罗燕、新蓬、新村、大垌等屯的巷道建设；争取2个新农村建设项目完成了立冲屯、罗丹屯的巷道硬化；争取政协、财政、民族局等部门的扶持资金80余万元，完成了立冲进屯道路和石门冲、滑坪、罗渡巷道硬化，实施农村饮水安全工程9处，并修复了腊河口、大垌屯等部分村屯因洪灾毁坏的人饮水管，解决了2300多人人饮困难问题，取农田水利项目3个，资金80万元，实施罗香村六合口至六留河段河堤、公也垌河堤建设和龙坪村新村屯水利渠道建设。

【教育均衡发展】 乡领导班子联系罗香中学，帮助学校解决实际困难，全乡每个领导干部联系一名贫困学生，在思想上、生活上给予更多的关心和关怀。全乡小学适龄儿童入学率达100%，初中入学率100%。

【文化体育】 利用每个节日开展篮球、气排球、拔河比赛等各种体育健身活动，做到了每个节日都有活动；深入到村屯组织文艺队开展文艺辅导活动、排练文艺节目等工作。2015年，共举办农村文艺培训班5期，举办文艺晚会7场，举办暑期青少年舞蹈、书法培训班。

【“清洁乡村”活动】 坚持以“清洁环境、美化乡村、培育新风、造福群众”为总体目标，深入开展“清洁乡村”工作，完善村屯垃圾处理软、硬件，进一步提高垃圾处理能力。投入资金180余万元完善农村垃圾处理设施，全乡96个自然屯基本配备了垃圾处理设施。全乡共聘请保洁员9名，购买垃圾桶大小共计965个，配备垃圾运输车3辆、两轮手推车4辆、三轮自卸式摩托车1辆；建设垃圾填埋场4个，焚烧炉75个，可焚烧式分类垃圾池76个，简易垃圾池12个；在建零烟雾无害化垃圾处理场（焚烧炉）一个。抓好“生态乡村”示范点建设工作。县级示范点罗运村白石垌屯、罗香村横岭屯建设工作已全面完成。

【落实惠农政策】 2015年，林农粮补贴资金共66.60万元、农作物良种补贴合计38124.15元、综合直补资金301206.22元；村级公益事业建设一事一议财政奖补项目试点项目10个，争取到财政奖补资金85.8万元；罗运村委通过竞选获得了中央专项彩票公益金支持革命老区整村推进试点项目（预计总投资150万元）；罗运横村独立桥建设项目（总投资112万元），罗运村滑坪屯横二桥建设项目（总投资12万元）；深入实施“十百千”产业化扶贫示范工程，大力实施野生茶种植项目。顺利完成全乡934户3589人贫困人口识别及建档立卡工作，为下一步实施精准扶贫打下良好基础。

【社会保障】 开展城乡镇居民医疗保险和新型农村社会养老保险工作，已参保2922人，参保率60.89%；60岁以上人员养老金发放1262人，发放率100%；深入开展精准识别贫困村贫困户工作，结合精准识别的开展，积极协助抓残疾人贫困户的识别工作。全乡新农合参合率达100%。2015年，全乡共有75人获五保供养，共发放救助金额18900元，33户60人获城镇低保，共发放资金190389元；农村医疗救助共48户149人，共发放救助金额158950元。冬春救助放物资救助共600人，其中毛毯180床，男装100套，女装90套，男保暖上衣100件，女保暖上衣90件；共发放救助粮690公斤。

【劳动就业】 完成城镇新增就业人数152人；完成失业人员再就业人数24人；就业困难人员再就业人数17人；完成农村劳动力转移就业人数410人，登记失业率为3.6%，控制在4.1%以内。

【人口计划生育】 全乡期末人口总数为13676人，已婚育龄妇女2155人。区间出生122人，死亡51人，人口自然增长率为5.6‰，控制在责任指标8.55‰以内。全乡出生男性60人，女性51人，出生人口性别比为117.6 ：100。控制在责任指标117.6以内。参加免费孕前优生健康检查育龄夫妇共65对，目标人群覆盖率为100%。与扶贫部门对接取得数据，全乡整村推进贫困村计生贫困户77户，其中已落实专项扶贫项目贫困计生家庭39户，扶贫覆盖率为50.65%。

【社会治安】 全乡社会和谐稳定，全年共发生“三大纠纷”120起，调结110起，且大部分在村委调结；共立刑事案件15起，破2起，逮捕6人，刑拘2人；立治安案件11起，查处治安案件10起，调解案件2起，强制隔离戒毒2人，治安拘留31人，罚款3人。

【党　建】 结合“守纪律　讲规矩”主题教育活动，对照党章和“三严三实”要求，认真抓好领导班子建设，不断增强班子团结和战斗力；抓好乡党委中心组学习活动，切实改进工作作风，提高服务群众工作水平。坚持民主集中制，集中研究决定“三重一大”事项；全面完成9个行政村的规范化建设，基层组织服务群众阵地进一步完善；完成非公企业联合党组织筹建和软弱涣散党组织的整顿。

【政权建设】 4月，召开罗香乡第十四届人民代表大会第六次会议，增选产生人大主席、人民政府副乡长和人大副主席各1名。全乡有人大代表50名，党代表58名；村委定工干部31名、村名小组长128名、屯支部书记50名。

大樟乡

【概　况】 大樟乡位于大瑶山山脉的西南部，与三县一市交界，东南连桂平市紫荆镇和平南县大鹏镇，南邻武宣县东乡镇，西北部与象州县百丈乡、妙皇乡接壤，距金秀县城80公里，沿路通往金秀县桐木镇、象州县大乐镇、中平镇、百丈乡。全乡总面积372.4647平方公里。下辖8个村民委75个自然屯，总人口12289人，以瑶族和壮族为主。东部和南部属山区，北部为平原，具有丰富的原始森林群落和水资源，境内主要河流有大樟河、三江河、瓦厂河。全乡有林面积34.8万亩，森林覆盖率85%，亚热带和山地气候特征明显，年平均气温18.4℃，年平均降雨量1400毫米。农田7320亩，耕地面积24060亩。主要农副产品有优质谷、茶叶、生姜、八角、糖蔗、板栗等。

乡党委书记：陈玉凤

乡政府乡长：黄辉明（4月离任）

秦晓珍（4月任）

乡人大主席：盘 璇

副主席：韦硕健（4月离任）

盘 洁（4月任）

党委委员、副乡长：韦军贵

宣传委员、副乡长：季永斗（4月离任）

韦硕健（4月任）

副乡长：莫金辉

组织委员：沈现斌

纪委书记：黄柱旺

统战委员：郭炳宏

武装部部长：赵明书

【经济发展】 2015年，全乡农业总产值完成8070万元；完成工业总产值5934万元；全社会固定资产投资16531万元；农民人均纯收入为5113元。

农业：2015年，全乡粮食种植面积13500亩，水果种植面积3200亩，茶叶种植面积3500亩，蔬菜种植面积3551亩，新植优质油茶2000多亩。

林业：2015年，全乡完成造林面积1768亩，超额完成了造林任务（县指标为1700亩）。及时兑现126274.53亩公益林的补偿基金162万元，及时发放退耕地生活补助费及粮食补助费10.62万元。严格控制林业采伐指标。继续实施清洁能源项目，同时加强森林防火工作。2015年大樟乡的森林覆盖率得以有效保持，高达85.03%。

工业：2015年枫木坳电站发电量达2469万千瓦，年产值达600万元；大樟河电站总产值达390万元；2015年广西秀瑶圣水矿泉水有限公司堡上屯山泉水厂年产5万吨桶装水和7000吨瓶装水，年产值达200万元；2015年全乡共加工茶叶500吨，产值800多万元。

畜牧业：2015年大樟乡生猪出栏3400头，肉牛出栏62头，肉羊112头，家禽出栏3.22万羽，肉类总产量达260.44吨，年底猪存栏1410头，其中能繁母猪274头；牛年末存栏70头；羊年末存栏190头；家禽年末存栏0.9万羽。

【新农村建设】 2015年，大樟乡“一事一议”方面的项目有4个，其中道路硬化1个，巷道硬化3个，总投入资金55.142万元，分别是沙梨坪、古懂、六龙巷道建设工作，马安屯路硬化。“清洁乡村”活动取得阶段性成果。清洁乡村工作共组织干部、群众开展乡村、城区清洁活动15次，清理乱堆乱放杂物6处，共清理生活垃圾0.2吨，清理田园废弃农药品200多瓶，秧盘1000多张，清洁田园面积300亩左右。生态乡村工作完成示范村屯渔头示范屯及其他面上29个村屯的绿化工作。同时，还组织开展对三古村委朝阳屯、瓦厂村委大红台屯、大樟村委高秀屯、花炉村委屯叶屯、玲马村委皮沙屯、瓦厂村委大桥屯等一些村屯的巷道硬化及饮水净化工程。全乡面貌发生较大变化，乡街道及农村卫生环境得到较大改观。

【社会事业】 教育：大力实施义教均衡建设，不断提升大樟中心小学、互助小学软硬件设施，教师精神风貌和校园面貌焕然一新，顺利通过自治区级验收。进一步关心学校师生身心健康，教师队伍综合素质不断提升，适龄儿童入学率为100%。

文化体育：推动广播电视基础设施建设，乡“村村通”广播电视发射站建设顺利完工，在春节、七一、十一等节日期间开展篮球、气排球、拔河比赛等各种体育健身活动；不定时的到村委组织文艺队开展健身活动、排练文艺节目等工作，成功举办了思想道德法制教育、社会主义核心价值观等主题的文艺晚会，全乡组建有农民文艺队9支，农民篮球队9支。

医疗卫生：全乡基本公共卫生服务各项指标均达到自治区要求，全年无突发公共卫生事故发生；医改工作稳步推进，新农合参合率达98%；全乡人口出生性别比为94.7，人口自然增长率4.3%，控制在责任指标值7.8%以内，完成国家免费孕前优生健康检查夫妇对数105对，完成率105%。完成新家庭文化屋建设9个，幸福家园9个。加大食品药品安全专项整治力度，加强对学校食堂、餐饮单位、超市、农贸市场及节假日期间的食品安全监管和保障工作，全年无重特大食品药品安全事故发生。

扶贫开发：深入实施精准扶贫工作，主要抓好大樟、花炉、玲马三个整村推进的扶贫项目建设。2015年，基本完成全乡精准扶贫识别工作，在市、县挂点单位的大力支持和帮助下进村入户对近2000多户进行入户评分。争取上级推进贫困村屯公路等基础设施建设力度，扶持贫困户发展种、养殖业，努力改善贫困人口生产生活条件。

基础设施：2015年，争取实施各类基础设施建设项目十多个，总投资2000多万元。争取到大樟至新兴、三古至新村共35公里2000多万元，已进场施工。“一事一议”方面的项目有4个，其中道路硬化1个，巷道硬化3个，总投入资金55.142万元，分别是沙梨坪、古懂、六龙巷道建设工作，马安屯路硬化；实施互助党建示范点及改扩建点建设70多万元，投资35万新建花炉黄田屯新办公楼，投资8万改扩建新村村委办公楼，投资10万元维修双化村委办公楼。这些项目的实施，极大地促进了当地生产的发展，改善了人民群众的生产生活条件。此外，还通过向上级争取为民办实事资金、部门扶持和自筹资金，修复了多处水毁公路及部分村屯的巷道硬化，解决了群众迫切希望解决的困难和问题。

民政及社会保障：2015年为符合低保条件的低保对象共3144人发放低保金20.8788万元。全年共有20多人人次求助，救助金额达17万元，临时救助8人，救助金额3万多元。全乡完成对1504名60周岁以上老人的保险金发放工作，18至59周岁的参保人员2254人，参保率59.30%。一系列的有力措施，确保了经济收入困难、生活水平相对较低的民众有饭吃、不受冻、不挨饿。

【社会管理】 平安创建工作取得新成效。深入开展信访突出问题“大排查、大接访、大调处、大防控”活动，“平安大樟”建设工作得到进一步巩固；2015年，乡、村两级人民调解委员会共受理纠纷166起，调解166起，调解成功162起，调解率100%，调处成功率97.59%。其中，村级人民调解委调解102起，调解成功98起，很好地起到了第一防线的作用。始终坚持“打防结合、预防为主、标本兼治、重在治本”的方针，从重从快打击现行违法犯罪行为。2015年，全乡共立刑事案件18起，破3起，逮捕1人；受理治安案件23起，行政处罚10起，调解行政案件1起，行政拘留4人，罚款18人。通过一系列强有力的措施，确保了全乡社会的稳定，人民群众安居乐业。通过一系列强有力的措施，确保了全乡社会的稳定，人民群众安居乐业。

【自身建设】 加强政治理论学习，不断提高依法行政能力；坚持民主集中制，提高科学决策能力和水平；认真执行中央“八项规定”。2015年乡人民政府及办公室组织召开的会议6次，同比下降14.3%；以乡人民政府或党政办名义发文数量为82件，同比下降7.3%，“三公经费”支出同比下降16%。同时，征兵工作和双拥工作扎实开展，2015年完成上级下达的征兵任务。以“为民务实清廉”为主题，坚持按照“照镜子、正衣冠、洗洗澡、治治病”的总要求，认真开展党的群众路线教育实践活动。通过坚持学习与实践、教育实践活动与中心工作、纠正“四风”问题与破解发展难题三结合，实现了活动开展与经济社会发展“双促进”的目标。建立健全屯级“四会一组合议共建”制度，在全乡75个自然屯均设立了屯级党支部、村民理事会和屯务监督委员会，有条件的自然屯还成立了农村产业协会组织，实现屯务工作全面推进。

六巷乡

【概　况】 六巷乡位于金秀县城西南部96公里处，是瑶族聚居地之一，地处大瑶山脉五指山下，位于中低山和低山地貌区，东北部属中山区，西南部属低山区（多为丘陵），山势呈东北—西南走向，四周边缘为丘陵、河谷。东北部有著名的广西第五高峰圣堂山，东部有来宾市第二高峰五指山。土壤以山地土壤为主，分为红壤、黄红壤、黄壤，土质为沙质土。主要河流有门头河、古麦河、滴水河流入象州。夏季，湿润多雨；冬季，干冷少雨。全年冬暖夏凉，阴雨天多，日照少，湿度大。1月份平均气温10.3℃，7月份平均气温28.2℃，年平均气温为18.4℃。年平均降雨量1727毫米。年平均降雨日190.5天，年平均日照1095小时，年平均无霜期325天左右。全乡总面积203.1平方公里，拥有耕地9628亩，其中水田2176亩，水源林29.2万亩，森林覆盖率达89.8%。乡政府下辖五个行政村48个自然屯，1575户总人口5607人，其中瑶族人口占56%，有盘瑶、坳瑶、山子瑶和花蓝瑶四个瑶族支系，因各个支系的语言、服饰、习俗和文化不同而形成浓郁的民族风情。辖区内圣堂山、五指山、大凳河峡谷、小江河峡谷、老虎潭峡谷、青山瀑布、下六甲水电站库区风光、六中公路1号2号3号石壁、王同惠纪念亭、费孝通工作遗址、独木吊桥、广西杉树王和盘瑶、花蓝瑶、坳瑶、山子瑶四个瑶族村寨等景区景点，是瑶族历史文化考察、旅游观光、避暑探险的好去处。地处南亚热带向中亚热带的过渡地带，物产丰富。著名的地方农林特产有杉木、八角、生姜、木薯、花粉、灵芝、香菇、木耳、原生古茶、甜茶、油茶和柿子果等。已探明的矿产资源有铁矿、锰矿、硅矿等。

书　记：秦龙珍
人大主席：吴春梅
乡　长：曾福民
副书记：曾福民
　　　　吴春梅
　　　　梁照全
人大副主席：黄丽华（4月任）
副乡长：苏金林
　　　　高如金
组织委员：郑黄燕
宣传委员：高如金
统战委员：蓝智荣
纪委书记：刘翔珲
武装部部长：胡　将

【经济增长】 2015年，全乡完成农业生产总值5304.5万元，同比增长2.91%，完成全社会固定资产投资23209万元，同比增长7.27%；有下六甲水电站、胶厂水电站、青山拼板厂、王钳拼板厂、青山茶叶加工厂等企业。完成工业总产值3198万元，同比增长0.79%；财税收入完成338.76万元，比2014年增收173.96万元，其中地税完成276万元、国税完成62.76万元。2015年，全乡人均纯收入5778元，同比增长8%，金融存款余额4200万元，同比增长8.41%。

【特色产业】 全乡形成以“两姜（有机生姜、姜黄）、两茶（野生茶、油茶）、一椒（七彩椒）”的多元化特色产业和“杉树”“八角”“竹子”传统产业构架。全乡种植茶叶2045余亩，年产野生茶青约2.25万公斤；油茶种植6510多亩，年产茶籽油91.6吨，产值549.6万元；生姜3000余亩，产量达5250吨。种植七彩椒800多亩，种植中药材600余亩，柑橘水果1200亩。门头茶厂还通过了QS认证。

【林业生产】 有林地面积14667公顷，其中杉树、松树等用材林7.3万亩，水源林13.71万亩，经济林5.1万亩，竹林2550亩，全乡森林覆盖率达89%。经济林中有油茶1400亩，八角4.42万亩，其中挂果八角3.16万亩，年产八角125万公斤以上，是农民收入的主要来源之一。木材蓄积量为281618立方米，每年可生产木材4100立方米，主要是杉木和松木。有天然林7万亩、人工林12万亩，各村都有分布。天然林和人工林分别占林地面积的24%和41.6%。珍稀树种有罗汉松、沙柁、桫椤、福建柏和广东五针松等，主要分布在五指山、圣堂山及其周围，其中罗汉松分布面积最大，有2800亩，其他树种呈零星分布状态。乡设立林区派出所和古麦、六巷两个水源林保护站，负责全乡森林保护工作。有石坪顶林场，1983年建立，隶属于国有金秀林场。位于石坪项，用地面积5889公顷，木材蓄积量24185立方米。2015年完成造林620多亩，实施村屯绿化示范屯一个且达标，一般村屯绿化18个屯；全民义务植树15000株，油茶抚育合格面积809.6亩，完成林下经济产值0.55亿元；重点公益林保持面积140782.67亩，森林覆盖率达到89%以上。

【畜牧业】 2015年，以猪、牛、山羊、家禽为主，生猪出栏382头，存栏2969头；牛出栏10头，存栏132头；山羊出栏10头，存栏59头；家禽出栏4550只，存栏8721只。全年水产品总产量达3吨，肉类总产量达51.72吨。

【新农村建设】 在青山村胶厂屯建立“一村一品”千亩优质油茶示范基地，引进油茶新品种，扩大种植规模，经过向上争取资金，完成进村水泥道路建设，巷道硬化，修建文化活动室、标准篮球场、路灯、公厕、垃圾池，完成风貌改造34户。通过村民自治实现了牲口集中圈养，政府大力扶持千亩油茶基地种植，编制《2011—2025年村庄发展整治规划》，为之后的产业发展和生态旅游观光做了前瞻性的定位，新农村建设初显成效。在巩固提升“清洁乡村”工作基础上，整合“一事一议”、新农村建设等资源，加大道路硬化、饮水净化、村屯绿化建设力度，大力推进“生态乡村”建设，帮家屯的赵进坤被评为自治区“清洁乡村·百佳带头人”、六巷屯保洁员赵德保被评为“2014年度全区住房城乡建设系统最美乡村保洁员”；青山村、门头村被评为“美丽广西·生态乡村”示范点。

【教育科技卫生文化体育】 教育，六巷中心校下辖六巷校本部（中心小学）和青山小学两个完小、四个教学点（教师1人1校）：架梯教学点、门头教学点、古陈教学点、大岭教学点及一所幼儿园。其中，青山小学是中心校最大的村校。学校现有教职工27人（其中特岗教师1人），教师学历：中师学历12人，大专学历12人，本科学历4人。教师合格率100%。全乡教师平均年龄44岁，其中50岁以上教师13人。全乡在校学生161人，其中中心校本部有100人，在校住宿74人。乡中心幼儿园在园幼儿50人；青山小学开设有学前班，招收5～6周岁儿童；古陈、门头、大岭及架梯4个校点在一年级收跟读“学前儿童”。全乡6周岁儿童入学率达到90%以上。中心校本部校园面积6000平方米，有6个教学班级，学生100人。通过积极向上争取项目，先后建成教师周转房和学生食堂、宿舍楼各一栋，投资150多万元的中心幼儿园正在建设之中。科技，共举办农村成人实用技术培训班45期，累计参加培训2430多人次。通过实施各类农业技术推广活动，八角、生姜、木薯、水稻、水果、茶叶等产业都获得了较大的发展，产量逐年增长，科技对农业增产、增收的贡献率20%。医疗卫生，六巷卫生院建筑面积约1260平方米。现有职工14人，其中在编10人，聘请4人。（中医专业3人，临床专业1人，妇幼专业1人，药剂专业2人，护理专业3人，办公室人员2人，后勤2人）。业务服务辖区及周边辐射人口约6800人。卫生院设有公共卫生服务部、门诊部、住院部；住院部开放病床17张。民族文化事业健康发展，目前，全乡共有非物质文化遗产（国家级：黄泥鼓舞，自治区级：跳盘王、过山音、石牌习俗）4项，非遗传承人4位。中国传统村落1个，广西传统村落3个。花蓝瑶、坳瑶生态博物馆各1个。全年共举办文艺晚会、文体娱乐比赛、刺绣、非遗传承培训班20多场次。

【社会各项事业】 邮政电信，全乡境内有邮政所、电信所、移动服务站各1家。全乡5个行政村、48个自然屯中全部用上高压电；1998年6月开通程控电话，电话装机容量为480部。2009年，已装机420部，此外还装有“村村通”无线电话245部，通电话行政村5个。中国移动设有六巷、门头、古卜坳、石坪项、兰督、冲尾等个6基站，网络覆盖全乡；中国联通设有六巷1个基站，网络覆盖政府所在地和六巷村。计划生育，2015年全乡人口出生50人，其中计划内出生45人，计划外出生5人，符合政策生育率为90%，政策外多孩率控制在11.1%，出生人口中，男婴28人，女婴22人，出生人口性别比为127 ∶ 100，全年死亡人数为24人，人口自然增长率4.16‰，控制在责任指标值7.9‰以内。当年独生子女保健费兑现率100%，兑现38本，共计4200元，完成县下达的责任指标任务。扶贫，一是按时完成全乡644户2542人贫困人口的信息采集录入工作，落实扶贫资金13.2756万元扶持群众种植野生茶300多亩，受益人口155户650人；二是争取到中央专项彩票公益金扶贫项目150万元，用于河岔至架梯屯村级道路硬化项目，正处于设计阶段。三是完成精准识别入户评分农户

860户3425人。四是加紧对72分以下贫困户359户，1326人的建档立卡工作。

【重大项目建设】 一是完成梧柳高速公路770多亩的红线内征地工作，占总征用土地的97.7%；罗香腊河至武宣百崖槽三级公路（六巷段）、青山至大岭、门头至新村村级水泥路正在建设之中。二是完成23户D级、51户C级危房改造工程；三是完成青山村古麦桥及古麦屯150多米防洪堤建设；四是投入300多万元对中国传统保护村落“下古陈屯”进行保护与开发工作。五是投入200多万元对六巷村所在地的环境综合治理工作，安装56盏太阳能兼风能清洁能源路灯、修建歌楼、亭阁、停车场等，打造“山城化、特色化、民族化”的现代瑶寨。六是完成圣堂、泗水、大岭尾屯易地搬迁新村电网建设。

【基层党建】 全乡设5个党总支部，34个党支部，其中屯级党支部32个，现有党员299名（其中党政机关党员48名，农村党员251名、困难党员35名，女党员56名，60岁及以上老党员81名，70岁以上44名，大专以上35名，高中及中专68名，初中以下183名）。其中，青山村党总支部有12个屯级党支部，88个党员，70岁以上有15名。六巷村党总支部有8个屯级党支部，85名党员，70岁以上有14个；王钳村党总支部共5个屯级党支部，33名党员，70岁以上有2人；门头村党总支部共4个屯级党支部，37名党员，70岁以上有6人；大岭村党总支部有3个屯级党支部，26个党员，70岁以上有4人。全乡以学习贯彻中共十八大、十八届三中、四中全会和习近平总书记一系列重要讲话精神为主线，扎实开展理论学习。以“三严三实”为标杆，狠抓班子自身建设。严格执行民主集中制，结合自治县夜访制度，制定乡党委班子包村制度，融洽了党群干群关系，树立了干部良好形象。在全乡五个行政村公开“微权力”清单管理办法及相关规定，让“微权力”清单管理工作接受群众的监督。创新党代表大会代表任期制做法，在上年7月份全区推进党代表大会代表任期制工作研讨会，六巷乡代表来宾市在会上作典型发言。

【社会管理】 一是加大综治和平安建设宣传工作，投入资金3万多元，通过制作宣传标语、发送宣传品、宣传资料等，进村入户解答群众法律咨询200余人次，提供法律援助11件，做到宣讲政策、宣传法制知识覆盖100%的自然屯。全乡一年来排查各类矛盾纠纷72起，调处率100%，调解成功69起，调解成功率95.8%。全乡无非法上访、重大群体事件，社会和谐稳定，各项工作都取得了明显成效，第四季度乡社会公众安全感排名全市第一。二是加强国防动员、优抚安置、民兵和预备役建设，超额200%完成2015年征兵任务数。

统计资料

表 32　一、2015 年人口情况统计表

表一：

指标 乡镇	总户数	总人口			分年龄段人口			
		合计	男性	女性	0—17 岁	18—34 岁	35—59 岁	60 岁以上
合　计	51190	156538	80624	75914	31639	39498	60226	25175
金秀镇	6528	18314	9256	9058	3772	4280	7466	2796
桐木镇	17478	52212	26720	25492	10430	12354	20100	9328
头排镇	7151	20820	10607	10213	4059	5422	8076	3263
三角乡	1709	5808	2908	2900	1159	1411	2315	923
忠良乡	3294	11205	5793	5412	2404	2927	4261	1613
罗香乡	4547	13676	7516	6160	3026	4217	4735	1698
长垌乡	1694	5798	2919	2879	1216	1472	2242	868
大樟乡	3768	12385	6438	5947	2454	3219	4785	1927
六巷乡	1569	5603	2957	2646	1160	1569	2019	855
三江乡	3452	10717	5510	5207	1959	2627	4227	1904

表二：

指标名称	单位	2015 年	2014 年
年末常住人口	万人	12.77	12.67
城镇人口	万人	4.37	4.23
城镇化率	%	34.22	33.39

表 33

二、2015 年地区生产总值

指标名称		单位	2015 年	2014 年	比上年同比增长 %
1. 地区生产总值（当年价）		亿元	27.50	26.03	
其中：第一产业		亿元	7.96	7.82	
第二产业		亿元	6.28	6.79	
# 工业		亿元	3.72	4.29	
# 建筑业		亿元	2.57	2.49	
第三产业		亿元	13.25	11.42	
2. 地区生产总值（可比价）		亿元	24.57	22.87	7.4
其中：第一产业		亿元	6.57	6.41	2.5
第二产业		亿元	6.89	6.66	3.4
# 工业		亿元	4.57	4.47	2.1
# 建筑业		亿元	2.32	2.19	5.9
第三产业		亿元	11.11	9.80	13.4
3. 地区生产总值的构成	第一产业	%	29.0	30.6	1.6
	第二产业	%	22.8	27.2	4.4
	第三产业	%	48.2	42.2	−6.0
人均地区生产总值		元 / 人	21619	20601	6.7

说明：地区生产总值及各项增加值绝对值按现行价格计算，增长速度按可比价格计算

表 34

三、农业生产主要经济统计表

（一）2015 农林牧渔业总产值

指标名称	单位	2015 年	2014 年	比上年同比增长 %
一、农林牧渔业总产值（当年价）	亿元	12.67	12.42	1.99
农业	亿元	7.66	7.53	1.76
林业	亿元	1.82	1.78	2.05
牧业	亿元	2.69	2.63	2.14
渔业	亿元	0.18	0.17	7.78
农林牧渔服务业	亿元	0.32	0.31	2.85

续表 34

指标名称	单位	2015 年	2014 年	比上年同比增长 %
二、农林牧渔业总产值（上年价）	亿元	12.73	12.42	2.54
农业	亿元	7.75	7.51	2.94
林业	亿元	1.88	1.78	5.18
牧业	亿元	2.61	2.63	−0.66
渔业	亿元	0.18	0.17	6.05
农林牧渔服务业	亿元	0.32	0.31	2.85
农林牧渔业总产值构成	%	100.0	100.0	
农业	%	60.5	60.6	
林业	%	14.4	14.3	
牧业	%	21.2	21.2	
渔业	%	1.4	1.4	
农林牧渔服务业	%	2.5	2.5	

（二）2015 农村基本情况统计表

指标名称	单位	2015 年	2014 年	比上年同比增长 %
村（居）委会数	个	81	81	0
#村委会数	个	77	77	0
自来水受益村数	个	72	70	2.86
乡（镇）村户数	万户	3.66	3.64	0.55
乡（镇）村人口	万人	13.69	13.65	0.29
乡（镇）村从业人员	万人	7.99	7.96	0.38
男	万人	4.3	4.28	0.47
女	万人	3.69	3.68	0.27
#第一产业从业人员	万人	5.85	5.82	0．52
农业机械总动力	万千瓦	11.50	11.35	1.24
农用排灌电动机	台	74	74	0
农用排灌柴油机	台	1730	1730	0
农用运输车	辆	127	127	0

续表 34

指标名称	单位	2015 年	2014 年	比上年同比增长 %
农用水泵	台	2060	2060	0
机耕地面积	公顷	13760	13248	3.86
机播面积	公顷	2736	1967	39.1
机收面积	公顷	6498	6200	4.81

（三）2015 年主要农作物播种面积表

指标名称	单位	2015 年	2014 年	比上年同比增长 %
年末耕地总面积	公顷	13699	13699	0
一、农作物总播种面积	公顷	21053	21042	0.63
1. 粮食作物种植面积	公顷	10846	10900	0.61
# 稻谷	公顷	6990	7160	−2.37
# 早稻	公顷	3095	3247	−4.68
晚稻	公顷	2975	3003	−0.93
玉米	公顷	1971	1823	8.12
大豆	公顷	289	279	3.58
薯类	公顷	947	1013	5.43
2. 经济及其他农作物	公顷	10207	10142	0.64
# 油料	公顷	618	555	11.35
花生	公顷	558	520	7.31
油菜籽	公顷	58	33	75.76
甘蔗	公顷	2872	3163	−9.2
# 糖蔗	公顷	2821	3115	−9.44
木薯	公顷	736	711	3.52
蔬菜	公顷	4352	4153	4.79
食用菌	公顷	38	35	8.57
年末桑园面积	公顷	600	800	−25
年末果园面积	公顷	4281	3452	24.02
年末茶园面积	公顷	1653	1560	5.96

（四）2015 年主要农作物产品产量表

指标名称	单位	2015 年	2014 年	比上年同比增长 %
粮食作物	吨	47861	48015	−0.32
#稻谷	吨	36134	36405	−0.74
#早稻	吨	18090	18443	−1.91
晚稻	吨	13861	13835	0.19
玉米	吨	8379	8273	1.28
大豆	吨	510	488	4.51
薯类	吨	1911	1978	−3.39
油料	吨	1409	1276	10.42
#花生	吨	1342	1237	8.49
油菜籽	吨	65	37	75.68
甘蔗	吨	227340	244553	−7.04
烟叶	吨	18	18	0
木薯	吨	3063	2959	3.51
蔬菜	吨	89978	85149	5.67
茶叶	吨	371	332	11.75
水果	吨	44805	42203	6.17

（五）2015 年林业生产情况表

指标名称	单位	2015 年	2014 年	比上年同比增长 %
荒山造林面积	公顷	408	523	−22.99
#用材林	公顷	260	438	−40.64
经济林	公顷	145	58	150
当年迹地更新	公顷	1085	1082	0.28
当年四旁零星植树	万株	30	27.50	9.09
当年幼林抚育作业面积	公顷	5010	4054	23.58
成林抚育实际面积	万公顷	2.35	2.25	4.41

续表 34

林产品产量	油茶籽	吨	2545	2350	8.3
	油桐籽	吨	43	38	13.16
	松脂	吨	1597	1415	5.62
	竹笋干	吨	1095	965	13.47
	八角	吨	9295	8850	5.03
木材采伐量		万立方米	11.25	11.24	0.10
毛竹		万根	17.2	16.30	5.52
小杂竹		吨	2350	2143	9.66

（六）2015 年畜牧水产主要产品生产情况表

指标名称	单位	2015 年	2014 年	比上年同比增长 %
肉猪出栏头数	万头	8.76	9.01	−2.77
家禽出栏只数	万只	87.44	86.83	0.7
肉类总产量	吨	8628	8805	−2.01
# 猪肉	吨	6548	6734	−2.76
牛肉	吨	207	205	0.98
禽肉	吨	1460	1449	0.76
蜂蜜	吨	90	77	16.88
蚕茧	吨	1668	1646	1.34
禽蛋	吨	356	323	10.22
水产品总产量	吨	1766	1680	5.12
# 淡水捕捞	吨	10	11	−9.09
淡水养殖	吨	1766	1669	5.81
水产品养殖面积	公顷	251	249	0.8
# 池塘养殖	公顷	99	99	0
山塘水库养殖	公顷	149	148	0.68
其他养殖	公顷	3	2	50

表 35

四、2015 年工业主要指标一览表

指标名称	单位	2015 年	2014 年	比上年同比增长 %
全部工业总产值（当年价）	亿元	10.71	10.74	−2.8
规模以上工业个数	个	14	13	7.7
其中：规模以上工业总产值	亿元	8.48	8.7	−2.5
# 轻工业	亿元	3.37	3.61	−6.7
重工业	亿元	5.11	5.08	0.7
# 中型企业	亿元	1.02	1.12	−0.9
# 内资企业	亿元	8.48	8.70	−1.0
全部工业增加值（当年价）	亿元	3.72	3.71	4.0
规模以上工业增加值	亿元	2.83	2.88	−1.7
规模以上工业企业资产合计	亿元	9.70	9.42	3.0
规模以上工业企业负债合计	亿元	5.93	5.90	0.54
规模以上工业企业所有者权益	亿元	3.77	3.51	7.39
规模以上工业企业主营业务收入	亿元	8.22	8.63	4.71
规模以上工业企业利润总额	亿元	0.32	0.24	33.3
规模以上工业企业利税总额	亿元	0.63	0.61	2.11
规模以上工业企业本年应交增值税	亿元	0.27	0.32	−14.55
规模以上从业人员年平均人数	人	1316	1509	−12.79

表 36

五、2015 年能源主要指标一览表

指标名称	单位	2015 年	2014 年	比上年同比 +、−%
能源消费总量	等价值，万吨标准煤	12.69	12.78	−0.7
单位 GDP 能耗	吨标准煤 / 万元	0.5163	0.5580	−7.47
单位工业增加值能耗	吨标准煤 / 万元	0.42	0.52	−19.68
全社会用电量	万千瓦时	15467	15628	−1.03
单位 GDP 电耗	千瓦时 / 万元	630	682	−7.86

表 37

六、2015 年交通运输邮电业情况表

指标名称	单位	2015 年	2014 年	比上年同比 +、-%
境内公路里程	公里	906	884	2.5
公路旅客周转量	万人公里	9181	8727	5.2
公路货物周转量	万吨公里	5064	4540	11.5
邮电业务总量	万元	14791	10732	37.2
# 邮政业务总量	万元	535	468	14.3
电信业务总量	万元	14256	10264	38.9

表 38

七、2015 年劳动工资统计主要指标一览表

指标名称	单位	2015 年	2014 年	比上年同比 +、-%
1. 城镇单位在岗职工年末人数	人	6308	6280	0.4
# 国有单位	人	4615	4780	-3.5
城镇集体单位	人	968	784	23.5
其他经济单位	人	725	716	1.3
# 企业	人	2068	1854	11.5
事业	人	2134	2469	-13.6
机关	人	2106	1957	7.6
2. 城镇单位在岗职工工资总额	万元	36832	27978	31.6
# 国有单位	万元	29364	20544	42.9
城镇集体单位	万元	4611	4663	-1.1
其他所有制单位	万元	2857	2772	3.1
# 企业	万元	8957	8793	1.9
事业	万元	13982	11470	21.9
机关	万元	13893	7716	80.0
3. 城镇单位在岗职工年平均工资	元	59797	44500	34.4
# 国有单位	元	63546	42938	48.0
城镇集体单位	元	57559	61603	-6.6

续表 36

指标名称	单位	2015 年	2014 年	比上年同比 +、-%
其他所有制单位	元	39303	37318	5.3
# 企业	元	47187	46915	0.6
事业	元	65674	46590	41.0
机关	元	65662	39407	66.6

表 39　八、2015 年固定资产投资、建筑业主要指标统计表

指标名称	单位	2015 年	2014 年	比上年同比 +、-%
全社会固定资产投资	亿元	22.16	21.69	2.2
其中：1. 固定资产投资	亿元	18.10	17.78	1.8
（1）城镇固定资产投资	亿元	18.10	17.78	1.8
# 基本建设	亿元	10.88	9.20	18.4
更新改造	亿元	4.67	4.01	16.3
其他投资	亿元	0	0.13	-100.0
房地产投资	亿元	2.55	4.44	-42.6
（2）农村（非农户）	亿元	0	0	0
2. 农村私人建房投资额	亿元	4.05	3.91	3.7
建筑业企业个数	个	3	3	0
年末从业人员	人	693	398	74.1
建筑业总产值	亿元	1.16	1.06	9.4
竣工产值	千元	81620	69420	17.6
房屋建筑施工面积	平方米	83423	69420	28.3
房屋建筑竣工面积	平方米	56755	54472	4.19
# 住宅	平方米	28513	26654	6.97
营业收入	万元	10933	9549	14.49
营业利润	万元	80	85	-5.88
利润总额	万元	80	85	-5.88

表 40　九、2015 年贸易、旅游、服务业主要指标一览表

指标名称	单位	2015 年	2014 年	比上年同比 +、-%
一、贸易业：				
社会消费品零售总额	亿元	7.73	7.20	7.4
# 批发业销售额	亿元	2.41	2.36	1.8
零售额	亿元	7.09	6.33	11.9
住宿业	亿元	0.42	0.39	8.1
餐饮业	亿元	1.12	1.01	8.8
二、旅游业：				
接待旅游人数	万人次	282.36	202.51	39.4
旅游总收入	亿元	18.56	12.12	53.1
星级饭店数	个	5	6	−16.7
A 级景区数	个	7	3	133.3
三、服务业：				
行政事业单位总数	个	324	338	−4.1
从业人员平均人数	人	5157	4711	9.5
本年收入合计	亿元	12.39	9.10	36.2
本年支出合计	亿元	11.51	9.39	22.6
规模以上服务业单位数	个	4	3	33.3
从业人员平均人数	人	347	85	308.2
营业收入	万元	1668	3097	−46.14

表 41　十、2015 年财政、金融、保险业主要指标一览表

指标名称	单位	2015 年	2014 年	比上年同比 +、-%
1. 财政收入	万元	17167	22111	−22.4
# 公共财政预算收入	万元	10235	14369	−28.8
税收收入	万元	6770	8766	−22.8
公共财政预算支出	万元	115837	108343	6.9

续表 41

指标名称	单位	2015 年	2014 年	比上年同比 +、-%
# 教育、医疗、卫生、科学技术和农林水事务支出	万元	62878	62073	1.30
财政八项支出	万元	72279	92890	-22.2
# 一般公共服务支出	万元	12298	16942	-27.4
2. 金融各项存款余额	万元	371092	340551	9.0
# 住户储蓄存款余额	万元	229493	203858	12.6
金融各项贷款余额	万元	205370	185996	10.42
3. 保险业务中保费收入	万元	3403	2799	21.6
# 财产险	万元	1709	1228	39.2
人身险	万元	1695	1571	7.9
赔偿、给付	万元	1028	1204	-14.6
# 财产险	万元	482	847	-43.1
人身险	万元	546	357	52.9

表 42　十一、2015 年教育、卫生基本情况表

指标名称	单位	2015 年	2014 年	比上年同比 +、-%
1. 教育：职业中学	所	1	1	0
在校学生数	人	266	302	-11.9
专任教师	人	44	39	18.0
普通高中	所	1	1	0
在校学生数	人	1571	1612	-2.5
专任教师	人	94	92	2.2
普通中学	所	6	6	0
在校学生数	人	5505	5706	-3.5
专任教师	人	401	376	6.6
普通小学	所	97	65	49.2
在校学生数	人	9851	9715	1.4
专任教师	人	797	765	4.2
幼儿园	所	49	46	6.52

续表 42

指标名称	单位	2015 年	2014 年	比上年同比 +、-%
在园儿童	人	4456	3586	24.3
专任教师	人	193	157	22.9
2. 卫生：卫生机构数	个	136	134	1.5
卫生技术人员	人	662	643	3.0
# 执业医师、执业助理医师	人	231	274	-18.6
注册护士	人	215	186	15.6
病床总数	张	635	626	1.4
参加新农合人数	万人	12.83	12.65	1.4
新农合参合率	%	99.30	98.81	0.5

表 43　十二、2015 年城乡居民收入与消费情况表

指标名称	单位	2015 年	2014 年	比上年同比 +、-%
1. 农村居民：全年纯收入	元	5941	5476	8.5
# 工资性收入	元	2198	2011	9.3
家庭经营纯收入	元	3384	3203	5.7
财产性纯收入	元	56	36	55.6
转移性纯收入	元	303	226	34.1
生活消费人均支出	元	4812	4343	10.8
# 服务性支出	元		988	-100
食品	元	2165	2015	7.4
衣着	元	189	165	14.5
居住	元	756	680	11.2
家庭设备、用品	元	346	322	7.5
交通和通信	元	706	610	15.7
文化教育、娱乐	元	350	295	18.6
医疗保健支出	元	224	191	17.3
其他商品和服务	元	76	65	16.9
2. 城镇居民：人均可支配收入	元	26549	25046	6.0

续表 43

指标名称	单位	2015 年	2014 年	比上年同比 +、-%
# 工资性收入	元	18576	17609	5.5
经营净收入	元	4007	3645	9.9
财产性纯收入	元	1626	1688	-3.7
转移性纯收入	元	5161	4811	7.3
生活消费人均支出	元	14675	13564	8.2
食品	元	6596	6322	4.3
衣着	元	1401	1301	7.7
居住	元	1310	1222	7.2
家庭设备、用品	元	856	810	5.7
交通和通信	元	1420	1889	15.7
教育文化、娱乐	元	563	1227	19.8
医疗保健支出	元	2221	1889	17.6
其他商品和服务	元	308	323	-4.6

2017年卷

数说金秀 2016

行政区域面积 2468.79 平方千米
全县乡（镇）10 个，3 镇 7 乡
行政村（社区）77 个行政村 4 个社区
年末人口 15.72 万人
少数民族人口 13.12 万人
常住人口 12.95 万人
人口自然增长率 5.96‰
地区生产总值（GDP）28.75 亿元，增长 3.2%
财政收入 1.74 亿元，增长 1.5%
公共财政预算收入 0.96 亿元，下降 6.0%
公共财政预算支出 13.10 亿元，增长 13.2%
第一产业增加值 8.41 亿元，增长 4.4%
第二产业增加值 6.30 亿元，下降 1.5%
第三产业增加值 14.04 亿元，增长 4.7%
农业总产值 7.98 亿元，增长 4.5%
林业总产值 2.01 亿元，增长 11.9%
牧业总产值 2.91 亿元，增长 1.1%
农林牧渔总产值 13.42 亿元，增长 4.4%
粮食作物播种面积 21390 千公顷，下降 1.6%
粮食总产量 4.78 万吨，下降 0.1%
全部工业总产值完成 11.84 亿元，同比增长 10.1%。其中规模以上工业总产值达 9.34 亿元，同比增长 12.16%
各项存款余额 39.54 亿元
各项贷款余额 22.70 亿元
固定资产投资完成 15.47 亿元，同比下降 14.6%
社会消费品零售总额 8.5 亿元。
全体居民人均可支配收入 15532 元
城镇居民人均可支配收入 29068 元
农村居民人均可支配收入 8490
金融机构存款余额 39.54 亿元，同比增长 6.56%，其中居民储蓄存款余额 24.92 亿元，同比增长 8.60%，金融贷款余额 22.70 亿元，同比增长 10.54%
森林面积 329.35 万亩，森林覆盖率 87.34%
全年共接待游客 354.09 万人次，旅游总收入 26.13 亿元，同比增长分别为 23.05% 和 37.24%
全县供电量 21468.15 万千瓦时，同比上年减少 6.62%
全县售电量 20649.19 万千瓦时，同比去年减少 6.59%
全县发电量 5603.2 万千瓦时，同比上年减少了 12.04%；购县内小水电量 8378.45 万千瓦时，同比上年下降了 22.40%；售大网电量 273.63 万千瓦时，同比下降 88.54%
全县中等职业技术学校 1 所，在校生 0.0465 万人
普通高中 1 所，在校生 0.1573 万人
公办初中 5 所，在校生 0.4632 万人
公办小学 64 所，在校生 0.9760 万人
公办幼儿园 20 所，民办幼儿园 28 所，在园幼 0.5988 万人
公共图书馆 1 个，博物馆 1 个
县级综合医院、瑶医医院、卫生计生监督、疾病预防控制中心、妇幼保健院各 1 所，乡（镇）卫生院 11 所
全县城乡居民养老保险参保人数 56300 人，参保率为 95.39%
新农合参加人数 12.8891 万人、参合率 99.53%
累计新增城镇就业 5945 人，新增农村劳动力转移就业 28735 人
城乡居民社会养老保险参保人数 56246 人
现有县级福利园区 1 个、乡级敬老院 11 个和五保村 14 个
完成农村危房改造 7810 户，补助资金 1.378 亿元

金秀瑶族自治县地方志编纂委员会

《金秀年鉴·2017》编辑部

《金秀年鉴·2017》编写组

县委办
　　王炳吉　范艳红　苏琦雄
县政府办
　　黄　恒　卢洪东　卓　舒
县人大办
　　何显贵　吴秀明
县机关事务局
　　梁德民　全永宁
县政务办
　　盘林峰　刘　琳
县政协办
　　梁雪敏
县接待办
　　廖喜琼
县纪委监委
　　黄辉明　覃　欣　赖招鋆
县委组织部
　　巫世学
县委宣传部
　　罗　珊　邓树花
县委统战部
　　莫伟成　金　荣
县信访局
　　覃彩云　覃子薇
县直工委
　　郭世珍
县委党校
　　陈震回　唐玉莹
县总工会
　　梁茂基　李　宁

团县委
　　黄莉丽　李卫洋
县妇联
　　柳筱瑜　胡春霞
县工商联
　　黄雪华
县档案局
　　赵卓德　陶永新
县史志办
　　黄立喜　吴金凤
县科协
　　韦运斌　李金阳
县残联
　　梁德强　陶王莉
县侨联
　　覃　芬
县文联
　　杜绍康　吴金莲
县财政局
　　兰　轲　莫丽丝　盘周芸
县粮食局
　　李全球　潘美娟
县民政局
　　连丽玫　龚敏树
县人社局
　　陶杰华　梁　潇
县国土局
　　赵德良　罗云飞
县城投公司
　　黄　宁

县民宗局

黄秀萍　刘　娟

县经贸局

张有响　全　勇

县交通局

黄贵恒　梁明坤

县招商促进局

潘　成　陈木凤

县发革局

李小云

县统计局

赵潇潇

县物价局

覃小红

县住建局

赵德峰　赵思思

县环保局

韦宗山　李　婧

县旅发委

梁永帅　黄涌波

县农业局

李惠玲　杨罗媛　梁　成　闭春林

陈园园　王春凤　廖最荣

县林业局

吴建春　周建德

县市场监督管理局

赵国兵　严　东

县水利局

罗志宏　黄桂丽

县教育和体育局

钟　春　黄礼强

县地震局

赵德金　莫曲红

县文广电局

冯春琦　曾　菲

县卫计局

李江山　黎飞鹏

县编委办

金宝青　莫滢媛

县扶贫办

韦军贵　黄　丹

县安监局

张　莉　黄　凤

县水库移民局

韦　军　韦竺君

县调处办

吴越桂

县法制办

韦威马　李耀冰

县烟草局

相裕强

县供销联社

杨东云　黄呈高

县工管委

潘宝军　班桂燕

县旅投公司

李秋萍　赵乙熹

县委政法委

彭卫东　罗冬英

县法院

方良帅　刘慧华

县检察院

姚　燕

县公安局

何　拔　周　辉

县森林公安局

陆友怀　赵水德

县司法局

韦荣泉　罗玲兰

县人武部

吴润康　陈玉萍

县武警中队

李久淼　朱加骥

县消防大队

韦宗茂　黎桂莹

县税务局

张　军　余青环

县信用联社

尹红军　文　宁

人民银行金秀县支行

陈振明　易小青

农业银行金秀县支行

阮兰忠　覃春钰

农业发展银行金秀县支行

潘　俊

人寿保险金秀支公司

文俊蕻　罗秋玲

人保财险金秀支公司

覃小青　廖　蓓

县公路局

钟志勇　苏子平

县气象局

陶炳新　张小娟

广西大瑶山国家级自然保护区

龙　清　陈科达

县水利电业有限公司

杨　军　黄江萍

县石油公司

陶　臻

中国邮政集团金秀分公司

谢永贵　闭传军

中国电信金秀分公司

陈如科　梁剑锋

中国移动金秀分公司

覃俊畯　郭慧明

中国联通金秀分公司

莫松寒　肖　露

广电网络金秀分公司

兰颂武　覃　黎

金秀镇

覃宏生　李秋榕

桐木镇

赵海斌　苏韦东

头排镇

文春燕　黄自德

三江乡

叶柳伶　刘彦丽

三角乡

李　海　李圆圆

忠良乡

谢春丽　黄　艳

长垌乡

赵宾宁　潘东杰

罗香乡

赵石官　阮士珍

大樟乡

曾福民　黄　浩

六巷乡

黄丽华　覃潇潇

编辑说明

一、《金秀年鉴·2017》以马克思列宁主义、毛泽东思想、邓小平理论、“三个代表”重要思想、科学发展观，习近平新时代中国特色社会主义思想为指导，坚持辨证唯物主义和历史唯物主义的立场，观点和方法。全面、系统记载2016年金秀瑶族自治县政治、经济和社会的基本面貌和发展情况，为社会各界人士了解和研究金秀提供权威的基本资料。

二、本卷年鉴采用分类编辑法，以条目为主体。条目作为年鉴的基本单元，承担记述概况及百科的任务。全书“条目”标题统一用黑体加【 】表示。内容层次的设置，是为了便于读者分类系统阅读、检索，并表示部类与条目之间的层次关系，不反映严格的科学分类体系，机构、企事业单位等排序和层次一般亦不表示其地位和规模。本卷年鉴使用规范的语体文和记述体，以第三人称记述，文字、计量单位、数字，一般按照国家标准法规使用，直陈其事，寓论断于叙事之中，文字力求言简意赅。全书中金秀瑶族自治县简称“金秀县”。

三、本卷年鉴刊载的政治、经济和社会发展的资料，均由各级行政机关、群团组织、企事业单位等编写组负责撰写或提供，并经过各相关单位负责人审核。涉及全县的经济统计资料，由县统计局提供，每个条目中的统计数字，均以统计局公布的为准。内文图片多为撰稿人提供，也采用一些由摄影爱好者、媒体记者提供的照片。

四、本卷年鉴“图片专辑”“特载”“附录”记述内容不受年度限制。为体现事物的完事性，对部分资料在时间上进行了追溯和延伸。

特　载

县委工作报告

抢抓机遇　克难攻坚为实现“两个建成”目标努力奋斗

——在中国共产党金秀瑶族自治县第十三届委员会第十四次代表大会上的报告

韦德斌

（2016年7月12日）

这次会议的主要任务是：以马列主义、毛泽东思想、邓小平理论和“三个代表”重要思想、科学发展观为指导，深入贯彻党的十八大和十八届三中、四中、五中全会和习近平总书记系列重要讲话精神，贯彻落实自治区、来宾市领导关于金秀经济社会发展的重要讲话精神，全面回顾总结自治县第十三次党代会以来的工作，研究确定未来五年我县经济社会发展和党的建设的目标任务，选举产生新一届中共金秀瑶族自治县委员会和纪律检查委员会，团结带领全县广大党员干部和各族人民，适应新常态，抢抓新机遇，迎接新挑战，为开创自治县经济社会发展新局面，实现全面建成小康社会、建成国家生态保护与建设示范区目标而努力奋斗。

一、自治县第十三次党代会以来的工作回顾

中共金秀瑶族自治县第十三届委员会于2011年7月在自治县第十三次党员代表大会上选举产生，肩负党和人民的使命，伴随时代前进的步伐，我们走过了不平凡的五年。五年来，在自治区党委和来宾市委的正确领导下，县委坚持以邓小平理论、“三个代表”重要思想、深入贯彻落实科学发展观为指导，紧紧围绕实现“富民强县”新跨越的目标任务，团结带领全县广大党员和干部群众，高举中国特色社会主义伟大旗帜，坚持科学发展，开拓创新，砥砺前行，经受了一次又一次重大考验，取得了一个又一个重大成就，全县经济发展、政治稳定、民族团结、社会和谐、人民生活水平不断提高，社会各项事业取得了显著的成绩。

五年来，我们重点抓好几个方面的工作：

（一）全面从严治党，党组织的凝聚力和战斗力明显增强

以提高执政能力为核心，深入学习贯彻党的十八大、十八届三中、四中、五中全会精神和习

近平总书记系列重要讲话精神，全面加强党的建设，努力提高党组织的凝聚力、创造力、战斗力，为全县经济社会发展提供坚强的政治保证和组织保证。

1. 宣传思想工作取得新的突破。深入学习贯彻党的十八大、十八届三中、四中、五中全会和习近平总书记系列重要讲话精神，进一步加强和改进党委（党组）中心组理论学习，将学习活动作为首要政治任务，开展“学习讲话、坚定信念、破解难题、推动发展”主题学习活动，以多种形式学习宣传和贯彻落实，推动学习常态化、制度化；扎实推进思想道德法制教育活动及培育和践行社会主义核心价值观活动深入开展；积极通过各种媒介宣传推介全县经济社会发展的工作亮点及创新做法，为金秀的改革发展提供了强大的思想保证和舆论基础。2011 年以来，我县共在国家级主流媒体刊（播）出稿件 1082 篇，自治区主流媒体 1829 篇，实现了我县在中央、自治区级主流媒体上稿量和重点稿件的历史性突破。

2. 党的专题教育活动深入开展。一是党的群众路线教育实践活动圆满结束。县委广泛征求群众意见，找准“四风五化六病”等突出问题，创新开展“五探访”“六征询”等活动，有效解决了群众反映强烈的一大批问题。组织开展 11 项专项整治活动，进一步强化干部队伍管理。出台 5 大类共 28 项配套制度，推动党员领导干部作风长效化建设。有效推进稳增长、促改革、调结构、惠民生等工作，实现了活动开展与经济社会发展“双促进”。二是扎实开展“三严三实”专题教育。县委常委会带头践行“三严三实”，同步开展科级领导干部“守纪律、讲规矩”主题教育，突出问题导向，开展“换位听民意，沉底解难题”专题调研，查摆整改领导干部“不严不实”突出问题 36 个。三是创新开展“守纪律、讲规矩”主题教育。组织开展“守纪律、讲规矩”主题联合组织生活会和专题民主生活会，促进行业、系统、部门之间的协作，广大党员干部的纪律意识、规矩意识明显提高，有效巩固全县各级党组织思想政治建设和作风建设。

3. 党的基层组织建设全面加强。创新推进“双进一回”活动，积极为民办实事好事，进一步密切党群干群关系。选派 184 名机关企事业单位干部担任全县 81 个行政村（社区）的“美丽广西”乡村建设（扶贫）工作队员，指导开展乡村建设和扶贫工作。2011 年和 2014 年，均率先在全市圆满完成村（社区）“两委”换届选举工作，选好配强村级“两委”班子。创新实施党代表联名质询制度、党代表询问制度和党代表履职评议制度，拓宽了党员群众监督渠道，提升了党代表履职能力。坚持开展党（工）委书记抓基层党建和履行党风廉政建设主体责任年度述职评议工作。深入实施基层党建“八大工程”，扎实推进基层党建“四化”建设、基层服务型党组织和屯级“四会一组”建设，充分发挥了基层党组织的战斗堡垒作用。成立县非公党工委，进一步加大非公有制企业和社会组织党建工作力度。严把党员入口关，五年来共发展党员 882 名。

4. 干部队伍建设工作巩固创新。严格按照《干部任用条例》和中央严禁超职数配备干部等有关规定规范选拔任用干部。2011 年以来，提拔任用科级干部 188 人，其中正科级领导干部 49 人，副科级领导干部 114 人，非领导职务干部 25 人。面向硕士研究生乡官选拔乡（镇）副科级领导干部 5 人，通过公推差选方式选拔科级非领导职务干部 12 人担任贫困村党组织第一书记。落实机关公务员职务与职级并行制度，295 名干部获职级晋升。全面完成领导干部配备“三超两乱”问题整改工作，整改消化超职数配备干部 120 人。

5. 党风廉政建设取得一定成效。严格执行党风廉政责任制，深入开展“清廉为政，永葆纯洁”、“守纪律、讲规矩”等主题教育，推动“两个责任”的落实，深入推进纪检监察系统体制改革，强化主业意识，不断完善预防和惩治腐败制度，坚决惩治各类腐败行为。认真贯彻中央关于改进工作作风的八项规定精神，严格正风肃纪，深入开展发生在群众身边的“四风”和腐败问题专项整治活动，有效促进党员干部树立廉洁从政意识和改进作风，自治区党委第二巡视组和来宾市委第六巡视组巡视金秀反馈问题得到较好的整改落实。2011 年以来，我县纪检监察机关共接受信访举报 422 件，立案 251 件，已结案 223 件，给予党政纪处分 223 人，其中科级干部 64 人，一般干部 88 人，村委干部 40 人，其他党员 31 人，移送司法机关处理 12 人，挽回经济损失 3600 多万元。

6. 统一战线工作不断深化。以“增进共识、凝聚力量、服务大局”为原则，致力在参政议政、服务社会、促进和谐、助推发展上，突出抓好服务非公有制经济发展工作，取得明显成效；深入实施“同心·惠民工程”和“同心·共建工程”等一系列“同心”品牌工作和“百企助百村”活动，为服务经济社会发展凝心聚力；扎实抓好党外代表人士工作，加强党外干部队伍建设，全面提升各领域统战工作水平，为加快实现富民强县新跨越提供广泛的力量支持。

7. 常委会自身建设进一步加强。一是强化制度建设，制约权力运行。坚持民主集中制，建立书记办公会议事决策制度，重新修订完善了五人小组会议、县委常委会议、党政联席会议、四家班子联席会议等议事、决策的范围、程序和规则，严格执行《县委常委会议事决策制度》，进一步提高执行民主集中制的自觉性，避免个人或少数人决定重大问题，防止无人负责、互相推诿的问题。二是加强对全县各级领导班子年度民主生活会和专题民主生活会的指导，督促各单位党委（党组）以及各基层党组织认真贯彻党的民主集中制。三是党委常委会议事侧重对“三重一大事项”的讨论研究，进一步提高了依法决策、民主决策、科学决策的水平。

此外，民主法制建设不断加强，人大、政协基层民主作用进一步发挥，武装、政法和群团等工作得到进一步改进。一是切实履行党管武装工作职责，扎实做好征兵、国防动员、国防宣传、民兵和预备役部队建设，先后投入 1300 多万元用于营院正规化、信息指挥自动化、仓库标准化等国防基础设施建设。二是不断加强和创新社会治理，推进社会治安综合治理，推行领导干部公开接访、下访和包案化解信访积案等措施，全县信访总量持续下降。2011 年至 2015 年，我县的群众安全感在全区排名总体靠前，连续五年获得“自治区平安县”称号，被评为“2011—2012 年度建设平安广西先进县”。三是深入开展“党建带工建、团建、妇建”活动，建立健全工会、共青团和妇联基层组织。全县 81 个行政村（社区）都建立了妇女组织，建立健全共青团组织 217 个、工会组织 75 家，创建“妇”字号基地 26 个，儿童家园 54 个，“妇女之家”83 个。党校、工商联、侨联、残联等群团组织获得了长足发展。

（二）全面深化改革，发展活力不断增强

过去的五年，我们始终坚持以开拓创新冲破发展障碍，在认真贯彻落实上级党委决策部署的同时，结合自治县实际，推出一批高质量、有特色的改革举措。简政放权力度加大，全面完成政府机构改革、行政审批事项清理，推行政府部门权力清单、责任清查。商事制度改革持续推进，“三证合一”“一照一码”全面推行，市场主体实现较大增长。金融服务“三农”的政策体系不断优化，农村改革加快推进，三江乡现代特色农业核心示范区通过市级验收，头排镇、三江乡土地承包经营权确权登记颁证试点工作顺利完成，新型农业主体、经营模式日趋成熟，全县新增合作社 39 家。生态文明制度改革稳步实施，绿色生态产业发展持续推进，2012 年，我县荣获“中国长寿之乡”称号，2015 年，我县被列为国家生态保护与建设示范区，“金秀瑶都养生”被列入自治区发展规划，生态资源向生态效益转变取得突破性进展。此外，统筹推进民主法制领域和社会体制、党的建设、纪律检查等方面改革，为促进自治县经济社会加快发展注入了内生动力。

（三）大力推进产业发展，综合经济实力进一步增强

过去的五年，我们始终坚持科学发展，主动适应新常态，全力以赴转方式、调结构、促增长，着力破解阻碍经济发展的难题，全县地区生产总值不断提高，产业结构不断优化，发展速度不断加快。据统计，全县地区生产总值由“十一五”末的 17.6 亿元提高到“十二五”末的 27.07 亿元，年均增长 6.6%；财政收入从 1.38 亿元提高到 1.72 亿元，年均增长 4.5%；五年累计完成全社会固定资产投资 102 亿元，年均增长 17.4%；城镇居民可支配收入由 17228 元提高到 26674 元，年均增长 9.1%；农

民人均纯收入由3299元提高到5969元，年均增长12.6%。先后获得“全国科技进步先进县”“全国法制宣传教育先进县”“国家计划生育优质服务先进单位”等多项荣誉。

——坚持“生态立县”战略，有效保护绿水青山。坚持在保护中开发，在开发中保护，以来宾市对自治县实行差别考核为契机，精心组织实施生态保护建设与发展各项规划，进一步加强和巩固生态环境保护与建设在全县经济社会的基础地位。推进绿色发展和生态惠民工程，五年累计新造林12.29万亩，森林覆盖率达84.21%。累计投入资金9000多万元开展“美丽金秀”建设，全县获自治区命名“生态村”26个，创建县、乡两级“生态乡村”示范点19个。同时，大力发展低碳经济和生态经济，因地制宜，探索旅游、瑶医药、生态农业等绿色产业发展道路，使生态资源逐渐向生态资本、生态效益转化。

——坚持“农业稳县”战略，特色农业成效显著。高度重视“三农”工作，按照“山外水果，山内茶叶”的特色农业发展工作思路，不断优化产业结构，打造特色农业品牌，大力发展野生茶、无公害水果、食用菌、有机生姜、大瑶山香芋等优势特色农业，并突出发展圣堂鸡、瑶香鸡、娃娃鱼、养蜂等特色养殖业，全县特色产业总面积突破50万亩，累计推广新品种146个，水果、茶叶产业面积比2010年分别增长124%、49%，基本实现“山外人均一亩果、山内人均一亩茶”的目标。“金秀红茶”被确认为国家生态原产地保护产品，成功申报地理标志产品；三江乡荣获“广西砂糖橘之乡”称号；农业机械化水平达45.15%，2014年荣获“全国平安农机示范县”称号。农林牧渔业总产值从2010年的8.14亿元提高到12.81亿元，年均增长4.9%。

——坚持“旅游强县”战略，旅游产业快速发展。把旅游作为金秀最具特色的产业来培育，重点打好“自然生态”“瑶族文化”“长寿养生”三张牌，积极构建大旅游格局。五年来，自治县先后成功创建广西优秀旅游县、广西特色旅游名县，创建国家AAAA级旅游景区4个、AAA级旅游景区3个，广西农业旅游示范点3家，星级农家乐18家，四星级乡村旅游区1家，星级酒店6家，其中五星级酒店1家，盘王谷深航假日酒店荣获全国“十佳特色主题酒店”称号，金秀瑶都养生现代服务业集聚区成功列入自治区发展规划，山水瑶城景区成功创建自治区级旅游度假区。成功举办瑶族盘王节、大瑶山山水文化旅游节、圣堂山杜鹃花旅游节和自治县成立60周年大庆等一系列重大活动，金秀知名度和美誉度进一步提升，游客满意度调查排名全区第一。五年累计接待游客908.47万人次，实现旅游收入49.17亿元，分别比“十一五”时期增长503%、766%。

——坚持“工业富县”战略，工业经济明显增长。在着力巩固水电、化工、米业等主导产业的基础上，以养生健康产业体系为主线，不断优化工业结构，大力发展旅游、林下经济、野生茶、竹木加工、民族旅游工艺品、瑶医药、天然山泉饮用水等产业，并重点加快发展瑶医药、生态有机食品和具有民族特色的工艺品三大新兴产业，稳定发展制糖、木材加工两大产业，形成“5+3+2”工业体系，推进全县工业经济实现跨越式发展，全县规模以上工业企业达到14家，工业总产值稳步增长。五年来，累计投资3788.5万元完成桐木工业集中区建设，成功引进松源林产公司歧化松香、松香钾皂和浅色树脂生产、广西德坤药业公司药材饮片和口服液制剂生产、广西秀瑶圣水公司优质天然矿泉水等一批特色工业项目，为自治县新型工业发展奠定了坚实的基础。

——坚持“科教兴县”战略，科教事业再上新台阶。“十二五”期间累计投入2.56亿元完善教育基础设施，办学条件不断改善，实现乡（镇）幼儿园全覆盖，县幼儿园被评为“自治区示范性幼儿园”。义务教育均衡发展稳步推进，中考成绩保持在全市前列，高考上线率逐年提升，县民族高中被评为“自治区示范性普通高中”。县职业技术学校实现普职融通办学，与高职院校“2+3”贯通办学，我县被评为“自治区职业教育攻坚进步县”。科技事业发展步伐进一步加快，五年累计申请发明专利136件，比“十一五”时期增加117件，2011年、2013年自治县分别获科技部授予“全国科技进步先进县”荣誉称号。

——坚持开放合作共赢，发展后劲不断增强。创新招商载体、做强优势产业，把招商引资作为加快发展、全面提速的重要举措。成立了特色产业发展及重点工作推进指挥部，建立县四家领导班子成员联系重大项目制度，集中精力抓项目。五年累计实施招商项目180个，累计到位资金75.71亿元，完成“十二五”招商引资规划预期到位资金65亿元的116.47%。五年来，统筹实施市级层面重大项目38项，县级重大项目171项；累计完成全社会固定资产投资102亿元，年均增长17.4%；完成农村公路项目建设投资4.68亿元，比“十一五”期间增加244%，基本实现行政村村村通沥青（水泥）路。建成小型水利渠道73.6公里，农村饮水安全工程207处，解决5.57万人饮水困难问题。全面实现村村通电，基本实现村村通广播电视目标。

——坚持统筹城乡发展，城乡面貌焕然一新。成立城镇化发展指挥部，全面加大县城和乡镇的建设、管理工作力度，完成县城区总体规划调整、9个乡镇的总体规划、全县157个村屯的规划编制，将桐木镇纳入县级管理，成功争取并实施桐木镇全区百镇示范工程建设。深入实施乡镇政府所在地综合治理工程，加快城乡一体化建设步伐。大力推进特色名村创建，长垌乡古占屯先后获得“全国特色景观旅游名村”命名和“广西特色旅游名村”命名，金秀镇美村获“中国少数民族特色村寨”命名，田村获“广西特色文化名村”命名，长垌乡平道村获2015年度“中国十大最美乡村”提名。全县城镇化率从2010年的29.19%提高到33.89%，年均提高1.5个百分点。2015年，县城“山水瑶城”成功创建开放式国家AAAA级景区和自治区级旅游度假区。

——坚持因村因户施策，打牢脱贫摘帽基础。制定落实“领导挂点，单位包村，干部包户”的工作责任制，全面开展定点扶贫、精准扶贫工作，全面实施新一轮扶贫开发攻坚战，依托金秀丰富的生态自然资源和多彩的民族特色文化，为贫困村“量身定做”脱贫致富发展思路，整合资金1.64亿元，抓好基础设施建设、产业开发、转移就业培训、行业扶贫和社会扶贫，激活贫困区域经济。五年来，全县实现脱贫41906人，年均减少8300人。2013、2015、2016年全区扶贫工作现场会、全区产业扶贫开发现场会和全区推进公共文化服务体系建设暨文化扶贫工作现场会先后在我县顺利召开，会议对我县扶贫开发工作给予了充分肯定。

——坚持保障改善民生，各项社会事业不断进步。“十二五”期间，我县民生领域累计支出29.08亿元，占总支出的59.71%，民生事业不断改善。一是社会保障明显增强。“十二五”期间累计新增城镇就业5945人，城镇登记失业率控制在目标范围内。投入救灾资金814.5万元，救助灾民8.39万人次。保障性安居工程开工建设490套，建成入住378套。完成农村危房改造7810户，补助资金1.43亿元。养老服务体系不断完善，2012年荣获“中国长寿之乡”称号，头排镇、桐木镇敬老院分别荣获“全国第一届敬老文明号”“全国农村五保供养先进单位”称号。二是卫生计生事业稳步发展。“十二五”期间累计投入1.2亿元，建立完善了县、乡、村三级卫生业务用房和乡（镇）卫生院职工周转房建设，完成食品药品监督管理体系改革和乡（镇）卫生院医改工作。积极推进农村新型合作医疗，切实解决群众看病就医问题。瑶医瑶药突破发展，集治疗、康养、科研于一体的瑶医综合服务项目一期、二期工程顺利实施，建立完善县、乡、村瑶医药三级服务网络，并通过自治区级评审验收；104种经典瑶药和重点临床使用的14种瑶药列入广西首卷《瑶药材质量标准》目录。计划生育完成既定目标任务，荣获“全国计划生育优质服务先进单位”“自治区诚信计生示范县”。三是文化体育事业加快发展。先后完成瑶族艺术中心、大瑶山自然生态博物馆和五个瑶族支系生态博物馆等一批文化设施的建设和瑶族博物馆的改扩建工程。打造了《瑶都神韵》《瑶韵深牌》等一批文化精品，成功申报非物质文化遗产项目3项（其中，国家级1项、自治区级2项），登记在册非物质文化遗产传承人26人。《破竹》《瑶族顶鼓》分别荣获第九届、第十届全国少数民族体育运动会三等奖，2013年我县被文化部授予“中国民间文化艺术之乡”称号。此外，金秀镇和县委宣传部分别荣获“全国文明村镇”“全国科技文化卫生‘三下乡’先进集体”荣誉称号。

五年来，我们在不断地探索和实践中，深深地体会到：金秀的经济社会发展，必须坚持一种实事求是、与时俱进的发展理念。随着产业结构调整步伐加快，运输需求规模和结构都将发生重大变化，个性化、多样化需求日益增多，交通落后制约我县经济社会发展的问题日益突出，为打破这一瓶颈，我县顺势而为，把“交通活县”上升为全县的总体工作思路，体现了实事求是的工作作风。必须坚持一种发扬艰苦奋斗、愚公移山的精神。我县国民经济能够连续5年保持高速增长，是历届党委、政府团结带领各族群众聚精会神搞建设，一心一意谋发展，一任接着一任干出来的，我们一定要倍加珍惜，自觉维护，继续发扬这种艰苦奋斗、愚公移山的精神，并把这种做法一代一代传承下去。必须坚持一种政治生态和自然生态同步建设的理念。我县要建成国家生态保护与建设示范区，实现绿色崛起，一定要让自然生态和政治生态两个建设同向发力、同步推进，要强化守纪律、讲规矩，抓实“两个责任”，要加大监督执纪问责力度，对不作为、慢作为、乱作为的领导干部实行责任追究，营造良好的自然环境、政务环境和政治生态，让金秀山青水秀的自然生态和风清气正的政治生态同步发展、相得益彰。

在客观总结成绩的同时，我们也清醒地看到，金秀县在推进发展的道路上还面临不少困难和问题：一是从严治党工作仍需抓紧抓实，县委常委会自身建设仍需进一步加强；二是党委主体责任严重缺失，县委、县政府原主要领导违纪违法，个别单位出现系统性、区域性腐败，党风廉政建设和反腐败斗争形势依然严峻复杂；三是经济发展面临较大压力，传统产业比重大，新兴产业规模小，高附加值产业比重低的矛盾短期内难以改变；四是交通基础设施建设滞后，行路难的问题还未从根本上得到解决；五是全面深化改革进入攻坚期和深水区，改革工作任务重、难度大；六是社会治理面临新的挑战，改善民生和维护社会稳定任务艰巨等等。对于这些问题，我们将在今后的工作中高度重视，采取有效措施，认真加以解决。

二、“十三五”时期经济社会的奋斗目标和总体思路

按照《中共来宾市委关于制定国民经济和社会发展第十三个五年规划的建议》，以及《金秀瑶族自治县国民经济和社会发展第十三个五年规划》，县委决定，“十三五”时期我县工作的指导思想是：高举中国特色社会主义伟大旗帜，全面贯彻党的十八大和十八届三中、四中、五中全会精神，坚持以马列主义、毛泽东思想、邓小平理论和“三个代表”重要思想、科学发展观为指导，深入贯彻习近平总书记系列重要讲话精神，牢固树立“创新、协调、绿色、开放、共享”的发展理念，以“四个全面”统领经济社会发展全局，落实“五位一体”发展决策，深入实施“生态立县、旅游强县、农业稳县、工业富县、交通活县、依法治县”发展战略，围绕“打基础、精产业、兴经济、富民生”的发展思路，积极运用好国家对民族自治地区、国家生态保护地区、国家贫困县的倾斜政策，主动融入“一带一路”，发展以生态旅游为主体，以生态农、林和生态工业为两翼的特色产业链，做好旅、粮、果、水、药、林等文章，实现生态保护与经济发展互惠双赢，脱掉国家贫困县的帽子，到“十三五”末期，实现全面建成小康社会、建成国家生态保护与建设示范区的总目标。

发展目标是：全县经济结构调整和发展方式转变取得显著成效，生态循环经济体系基本形成，人口规模及素质与生产力发展要求相适应，经济社会发展与资源、环境承载能力相适应，人民生活不断改善，民族更加团结和睦，实现全县经济、社会、生态、民族和谐发展，同步全面建成小康社会。

主要奋斗目标是：到“十三五”时期末，地区生产总值年均增长7%以上，人均生产总值达到27300元；

——三次产业结构调整为25.9∶22.3∶51.8；固定资产投资年均增长10%；

——财政收入年均增长5%左右；

——社会消费品零售总额年均增长10%；

——城镇居民人均可支配收入年均增长5.6%、

农民人均纯收入年均增长 9%；

——现行标准下农村贫困人口全部脱贫，贫困县、贫困村全部脱贫摘帽；

——城镇登记失业率控制在 4.5% 以内；总人口控制在 15.7 万人以内；

——全面建成小康社会和建成国家生态保护与建设示范区，力争将金秀建设成为广西旅游扶贫示范县、广西生态旅游经济可持续发展先行先试区、世界瑶族文化展示体验区、全国重要的瑶族医药生产基地、广西旅游商品生产基地、广西最大的野生茶生产基地、中国南方养生避暑胜地。

实现上述奋斗目标，未来五年我们必须主动适应新常态，坚持创新、协调、绿色、开放、共享的五大发展理念，重点推进几个方面工作：

（一）明确“十三五”时期的发展方向，奋力实现经济社会新发展

——坚持创新发展，打造改革金秀。一是系统推进全面深化改革。实施改革创新战略，把握改革的主导权和主动权，深化经济体制、开放合作体制、农村和生态文明体制等专项改革。二是激发创新动力。多渠道引进人才，改善人才结构，提升人才素质，特别是生态建设、旅游管理、瑶医药方面人才。鼓励技术创新和成果应用，提升产品档次和附加值。三是推动产业升级。加强品牌和标准化建设，坚持做大总量和提升质量有机统一，升级传统产业，壮大新兴产业，打造具有自治县特色和竞争力的产业体系。以改革创新驱动自治县经济社会发展。

——坚持协调发展，打造富裕金秀。注重均衡发展和整体效能，坚守发展和生态两条底线，做到既要发展经济，更要保护生态。一是加快特色农业产业化步伐。深入实施以拓展特色农林资源为主的农业突破工程，调整优化农业产业结构，稳定规模，提升品质，大力发展优质、高效、生态、安全农业，建立现代农业产业体系，做好优质水果产业带、野生茶叶产业带、生态林业产业带和高端食品品牌的“三带一品”建设，确保山外水果带、山内茶叶带健康发展，提升产品品质，努力打造广西最大的野生茶生产基地，同时依托金秀作为广西药用植物库的资源优势，大力发展中草药、灵香草、绞股蓝等林下经济，努力培育全国重要的瑶药生产基地。鼓励适度规模特色种养，打造高端农产品品牌。加快电子商务在“三农”服务中的应用，重点推进农村和农产品电子商务发展。积极扶持发展农业专业大户、农民合作社、家庭农场等新型农业经营主体，促进农业增效、农民增收。二是加快特色工业发展。深入实施以培养新兴产业为主的工业突破工程，围绕发展生态工业，转变发展方式，提升现有农产品深加工、木材加工和树脂生产等产业的科技含量，加快制药、旅游商品、健康食品及清洁能源等产业建设开发。加快园区改造升级，完善桐木工业集中区基础设施，优化园区投资环境，提升园区承载能力，在头排镇规划建立轻工及生物科技产业园区，建成“一区两园”并成功申报自治区级 A 类工业园区。努力打造广西旅游商品生产基地，力争通过 5 年的努力，逐渐发展形成以瑶族医药、健康食品、旅游商品、新能源为主的生态工业体系，形成一批科技含量高、经济效益好、资源消耗低、环境污染少、人力资源优势得到充分发挥的新型工业企业。三是提升现代服务业发展。通过旅游产业发展，进一步带动金融、物流、通讯等生产性服务业和文化、医疗卫生保健、餐饮住宿、批发零售等消费性服务业的发展，搞活商贸物流业，进一步优化乡镇商业网点布局，加快现有市场网点升级改造。同时，坚持社会化、市场化、产业化发展方向，创新服务业发展方式，拓宽服务业领域，增强服务业功能，围绕“互联网 +、文化 +、健康 +”等新兴领域，培育衍生发展新模式新业态，积极打造经济发展新引擎和产业升级新支撑，促进全县第三产业实现新的突破。四是合理布局区域产业发展，统筹城乡协调发展。按照统筹城乡一体化发展的思路，坚持规划先行，强化多规合一，突出基础设施建设，加快培育发展城市产业，促进“产城融合”，加快新型城镇化进程。拓展县城建设提升形象和品位，加快主要交通沿线重点城镇建设和特色名镇名村建设。五是着力夯实水利基础。大力发展民生水利、资源水利、安全水利，不断加强水利薄弱环节建设，提高全县重点区域

防洪标准和灌区抗旱能力；加快县城和乡镇供水工程建设，力争到“十三五”末，全部解决我县农村人口饮水不安全问题。

——坚持绿色发展，打造生态金秀。紧紧围绕“二区、一县、一胜地、一基地”旅游业发展定位和建成国家生态保护与建设示范区这一目标，深入实施生态优先战略，坚持绿色发展理念，巩固生态文明建设成就，促进金秀生态文明升级。一是坚持主体功能区定位，合理控制开发强度。加快形成节约资源和保护环境的空间格局、产业结构、生产生活方式。加大森林资源保护、污染治理和旅游资源保护的力度，森林覆盖率达到85%以上。二是实施“互联网+”行动，以旅游业为龙头，大力实施以发展生态循环旅游为主的旅游突破工程。推进旅游精品化建设，强化旅游扶贫功能，打造自然生态、瑶族文化、养生健康三大旅游品牌，扎实推进全域旅游创建工作。积极争取列为全区第四个重点推进建设的国际旅游度假区，实现AAAAA级景区的零突破。三是完善旅游产业政策，强化区域旅游合作，完善旅游基础设施、配套服务设施和旅游产品体系，调整和优化旅游产业结构，强化旅游人才培养，培育旅游新业态，加快产业升级，提升旅游产业竞争力。四是以“兴一业带百业”的产业发展思路，围绕旅游产业来调整一、二、三产业布局。做大农林产品、瑶药加工业、旅游产品加工等绿色产业，深入推进节能减排降耗，促进生态产业化、产业生态化，促进生态金秀提档升级。

——坚持开放发展，打造包容金秀。一是畅通县域内外交通。积极构建以县城为中心、高速公路为重点、国省道为主线、县级公路为脉络的“县外联通、县内循环”的公路交通网络，积极推进过境高速公路出口互通及连接线的开工建设，完成县内公路提级改造。二是主动融入开发大环境。主动融入“一带一路”，积极承接区内外产业转移，引进创新人才和创新成果应用。围绕发展循环经济、低碳经济、绿色经济，发展电子商务、旅游、健康养生等外向型经济，包装一批涉及旅游、生态农业、农副产品精深加工、瑶医药和健康养生等项目。坚持走出去、请进来，实施科学招商、精准招商，努力引进一批投资规模大、市场前景好、技术含量高、带动效应强的重大项目和重点企业，切实提升招商实效。三是加强信息化基础设施建设。推进企业工业化和信息化“两化融合”，加快农村电子商务平台建设，加快社会服务信息化，大力提升信息化在工业新型化、农村城镇化、农业现代化中的运用水平，发展智慧城镇、智慧景区、智慧企业，推进全县经济社会全面发展。

——坚持共享发展，打造幸福金秀。坚持共享发展理念，着力于全面建成小康社会，将改善民生放在优先位置。坚持以人为本，以教育、公共卫生和基本医疗服务、文化、社会保障为重点，加大民生工程投入，提升公共服务功能，特别是完善城区文化、卫生、体育等便民公共服务设施，改造城区排水排污系统，努力打造功能完善、配套齐全的现代化城区。加快发展民族教育事业，力争义务教育均衡发展工作通过自治区级和国家级评估验收。扎实推进县级公立医院改革，争取做到小病不出乡，大病不出县，加强瑶医药研究与开发，推进瑶医药与养生长寿健康产业发展深度融合，努力将金秀打造成中国南方养生避暑胜地。加快城乡公共文化设施、广播电视、互联网等基础设施建设，实施文化惠民工程，巩固提升公共文化服务体系示范区工作。加大瑶族文化挖掘、传承、保护力度，促进瑶族文化与旅游融合发展，努力打造世界瑶族文化展示、体验、寻根的旅游胜地，建设名副其实的“世界瑶都”。加快公共就业服务体系建设，鼓励大众创业、万众创新。推动社会保障由制度全覆盖到人群全覆盖，健全完善城乡低保制度和五保供养制度，充分发挥民政兜底保障作用。关心老年群体，改善老年文化事业发展环境，营造尊老敬老和谐氛围。完善网格化建设，加快推进社会治安防控体系建设，打造“和谐金秀”，不断提高人民群众的安全感和满意度，营造和谐稳定的社会环境，努力提高人民群众的幸福指数。

（二）聚焦“十三五”时期精准脱贫，坚决打赢精准脱贫攻坚战

作为国家级扶贫开发工作重点县，“十三五”

期间，我县仍有贫困村28个，贫困户8688户，贫困人口32277人，群众整体收入水平都比较低，农村贫困“面广、量大、程度深、重点群体多”仍是脱贫攻坚的重点难题。目前，我县精准脱贫工作已进入啃“硬骨头”、攻坚拔寨的冲刺期，我们必须再接再厉，集中力量坚决打赢脱贫攻坚战，实现贫困县、贫困村脱贫摘帽，提高群众的获得感、幸福感和满意度。

1. 认真落实精准脱贫措施。按照“扶贫对象精准、项目安排精准、资金使用精准、措施到户精准、因村派人精准、脱贫成效精准”要求，坚持问题导向，因地制宜，针对“五个一批”脱贫攻坚行动计划（发展生产脱贫一批、易地搬迁脱贫一批、生态补偿脱贫一批、发展教育脱贫一批、社会保障兜底一批），充分挖掘潜在优势，全面推行“网格化、清单化、图表化和精准化”模式，精准实施产业扶贫、基础设施建设、旅游扶贫、生态补偿、教育培训、扶贫移民搬迁、金融扶贫、社会扶贫、救济帮扶和结对帮扶等到村到户等脱贫攻坚“十大工程”，精准扶贫，全面脱贫。

2. 建立精准脱贫责任制度。严格实行“一把手”负总责的脱贫攻坚责任制，构建县负总责、乡镇为主体、村屯落实、部门配合的工作机制。推行“领导挂点、单位包村、干部包户”工作责任制，做到定单位、定人、定点、定责包干扶持，确保每一户贫困户至少有一名帮扶干部。建立年度脱贫攻坚报告制度和脱贫攻坚考核制度，完善贫困村屯退出机制和脱贫激励机制，以制度保障落实。

3. 创新精准脱贫新路径。一是深入实施乡村旅游富民工程。加快推进旅游景区及公路沿线的整村推进与连片开发，通过“公司＋农户”的模式，引导支持有条件的贫困村、移民搬迁安置新村发展民族风情游、生态风光游等乡村旅游，促进旅游与脱贫工作深度融合。二是大力推进产城互动。把城镇化、工业化、农业现代化与脱贫攻坚工作相结合，加快城镇化和新型工业化进程，促进产城互动发展。三是深入实施林下经济扶贫工程。引导贫困村、贫困户发展特色中草药或林下特色种养，鼓励加工企业和销售商与贫困村、贫困户合作，采取订单生产、基地合作模式，带动贫困户脱贫。四是深入实施生态移民搬迁工程。完善基础设施及公共服务设施，对不适合居住的贫困村、贫困户，实施扶贫生态移民搬迁，为移民群众营造舒适的人居环境和良好的发展环境，确保搬得出、稳得住、可发展。

4. 充分调动社会参与积极性。调动贫困地区和贫困人口积极性，积极吸纳、调动致富能手，加强对贫困群众的帮扶和带领；积极开展金融扶贫，推行扶贫小额信贷贴息和扶贫小额信贷风险补偿制度，落实风险补偿金，撬动金融贷款，解决贫困户发展资金不足的难题；动员全社会力量广泛参与扶贫事业，鼓励支持各类企业、社会组织、个人参与脱贫攻坚，加快形成全社会参与的大扶贫格局。

三、全面加强党的建设，为发展稳定提供坚强保障

加强党的领导，是顺利实现“十三五”规划目标任务的根本保证。今后五年，我们将继续全面加强党的建设，扎实推进反腐败斗争工作，为实现“两个建成”目标提供坚强保障。

（一）切实加强思想理论建设，激发“两个建成”的内在活力。一是在全体党员中深入开展“两学一做”学习教育。坚持学用结合、知行合一，着力解决党员队伍存在的突出问题，引导广大党员用党员标准严格要求自己，立足岗位充分发挥先锋模范作用。二是坚持深化中国特色社会主义理论体系学习教育。持续加强和改进各级党委（党组）中心组学习，坚持把学习贯彻落实党的十八大及十八届历次全会精神和习近平总书记一系列重要讲话精神作为一项重中之重的工作来抓。三是加强社会主义核心价值观和爱国主义宣传教育。把教育延伸至学校、社区、农村，充分挖掘、宣传在经济社会发展中涌现出来的先进人物和先进事迹，树立先进典型，通过示范带动推进公民思想道德建设常态化。四是加大干部教育培训力度。紧扣新常态对党员干部能力素质提出的新要求，突出强化理想信念和党性教育，组织开展精准化培训，努力提升党员干部的整体素质。

（二）切实加强干部队伍建设，造就“两个建成”的骨干力量。严格按照《干部任用条例》和相关规定，坚持好干部标准，提高选人用人科学性、准确性、公信度，把政治强、懂专业、善治理、敢担当、作风正的党员干部提拔到各级领导岗位。认真落实《关于组织人事部门对领导干部进行提醒、函询和诫勉的实施细则》和《推进领导干部能上能下若干规定（试行）》，对那些政治上不守规矩、廉洁上不干净、工作上不作为不担当或能力不够、作风上不实在的干部坚决进行组织调整。不断加强对各类干部的实践锻炼，统筹推进干部人事制度改革，抓好人才引进和培育工作，健全完善少数民族干部和妇女干部培养选拔机制，不断优化干部队伍结构，壮大少数民族干部队伍。进一步优化乡科级领导班子结构，提升班子整体素质和水平，增强各级党组织统领经济社会发展的能力。

（三）切实加强基层组织建设，铸就“两个建成”的坚强堡垒。以服务型党组织建设为总抓手，推动各领域基层组织实现功能转型，提升服务能力。深入推进基层党建规范化、示范化、品牌化、信息化建设。切实加强屯级“四会”组织建设，大力推进屯级服务型组织建设，深化拓展农村基层“三个五”争创活动和“三评三定”制度。积极整合党建资源，进一步加大基层党建经费投入，深入推进基层党组织“三有一化”建设。全面推行党委会发展党员预审制度，探索施行农村外出流动党员积分考评制度，进一步建立健全党员队伍纯洁机制，抓好发展党员和党员管理工作，及时清理不合格党员，夯实基层组织建设基础。

（四）切实加强纪律作风建设，凝聚“两个建成”的强大合力。锲而不舍落实中央八项规定精神，盯紧关键节点环节，对传统节日、婚丧喜庆等问题易发多发时段，多敲打提醒，坚决防止“四风”问题反弹回潮。深入整治和查处发生在群众身边的“四风”和腐败问题，形成常态化，对反映集中、性质恶劣的案件重点督办、限期办结、公开曝光，对失职渎职的严肃问责。

（五）切实加强反腐倡廉建设，营造“两个建成”的良好环境。发挥党的领导核心作用，落实管党治党主体责任，严明政治纪律、政治规矩和组织纪律，运用好监督执纪的“四种形态”。坚持有责必问、问责必严，让失责必问成为常态。实行“三级约谈”、述职述廉、责任清单等制度，强化监督、评议、考核工作，真正做到党委履行主体责任“不松手”、书记履行第一责任“不甩手”、班子成员履行一岗双责“不缩手”。坚决遏制腐败蔓延势头，始终保持惩治腐败的高压态势，坚决查处违法违纪行为，坚持有案必查、有腐必惩，实行“一案双查”，以零容忍态度惩治腐败。构建立体式廉政教育体系，突出预防在前，抓好宣教，以反腐倡廉的实际成效取信于民。

（六）切实加强宣传舆论建设，筑牢“两个建成”的舆论阵地。坚持党对新闻舆论工作的领导，牢牢掌握意识形态工作的领导权、主动权、话语权，紧紧围绕“四个全面”战略布局，坚持正确舆论导向，主动适应新媒体传播方式，以正面宣传为主，重点做好党的建设、民族文化、特色旅游、生态建设等方面的新闻舆论宣传工作，为建设富裕和谐幸福新金秀提供强有力的舆论支持、精神动力和文化条件。

（七）切实加强基层民主建设，夯实“两个建成”的社会基础。充分发挥人大法律监督和政协民主监督的职能和作用，引导人大代表、政协委员积极为金秀发展建言献策。进一步调动统一战线成员全身心投入经济社会建设的积极性和主动性。切实加强党外代表人士队伍建设，提高多党合作、政治协商的成效和水平。深入开展“民族团结进步创建”活动，处理好政党关系、民族关系、宗教关系、阶层关系和海内外同胞关系，促进民族宗教和谐，切实维护社会稳定。

（八）切实加强党委自身建设，夯实“两个建成”的领导基础。坚持民主集中制，全面落实党建工作责任制，进一步健全党建责任考核机制，推动各级党委（党组）牢固树立“抓好党建是最大政绩”的理念。选好配齐各级党组织书记，提高党务工作者的综合素质。加强对党的十八大以来的党的建设成功经验的总结，深化对管党治党规律的认识。

不忘初心　坚定信念　奋勇前行
为自治县经济社会跨越发展提供坚强政治保障

——在中国共产党金秀瑶族自治县第十四届委员会第二次全体会议上的报告

韦德斌

（2017年1月3日）

一、2016年工作回顾

2016年是“十三五”开局之年，是县、乡（镇）换届之年，是扶贫攻坚首战之年。一年来，县委常委会在自治区党委和来宾市委的正确领导下，认真贯彻落实党的十八大、十八届三中、四中、五中、六中全会和习近平总书记系列重要讲话精神，充分发挥总揽全局、协调各方的领导核心作用，统筹推进各项重点工作，工作思路更加明晰，经济发展稳中有进，开放合作深化拓展，改革创新取得突破，脱贫攻坚全力推进，民主法治全面加强，宣传文化扎实开展，从严治党不断深化，全县呈现出经济健康发展、民生不断改善、社会和谐稳定、干群奋发有为的良好局面，实现了“十三五”良好开局。

（一）坚持问题导向，发展思路更加明晰

1. 发展思路趋于科学化。县委常委会认为，面对新形势下的经济发展期和新的战略机遇期，既要坚持正确的发展思路不动摇，又要不断适应新形势的要求，总结实践经验，不断深化和完善发展思路。2016年，县委常委会深入调研、吃透县情、总结经验，广泛征求各方意见，把“交通活县”写进全县的总体工作思路。使县委“生态立县、旅游强县、农业稳县、工业富县、交通活县、依法治县”的总体工作思路以及以“打基础、精产业、兴经济、富民生”的工作方针更加符合金秀实际和人民意愿，体现了时代性。并把“实现生态保护与经济发展互惠双赢，脱掉国家贫困县的帽子”作为工作中的重中之重。

2. 重塑金秀风清气正的政治生态。深刻反思近年来金秀出现的腐败问题，层层压实和落实“两个责任”，坚持惩防并举。打出了警示教育、红色廉政教育、每季度一次集体廉政谈话会、运用“四种形态”提醒谈话、廉政知识测试和举办全县落实全面从严治党“两个责任”专题辅导等“组合拳”，把思想建党的要求内化于心，外化于形；安排新任副科级领导到纪检监察机关挂职锻炼，让年轻干部“知底线、明红线、守规矩”；扎实开展查处发生在群众身边的“四风”和腐败问题专项工作以及扶贫领域监督执纪问责工作，推进全面从严治党向基层延伸，持续推动中央八项规定精神落地生根，重塑金秀风清气正的政治生态。

3. 干成了几件影响自治县未来发展的大事。这一年，我们高质量、高标准完成了县乡换届，为未来五年的发展描绘了好的蓝图、选出了好的干部、搭建了好的班子、换出了好的面貌。这一年，自治县义务教育均衡发展工作顺利通过了自治区督导评估，为进一步提升自治县民族教育工作打下了坚实的基础。这一年，自治县被国务院正式批复纳入国家重点生态功能区，被国家旅游局列为第二批国家全域旅游示范区创建单位，银杉森林公园成功创建成为国家AAAA级旅游景区。这一年，我们成功举办了规模宏大的盘王节庆典活动，成功打造了世界瑶族文化展示、体验、寻根的旅游胜地这一品牌，为全县旅游发展又“打开了一扇门”。这一年，桐木镇、头排镇融入了三江口港产城新区（拓展区）建设，新规划了头排工业园区，拓展了桐木工业园区，为补齐工业短板打下了坚实基础。这一年，我们开展了交通基础设施“大会战”，梧柳高速公路金秀段正在施工，贺巴高速公路金秀段已确定路线走向和互通设置，自治县的交通网络更加完善。

（二）坚持全面从严治党，为发展稳定提供坚强保障

坚持党要管党、全面从严治党，不断提高党的建设科学化水平，为自治县经济社会发展稳定提供坚强保障。

1. 扎实推进“两学一做”学习教育。将“两学一做”学习教育和学习贯彻党的十八届六中全会、自治区第十一次党代会和来宾市第四次党代会精神结合起来，创新教育载体，坚持学用结合，强化分类指导。深入开展“千场党课下基层”活动，县委常委带头上党课，全年开展上党课620余场次，实现学习教育全覆盖。进一步加强和改进党委（党组）中心组理论学习，县四家班子领导带头认真自学、参加集中学习研讨，县委中心组全年共集中学习研讨11次。

2. 创新推进基层组织建设。落实800多万元党建工作经费，创新开展“三争一创”示范引领工程，深入实施“一线两面”基层党建示范引领工程，全县新建10个村级阵地建设示范点、12个富民产业党建示范点、22个党员创业示范基地，树立了21名基层党组织书记扶贫帮困标兵、56户党员带富示范户和207户精准脱贫光荣户，实现了乡镇基层“122520”工程目标，促进基层党建与脱贫攻坚深度融合。《以“两学一做”凝聚脱贫攻坚力量》的经验做法得到《广西领导专刊》推介。选树的桐木镇三友村第一书记李峰立足本职带脱贫这个典型得到了《人民日报》《当代广西》等媒体的宣传推介。进一步加大对乡、村党组织书记业务培训力度，编印了《金秀党建信息》，开展“村干论坛”、巡回交流等活动。2016年全县共发展党员125名，年初排查出的16个软弱涣散基层党组织全部实现整改提升。

3. 扎实推进执政骨干队伍建设。圆满完成县、乡（镇）换届工作，干部群众对换届风气的满意率100%。严格按照有关规定选拔任用干部，全年共调整任免科级干部314人。举办“助力脱贫圆梦、建设和谐金秀”系列讲座10期，组织123名科级以上领导干部分别赴哈尔滨工业大学、中山大学、延安干部学院参加专题研修培训班，进一步提升领导干部的素质。制定出台了《自治县机关单位工作人员容错免责实施办法（试行）》，激发了广大党员干部干事创业的热情，得到了《广西组工信息》宣传推介。

4. 深入实施反腐倡廉工作。全面履行党委主体责任，深入落实党风廉政建设“一岗双责”制，全面推行监督执纪“四种形态”谈话提醒制度。深入开展查处发生在群众身边的“四风”和腐败问题专项工作以及落实中央八项规定精神和扶贫领域监督执纪问责专项巡察，县委常委分别带队对全县10个乡（镇）76个单位落实“两个责任”、中央八项规定精神、扶贫领域监督执纪问责工作及六大纪律执行情况等进行督查。全年共立案审查违纪违法案件116件，同比增长123.7%；已结案115件，结案率99.1%，给予党政纪处分115人，移送司法机关处理1人，通报典型案件23期53起74人。自治区党委第二巡视组和来宾市委第六巡视组巡视金秀反馈问题得到较好的整改落实。

5. 深入开展宣传思想工作和统战工作。全年在市级以上报刊上稿593篇，区级以上网络上稿376篇；广西电视台、来宾电视台播出金秀新闻65条，中央电视台播出金秀新闻或专题片13条，是来宾市在央视播出新闻和专题片最多的县。全面落实《中国共产党统一战线工作条例（试行）》，建立县委常委联系党外干部制度，按要求配备好党外干部，建立了党外知识分子数据库，圆满完成了县工商联的换届工作，扎实开展“百企助百村”活动。

此外，民主法制建设不断加强，人大、政协基层民主作用进一步发挥，武装、政法、群团、卫计、民宗等工作进一步改进。

（三）推进全面深化改革，发展活力不断增强

绿色生态产业发展持续推进，生态资源向生态效益转变取得突破性进展，9月份，国务院将我县纳入国家重点生态功能区。积极开展推行政府部门权力清单制度工作，取消审批事项8项，调整2项，保留行政审批事项286项；全面完成“三证合一”工作，激活全民创业的热情；深化工业园区管理机制体制改革，完成桐木工业集中区管理委员会组建工作；供销社综合改革试点工作稳步推

进，全区供销综合改革现场会在我县召开。此外，统筹推进党的建设、农村体制、教育、卫生等重点领域改革，为促进自治县跨越发展注入强劲动力。

（四）全力破解发展难题，不断加快经济社会跨域发展步伐

预计全县全年完成地区生产总值28.52亿元，同比增长3.0%，其中一、二、三产同比增长3.5%、2.0%、5%；完成固定资产投资15亿元；实现社会消费品零售总额8.37亿元，同比增长8.3%；工业总产值10.87亿元，同比增长5.4%；完成财政收入1.7266亿元。

1. 生态环境得到有效保护。深入实施生态保护与发展规划，加强自然资源保护，扎实开展植树造林活动，严厉打击滥伐盗猎等违法犯罪行为，全年完成造林面积2.2万亩。全县森林覆盖率达85.98%，居广西首位。完成自治区示范村屯绿化任务23个，一般村屯绿化任务300个，完成全县152个森林覆盖率变化疑似样地点的调查工作。全县万元生产总值能耗下降0.2%，主要污染物总量减排控制在来宾市下达指标以内。

2. 旅游产业发展迅速。重点打好"自然生态""瑶族文化""长寿养生"三大品牌，积极构建大旅游格局。圣堂山景区、圣堂湖景区拟评定为广西生态旅游示范区，银杉森林公园成功创建成为国家AAAA级旅游景区。成功举办"中国金秀·2016圣堂山杜鹃花旅游节和旅游发展专家座谈会"系列活动。积极申报国家全域旅游示范区和国家中医药健康旅游示范区项目。大力推进特色民居和特色村寨改造工作，进一步推进平道村等5个特色村屯旅游产业扶贫工作。预计全年全县共接待游客达到330万人次，旅游总消费达到25亿元，同比增长14.68%和31.3%。

3. 特色农业发展成效显著。大力发展以水果、茶叶、中草药、娃娃鱼等特色优势产业，形成山内乡（镇）发展茶叶、中草药为主、山外乡（镇）发展水果为主的产业发展模式。六段茶山瑶韵茶叶示范区、瑶都桔香现代农业示范区、青山秀水生态观光旅游示范区、巴勒薯光现代农业示范区等5个现代特色农业（核心）示范区通过自治区级验收。全县茶叶种植面积达5.63万亩，水果种植面积达7.21万亩。

4. 特色工业稳步发展。继续实行县四家班子领导联系帮扶企业制度，积极融入三江口港产城新区（拓展区）建设，按照"一区两园"的总体布局，在拓展桐木工业集中区同时，新规划头排工业园区。同时，按照"山上搞旅游、山下搞工业"的特色产业发展总体布局，依托山内资源吸引产业项目和企业入驻山外工业园区，有效带动山内资源合理开发利用，让旅游与农业、工业"联姻"，年内已有1家规下企业上规。

5. 精准脱贫工作稳步推进。建立健全县乡村三级脱贫攻坚工作机制，落实产业补助资金2000万元，扶持贫困户新植野生茶、水果、中草药及其他"多套餐"、短、平、快的富民产业。安排3000多名帮扶干部，对全县8688户贫困户实行一对一、一对多帮扶；实行脱贫摘帽激励政策，进一步激发贫困村、贫困户自力更生，勤劳致富的热情。加快推进基础设施建设，道路交通建设规模超240公里；抓好旅游扶贫，通过旅游带动1800名以上贫困人口脱贫；落实风险补偿金887万元，发放贫困户扶贫小额信贷金额1.93亿元；在贫困村全面启动"空店"扶贫模式，使贫困户农产品销售搭上"快车道"。全年可实现1.2万人口脱贫。脱贫攻坚工作和成效得到国务院、自治区和来宾市扶贫开发领导小组脱贫攻坚督查巡查组的充分肯定。

6. 招商引资和项目建设成效明显。成立"1+4"专项招商行动组，重点包装一批适合我县发展的工业、旅游、健康养生、瑶医药等大项目，实施全方位外出招商，进一步扩大了金秀的知名度，招商成绩斐然。预计全年实施招商引资项目27个，实际到位资金可完成15.6亿元，全口径实际利用外资1038万美元，分别完成年度目标任务的111.43%和207.6%，同比增长29.96%和70.77%。新签约项目6个，其中与中景信旅游投资开发有限公司等签订的与我县产业关联度高的亿元以上项目5个，签约项目总投资达55.7亿元。全年共安排重大项目75个，年度计划投资19.37亿元，已开工建设项目29个。实施全县交通基础设施"大会战"，"县外联通、县内循环"的公路交通网络日趋完善。

7. 社会各项事业统筹发展。一是继续扎实推

进科教事业。义务教育均衡发展工作顺利通过自治区督导评估，并在2016年全区义务教育均衡发展暨全面改革现场推进会上作典型发言。全年完成8个科技项目的结题验收，完成88个科技项目专利申报工作。二是积极发展文化体育广电事业。成功举办“中国金秀——世界瑶都·2016瑶族盘王节”系列活动；配合上海电影制片厂在金秀拍摄电影《过山榜之绝世瑶妃》；《盘瑶深牌歌》《瑶族舞香龙》列为第六批区级非物质文化遗产保护项目；成功举办首届环大瑶山全国自行车挑战赛等体育赛事；2016年全区创新公共文化服务体系建设暨文化扶贫现场会在我县召开。三是扎实推进新型城镇化建设工作。全面加大县城和乡镇的建设、管理工作力度，完善城镇基础设施建设，顺利推进桐木镇全区百镇示范工程建设。四是社会保障事业扎实有效。全力推进乡镇卫生院基础设施建设，加快瑶医药科技创新，县瑶医院“创二甲”工作进展顺利，积极推动农村低保与扶贫开发政策衔接工作，加大农民工维权力度，全年全县无重特大食品药品安全事故发生。五是加强和创新社会管理。全面深化“平安县”建设，实施网格化管理，积极预防化解社会矛盾，加大力度对治安混乱的友村屯等村屯进行重点整治，扎实开展“神剑”专项行动，打击涉枪涉爆工作排名全市第一。

在充分肯定成绩的同时，我们也面临着不少的困难和问题。主要表现在：从严治党工作仍需进一步抓紧抓实，县委常委会自身建设仍需进一步加强；党风廉政建设和反腐败斗争形势依然严峻，工作仍然不能放松；经济基础薄弱，产业层次较低；交通设施滞后，严重制约产业发展；贫困人口所占比例高、程度深，且多居住在交通闭塞的山区，自然基础条件差，脱贫任务艰巨；财政收支矛盾非常突出，内生动力和发展活力不足。对于这些问题，我们在将今后的工作中高度重视，采取有效措施，认真加以解决。

二、2017年工作的指导思想和目标任务

根据中央经济工作会议、自治区第十一次党代会和经济工作会议精神，结合自治县实际，县委决定，2017年自治县工作的指导思想是：高举中国特色社会主义伟大旗帜，以马列主义、毛泽东思想、邓小平理论、“三个代表”重要思想、科学发展观为指导，全面贯彻党的十八大和十八届三中、四中、五中、六中全会精神，深入贯彻习近平总书记系列重要讲话精神和治国理政新理念新思想新战略，牢固树立“五大发展理念”，以“四个全面”统领经济社会发展全局，适应经济发展新常态，坚持发展第一要务，以新发展理念引领经济发展新常态，积极运用好国家对民族自治地区、国家生态保护地区、国家贫困县的倾斜政策，主动融入“一带一路”，全力打好基础设施建设、产业转型升级、精准脱贫攻坚战，着力营造“三大生态”，为决战决胜全面建成小康社会打下坚实的基础。

经济社会发展的主要预期目标是：地区生产总值增长6%；全社会固定资产投资增长8%；规模以上工业总产值增长10%；社会消费品零售总额增长9%；财政收入增长5%；全体居民人均可支配收入同比增长9%。

营造“三大生态”，就是要不断巩固发展金秀风清气正的政治生态、团结和谐的社会生态、山清水秀的自然生态，奋力实现与全国同步全面建成小康社会。

营造风清气正的政治生态，就是要牢固树立“四个意识”，落实全面从严治党主体责任，使党内政治生活的政治性、时代性、原则性、战斗性明显增强，选人用人的正确导向更加鲜明，干事创业的激励机制更加完善，制度和纪律约束更加严密，各级党组织创造力凝聚力战斗力进一步提升，拒腐防变和抵御风险的能力进一步提高，党风政风进一步净化，实现干部清正、政府清廉、政治清明。

营造团结和谐的社会生态，就是要大力加强民主法治和文化建设，推进民族团结进步事业，使中国梦和社会主义核心价值观更加深入人心，人民民主更加健全，公平正义更加彰显，向上向善、诚信互助、开放包容、崇德尊法的社会风尚更加浓厚，公民素质和社会文明程度显著提高，社会治理体系和治理能力取得重大进展，确保社会安定有序、

民族团结和睦。

营造山清水秀的自然生态，就是要坚持生态立县、生态惠民，深入推进生态文明建设，加快建设资源节约型、环境友好型社会，环境质量保持全区前列，美丽金秀和乡村建设取得明显成效，城乡面貌焕然一新，生态经济发展壮大，经济社会可持续发展能力大幅提升，人与自然和谐发展，走出具有金秀特点的绿色转型绿色崛起之路。

为实现上述奋斗目标，要重点推进以下几个方面工作：

（一）坚定不移推动创新发展

以深化经济体制改革为重点，加快推进具有标志性引领性的重大改革。加大深化政审批制度、农业农村等专项改革。加快推进供给侧结构性改革，坚持供给和需求两侧协同发力，推动去产能、去库存、去杠杆、降成本、补短板，提高供给体系质量和效率。多渠道引进人才，提升人才素质。此外，要贯彻落实广西推广运用政府与社会资本合作模式增加公共产品供给指导意见，加快全县基础设施建设步伐。

（二）坚定不移推动协调发展

全面深化农村改革，加快特色农业产业发展。进一步巩固和提升传统农业，大力发展特色种养产业、大力发展农副产品加工业。开展农业科技“三下乡”活动。推进农业与扶贫产业开发、旅游产业相结合，积极培育和打造精品民宿旅游产业。

坚持“山外搞工业、山内搞旅游”的发展道路，积极调整工业结构，加快发展低消耗、无污染、高科技、循环型的新兴产业。努力培育一批有发展潜力的重点企业加入到规模以上企业行列。以融入三江口港产城新区（拓展区）建设为抓手，加强桐木、头排工业集中区建设。大力发展健康产业，抓好瑶医药产品、保健食品、饮品研发推广工作。

大力发展旅游产业。全力开展争创国家全域旅游示范县、中国南方养生避暑胜地、国家中医药旅游示范区、中国“天然氧吧”示范县等创建工作。抓好相关景区创A工作，加快推进“百里瑶寨风情画廊”等各项旅游基础服务设施建设工作。大力发展民宿旅游，着力打造特色精品民宿示范村、乡村旅游示范基地。

大力推进城乡发展一体化。加强规划编制，以科学规划指导城乡统筹发展。加快推进县城供水和污水管网建设进程，加大县城夜景亮化提升工作，加快推进罗香乡风情小镇建设。继续推进农村电网改造、饮水安全、乡村公路、巷道硬化等基础设施建设。

（三）坚定不移推动绿色发展

山清水秀生态美是金秀的金字招牌。必须坚定生态优先理念，以建成国家生态保护与建设示范区为目标，深入实施绿色发展战略。加强对生态保护与建设各项子规划的编制、实施工作。大力发展生态经济，积极发展循环经济、低碳经济和绿色产业。同时，继续积极向上争取建立健全合理的生态补偿机制，认真实施植树造林等“绿色工程”建设，做好污染防治项目、农村环境综合整治项目实施工作，加强饮用水水源地保护工作，继续以高压态势打击各种猎杀和盗挖野生动植物的违法行为。

（四）坚定不移推动开放发展

深度融入“一带一路”建设，不断优化行政和服务环境，加大招商选商力度。努力引进一批投资规模大、市场前景好、技术含量高、带动效应强的重大项目和重点企业。

统筹抓好重大项目建设。结合“十三五”规划，策划一批、上报一批、建设一批、储备一批重大项目。继续实行四家班子领导联系重大项目制度和项目实施倒排机制。着重抓好锦远国际商贸城、桐木镇西一路和西二路改造工程、通用机场、航空旅游休闲区项目等一批重大项目建设。配合抓好两条高速公路项目建设，加快县内低等级公路升级改造，确保全县道路畅通。

（五）坚定不移推动共享发展

把精准扶贫列入全县“一号工程”。进一步推进“四大平台”“四化模式”“五个聚焦”工作和产业扶贫等“十大工程”。继续落实好产业扶持政策，通过以奖带补的方式解决贫困户产业发展资金困难问题，持续实行“空店”扶贫模式，拓宽解决贫困户农产品销售难问题的渠道；抓好贫困村道路、巷道硬化等基础设施建设；大力实施旅游扶贫，深入引导贫困村、贫困户因地制宜发展“一村一品”“一家一艺”乡村旅游项目。加强对2016年已脱贫的贫困村及贫困户的脱贫稳固工作，防止出现返贫现象。

进一步探索建立更加公平的社会保障制度，完善就业服务体系。全力推进县域义务教育均衡发展工作，争取通过国家验收，认真抓好社会福利和社会事务管理工作，推进民政服务社会项目的建设，积极组织开展全民发明创造活动，积极发展文化体育广电事业，加强医疗卫生和食品安全工作，扎实开展人口和计划生育工作，深入实施为民办实事工程。

（六）巩固团结和谐的社会局面

全面推行法制建设，健全社会普法教育机制，加强社会管理创新，落实社会治安综合治理领导责任制，深化“平安金秀”建设，加大社会治安综合治理和社会矛盾纠纷排查、化解力度，保持高压态势打击违法犯罪活动，从源头上预防和排除制约和谐社会建设不稳定因素，营造和谐稳定的社会环境，推动实现依法执政、依法行政和公正司法。

（七）全面从严治党，营造风清气正的政治生态

实现奋斗目标，关键在党，关键在党要管党、从严治党。

1. 强化思想政治建设，坚定崇高理想追求。要组织党员、干部深入学习马列主义、毛泽东思想、中国特色社会主义理论体系，特别是深入学习习近平总书记系列重要讲话精神和治国理政新理念新思想新战略，认真学习党章党规党纪。要完善学习制度、创新学习载体，坚持党委（党组）中心组学习制度。要充分发挥党校主渠道作用，健全领导干部讲党课制度。

2. 加强和规范党内政治生活，坚决维护党的团结统一。要自觉增强“四个意识”，把政治纪律和政治规矩摆在首要位置，在政治方向、政治立场、政治言论、政治行为等方面守好规矩。要坚持“三重一大”“三会一课”等制度，加强和规范党内政治生活，深入贯彻落实党内监督条例，构建全方位监督体系，进一步营造“三大生态”。

3. 加强干部队伍建设，锻造过硬中坚力量。要深化干部选拔任用制度改革，完善少数民族干部和妇女干部培养选拔机制，大力选拔忠诚、干净、担当的好干部。坚持领导干部个人有关事项报告制度，认真落实干部谈心谈话和提醒、函询、诫勉制度。认真做好老干部工作，加强对非领导职务干部的管理。加大干部选拔责任追究力度，防止用人失察和干部“带病提拔”。

4. 创新基层党建工作，增强基层党组织的整体功能。坚持和完善各级党委（党组）抓基层党建工作责任制，及早谋划2017年村级“两委”换届工作，把想干事、会干事、干成事、群众认可的农村带头人选上来，进一步提高村级组织的战斗力。实施“指尖党建”工程，整合“绿色瑶乡党旗红”等党建新媒体，创新推出“绿色瑶乡e支部”，实现在网络上对流动党员的教育培训、党费收缴、会议票决、三会一课等实体支部的功能，开创“实体支部网络化，网络支部实体化”的流动党员教育管理服务新模式。继续深入实施乡镇基层党建“122520”示范工程，探索从机关单位选派党建指导员对党建工作薄弱村委进行跟踪指导。

5. 持之以恒改进作风，坚守正道弘扬正气。积极拓宽联系服务群众渠道，完善领导干部联系基层、调查研究、接访下访等制度。持严格管理和关心爱护干部相结合，进一步完善制度建设，强化正向激励，使用好容错免责机制，把反对“四风”改进作风、落实中央八项规定精神常态化、长效化。

6. 坚定不移反对腐败，保持党的肌体健康。坚持把纪律和规矩挺在前面，用铁的纪律从严治党。强化党内监督，加大县委巡察力度。坚持抓好纪律教育，深化廉政文化建设。创新基层办案协作区机制，整合基层办案力量。继续推进“三转”，严格落实纪律检查工作双重领导机制，加快实现县纪委向县一级党和国家机关派驻机构全覆盖；持续实施主体责任、责任清单、“三级约谈”、述职述廉等制度，强化监督、评议、考核工作。

政府工作报告

金秀瑶族自治县人民政府工作报告

——在金秀瑶族自治县第十六届人民代表大会第一次会议上

自治县人民政府县长　兰向东

2016 年 8 月 23 日

一、回顾“十二五”时期工作

“十二五”时期，是我县经受严峻考验、战胜各种困难、取得巨大成就的五年，也是综合实力提升最快、城乡面貌变化最大、人民群众得益最多的五年。面对复杂多变的宏观经济形势和艰巨繁重的发展稳定任务，在市委、市政府和县委的正确领导下，在自治县人大及其常委会和县政协的监督支持下，我们坚持“生态立县、旅游强县、农业稳县、工业富县、科教兴县、依法治县”发展战略和“打基础、兴产业，发展特色经济”的工作方针，团结依靠全县各族人民，紧紧抓住市委、市政府对我县实行差别考核的契机，以邓小平理论、“三个代表”重要思想和科学发展观为指导，深入贯彻落实习近平总书记系列重要讲话精神，大力推进全县经济转型，努力克服各种困难挑战，紧紧抓住“发展”这一主线不放松，统筹推进稳增长、促改革、调结构、惠民生、防风险各项工作，全县经济社会持续健康发展，为与全国、全区同步全面建成小康社会打下坚实基础。

——五年来，我们始终坚持发展第一要务，经济实力明显增强

全县地区生产总值由 2010 年的 17.6 亿元提高到 27.07 亿元，增加了 9.47 亿元，年均增长 6.6%。全县三次产业结构由 2010 年的 29.9：29.7：40.4 调整为 30.1：25.2：44.7，第三产业的比重提高了 4.3 个百分点，产业结构进一步优化。财政收入从 2010 年的 1.38 亿元提高到 1.72 亿元，年均增长 4.5%。金融机构人民币存款余额从 2010 年的 18.4 亿元增加到 37.11 亿元，年均增长 13.7%，金融机构人民币贷款余额从 2010 年的 11.99 亿元增加到 20.54 亿元，年均增长 15%。

——五年来，我们始终坚持深化改革开放，发展动力愈发强劲

县本级行政审批事项从 523 项缩减到 296 项，精简率达 43.4%，实现一站式办结，办理提速 81.89%。积极推行“先照后证”“三证合一、一照一码”商事登记制度改革，不断激发市场活力，新增私营企业 529 户，比“十一五”末增长 341%。全面完成卫生和计生、食品药品监督、工商、质量技术和监督等部门的职能和机构整合及乡镇机构改革，政府部门组织结构进一步优化。有效推进财税体制改革，国库集中支付、预算绩效管理、非税收入电子征管改革、政府投资评审和政府采购等财政改革进一步深化，财政科学化管理不断加强。农村金融改革顺利推进，建成银行助民服务点 87 个，实现行政村全覆盖。村屯布放固定电话支付终端、存取款一体机等设备 200 多台，累计投入政策性农业保险 155 万元，发放财政小额贴息贷款 884 万元。

——五年来，我们始终坚持“生态立县”，生态建设成效显著

累计新造林 12.29 万亩，森林覆盖率达 84.21%，比 2010 年提高 0.84 个百分点。大力发展低碳经济和生态经济，淘汰 3 家落后产能企业，万元 GDP 能耗从 2010 年的 0.79 万元 / 吨标准煤下降到 0.55 万元 / 吨标准煤，年均下降 8%，完成“十二五”主要污染物减排任务。推行“村收镇运县处理”、“村收乡运乡处理”、建设小型垃圾焚烧炉等垃圾处理模式，城乡环境综合治理和生态村屯建设成效显著。城区污水处理率达 84%，生活垃圾无害化处理率达 85%，统筹资金 9000 多

万元开展“清洁乡村”“生态乡村”活动，获自治区命名“生态村”26个，创建县、乡两级“生态乡村”示范点19个。累计完成中小型垃圾处理中心5个、建设焚烧炉415座，垃圾就地处理覆盖率达60%以上。全县环境质量保持良好，2013年国家重点生态功能区县域生态环境质量考核结果为生态环境质量一般变好，2015年列入国家生态建设与保护示范区。

——五年来，我们始终坚持“旅游强县”，第三产业迅猛发展

成功创建广西优秀旅游县、广西特色旅游名县，建成国家AAAA级旅游景区3个、AAA级旅游景区3个，广西农业旅游示范点3家，星级农家乐20家，四星级乡村旅游区1家，星级酒店6家，其中五星级酒店1家，盘王谷深航假日酒店荣获全国“十佳特色主题酒店”称号。成功举办自治县成立60周年县庆、瑶族盘王节、大瑶山山水文化旅游节、圣堂山杜鹃花旅游节、非物质文化遗产展示等一系列重大活动，金秀知名度和美誉度进一步提升，游客满意度调查排名广西第一。五年累计接待游客908.47万人次，实现旅游收入49.17亿元，比“十一五”时期分别增长503%、766%。旅游产业带动服务业迅速发展，服务业占GDP的比重达到44.7%，比“十一五”末提高了4.3个百分点。全县社会消费品零售总额由2010年的4.27亿元提高到7.74亿元，年均增长12.6%。商贸、住宿、餐饮及医疗保健、物流、金融、信息等现代服务行业加快发展，外贸进出口从无到有，到2015年达500万美元，金秀瑶都养生现代服务业集聚区列入自治区发展规划。

——五年来，我们始终坚持“农业稳县”，农业产业结构优化

农林牧渔业总产值从2010年的8.14亿元提高到12.81亿元，年均增长4.9%。农业机械化水平达45.15%，2014年荣获全国“平安农机示范县”称号。粮食、水果、茶叶、食用菌、蔬菜产量均实现“五连增”，粮食总产量47861吨，较2010年增长13.25%，水果、茶叶面积比2010年分别增长124%、49%，基本实现“山外人均一亩果、山内人均一亩茶”的特色农业产业格局。食用菌种植规模达300万棒，肉类、水产品总产量比2010年分别增长4.5%、33.3%，娃娃鱼、圣堂鸡、林下养蜂等特色养殖保持良好发展。全县共有农产品注册商标67个，SC认证茶叶加工企业13家，成功申报“金秀红茶”地理标志产品，金秀红茶被确认为国家生态原产地保护产品。瑶都桔香现代特色农业（核心）示范区创建市级示范区顺利推进，三江乡荣获“广西砂糖橘之乡”称号。全县重点龙头企业5家，各类专业合作社109家，家庭农场24家，各类农业示范项目逐步成型。全县土地流转面积达43650亩，比2010年增长482%。

——五年来，我们始终坚持“工业富县”，特色工业转型升级

工业总产值从2010年的10.14亿元提高到11.26亿元，年均增长2.5%。规模以上工业总产值从2010年的5.9亿元提高到8.2亿元，年均增长7.83%，规模以上工业企业达到13家。工业集中区建设全面加快，累计投资3788.5万元完成桐木工业集中区标准厂房及园区道路建设，2011年被评为自治区B类园区，入驻企业（含纳入管理）21家，其中规模以上10家。积极引导制糖、冶炼、化工等传统产业转型升级，加快林产化工、民族医药、天然饮用水等特色工业和新兴产业发展，成功引进松源林产公司歧化松香、松香钾皂和浅色树脂生产、广西德坤药业公司药材饮片和口服液制剂生产、广西秀瑶圣水公司优质天然矿泉水等一批特色工业项目。2015年新兴产业实现产值1.6亿元，占工业总产值14.2%。

——五年来，我们始终注重统筹兼顾，基础设施建设全面提速

累计完成全社会固定资产投资102亿元，年均增长17.4%，统筹实施市级重大项目38项、县级171项，两项占固定资产投资比重达38.1%。完成农村公路建设项目投资4.68亿元，比“十一五”期间增加244%，全县公路总里程达893.37公里，较“十一五”末增加87.39公里，基本实现行政村通沥青（水泥）路。建成小型水利渠道73.6公里，农村饮水安全工程207处，解决5.57万人饮水困难问题。完成水库除险加固8座，中小河流治理工程4个。实施5个土地整治项目，新增耕地130.9公顷，基本农田保护面积9324.34公顷。实施“村

村通”广播电视工程，新建5个乡镇基站，受益人口达5万人。实施农网改造升级工程，累计新建和改造变电站8座、线路703.90公里，2011年年底全面实现村村通电，提前完成“十二五”目标任务。

——五年来，我们始终坚持城乡一体化，城乡面貌大幅提升

完成县城区总体规划调整及9个乡镇的总体规划、157个村屯的规划编制。县城建成区面积从2010年的1平方公里扩大到1.65平方公里，全县城镇化率从2010年的29.19%提高到33.89%。累计投入4948.73万元，成功创建县城“山水瑶城”国家开放式AAAA级景区，形成具有浓郁瑶族风情和生态特色旅游的中心城镇。将桐木镇城镇纳入县级管理，以自治区“百镇示范工程”为契机，投入近4000万元完善桐木镇市政公用基础设施。投入2300万元实施10个乡（镇）政府所在地环境综合整治，城乡面貌得到极大改善。2012年县城荣获第八届城市市容环境综合整治“南珠杯”竞赛县城类别优秀奖，桐木镇和头排镇分别获得乡镇类别特等奖和先进奖，金秀镇田村获“广西特色文化名村”命名，美村获“中国少数民族特色村寨”命名，长垌乡古占村获得“全国特色景观旅游名村”、“广西特色旅游名村”“广西4星级乡村旅游区”命名，平道村获2015年度“中国十大最美乡村”提名。

——五年来，我们始终坚持以人为本，民生福祉持续改善

坚持每年办好10项为民办实事工程，民生投入持续加大，累计支出29.08亿元，占总支出的59.71%，年均增长11.16%；城乡居民收入不断增加，城镇居民可支配收入由2010年的17228元提高到26549元，年均增长9.0%；农民人均纯收入由2010年的3299元提高到5941元，年均增长12.5%。

扶贫开发成效显著。全面实施新一轮扶贫开发攻坚战，围绕实现贫困人口“两不愁、三保障”和人均纯收入5000元以上的目标，整合资金1.77亿元，抓好基础设施建设、产业开发、转移就业培训、行业扶贫和社会扶贫，实现脱贫41906人，年均脱贫8300多人。

社会保障明显增强。累计新增城镇就业5945人，新增农村劳动力转移就业28735人。“五项保险”参保人数41813人，城乡居民社会养老保险参保人数56246人。发放城乡居民低保资金1.02亿元，救助51.8万人次。投入救灾资金611.9万元，救助6.64万人次。保障性安居工程开工建设831套，建成入住522套，发放租赁补贴117.9578万元。完成农村危房改造7810户，补助资金1.378亿元。现有县级福利园区1个、乡级敬老院11个和五保村14个。荣获“中国长寿之乡”称号，头排镇、桐木镇敬老院分别荣获“全国第一届敬老文明号”“全国农村五保供养先进单位”称号。

教育和科技事业跨越发展。累计投入2.56亿元完善教育基础设施，新建县级幼儿园1所、乡级幼儿园9所、村级幼儿园7所，实现乡（镇）幼儿园全覆盖。学前三年毛入学率达78%，县幼儿园被评为“自治区示范性幼儿园”。九年义务教育巩固率达92%，被评为全区义务教育常规管理达标县。高中阶段毛入学率达89%，县民族高中被评为“自治区示范性普通高中”。县职业技术学校实现普职融通办学，与高职院校“2+3”贯通办学，我县被评为“自治区职业教育攻坚进步县”。累计申请专利136件，比“十一五”时期增加117件，2011年、2013年分别荣获“全国科技进步先进县”称号。

卫生计生事业稳步发展。累计投入1.2亿元，新建和完善了全县卫生业务用房和乡镇职工周转房，完成食品药品监督管理体系改革和乡镇医改工作。稳步推进农村新型合作医疗工作。建立完善县乡村瑶医药三级服务网络，并通过自治区级评审验收。104种经典瑶药和重点临床使用的14种瑶药列入广西首卷《瑶药材质量标准》目录，“产后三泡颗粒剂”成为广西首个获批准的瑶药院内制剂。以瑶药保健为主的“三媚玉瑶养生堂”连锁加盟店发展到区外，瑶医医生褚清纯被评为“广西瑶族医药非物质文化遗产保护与传承人代表”和“广西乡村名中医”。计划生育完成既定目标任务，被评为“全国计划生育优质服务先进单位”“自治区诚信计生示范县”。五年来，全县无卫生计生、食品药品重特大事件发生。

文化体育事业加快发展。县乡村三级公共文化设施基本完善，基本解决村级办公场所困难问题。建成县乡两级图书馆、文化站并全部免费开放。建

成村级公共服务中心综合楼53座、篮球场53个、文体活动场10个。建成瑶族艺术中心、五个瑶族支系生态博物馆、大瑶山自然生态博物馆，完成瑶族博物馆改扩建。打造了《瑶都神韵》、《瑶韵深牌》等一批文化精品，成功申报市级以上非物质文化遗产项目32项（国家级1项、区级10项、市级21项），登记在册非物质文化遗产传承人26人（国家级1人、区级7人、市级18人）。《破竹》、《瑶族顶鼓》分别荣获第九届、第十届全国少数民族体育运动会三等奖，2013年被评为“中国民间文化艺术之乡”，金秀镇和县委宣传部分别荣获“全国文明村镇”“全国科技文化卫生‘三下乡’先进集体”称号。

——五年来，我们始终坚持“依法治县”，社会更加和谐稳定

注重加强自身建设，坚决服从县委领导，认真执行县人大及其常委会的决定，自觉接受人大、政协和社会监督，人大代表议案、政协委员提案办复率100%。认真贯彻落实中央八项规定精神，扎实开展党的群众路线教育实践活动、“三严三实”专题教育和“守纪律讲规矩”主题教育，加大财政资金管理使用和审计监察力度，“三公经费”逐年下降，深入开展涉农资金专项检查，以查处发生在群众身边的“四风”和腐败问题为切入点，严厉查处和惩治腐败，政府自身建设得到加强。同时，统筹抓好社会稳定和安全生产。加快推进政府职能转变，切实提高行政效率和施政水平，更好地为改革发展大局服务，为广大人民群众服务。布建“天网工程”高清监控点670个，构建覆盖全县的无间隙、网格式防范网络。认真解决信访工作突出问题，妥善处理群体性事件，深入组织开展“三大纠纷”大排查、大调处工作，依法调结土地山林水利权属纠纷573件，调结率90.9%，成功调处其他各类民间纠纷14546件，调处成功率达97.9%。推行农村“一村一警”、城区网格化管理机制，依法严厉打击黑恶势力和多发性侵财等违法犯罪活动，大力整治“黄、赌、毒”等社会丑恶现象。圆满完成“六五”普法工作，被评为“全国法制建设先进县”。建立健全“党政同责、一岗双责、齐抓共管”的安全生产责任体系，营造和谐稳定的社会环境，群众安全感和满意度连续五年排名全区前列。

此外，国防动员、国防教育、民兵预备役、征兵等国防储备力量不断加强，人武部新建“部库合一”型办公楼、体能训练馆，营院建设焕然一新，2014年、2015年连续两年被自治区评为征兵工作先进单位；民族宗教、物价、侨务、人防、消防、保密、统计、供销、气象、防震减灾、史志、档案、法律援助、妇女儿童、老龄、残疾人等工作取得新进步；人民银行、各专业银行、税务、电力、烟草、通信、邮政等为地方发展做出了积极贡献；工会、共青团、妇联等群团组织在经济社会发展中发挥了重要作用。

五年的成就令人振奋，积累的经验弥足珍贵。我们深深体会到：办好金秀的事情，必须坚定不移地贯彻落实自治区党委、政府、市委、市政府和县委的决策部署，深化开放合作，充分发挥区位优势，不断探索符合金秀特点的发展之路；必须坚持深入学习实践科学发展观，调整优化经济结构，推动经济又好又快发展；必须坚持解放思想，创新发展理念，突出发展重点；必须坚持改革创新，破除发展体制机制障碍，提升发展的质量和效益，增强发展的动力与活力；必须坚持发挥社会主义制度的政治优势，凝聚起人民群众的强大力量和坚强意志，克服难事，办好大事；必须坚持加强生态文明建设，切实保护和改善环境，实现人与自然和谐发展；必须坚持以人为本，切实保障和改善民生，推进和谐社会建设，让人民群众共享改革发展成果；必须坚持求真务实、清正廉洁，把打造人民满意政府作为第一目标。

在看到成绩和总结经验的同时，我们也必须清楚地认识到，我县发展面临的各种困难和不稳定因素仍然较多，主要表现：一是贫困人口基数大、范围广，脱贫任务艰巨；二是经济总量小，财政可用财力有限，投资后劲不足；三是工业产业数量少、规模小，产业结构优化调整难度大；四是交通基础设施薄弱，社会事业和民生建设还需要进一步加强；五是经济发展环境有待进一步优化，土地、金融等要素制约尚未得到根本缓解；六是“十二五”规划提出的一些主要经济预期目标没有实现；七是政府自身建设有待进一步加强。对于这些问题，我们一定会高度重视，认真研究，在“十三五”时期切实加以解决。

二、“十三五”时期经济社会发展主要任务和措施

根据《金秀瑶族自治县国民经济和社会发展第十三个五年规划纲要》（以下简称《纲要》），我县“十三五”时期经济社会发展的指导思想是：高举中国特色社会主义伟大旗帜，全面贯彻党的十八大和十八届三中、四中、五中全会精神，坚持以马列主义、毛泽东思想、邓小平理论和“三个代表”重要思想、科学发展观为指导，深入贯彻习近平总书记系列重要讲话精神，牢固树立创新、协调、绿色、开放、共享的发展理念，以“四个全面”统领经济社会发展全局，落实“五位一体”，深入实施“生态立县、旅游强县、农业稳县、工业富县、交通活县、依法治县”发展战略，围绕“打基础、精产业、兴经济、富民生”的发展思路，积极运用好国家对民族自治地区、国家生态保护地区、国家贫困县的倾斜政策，主动融入“一带一路”，发展以生态旅游为主体，以生态农、林和生态工业为两翼的特色产业链，做好旅、粮、果、茶、水、药、林等文章，实现生态保护与经济发展互惠双赢，到“十三五”末期，实现全面建成小康社会和建成国家生态保护与建设示范区“两个建成”的总目标。

围绕全面建成小康社会目标，《纲要》提出“十三五”时期经济社会发展目标是：

——地区生产总值力争达到43亿元，年均增长7%以上，人均生产总值达到27300元；

——三次产业结构调整为25.9：22.3：51.8；

——固定资产投资力争突破34亿元，年均增长10%；

——财政总收入力争突破2.2亿元，年均增长5%；

——社会消费品零售总额年均增长10%；

——居民人均可支配收入年均增长6.5%

——现行标准下农村贫困人口全部脱贫，贫困县、贫困村全部“摘帽”；

——城镇登记失业率控制在4.5%以内；

——总人口控制在15.7万人以内；

——全面建成小康社会和建成国家生态保护与建设示范区，力争将金秀建设成为广西旅游扶贫示范县、广西生态旅游经济可持续发展先行先试区、世界瑶族文化展示体验区、全国重要的瑶族医药生产基地、广西旅游商品生产基地、广西最大的野生茶生产基地、中国南方养生避暑胜地。

《纲要》提出“十三五”时期经济社会发展的主要任务措施是：

（一）绿色发展，促进生态文明升级。一是坚持主体功能区定位。控制开发强度，构建科学合理的城镇化格局、农业发展格局、生态安全格局，形成以生态旅游业为龙头、生态工业为重点、生态农业为特色的生态产业体系。确保基本农田保护面积占耕地总面积的80%以上，林地保有量达到20.52万公顷。二是加大生态保护和环境改善力度。重点加大森林资源保护、污染治理和旅游资源保护的力度，新造林7.5万亩，退耕还林面积保存率保持在80%以上，实现森林覆盖率85%以上，全县林木采伐限额控制在160万立方米以内。重点推进金秀县珠江源头水土保持项目。加强水、空气、土壤的环境治理，鼓励农林废弃物综合利用，大力发展“猪—沼—果”、“污—沼—茶”等循环农业模式。合理开发利用各类风景旅游资源，合理安排生态旅游线路，控制好接待规模。三是加快社会主义新农村建设。重点开展村庄环境综合整治、土壤生态环境保护，改善交通能源饮水等基础设施，完善公共服务体系建设，力争生活垃圾无害化和生活污水集中处理率不低于85%，90%以上行政村达到市级以上生态村要求，集中式饮用水源水质达标率、村镇饮用水卫生合格率达100%，农村生活用能中清洁能源所占比例50%以上，农村卫生厕所普及率95%以上。四是大力发展生态经济。加快发展生态农业、绿色富民产业生态旅游和生命健康产业，深挖“民族、生态、长寿”三大品牌潜力，构建经济效益好、附加值高、带动明显的生态产业体系，积极推进金秀世界瑶都生态养生服务基地建设，力争建成中国南方养生避暑胜地，努力建设广西生态旅游经济可持续发展先行先试区。

（二）突破发展，提升旅游产业竞争力。实施“旅游突破”战略，围绕推进全域旅游示范县建设目标，以推进旅游精品化建设为主线，强化旅游扶贫功能，打造自然生态、瑶族文化、养生健康三大旅游品牌，将旅游业培育成为我县国民经济

的战略性支柱产业和人民群众更加满意的现代服务业，加快实现由旅游大县向旅游强县的新跨越。力争建设成为广西旅游扶贫示范县，到2020年单年接待游客总人数达到370万人次以上，旅游总收入达到45亿元以上。一是加快旅游基础设施建设。加快旅游景区通达公路建设，改善进入旅游景区交通条件，提高景区互通互联。重点建设金新线十二公里至平老岭（银杉公园）三级路、金平二级路（马安）至圣堂山三级公路、美村至莲花山三级旅游公路、金秀至忠良新圩二级公路、腊河口至六巷三级公路、金秀县城至修仁镇二级公路、腊河口－耙沙界－平南思乐二级公路（与高速路接线）、大樟至武宣百崖槽三级公路、杨柳至六段窄路基改造，以及对原有公路的升级改造。完成圣堂山森林防火索道和索道站建设。完善各旅游客运站的建设和布局，合理规划旅游公交线路和停靠站点，鼓励发展景区停车场、社会停车场，加快旅游厕所建设和改造。二是优化升级旅游产品体系。重点打造生态旅游、瑶族文化旅游、养生度假旅游等精品，力争完成自治区级、国家级旅游标准示范县建设，完成圣堂山景区创建AAAAA景区，银杉公园景区、古沙沟景区、青山瀑布景区创建AAAA级景区，完成六段拉珈部落、古占民俗村AAA级景区创建，完成县城“山水瑶城”景区创建国家级旅游度假区。力争到2020年建成国家AAAAA级景区1个、国家AAAA级景区6个，国家级旅游度假区1个，国家级生态旅游示范区2个，星级乡村旅游区5个以上，力争建成广西生态旅游经济可持续发展先行先试区。三是提升旅游服务能力。加快旅游标准化建设，提高住宿接待能力，打造一批具有金秀地方特色的美食文化品牌，力争到2020年全县建设有五星级酒店1家，四星级酒店2家，三星级酒店3家以上，宾馆酒店总床位数1.3万张以上。四是加快转型升级。成立自治县旅游产业领导小组和旅游产业发展委员会，重点景区成立景区管理委员会，统筹解决旅游产业发展的重大问题。加快与农业融合发展，重点发展绿色观光体验农业；与工业融合发展，大力发展旅游消费品加工制造业，力争建成广西旅游商品生产基地；与第三产业融合发展，积极发展现代服务业和文化创意产业。

（三）转变方式，加快农业现代化。实施以拓展特色农林资源为主的生态农业突破工程，调整优化农业产业结构，大力发展优质、高效、生态、安全农业，促进农旅结合，促进农业增效、农民增收、农村发展。一是建立现代农业产业体系。确保粮食生产面积稳定在16万亩，总产量4.5万吨以上；“双高”糖料蔗种植面积稳定在0.2万亩以上。确保三江、头排、桐木水果带健康发展，规模控制在10万亩左右，探索发展高寒山区特色水果种植。大力发展野生茶叶、食用菌、生姜、药材等产业，加大低产茶园改造和良种推广力度，抓好大瑶山野生茶繁育和母本园基地建设，力争实现野生茶种植面积扩大到10万亩，力争建成广西最大的野生茶生产基地。鼓励适度规模特色养殖，加强农产品标准化和品牌化建设，打造高端农产品品牌，加快推进农产品加工。二是健全农业发展服务体系。加快农村和农产品电子商务发展，建立农业科技创新服务专家团队，积极培育和发展农村经纪人队伍。探索建立农村综合信息服务平台，构建农产品质量可追溯体系。积极推广科学高效栽培技术，加强柑橘黄龙病综合治理，加快对病老果园的更新改造，确保产业的可持续发展。三是扶持新型农业经营主体。积极扶持发展农业专业大户、农民合作社、家庭农场等新型农业经营主体，重点扶持组织化程度高、带富力强的农民专业合作示范社。鼓励、引导以土地流转为平台，采取“公司＋基地＋农户”、“合作社＋基地＋农户＋职业经理人”、种植大户及家庭农场的模式，充分发挥各类经济组织的示范引领作用。

（四）转型升级，培养工业新活力。转变发展方式，提升科技含量，逐渐发展为以瑶族医药、健康食品、旅游商品、新能源为主的生态工业体系，工业总产值年均增长10%以上。一是加快园区建设升级。按照自治区级A类生态工业园区的标准加快桐木工业集中区的投资和建设，完善园区基础设施，优化园区投资环境，提升园区承载能力。规划发展民族特色医药、养生保健食品、农副产品加工、天然饮用水等民族工业和生态工业。同时，在头排镇规划建设旅游商品生产基地和轻工及生物科技产业园区，形成“一区两园”的发展格局，并积极向上申报A类园区资格。二是加快扶持传统产业发展。重点支持瑶族医药、保健品、旅游商品、茶叶精深加工、天然饮用水、农副产品加工6大产业的发展。同时支持企业加快品牌建设，力争在“十三五”时期培育出3家自治区级、5家市级、20家县级龙头企业。三是加快培育新兴产业。依托资源优势，引进优势骨干企业，突出培育发展瑶医瑶药、清洁能源等新兴产业，形成新的支柱产业。以瑶医、瑶药保健功能为突破口，以科技和瑶医药孵化基地为创新驱动，大力开发瑶族药浴、药膳、瑶医保健、产后保养等产品，力争建成全国重要的瑶族医药生产基地和广西旅游商品生产基地。

（五）拓宽领域，提升现代服务能力。通过旅游产业大发展，进一步带动服务业发展，促进全县第三产业实现新的突破。围绕“互联网+、文化+、健康+”等新兴领域，培育衍生发展新模式新业态。鼓励支持创新创业，营造大众创业万众创新发展氛围，积极打造经济发展新引擎和产业升级新支撑。一是搞活商贸物流业。优化乡镇商业网点布局，加快现有网点升级改造，围绕山外水果产业带，重点建设大型水果批发市场、仓储物流项目、水果流通项目、果蔬冷链物流基地。积极实施“互联网+”战略，力争到“十三五”期末，全县年销售额达100万元的电商企业达4家，年销售额达50万元的电商企业10家，外贸进出口额达到2000万美元以上。二是加强对金融服务业的支持。鼓励金融机构增加营业网点，特别是山内乡镇金融网点，探索组建村级供销“三农”金融服务商，加大对县域基础设施建设和茶叶、瑶医瑶药、旅游项目等特色产业资金支持力度。三是深挖瑶族文化产业。进一步加大民族文化的挖掘、整理、保护和传承，发扬民族文化。大力发展现代体育和少数民族体育，加强文化体育与旅游产业融合。以瑶族文化为基础，将极具金秀特色的民间艺术与旅游业紧密结合，打造一批具有浓郁瑶族文化特色和艺术魅力的演艺精品，做好非物质文化遗产传承和保护，力争建成世界瑶族文化展示体验区。四是大力发展养生长寿健康产业。实施《广西养生长寿健康产业金秀发展规划（2012年—2020年）》，充分发挥瑶医院、瑶医瑶药一条街和民间瑶医医生的作用，结合生态旅游，提供以瑶药、药浴、药膳、瑶医保健为主的服务，大力发展康养结合的养生长寿健康产业。努力将瑶医院打造成“二级甲等”民族医院，全国首个集瑶医药康复、瑶医药教育、瑶医药养生保健体验及瑶医药长寿文化展示的AAA级瑶族特色文化旅游景区。充分发挥瑶医药协会的组织作用，全力推进瑶医药持续、科学、健康发展。加快瑶医药人才队伍建设，力争打造全国瑶医人才培训基地。

（六）产城互动，提升新型城镇化水平。围绕我县“一核一廊二区三带”的发展空间布局和建设“广西生态旅游经济可持续发展先行先试区”的目标定位，按照重点发展县城及桐木、集约发展特色小城镇、统筹城乡一体化发展的思路，突出基础设施建设，加快培育发展城市产业，促进“产城融合”，加快新型城镇化进程。一是拓展县城建设提升形象和品位。以县城为核心，桐木镇为重点进行规划建设，到2020年，中心城镇建成区面积达5平方公里，城镇人口达4.7万人，城镇化水平达到40%，基本建成布局合理、特色鲜明、功能完善、生态宜居的旅游城市。按照一级城镇发展要求，科学编制桐木总体规划，提高空间利用效率，把桐木镇建设成为具有完善经济、文化、商贸、物流综合职能的“桂中重镇”。二是加快重点城镇建设。以头排、三江等为重点城镇，以公路主要交通干线为轴线，将产业发展与城镇建设有机结合。优化头排、三江城区道路网络结构及道路质量，提高重点乡镇对县城的辅助服务功能。逐步把头排镇、三江乡建设成为布局合理、设施配套、功能齐全、环境优美、经济繁荣的新型小城镇。加快金秀—桐木、桐木—头排、头排—三江沿线建设，形成重点城镇群。三是加快特色名镇名村建设。积极建设和打造工贸强镇、旅游名镇（村）、文化名镇（村）、生态（农业）名镇（村）。将乡村旅游与新型城镇化有机结合，合理利用民族村寨、古村古镇，创建以历史记忆、地域特色、民族特点为特色的旅游小镇，建设一批特色景观旅游名镇名村。加大对现有特色名村资金投入和改造升级，强化对具有代表性的特色村寨、特色建筑、古民居的保护工作。加强基础设施建设，完成民族化改造，将六巷乡、长垌乡、忠良乡、罗香乡建设为特色旅游城镇。加快罗运村等生态旅游村建设。积极引导和发展与旅游业相适应的房地产业。

（七）打牢基础，保障经济持续发展。着力加强交通、水利、电力设施等基础设施建设，进一步夯实扩展经济发展基础和空间。一是构建畅通交通。实施交通突破战略，加快我县交通内通外联工程建设，加快高速公路、交通场站、通用机场和直升机起降点等项目落地建成，加快县内低等级公路升级改造，加快村屯道路通达。构建以县城为中心、高速公路为重点、国省道为主线、县道为脉络的“内循环、外联通”的公路交通网络。重点推进梧柳、贺巴2条高速公路（金秀段）、G355线蒙山—象州（金秀段）、S205线修仁—平南大鹏（金秀段）和S507线头排—柳州（金秀段）等出口通道开工及县城、头排汽车客运站建设，实施村屯道路攻坚战，完成县内公路提级改造。二是夯实水利基础。加快县城备用水源郎旁水库、大卜冲水库供水工程建设，改造提升乡镇供水能力，完成每个乡镇自来水厂建设，继续加大农村饮水安全工程建设力度，到“十三五”末，全部解决我县农村人口饮水不安全问题。加快防洪工程、农田水利基础设施等建设。三是大力推进信息化建设。加强信息化基础设施建设，实现移动信号村通率100%，人口覆盖率95%。完成智慧金秀、智慧景区建设。加快农村电子商务平台建设，加快社会服务信息化，以“互联网＋”为驱动，使“互联网＋”成为新常态下经济增长的新动力。加快生态安全事件应急处理系统信息网络建设。

（八）精准发力，打赢脱贫攻坚战。坚持精准扶贫、精准脱贫，坚决打赢脱贫攻坚战，确保3.2277万贫困人口全部脱贫，确保我县与全区全国同步全面建成小康社会。一是认真落实精准扶贫措施。坚持问题导向，因地制宜，针对建档立卡扶贫对象的不同致贫原因、不同帮扶需求，精准实施发展生产脱贫一批、易地搬迁脱贫一批、生态补偿脱贫一批、发展教育脱贫一批、社会保障兜底一批的扶贫攻坚行动计划。充分挖掘潜在优势，精准实施基础设施建设脱贫攻坚工程、产业发展脱贫攻坚工程、乡村旅游富民工程、教育培训脱贫攻坚工程、金融服务脱贫攻坚工程、公共服务保障脱贫攻坚工程、社会帮扶脱贫攻坚工程等，带动全县精准扶贫、精准脱贫工作。二是建立精准脱贫责任制度。严格实行“一把手”负总责的脱贫攻坚责任制，构建县负总责、乡镇为主体、村屯落实、部门配合的工作机制。全面落实责任、权力、资金、任务“四到乡”制度。建立年度脱贫攻坚报告制度和年度扶贫开发工作逐级督查和绩效考核制度。创新完善精准识别工作机制、资产收益扶贫机制、考核激励机制、财政稳定投入机制、扶贫资源资金整合机制，建立贫困村屯退出机制和脱贫激励机制。全面落实定点帮扶单位、驻村工作队、贫困村党组织第一书记和帮扶责任人的帮扶职责和激励政策。三是创新精准脱贫新路径。深入实施乡村旅游富民、交通扶贫富民、产业扶贫富民、教育扶贫富民、生态补偿富民、电商扶贫富民、生态移民搬迁、金融扶贫、社会救济和社会帮扶等工程，加快脱贫摘帽步伐。四是提高社会参与积极性。动员全社会力量广泛参与扶贫事业，鼓励支持各类企业、社会组织、个人参与脱贫攻坚，加快形成全社会参与的大扶贫格局。充分发挥自治区级领导和市级领导定点包联和部门包联的优势，争取项目和资金投入脱贫事业。

（九）共享发展，提升公共服务水平。加快推进城乡一体化，坚持以人为本，提高人民群众的生活幸福感，形成城乡群众共创共享改革开放成果的良好局面。一是加快发展民族教育事业。积极争取国家对民族地区教育改善扶持资金和项目，加大义务教育投入，加快中小学布局调整，强化发展职业教育，进一步改善办学条件，力争义务教育均衡发展工作通过自治区级和国家级评估验收。到“十三五”末，实现乡乡有一所示范幼儿园，全县学前三年毛入园率达84%，九年义务教育巩固率达95%，高中毛入学率达90%。二是完善公共卫生和基本医疗服务体系。扎实推进县级公立医院改革，争取做到小病不出乡，大病不出县。重点建设县人民医院桐木分院的整体搬迁项目、县瑶医医院二、三期工程项目、乡镇卫生院医养结合项目、县疾病预防控制中心检验楼项目。三是建立全覆盖的公共文化服务体系。加快城乡公共文化设施、广播电视、互联网基础设施建设，实施文化惠民工程，巩固提升公共文化服务体系示范区工作。四是实现社会保障全覆盖。加快公共就业服务体系建设，鼓励大众创业、万众创新。推进社会保障制度建设，实施全民参保计划，推动社会保障由制度全覆盖到人群全覆盖，健全完善城乡低保制度和五保供养制度，充分发挥民政兜底保障作用。继续完善村级组织活动场所建设，逐步提高村级办公经费。五是创建和谐稳定的社会环境。规范市场秩序，做好综治、信访、维稳、社会治安、安全生产等工作，加强社会各类矛盾纠纷调处，确保社会稳定。加快建设“平安金秀”，完善网络化管理，加快大数据、云计算和互联网等社会治安防控体系建设。

（十）改革创新，构建发展新动力。一是主动深化改革。有序推进行政审批制度改革、政府部门权力清单、财税改革、农村金融改革等行政管理体制改革，加快经济体制改革，逐步完善农村综合配套改革，深化各项社会事业改革。二是推动创新动力。多渠道引进人才，改善人才结构，提升人才素质，特别是生态建设、旅游管理、瑶医药方面人才。引进科研院所和高校到我县兴办“产学研”基地，加快开发利用瑶山资源，将生态资源转换成经济效益。

三是推动质量兴县。加强品牌和标准化建设，不断完善名牌产品、著名商标、地理标志产品等知名品牌的培育评价体系，积极开展服务业名牌创建工作，加大全县支柱产业的名牌培育力度。积极开展旅游服务标准化、农业标准化示范推广活动和循环经济、战略性新兴产业试点。

三、全力确保实现“十三五”开门红

五年看头年，起步是关键。今年是实施“十三五”规划的开局之年，也是全面建成小康社会的承启之年，做好今年的工作，任务艰巨，事关长远，意义重大。经县委同意，县人大审议批准了2016年全县国民经济和社会发展计划，其主要预期目标是：地区生产总值增长6%；农林牧渔业总产值增长4%；工业增加值增长5%；财政收入增长5%；固定资产投资增长7%；社会消费品零售总额增长8%；居民人均可支配收入增长7.5%；人口自然增长率控制在8.8‰以内；城镇登记失业率控制在4.5%以内；完成上级下达的节能减排任务。

围绕以上经济发展主要目标，2016年上半年，县人民政府根据全县中心工作部署和要求，将各项目标任务作为全年工作的重中之重，加强组织领导，细化量化任务指标，落实目标责任，采取有力措施，加大工作推进和落实力度，总体工作进展顺利，国民经济继续保持稳定的增长势头，为确保实现“十三五”开门红奠定了坚实基础。

全县上半年，完成地区生产总值11.03亿元，同比增长4.4%；实现农业总产值3.13亿元，同比增长2.6%；完成工业总产值5.30亿元，同比增长17.4%；固定资产投资完成6.90亿元，同比增长3.7%；社会消费品零售总额4.04亿元，同比增长7.9%；金融机构存款余额38.36亿元，同比增长5.05%；金融机构贷款余额20.32亿元，同比增长2.03%；财政总收入7396万元，同比下降22.5%，其中公共财政收入4458万元，同比下降25.8%；居民人均可支配收入7726元，同比增长9.2%。

（一）强化执行、狠抓落实，全速推进脱贫攻坚各项工作。一是完善机制保障。建立健全县乡村三级脱贫攻坚工作机制，县委、县政府与各责任单位签订脱贫攻坚责任书，确保了全县脱贫攻坚工作的有序有效推进。二是培育富民产业。年初投入资金900多万元，扶持贫困户新植野生茶、水果等富民产业，年内计划再安排贫困户产业扶持资金1800万元。三是加快推进贫困村基础设施建设。道路交通建设规模超240公里，总投资超1.32亿元，实施进村巷道硬化项目22个、5800米，完成23公里水利渠道建设，实施6个农村饮水工程，2015年易地扶贫搬迁3个任务村屯已全部开工。四是抓好旅游扶贫。通过旅游带动1800个以上贫困人口脱贫，同时利用旅游扶贫专场招聘会实现30名贫困人口上岗就业。五是积极开展金融扶贫。落实风险补偿金887万元，评级授信8093户，授信金额2.28亿元，发放扶贫小额信贷1077户，贷款余额3460.46万元。六是保障资金投入。各级财政安排扶贫开发资金3335万元，整合各涉农部门财政专项资金8759.2万元。七是强化帮扶力量。落实3000多名帮扶干部，对全县8688户贫困户实行一对一、一对多帮扶，实现贫困户帮扶全覆盖。

（二）立足当前、着眼长远，切实把生态建

设作为立县之本。一是加强生态建设和环境保护。上半年获得国家生态转移支付资金3361万元，申报自治区级生态乡镇4个、生态村17个，5个1000人以上的农村集中式饮用水水源地保护区划分技术工作已进入审查阶段。二是抓好植树造林、村屯绿化等工作。造林面积20933亩，完成自治区林业厅下达任务的116.3%，全面完成323个村屯绿化任务和全县152个森林覆盖率变化疑似样地点调查工作。三是积极实施森林病虫害防治检疫、森林防火。完成10种林业有害生物监测调查工作，全县林业有害生物成灾率为0.39‰，成灾率控制在上级下达的指标内；上半年全县共发生较大森林火灾2起，森林火灾受害率为0.2797‰，控制在森林火灾受害率奖励指标内。

（三）依托优势、突出重点，大力发展特色民俗生态旅游。上半年，全县接待游客174.5万人次，旅游总消费12.26亿元，分别完成年度目标任务的56.66%、51.08%，同比增长分别为15.27%、30.46%。一是狠抓旅游宣传和促销。成功举办“圣堂山杜鹃花旅游节”系列活动，积极组织广州等地游客3400多人次到我县旅游，我县知名度和美誉度不断提升。二是重点工作有序推进。完成圣堂山索道项目对保护区生物多样性影响评估报告，并通过专家评审；完成“百里瑶寨风情画廊”项目和平道村旅游扶贫试点项目规划编制工作；完成银杉公园至金蒙三级路的招投标工作；完成《金秀瑶族自治县瑶浴服务规范》等地方标准的材料申报工作。三是切实营造良好的旅游环境。成立自治县旅游安全监管工作领导小组，建立旅游安全监管长效机制，完善各种安全应急预案，细化安全责任，强化安全监管。上半年未发生旅游安全生产事故。

（四）夯实基础、加快转型，大力促进现代农业发展。上半年，全县实现农业总产值3.13亿元，同比增长2.6%。一是巩固传统农业。全县粮食作物种植面积达7.1962万亩，新植蔗面积为0.7864万亩。二是继续发展特色农业。统筹推进“山外水果、山内茶叶”的特色农业发展战略，新植水果1.1万亩，水果总面积达7.2万亩，上半年全县水果产量达9500吨；新植野生茶9600亩，完成年度目标任务的100%，茶叶总面积达5.63万亩，上半年全县茶叶产量可达180吨；此外，完成菌棒生产160万棒，完成珍珠李、红心猕猴桃等试验引进水果新品种的种植，并取得了一定成效。三是大力发展特色养殖。全县存栏“圣堂鸡”1万多羽；养殖蜜蜂5300多箱，上半年蜂蜜产量达32吨；娃娃鱼规模养殖场6个、存池4万余尾，现有娃娃鱼养殖协会2个、合作社1个，获得经营利用许可证酒店4家。

（五）创新思维、补齐短板，做大做强县域特色工业。上半年，全县完成工业总产值5.30亿元，同比增长17.4%；规上工业总产值完成4.2亿元，完成年度目标任务的46.7%，同比增长22.35%；规上工业增加值完成1.4亿元，完成年度目标任务的46.6%，同比增长22%。按照“山上搞旅游、山下搞工业”的产业发展战略，依托山内资源吸引产业项目和企业入驻山外工业园区，有效带动山内资源合理开发利用，实现山内山外协同互补发展的新格局。按照“一区两园”的总体布局，分别在桐木镇、头排镇规划建设工业园区。目前园区总体规划已完成桐木园区部分规划修编，正在进行头排园区规划修编，力争到2016年年底，各项指标达到自治区A类园区的标准，并向自治区申报。按照“一企一策”的扶持政策，建立健全县四家班子领导联系帮扶企业制度，加大企业扶持力度，减轻企业负担，积极争取企业扶持资金。上半年累计获得自治区中小企业发展扶持资金80万元。

（六）坚持不懈、全力以赴，抓好重点项目建设和招商引资。一是统筹抓好重大项目建设。全年安排重大项目75个（其中市级16个、县级59个），已开工建设26个；统筹推进市级西江经济带项目5个。二是加快推进交通基础设施建设。将“交通活县”纳入全县发展战略，确立“内循环，外联通”的发展目标。梧柳高速公路金秀段完成县境内放线工作和征地拆迁补偿工作，贺巴高速公路金秀段已确定路线走向和互通设置，工程项目可行性研究报告正在编制中，其他交通重大项目前期工作稳步推进，全县上半年完成农村公路投资4837万元。三是积极开展“大招商、招大商”。重点洽谈项目22个，已签订投资亿元以上的项目（含框架）协议4份，投资总额达42.2亿元；已进入洽谈投资协议（含框架）的亿元以上项目1个。上半年，全县实施招商引资项目 20 个，项目到位资金 7.12 亿元，外资到位资金 443 万美元，分别完成全年任务的 50.86% 和 88.6%。

（七）科学规划、统筹推进，不断加快城镇化建设步伐。一是加强城乡规划编制和管理。县城总体规划修编完成初步规划方案，正在修改完善；桐木镇总体规划（2015—2035）修编已通过专家评审；罗香乡风情小镇规划方案已经县四家班子会议审定，正在修改完善。二是加快城建项目推进。投资 2500 万元的县城污水管网支管网工程取得初步设计批复；香草湖步栈道工程设计方案经县政府常务会审议通过，正在开展前期勘测设计工作；桐木镇污水处理厂及配套管网建设项目完成投资 230 万元，具备通水试运行条件；桐木百镇示范项目总投资 2046 万元，已完成投资 1086 万元。三是统筹抓好其他乡（镇）建设。累计投资近 500 万元完成大樟乡政府所在地、头排镇区、罗香乡腊河街、桐木镇七建七政街、桐木镇城区等综合整治。

（八）主动适应、规范管理，加强新形势下财税金融工作。一是扎实推进“营改增”工作。依法加强税收征管，大力实施社会综合治税，确保应收尽收。强力规范非税收入秩序，确保及时足额入库。强化财政预决算管理，扎实开展“三公”经费清理、检查和公开工作，严格控制一般性支出，建立健全投资评审和政府采购制度，降低行政成本，提高财政资金的使用效益。二是进一步规范财政专项资金和预算执行管理。出台《金秀瑶族自治县本级财政专项资金管理使用暂行办法》、《金秀瑶族自治县本级财政对外借款管理暂行办法》及《金秀瑶族自治本级财政预算调整管理暂行办法》，并严格执行。三是加大金融支持力度。大力推广田东“农金村办”模式，在四个行政村建立“三农金融服务室”，计划于年底推广到各乡（镇）。

（九）以人为本、共建共享，不断保障和改善民生。一是继续扎实推进科教事业。落实义务教育均衡项目资金 4855 万元，争取今年 9 月通过市级复核，12 月通过区级评估，2017 年通过国家认定。按要求落实国家规定的各项教育惠民政策，学前教育三年毛入园率由 78% 提高到 80% 以上，选派教师参加县级以上培训 1848 人次。完成结题验收科技示范项目 5 个，申报科技计划项目 4 个，申请专利 27 件，举办各类实用技术培训班 35 期、3000 多人次。二是积极发展文化体育广电事业。2016 年全区创新公共文化服务体系建设暨文化扶贫现场会在我县成功召开，打造了《瑶韵深牌》等精品剧目，正在组织申报第六批区级非物质文化遗产保护项目《盘瑶深牌歌》《瑶族舞香龙》。成功举办“第四届广西城乡万人气排球赛”、第八届广西体育节暨第二届广西全民健身活动金秀分会场等体育赛事，上半年全县共开展比赛活动 26 次、参与运动员 4100 人、观众达 3.8 万人；播出广播电视各类稿件 1100 余件、专题 4 个，上送央视播出 5 条、广西电视台播出 10 条。三是加强推进医疗卫生计生和食品药品安全工作。基础设施项目稳步推进，瑶医药科技创新步伐进一步加快，卫生服务体系建设不断得到巩固加强，全力打好了艾滋病防治攻坚战。有序推进食品药品检验检测机构整合工作，建立了桐木镇、头排镇首个食品安全快速检测实验室。加强监管队伍能力建设，执法办案整体水平进一步提升，2016 年上半年，全县无重特大食品药品安全事故发生。四是切实抓好社会保障和就业工作。上半年全县城镇新增就业人数 226 人，农村劳动力转移就业 428 人次，城镇登记失业率为 3.35%；共有 2163 名企业职工签订劳动合同，签订率达 94.83%。共查处违法投诉案件 136 起，追回拖欠农民工工资 187.12 万元。上半年全县城乡居民社会养老保险参保人数 56277 人，完成率为 92.41%，发放基础养老金 18515 人，发放率达 99.95%。五是扎实开展民政工作。金秀镇长二屯、六拉村社区服务站和桐木、头排 16 个联合五保村等工程已竣工并投入使用；殡仪馆二期工程（桐木点）已完成征地 152 亩，正在进行图纸设计；老年养护楼独栋 1#、2# 已完成图纸设计及图纸审核。认真抓好社会救助工作、社会事务工作及社会组织管理管理工作，全面落实优抚安置政策，扎实推进基层政权建设，稳步推进区划地名工作，综合防灾救灾切实增强，老龄工作有序开展。六是加强和创新社会管理社会稳定工作。加强社会治安综合治理和平安金秀建设工作，认真解决

信访工作突出问题，妥善处理群体性事件，

继续组织开展“三大纠纷”大排查、大调处工作。扎实推进“神剑1号”“神剑2号”专项工作，依法严厉打击黑恶势力和多发性侵财等违法犯罪活动，大力整治“黄、赌、毒”等社会丑恶现象。认真贯彻落实上级安全生产工作决策部署，强化安全生产责任落实。积极推进防汛各项措施落实，及时启动应急响应，组织力量第一时间投入到抗灾救灾工作中，全县在今年“5·8”和“6·15”两次强降雨灾害中无人员伤亡和重大财产损失。七是实施十项为民办实事工程。实施社保惠民工程，为年满60周岁城乡居民发放基础养老金，为参保人员缴费提供财政补贴140万元。实施民政惠民工程，发放低保金15588人、1194.52万元。对全县33800户农村住房进行统一保险，总保险费38.53万元。实施安居惠民工程，建设廉租房66套、3880平方米，公租房48套、3376平方米；开工建设棚户区改造项目18户；农村危房改造任务为740户，目前正在开展调查摸底工作。实施教育惠民工程，义务教育均衡项目到位资金4784万元；新建县民族高中教学楼到位资金300万元；三江乡、长垌乡中心幼儿园新建校舍800平方米，正在进行招投标。实施卫生计生惠民工程，新农合参加人数12.8891万人、参合率99.53%；开展HIV检测6188份；乡（镇）卫生院基本公共卫生服务项目支出208.39万元，资金使用率36.73%；完成国家免费孕前优生健康检查703对夫妇，覆盖率56.2%。实施人饮供水惠民工程，老山水库县城供水配套工程项目已完成投资742.5万元，占总投资的65%。实施强基惠民工程，实施小型农田水利重点县建设项目，总投资2843.35万元。实施巷道硬化惠民工程，实施20个村屯巷道硬化及10个村屯路灯亮化、巷道排水渠项目。实施农补惠民工程，获得中央财政“耕地地力保护补贴资金”1241万元，获得2016年农机购置补贴资金170万元。实施文化惠民工程，送电影下乡412场，免费送图书进社区、机关、学校700册；免费举办各类文艺培训班26期、650人次；县城广播电视高山台站扩建120平方米，解决县城广播电视无线接收问题。

（十）强化学习、学以致用，不断加强政府自身建设。一是坚决执行中央“八项规定”。严格控制各类会议和发文数量及规模，严格控制公务接待范围、标准，加强“三公经费”管理，严把接待关、公差关和公车关。2016年县财政及各部门“三公”经费预算已在指定平台进行公开，对全县保留的68辆公务用车进行统一管理。二是转变作风，提高效能。开展“两学一做”学习教育，进一步健全完善班子行政决策制度，重新完善《自治县人民政府工作规则》《自治县人民政府相关会议管理制度》等规章制度，依法行政能力进一步增强。坚决服从县委领导，坚持重大事项报告制度，自觉接受人大及其常委会的法律监督和政协的民主监督，加强行政监察和审计监督，反腐倡廉建设和政风建设工作得到有力推进，“四风”专项整治工作取得明显成效。上半年共受理各类行政审批服务事项12779件，按时办结率达100%，办理提速达82.57%，群众满意率达100%；共取消行政审批事项1项，暂停1项；通过政府信息公开统一平台、政府门户网共发布信息1845条，通过基层信息化平台公布办件量1457件。

下半年，我县将重点推进以下几个方面工作：一是全力抓好脱贫攻坚“十大工程”，确保年内完成4个贫困村、1.5万贫困人口脱贫任务。二是全力推进工业经济增长。优化企业服务，加快重点工业项目竣工投产，培育一批企业上规，年内争创自治区A类园区。三是加快提升特色农业发展。完善农业基础设施建设，推进自治区级现代特色农业（核心）示范区建设，加快特色种养殖发展和农旅结合，大力培育涉农龙头企业和休闲农业旅游示范点。四是推动第三产业提质增效。巩固广西特色旅游名县创建成果，完善提升各项旅游基础服务设施建设，培育一批限额以上服务贸易企业和商贸市场，打造我县经济转型发展新的增长点。五是狠抓招商引资和重大项目建设。强化特色产业招商项目包装，加快推进市县重大工程项目和交通基础设施建设，确保开竣工进度。六是加快城镇化建设步伐。提升县城“公园化”建设，继续推进桐木镇全区百镇示范工程，巩固提升乡镇环境综合整治成效，继续抓好生态乡村建设。总之，县人民政府将认真对照年初制定的各项目标任务，齐心协力、攻坚克难、全力以赴，确保实现“十三五”开门红。

金秀瑶族自治县人民政府工作报告

——在自治县第十六届人民代表大会第二次会议上

自治县人民政府县长　兰向东

2017 年 2 月 9 日

一、2016 年工作回顾

2016 年是实施“十三五”规划的开局之年，也是全面建成小康社会的承启之年，面对经济下行、增长趋缓的严峻形势，在来宾市委、市政府和县委的正确领导下，在县人大、县政协的依法民主监督支持下，县人民政府团结全县各族人民，深入学习贯彻习近平总书记系列重要讲话精神，着力抓好稳增长、促改革、调结构、惠民生、防风险各项工作，全县经济社会实现平稳发展。初步核算，2016 年全县地区生产总值 28.19 亿元，同比增长 3.2%，增速排名全市第四，其中一产增加值 7.84 亿元，同比增长 4.4%，二产增加值 6.30 亿元，同比下降 1.5%，三产增加值 14.04 亿元，同比增长 4.7%；农林牧渔业总产值完成 12.65 亿元，同比增长 4.42%，增速排名全市第一；全部工业总产值完成 11.84 亿元，同比增长 10.1%，其中规模以上工业总产值达 9.34 亿元，同比增长 12.16%，增速排名全市第一；固定资产投资完成 15.47 亿元，同比下降 14.6%，增速排名全市第三；财政收入完成 1.74 亿元，同比增长 1.55%，增速排名全市第五；社会消费品零售总额 8.5 亿元，同比增长 9.98%，增速排名全市第二；全体居民人均可支配收入 15532 元，同比增长 8.8%，增速排名全市第三，城镇居民人均可支配收入 29068 元，同比增长 7.2%，增速排名全市第三，农村居民人均可支配收入 8490 元，同比增长 8.2%；金融机构存款余额 39.54 亿元，同比增长 6.56%，增速排名全市第四，其中居民储蓄存款余额 24.92 亿元，同比增长 8.60%，金融贷款余额 22.70 亿元，同比增长 10.54%，增速排名全市第四。

2016 年，尽管全县面临经济下行的严峻形势，但是县人民政府不松劲、不懈怠、不掉队，主动作为，紧紧围绕年初确定的全县经济社会发展目标，加强组织领导，细化量化指标任务，落实责任，采取有力措施，加大工作推进和落实力度，总体工作进展顺利，国民经济继续保持稳定的增长势头，确保了全县“十三五”经济社会实现良好开局。

（一）强落实，勇担当，推动县域经济全面发展

1. 脱贫攻坚扎实有效。2016 年全县贫困户脱贫“双认定”完成 2760 户、10751 人，完成市级下达控制数，3 个贫困村达到脱贫摘帽标准，并顺利通过自治区核验，超额完成目标任务。我县在全国民族自治县打赢脱贫攻坚全面建成小康社会经验交流会上作经验介绍。一是突出抓好产业扶贫。共投入产业扶持资金 1600 多万元，扶持贫困户发展水果、茶叶、中草药等特色产业 14000 多亩，有效带动 5000 多贫困人口脱贫。二是深入实施金融扶贫。落实贫困户扶贫小额信贷风险补偿金 1800 万元，发放小额信贷 4161 户、1.5 亿元，完成财政扶贫专项资金支出 6848.29 万元，支出率达 91.66%，我县在全区财政扶贫资金管理暨金融扶贫培训班上作典型发言。三是扎实实施易地搬迁扶贫。2014 年项目已全部完工并全部入住，2015 年、2016 年项目按计划稳步推进，2016 年 7—12 月，我县连续 6 个月在全区综合排名前 10 位。四是加快推进项目扶贫。全县道路交通项目完工 45 个，总投资 4600 万元，实施巷道硬化项目 55 个、64.1 公里；完成 23.32 公里水利渠道建设及 6 个农村饮水工程；337 户贫困户危房改造已基本完工。五是全力推进旅游扶贫。古占屯国家 AAA 级旅游景区创建工作有序进行，平道村“五彩田园”花卉观赏项目按期建成开放，六段拉珈部落创国家 AAA 级景区项目启动建设。同时，打造树立一批公路沿线农家乐示范村屯，带动 1000 多贫困人口脱贫。六是创新推

行“空店”扶贫。利用互联网搭建“空店”平台，实现全县28个贫困村“空店”精准扶贫模式全覆盖，将贫困户自产农产品直销变现，首月交易额达27万元。同时，教育扶贫、社会扶贫等扶贫工程得到统筹推进，各种不同类型的贫困人口得到有效帮扶。

2. 生态建设巩固提升。一是生态环境建设取得新成果。2016年，我县成功列入国家级重点生态功能区，4个乡（镇）获“自治区级生态乡镇”称号，15个行政村获“自治区级生态村”称号；全县地表水水质、饮用水水源地水质均达国家Ⅲ类标准，空气环境质量达国家二级标准；“实现生态旅游良性发展和农业产业升级发展”的典型经验做法获自治区人民政府激励表扬。二是造林绿化工作取得新提升。全年完成自治区示范村屯绿化任务23个，一般村屯300个，完成任务的100%；完成植树造林1.99万亩，完成任务的110.56%，全县森林覆盖率上升至85.98%，位居全区第一；兑现森林生态效益补偿基金1802.14万元，兑现率达93.59%；顺利实施3个林下经济示范项目建设，实现林下经济产值6.25亿元。三是森林管护工作取得新成效。森林火灾受害率为0.2884‰，控制在市级考核指标内，森林病虫害成灾率为0.4‰，低于指标任务，林业有害生物无公害防治率、种苗产地检疫率以及实施调运检疫率均达100%。四是生态乡村建设取得新进展。全年完成村屯道路硬化64个、饮水净化55处、村屯绿化45个，为开展“美丽金秀·宜居乡村”活动奠定了坚实基础。

3. 特色旅游发展喜人。全年共接待游客354.09万人次，旅游总收入26.13亿元，同比增长分别为23.05%和37.24%，在2016年第一、第三、第四季度全区游客满意度调查测评中，我县游客满意度在全区特色旅游名县（含创建县）中均名列第一。一是喜获“广西特色旅游名县”称号。全县旅游基础设施不断提升完善，银杉公园成功创建国家AAAA级旅游景区，全县AAAA级旅游景区达5个；圣堂山、圣堂湖景区获评广西生态旅游景区，圣堂湖景区成为我县首个智慧旅游景区，莲花山景区获得自治区服务业品牌称号；盘王谷深航假日酒店获批广西智慧旅游示范企业，桐木万兴酒店获评为国家3星级酒店。二是成功列为国家全域旅游示范区创建县。积极申报国家全域旅游示范区和国家中医药健康旅游示范区，制定实施《自治县创建国家全域旅游示范区工作计划》，有序开展全域旅游示范区创建工作并取得阶段性成效。三是生态乡村民宿旅游快速推进。制定实施《自治县生态乡村民宿旅游建设管理暂行办法》《自治县生态乡村民宿旅游和农家乐建设奖励暂行办法》，全面启动生态乡村民宿旅游建设工作，其中六巷乡、长垌乡、忠良乡的示范点建设推进较快。四是旅游产业招商硕果累累。成功引进投资2亿元的“金秀航空休闲旅游项目”、投资30亿元的“金秀县旅游开发项目（金秀县AAAA级景区升级改造）”、投资9亿元的“华东绿博园项目”以及投资13亿元的“世界瑶都文化旅游产业园”等4个旅游民族文化产业项目，为实现我县“旅游强县”战略目标打下良好基础。五是旅游宣传营销活力倍增。成功举办“中国·金秀2016圣堂山杜鹃花旅游节”“旅游发展论坛”“梦幻金秀——2016世界环球旅游小姐中国总决赛”等系列活动，金秀旅游知名度和美誉度不断提升。同时，不断拓宽开发桂林、北海及广东等区内外旅游市场，2016年广东团队游人数比2015年增长65%。

4. 农业结构不断优化。一是特色种植业持续发展。全年完成野生茶新植面积9628亩，总面积达5.63万亩，新植水果1.12万亩，总面积达7.21万亩，实现了“山内人均一亩茶，山外人均一亩果”的特色产业发展目标。二是特色养殖业不断壮大。“圣堂鸡”“瑶香鸡”存栏超过2.5万羽，生态蜂5600箱，存池娃娃鱼4万余尾，泥鳅、白鹇鸡、育肥牛、清水鱼等一批特色养殖不断涌现。三是示范区建设效果明显。投入资金350万元，完成4个特色农业示范区创建工作，全县示范区面积近8000亩，其中，六段茶山瑶韵茶叶示范区同时获得自治区县级和来宾市市级示范区认定，三江瑶都桔香示范区获得自治区县级示范区认定，巴勒薯光示范区和长垌青山秀水生态观光旅游示范区获得自治区乡级示范区认定。四是农村改革不断深入。农村土地确权工作全面铺开，完成外业勾图面积16.7万亩，完成总任务的70.50%，完成二次公示率（可发证率）达70.30%，全面完成年度工作任务，进度与质量均排在全市前列；供销合作社综合改革有效推进，得到了自治区和来宾市的充分肯定；小型水利工程管理体制改革及国有林场改革工作顺利启动。五是农村经营模式不断创新。大力培育新型农业经营主体，全年完成新增注册农民专业合作社51家，完成市级任务的283.33%，新增注册家庭农场13家，完成市级任务的162.50%；推行“公司+基地+农户”产业发展新模式，共种植珍珠李128亩（备耕1200多亩），猕猴桃408亩，蓝莓130亩。共洽谈农业投资项目5个，其中亿元以上项目1个、5000万元以上项目2个、1000万元以上项目1个。

5.工业经济回升向好。2016年是我县工业经济发展任务完成得最好的一年，多项指标在全市排名前列。一是发展基础进一步夯实。制定《自治县工业发展“十三五”规划》《自治县工业园区发展总体规划》以及相关配套扶持政策，为“十三五”期间我县工业发展奠定了坚实基础。二是园区建设进一步加快。主动融入来宾市“三江口港产城新区”建设，投资400万元加快推进桐木工业园区道路、土地平整等基础设施建设，头排工业园区前期工作有序开展。三是工业项目顺利推进。杰新香料有限公司年产1500吨植物香料深加工项目、东达制糖公司红糖生产项目、连诚农产品贸易有限公司年产3万吨生鲜农产品加工项目顺利建成投产；天宝天然饮用水有限公司年产13万吨天然饮用水、圣堂药业新GMP扩能技术改造等一批重点工业项目顺利推进。四是加工贸易进出口取得新突破。全年加工贸易进出口完成676.74万美元，完成目标任务的189.56%，同比增长108.52%，总量和增速均排名全市第一。

6.交通建设加快推进。将“交通活县”纳入全县发展战略，编制《自治县“十三五”交通运输发展专项规划建设方案》，确立“外联通内循环”的建设目标。一是过境高速公路规划、建设取得预期成效。梧柳高速公路金秀段确定设置王钳互通，并与项目同步实施；贺州（钟山）至来宾高速公路金秀段前期工作协调进展顺利，规划在我县头排镇、桐木镇分别设置互通，并联合荔浦县争取在我县三江乡长乐村增设互通。二是国道、省道建设升级工作有序推进。投资约8000万元的六巷到腊河口三级公路项目完成前期工作；国道金蒙二级公路有望2017年下半年开工建设；省道S507头排至罗城（桐木至鹿寨导江段）正在开展项目前期工作；腊河口至大鹏、长垌至大乐等外联通公路已开展前期工作。三是农村公路建设目标基本完成。2016年建设完工项目16个，在建4个，完成总投资1.83亿元，占计划总投资的95.22%。

7.项目推进力度增强。一是重点项目建设有序推进。坚持以项目推进拉动投资增长，2016年统筹安排重大项目75个，其中市级重大项目15个。15个市级重大项目中，新开工项目4个、续建项目5个、竣工投产项目3个、预备项目3个，项目总投资37.35亿元，全年共完成投资5.89亿元，完成市级下达任务的100.5%。二是招商引资工作成效明显。成立“1+4”专项招商行动组，县委、县人民政府主要领导分别带队赴北京、上海、广州以及南宁、桂林等区内外重要城市开展项目招商工作。全年共邀请和接洽了200多批次客商到我县投资考察，实施招商引资项目27个，到位资金15.69亿元，完成目标任务的112.07%；利用外资1038万美元，完成目标任务的207.6%；新签约项目6个，其中亿元以上项目5个，签约项目总投资达55.7亿元；在谈项目26个，计划总投资达56.4亿元；成功引进年纳税5000万元以上IPO上市培植企业一家（广西裕达工程有限公司），正在洽谈IPO上市培植企业一家。

8.城乡建设统筹推进。一是加强城乡规划和管理。组织实施金秀县城、头排镇总体规划修编；桐木镇总体规划、罗香瑶族风情小镇规划设计已完成修编工作；全年核发“建设用地规划许可证”91宗、16.9万平方米，核发“建设工程规划许可证”95宗、13.3万平方米。二是加快推进城镇项目建设。投资2500万元的县城雨污分流工程初步设计获得批复；香草湖步栈道项目完成招投标工作；桐木镇污水处理厂及配套管网项目完成厂区设备安装，具备通水试运行条件，同时积极推进头排镇污水处理项目前期工作；桐木百镇示范项目总投资2046万元，全年完成投资90%以上，11个子项目已进入收尾阶段。三是加强国土资源整合优化。加快编制实施自治县土地利用总体规划，盘活存量建设用地150亩以上，耕地面积保有量规划目标完成率达100%，圆满完成上级下达的耕地保护任务。

（二）保民生、促和谐，推动社会各项事业长足进步

1. 教育科技事业有新发展。在财政资金极其困难的情况下，筹集资金4800万元，完成义务教育建设项目139个，全县义务教育均衡发展工作提前一个月（2016年10月）通过自治区督导评估，在反馈会上督导评估组用了“四个想不到”给予我县充分肯定，即“想不到县政府主要领导亲自抓教育！想不到推进速度如此之快！想不到专家组给如此高的评价！想不到工作如此之细、如此之实！”；教育惠民政策兑现落实到位，全县高中免学费2719人次、146.83万元，免学杂费393人次、35.37万元，发放高中助学金1464人次、168.23万元，中等职业教育免学费538人次、40.36万元，发放中等职业教育助学金149人次、14.9万元，学前入园补助1043人次、74.07万元，中小学寄宿生生活补助9341人次、541.59万元，落实营养改善计划11381人次、881.81万元；教育教学质量不断提升，县民族高中本科上线人数达151人，其中一本上线6人，一本上线率同比上升50%，县职业技术学校本科以上录取15人，其中一本录取7人。扎实开展科技项目的申报和实施工作，实施科技项目8个，已全部完成结题验收，完成科技项目申报工作，共申请专利88件。

2. 文体广电事业有新成效。成功举办“中国金秀—世界瑶都·2016盘王节”活动，此次盘王节是自1985年以来，我县举办的规模最大、影响力最广、最为隆重节俭的一次盘王节，得到国内外嘉宾特别是瑶族同胞的高度赞誉；大型瑶族歌舞剧《瑶都神韵》常态化对外演出，《瑶韵深牌》品质进一步提升，电影《过山榜之绝世瑶妃》完成在我县的拍摄工作，《盘瑶深牌歌》《瑶族舞香龙》列为第六批自治区级非物质文化遗产保护项目；“1+6”瑶族博物馆建设有效推进，打造瑶族寻根文化品牌；全区创新公共文化服务体系建设暨文化扶贫现场会在我县召开。成功举办“世界瑶都·大美金秀2016年首届环大瑶山全国自行车挑战赛”等系列竞赛活动，荣获广西十大民族传统体育特色之乡称号。全年广播电视台共采、编、播出新闻1925条，其中中央电视台播出专题片8期、新闻7条（新闻联播6条），广西电视台采用31条，来宾电视台采用101条，县广播电视台获得自治区县级播出机构秩序先进单位。

3. 卫计和健康监管有新进展。全县基本公共卫生服务各项指标均达到自治区要求，全年无突发公共卫生事故发生；医改工作稳步推进，新农合参合率达99.81%；编制《自治县瑶医药“十三五”发展规划》，县瑶医医院创建“二级甲等”工作通过初步评审；全面实施二孩政策，人口自然增长率为5.96‰，出生人口性别比为107.66，低于责任指标。加大食品药品安全专项整治力度，加强对学校食堂、景区农家乐、餐饮单位、超市、农贸市场及重大活动期间的食品安全监管和保障工作，全年无重特大食品药品安全事故发生。

4. 社会保障工作有新提升。全县城镇新增就业、失业人员再就业、农村劳动力转移就业等工作均完成目标任务，企业职工劳动合同签订率达95.03%，受理拖欠农民工工资案件146起，追回拖欠农民工工资316.95万元；城乡居民养老保险参保率达95%以上，基础养老金发放率100%，启动城乡居民基本医疗保险整合工作。推进农村低保与扶贫开发政策有效衔接，识别低保对象贫困人口数11158人；完善城乡社会救助体系，全面落实优抚安置政策，扎实推进基层政权建设，提高高龄老人补贴标准；加大长寿文化宣传力度，配合中央电视台《夕阳红》栏目在我县拍摄《寿宴》主题片，协助完成《广西长寿文化集萃》的撰稿工作。

5. 社会稳定和平安建设有新巩固。全年共立刑事案件453起，破案244起，破案率为53.9%，同比上升14.3%，神剑1号专项行动战果显著，排名全市第一；深入开展“法律六进”“七五”普法等活动，不断推进法治金秀建设；立案受理“三大纠纷”新发案31起，调结28起，调结率90.3%，排查出历年“三大纠纷”案件39起，调结32起，调结率82%；按时办结自治区交办的9件信访积案，获得自治区信访局的高度认可；扎实开展安全隐患排查整治工作，有效预防安全生产事故和交通、消防事故，妥善处置危害公共安全等突发事件，年度公众安全感排名全区第十二名、全市第二名。

6. 为民办实事有新成果。实施社保惠民工程。全县城乡居民养老保险参保人数56300人，参保率为95.39%，享受养老保险待遇18940人，发放基础养老金2061.36万元，发放率为100%。实施民政惠民工程。城镇低保发放9326人次、280.08万元，农村低保发放15.74万人次、2078.52万元，医疗救助发放17972人次、312.4万元，临时救助发放288人次、28.15万元，五保供养支出271.45万元，对3.38万户农村居民住房进行统一保险，保险费38.53万元。实施安居惠民工程。采取“以购代建”方式建设120套公租房；农村危房改造740户已全部开工建设，其中完成建档立卡户367户，完成率为108.9%。实施教育惠民工程。继续推进县领导及县直各单位联系学校扶持贫困学生工作，共为57所学校捐资捐物折合250万元，投资800万元新建县民族高中教学楼和三江乡中心幼儿园。实施卫生计生惠民工程。扎实抓好艾滋病及各类疾病的预防控制工作，落实人均1元以上财政专项防艾工作经费；基本公共卫生服务拨款完成100%；适龄儿童免疫规划疫苗接种率保持在90%以上；3岁以下儿童系统管理率、0～6岁儿童健康管理率、孕产妇系统管理率均为85%以上；国家免费孕前优生健康检查完成100%。实施人饮供水惠民工程。老山水库附属工程已基本完成，县城供水配套主体工程已完成。实施强基惠民工程。完成桐木镇大蚕灌片、凉亭坝灌区两个项目区建设，灌溉面积2.7万亩，惠及2.67万人。实施巷道硬化惠民工程。投入169.6万元完成30个村屯巷道硬化。实施农补惠民工程。农业支持保护补贴工作已顺利完成，发放补贴资金30301户、1240.77万元，资金发放率达99.98%，补贴面积达82399.11亩；补贴农机具507台、67.753万元，受益农户数达366户，覆盖全县10个乡（镇）。实施文化惠民工程。全县图书馆、文化馆（站）、博物馆等场所继续对公众实行免费开放，投入65万元建成广播电视高山台站。

（三）严律己、重品行，重塑风清气正的政治生态

1. 坚决执行中央“八项规定”。建立健全了《自治县本级政府投资项目管理办法》《自治县本级财政专项资金管理使用暂行办法》《自治县政府采购协议供货采购暂行规程》《自治县民生资金监督管理办法》等一系列规章制度，进一步完善依法行政的长效机制；县人民政府及各工作部门的“三公”经费预算均按要求在指定平台进行公开；认真贯彻落实公务用车改革有关规定，对县本级保留的60辆公务用车进行统一管理；严格执行领导干部住房、车辆配备等有关工作和生活待遇的规定，从简安排会议和调研活动；认真执行《党政机关厉行节约反对浪费条例》《机关事务管理条例》和中央八项规定，进一步规范公务接待；加强预算执行监管和财政专项资金的管理，落实好领导干部报告个人有关事项制度。

2. 坚决落实守纪律讲规矩。认真抓好自治区和来宾市巡视组巡视反馈意见的整改落实，促使整改成果转化为推动金秀改革发展动力，以整改的实际成效取信于民；县人民政府常务会专题研究党风廉政建设，部署落实党风廉政建设各项工作，落实“一岗双责”责任；扎实开展“两学一做”学习教育和党组中心组理论学习，健全完善政府班子行政决策制度，重新修订《自治县人民政府工作规则》《自治县人民政府相关会议管理制度》等规章制度，依法行政能力进一步增强；坚决服从县委领导，自觉接受县人大及其常委会的法律监督和县政协的民主监督，加强行政监察和审计监督，反腐倡廉建设和政风建设工作得到有力推进，“四风”专项整治工作取得明显成效，重塑金秀风清气正的政治生态。

此外，国防动员、消防、民兵预备役和“双拥”工作迈出了新步伐；监察、编制、物价、民族宗教、工商和质监、外事侨务、人防、保密、统计、供销、气象、防震减灾、史志、档案、老龄、残疾人等工作进一步加强；人民银行、各专业银行、住房公积金、税务、电力、烟草、通信、邮政等为地方发展做出了积极贡献；工会、共青团、妇联等群团组织在经济社会发展中发挥了重要作用。

2016年，全县的经济发展依然没有真正走出困境，当前仍面临诸多困难和问题，主要有：经济总量偏小、基础设施特别是交通基础设施薄弱、特色农业持续发展面临困难、工业经济增长后劲不足、脱贫攻坚任务艰巨、财税收支矛盾突出等

问题，对这些问题，我们必将勇于担当，敢闯敢干，下大力气，找准对策，尽心竭力加以研究并采取强有力措施逐步破解。

二、2017年工作安排

2017年是党的十九大召开之年，是全面落实自治区第十一次党代会和市第四次党代会精神的第一年，做好今年的政府工作，意义重大。今年县人民政府工作的总体要求是：全面贯彻党的十八大和十八届三中、四中、五中、六中全会及中央、自治区、来宾市经济工作会议精神，深入学习贯彻习近平总书记系列重要讲话精神，按照自治区十一次党代会、市四次党代会重大部署，紧紧围绕我县“十三五”时期经济社会发展目标，协调推进“四个全面”战略布局，坚持稳中求进工作总基调，树立和落实新发展新理念，坚持以提高发展质量和效益为中心，以推进供给侧结构性改革为主路线，扎实推进稳增长、促改革、调结构、惠民生、防风险各项工作，促进经济社会更好更快发展，着力营造风清气正的政治生态、团结和谐的社会生态、山清水秀的自然生态，为全面建成小康社会打下坚实的基础，以优异成绩迎接党的十九大胜利召开！

全县经济社会发展的主要预期目标是：地区生产总值增长6%；农林牧渔业总产值增长4.0%；全社会固定资产投资增长8%；规模以上工业总产值增长14%；社会消费品零售总额增长9%；财政收入增长5%；全体居民人均可支配收入增长7.5%；新增城镇就业550人以上，城镇登记失业率控制在4.2%以内。

围绕上述发展目标和要求，2017年，县人民政府将继续认真贯彻落实好上级的各项决策部署，围绕加快经济发展和保障改善民生，紧紧咬住2018年全县实现“脱贫摘帽”这一总目标，重点实施精准脱贫、生态文明建设、特色旅游发展、农业产业结构调整优化、县域特色工业发展、交通基础设施建设、重大项目建设、城镇化建设等重大工程，加快打造“生态、民族、长寿”三大品牌，努力实现民族经济持续较快发展，全力确保县域经济社会发展再上一个新台阶。

（一）坚定不移、凝心聚力，竭力实施“精准脱贫”攻坚战。把精准扶贫列入全县“一号工程”，按照贫困户“八有一超”、贫困村“十一有一低于”的脱贫标准，进一步推进产业扶贫等“十大工程”，坚决打赢全国第一个瑶族自治县的脱贫摘帽攻坚战。投入资金1亿元以上，实施贫困村和非贫困村（贫困发生率在25%以上）中20户以上的自然屯道路通达工程，计划新建或升级硬化屯级道路100条以上，里程超过300公里；加大产业扶贫力度，新种植水果、茶叶、中草药等2000亩，低产改造10000亩，养殖家禽60000羽；实施旅游扶贫项目12个，培育合作社28个；实施以奖代补，投入资金超过2000万元，项目覆盖全县77个行政村；继续推行“空店”扶贫模式，多渠道促进贫困户增收；大力实施旅游扶贫，引导贫困村、贫困户因地制宜发展“一村一品”“一家一艺”乡村旅游项目；加快扶贫移民搬迁工程，计划搬迁人口7500人以上；加强对2016年已脱贫的贫困村及贫困户的脱贫稳固工作，防止出现返贫现象。力争2017年实现12个贫困村、1.5万人口脱贫，为实现2018年全县脱贫摘帽奠定坚实基础。

（二）依法管理、加快推进，强力实施“生态宜居”瑶山建设。巩固和提升“清洁乡村”“生态乡村”活动成果，全面启动“宜居乡村”活动，重点推进7个乡、5个行政村的生活垃圾处理两年攻坚项目建设，不断健全农村保洁员管理长效机制；投资1200万元启动头排镇污水处理项目，推进桐木城区雨污分流工程，力争完成减排目标；抓好污染防治项目实施，加快推进重金属污染固体废物无害化处置工作，做好农村环境综合整治项目实施工作；深入开展环保专项行动，严厉打击违法排污行为，加强饮用水水源地保护工作；深入开展国家生态保护与建设示范区创建工作，争取获得更多生态功能区县域转移支付资金。

（三）规划引领、转型提升，加快实施全域特色旅游示范区创建。继续打造自然生态、瑶族文化、养生健康三大旅游品牌，积极争取列为全区第四个重点推进建设的国际旅游度假区，力争早日建成国家级生态保护与建设示范区、世界瑶族文化展示体验区、广西生态旅游经济可持续发展先行先试区。加快完成圣堂山景区创建国家AAAAA

级旅游景区旅游资源评估报告和修建性详细规划编制工作，完成自治县全域旅游总体规划编制工作，推进六段拉珈部落项目建设；加快提升圣堂山、莲花山、山水瑶城和青山瀑布等景区各项旅游基础服务设施建设；加快国家全域旅游示范区创建步伐，切实抓好自治区旅游服务标准化示范县和“中国天然氧吧”创建工作，培育一批旅游产业品牌，推进旅游产业转型升级；启动智慧旅游相关工作，尽快实现全县主要旅游景区、星级宾馆全自动售票和景区“WiFi”全覆盖；全力推进生态乡村民宿旅游发展，重点抓好民宿旅游示范点打造，争取在2017年取得突破性进展；打造“瑶香鸡”“醡肉”“苦竹笋”等瑶家特色菜谱，提升农村农家乐品质；完成广西特色旅游名县的复核工作；继续加大旅游宣传，吸引更多的外地游客到瑶山来旅游、消费，为我县消费品市场发展增添活力。

（四）突出特色、创新模式，扎实实施“一乡一品”现代农业产业。进一步加快现代特色农业发展，争取实现农林牧渔业总产值增长4%。一是全面深化农村改革。全面完成农村土地确权登记颁证工作；进一步深化供销合作社综合改革，确保综合改革工作取得实效；继续推进小型水利工程管理体制改革，完成涉及公共安全的小型水利工程确权工作；加快国有林场改革步伐，力争年内完成金秀林场、老山林场2个国有林场改革工作。二是切实保障粮食安全。进一步做好粮食作物的高产创建工作，加强推广良种良法和先进实用新技术，努力提高单产，稳定总产。三是大力发展特色产业。完成甜茶种植面积2万亩，创建野生茶标准化种植示范基地，扶持龙头企业进行技术提质改造，力争成功注册“瑶红”商标；抓好水果产业，继续加强柑橘病虫害的统防统治，培育壮大2～3家水果加工和营销龙头企业（合作社），打造1～2个名优水果品牌，优化水果产业结构，种植水果新品种1800亩以上；继续推进“圣堂鸡”“瑶香鸡”等特色养殖，发展种植食用菌产业，生产菌棒350万棒以上。四是继续推进现代特色农业（核心）示范区建设。巩固提升现有农业示范区建设，力争年内建设1个区级、1个市级、2个县级和3个乡级农业示范区。五是引导和推动适度规模经营。推广“示范区＋企业＋合作社＋农户”模式，力争年内培育家庭农场10家、合作社20家、种养大户5户以上。六是积极推广生态养殖新模式。抓好稻（藕）田综合种养示范基地项目建设；抓好肉牛产业发展，力争肉牛存栏量同比增长2%以上；做好畜禽养殖禁养区、限养区划定，促进全县畜禽养殖业健康发展。

（五）搭建平台、加快发展，全力实施“工业富县”发展战略。牢固树立“发展工业经济就是经济社会持续发展的重要支撑”理念，形成全县上下重视加快工业发展的良好氛围。制定2017年工业发展推进方案，努力实现规模以上工业总产值同比增长14%，完成工业投资4亿元以上，力争实现培育规模以上工业企业3家以上；积极融入“三江口港产城新区”规划建设，加大基础设施投入，投资5000万元建设桐木工业园区污水处理项目和2.5公里主干道及配套设施，搭建好园区的总体框架；加快推进“民族医药和健康产业园”“农副产品加工园”“木材加工示范园”等特色“园中园”建设；按照“山内山外，一区两园”的总体布局，加快桐木和头排工业园区征地等项目前期工作，储备1000亩工业项目用地；优化工业发展环境，研究制定工业园区招商引资管理办法，力争2017年完成10个以上工业项目招商。

（六）夯实基础、破解瓶颈，着力实施交通基础设施建设。加大项目和资金争取力度，积极和上级沟通对接，跟踪好柳州至韶关铁路的线路走向工作，确保线路走向经过金秀县城附近；跟踪好梧柳高速王钳互通的实施，协调做好王钳互通的征地工作；跟踪好贺巴高速金秀境段项目（包括线路走向及互通设置）前期工作进展情况，适时开展征地拆迁调查工作，制定征地拆迁方案；跟踪好国道355线蒙山至金秀、省道205线荔浦修仁至金秀、省道507线头排至罗城（桐木至鹿寨导江段）、金秀腊河口至梧柳高速平南大鹏互通出口（金秀段）等二级公路建设项目前期工作；加快推进腊河口至六巷、朗冲路口至河岔、长垌坳至圣堂湖、王钳互通至王钳口等三级公路工程项目建设；同时，建设一批屯级公路路面硬化工程，全面加快交通基础设施建设步伐。

（七）开放合作、扩大投资，重点实施“以重大项目建设引领金秀加快发展”工程。以“工业、瑶医瑶药、健康养生”等产业为重点，统筹抓好重大项目工作。2017年全县统筹推进市级重大项目18个，其中新开工项目6个、续建项目4个、竣工项目2个、预备项目6个，项目总投资66.81亿元，年度计划投资6.5亿元。着重抓好华东绿博园、金秀航空休闲旅游项目、世界瑶都文化旅游产业园、莲花山景区升级改造、锦远国际商贸城和象棋山年产15万吨饮用天然泉水等一批重大项目建设。同时，围绕全县发展重点，全面开展精准招商、产业招商、委托招商和以商招商活动，切实加强招商项目的策划与包装，拓宽招商渠道，完善招商引资激励政策，强化项目落地建设机制，为促进全县县域经济健康发展夯实基础。

（八）完善功能、综合整治，突出实施完善提升城镇基础设施建设。进一步完善和提升县城市政建设，加强县城景区管理，实施县城河道环境整治项目、县城美化亮化项目、香草湖步栈道二期项目，全面完成老山水库附属工程，力争完成老山水库县城供水配套工程，继续实施县城供水管网改扩建工程和县城污水管网改扩建二期工程；加强桐木镇城镇管理和综合整治力度，推进桐木西环片区市政基础设施建设，加快政法小区建设步伐，启动教育园区建设，继续实施桐木镇全区百镇示范工程和桐木镇污水处理项目，提高桐木地方区域性经济贸易中心城镇地位和形象；加快头排镇总体规划修编，推进头排镇农贸批发市场综合整治；完善其他乡镇城镇发展规划，巩固乡镇政府所在地的环境综合整治成效，加快推进罗香瑶族风情小镇、长垌乡风情小镇、忠良乡农贸市场的整治提升步伐；积极探索扶贫易地搬迁乡镇集中安置与城镇化建设有机结合的新城镇化开发模式；着力推进保障性安居工程和农村危房改造工程，切实解决城镇困难居民和农村贫困户住房困难问题。同时，加强国土资源管理工作，保障桐木工业园区、头排工业园区和世界瑶都文化旅游产业园等项目2017年的用地指标，尽快完成土地整治规划编制工作，积极申报县民族高中、长垌小学、罗香乡政府地质灾害治理项目。

（九）关注民生、为民执政，全心全意为民办实事好事。

1. 优先发展科教事业。继续抓好义务教育均衡发展工作，按自治区评估组对我县提出的整改意见逐项逐条认真整改落实到位，确保2017年顺利通过国家级认定；进一步完善义务教育投入保障的长效机制，继续加大经费投入，确保“三个增长”，推进桐木教育园区建设，为普及高中阶段教育打下坚实基础；保障适龄儿童受教育的权利，关爱留守儿童，办人民满意的教育；加强教师队伍建设，统筹教师调配安排，确保开齐开足课程；加强学校安全管理，防范重大安全事故发生；继续做好专利申报工作，力争全年申请量达到90件，授权量达到7件。

2. 重视卫生健康事业。启动创建“中国瑶药之乡”，继续推进县级公立医院综合改革，加快消化医院历史债务，完善财政补偿机制，促进公立医院健康发展；狠抓瑶医瑶药发展，积极申报瑶医瑶药国家级非物质文化遗产，做好“全国农村中医药工作先进单位”省级复评和国家级评审验收工作，力争将县瑶医医院创建成为“二级甲等”民族医院；坚持和完善计划生育目标管理责任制，全面落实二孩政策，推进诚信计生深入发展，加大打击“两非”工作力度，保持出生人口性别比综合治理高压态势，促进人口长期均衡发展。加强食品安全的综合协调，启用县食品药品检测中心；加强日常监管，建立统一协作的联合执法机制，强化食品药品安全突发事件应急演练，提升应急处置能力，确保全县食品药品安全。

3. 发展文体广电事业。加大力度挖掘民间传统文化，《瑶医瑶药》《瑶族织绣》申报国家级非物质文化遗产，通过寻根文化促寻根产业，提高文化遗产保护及利用水平；加强民间文化艺术之乡建设，抓好艺术精品创作，开展群众性广场舞、山歌、戏曲等文化活动，组织全县优秀戏曲剧目会演；发挥文化馆、图书馆、体育场馆免费开放效能，加快贫困村及屯级公共文化服务体系建设；将瑶族博物馆定位为世界级瑶族博物馆、世界瑶族文化的展示体验区，扎实推进“1+6”模式创建国家二级博物馆工作。注重民族传统体育的发展，争创广西体育特色之乡。办好富有金秀特色的电视新闻栏目，强化文化执法活动对意识形态工作促进作用。

4. 落实社保就业政策。推动就业、养老、医疗等扶持政策精准落地，充分拓宽贫困人口就业渠道，采取“扶持贫困户自主创业 + 职业（创业）技能培训 + 服务指导劳务输出”模式，转移输出农村劳动力 1800 人以上；提升社保服务能力，做好城镇职工基本养老保险关系转移接续工作；大力实施“全民参保登记计划”，推进各项社会保险全覆盖；加大劳动保障监察执法力度，全面落实农民工工资保证金制度；抓好新农合和居民医疗保险制度整合工作。继续发挥社会救助在脱贫攻坚工作中的兜底作用，完善城乡社会救助体系，全面建立临时救助机制；深化综合防灾减灾能力建设，继续实施农房政策性保险；全面落实优抚政策，着力解决重点优抚对象生活、住房、医疗难题。

5. 实施十项惠民工程。实施社保惠民工程。为年满 60 周岁城乡居民发放基础养老金，为参保人员缴费提供财政补贴。实施民政惠民工程。为全县符合条件的城乡最低生活保障对象发放生活保障金，为全县 3.38 万户农村居民住房购买政策性保险。实施安居惠民工程。计划改造农村危房 320 户，完成 120 套公租房分配入住工作。实施教育惠民工程。继续实施县领导及县直单位联系学校扶持贫困生制度；推进桐木教育园区建设，加快高中基础设施建设。实施卫生计生惠民工程。实施新型农村合作医疗项目，为参合农民缴费提供财政补贴；在全县范围内开展艾滋病防治工作和免费基本公共卫生服务，开展免费孕前优生健康检查。实施人饮供水惠民工程。实施农村饮水安全巩固提升工程，着力改善乡（镇）政府所在地居民饮水安全。实施强基惠民工程。实施第六批中央财政小型农田水利重点县建设项目。实施巷道硬化惠民工程。实施 20 个村屯巷道硬化项目。实施农补惠民工程。按政策落实农业支持保护补贴和农机具购置补贴。实施文化惠民工程。完善全民健身基础设施，免费开放博物馆、文化馆（站）、图书馆，建好用好村级公共服务中心。

6. 创新社会管理机制。加强民警执法素质培训，健全执法监督体系，促进规范执法。加大信息化建设投入，推动信息系统升级，完善“天网”及 350M 对讲系统建设工程，完成县级公安机关无线图传系统建设，实现与上级指挥中心的互联，满足多部门联动、统一指挥、协同作战的需求。继续加大对影响社会稳定的违法犯罪活动打击力度，整治治安混乱村屯，提高群众安全感满意度。深化隐患排查治理，持续开展安全生产“打非治违”专项行动。充分发挥人民调解和“三调联动”职能作用，建设县、乡、村三级公共法律服务体系，引导群众通过法律途径解决纠纷、维护权益。加大普法力度，积极开展法治宣传活动，建好“红水河百里法治文化长廊”（金秀段）。深入推进信访新案积案化解工作，抓好“三大纠纷”的排查和调处工作，继续加强应急值守、应急预案管理、应急预案演练等工作，不断提升应急处置能力。

（十）依法行政、廉洁从政，努力打造“清正、清廉、清明”人民政府。坚持依法行政，坚决维护县委的领导核心，自觉接受县人大及其常委会的法律监督、县政协的民主监督和社会的舆论监督；严格公正文明执法，切实维护群众合法权益；提高行政决策科学化、民主化、法制化水平；坚持务实担当，敢于直面问题，敢于触及矛盾，善于破解难题，把责任扛在肩上，做到不回避、不推诿、不退缩；以开展“学用政策、狠抓落实、推动发展”活动为契机，加强学习型政府建设，突出执行力、贯彻力、落实力，做到接地气、聚人心，把政府工作的成效、实效真正体现在执行落实的能力和水平上；坚持开拓创新，勇于突破传统、大胆尝试、创先争优，不断激发干部的工作热情和积极性，杜绝“为官不为”现象，进一步提升政府的创造力、凝聚力和战斗力；坚持廉洁从政，严守纪律底线，认真落实党风廉政建设主体责任，按照法定权限和程序履职尽责，切实把党风廉政建设各项要求落到实处；严格落实中央“八项规定”精神，持之以恒改进作风，实现干部清正、政府清廉、政治清明。

同时，抓好国防建设，支持驻金秀人民解放军和武警部队建设，推进“双拥”共建活动；依法保障公民特别是妇女、未成年人和残疾人的合法权益；发挥工会、共青团、妇联、残联、红十字会等群团组织的作用；继续做好民族宗教、统计、气象、水文、人防、地震、外事侨务、档案、史志等工作。

大事记

大事记

5月6日—8日 成功举办“中国·金秀2016圣堂山杜鹃花旅游节”和“旅游发展论坛”。

9月24日 在南宁举办“梦幻金秀—2016世界环球旅游小姐中国总决赛”活动。

11月14日—16日 举办了规模宏大的“中国金秀—世界瑶都2016·盘王节”庆典活动。

12月23日—24日 成功举办“世界瑶都·大美金秀2016年首届环大瑶山全国自行车挑战赛”活动；荣获广西十大民族传统体育特色之乡称号。

县情综述

建置沿革

【地理位置】 金秀县位于广西中部偏东，地处桂中，地跨北纬23° 40′～24° 28′之间，东经109° 50′～110° 27′，东界蒙山县，东北邻荔浦，南部与桂平、平南接壤，西靠象州县，西南与武宣相连，西北与鹿寨县毗邻。东西横距62.4公里，南北纵距93公里，总面积2818平方公里。

【历史沿革】 明朝以前，境内山高岭峻，居民绝少。明朝初年，瑶族、壮族始迁徙至今金秀县境内居住，官府开始了对金秀县境内的统治。今县境东北部属平乐府永安州（今蒙山县），南部属浔州府桂平县、平南县，西部属柳州府象州，北部属平乐府修仁县、荔浦县。

清代，金秀县境域归属沿明时不变，但划界更为明确。清乾隆三年（1732年），修仁县府在桐木圩附近立“象州修仁交界”界碑1块。乾隆四十二年（1777年），永安州府在金秀县中心山区忠良乡永和村土县屯东立“永安州至图县（即土县）村西界”碑1块。今金秀镇大部、三角乡、桐木镇（仁里、古院、那马、泰山等村除外）、头排镇、三江乡属平乐府修仁县，长垌乡（原名东北乡）、六巷乡（原名东南乡）大部及大樟乡的大樟、花炉、三古村，桐木镇仁里、古院、那马、泰山等村，属柳州府象州，大樟乡西南部（原名翁祥村）属柳州府武宣县，大樟乡东南部（今瓦厂、双化、玲马、新村各一部，六巷乡东南部）属浔州府桂平县，罗香乡（另含今金秀镇罗孟村、忠良乡六干村）属浔州府平南县，忠良乡大部属平乐府永安州。宣统元年（1909年），官府将金秀县境内中心山区划分为金秀、罗香、滴水、六巷等4个团，总团设在罗香乡罗运村。金秀团辖今金秀镇大部和三角乡全部、忠良乡大部及长垌乡小部，罗香团辖罗香乡全部及金秀镇罗孟村，滴水团辖长垌乡大部，六巷团辖六巷乡和大樟乡大部、团，为军政合一的组织，偏重于军事。清朝政府还分别委任4名瑶族团总，并分授五品军功。

民国时期，各县分管大瑶山的地域不变，但更加强了对今金秀县境内的统治。民国22年（1933年），大樟、长垌、六巷、罗香等地先后成立乡组织。民国31年（1942年），国民党政权设立金秀设治局。设治局下辖永宁（今金秀镇）、崇义（今三角乡及三江乡一部分）、东北（今长垌乡）、东南（今六巷乡）、木山（今大樟乡大部及桂平市木山村）、罗香、罗运、平竹（以上三地今属罗香乡）、古朴（今金秀镇共和村、忠良乡双合村一部和六干村）、岭祖（今忠良乡三合村岭祖一带）、三合（今忠良乡三合、双合一部、永和、高源及车田、中山、林秀等瑶族村寨）、贵山（今金秀镇和三江乡与荔浦县三河乡交界一带）、翁祥（今大樟乡新村及花炉村大部）等13个乡，各乡接受金秀设治局及周围各县双重管辖。

1949年12月1日，大瑶山解放。

1952年5月28日，大瑶山瑶族自治区（金秀瑶族自治县前身）成立，属平乐专区管辖。1955年8月26日，大瑶山瑶族自治区改称大瑶山瑶族金秀县，属平乐专区管辖；1958年7月改属柳州专区管辖。1966年4月8日，县名又改称金秀瑶族自治县。

1984年7月17日，国务院批准，原属象州县的桐木公社、鹿寨县的头排区划入金秀县。同年10月，撤销公社体制，桐木公社改为桐木镇，头排区不变，其他公社改为乡，各乡镇成立人民政府。1987年4月金秀乡和金秀镇合并，称金秀镇；头排区改为头排乡。1987年8月增设七建乡和三江乡。1994年4月，头排乡改为头排镇。2005年7月，撤销七建乡并入桐木镇。2005年年底，金秀县辖3个镇、7个乡，乡镇共下设77个行政村及4个居民社区，645个自然村（屯）。

2002年11月，柳州地区撤销后，金秀县划入新成立的来宾市。

【行政区划】 2016年年底，金秀县辖金秀、桐木、头排3镇，三角、忠良、罗香、长垌、大樟、六巷、三江7乡，乡镇共下设77个行政村及4个居民社区，685个自然村（屯）。2016年年底金秀县城面积发展到6.4平方公里、建成区面积1.48平方公里。

表1　2016年年末金秀各乡镇、行政村、自然村（屯）表

乡　镇	行政村、社区名称	自然村个数
金秀镇	六拉、金田、和平、长二、六段、共和、罗孟、民乐社区、荣兴社区	57
桐木镇	高仁、泰山、桐木、古池、鹿鸣、大蚕、龙庆、仁里、古院、那马、七建、皆村、三友、那安，城中社区	91
头排镇	头排、二排、同扶、夏塘，头排社区	42
三角乡	三角、龙围、小冲、六定、甲江、江燕	42
忠良乡	忠山、车田、林秀、三合、永和、双合、六干、德香、六卜、石鼓、巴勒	118
罗香乡	罗香、琼伍、龙坪、山茶、大垌、大新、罗丹、罗运、平竹	98
长垌乡	长垌、镇冲、道江、滴水、平道、平孟、桂田	53
大樟乡	大樟、互助、玲马、三古、新村、花炉、瓦厂、双化	73
六巷乡	六巷、青山、王钳、门头、大岭	54
三江乡	三江、同化、古范、合兴、长乐、柘山	57
合　计	行政村77个、社区4个	685

自然环境

【地质地貌】 金秀县境内中间高四周低，中心地区为崇山峻岭，边沿为丘陵，西部和西南部还有小片平原和台地。大瑶山地处南亚热带交汇处，地质构造古老，气候因素复杂，土地肥沃。海拔高程在500～1979米之间。金秀县最高峰是圣堂山，海拔在1979米。

【气　候】 2016年，县城年平均气温17.7℃，极端最高气温32.7℃，出现在6月2日，极端最低气温−3.3℃，出现在1月24日。年降水量2483.7毫米，主要集中在4—9月的汛期。年内出现霜冻7天，寒潮0天，大风6天。年内主要出现的自然灾害为低温冷害及暴雨洪涝灾害。

【水　文】 金秀县境内地表水，汇成干流长5公里以上的河流29条，从中心山区呈辐射状流出周

围各县市。这些河流分属柳江、浔江、桂江等3河系，统属珠江流域西江水系，流域面积2229.4平方公里，干流长度合计485公里，总长度1879.4公里，河网密度为每平方公里0.76公里，多年平均流量67.29立方米每秒，多年平均径流量21亿立方米以上。金秀县境内的河流，具有河网密、河流小、切割深、曲折、落差大、水量丰富、水能蕴藏量大，利于开发利用的特点。干流长5公里以上的29条河流分别是：金秀河、平道河、长垌河、滴水河、古麦河、六巷河、大樟河、三角河、盘王河、六秘河、古范河、六定河、兰厂河、长滩河、忠良河、大垌河、罗香河、平贡河、滑坪河、山茶河、罗丹河、炭窑河、公湾河、新兴河、三叉河、三江河、头排河、石抬河、桐木河。

【山　脉】 大瑶山山脉，占据金秀县大部分面积，北东—南西走向，是广西中北部弧形山系东翼的主体，山脊线在海拔1000～1200米之间，南北长约80公里，东西宽约32公里（西南段约只有16公里），大部分为中山、低山山地，海拔801～1500米的山峰有727座，海拔1501～1979米的山峰有16座。

【土　壤】 金秀县境内土壤以山地土壤为主，水稻土次之。山地土壤主要是红壤和黄壤，成土母质以砂岩为主，次为页岩和花岗岩。红壤土类分布于海拔500～600米以下的地区，为地带性土壤；黄壤土类分布于海拔600米以上的地区，为垂直带谱土壤。水稻土主要分布于桐木、头排、三江等平原低丘陵乡镇，山内各河流河谷两旁亦有少量分布。

表2　　2016年人口情况统计表

乡镇＼指标	总户数	总人口			分年龄段人口			
		合计	男性	女性	0～17岁	18～34岁	35～59岁	60岁以上
合计	51310	157224	80901	76323	32116	38585	60707	25816
金秀镇	6513	18293	9218	9075	3764	4171	7456	2902
桐木镇	17420	52469	26833	25636	10653	12096	20196	9524
头排镇	7156	20917	10657	10260	4176	5213	8167	3361
三角乡	1737	5841	2916	2925	1157	1400	2330	954
忠良乡	3303	11274	5813	5461	2432	2887	4328	1627
罗香乡	4542	13774	7558	6216	3043	4154	4836	1741
长垌乡	1741	5820	2928	2892	1212	1455	2252	901
大樟乡	3854	12410	6460	5950	2482	3109	4828	1991
六巷乡	1588	5642	2981	2661	1156	1560	2045	881
三江乡	3456	10784	5537	5247	2041	2540	4269	1934

自然资源

【生物资源】 金秀大瑶山地处南亚热带向中亚热带的过渡地带，生物资源十分丰富，有维管束植物213科870属2335种，植物种类居广西之首。其中有国家一级重点保护植物7种，二级保护17种，国家I类珍贵树种4种，II类珍贵树种11种。陆栖脊椎动物373种，其中国家一类保护动物4种，二类保护动物22种。昆虫资源也极为丰富，有21

目168科570属853种，其中珍稀种类有14种，有些系属金秀县首次发现。专家认定，金秀是广西最大的“天然绿色水库”，是重要的天然植物园，也是广西乃至全国少有的物种基因库。有世界动物活化石“瑶山鳄蜥”和世界植物活化石“银杉”。经科学家鉴定，金秀县还有27科、83属、144种大型真菌。

【水资源】 金秀县境内共有集雨面积10平方公里以上的河流26条，担负着周边柳州、梧州、桂林、贵港等4个地（市）7个县（市）41个乡镇200多万人口的生产生活用水及1500万亩耕地灌溉用水，年输出水量25亿立方米。河流落差大，水能蕴藏量达26.46万千瓦，可装机16万千瓦，年可发电2亿多千瓦时。

【土地资源】 全县总面积2468.7901平方公里。

【森林资源】 全县总面积2468.7901平方公里，森林面积329.35万亩。森林覆盖率87.34%，其中水源林面积158.59万亩。有“广西最大水源林区”“国家级珠江流域防护林建设源头示范县”“大瑶山国家级森林公园”“大瑶山国家级自然保护区”四个称号。

【矿产资源】 县内有铁、铜、金、水晶、重晶石、彩色大理石，彩色花岗岩、石灰石等10余种近百个矿点，矿石品位高、质量好、埋藏浅，开采地质水文简单、易采易选、交通方便。其中，桐木镇、头排镇的重晶石矿储量为250吨；桐木彩色大理石储量为3000万立方米以上，长垌彩色花岗石预测量为1.5万～3万立方米。

【土特产资源】 金秀县土特产资源有灵香草、八角、香菇、茶叶、绞股蓝、玉桂、甜茶、竹笋、油茶、木耳等。

旅游资源

【主要景区】 全县共有国家AAAA级景区6个（圣堂山景区、莲花山景区、山水瑶城景区、圣堂湖景区、银杉公园景区、古沙沟景区），国家AAA级景区1个（青山瀑布景区）。

居民生活

【民　族】 2016年年底，金秀县瑶族人口占全县人口的38.10%。瑶族中有盘瑶、茶山瑶、花蓝瑶、山子瑶和坳瑶5个支系，是世界瑶族支系最多的县份和瑶族主要聚居县之一，瑶族文化、民俗风情保持得十分完整。

【人　口】 2016年，金秀县人口15.72万人，其中农村人口11.9176万人，有瑶、壮等少数民族13.12万人。人口自然增长率5.96‰。

【居民收入】

表3　　2016年金秀城乡居民收入与消费情况表

指标名称	单位	2016年	2015年	比上年同比+、-%
1.农村居民：人均可支配收入	元	8490	7847	8.2
#工资性收入	元	2292	2198	4.3
家庭经营纯收入	元	4028	3807	5.8
财产性纯收入	元	31	56	-44.6
转移性纯收入	元	2139	1786	19.8
生活消费人均支出	元	7129	6730	5.9

续表

指标名称	单位	2016 年	2015 年	比上年同比 +、-%
食品	元	2474	2384	3.8
衣着	元	264	244	8.2
居住	元	1565	1442	8.5
生活用品及服务	元	428	499	-14.3
交通和通信	元	945	743	27.2
文化教育、娱乐	元	832	780	6.7
医疗保健支出	元	577	602	-4.2
其他用品和服务	元	44	36	22.2
2. 城镇居民：人均可支配收入	元	29068	27116	7.2
# 工资性收入	元	19802	18576	6.6
经营净收入	元	4636	4007	15.7
财产净收入（成本法）	元	2397	2222	7.9
转移净收入	元	2232	2311	-3.4
生活消费支出	元	16953	16264	4.2
食品烟酒	元	6513	6215	4.8
衣着	元	1231	1401	-12.1
居住	元	2765	2560	8.0
生活用品及服务	元	740	785	-5.7
交通通信	元	2399	2221	8.0
教育文化娱乐	元	2135	1923	11.0
医疗保健	元	982	936	4.9
其他用品和服务	元	188	222	-15.4

民俗节日

【圣堂山杜鹃花旅游节】 2016 年 5 月 6 日—8 日，金秀县成功举办“中国·金秀 2016 圣堂山杜鹃花旅游节”和“旅游发展论坛”。

【瑶族盘王节活动】 2016 年 11 月 14 日—16 日，金秀县举办了规模宏大的“中国金秀——世界瑶都 2016·盘王节”庆典活动。

2016 年国民经济社会发展

【主要经济指标】 2016 年实现地区生产总值 28.75 亿元，其中第一产业增加值 8.41 亿元，第二产业增加值6.30亿元（其中工业增加值41543.64万元），第三产业增加值14.04亿元。人均地区生产总值　万元。财政收入1.74元，其中公共财政预算收入0.96万元；公共财政预算支出13.10亿元。全社会固定资产投资完成额15.47亿元。社会消费品零售总额　亿元。城镇居民人均可支配收入2.9068万元。农村居民人均可支配收入0.849万元。城乡居民年末储蓄存款余额249226.00万元。

【政治文明】　深入推进法治金秀建设。切实加强对人大工作的领导，加强社会主义协商民主建设，加大法治政府建设，实施"七五"普法工作，加快推进司法体制改革，实施法官、检察官员额制改革，优化执法权力运行机制。加强和改进党对统战工作的领导，加强非公有制经济领域统战工作，做好党外代表人士队伍建设及党外干部配备工作。切实加强党管武装工作。全力支持国防建设，先后召

表4　　2016年金秀瑶族自治县经济社会发展主要指标完成情况表

指标名称	单位	2016年1—12月累计	2015年1—12月累计	累计比上年同期增长%
1.地区生产总值（当年价）	万元	287517.50	274919.87	3.2
#第一产业	万元	84067.00	79639.00	4.4
第二产业	万元	63024.14	62766.75	-1.5
#工业	万元	41543.64	37175.36	8.2
第三产业	万元	140426.36	132514.12	4.7
2.农业总产值（当年价）	万元	126477.00	126665.00	4.42
3.全部工业总产值（现价）	万元	118439.05	107596.12	10.1
全部工业总增加值（现价）	万元	41543.64	37175.36	8.2
#.规模以上工业产值（现价）	万元	93390.00	83266.00	12.16
规模以上工业增加值（现价）	万元	32024.85	28616.73	10.3
#.规模以下工业产值（现价）	万元	25049.05	24330.12	3.0
规模以下工业增加值（现价）	万元	9518.64	9245.45	4.1
4.固定资产投资完成额	万元	154690.00	181033.00	-14.6
5.社会消费品零售总额	万元	85026.00	77312.00	9.98
6.金融机构存款余额	万元	395441.00	371092.00	6.56
#居民储蓄存款余额	万元	249226.00	229493.00	8.6
7.金融机构贷款余额	万元	227014.00	205370.00	10.54
8.财政总收入	万元	17300.00	17168.00	0.8
#一般公共预算收入	万元	9620.00	10235.00	-6.0
9.城镇居民人均可支配收入	元	29068.00	27116.00	7.2
10.农民人均可支配收入	元	8490.00	7847.00	8.2

说明：地区生产总值及各项增加值绝对数按现行价格计算，增长速度按可比价格计算。农业总产值、规模以上工业产值绝对数按现行价格计算，增长速度按上年价格计算

开县委常委会、县委议军会议研究部署武装工作，坚持参加军事日活动，努力形成军爱民、民拥军的生动局面。切实加强制度建设。在全市率先制定《关于加强各级纪委对同级党委班子成员监督工作的暂行办法》《处级领导干部带头营造“亲”“清”新型政商关系制度（试行）》《机关企事业单位重大项目备案制度（试行）》等制度机制。始终保持高压态势惩治腐败。坚持对腐败零容忍，有腐必惩、有贪必肃。

【精神文明】 发挥党校的阵地作用，积极搭建村级学用理论政策服务中心、理论小广播等平台，构建多级联动的理论武装体系，“党建＋扶贫”宣讲做法获得《广西日报》、《当代广西》、中国扶贫网等主流媒体的推介。开展理想信念教育，深化中国特色社会主义和中国梦教育，弘扬民族精神和时代精神。深化群众性精神文明创建活动，县民族小学获“第一届全国文明校园”称号，金秀镇顺利通过全国文明单位复查，李光烨家庭获得“全国最美家庭”称号。突出中心，内外兼顾，宣传舆论工作取得新进步。

【生态文明】 守好金山秀水。创建国家级生态保护与建设示范区，抓好中央环境保护督察反馈意见的整改，对在大瑶山国家级自然保护区内违法开发水电进行了全面整改，严厉打击滥伐盗猎等违法犯罪行为。推进乡村建设。产业富民、服务惠民、基础便民三个专项活动取得初步成效，不断提高城乡保洁质量公路沿线环境卫生质量，不断完善村屯保洁长效机制，防止“脏乱差”现象反弹。六段村荣获第二批“中国少数民族特色村寨”称号。打造旅游新格局。顺利通过自治区广西特色旅游名县复核验收和自治区级旅游服务业标准化示范县创建验收，成立金秀瑶族自治县旅游投资有限公司，加快推进航空旅游休闲、世界瑶都文化产业园、莲花山创建国家 AAAAA 级景区等重大旅游项目，成功回收圣堂山景区经营权。加快民宿旅游示范点打造，全县民宿酒店已达 25 家，民宿旅游走在全区前列。四是抓好现代农业核心示范区建设。成功创建区级（核心）示范区 1 个（三星级）、县级示范区 1 个、乡级示范园 2 个，7 个示范区（园）列为区县乡级创建入围单位。五是加快新型农业经营主体培育步伐。六是县域交通网络雏形初现。梧柳高速（金秀段）实现通车，贺巴高速（金秀段）开工建设，柳州至贺州城际铁路线初步确定途经金秀县并在头排镇设站点。

党政机关

中国共产党金秀瑶族自治县委员会

【概　况】　2016年，金秀县委常委会深入调研、吃透县情、总结经验，广泛征求各方意见，把“交通活县”写进全县的总体工作思路。使县委“生态立县、旅游强县、农业稳县、工业富县、交通活县、依法治县”的总体工作思路以及以“打基础、精产业、兴经济、富民生”的工作方针更加符合金秀实际和人民意愿，体现了时代性。并把“实现生态保护与经济发展互惠双赢，脱掉国家贫困县的帽子”作为工作中的重中之重。另外，高质量、高标准完成了县乡换届，为未来五年的发展描绘了好的蓝图、选出了好的干部、搭建了好的班子、换出了好的面貌。金秀县委、县人民政府着力抓好稳增长、促改革、调结构、惠民生、防风险各项工作，全县经济社会实现平稳发展。全县地区生产总值28.19亿元，同比增长3.2%；农林牧渔业总产值完成12.65亿元，同比增长4.42%；全部工业总产值完成11.84亿元，同比增长10.1%；固定资产投资完成15.47亿元，同比下降14.6%；财政收入完成1.74亿元，同比增长1.55%；社会消费品零售总额8.5亿元，同比增长9.98%；全体居民人均可支配收入15532元，同比增长8.8%；金融机构存款余额39.54亿元，同比增长6.56%。工业。主动融入来宾市“三江口港产城新区”建设，投资400万元加快推进桐木工业园区道路、土地平整等基础设施建设。顺利建成投产杰新香料有限公司年产1500吨植物香料深加工项目、东达制糖公司红糖生产项目、连诚农产品贸易有限公司年产3万吨生鲜农产品加工项目；扎实推进天宝天然饮用水有限公司年产13万吨天然饮用水、圣堂药业新GMP扩能技术改造等一批重点工业项目。全年加工贸易进出口完成676.74万美元，完成目标任务的189.56%，同比增长108.52%。农业。全年完成野生茶新植面积9628亩，总面积达5.63万亩，新植水果1.12万亩，总面积达7.21万亩。养殖业方面。“圣堂鸡”“瑶香鸡”存栏超过2.5万羽，生态蜂5600箱，存池娃娃鱼4万余尾，泥鳅、白鹇鸡、育肥牛、清水鱼等一批特色养殖不断涌现。投入资金350万元，完成4个特色农业示范区创建工作，全县示范区面积近8000亩。大力培育新型农业经营主体，全年完成新增注册农民专业合作社51家，完成市级任务的283.33%，新增注册家庭农场13家，完成市级任务的162.50%；推行“公司+基地+农户”产业发展新模式，共种植珍珠李128亩（备耕1200多亩），猕猴桃408亩，蓝莓130亩。共洽谈农业投资项目5个，其中亿元以上项目1个、5000万元以上项目2个、1000万元以上项目1个。旅游业。全年共接待游客354.09万人次，旅游总收入26.13亿元，同比增长分别为23.05%和37.24%。成功引进投资2亿元的“金秀航空休闲旅游项目”、投资30亿元的“金秀县旅游开发项目(金秀县AAAA级景区升级改造)”、投资9亿元的“华东绿博园项目”以及投资13亿元的“世界瑶都文化旅游产业园”等4个旅游民族文化产业项目。招商引资。全年共邀请和接洽了200多批次客商到我县投资考察，实施招商引资项目27个，到位资金15.69亿元，完成目标任务的112.07%；利用外资1038万美元，完成目标任务的207.6%；新签约项目6个，其中亿元以上项目5个，签约项目总投资达55.7亿元；成功引进年纳税5000万元以上IPO上市培植企业一家(广西裕达工程有限公司)。项目建设。2016年统筹安排重大项目75个，其中市级重大项目15个。15个市级重大项目中，新开工项目4个、续建项目5个、竣工投产项目3个、预备项目3个，项目总投资37.35亿元，全年共完成投资5.89亿元，完成市级下达任务的100.5%。中共金秀瑶族自治县委员会是中国共产党驻自治县的领导机关，属于自治县党员代表大会的常设机构。在代表大会闭幕期间执行自治县党员代表大会的决议，领导自治县党的全面工作。中共金秀瑶族自治县委员会设办公室、政法委、纪委、组织部、宣传部、统战部、督查室、编委办、机要局、信访局、老干局、县直工委、绩效办、总工会、党校、团委、妇联、档案局、工商联、史志办、科协、残联、文联、侨联、社科联等部门。

中共来宾市委常委，县委书记：
韦德斌(6月任中共来宾市委常委)
县委副书记：兰向东
莫慧军(5月离任)
熊　燕(5月任)
县委常委：简国兵(县人武部部长)
赵东渐(5月离任县政府副县长)
雷　斌(5月任县政府副县长)
樊广平(5月离任政法委书记)
彭卫东(5月任政法委书记)
熊　燕(5月离任纪委书记)
莫克兵(5月任纪委书记，5离任织部部长)
黄开伟(组织部部长　5月任)
李成金(宣传部部长，副县长)
赵群英(5月离任统战部部长)
陆　达(5月任统战部部长)
潘宝军(5月离任办公室主任)
王炳吉(5月任办公室主任)

【重要会议】　中国共产党金秀瑶族自治县第十三届委员会第十二次全体会议。2016年1月18日召开。大会由中共金秀瑶族自治县委员会书记韦德斌主持并致开幕词，会议主要议程：听取和审议《中国共产党金秀瑶族自治县第十三届委员会2015年工作报告》；审议《中共金秀瑶族自治县委员会关于制定国民经济和社会发展第十三个五年规划的建议(草案)》；审议《中共金秀瑶族自治县第十三届委员会第十二次全体会议公报(草案)》。会上，中共金秀瑶族自治县委员会书记韦德斌代表中共金秀瑶族自治县委员会作题为“适应新常态　共筑崛起梦　向同步全面建成小康社会奋力迈进”的报告。大会审议通过《中国共产党金秀瑶族自治县第十三届委员会2015年工作报告》和《中共金秀瑶族自治县委员会关于制定国民经济和社会发展第十三个五年规划的建议》的有关决议。

中国共产党金秀瑶族自治县第十四次代表大会。2016年7月12日召开，出席大会党员代表206人。大会由来宾市委常委、金秀县委书记韦德斌主持并致开幕词，会议主要议程：全面回顾总结自治县第十三次党代会以来的工作；研究确定未来五年金秀县经济社会发展和党的建设的目标任务；选举产生新一届中共金秀瑶族自治县委员会和纪律检查委员会。会上，来宾市委常委、金秀县委书记韦德斌代表中国共产党金秀瑶族自治县第十三届委员会作题为“强抓机遇　克难攻坚　为实现‘两个建成’目标努力奋斗”的报告。大会认为，报告对过去工作的回顾和基本经验的总结是实事求是的。大会指出，报告确定了“十三五”时期金秀县经济社会发展目标任务和总体思路。

【推进深化改革工作】　2016年，金秀县委深入推进全面深化改革，发展活力不断增强。绿色生态产业发展持续推进，生态资源向生态效益转变取得突破性进展，9月份，国务院将金秀县纳入国家重点生态功能区。积极开展推行政府部门权力清单制度工作，取消审批事项8项，调整2项，保留行政审批事项286项；全面完成“三证合一”工作，激活全民创业的热情；深化工业园区管理机制体制改革，完成桐木工业集中区管理委员会组建工作；供销社综合改革试点工作稳步推进，全区供销综合改革现场会在金秀县召开。此外，统筹推进党的建设、农村体制、教育、卫生等重点领域改革，为促进金秀县跨越发展注入强劲动力。

【精准扶贫工作】 2016年，金秀县委、县政府建立健全县乡村三级脱贫攻坚工作机制，落实产业补助资金2000万元，扶持贫困户新植野生茶、水果、中草药及其他“多套餐”、短、平、快的富民产业。安排3000多名帮扶干部，对全县8688户贫困户实行一对一、一对多帮扶；实行脱贫摘帽激励政策，进一步激发贫困村、贫困户自力更生，勤劳致富的热情。加快推进基础设施建设，道路交通建设规模超240公里；抓好旅游扶贫，通过旅游带动1800名以上贫困人口脱贫；落实风险补偿金887万元，发放贫困户扶贫小额信贷金额1.93亿元；在贫困村全面启动“空店”扶贫模式，使贫困户农产品销售搭上“快车道”。全年实现1.2万人口脱贫。脱贫攻坚工作和成效得到国务院、自治区和来宾市扶贫开发领导小组脱贫攻坚督查巡查组的充分肯定。

【民生工作】 金秀县委、县政府在致力发展经济的基础上，坚持以人为本，高度关注民生，坚持统筹兼顾，协调推进社会各项事业全面发展。继续扎实推进科教事业。义务教育均衡发展工作顺利通过自治区督导评估，并在2016年全区义务教育均衡发展暨全面改革现场推进会上作典型发言。全年完成8个科技项目的结题验收，完成88个科技项目专利申报工作。积极发展文化体育广电事业。成功举办“中国金秀——世界瑶都·2016瑶族盘王节”系列活动；配合上海电影制片厂在金秀拍摄电影《过山榜之绝世瑶妃》；《盘瑶深牌歌》《瑶族舞香龙》被列为第六批区级非物质文化遗产保护项目；成功举办首届环大瑶山全国自行车挑战赛等体育赛事；2016年全区创新公共文化服务体系建设暨文化扶贫现场会在金秀县召开。扎实推进新型城镇化建设工作。全面加大县城和乡镇的建设、管理工作力度，完善城镇基础设施建设，顺利推进桐木镇全区百镇示范工程建设。社会保障事业扎实有效。全力推进乡镇卫生院基础设施建设，加快瑶医药科技创新，金秀县瑶医院“创二甲”工作进展顺利，积极推动农村低保与扶贫开发政策衔接工作，加大农民工维权力度，全年全县无重特大食品药品安全事故发生。加强和创新社会管理。全面深化“平安县”建设，实施网格化管理，积极预防化解社会矛盾，加大力度对治安混乱的友村屯等村屯进行重点整治，扎实开展“神剑”专项行动，打击涉枪涉爆工作排名全市第一。

【生态乡村建设】 按照“典型引路、示范带动，突出重点、全面推进”的工作思路，抓好重点区域内县乡两级“生态乡村”示范点建设，为整体推进“美丽金秀·生态乡村”活动打好基础。注重科学规划。抓好桐木镇那么村、长垌乡青山村等19个县乡两级“生态乡村”示范点前期摸底调查工作，科学规划建设内容和产业发展类别。注重“三化”建设。按照“三化”和“三清洁”建设要求，整合生态乡村、扶贫开发、一事一议等项目资金1300多万元，用于完善各个示范点绿化、美化、亮化、硬化、净化等基础设施建设，增强示范点的示范作用。注重产业发展。按照生产发展、生活富裕、生态良好的建设思路，将生态示范村建设与特色农业、生态旅游、扶贫产业等结合推进，在山外乡镇示范村重点发展生态水果蔬菜、绿色观光旅游特色农业产业，在山内乡镇示范重点发展休闲度假、生态养生保健等旅游产业，全县生态建设有力促进了农村经济社会发展，农民群众得到更多实惠。

【思想文化工作】 坚持以邓小平理论、“三个代表”重要思想、科学发展观以及习近平总书记系列重要讲话精神为指导，坚持高举旗帜，围绕大局，服务人民，奋发有为。认真按照年初制定的宣传思想文化“531”工作思路，扎实开展工作。全县的理论武装、新闻报道、精神文明建设、公共文化服务体系建设等方面取得了较好成绩。为助推自治县经济社会发展，实现全面建成小康社会、建成国家生态保护与建设示范区目标，提供了坚强思想保证、正确舆论支持、强大精神动力和良好文化条件。全年在市级以上报刊上稿593篇，区级以上网络上稿376篇；广西电视台、来宾电视台播出金秀新闻65条，中央电视台播出金秀新闻或专题片13条，是来宾市在央视播出新闻和专题片最多的县。荣获“广西十大民族传统体育特色之乡”称号；配合广西电视台在金秀县拍摄的《长明灯》微电影，荣获“德行天下·微影故事”—广西践行社会主义核心价值观微视频（电影）大赛一等奖；成功承办全区创新公共文化服务体系建设暨文化扶贫现场会；上海电影制片厂在金秀县完成电影《过山榜之绝世瑶妃》拍摄；在南宁成功举办“梦幻·金秀”2016世界环球旅游小姐中国总决赛颁奖盛典。

【党建工作】 2016年，金秀县委全力加强党的建设，认真贯彻落实中共十八大、十八届三中、四中、五中、六中全会和习近平总书记系列重要讲话精神，充分发挥总揽全局、协调各方的领导核心作用，统筹推进各项重点工作。扎实推进“两学一做”学习教育，将“两学一做”学习教育和学习贯彻党的十八届六中全会、自治区第十一次党代会和来宾市第四次党代会精神结合起来，创新教育载体，坚持学用结合，强化分类指导。深入开展“千场党课下基层”活动，金秀县委常委带头上党课，全年开展上党课620余场次，实现学习教育全覆盖。进一步加强和改进党委（党组）中心组理论学习，县四家班子领导带头认真自学、参加集中学习研讨，县委中心组全年共集中学习研讨11次。创新推进基层组织建设。落实800多万元党建工作经费，创新开展“三争一创”示范引领工程，深入实施“一线两面”基层党建示范引领工程，全县新建10个村级阵地建设示范点、12个富民产业党建示范点、22个党员创业示范基地，树立了21名基层党组织书记扶贫帮困标兵、56户党员带富示范户和207户精准脱贫光荣户，实现了乡镇基层“122520”工程目标，促进基层党建与脱贫攻坚深度融合。《以“两学一做”凝聚脱贫攻坚力量》的经验做法得到《广西领导专刊》推介。选树的桐木镇三友村第一书记李峰立足本职带脱贫这个典型得到了《人民日报》《当代广西》等媒体的宣传推介。进一步加大对乡、村党组织书记业务培训力度，编印了《金秀党建信息》，开展“村干论坛”、巡回交流等活动。2016年全县共发展党员125名，年初排查出的16个软弱涣散基层党组织全部实现整改提升。扎实推进执政骨干队伍建设。圆满完成县、乡（镇）换届工作，干部群众对换届风气的满意率100%。严格按照有关规定选拔任用干部，全年共调整任免科级干部314人。举办“助力脱贫圆梦、建设和谐金秀”系列讲座10期，组织123名科级以上领导干部分别赴哈尔滨工业大学、中山大学、延安干部学院参加专题研修培训班，进一步提升领导干部的素质。制定出台了《自治县机关单位工作人员容错免责实施办法（试行）》，激发了广大党员干部干事创业的热情，得到了《广西组工信息》宣传推介。深入实施反腐倡廉工作。全面履行党委主体责任，深入落实党风廉政建设“一岗双责”制，全面推行监督执纪“四种形态”谈话提醒制度。深入开展查处发生在群众身边的“四风”和腐败问题专项工作以及落实中央八项规定精神和扶贫领域监督执纪问责专项巡察，金秀县委常委分别带队对全县10个乡（镇）76个单位落实“两个责任”、中央八项规定精神、扶贫领域监督执纪问责工作及六大纪律执行情况等进行督查。全年共立案审查违纪违法案件116件，同比增长123.7%，给予党政纪处分115人，移送司法机关处理1人，通报典型案件23期53起74人。自治区党委第二巡视组和来宾市委第六巡视组巡视金秀反馈问题得到较好的整改落实。

【重要活动】 2016年5月6月—8日，金秀县成功举办“中国·金秀2016圣堂山杜鹃花旅游节”和“旅游发展论坛”；2016年9月24日，在南宁举办“梦幻金秀——2016世界环球旅游小姐中国总决赛”活动；2016年11月14日—16日，举办了规模宏大的“中国金秀—世界瑶都2016·盘王节”庆典活动；2016年12月23日—24日，成功举办“世界瑶都·大美金秀2016年首届环大瑶山全国自行车挑战赛”活动，荣获广西十大民族传统体育特色之乡称号。金秀旅游知名度和美誉度不断提升，为金秀县旅游发展又“打开了一扇门”。

县委办公室

【概　况】 中共金秀瑶族自治县委员会办公室是县委的综合办公机构，内设秘书股、信息股、督查股、财务股、保密股、行政后勤股6个股室；同时根据中共金秀瑶族自治县委员会办公室《关于印发中共金秀瑶族自治县委员会办公室职能配置、内设机构和人员编制方案的通知》（金办发〔2002〕12号）文件精神，县保密委员会办公室（县国家保密局）、县委机要局、县委督查室、县绩效办在县委办公室挂牌，在编干部职工11人，其中主任1人，副主任4人。

主　任：潘宝军（5月离任）
　　　　王炳吉（5月任）
副主任：邱祖华（4月离任）
　　　　黄　恒（9月离任）
　　　　梁启英（4月离任）
　　　　肖正宇
　　　　李　波（2月任）
　　　　兰　轲（4月任，5月离任）
　　　　陈素珍（4月任，5月离任）
　　　　王炳吉（4月任，5月离任）
　　　　黄　湘（6月任）
　　　　黄　强（12月任）

【办文办会】 2016年，金秀县委办公室在召开的党代会、人大、政协工作例会等各项重大会议中，全力以赴做好会议文稿撰写、材料印发、会场布置、人员接待等服务工作。确保各种大会的胜利召开。同时，按时保质完成阶段性工作汇报和工作总结。2016年共办理金秀县委、县委办公室各类文件及会议纪要1920余份，起草各类文稿459篇。其中，撰写了题为《适应新常态　共筑崛起梦　向同步全面建成小康社会奋力迈进》的金秀县委2015年工作报告、题为《强抓机遇　克难攻坚　为实现两个建成目标努力奋斗》的中国共产党金秀瑶族自治县第十三届委员会工作报告两项全县重大会议报告。

【来信来访】 严格按照《信访条例》的规定，进一步落实信访工作责任制，最大限度地把信访问题解决在基层和萌芽状态。认真处理重复信访，及时妥善处置集体上访，防止矛盾激化，维护机关正常工作秩序、全年共受理群众来信来访96件（次）。

【信息工作】 紧贴金秀县委的中心工作，围绕改革、发展、稳定的大局，关注社会反映的热点、难点和焦点，及时、准确、全面收集、撰写各类信息，积极向区、市反馈文件、会议、决策的实施情况和全县经济社会发展情况。加强信息工作制度化和规范化建设，建立和完善了全县党政信息绩效考评制度，信息工作质量进一步提高。全年，金秀县党委办公室共向上级党委报送各类信息463条，其中获中办或自治区采用102条。

【督促督办】 紧紧围绕金秀县委中心工作，紧扣县委、县政府的重大决策和重要工作部署，加大督促检查落实力度，强化督查督办工作。1—12月份，会同相关部门，先后对2015年绩效考评存在问题的整改情况、开展“两学一做”活动、贯彻落实中央“八项规定”情况、精准扶贫、重大项目进展、领导批示、思想法制教育活动、生态乡村等重点工作开展了督查，及时撰写督查通报向县委、县人民政府领导反馈工作进展情况，并根据领导批示精神，逐项开展跟踪督办，有力地推动了各项重点工作的顺利开展。同时，积极向来宾市委反馈金秀县在落实决策中采取的新举措、新经验、新成效。2016年，共下发《督查通报》24期。

【综合调研】 扎实开展“双进双住”活动、精准扶贫、生态乡村活动等，组织办公室干部积极深入联系村屯开展调研和帮扶活动，全年下到联系点35次，召开调研座谈19次，帮助联系点群众解决事关切身利益的困难和问题，投入帮扶资金18万元。帮助六段村委争取野生茶苗6万余株；

帮助杨柳屯完成供水管道改造；帮助六段村委小学解决了校园围墙；帮助村委完成办公楼遮阳棚、村委厨房建设以及党建示范点建设；帮助三片屯争取一条水泥路建设项目；帮助双永屯解决了防洪堤建设资金等。

【生态乡村建设】 印发《金秀县机关党员干部利用节假日回乡助力“美丽金秀”乡村建设和脱贫攻坚战的实施方案》《自治县生态乡村民宿旅游和农家乐建设奖励暂行办法》《自治县生态乡村民宿旅游建设管理暂行办法》。以抓好各重大节假日环境卫生集中大整治为契机，进一步巩固提升“清洁乡村”活动成果，夯实“生态乡村”活动基础。2016 年全县开展累计集中组织环境卫生整治活动达 8 次，督查 10 个乡（镇）公路沿线村屯 256 个，偏远村屯 39 个，下达限期整改通知书 10 份。注重“三化”建设，完善各个示范点绿化、美化、亮化、硬化、净化等基础设施建设，增强示范点示范作用。完成 45 个自治区级绿化示范村屯任务，种植苗木 15033 株，绿化面积 257.8 亩；完成村屯造林绿化 553 个，种植树苗共 27560 株，绿化面积 460 亩。“饮水净化”建设顺利实施。村饮水安全工程 55 处已全部完成建设并验收，新建农村饮水安全水质检测中心 1 座。11 个通建制村沥青（水泥）路项目完工 9 个，61 个屯级道路硬化项目完工 55 个，101 个屯内道路硬化项目完工 96 个，硬化道路共 770 公里。

【深化改革工作】 2016 年，县委办协助召开 3 次专题会议对改革重点进行专题研究，并结合金秀县实际制定下发《县委全面深化改革领导小组 2016 年工作要点》，大力推进经济体制改革、农村和生态文明体制改革、党的建设制度改革等一批关系金秀转型发展的重大事项。按照县委改革工作要点，结合市委深改工作要求，及时制订《县委全面深化改革年度督察计划》，由县委督查室牵头，组织相关部门按计划先后 8 次对全县重点改革工作进行督查，确保了各项改革工作深入推进。印发了《自治县 2016 年全面深化改革专项绩效考评工作方案》（金改革办发〔2016〕2 号），将任务分解到各相关单位。

（王炳吉　范艳红　黄浩）

组织建设

【概　况】 1952 年 6 月设立中国共产党大瑶山自治区（县级）委员会组织部，1968 年被自治县革命委员会政治工作组组织小组取代，1973 年 10 月恢复。之后，经过 1988 年、1996 年、2002 年、2010 年几次调整，到 2011 年机构改革后，继续保留老干部局并与组织部合署办公。2008 年 7 月成立中共自治县委党代表联络办公室，2010 年 6 月成立自治县党员干部现代远程教育管理办公室（前为中共自治县委组织部电教办），2014 年 9 月成立中共金秀瑶族自治县非公有制经济组织和社会组织工作委员会，三个职能机构都在中共金秀县委组织部挂牌。2016 年内设机构有办公室（信息办）、组织股、组织员办、干部综合考察调配股、干部监督股、干部教育股、人才工作股、公务员管理股。中共金秀县委组织部（含中共金秀县委老干部局、金秀县党联办、金秀县远程办和金秀县非公党工委）编制为：行政编制 15 名（其中县委老干部局 2 名），参公事业编制 3 名，机关后勤服务事业编制 1 名。部领导职数为：部长 1 名，副部长 2 名（其中分别兼任金秀县委党联办主任、金秀县委老干部局局长或金秀县非公党工委书记）。

部　长：莫克兵（5 月离任）
黄开伟（5 月任）
副部长：卢冰若（兼非公党工委书记，4 月离任）
何金胜（兼党联办主任，6 月离任）
黄立喜（兼老干部局局长，4 月任）
韦正锋（6 月任）
老干部局局长：黄立喜（4 月任）
老干部局副局长：李　宾（12 月任）
非公党工委专职副书记：李　波（3 月离任）
范艳红（4 月任）

【领导班子和干部队伍建设】 认真贯彻执行《干部任用条例》及相关干部政策，严格按照规定程序和资格条件选拔任用干部。全年，县委共调整任免科级干部324人，其中提拔68人（正科级领导干部20人，副科级领导干部48人）；交流任职10人；改任非领导职务1人；提前退休5人，工作调动4人，试用期满正式任用1人。加强与执纪执法和有关部门的联系，严格执行拟提拔任用科级领导干部公示制，认真做好干部个人有关事项报告工作，严格抓好因私出国（境）证件进行统一备案和集中保管，认真抓好县乡换届纪律宣传和监督，营造了全县换届风清气正的良好换届环境。全年委托县审计局对9名乡科级领导干部进行任期经济责任审计。

【干部人事制度改革、干部教育培训和人才工作】 贯彻实施公务员职务与职级并行制度，已按权限审批晋升职级15人，面向社会公开招聘县城乡建设投资有限公司管理人才4名。全年，调训县处级领导干部参训12期32人次，科级领导干部参训14期53人次，组织123名科级以上领导干部分别赴哈尔滨工业大学、中山大学、延安干部学院举办3期领导干部能力构建与提升专题研修培训班。举办“助力脱贫圆梦、建设和谐金秀”系列讲座10期，参训人员实现县、乡、村党员干部全覆盖。制定出台《自治县机关单位工作人员容错免责实施办法（试行）》，明确列出了8种具体情形可以减责免责的情形，最大限度调动广大干部的积极性、主动性、创造性，激发起了全社会的改革锐气和冲劲，为全面深化改革注入新动力。这一做法得到《广西组工信息》宣传推介。

表5　　2016年自治县提拔任用科级领导干部情况统计表

合计	提拔任用		其中通过竞争性选拔任用	
	正科	副科	正科	副科
101	25	76		

表6　　2016年自治县招录公务员、参公事业单位人员、大学生村官基本情况统计表

公务员				参公事业单位	大学生村官
合计	其中				
	面向社会统招	选调生	面向基层人员招录		
8	0	5	0	3	0

表7　　2016年干部教育培训工作情况统计表

投入资金（万元）	举办科级领导干部培训班		举办知识讲座		举办专业技术培训班		选调学员参加区、市级培训班	
	期数	人次	期数	人次	期数	人次	处级	科级
74.2	7	387					49	29

【基层党组织建设】 金秀县现有党的基层组织765个（其中基层党委12个，直属党工委2个，党总支部89个，党支部662个），行政村77个，社区4个，屯级党支部466个，公有制企业法人单位党组织1个，非公有制企业法人单位党组织21个，另有机关党组32个。2016年，共计选派驻村工作队员181名（其中第一书记28名），组织协调全县所有县直单位和10个乡镇全体干部与全县贫困户结对联系，形成了全员参与的工作合力。制定出台《工作队“星级化”管理办法》等工作措施，建立驻村干部考勤制度、驻村工作记实制度等8项制度，切实加强贫困村驻村帮扶工作队管理。积极选派驻村工作队员参加区、市、县各类示范性培训和考察学习，组织举办县、乡专题培训22期，培

训人数724人次。金秀县要求新录用公务员首先到乡镇扶贫工作一线锻炼的做法，得到了中组部《组工信息》和《广西组工信息》宣传推广。扎实推进基层服务型党组织和屯级“四会”组织建设，深入实施农村基层党组织“星级化”管理和党员积分评级登记制度，广泛开展为民服务活动，全县共结对联系群众4万多人，解办了一大批实事好事。充分发挥基层党组织的战斗堡垒作用。深入实施“书记创新工程”项目，探索施行“乡镇党代表履职评价机制”，切实抓好10个村级活动场所改扩建工程、16个基层党建示范点和4座党建信息平台建设，并指导抓好16个软弱涣散基层党组织的整顿，全面施行乡（镇）党代表联名质询制度和党代表询问制度的全面实施，推行乡（镇）党代表大会代表履职评价制度，有力促进了基层党内民主建设。大力实施“两新”组织发展党员“234”计划和“党旗领航·机关联企助村”活动，多种方式推进党组织活动正常化，不断提升“两新”党组织的覆盖率，巩固百日攻坚成果，全县基层党建科学化水平不断提升。围绕脱贫攻坚“国字号”工程，坚持精准发力，着力抓党建根本保证，在全县各级党组织组织开展“三争一创”活动，全县新共建立了12个富民产业党建示范点，新培育了23个党员创业示范基地，新树立了20名基层党组织书记扶贫帮困标兵、56户党员带富示范户和207户精准脱贫光荣户，各级党组织核心领导和战斗堡垒作用充分发挥。着眼发展脱贫产业需要，通过“党建＋电商扶贫”“党建＋合作社”等模式，把党组织建在集体经济中、把党员致富带头人聚在产业带动上，走出了一条“组团发展、多业致富”的新路子，进一步发挥党组织示范引领服务作用，有效推进了基层党建与脱贫攻坚的深度融合。从严从实抓好党员发展及管理工作，全年共发展党员125名，全面推行“党员积分评级登记”管理，扎实开展党组织关系集中排查工作，排查出失联党员50名，经查找取得联系41名、未取得联系9名；对全县685个基层党组织按期完成换届情况进行专项检查，有14个基层党组织未能按期换届，整改后全部完成换届；开展党费收缴工作专项检查，有11名党员补交党费共590元；对违法违纪党代表和党员进行排查，终止党代表资格5名，终止人大代表资格、暂停执行人大代表职务的党员1名，撤销政协委员资格、责令辞去政协委员的党员1名；扎实推进非公有制企业和社会组织“两个覆盖”工作，新组建“两新”组织党组织11家。采取市调训、县乡联训和外出学习等形式，配合自治区、市级调训27期273人次；分3期对全县285名村级“两委”定工干部和第一书记进行了精准扶贫能力素质提升培训，切实提高参与当前农村重点工作的业务素质。

【远程教育】 2016年年底，全县拥有站点97个，其中，电信模式70个，卫星模式23个，高清互动电视模式4个。远教站点覆盖了全县所有的乡镇和行政村（社区）。据统计，每个站点平均每月组织集中学习2.21次，平均每月提供个性化学习1.5次。远程教育平台为党员群众提供了源源不断的教学教育资源，惠民政策、实用技能、文化娱乐等丰富的节目内容。从走访情况来看农村党员群众收看较多的节目是农村实用技术，占71%；其次是政策解读，占61%；创业技能和市场信息分别占57%、52%。全县各站点基本建立和落实了《终端站点设备维护和管理制度》《终端站点工作人员制度》《播放和收看制度》《站点操作规程》《学习考勤制度》等工作制度，终端站点的管理和使用得到了进一步的规范。根据上级要求，全县共完成了两部远程教育电视片的拍摄《黄泥鼓舞》和《扶贫攻坚领头雁　特色平孟换新颜》。

【老干部工作】 2016年，县委老干部局积极搭建活动平台，组织开展两个《宣传提纲》学习宣讲、移动网络平台传播正能量和编唱正能量诗歌山歌等活动。活动中，共开展宣讲30余场，宣传资料2000余份，收集正能量诗歌及山歌200余篇。通过开展系列活动，引导广大离退休干部发挥政治、经验、威望三大优势，为“十三五”发展开好局起好步凝聚思想共识、贡献智慧力量。

【关心下一代工作】 2016年，金秀县关工委在市关工委的关心指导下，紧紧围绕关心青少年儿童健康成长，培养高尚优良品质、养成良好道德习惯、培育德才兼备之才为主题，积极开展多渠道多形式工作创新思路，加强对全县广大青少年德育、法制和文化等方面的教育，开创了关心下一代工作新局面。组织开展青少年普法宣讲活动。邀请“五老”和法律志愿者参加青少年普法教育宣讲团，组织宣讲团成员到学校、社区和企事业单位开展以“关爱明天、普法先行”为主题的青少年普法宣讲活动，共开展普法宣讲 17 场。组织开展普法宣传进校园活动。2016 年 6 月，金秀县禁毒委联合县关工委走进县民族高中开展“青春无毒　健康生活”主题禁毒宣传活动。活动中，金秀县委常委、政法委书记、县禁毒委主任彭卫东作了禁毒宣传动员讲话。县公安局禁毒大队民警给与会的广大师生分析了全县严峻的禁毒形势，详细介绍了毒品的概念、种类等内容，并结合真实案例阐述了毒品对个人、家庭、社会的危害和拒绝毒品的方法。案例真实具体，语言生动幽默，信息量大，让与会的 1200 余名师生受益匪浅。活动通过发放宣传资料、观看禁毒宣传栏、禁毒宣誓、有奖知识问答、千人禁毒签名等多种形式，帮助广大师生深层次了解毒品的危害以及识毒、防毒的重要性，消除了认识误区，让禁毒观念深入人心。6 月，金秀县关工委联合县农机局到金秀镇共和小学开展送“农机安全知识”进校园活动。活动中，农机技术员围绕“强化安全发展，提升安全素质”主题，结合学生年龄特点和生活实际，以图文并茂的形式宣传普及农机交通安全法规、农机安全常识及违章搭载危害等知识，帮助学生树立农机安全意识，提升自我保护能力。当天，共向该校师生发放宣传资料 1000 多份，倡议他们以“小手拉大手”的形式把安全知识带回家，做农机安全的宣传员。整合资源优势，为青少年儿童办实事做好事。县关工委各成员单位增强服务意识，提高服务能力从青少年最关心、最直接、最现实的问题入手，积极争取多方支持，整合资源，努力为青少年办实事、做好事。2016 年以来，县关工委各成员单位共为全县青少年儿童办实事好事 700 余件。

【自身建设】 中共金秀县委组织部坚持以好作风建设模范部门、打造优秀组工队伍为目标，持续不断地抓好自身建设。弘扬广西组工精神，培育核心价值理念。加强理想信念、党性党风和优良传统教育，引导干部恪守忠诚坚定、公道正派、勤勉务实、淡泊名利的核心价值理念。坚持从严管理，树立公道正派形象，做到从严治部、从严律己、从严带队伍。加强效能建设，构建网络工作体系。进一步用好用活“金秀党建网”“大组工网”等平台，落实关心关爱制度，营造团结和谐奋进的发展环境。健全思想、工作、成长、健康、生活等关爱机制，部领导定期、不定期开展与干部谈心谈话，广泛听取意见建议，及时掌握组工干部思想动态，努力帮助他们化解实际困难和问题，积极为他们搭建成长进步的坚实平台。深入基层联系群众，助推脱贫攻坚促发展。

（巫世学）

宣传工作

【概　况】 中共金秀瑶族自治县委员会宣传部（简称中共金秀县委宣传部）主要职责是宣传党的路线、方针、政策；围绕中共金秀县委、县人民政府的重大决策，抓好社会宣传工作；提出和制定全县理论中心组学习方案和措施；加强和改善党的思想政治工作，研究新时期思想政治工作的规律；加强舆论引导和舆论监督，加强对新闻出版、广播事业和文化艺术部门的领导，对归口单位实施领导和管理；做好对外宣传工作和宣传队伍的建设；负责全县未成年人思想道德建设和精神文明创建工作。2016 年年底，中共金秀县委宣传部行政编制 7 人，实有人数 5 人；工勤编制 1 人，实有人数 1 人；设有办公室、精神文明办、新闻股、宣传股、党教理论股、未成年人思想道德建设股等股（室）。

部　长：李成金
副部长：杜绍康
　　　　罗　珊

【理论水平建设】 印发《县委中心组 2016 年理论学习》《“两学一做”学习教育》和《全县理论学习》等三个方案。组织县委中心组集中学习 9

次。为县委中心组成员征订《习近平总书记系列重要讲话精神读本》等10多种理论学习资料。扎实推行中心组成员"六带头"学习制度和抓好"三个三分之一"学习模式，推动了全县理论学习的全面深入开展。举办了"两学一做"知识竞赛和演讲比赛，增强了干部学习理论知识的主动性。加强村级学用理论政策服务中心建设，充分利用村级小广播、乡村讲坛、远教终端站点等平台，组织县"四级宣讲团"广泛开展理论宣讲和政策解读活动，开展政策宣讲报告会及政策解读活动320场，组织文艺宣传60场（次）。建成村级学用理论政策服务中心示范点2个和学用理论政策成果转化基地2个。通过示范带动，使理论政策更好在基层落地生根，群众学政策用政策氛围浓厚，有力推进了理论政策的大众化。全县各级领导共撰写调研报告316篇，为县委、县人民政府提供重要的决策参考。9月14日和12月14日《广西领导专供》（第36期、第48期）分别两次刊登了题为《广西金秀瑶族自治县以"两学一做"凝聚脱贫攻坚力量》《金秀：创办"微课堂"推进"两学一做"学习教育》等文章，对金秀县在开展"两学一做"学习教育中的经验做法给予了肯定。

【新闻外宣工作】 坚持服务于县委、县人民政府中心工作和重大决策设置采访主题，先后5次邀请人民日报、新华社、光明日报等主流媒体前来进行集中采访报道。完善新闻发布工作机制，借助新闻发布、节会平台、外宣品、新兴媒体平台等方式，组织了"中国金秀·世界瑶都2016盘王节""创建中国瑶药之乡"等两次新闻发布会，扩大金秀县在区内外的知名度和影响力。建立了"大瑶山宣传"微信公众号，制作文化、旅游宣传专题片和图册等3个外宣品。建立完善了网络舆论引导机制，舆情炒作事件实现"零"发生。强化队伍培训，组织以新闻写作与策划、网络舆情处置、电视节目拍摄制作等为内容的培训班2期，全县通讯员业务水平整体提高，上稿数量和质量均有效大突破。全年在中央新闻联播播出新闻或专题片15条（个），数量居来宾市各县（市、区）首位。在广西电视台播出金秀新闻31条，来宾电视台播出金秀新闻101条。在区级以上媒体报刊上稿182篇、网络上稿376篇，来宾日报上稿441篇。4月13日中央电视台13套《新闻联播》中播出金秀县成功破获枪案的新闻；5月8日在中央电视台13套《新闻联播》中播出《金秀：暴雨引发山洪　县城内涝严重》的新闻；5月10日中央电视台13套《新闻联播》中播出《清淤工作展开　滞留旅客安全返程》的新闻；6月15日中央电视台13套《新闻联播》中播出《遇险救援：多少人救？多少钱救？》的新闻；7月8日中央电视台《晚间新闻》中播出《暑期旅游地——圣堂湖生态旅游景区》的新闻；9月20日中央电视台13套《新闻联播》中播出《4名"驴友"被困深山　警民连夜营救》的新闻。1月16日在中央电视台《文化中国》栏目播出《天下来宾——瑶都金秀》专题片；1月24日在中央电视台9套《传承》栏目的《土篇》中播出非物质文化遗产黄泥鼓专题片；2月11日中央电视台中文国际频道《中华医药》栏目中播出《瑶医瑶药》专题片；2月23日中央电视台4套《记住乡愁》栏目中播出《门头村：敬畏自然守护家园》文化专题片；3月2日中央电视台4套《中华医药》栏目中播出《中华医药健康故事：探秘大瑶山》专题片；5月7日在中央电视台财经频道《是真的吗》栏目中播出金秀县甜茶的专题节目；11月13日中央电视台音乐频道播出《乐游天下》栏目播出《天下来宾鼓乐游》专题片；12月18日科技频道《地理·中国》栏目播出《瑶山奇宝》专题片。6月15至17日泰国电视台到金秀县完成拍摄；7月1日至7日广西电视台《长明灯》微电影摄视组在六巷乡完成拍摄；9月份中央电视台社会与法频道到金秀县拍摄《寿宴》；11月至12月电影《过山榜之绝世瑶妃》剧组到金秀县完成拍摄。全县在来宾日报上稿441篇，区级以上媒体报刊上稿182篇（其中国家级8篇，自治区级174篇）；区级以上网络上稿376篇（其中《人民网》35篇、《新华网》42篇、《光明网》25篇、《广西新闻网》59篇）。4月11日《光明日报》刊登了题为《"美丽广西"：好生态引领致富路》文章，对金秀县如何保护生态进行了报道；7月11日新华每日电讯刊登题为《扶贫办主任留下的86本笔记》文章，对金秀县原扶贫办主任赵文强做了深度报道；11月2日《人民日报》刊登了题为《不辞辛苦“入”山林》文章，报道哈尔滨工业大学教师李峰挂任金秀县三友村第一书记的先进事迹。

【社会宣传工作】 突出特色、重心下移，不断创新载体，丰富内容形式。重点做好十八大和十八届六中全会、习近平总书记“七一”重要讲话、自治区第十一次党代会、来宾市第四次党代会和“两会”、金秀县第十四次党代会和“两会”召开期间的社会宣传工作，做好全区公共文化服务体系建设现场会、国防教育、“三月三”、杜鹃花节、盘王节等重大活动的社会氛围营造工作。构建全方位、全覆盖的大宣传格局，社会宣传工作得到强势引领，抓牢抓实“九进十上”［即：“进村、进社区、进乡（镇）、进企业、进景区、进商店、进机关、进车站、进学校”和“上墙、上网、上报纸、上电视、上微信、上微博、上政务信息平台、上手机、上舞台、上道路”］工作。充分利用户外大型广告牌、拉横幅、出专栏、LED电子屏、发送短信等方式强化氛围营造。更换户外大型广告牌28块，拉横幅1200多条，固定标语12条，出专栏320期，利用移动、电信平台发送短信80万条。组织农村文艺队开展社会主义核心价值观文艺演出120场次，开展送文艺下乡活动24场次。抓好公益广告宣传，利用电视台、LED显示屏、户外大屏等长期滚动播出宣传标语，出版了大量形象生动、贴近民意的黑板报和宣传专栏，印制了挂历、山歌小册子、小扇子、纸巾盒发放给群众，深受广大群众的喜爱。继续推进国学民居画廊和文化公园建设。采用奇石雕刻、石头上墙、字画进宣传文化长廊、瑶族文化绘画上墙、树立善行义举榜等多种形式，形象生动地向广大群众展现社会主义核心价值体系蕴涵的真善美。金秀县与广西电视台联合拍摄的微电影《长明灯》获“德行天下·微影故事”——广西践行社会主义核心价值观微视频（电影）大赛一等奖。组织开展了第16个国防教育日暨“传承红色基因、共建巩固国防”“心系国防 有你有我”“国旗下的讲话”“向国旗敬礼”“中国梦·成长梦·我的梦”“烈士纪念日公祭”、国防教育晚会等一系列主题活动。加强对已获得第三批国防教育基地称号的瑶族博物馆、大瑶山剿匪纪念公园管理工作。瑶族博物馆接待前去参观学习的群众30万人（次），组织干部职工、学生、部队官兵到大瑶山剿匪纪念公园开展爱国教育活动5次，参与活动人数达1100多人（次）。建成3个国旗一条街示范点。选派2名讲解员到井冈山参加为期一周的学习培训，提高他们的综合能力。

【精神文明建设】 坚持传播文明，引领风尚。罗香乡等3个单位被评为自治区文明单位，县委宣传部、县民政局、县气象局、县卫计局、县幼儿园等5个单位被评为来宾市第七批文明单位。对已获得自治区文明村镇、文明单位的15个单位进行了复查；开展先进文明守法村、屯、户创建活动。制定了《自治县开展先进文明守法村、先进文明守法屯、先进文明守法户创建活动实施方案》，严格按照申报程序，深入实地核验，评选出县级“文明守法村”2个、“文明守法屯”10个、“文明守法户”20户。县财政安排30万元以“以奖代补”的方式兑现给先进文明村、屯用于公益性基础设施建设，推选16个村、屯、户申报市级先进；道德讲堂建设稳步推进。建成古池村、龙围村、古占屯等道德讲堂示范点22个。组织开展各类道德讲堂活动120次，3000多人走进讲堂聆听模范先进事迹。县民族高中开展的“赞美热心公益的磨刀老人吴锦泉”主题活动和人民医院开展的“学习雷锋，助人为乐”主题活动等都能结合各自的行业特点，效果明显。未成年人思想道德建设扎实推进。组织开展“我们的中国梦”、“网上祭英烈”、“学习雷锋，争做美德少年”、“2016年童心向党歌咏比赛”、“向国旗敬礼”、“永远跟党走”庆祝中国共产党成立95周年演讲比赛和知识竞赛活动等主题活动。组织全县中小学生参加来宾市二十三届青少年爱国主义读书教育活动征文、演讲、讲故事比赛，有19名选手获得征文比赛一等奖、39名选手获得二等奖、100名选手获得三等奖；有2名选手获得讲故事比赛三等奖、2名选手获得演讲比赛三等奖。县委宣传部荣获2016年来宾市“我邀明月颂中华”——纪念红军长征胜利80周年诗词诵读大赛三等奖。桐木中学被评为来宾市首批“少年军警校”。乡村青少年宫建设全面铺开。全县 77 个行政村、4 个社区、10 个乡（镇）中心校少年宫建设工作已全面完成。重点对已获得中央专项彩票公益金支持的桐木镇中心小学、头排镇中心小学和三江乡中心小学的监督指导，组织开展了丰富多彩的文娱和科技活动，提高了学生的动手能力和科普知识。

【民族文化体育工作】 成功举办了金秀县 30 年来规模最大的“瑶族盘王节”，来自美国、越南、老挝等海外地区的瑶族同胞参加这一盛典，30 多名各级主流媒体记者纷纷前来采访报道。通过举办一系列庆典活动，向广大游客展示了瑶族文化的深厚底蕴，扩大了金秀的影响力，有效推动了自治县文化旅游融合发展。协助上海电影制片厂在金秀县完成了电影《过山榜之绝世瑶妃》拍摄，这是继《大瑶山剿匪》电视剧在金秀县拍摄后的又一部具有影响力的力作，为宣传金秀、提高金秀影响力又迈出了可喜的一步。完成了 4 个文化精品（即：盘瑶族历史舞台剧《瑶韵深牌》、瑶戏《深山夜话》、彩调剧《大爱无垠》、电影文学剧本《金玉瑶》）和 3 个文化产业项目（即：圣堂湖体育运动休闲赛事基地、实景剿匪文化园、古色瑶香民俗文化园）的申报工作，是全市各县（市、区）申报项目最多的县。创建国家二级博物馆工作扎实推进，坳瑶、花蓝瑶生态博物馆、大瑶山自然生态博物馆实行免费开放，山子瑶、盘瑶、茶山瑶生态博物馆正在进行布展工作。“馆藏文物预防性保存项目资金”获得国家文物局批准。“世界瑶都——瑶族历史文化展第一届全区博物馆陈列展览十大精品评选活动”获得优胜奖。申报的《盘瑶深牌歌》《瑶族舞香龙》获得了自治区非物质文化遗产名录。组织开展了“文艺大展演”“文化进万家”等一系列群众文化活动。组织开展各类文艺演出 600 多场次，有效满足了基层群众的精神文化需求。成功举办了首届“锦秀城杯”和“庆达杯”广场健身舞大赛;在南宁成功举办“梦幻·金秀”2016 世界环球旅游小姐中国总决赛颁奖盛典。体育赛事丰富多彩，成功举办“世界瑶都·大美金秀 2016 年首届环大瑶山全国自行车挑战赛”、“广西体育彩票共享杯”篮球赛、全民健身运动篮球赛和自行车骑行活动、“澳瑞特杯”广西跳绳王民间争霸赛、“瑶族顶鼓”比赛活动等系列竞赛活动 40 个，大力推进了全县民族体育工作的发展。2016 年荣获广西十大民族传统体育特色之乡。

【社科联工作】 坚持围绕中心，服务大局，立足实际，解放思想，积极开展社科研究、学术研讨和社科普及等各项工作。组织课题组成员调研乡（镇）的特色生态旅游产业，负责的哲学社会科学《金秀县实施“生态立县”战略决策的研究与思考》经自治区社科联评审准予结项。充分利用村级公共文化服务中心平台，在桐木镇那么屯、三江乡平步屯、长垌乡马安屯挂牌成立“乡村讲坛·社科普及基地”，不断完善社科理论小广播、“三求”小课堂、农家书屋、远程教育四大平台硬件建设。基地宣传员通过指导农民群众学习科普知识和农业技术知识，帮助农民脱贫致富，为农民群众生产、生活提供帮助和服务，取得了较好的效果。

（邓树花）

统战工作

【概　况】 2016 年，全县统战工作坚持以邓小平理论、“三个代表”重要思想、科学发展观为指导，深入贯彻落实中共十八大、十八届三中、四中、五中全会和习近平总书记的系列重要讲话精神，主动适应新常态，充分发挥统一战线优势和作用，致力在参政议政、服务社会、促进和谐、助推发展上推出新举措，做出新成效，为全县经济社会发展凝心聚力。2016 年 12 月，县委统战部在职干部 6 人，工人 2 人。领导职位：部长 1 人，副部长 3 人，办公室工作人员 2 人。全县 10 个乡镇均配备了统战委员。

部　长：赵群英（5 月离任）
　　　　陆　达（5 月任）
副部长：郭　军
　　　　莫伟成（4 月任）
　　　　黄淑英（6 月任）

县委台湾工作办公室、县政府台湾事务办公室主任：莫伟成（4月任）

工商联党组书记：郭　军

【队伍建设】 2016年，县委统战部认真组织学习《条例》《准则》及贯彻执行中央、自治区党委、来宾市委有关党风廉政建设和反腐败工作文件精神。在部领导班子成员调整变动后及时调整、充实开展查处发生在群众身边的“四风”问题专项工作领导小组，制定《中共金秀县委统战部党支部“两学一做”学习教育实施方案》，成立“两学一做”学习教育协调小组。年内，县委统战部认真履行“两个责任”工作。全年，召开2次全县统战工作会议、4次统战委员会议、3次民主协商会议、2次统一战线工作领导小组工作联席会议、2次宗教工作联席工作会议、举办1个统战知识专题学习培训班进行学习和培训。深入贯彻学习领会习总书记关于全面深化改革的新思想、新观点、新要求和关于新的历史条件下统一战线重大问题的论述，提升全县广大统一战线成员的思想觉悟，促进保稳定、促发展、惠民生，构建和谐社会的思想意志和自觉行动。成立自治县党委统一战线工作领导小组，县委书记任组长、县委副书记县人民政府县长、县委统战部部长任副组长，领导小组成员由相关部门的主要领导担任。领导小组办公室设在县委统战部。

【非公有制经济领域统战工作】 积极做好非公有制企业发展的现状调查和非公有制经济工作调研，年内，共组织走访46家企业、130多名非公经济人士，4次组织27人次非公有制经济人到外地交流、联谊，拓宽企业的合作渠道。制定《金秀瑶族自治县落实民营企业参与扶贫优惠政策联席会议制度》和《中共金秀瑶族自治县县委员会领导联系非公有制企业制度》。在全县非公有制企业中组织开展以“守法诚信、坚定信心”为重点，深入开展理想信念教育实践活动，举办一期非公有制企业管理人员法律知识培训班。通过下基层商会、走访会员企业等形式，组织学习相关知识和上级有关会议精神，使非公有制经济人士充分认识当前的经济形势，增强发展企业信心。开展自治县非公经济青年创业人士摸底调查工作。开展非公经济人士综合评价工作，规范非公有制经济人士政治安排。通过综合评价，2名优秀非公经济代表人士被提名推荐为县人大代表，12名担任县政协委员，1名推荐为来宾市政协委员，提高了非公经济代表人士选拔、培养和政治安排的有效性和准确性。积极筹备和指导2016年县工商联，县、乡（镇）两级商会的换届工作。

【开展“百企助百村”活动】 围绕精准扶贫、精准脱贫攻坚工作目标，积极组织、引导全县民营企业突出“特色产业、基础设施建设和生态建设”三个方面的帮扶思路，坚持以点带面、点面结合的原则，采取“一帮一”“多帮一”等形式联系帮扶贫困村。2016年，全县共有41家企业参与结对帮扶贫困村27个，具体落实帮扶项目13个，到位资金32万元，覆盖10个乡（镇）。其中，金秀县大瑶山天然植物有限公司扶持贫困群众种植叶茶面积达520亩，辐射180多户，为贫困村及周边农村提供季节性就业机会900人次。

【党外代表人士队伍建设】 落实《中国共产党统战工作条例（试行）》和2016年中央统战工作会议的精神，建立健全组织部门、统战部门在考察和讨论决定党外干部人选拔工作中的协助配合机制，制定《2016年金秀瑶族自治县党政领导联系党外代表人士安排方案》、建立和完善党外代表人士数据库，抓好党外干部的发现、培养、配备和学习调训工作。主动与组织部门对接沟通，在全县政府部门及公、检、法、司按规定配备党外干部，市、县两级人大代表、政协委员安排党外代表人士均按要求配备达标。在全县范围内开展党外知识分子摸底调查、建立数据库工作。

【台、侨工作】 2016年，县委统战部、县台办、县侨联开展对金秀县辖区内台属、侨属进行重新审核，完善档案，摸清底数，全面掌握台胞台属、侨胞侨眷人数，及时掌握涉台、涉侨人员的思想动态、生活状况、存在困难及其愿望，及时帮助他们解决实际困难和问题。

【宗教工作】 深入开展宗教工作、对县境内基督教发展情况及宗教管理工作存在的主要问题进行专题调研，支持宗教团体加强自身建设，引导宗教与社会主义社会相适应。开展宗教政策法规学习月和慈善周活动。建立宗教工作领导小组及宗教工作联系会席制度和县、乡（镇）、村（社区）三级宗教工作网络，加强防范和应对突发事件，进一步维护宗教和谐稳定。2016年3月组织相关部门召开宗教联席会议通报抵御境外宗教组织渗透工作。年内，全县未发生涉及宗教因素的突发性事件。

【政治协商】 做好金秀县政协第九届委员会委员换届工作。制定政协金秀瑶族自治县第九届换届工作方案、界别设置、委员构成、常委人选提名、委员考察工作。2016年8月，圆满完成了政协金秀瑶族自治县第九届委员会换届工作。做好民主党派和无党派人士工作。2016年3月，自治县党委下发《关于加强社会主义协商民主建设的实施办法》（金发〔2016〕12号）；制定《金秀县2016年度政党会议协商计划》，年内召开3次协商会议。认真研究和部署统战工作，全年，配合民建广西区委等相关民主党派调研组共40人（次）在金秀县开展乡村医疗计划项目调研活动等课题调研，为民主党派人士为党的事业发展建言献策提供了力量支持。

【脱贫攻坚工作】 2016年3月，帮扶联系点由六巷乡门头村调整到三江乡长乐村，县委统战部共定点联系帮扶贫困户18户57人。按照脱贫攻坚工作的要求，多次组织干部职工入户了解基本情况、填写《扶贫手册》，完善相关扶贫材料。与村委共同探讨基层组织建设、村务管理、优势产业发展、改善民生等事项。年内，县委统战部整合资金8.4万元，争取项目资金2万元作长乐村委灾后重建经费，其中冲口屯水毁河堤维修经费8万元；长乐村水毁水利渠道维修经费2万元；永红屯水毁人饮管路维修经费0.4万元，拨给长乐村委2500元经费作购置电风扇、电磁炉、高压电饭煲等物品；1500元作“六一”慰问长乐小学学生；1000元作村委“七一”开展党建活动经费。

县直机关工委

【概　况】 中共金秀瑶族自治县直属机关工作委员会（简称县直工委），是县委的派出机构，负责领导县直工委及其直属单位党组织的工作。2016年12月，县直工委有行政编制4人，机关后勤编制1人。

书　记：黄　恒（4月离任）

郭世珍（4月任）

副书记、纪工委书记：文苏妮

【两学一做】 制定下发县直属机关“两学一做”学习教育实施方案和学习时间安排表，明确学习教育目的意义和方法步骤，指导县直属机关各党组织结合实际，创新载体开展“两学一做”学习教育，在县直属机关迅速掀起学习教育的热潮。据统计，县直属机关党组织开展专题学习420余次，领导干部上党课180余次，直属机关1641名党员均按照要求参加学习教育活动；举办两期直属机关“两学一做”学习教育暨党务工作者培训班，参训人员210余人。县直属机关各党支部利用“专家课堂”“党员微党课”等载体，开展书记讲党课、专家作辅导、党员谈体会等学习活动，不断提高党员的思想政治觉悟。2016年七一期间，县直工委联合有关部门组织开展“两学一做”学习教育知识竞赛、“永远跟党走”演讲比赛等活动。工委各班子成员每个月利用三天时间，到直属机关各党（总）支部开展学习教育督促检查，发现学习教育软弱涣散党组织立即进行约谈，督促其立行立改，把从严管党治党的要求落实到各个方面、各个环节。县直属机关各党支部通过开展结对帮扶、组织共建等活动，组织基层党组织和广大党员积极发挥政治引领作用和服务群众作用。如：县国税局党总支部，成立“助力营改增，党员我先行”党员先行队，号召党员同志带头发挥先锋模范作用，通过“以学习教育推动营改增落实，以落实营改增检验学习教育成效”，将“两学一做”学习教育落实到税收工作中、体现到具体行动上。

【组织建设】 认真开展基层党组织按期换届情况专项检查工作，共指导40个党支部进行按期换届选举（其中党总支部3个，党支部37个）。改选、补选支部书记40人，调整支委90人，进一步夯实组织基层。2016年县直工委共发展新党员27名，审批预备党员按期转正28名。创建基层党建示范点。2016年，县工委以服务群众为重点，以打造“五好”党支部为目标，深入开展创建基层党建示范点工作。按照创建计划，全年共指导县审计局、县地税局、县国地税联合办税党支部3个单位开展创建工作，示范点作用得到进一步提升。

【关爱党员】 2016年，县直属机关工委充分认识党内关爱工作的重要意义，按照“把以习近平同志为核心的党中央的关怀和温暖送到广大党员、干部和人民群众心坎上”的精神，精心组织开展走访慰问、送温暖等活动。全年，共走访慰问困难党员、老党员142名，放发慰问金慰问品达18400元。

【党费收缴】 认真开展党费收缴工作专项检查工作。以党支部为基本单位，以自查自改为主要形式，对2008年4月以来交纳党费情况进行检查。经检查，已开展自查自改的党支部105个，对没有主动、足额交纳党费的党员给予提醒，共收到补交党费660元。做好党费收缴工作。2016年，共收缴党费190056.37元，已如数上缴县委组织部。

【党风廉政建设】 落实党风廉政建设“两个责任”情况。把党风廉政建设工作与党建工作和社会稳定工作同研究、同部署、同检查。层层签订责任状。工委与直属机关党组织和工委办公室签订基层党建工作责任状，层层传导压力，形成推动党风廉政建设工作的强大合力。进一步深化“三转”。调整班子成员分工，纪工委书记不再分管纪检监察业务以外的工作，把维护纪律摆在更加突出的位置，把更多的力量和精力放到日常监督执纪问责上来。开展专项工作情况。认真贯彻执行中央“八项规定”精神。认真传达有关会议精神，开展自查工作，严守“十个严禁”。经认真自查，2013年以来，单位没有违反“十个严禁”规定现象发生。认真开展查处发生在群众身边的“四风”和腐败问题专项工作和开展扶贫领域监督执纪问责工作。通过开展集中教育、组织机关党务工作者到“桂中第一支部”开展警示教育、重温入党誓词等形式，加强县直属机关党员党性修养，改进工作作风。一年来，县工委没有出现违反政治纪律、组织纪律、廉洁纪律、群众纪律、工作纪律、生活纪律的现象发生。查办案件工作情况。2016年以来，县工委加大案件查办工作力度，进一步提高办案质量。2016年，共查办县直机关党员违纪案件1件，并按照《中国共产党纪律处分条例》的规定，对违反纪律的1名党员给予了党内警告处分。

【脱贫攻坚】 根据县委办、县政府办《关于印发自治县“十三五”时期脱贫攻坚干部结对帮扶贫困户工作实施方案的通知》（金办发〔2016〕37号）文件精神，精心组织，积极开展脱贫攻坚工作。工委每个干部都联系罗香乡大新村4户以上贫困户，在进村入户、调查摸底的基础上，按照《贫困户脱贫目标任务表》确定的帮扶对象，组织全委干部，按照脱贫计划，每个月都到帮扶对象家中开展面对面的帮扶。截至目前，共联系的20户贫困户中，已有10户贫困户按照脱贫计划实现脱贫目标。给联系的学校罗香中心校建言献策，并支持校园文化建设资金3500元。深入开展“双进一回”“清洁乡村”等工作，密切联系和服务群众，尽责尽力为基层党组织、联系村屯办实事好事。一年来扶持联系村罗香乡大新村村务公开栏、七一慰问、人大代表换届等工作经费6000元。

党校工作

【概　况】 2016年是县委党校深化改革之年。为贯彻落实习近平总书记在全国党校工作会议上的重要讲话精神以及中央、自治区党委、来宾市委关于加强和改进党校工作相关工作要求，金秀县委坚持把党校改革作为当前的工作重点，以“树立新观念，塑造新形象，实现新成效”为目标要求，指导县委党校采取强有力的改革措施，并从人、财、物等方面给予大力支持，使金秀县委党校呈现出一派新的景象，开创了金秀党校工作的新局面。中共金秀瑶族自治县委员会党校（金秀瑶族自治县行政学校）内设办公室、培训部、科研室、后勤处四个机构。编制部门核准编制为12人，其中行政人员4人，专职教学人员6人，工勤人员2人。

校　长：莫慧军（5月离任）
　　　　熊　燕（5月任）
常务副校长：陈震回
副校长：祝远峰（5月离任）
　　　　罗胜杰（9月任）
　　　　管志利（11月任，挂职）

【县级党校全面深化改革】　县委历来高度重视党校工作，特别是中共十八大以来，县委始终把办好管好建好党校作为重要政治责任，把党校工作纳入县委工作重要议事日程，推动党校各项工作取得了新的进步。领导重视，切实抓好学习。党校改革意见下发后，县委立即召开常委会及县四家班子领导会议，专题学习相关文件精神，明确抓党校工作就是党要管党的具体表现的思想认识，研究部署县委党校的改革工作。同时，县委党校也在不断加强内功学习，以深化党校改革为主题先后组织了六次理论探讨与学习，对推进党校深化改革在思想上做了动员和准备。部门联动，切实推进改革。在市委组织部、市委党校的指导下，金秀县相关部门密切配合，强势推进县委党校改革进程，体现“快”的特点：7月21日，来宾市委党校金秀分校在全市率先挂牌成立；9月上旬，调整充实了党校分校领导班子，并报市委党校；9月18日，金秀县中青年干部培训班如期开班，并按日程表进行了培训，县党政领导领导班子10人分别到场授课；11月8日，县直属机关举办2016年党务工作者能力素质提升培训班；11月22日，县委组织部举办2016年村级“两委”定工干部精准扶贫能力素质提升班，等等。自治区党委要求的三项主要改革工作扎实推进。落实经费，切实保障改革。8月份以来，金秀县共投入专项资金32万元用于党校改革，用于对校园进行更新改造，重新购置课桌、后勤保障设备等。这一切，都使金秀县干部培训教育走上了一个新的台阶，也使金秀党校开创了一个新的局面。

【探索干部培训新模式】　2016年以来，县委党校选派骨干教师深入县直部门、乡镇街道、企业、社区、村委等宣讲送教，据统计，当年县委党校分别在“两委”定工干部精准扶脱贫能力素质提升班、金秀第八期中青年后备领导干部培训班、“两委”定工干部培训班、县计生委干部职工培训班、基层妇女干部培训班、非公有经济人士素质提升工程培训班等55个班次，并开展十八届五中全会、六中全会和习近平“七一”重要讲话精神宣讲等培训工作，取得了良好的宣讲效果。在具体的干部教育培训中，县委党校大胆改革，积极探索干部培训新模式。坚持规划先行，打造精品课程。县委党校根据形势和任务的要求，不断充实和创新教学内容，优化党校教学布局。在干部教育培训中，紧紧围绕县委中心工作，提前制订教学规划，并按照规划科学安排教学时间和教学内容，确保教学效果达到改革的要求。如：在7月份，金秀县就对举办县级中青班提早做出规划，县委主要领导对办班计划方案亲自审核，并要求有关部门反复协商并征求市委党校的意见，科学安排教学时间和教学内容。针对少数民族地区干部的特点，课程计划反复修改10多次，使理论课达到全部课程的70%，其中党性教育课程达37%。培训班整个课程的安排达到了40天，共安排了25个专题，7个县内外现场教学点，8次学员能力拓展训练，使这次培训体现出教学内容更丰富充实，教学手段更多种多样的特点。强化教师培训，提升教师素质。为有针对性地抓好2016年的教学培训任务，县委党校着力强化教师的备课，要求全校教师都要加强自身的学习，特别是加强对党性教育课程的学习。3月份在市委党校举办的全市党校系统“党的理论教育和党性教育”优质课比赛中，金秀县委党校两名教师获得一等奖，学校也因此被授予优秀组织奖。引进师资力量，教学水平提升显著。在县委党校成为市委党校金秀分校以来，通过引进市委党校的资源，充实了师资力量，办学效果有了新的变化和提升。在9月份举办的中青班期间，共邀请了15名县内外的领导、专家、学者到金秀授课，更进一步确保了教学的质量。特别是在同一期主体班中同时外聘了5名区、市委党校的领导专家、学者前来授课，在金秀县党校的历史上是从未有过的，这也体现了市、县党校资源共享的改革理念。在一期主体班中共有12名县处级领导走上县委党校的课堂，其中县委和县政府主要领导同时在一期主体班上为学员授课，这也是金秀县委党校历史上没有过的。

【提高科研水平】 进一步建立健全激励与约束并重的科研考核激励机制，不断增强教师开展科研的积极性。把科研工作与评先树优、晋升晋级、选送培训等结合起来。重点支持区市有关部门立项的课题、进入领导决策的调研报告和校行政确定立项的调研课题，为深化党校改革打开局面。2015年，县委党校在科研方面取得重大突破，首次承担的区级课题《金秀瑶族自治县实施“生态立县”战略决策的研究与思考》和市级课题《金秀瑶族自治县生态旅游资源的开发与研究》分别于年初和3月份顺利通过了专家鉴定结题。另外，党校教师还非常注重把科研成果转化为课程教学内容，比较有代表性的《沉舟侧畔千帆过　病树前头万木春——深入学习贯彻党的十八大以来重要会议精神暨自治县十四次党代会主要精神全面推进金秀生态绿色健康发展》就是根据前面提及的两个课题研究成果精心制作的旨在反映自治县绿色发展的成功经验、存在问题和解决对策的课件，从教学效果看是比较理想的。

【领导班子和干部队伍建设】 配强新生力量。为配强党校班子，县委从县高中选拔了一名优秀干部作为党校副校长、从县民族中学选调一名骨干教师到党校任教师，充实了党校的领导机构和教师队伍，为党校的后续发展注入新生力量。强化政治思想教育。针对分校当前教学和科研水平的实际情况，明确要求县委党校要继续加强和改进党校思想政治工作，坚持党校姓党的根本工作原则，教育引导广大教师干部夯实马克思主义理论功底，爱岗敬业。锤炼教师队伍。先后选派教师14人次分批到国家、自治区、市委党校及其他高等院校和培训机构或深造学习，或参加学术研讨，通过这些途径，使广大教师开阔了视野，增长了见识，提升了能力和素质。在加强对党校老师队伍教育培训力度的基础上，强化教师的一线实践锻炼，通过安排党校教师参与精准扶贫、生态乡村等一线中心实践工作，进一步促使教师“接地气”，使其能围绕县委、县政府的中心工作开设更多令学员接受的精品课程，更好地发挥党校在干部教育培训主渠道主阵地作用。切实开展反腐倡廉教育。全面贯彻落实中共十八届四中、五中、六中全会和中央纪委十八届六次全会精神，积极开展“两学一做”学习教育，认真抓好“两个责任”的落实，引导党员干部树立群众观点，保持为民、务实、清廉的本色。

【精准扶贫工作】 县委党校坚持以“四个一工程”为主线，主动联系龙围村委，积极推动该村委建设、改善办学条件、精准扶贫等中心工作。2016年，县委党校捐资助学折合人民币10000多元。同时认真开展精准扶贫工作，2016年完成贫困户脱贫摘帽　“双认定”验收工作10户，为龙围村尽快甩掉“贫困村”奠定了基础。

（廖祚江）

县编委（办）工作

【概　况】 2016年，金秀县机构编制委员会办公室有内设机构2个（综合股、监督检查股），核定编制数5名（其中行政编制4名、机关后勤编制1名），实有在职人员5人，核定领导职数2名。有二层参公事业单位1个：金秀县事业单位登记管理局，核定编制数8名（其中事业编制8名，后勤服务控制数1名），实有在职人员4人。2016

年，全县有县直党政群行政机构（含公检法司机关）48个、事业单位196个；乡（镇）党政机关行政机构10个、事业单位100个。全县总编制4929名，其中行政编制990名，事业编制3939名，另核机关后勤服务人员控制数104名。全县实有在职人员3976人（机关后勤服务人员控制数103名）。

主　任：梁铸才（9月离任）

　　　　金宝青（9月任）

副主任：韦军贵（5月任）

事业单位登记管理局局长：冯晓华（6月任）

【推进乡镇“四所合一”改革】 在2015年开展“四所合一”试点的基础上，积极开展调研，县编办按照自治区指导意见和结合试点成果及存在问题，草拟并报县人民政府印发《金秀瑶族自治县全面推进乡镇“四所合一”改革实施方案》，组织召开了乡镇“四所合一”动员大会，全面部署改革工作。已完成了全县10个乡镇国土资源管理、村镇规划建设、环境卫生保护、安全生产监管职能和机构的整合；调剂增加了37名编制加强新整合机构的力量，全县10个乡（镇）“四所合一”编制总数为95个，平均每个乡（镇）配备9.5个。同时，我们不断加强乡镇“四所合一”改革工作联席会议成员单位之间的沟通交流，按照简政放权的要求，对现有职权进行再梳理。县编办还在财政预算、人员招录、业务培训、办公场所等方面积极进行谋划，以确保改革后的乡镇“四所合一”工作有序有效开展。

【开展行政审批制度改革】 继续对金秀县行政审批事项实行动态管理，及时对下放、取消、变动的事项进行调整，2016年根据《广西壮族自治区人民政府关于取消一批行政审批事项的决定》（桂政发〔2016〕37号）、《广西壮族自治区人民政府关于取消和调整一批行政审批事项的决定》（桂政发〔2016〕38号）文件精神，县审改办对照2015年行政审批动态调整目录进行对照，相应取消行审批事项3项，合并行政审批事项2项，调整名称1项。金秀县共保留行政审批事项286项。开展政务服务事项梳理工作，印发了《关于全面梳理政务服务事项的通知》，对全县行政审批事项、公共服务事项、内部（审批）事项、便民服务事项进行全面梳理。对行政审批中介服务事项进行梳理，共梳理出中介服务事项10项，并报市审改办。

【推行行政审批目录清单制度、完善权责目录清单】 按自治区和来宾市的统一部署和要求，县权清办（设在编办）按照“法无授权不可为、法定职责必须为”的原则结合行政审批制度改革工作，如期完成了全县44个部门权责清理和公布工作，于6月29日报县人民政府印《金秀瑶族自治县人民政府关于公布县发展和改革局等44个部门（单位）权力清单和责任清单的通知》（金政发〔2016〕15号），进一步明确了各部门的权力和职责，并将清单目录及时公布于县政府门户网站和政务平台，各部门也及时将本部门权责清单向社会公布，自治县各部门共保留行政权力3943项，其中行政许可255项，行政处罚2649项，行政强制175项、行政征收27项、行政给付35项、行政检查306项、行政确认75项、行政奖励52项、行政裁决15项、其他行政权力354项；保留职责共503项。

【配合开展公立医院改革】 积极配合县医改办开展公立医院改革工作，深入公立医院进行调研，对公立医院机构编制现状进行分析；围绕公立医院回归公益性和人人享有基本医疗卫生服务的改革目标，草拟《自治县公立医院床位及人员配置方案》报县医改办，并对医院现阶段编制的使用草拟了《金秀瑶族自治县县级公立医院编制调整方案》报县编委审定。

【加强和规范机构编制管理】 深入推行机构编制实名制管理。按照上级部署，采用新版本实名制管理系统对全县行政、事业单位实行内网联网管理。为做好此项工作，举办了一期培训班，并建立了QQ群专用于各单位负责此项工作的人员进行业务咨询和经验交流。全县行政、事业单位机构及人员初步信息已基本完成录入，实名制软件系统已正常使用，对各单位详细信息进行补充完善和调整。

【继续加强机构编制管理制度建设】 认真贯彻落实中央和自治区关于严格控制机构编制的精神，切实管住全县行政编制总量和各类专项编制总额，从严控制事业机构编制增长。坚持实行集中统一领导和分级管理原则，坚持“一支笔”审批制度，切实搞好各部门机构编制的宏观管理，严格控制财政供养人员增长。11月底共办理机构编制事宜70件，办理取编调动198人次（不含科级以上领导调动）。

【继续开展机构编制核查】 年初印发《关于开展全县机关事业单位〈机构编制管理证〉年审工作的通知》，对全县机关、事业单位人员编制、台账等进行了年审，及时掌握各单位使用编制情况，针对审核发现的问题，及时督促相关单位按要求进行了整改。

【周织密组织事业单位登记管理和法人治理工作】 积极稳妥推进事业单位管理和统一信用代码工作。按照上级统一部署，承接质量技术监督局发放组织机构代码工作。一是对行政单位进行重新赋码，与原组织机构相结合，发放统一信用代码，全县机关群团共52个，已完成赋码46个；二是将事业单位法人证与组织机构代码合并，使用统一社会信用代码，结合事业单位法人证书年度报告工作进行发证，并在网上（编办专用网络红页）统一将事业单位法人登记情况报告进行公示。已完成事业单位赋码及年度报告公示47个，变更登记80个，初始登记2个，注销登记2个。三是扎实开展事业单位法人治理工作。认真贯彻落实国务院办公厅《关于建立和完善事业单位法人治理结构的意见》精神，按照市编办法人治理结构试点工作的统一要求，牵头组织相关部门开展法人治理结构改革调研工作。经多部门和试点单位研究讨论，制定《金秀瑶族自治县法人治理结构试点工作实施方案》，组织教育和科技局、县人力资源和社会保障局、县财政局等相关部门修订完善试点单位《金秀县职业技术学校章程》，组建了理事会、监事会、管理层，形成法人治理架构，明确理事会、监事会和管理层的职责、权利和义务。全县按工作部署已完成法人治理结构建设试点的阶段性工作。

【进一步做好中文域名注册和党政机关网站标识管理工作】 加强推进中文域名注册管理工作，迅速提升中文域名注册数量及覆盖率，向各级党政群机关及事业单位印发《关于进一步加强党政群机关和事业单位注册政务和公益中文域名注册工作的通知》，并结合事业单位年检进一步推动中文域名管理工作，提高各级党政机关、事业单位对中文域名注册和网站挂标识管理工作的认识。截至目前，全县已注册中文域名单位372个，注册覆盖率达到95.28%，续费率达100%，网站挂标识达96%。

【积极开展乡村扶贫建设工作】 县编办在人员编制少，工作任务重的情况下，专门安排一名干部到所联系的村委开展精准扶贫工作。编办领导亲自带领干部职工深入所联系的贫困户中开展调研，与贫困户共谋发展。以实际行动为联系点解决实际问题，乡村建设方面：一是协助解决土县屯进村公路硬化项目（500米投资约30万元），二是新农村示范点永泉屯太阳能路灯项目（涉及资金约8万元，安装太阳能路灯12盏），已安装完毕；三是为新农村示范点永泉屯篮球围墙建设争取1.5万资金（该围墙建设共需费用6万元左右）；四是为永和村土县屯争取8000元用于巷道硬化建设，另外5000元用于电线路灯安装。扶贫方面有：严格按照县乡扶贫办的要求开展各项扶贫工作，填写完成一户一策一卡，以及各类产业帮扶联系表，为贫困户申报异地搬迁、小额信用贷款、产业发展补助等等，开展七一、中秋等节日慰问。顺利完成8户2016年贫困户脱贫双认定验收工作。

（罗冬玲）

信访和群众工作

【概　况】 金秀瑶族自治县信访办公室成立于1988年1月，当时编制2人，受中共金秀瑶族自治县委员会领导；1999年9月编制增加到3人。

2009年12月25日金秀瑶族自治县信访办公室更名为“中共金秀瑶族自治县委员会、金秀瑶族自治县人民政府信访局”。2016年6月13日，县信访局从金秀镇平安路38号搬至金秀镇灵香路1号办公，办公条件得到很好的改善，内设接访中心、接访室等功能室。到2016年年底编制仍为3人，实有在职人员5人，属正科级单位，设一正一副职位。

局　长：梁启英（4月离任）

　　　　黄远明（4月任）

副局长：黄远明（4月离任）

　　　　覃彩云（4月任）

【受理人民来信来访】 县信访局认真做好来信办理、来访接待、网上投诉受理等工作，严格执行《信访条例》有关规定，规范信访工作行为，把宗旨意识和群众观念体现在具体行动中，认真接待群众来访，对待信访群众做到倾听耐心、记录翔实、解释细心。2016年，共受理群众来信来访86件174人（件次），与上年同比件次上升68.42%，人次下降36.73%。其中，来信45件，同比上升80%；来访41批129人次，同比上升28.12%。集体访7批72人次（没有到市赴邕进京集体访），同比批次下降22.22%，人次下降64%。连续三年无进京赴邕非访、集体访、越级访。

【领导接访和包案制度】 2016年对自治区交办的9件积案逐案落实了包案领导、责任单位，明确了具体承办人，实行领导包案、逐案化解，严格把握结案标准，按时办结，强化奖惩措施，明确职责。现已100%全部办结，信访人承诺息诉息访。金秀县信访积案化解工作在2016年全市信访工作会议上作典型发言。

【工作亮点】 联合整治开展社会综合整治工作取得良好成效。为维护农村社会稳定，打击违法犯罪行动，保护群众合法权益，促进金秀县和谐与稳定，县信访局、县法院、县人民检察院、县司法局、县公安局等多个部门组成综合整治组，于2016年11月10日对桐木镇三友村友村屯进行社会综合整治。县委常委、县委政法委书记彭卫东亲临一线全程指挥督战，县政府党组成员、公安局局长何拔任总指挥长亲临一线，指挥公、检、法、司各警种各部门展开专项传唤行动。何拔按照行动方案对传唤组、应急处置组、外围警戒清障组、法律宣传组及讯问组等进行了职责分工，确保任务的圆满完成。此次行动，对维护农村社会稳定，打击违法犯罪行动，保护群众合法权益，促进金秀县和谐与稳定起到良好的作用。突出做好涉稳群体维稳信访工作。通过全县各乡镇、各部门进行调查摸底，并经分析研判，2016年，全县涉稳群体事件有涉军、桐木“5·6”案件诉求、被辞退的原民办代课教师、旧城改造项目拆迁户等涉稳群体信访事件，对每个群体事件，金秀县都一一做好研判，加强部门、乡镇联合，注重抓好平时稳控工作的同时，突出抓好各敏感时期涉稳群体维稳信访工作，严厉打击违法犯罪行为。如大樟乡花炉村马安屯与金秀林场林地诉求群体。经县、乡工作组坚持不懈地做群众的思想工作，被困人员得以放行。

县委机要工作

【概　况】 县委机要局于1990年3月成立，为县委直属行政单位（正科级）。2002年机构改革后单位性质不变，仍为县委直属行政单位，履行行政职能。2007年12月，挂牌成立金秀瑶族自治县国家密码管理局，与县委机要局合署办公，实行“两块牌子、一套人马”。县委机要局内部未设立机构，编制部门核准编制6人，其中行政公务员5名，在编4人，空1个行政编；工勤人员1名。

局　长：黎　诚

副局长：赵春清

【理论业务学习】 2016年，县委机要局强抓密码干部理论、业务学习和教育工作。一是深入学习贯彻落实中共十八大和十八届三中全会精神，认真开展学党章党规、学习近平总书记系列讲话，做合格党员的“两学一做”活动；创新工作思路，贯彻执行中央“八项规二是组织全局干部认真开展忠诚教育活动定”和自治区“十个严禁”，不断提高为党委、政府服务的水平。加强全体干部自身建设，增强了全体干部的党性观念和宗旨意识。三是积极参加各项业务技术学习培训和技能交流，大大提高了密码干部业务工作能力。

【业务工作】 顺利完成自治区、来宾市机要部门2016年各项业务检查工作。按照金秀县绩效考评细则要求，不断完善健全工作机制，严格执行24小时全天候值班制度，认真做好电视电话会议技术保障工作，加强党委机关信息网的建设和管理维护工作，较好的完成各项业务工作，在业务工作中，严格执行保密有关制度，多年来没有发生失泄密的情况。

【领导班子及队伍建设】 县委机要局始终坚持以诚信凝聚班子，以团结带好队伍，时刻把顾全大局、维护团结放在首位。在工作中班子成员团结互助、以诚相待，形成各司其职、各尽所能的良好氛围。认真听取干部职工意见，严格按要求召开民主生活会，接受群众监督。半年多来组织理论集中学习6次，上党课2次，集中学习业务知识7次。坚持以人为本，同事之间加强沟通交流，营造一个团结、和谐、融洽的工作环境，激发全局干部职工的工作积极性。加强队伍建设，后备力量不断充实。

【加强党风廉政建设】 县委机要局高度重视党风廉政建设和反腐败工作，严格按照上级关于党风廉政建设和反腐败工作部署，深入开展党风廉政教育实践活动，进一步推进查处发生在群众身边“四风”和反腐败专项工作，不断提高全局干部的思想政治和拒腐防变能力，做到廉洁自律、遵纪守法。

金秀瑶族自治县人民代表大会

人民代表大会常务委员会机构设置

【常务委员会】 金秀瑶族自治县人民代表大会常务委员会是金秀瑶族自治县人民代表大会的常设机关，对自治县人民代表大会负责并报告工作。金秀县人民代表大会常务委员会由主任、副主任若干人、委员若干人组成。自县人民代表大会常务委员会主任、副主任组成主任会议。主任会议处理常务委员会的重要日常工作。

主　任：李金来（兼任党组书记，8月离任）
　　　　莫慧军（兼任党组书记，8月任）
副主任：杨　华
　　　　梁　明（8月离任）
　　　　梁爱华（5月离任）
　　　　赖春飞（11月离任）
　　　　张国华（8月任）
　　　　赵群英（8月任）
　　　　卢冰若（8月任）

县人民代表大会常务委员会下设：办公室、民族法制与内务司法委员会、财政经济与教科文卫工作委员会、农业农村与环资城建工作委员会与选举联络工作委员会。

【办公室】 办公室是县人大常委会的办事机构，负责县人大常委会机关日常工作，办理县人民代表大会、常务委员会、主任会议交办的事务，做好有关会议和人民代表大会的服务工作。

主　任：何显贵（4月任）
副主任：黄　强

【民族法制与内务司法委员会】 民族法制与内务司法委员会是县人民代表大会的常设工作机构，受县人民代表大会领导，对县人民代表大会负责。在县人民代表大会闭会期间，受县人大常委会领导。负责对法院、检察院、公安局、司法局、民宗局等单位贯彻实施法律法规、上级和本级人民代表大会及其常委会的决议、决定的情况进行督促检查，承办上级或本级人大及其常务委员会有关民族、法制、内务司法等方面工作的事项，并负责受理和办理有关群众来信来访、申诉和意见工作。

主　任：廖克胜
副主任：全玉明

【财政经济与教科文卫工作委员会】 财政经济与

教科文卫工作委员会是县人大常委会的工作机构，负责与县人民政府的金融、财政、教科、文卫等部门的联系，调查了解这些部门在贯彻执行党的方针政策和国家法律、法规的情况。对自治县重大问题、重大事项和群众反映强烈的问题进行调查研究，并向常务委员会或主任会议提出报告和建议。

主　任：秦全珍

副主任：莫智灵（6 月离任）

廖红英（7 月任）

【农业农村与环资城建工作委员会】 农业农村与环资城建工作委员会是县人大常委会的工作机构，负责对提请县人大常委会审议的农村、环资城建方面的议案、质询案和决议、决定草案等进行初步审查，提出报告。审查县人民政府及其工作部门农业农村、环资城建方面的规范性文件和乡镇人民代表大会的决议、决定，发现与宪法、法律、法规相抵触的问题，向主任会议或常委会报告，依法提出处理意见。

主　任：庞瑞淳（8 月任）

副主任：吴秀明（8 月任）

【选举联络工作委员会】 选举联络工作委员会是县人大常委会的工作机构，负责选举和联络人大代表各项事务性工作，指导乡镇人大做好人大代表的选举以及开展人大代表工作，组织开展人大代表视察活动，做好人大代表的学习和培训工作，同时承办常委会和主任会议交办的其他事项。

主　任：赵有毅（3 月离任）

梁柏成（4 月任）

副主任：黄莉琳

人民代表大会会议

【金秀瑶族自治县第十五届人民代表大会第六次会议】 十五届六次会议于 2016 年 1 月 29 日至 31 日在县城召开，于 1 月 30 日在瑶族艺术中心开幕，1 月 31 日闭幕，153 名代表，组成 11 个代表团出席了会议。会议议程为：听取和审议自治县人民政府工作报告；审议和批准自治县国民经济和社会发展第十三个五年规划纲要；审查和批准自治县 2015 年国民经济和社会发展计划执行情况与 2016 年国民经济和社会发展计划草案的报告，批准 2016 年国民经济和社会发展计划；审查和批准自治县 2015 年财政预算执行情况与 2016 年财政预算草案的报告，批准 2016 年财政预算；听取和审议自治县人大常委会工作报告；听取和审议自治县人民法院工作报告；听取和审议自治县人民检察院工作报告；审议自治县人大民族法制委员会工作报告；补选自治县十五届人民政府县长。

会议审议通过《关于自治县人民政府工作报告的决议》《关于自治县国民经济和社会发展第十三个五年规划纲要的决议》《关于自治县 2015 年国民经济和社会发展计划情况的报告与 2016 年国民经济和社会发展计划的决议》《关于自治县 2015 年财政预算执行情况和 2016 年财政预算的决议》《关于自治县人大常委会工作报告的决议》《关于自治县人民法院工作报告的决议》《关于自治县人民检察院工作报告的决议》《关于自治县人大民族法制委员会工作报告的决议》，依法补选兰向东为金秀瑶族自治县第十五届人民政府县长。

【金秀瑶族自治县第十六届人民代表大会第一次会议】 十六届一次会议于 2016 年 8 月 22 日至 25 日在县城召开，于 8 月 23 日在瑶族艺术中心开幕，8 月 25 日闭幕，158 名代表，组成 11 个代表团出席了会议。金秀瑶族自治县第十六届人民代表大会第一次会议议程为：听取和审议自治县人民政府工作报告；听取和审议自治县人大常委会工作报告；听取和审议自治县人民法院工作报告；听取和审议自治县人民检察院工作报告；审议自治县人大民族法制委员会工作报告；选举自治县第十六届人大常委会主任、副主任、委员；选举自治县第十六届人民政府县长、副县长；选举自治县第十六届人民法院院长；选举自治县第十六届人民检察院检察长；选举自治县出席来宾市第四届人民代表大会代表；审议自治县人民代表大会专门委员会更名的决定（草案）；审议自治县第十六届人民代表大会民族法制与内务司法委员会相关人员建议名单（草案）；审议《金秀瑶族自治县自治条例（修订）（草案）》。会议审议通过了：《关于自治县人民政府工作报告的决议》《关于自治县人大常委会工作报告的决议》《关于自治县人民法院工作报告的决议》《关于自治县人民检察院工作报告的决议》《关于自治县人大民族法制委员会工作报告的决议》，依法选举莫慧军为金秀瑶族自治县第十六届人民代表大会常务委员会主任；杨华、张国华、赵群英、卢冰若为金秀瑶族自治县第十六届人民代表大会常务委员会副主任；韦正锋、韦群飞、全玉明、吴大胜、吴立敏、吴秀明、吴春梅、何显贵、罗宏升、金艳、庞瑞淳、郑黄斌、柳筱瑜、秦全珍、黄莉丽、黄莉琳、盘莹锋、梁丽斌、梁茂基、梁宝善、梁柏成、廖克胜为金秀瑶族自治县第十六届人民代表大会常务委员会委员；兰向东为金秀瑶族自治县第十六届人民政府县长；雷斌、李成金、庞月嫔、樊占强、覃世明为金秀瑶族自治县第十六届人民政府副县长；闭军疆为金秀瑶族自治县人民法院院长；黎其良为金秀瑶族自治县人民检察院检察长；韦文晋、韦桂龙、韦德斌、兰向东、兰轲、刘伟东、李生财、李红华、李虹、肖金莲、吴立、陈如科、罗林平、金艳、金樱、胡玉雄、相海青、莫永平、莫宇宁、莫慧军、徐继雄、唐国强、黄文龙、盘秀萍、梁敏、覃汝艳、覃宏生、覃凯萍、雷应敏、雷斌、廖加义、黎其良为来宾市第四届人民代表大代表，并报请来宾市人民代表大会常务委员会代表资格审查委员会审查，由来宾市人民代表大会发出公告；会议通过了关于民族法制委员会更名为民族法制与内务司法委员会的决定；会议发出了由廖克胜、全玉明、何显贵、庞瑞淳、梁柏成等6人组成的民族法制与内务司法委员会公告，廖克胜为主任委员，全玉明为副主任委员，何显贵、庞瑞淳、梁柏成为委员；会议通过《金秀瑶族自治县自治条例（修订）》稿。

常务委员会会议

县人民代表大会常务委员会会议由主任召集，每两个月至少举行一次。2016年，金秀瑶族自治县人民代表大会常务委员会共举行了十一次会议。

【金秀瑶族自治县十五届人大常委会第三十七次会议】 会议于2016年1月21日在县城举行。会议由县人大常委会主任李金来主持，副主任杨华、梁明、梁爱华、赖春飞，委员秦全珍、李萍、廖克胜、罗维弋、韦贵周、梁柏成、梁兵亮出席会议。会议听取和审议县人大常委会代表资格审查委员会关于代表出缺和补选代表的代表资格审查报告、县人大常委会办公室关于金秀县第十五届人民代表大会第六次会议筹备情况的报告；召开县第十五届人民代表大会第五次会议的决定（草案）；县第十五届人民代表大会第六次会议相关人员的建议名单（草案）；县人大常委会关于金秀县第十五届人民代表大会第四次会议列席人员决定（草案）；金秀县人民政府关于金秀县十五届人大五次会议代表意见、建议和批评办理情况的报告以及自治县编制“十三五”规划有关重大问题专项工作的报告；审查《金秀瑶族自治县条例》修订稿；金秀县人大常委会工作报告；审议关于提请覃会川等人任免职的议案。会议审议通过了县人大常委会代表资格审查委员会关于代表出缺和补选代表的代表资格审查报告、县人大常委会办公室关于金秀县第十五届人民代表大会第六次会议筹备情况的报告；召开金秀县第十五届人民代表大会第五次会议的决定；金秀县第十五届人民代表大会第六次会议主席团成员建议名单，秘书长、副秘书长建议名单，各代表团团长、副团长建议名单，议案审查委员会主任委员、副主任委员、委员建议名单及金秀县第十五届人民代表大会第六次会议相关人员的建议名单；金秀县人大常委会关于县第十五届人民代表大会第四次会议列席人员决定；县人民政府关于自治县十五届人大五次会议代表意见、建议和批评办理情况的报告以及金秀县编制“十三五”规划有关重大问题专项工作的报告；审查通过《金秀瑶族自治县条例》修订稿及金秀县人大常委会工作报告。会议作出了任命覃会川为金秀县卫生和计划生育局局长、陶学胜为金秀县农业局局长、罗志宏为金秀县民族和宗教事务局局长、陶杰华为金秀县人力资源和社会保障局局长、黄辉明为金秀县监察局局长、李文涛为金秀县审计局局长、陆志忠为金秀县财政局局长的决定；免去罗志宏的金秀县人口和计划生育局局长职务、李文涛的金秀县监察局局长职务、陆志忠的金秀县审计局局长职务、梁森的金秀县民族事务局局长职务、莫运春的金秀县人力资源和社会保障局局长职务、廖雄的金秀县农业局局长职务、吴桂珍的金秀县卫生局局长职务、李先沣的金秀县财政局局长职务的决定。

【金秀瑶族自治县十五届人大常委会第三十八次会议】 于2016年1月24日在县城举行。会议由县人大常委会主任李金来主持，副主任杨华、梁明、梁爱华、赖春飞，委员秦全珍、廖克胜、李萍、韦贵周、罗维戈、梁柏成、梁兵亮出席会议。会议审议通过了依法补选雷应敏为来宾市第三届人民代表大会代表。会议作出了关于依法补选雷应敏为来宾市第三届人民代表大代表的公告，并报请来宾市人民代表大会常务委员会代表资格审查委员会审查确认。

【金秀瑶族自治县十五届人大常委会第三十九次会议】 于2016年3月24日在县城举行。会议由县人大常委会主任李金来主持，副主任杨华、梁明、梁爱华、赖春飞，委员秦全珍、廖克胜、李萍、罗维戈、韦贵周、梁柏成、梁兵亮出席会议。会议听取和审议了县人大常委会2016年工作要点；审议关于提请邓子斌等人任免职的议案。会议审议通过了县人大常委会2016年工作要点；作出了关于任命邓子斌为金秀瑶族自治县人民政府副县长、白显鑫为金秀瑶族自治县人民法院审判员、胡志辉为金秀瑶族自治县扶贫开发办公室主任、李雪为金秀瑶族自治县旅游发展委员会主任、赵国兵为金秀瑶族自治县工商行政管理和质量技术监督局局长、钟春为金秀瑶族自治县教育和科技局局长、覃会雅为金秀瑶族自治县统计局局长的决定；免去赵德海的金秀瑶族自治县教育和科技局局长职务、卢文彪的金秀瑶族自治县统计局局长职务的决定。

【金秀瑶族自治县十五届人大常委会第四十次会议】 于2016年5月11日在县城举行。会议由县人大常委会主任李金来主持，副主任杨华、梁明、赖春飞，委员廖克胜、李萍、罗维戈、梁柏成、梁兵亮出席会议；梁爱华、秦全珍、韦贵周因事请假未出席该次会议。

会议审议通过了关于提请何显贵等人任免职的议案。会议作出了任命何显贵为金秀瑶族自治县人大常委会办公室主任、梁柏成为金秀瑶族自治县人大常委会选举联络工作委员会主任、李江山为金秀瑶族自治县文化体育广电局局长、赵德峰为金秀瑶族自治县住房和城乡建设局局长、张友响为金秀县经济贸易局局长的决定；免去赵有毅的金秀县人大常委会选举联络工作委员会主任职务、李金阳的金秀县文化体育广电局局长职务、黄伟国的金秀县住房和城乡局局长职务、赵卓德的金秀县经济贸易局局长职务的决定。

【金秀瑶族自治县十五届人大常委会第四十一次会议】 于2016年5月19日在县城举行。会议由金秀县人大常委会主任李金来主持，副主任杨华、梁明、梁爱华、赖春飞，委员廖克胜、李萍、罗维戈、梁兵亮、梁柏成、秦全珍、韦贵周出席会议。会议审议通过关于接受梁爱华等人辞去职务的请求；关于提请闭军疆、黎其良等人担任职务的议案；关于提请兰轲等人任免职的议案。会议作出了接受梁爱华辞去金秀县人大常委会副主任职务，赵东渐、彭卫东、黄日红、焉东、刘海波5人辞去金秀瑶族自治县人民政府副县长职务、吴选刚辞去金秀县人民法院院长职务、曾家秀辞去金秀县人民检察院检察长职务的请求；任命雷斌、覃世明2人为金秀县人民政府副县长、闭军疆为金秀县人民法院副院长、黎其良为金秀县人民检察院副检察长、何拔为金秀县公安局局长、兰轲为金秀县财政局局长的决定；免去焉东的金县公安局局长职务、陆志忠的金秀县财政局局长职务的决定。会议作出了金秀县人民法院副院长闭军疆代理院长职务、金秀县人民检察院副检察长黎其良代理检察长职务的决定。

【金秀瑶族自治县十五届人大常委会第四十二次会议】 于2016年5月30日在县城举行。会议由县人大常委会主任李金来主持，副主任杨华、梁明、赖春飞，委员廖克胜、李萍、罗维戈、韦贵周、梁兵亮、梁柏成出席会议。秦全珍因事假未出席本次会议。会议审议通过关于提请韦荣泉等人任免职的议案；听取和审议了关于设立县、乡（镇）人大代表换届选举时间的决定（草案）、关于金秀县第十六届人民代表大会代表名额分配的决定（草案）、关于金秀县乡（镇）级人大代表名额分配的决定（草案）、关于金秀县第十六届人大代表选区划分的决定（草案）。会议作出了任命韦荣泉为金秀县司法局局长的决定；免去文俊威的金秀县司法局局长的决定；会议审议通过了关于设立县、乡（镇）人大代表换届选举时间、金秀县第十六届人民代表大会代表名额分配、金秀县乡（镇）级人大代表名额分配、金秀县第十六届人大代表选区划分的决定。

【金秀瑶族自治县十五届人大常委会第四十三次会议】 于2016年7月29日在县城举行。会议由金秀县人大常委会主任李金来主持，副主任杨华、梁明、赖春飞，委员秦全珍、李萍、廖克胜、罗维戈、韦贵周、梁兵亮、梁柏成出席会议。会议听取和审议金秀县人大常委会代表资格审查委员会关于金秀县十六届人民代表大会代表资格审查报告、县人大常委会办公室关于金秀县第十六届人民代表大会第一次会议筹备情况的报告；召开县第十六届人民代表大会第一次会议的决定（草案）；金秀县第十六届人民代表大会第一次会议相关人员的建议名单（草案）；金秀县人大常委会关于金秀县第十六届人民代表大会第一次会议列席人员决定（草案）；审查县人民政府关于金秀县十五届人大六次会议代表意见、建议和批评办理情况的报告；审议《金秀瑶族自治县自治条例》修订稿；审查县人大常委会工作报告；审议关于增设县人大常委会农业农村与环资城建工作委员会的决定；审议关于提请何金胜等人任免职的议案。会议审议通过了县人大常委会代表资格审查委员会关于金秀县十六届人民代表大会代表资格审查报告、金秀县人大常委会办公室关于金秀县第十六届人民代表大会第一次会议筹备情况的报告；审议通过了召开金秀县第十六届人民代表大会第一次会议的决定；审议通过了县第十六届人民代表大会第一次会议主席团成员建议名单，秘书长、副秘书长建议名单，各代表团团长、委员建议名单，议案审查委员会主任委员、副主任委员、委员建议名单；审议通过了县人大常委会关于金秀县第十六届人民代表大会第一次会议列席人员的决定；审查通过了县人民政府关于金秀县十五届人大六次会议代表意见、建议和批评办理情况的报告；审议通过《金秀瑶族自治县自治条例》修订稿；审查通过县人大常委会工作报告；审议通过关于增设金秀县人大常委会农业农村与环资城建工作委员会的决定。会议作出任命何金胜为金秀县食品药品监督管理局局长、庞瑞淳为金秀县人大常委会农业农村与环资城建工作委员会主任、廖红英为金秀县人大常委会财经教科文卫工作委员会副主任、吴秀明为金秀县人大常委会农业农村与环资城建工作委员会副主任、兰春晖为金秀县人民法院审监庭庭长、韦永瑜为金秀县人民法院民事审判第二庭庭长、曾智菊、刘晓霞、胡晓、范赵敏4人为金秀县人民法院审判员的决定；免去庞瑞淳的金秀县食品药品监督管理局局长的职务、莫智灵的金秀县人大常委会财经教科文卫工作委员会副主任的职务，免去莫庆师的金秀县人民法院副院长、审判委员会委员、审判员职务，韦才周的金秀县人民法院民事审判第二庭庭长职务、韦永瑜的金秀县人民法院立案庭副庭长职务，蒙文彪的金秀县人民法院审判委员会委员、审判监督庭庭长的职务，黄通德的金秀县人民法院审判委员会委员、民事审判第一庭庭长职务，黄通才的金秀县人民法院审判委员会委员、行政庭庭长、审判员职务，曾秋程的金秀县人民法院审判委员会委员、刑事审判庭庭长、审判员职务，林娜的金秀县人民检察院副检察长、检察委员会委员、检察员职务的决定。

【金秀瑶族自治县十五届人大常委会第四十四次会议】 于2016年8月12日在县城举行。会议由县人大常委会主任李金来主持，副主任杨华，委员秦全珍、李萍、廖克胜、罗维戈、梁兵亮、韦贵周、梁柏成出席会议。会议听取和审议县政府《关于将金秀瑶族自治县2016年义务教育均衡发展建设项目政府购买服务支付费用列入自治县财政预算的议案》；会议审议通过县政府《关于将金秀瑶族自治县2016年义务教育均衡发展建设项目政府购买服务支付费用列入自治县财政预算的议案》的决定。

【金秀瑶族自治县十六届人大常委会第一次会议】 于2016年9月6日在县城举行。会议由县人大常委会主任莫慧军主持，副主任杨华、张国华、赵群英、卢冰若，委员何显贵、廖克胜、秦全珍、梁柏成、庞瑞淳、全玉明、吴秀明、韦正锋、柳筱瑜、黄莉丽、梁茂基、郑黄斌、盘莹锋、吴立敏、韦群飞、吴春梅、梁宝善、梁丽斌、金艳出席会议。黄莉琳、罗宏升、吴大胜因事请假未出席会议。会议听取和审议关于县人大常委会财经教科文卫工作委员会更名的决定；关于提请秦全珍等人任免职的议案；关于接受郭成丽等人辞去金秀县第十六届人民代表大会代表职务请求的决定。会议作出了原金秀县人民代表大会常务委员会财经教科文卫工作委员会更名为金秀瑶族自治县人民代表大会常务委员会财政经济与教科文卫工作委员会的决定；任命秦全珍为金秀县人民代表大会常务委员会财政经济与教科文卫工作委员会主任、廖红英为金秀县人民代表大会常务委员会财政经济与教科文卫工作委员会副主任、何拔为金秀县公安局局长、黄恒为金秀县人民政府办公室主任、范汉坤为金秀县发展和改革局局长、胡志辉为金秀县扶贫开发办公室主任、张友响为金秀县经济贸易局局长、钟春为金秀县教育和科技局局长、黄辉明为金秀县监察局局长、梁森为金秀县民政局局长、韦荣泉为金秀县司法局局长、兰轲为金秀县财政局局长、陶杰华为金秀县人力资源和社会保障局局长、赵德良为金秀县国土资源局局长、赵德峰为金秀县住房和城乡建设局局长、黄贵恒为金秀县交通运输局局长、覃会川为金秀县卫生和计划生育局局长、陶学胜为金秀县农业局局长、李江山为金秀县文化体育广电局局长、李雪为金秀县旅游发展委员会主任、覃会雅为金秀县统计局局长、吴建春为金秀县林业局局长、赵莫坤为金秀县民族和宗教事务局局长、金显明为金秀县环境保护局局长、李文涛为金秀县审计局局长、何金胜为金秀县食品药品监督管理局局长、赵国兵为金秀县工商行政管理和质量技术监督局局长的决定；免去黄贵恒的金秀县人民政府办公室主任职务、赵莫坤的金秀县交通运输局局长职务、龚槐枢的金秀县民政局局长职务、罗志宏的金秀县民族和宗教事务局局长职务、李小建的金秀县林业局局长职务的决定；接受郭成丽、梁金燕、赵东渐、刘呈程辞去金秀县第十六届人民代表大会代表职务的决定。

【金秀瑶族自治县十六届人大常委会第二次会议】 于2016年10月26日在县城举行。会议由自人大常委会主任莫慧军主持，副主任杨华、张国华、赵群英、卢冰若，委员何显贵、廖克胜、秦全珍、梁柏成、庞瑞淳、全玉明、黄莉琳、吴秀明、韦正锋、柳筱瑜、黄莉丽、郑黄斌、罗宏升、吴大胜、盘莹锋、吴立敏、吴春梅、梁宝善、梁丽斌出席会议。韦群飞、梁茂基、金艳因事请假未出席本次会议。会议听取和审议县人民政府关于金秀县2015年财政决算情况的报告和关于金秀县2015年度财政预算执行情况和其他收支情况的审计工作报告；县人大财政经济与教科文卫工作委员会关于金秀县2015年财政决算的审查报告；关于提请罗尧等人任职的议案。会议审议通过了县政府关于金秀县2015年财政决算情况的报告和关于金秀县2015年度财政预算执行情况和其他收支情况的审计工作报告及县人大财政经济与教科文卫工作委员会关于金秀县2015年财政决算的审查报告；会议作出《关于批准自治县2015年财政预算调整的决议》的决定；任命罗尧、邓子斌、李东为金秀瑶族自治县人民政府副县长的决定。

【金秀瑶族自治县十六届人大常委会第三次会议】 于2016年12月30日在县城举行。会议由县人大常委会主任莫慧军主持，副主任杨华、张国华、赵群英、卢冰若，委员何显贵、廖克胜、秦全珍、梁柏成、庞瑞淳、全玉明、黄莉琳、吴秀明、韦正锋、柳筱瑜、黄莉丽、郑黄斌、罗宏升、吴大胜、盘莹锋、吴立敏、吴春梅、梁宝善、梁丽斌、韦群飞、梁茂基、金艳出席会议。会议听取和审议县政府关于2016

年金秀县财政收支预算调整的报告和县人大财政经济与教科文卫工作委员会2016年金秀县财政收支预算调整的审查报告；县政府关于贯彻落实《中华人民共和国环境保护法》的情况报告；县政府关于开展精准脱贫攻坚年活动情况专项工作报告；县人大常委会关于《中华人民共和国环境保护法》执法检查情况报告和县人大常委会关于开展精准脱贫攻坚年活动情况专题调研情况报告；关于提请赵珈等人任免职的议案。会议审议通过了县政府关于2016年金秀县财政收支预算调整的报告和县人大财政经济与教科文卫工作委员会关于2016年金秀县财政收支预算调整的审查报告；县政府关于贯彻落实《中华人民共和国环境保护法》的情况报告；审查通过县政府关于开展精准脱贫攻坚年活动情况专项工作报告；县人大常委会关于《中华人民共和国环境保护法》执法检查情况报告和县人大常委会关于开展精准脱贫攻坚年活动情况专题调研情况报告；会议作出了《关于批准2016年金秀县财政收支预算调研的决议》的决定；任命赵珈为金秀瑶族自治县人民检察院检察员；免去黄强金秀瑶族自治县人民代表大会常务委员会办公室副主任职务的决定。

常委会主要工作

【监督工作】 2016年，金秀县人大常委会紧紧围绕全县经济社会发展大局，突出对重点领域和重点工作的监督，进一步完善监督工作机制，不断增强监督实效。突出对财政预算执行的监督。密切关注宏观经济走势和年度目标任务的落实，对2016年国民经济和社会发展计划，2016年财政预算执行情况及“十三五”规划执行情况开展专题调研，对存在的问题提出意见和建议，实现对财政预算执行情况的有效监督。听取和审议了县人民政府关于2015年财政决算报告及2015年度预算执行情况和其他财政收支的审计情况报告，并相应提出了加强预算管理的4点建议。在预算编制过程中提前介入监督审查，并加强对预算执行的审查，形成了事前、事中、事后的全程监督模式，实现了从程序性监督向实质性监督的转变。突出对重要领域和重点工作的监督。组织开展了全县精准脱贫工作专题调研，听取和审议了县政府《关于开展精准脱贫攻坚工作的情况报告》，针对存在的产业扶贫成效不明显、社会参与度不高和工作合力不足等问题，提出了具体意见和建议。组织开展了环境保护法的执法检查，听取和审议了县政府《关于贯彻落实中华人民共和国环境保护法的情况报告》，并就存在的问题提出了意见和建议。加强法律监督工作。自治县人大常委会不断加强对司法工作的监督，着力推动公正司法，维护社会公平正义。组织人大代表参加县法院和县检察院开展的“阳光司法”活动（即评审、执行和审判文书公开），通过旁听庭审，深化代表对司法工作的了解，对司法机关存在的问题和薄弱环节提出改进意见和建议，促进依法行政和公正司法，维护社会公平公正。常委会高度重视人大信访工作，积极完善信访工作机制，认真受理群众来信来访，全年共受理群众来信16件，接待来访人员26人次，转办处理13件，当场说服劝解结案3件。

【重大事项决定】 县人大常委会紧紧围绕全县经济社会发展和民主政治建设的重大问题，围绕人民群众的切身利益问题，依法决定重大事项，切实行使好重大事项决定权。全年共作出决议决定16项。

【人事任免】 坚持党管干部的原则和人大依法任免相统一，确保党组织推荐的人选通过法定程序成为国家机关的工作人员。同时，切实加强任后监督，增强被任命人员的责任感、使命感和公仆意识。2016年，共任命“一府两院”领导人员和工作人员59人次，免去28人职务，接受辞职8人次，为金秀县国家机关工作人员正常运行提供了组织保障。此外，还依法补选了1名市人大代表，接受4名金秀县第十六届人民代表大会代表辞去了代表职务。

【换届选举】 2016年是金秀县县、乡（镇）换届选举之年，为了做好这次换届选举工作。自治县人大常委会成立了换届选举领导小组，召开换届选举工作会议，培训工作人员，加强组织和指导，深入基层开展调研，掌控选情，及时协调解决存在的问题，认真贯彻落实中央的统一部署和明确要求，严明纪律，强化监督，确保换届风清气正，依法开展，全面完成了县、乡（镇）人大换届选举工作。全县共选举产生683名代表，其中金秀县第十六届人民代表大会代表158名，乡（镇）级人大代表525名，依法选举产生的新一届人大代表实现了“两升一降”；金秀县第十六届人大一次会议依法选举产生了金秀县出席来宾市第四届人大会代表、金秀县人大常委会组成人员和金秀县“一府两院”相关班子成员，乡（镇）人大会也依法选举产生了乡（镇）人大、政府领导班子，为金秀县“十三五”时期各项事业稳健发展奠定了坚实的组织基础。

【代表工作】 2016年，县人大常委会不断创新代表工作的理念和思路，进一步拓宽工作平台和载体，健全联系代表工作机制，切实加强对基层代表工作的指导，为代表依法履职提供服务和保障。加强代表培训工作。组织抓好县、乡（镇）新一届人大代表的培训，强化代表对宪法、代表法、地方组织法等法律法规和人大业务知识的学习，参训代表680多名。同时，组织县新一届人大常委会组成人员赴深圳人大培训中心开展了能力提升培训。通过培训学习，提高了代表的履职能力。积极组织代表活动。认真指导代表小组活动，密切代表与选民的联系，2016年，共组织常委会组成人员向选民述职12人次，直接联系人大代表24名，联系选区12个。同时，以乡（镇）人大“代表活动中心”和“代表之家”建设平台为载体，进一步完善代表履职作用。利用代表履职平台开展学习培训达610人次，开展履职交流33次，协助纠纷调解112件。加强联系、沟通，坚持邀请县人大代表列席县人大常委会会议，参加常委会组织的调研、视察、执法检查等活动，为代表知情知政、履行职责创造良好条件。一年来共开展了6次活动，参与代表达176人次，保障了代表的知情权和参与权。扎实开展代表视察。常委会组织150多名自治县第十六届人大代表，于9月下旬先后深入10个乡（镇）和20个预迎检学校进行了义务教育均衡发展工作的视察。通过代表实地视察和了解，对工作中存在的4个方面共性问题，提出了5项改进意见和建议，为自治县义务教育均衡发展工作顺利通过自治区级验收做出了积极贡献。强化代表建议督办。自治县十五届人大六次会议期间，代表提出的建议、批评和意见共64件，常委会及时交办、督办，已全部在规定期限内办理完毕。自治县十六届人大一次会议期间代表提出的建议、批评和意见共113件，已全部办复。

【民族立法】 2015年5月，经县委批准同意，金秀县人大常委会开始对《金秀瑶族自治县自治条例》进行修订。制定下发工作方案，成立修订工作领导小组，召开2次主任会议、1次启动会、2次工作部署会，查阅10多部法律法规、50多册文件资料，召开3次修订工作领导小组初稿讨论会，逐一对条例的各项条款进行研究讨论。同时，邀请自治区人大常委会民族委员会从事民族立法工作的专家到金秀县进行立法工作培训及指导，并且组织相关人员赴云南的河口，区内的恭城、富川等瑶族自治县考察学习民族立法工作的先进经验和做法。经过近一年的努力，自治县人大常委会修订工作领导小组最终编制完成《金秀瑶族自治县自治条例》修订案。2016年8月25日经金秀瑶族自治县十六届人民代表大会第一次会议通过修订，2016年9月29日经广西壮族自治区第十二届人大常委会第二十一次会议批准，于2016年9月30日公布施行。

【“两学一做”学习教育】 县人大常委会以作风建设为抓手，以提高素质、改进作风、增强能力为重点，狠抓自身建设，认真学习中共十八届六中全会和自治区第十一次党代会精神，坚持以科学发展观和习近平总书记系列重要讲话精神武装头脑、指导实践、推动工作。按照县委部署，深入开展“两学一做”学习教育，以党章党规为标尺，坚持党对人大工作的领导，立法、监督、代表工作中的重大事项，及时向县委请示报告，坚决贯彻县委对人大工作的指示要求。突出抓紧抓实专题党课、专题学习讨论、专题组织生活会、民主评议、立足岗位做贡献等关键动作，将“两学一做”学习教育贯穿于人大履职全过程。同时，自觉在“两学一做”学习教育中加强意识形态工作，召开人大宣传工作会议，研究部署全年人大宣传工作，把人大宣传纳入县委宣传工作大局，充分利用舆论宣传增强人大监督实效。

金秀瑶族自治县人民政府

县政府工作

【概　况】 金秀瑶族自治县人民政府，是金秀县最高行政机关，负责执行中共上级组织和金秀县委、金秀县人民代表大会的决议；通过其直属机构和各乡（镇）人民政府，管理全县社会、经济、文化等行政事务。2016年，县政府工作部门有：县人民政府办公室、县发展和改革局、县经济贸易局、县公安局、县监察局、县民政局、县司法局、县财政局、县人力资源和社会保障局、县教育和科技局、县国土资源局、县住房和城乡建设局、县交通运输局、县农业局、县林业局、县文化体育广电局、县统计局、县环境保护局、县审计局、县食品药品监督管理局、县卫生和计划生育局、县民族和宗教事务局、县旅发委、县工商管理和质量技术监督局，县监察局与县纪律检查委员会机关合署办公，列入县人民政府工作部门序列，不计入县人民政府机构个数；县人民政府办公室加挂县法制办公室、县政务服务管理办公室、县调解处理土地山林水利纠纷办公室牌子；县发展和改革局加挂县物价局、县扶贫开发办公室牌子；县财政局加挂县粮食局牌子；县住房和城乡建设局加挂县人民防空办公室牌子；县农业局加挂县水利局、县水产畜牧兽医局牌子；县经济贸易局加挂县安全生产监督管理局牌子；县教育和科技局加挂县地震局牌子；县食品药品监督管理局加挂县食品安全委员会办公室牌子。

县　长：兰向东（1月任）
副县长：雷　斌（5月任）
赵东渐（5月离任）
李成金
彭卫东（5月离任）
邓子斌（3月任，挂职）
黄日红（5月离任）
罗　尧（9月任，挂职）
焉　东（5月离任）
庞月嫔
刘海波（4月任，挂职）
樊占强
吴保春（9月离任，挂职）
覃世明（5月任）
李　东（挂职）
调研员：苏金萍（8月离任）

表8　2016年金秀县乡镇政权机构一览表

单位名称	人民政府乡（镇）长数	下设部门	各村（社区）党支部书记人数	各村（社区）村（居委会）主任人数	其他村（社区）“两委”定工干部人数
金秀镇	5	党政办公室、社会事务办公室、经济发展办公室、卫生和计划生育办公室、社会治安综合治理办公室、社会保障服务中心、文化体育和广播电视站、人口和计划生育服务站、农村土地流转中心、国土规建环保安监站	7（其中2人为一肩挑）	7（其中2人为一肩挑）	18
桐木镇	4	党政办公室、社会事务办公室、经济发展办公室、卫生和计划生育办公室、社会治安综合治理办公室、社会保障服务中心、文化体育和广播电视站、人口和计划生育服务站、农村土地流转中心、国土规建环保安监站	15（其中1人为一肩挑）	15（其中1人为一肩挑）	59

续表

单位名称	人民政府乡（镇）长数	下设部门	各村（社区）党支部书记人数	各村（社区）村（居委会）主任人数	其他村（社区）“两委”定工干部人数
头排镇	4	党政办公室、社会事务办公室、经济发展办公室、卫生和计划生育办公室、社会治安综合治理办公室、社会保障服务中心、文化体育和广播电视站、人口和计划生育服务站、农村土地流转中心、国土规建环保安监站	5	5	11
三江乡	4	党政办公室、社会事务办公室、经济发展办公室、卫生和计划生育办公室、社会治安综合治理办公室、社会保障服务中心、文化体育和广播电视站、人口和计划生育服务站、农村土地流转中心、国土规建环保安监站	6	6	8
忠良乡	4	党政办公室、社会事务办公室、经济发展办公室、卫生和计划生育办公室、社会治安综合治理办公室、社会保障服务中心、文化体育和广播电视站、人口和计划生育服务站、农村土地流转中心、国土规建环保安监站	11	11	14
长垌乡	4	党政办公室、社会事务办公室、经济发展办公室、卫生和计划生育办公室、社会治安综合治理办公室、社会保障服务中心、文化体育和广播电视站、人口和计划生育服务站、农村土地流转中心、国土规建环保安监站	7	7	7
三角乡	4	党政办公室、社会事务办公室、经济发展办公室、卫生和计划生育办公室、社会治安综合治理办公室、社会保障服务中心、文化体育和广播电视站、人口和计划生育服务站、农村土地流转中心、国土规建环保安监站	6（其中3人为一肩挑）	6（其中3人为一肩挑）	12
罗香乡	5	党政办公室、社会事务办公室、经济发展办公室、卫生和计划生育办公室、社会治安综合治理办公室、社会保障服务中心、文化体育和广播电视站、人口和计划生育服务站、农村土地流转中心、国土规建环保安监站	9	9	13
大樟乡	4	党政办公室、社会事务办公室、经济发展办公室、卫生和计划生育办公室、社会治安综合治理办公室、社会保障服务中心、文化体育和广播电视站、人口和计划生育服务站、农村土地流转中心、国土规建环保安监站	8	8	13
六巷乡	4	党政办公室、社会事务办公室、经济发展办公室、卫生和计划生育办公室、社会治安综合治理办公室、社会保障服务中心、文化体育和广播电视站、人口和计划生育服务站、农村土地流转中心、国土规建环保安监站	5	9	14

【脱贫攻坚扎实有效】 2016年全县贫困户脱贫“双认定”完成2760户、10751人，完成市级下达控制数，3个贫困村达到脱贫摘帽标准，并顺利通过自治区核验，超额完成目标任务，并在全国民族自治县打赢脱贫攻坚全面建成小康社会经验交流会上作经验介绍。2016年，自治县共投入产业扶持资金1600多万元，扶持贫困户发展水果、茶叶、中草药等特色产业14000多亩，有效带动5000多贫困人口脱贫。7—12月，自治县易地搬迁扶贫工作连续6个月在全区综合排名前10位。

【生态建设巩固提升】 2016年，金秀县成功列入国家级重点生态功能区，4 个乡（镇）获“自治区级生态乡镇”称号，15 个行政村获“自治区级生态村”称号；全县地表水水质、饮用水水源地水质均达国家Ⅲ类标准，空气环境质量达国家二级标准；“实现生态旅游良性发展和农业产业升级发展”的典型经验做法获自治区人民政府激励表扬。同时全年完成自治区示范村屯绿化任务 23 个，一般村屯 300 个，完成任务的 100%；完成植树造林 1.99 万亩，完成任务的 110.56%，全县森林覆盖率上升至 85.98%，位居全区第一；兑现森林生态效益补偿基金 1802.14 万元，兑现率达 93.59%；顺利实施 3 个林下经济示范项目建设，实现林下经济产值 6.25 亿元。

【特色旅游发展喜人】 全年共接待游客 354.09 万人次，旅游总收入 26.13 亿元，同比增长分别为 23.05% 和 37.24%，在 2016 年度全区两次测评中，自治县游客满意度在全区特色旅游名县中均名列第一。

【特色农业建设效果明显】 投入资金 350 万元，完成 4 个特色农业示范区创建工作，全县示范区面积近 8000 亩，其中六段茶山瑶韵茶叶示范区同时获得自治区县级和来宾市市级示范区认定，三江瑶都桔香示范区获得自治区县级示范区认定，巴勒薯光示范区和长垌青山秀水生态观光旅游示范区获得自治区乡级示范区认定。

【加工贸易进出口取得新突破】 全年加工贸易进出口完成 676.74 万美元，完成目标任务的 189.56%，同比增长 108.52%，总量和增速均排名全市第一。

【项目推进力度增强】 2016 年统筹安排重大项目 75 个，其中市级重大项目 15 个。15 个市级重大项目中，新开工项目 4 个、续建项目 5 个、竣工投产项目 3 个、预备项目 3 个，项目总投资 37.35 亿元，全年共完成投资 5.89 亿元，完成市级下达任务的 100.5%。全年共邀请和接洽了 200 多批次客商到自治县投资考察，实施招商引资项目 27 个，到位资金 15.69 亿元，完成目标任务的 112.07%；利用外资 1038 万美元，完成目标任务的 207.6%；新签约项目 6 个，其中亿元以上项目 5 个，签约项目总投资达 55.7 亿元；在谈项目 26 个，计划总投资达 56.4 亿元；成功引进年纳税 5000 万元以上 IPO 上市培植企业一家（广西裕达工程有限公司），正在洽谈 IPO 上市培植企业一家。

【教育科技事业有新发展】 在财政资金极其困难的情况下，筹集资金 4800 万元，完成义务教育建设项目 139 个，全县义务教育均衡发展工作提前一个月（2016 年 10 月）通过自治区督导评估，并扎实开展科技项目的申报和实施工作，实施科技项目 8 个，已全部完成结题验收，完成科技项目申报工作，共申请专利 88 件。

【文体广电事业有新成效】 成功举办自 1985 年以来，规模最大、影响力最广、最为隆重节俭的“中国金秀—世界瑶都·2016 盘王节”活动，成功举办“世界瑶都 · 大美金秀 2016 年首届环大瑶山全国自行车挑战赛”等系列竞赛活动，荣获广西十大民族传统体育特色之乡称号，县广播电视台获得自治区县级播出机构秩序先进单位。2016 年申报《盘瑶深牌歌》《瑶族舞香龙》两项为自治区级项目，已列为第六批区级非物质文化遗产保护项目。2016 年金秀县荣获“广西十大民族传统体育特色之乡”称号。

【卫计和健康监管有新进展】 全县基本公共卫生服务各项指标均达到自治区要求，全年无突发公共卫生事故发生；医改工作稳步推进，新农合参合率达 99.81%；编制《自治县瑶医药“十三五”发展规划》，县瑶医医院创建“二级甲等”工作通过初步评审；全面实施二孩政策，人口自然增长率为 5.96‰，出生人口性别比为 107.66，低于责任指标。

【社会保障工作有新提升】 全县城镇新增就业、失业人员再就业、农村劳动力转移就业等工作均完成目标任务，企业职工劳动合同签订率达 95.03%，受理拖欠农民工工资案件 146 起，追回拖欠农民工工资316.95万元；城乡居民养老保险参保率达95%以上，基础养老金发放率100%，启动城乡居民基本医疗保险整合工作。

【社会稳定和平安建设有新巩固】 全年共立刑事案件453起，破案244起，破案率为53.9%，同比上升14.3%，神剑1号专项行动战果显著，排名全市第一；深入开展“法律六进”、“七五”普法等活动，不断推进法治金秀建设；立案受理“三大纠纷”新发案31起，调结28起，调结率90.3%，排查出历年“三大纠纷”案件39起，调结32起，调结率82%；按时办结自治区交办的9件信访积案，获得自治区信访局的高度认可；扎实开展安全隐患排查整治工作，有效预防安全生产事故和交通、消防事故，妥善处置危害公共安全等突发事件，年度公众安全感排名全区第十二名、全市第二名。

重要会议

【县长办公会议】 2016年3月9日，在县行政中心401会议室召开县长办公会议，会议对广西金秀东达制糖有限责任公司（以下简称金秀东达制糖公司）向县人民政府借款的事项进行了讨论和研究。会议决定：同意给予金秀东达制糖公司应急短期借款5500万元用于偿还到期的信贷贷款资金，使用时间为5个工作日，使用到期后必须一次性还款。借款资金分两笔分别暂借给县经贸局和县农业局，由县经贸局、县农业局以扶持企业发展形式将资金借给金秀东达制糖公司，用途专限金秀东达制糖公司用于偿还到期的信贷贷款过桥资金。县经贸局、县农业局要与金秀东达制糖公司签订还款协议书，明确还款期限、还款方式和不如期还款的处置方式等。同时，金秀东达制糖公司要签订授权书，信贷贷款办好后，授权县信用联社将县人民政府借款直接还给县经贸局、县农业局。县信用联社要出具承诺书，保证5个工作日内将金秀东达制糖公司所借用的过桥还贷资金如数一次性归还给县经贸局、县农业局，再由县经贸局、县农业局归还给县财政局。县信用联社必须在5个工作日内办好信贷手续，确保资金安全。由赵东渐副县长具体负责协调落实，以确保资金运作安全归还到位。

2016年4月12日，在县行政中心301会议室召开县长会议，会议就近期的重点工作：精准扶贫，义教均衡发展，城建规划和桐木镇建设，综合整治，及旅游、农业、水利、林业、招商引资、生态转移支付等相关工作进行了安排部署。

2016年8月26日，在县行政中心301会议室召开第十六届人民政府县长（扩大）会议，会议听取了各乡（镇）重点工作推进情况汇报，研究了各乡（镇）需要县人民政府协调解决的问题，并对下步工作提出了具体要求：新一届人民政府领导班子要结合分管工作实际，大胆履职，独当一面，超过职责范围的事要加强请示汇报。县人民政府各分管领导在工作中要讲求实效和时限，明确好责任单位、责任人和时间节点，加强督查考核，加大问责力度，狠抓工作落实，进一步强化“乡镇政府对县政府负责，乡镇长对县长负责”的工作机制。县人民政府各分管领导要有“一竿子插到底”的工作精神，多深入实地调研，认真推进各项工作开展。各乡（镇）人民政府要做好上报文件的全程跟踪，县人民政府各分管领导要切实提高办文效率，县人民政府办公室要做好协调服务工作，急件要注意提醒。县人民政府各分管领导要少开会，开短会，提高会议质量和议事效率。各级领导班子成员之间要讲团结，讲合作，加强沟通，相互协作，营造上进氛围。县人民政府各分管领导要加强对分管部门的党风廉政建设，严格执行“一岗双责”，干净做事，勇于担当，切实抓好各项工作。

2016年10月8日，在县行政中心402会议室召开第十六届人民政府县长碰头会议。会议听取了县人民政府各班子成员对各自分管工作的情况汇报，就近期的重点工作进行了安排部署，要求咬定经济发展目标不放松，高度重视和强化绩效考评工作，抓实抓细安全生产及社会稳定工作，做大做强特色工业，继续抓好农业、水利等方面工作，全力推进脱贫攻坚工作，继续抓好生态旅游，加快城建化建设步伐，扎实抓好教育工作，抓好交通基础设施建设，统筹推进民生工作。

【县人民政府常务会议】 2016年1月4日，在县行政中心301会议室召开第十五届人民政府第31次常务会。会议研究讨论了五项议题：关于给予莫俊敏行政开除处分的问题；关于讨论修改《金秀瑶族自治县国民经济和社会发展第十三个五年规划纲要（草案）》（征求意见稿第三稿）的问题；审议《2016—2017年自治县政府集中采购目录及限额标准》；审议《金秀瑶族自治县本级行政审批事项目录（2015修订）》；关于成立金秀瑶族自治县农村投资有限公司的问题。会议研究决定，同意成立县农村投资有限公司，做好项目资金承接工作，在“十三五”时期易地扶贫搬迁资金所需资金将通过市场化运作的办法进行筹措，承接广西农投集团转借的国家易地扶贫搬迁融资资金，负责项目实施。

2016年1月15日，在县行政中心301会议室召开第十五届人民政府第32次常务会。会议研究讨论了两个议题：研究讨论《金秀瑶族自治县国民经济和社会发展第十三个五年规划纲要（送审稿）》；审议《金秀瑶族自治县人民政府工作规则（草案）》《金秀瑶族自治县人民政府常务会议管理制度（草案）》《金秀瑶族自治县人民政府专题会议制度（草案）》《金秀瑶族自治县财政专项资金管理办法（草案）》等议事制度和管理办法。

2016年1月22日，在县行政中心301会议室召开第十五届人民政府第33次常务会，会议研究讨论了四个议题：审议《政府工作报告（送审稿）》；审议《关于自治县2015年国民经济和社会发展计划执行情况与2016年国民经济和社会发展计划草案的报告（送审稿）》；审议《关于自治县2015年财政预算执行情况与2016年财政预算草案的报告（送审稿）》；（四）关于抗防低温雨雪冰冻天气工作安排及措施。

2016年1月27日，在县行政中心301会议室召开第十五届人民政府第34次常务会，会议研究讨论了五项议题：审议《桐木镇西一路旧城改造项目征地拆迁安置用地供地方案》；审议《桐木镇向阳西路旧城改造项目征地拆迁安置用地供地方案》；审议《桐木镇锦秀城房地产开发项目规划设计方案》；审议《桐木镇广源财富广场一期房地产开发项目规划设计方案》；审议《金秀瑶族自治县县级公立医院综合改革工作实施方案》。

2016年2月28日，在县行政中心301会议室召开第十五届人民政府第35次常务会，会议研究讨论了八项议题：审议《金秀瑶族自治县推进县域义务教育均衡发展工作实施方案》《金秀瑶族自治县迎接自治区县域义务教育均衡发展督导评估认定工作方案》《金秀瑶族自治县推进县域义务教育均衡发展工作领导小组》等3个方案；审议《金秀瑶族自治县土地利用总体规划（2010—2020年）调整完善方案（2015年调整）》；审议《金秀瑶族自治县基础测绘规划（2015—2020年）》；审议《金秀瑶族自治县2016年第一期国有建设用地使用权挂牌出让方案》；审议《桐木工业集中区仁里村长学屯征地补偿费标准方案》；研究大樟至六要坪（新兴）公路项目县级配套资金的问题；审议《金秀航空旅游项目投资协议》；审议《金秀瑶族自治县2016年县四家班子领导和县直单位、乡镇联系重大项目建设统筹推进实施方案（讨论稿）》。

2016年3月22日，在县行政中心301会议室召开第十五届人民政府第36次常务会，会议研究讨论了十项议题：听取金秀县考察团赴贵州毕节考察学习精准扶贫工作经验的汇报；传达全区易地搬迁工作推进会议精神；听取金秀县易地搬迁工作推进情况汇报并研究工作措施；听取近期到自治区各厅委办局汇报工作贯彻落实情况；审议太平洋建设集团与金秀县在基础设施投资建设领域合作事宜；审议金秀县职业技术学校享受乡镇补贴问题；审议《金秀瑶族自治县县级公立医院综合改革实施意见》；审议《壮族民居建筑风格》；审议金秀县桐木镇桐木公路养护区危旧房改住房改造项目规划设计方案调整问题；审议县城至盘王谷等路段划为市政道路问题。会议决定，同意将金秀镇政府大门至盘王谷养生公寓楼旁沥青路尽头处和旧林业局大门口至博物馆路口的路段划为市政道路，管理权属由县交通局移交至县住建局。

2016年4月5日，在县行政中心301会议室召开第十五届人民政府第37次常务会，会议研究讨论了九项议题：审议《金秀瑶族自治县深化财税体制改革方案》；研究调整金秀县党政机关差旅住宿费标准等有关事项；审议《金秀瑶族自治县本级财政预算调整管理暂行办法》；审议《金秀瑶族自治县本级财政对外借款管理暂行办法》；审议《印象金秀二期（古街）建筑设计方案》；审议香草湖沿湖步栈道设计方案；研究金秀江盟铁合金公司电价扶持政策的有关事项；审议《金秀瑶族自治县80周岁以上高龄老人生活补贴方案》；审议《金秀瑶族自治县农村公路养护管理暂行办法》。

2016年4月29日，在县行政中心301会议室召开第十五届人民政府第38次常务会，会议研究讨论了五项议题：听取中国金秀·2016圣堂山杜鹃花旅游节筹备工作情况汇报；通报从县财政预拨1500万元用于县政法、文体项目征地拆迁补偿资金事项；研究原为工人身份通过自治区参公考试过渡为参公人员的职级晋升问题；审议《金秀瑶族自治县2016年村级公益事业建设一事一议财政奖补工作第一批（贫困村）项目实施方案》（草拟稿）；传达全区财政扶贫资金管理使用现场推进会议精神。

2016年5月16日，在县行政中心301会议室召开第十五届人民政府第39次常务会，会议研究讨论了九项议题：传达李克强总理关于做好当前经济工作的讲话精神及在全面推开营改增试点准备工作座谈会上的讲话精神；审议《金秀瑶族自治县桐木镇城镇总体规划（修编）（2015—2035）》；审议罗香乡集镇区乡土特色规划；研究政府性投资项目招标控制价执行政策的问题；研究郭成明等31人职级晋升的问题；研究安排2013年中央财政统筹农田水利建设资金项目的有关事项；研究安排第六批中央财政小型农田水利重点县2015年度建设项目县级配套资金的有关事项；审议《金秀瑶族自治县人民政府领导同志批示和交办事项督办工作规定（试行）》；研究拨付县民族小学扩建项目房屋拆迁补偿、补助款的有关事项。

2016年6月3日，在县行政中心301会议室召开第十五届人民政府第40次常务会，会议研究讨论了十三项议题：研究给予广西金秀大瑶山天宝天然泉水有限公司“3·27”高处坠落安全事故结案的请示；审议《金秀瑶族自治县公务用车制度改革实施方案（送审稿）》；研究重新确定轮换县级储备粮销售底价的请示；审议《金秀瑶族自治县2016年村级公益事业建设一事一议财政奖补工作第二批项目实施方案（送审稿）》；审议《金秀瑶族自治县易地扶贫搬迁“十三五”规划（送审稿）》；审议《金秀瑶族自治县“十三五”期间易地扶贫搬迁工作方案（送审稿）》；审议《金秀2016年易地扶贫搬迁工程实施方案（送审稿）》；审议《金秀瑶族自治县2016年政策性农业保险工作实施方案（送审稿）》；审议《金秀瑶族自治县2016年农村土地承包经营权确权登记颁证工作方案（送审稿）》；审议《金秀瑶族自治县2016年农村土地承包经营权确权登记颁证工作服务项目向外发包工作方案（送审稿）》；研究追加2016年全县农村土地承包经营权确权登记颁证工作经费的请示；研究关于上海电影制片厂在金秀拍摄《过山榜》的经费请示；研究建设自治县工人文化宫的请示。

2016年6月22日，在县行政中心301会议室召开第十五届人民政府第41次常务会，会议研究讨论了十一项：听取自治县2016年上半年安全生产工作情况汇报；传达全区2016年度脱贫摘帽推进大会精神并听取全县精准扶贫工作推进情况汇报；听取编制金秀县工业发展“十三五”规划思路的情况汇报；审议《金秀瑶族自治县“十三五”交通运输发展专项规划（送审稿）》；研究拨款建设县民族高中教学楼的请示；研究金秀县公共租赁住房租金试行标准的请示；审议《金秀瑶族自治县扶贫小额信贷风险补偿资金管理办法（试行）（送审稿）》；审议《金秀瑶族自治县2016年扶贫小额信贷贴息工作实施方案（送审稿）》；审议《金秀瑶族自治县财政专项扶贫结余资金调整适应方案（送审稿）》；研究搬迁金秀县城汽车客运站的请示；审议《请求批复庆达·华庭规划设计方案的请示》。

2016年7月22日，在县行政中心301会议室召开第十五届人民政府第42次常务会，会议研究讨论了十项议题：传达雷应敏市长在来宾市三届人民政府第九次全体（扩大）会议上的讲话和在来宾市三届人民政府第81次常务会上的讲话精神；听取县旅发委2016年上半年工作情况汇报；审议《金秀瑶族自治县第十五届人民政府工作报告（送审稿）》；听取各牵头单位对金秀镇六拉村问计于民座谈会中提出的意见和建议的办理情况汇报；审议《进一步加快茶叶产业发展的意见（送审稿）》；审议《金秀瑶族自治县脱贫攻坚产业扶贫实施方案（试行）（送审稿）》；审议《梧州至柳州高速公路项目王钳互通立交工程建设合作协议书》；审议《金秀瑶族自治县乡村教师支持计划实施方案（2015—2020年）（送审稿）》；研究金秀县2016年度城乡低收入家庭收入标准的请示；研究拨付桐木镇锦秀城项目征地补偿费的请示。

2016年8月5日，在县行政中心301会议室召开第十五届人民政府第43次常务会，会议研究讨论了十二项议题：听取工业经济发展情况汇报；听取项目建设推进情况汇报；听取财政专项资金支出情况汇报；审议《金秀瑶族自治县村级公益事业建设一事一议财政奖补项目管理暂行办法（送审稿）》；审议《中国金秀—世界瑶都2016年盘王节活动方案（送审稿）》；审议《电影〈过山榜〉合作开发协议书（送审稿）》；研究桐木镇向阳西路路段改造工程项目法人变更的请示；研究2016年政府新增一般债券额度分配的请示；审议《锦绣瑶山·华东绿博园投资协议书（送审稿）》；研究县民族高中利用学校社会服务收入提高教师奖励性绩效工资的请示；审议《金秀瑶族自治县义务教育学校校长奖励性绩效工资实施办法（试行）（送审稿）》；研究拨给金秀县水泥厂淘汰落后产能中央财政奖励资金的请示。

2016年9月2日，在县行政中心301会议室召开第十六届人民政府第1次常务会，会议研究讨论了七个议题：传达《关于七起落实全面从严治党主体责任不力被问责典型问题的通报》文件精神；听取农村土地确权登记颁证工作情况汇报；听取创建现代特色农业示范区进展情况汇报；听取2016年以来新型城镇化建设工作情况汇报；研究成立自治县城乡建设投资有限公司的请示；研究给予支持桐木新农贸市场管理启动资金的请示；审议《金秀瑶族自治县电子政务外网城域网项目实施方案（送审稿）》。

2016年9月22日，在县行政中心301会议室召开第十六届人民政府第2次常务会，会议研究讨论了八项议题：研究给予韦建春行政开除处分的请示；听取自治县脱贫攻坚工作进展情况汇报；听取推进义务教育均衡发展工作情况汇报；审议《自治县深化小型水利工程管理体制改革实施方案（送审稿）》；审议《自治县深化供销合作社综合改革实施方案（送审稿）》；审议《金秀瑶族自治县农村垃圾治理两年攻坚实施方案（送审稿）》；审议《金秀瑶族自治县县城违法违章建筑处理方案（送审稿）》；审议《金秀瑶族自治县基础设施PPP项目合作框架协议书（送审稿）》。

2016年10月24日，在县行政中心301会议室召开第十六届人民政府第3次常务会，会议研究讨论了九项议题：听取中国金秀—世界瑶都2016·盘王节活动筹备工作进展情况汇报；听取国土资源管理工作汇报；研究追加并拨付原部分企事业单位债务接收经费的请示；审议《金秀瑶族自治县农村支付服务财政补贴办法（送审稿）》；研究将2011年度农业综合开发项目资金调配给老山林场建设组培中心项目的请示；研究调整2015年及以前年度车购税结存资金用于支付老山口至罗孟等四条公路项目资金的请示；研究协调来宾市三江口建设有限公司金秀县出资贷款事宜的请示；审议《金秀瑶族自治县加快农村电子商务发展实施意见（送审稿）》；审议《金秀六段“拉迦秘境”茶山瑶新寨建设规划（送审稿）》。

2016年11月16日，在县行政中心301会议室召开第十六届人民政府第4次常务会，会议研究讨论了十四项议题：听取计生年度工作完成情况和医改工作推进情况汇报；听取供销合作社综合改革工作和农村供销合作社建设情况汇报；审议《自治县工业发展“十三五”规划（送审稿）》；审议《金秀瑶族自治县征地拆迁工作管理制度（送审稿）》；审议《金秀瑶族自治县征地拆迁补偿安置办法（试行）（送审稿）》；审议《金秀瑶族自治县征收（回收）土地及房屋拆迁补偿标准（试行）（送审稿）》；审议《金秀瑶族自治县旅游民宿建设方案（送审稿）》；审议《金秀瑶族自治县空店科技精准扶贫项目实施方案（送审稿）》；审议《金秀瑶族自治县城投公司薪酬标准和招聘方案（送审稿）》；审议《金秀瑶族自治县脱贫攻坚村屯道路建设实施方案（送审稿）》；审议《金秀瑶族自治县脱贫摘帽激励暂行办法（送审稿）》；研究将2015年度旅游扶贫资金全部用于青山瀑布群景区续建工程的请示；审议《金秀瑶族自治县扶贫小额贷款合作或委托经营主体管理办法（试行）（送审稿）》；审议《金秀瑶族自治县已购公有住房上市交易暂行办法（送审稿）》。

2016年12月12日，在县行政中心301会议室召开第十六届人民政府第5次常务会，会议研究讨论了十四项议题：听取金秀县2016年安全生产工作及第四季度安全生产大检查的情况汇报；听取全县财政收支执行情况汇报；审议《金秀瑶族自治县关于推进重大项目建设工作的决定（送审稿）》；审议《金秀瑶族自治县乡镇人民政府权责清单目录（送审稿）》；审议《金秀瑶族自治县民宿旅游建设管理暂行办法（送审稿）》；审议《金秀瑶族自治县民宿旅游建设奖励暂行办法（送审稿）》；研究统筹安排使用2015—2016年收回财政存量资金的请示；研究采用政府购买服务模式实施自治县2016—2018年扶贫基础设施建设项目有关事项的请示；审议《金秀瑶族自治县建档立卡贫困人口生态护林员选聘实施方案（送审稿）》；研究提高金秀县专业森林消防队员工资等待遇的请示；研究划拨原长垌乡木材站作为长垌派出所新建业务用房用地的请示；审议《金秀瑶族自治县瑶医瑶药十三五发展规划（2016—2020年）（送审稿）》；审议《中国金秀瑶医瑶药养生康体服务中心项目投资协议书（送审稿）》；审议《县城河道整治初步设计方案（送审稿）》。

【重点工作会议】 2016年1月5日，召开全县领导干部集体廉政谈话会议，会议主要是深刻把握全面从严治党新常态，强化对新修订《准则》和《条例》的学习贯彻，以典型案例加强警示教育，引导广大领导干部保持清醒头脑、坚守清廉底线，勇于担当、奋发有为，为全县“十三五”开好局起好步提供坚强有力的纪律保障。

2016年1月19日，召开来宾市2016年旅游工作会议，会议主要听取了自治县创建广西特色旅游名县主要经验做法、存在问题及今后努力方向，并对金秀县旅游景点进行实地参观。

2016年3月7日，召开2016年来宾市旅游发展暨旅游扶贫工作会议，会议主要由市委常委、宣传部部长、副市长韦凤云传达自治区会议精神并布置旅游工作。

2016年3月24日，召开自治县脱贫攻坚指挥部工作会议，会议主要研究金秀县脱贫攻坚领导干部帮扶贫困户工作方案及传达赴贵州毕节市学习考察脱贫攻坚工作经验情况。

2016年4月13日—15日，召开全县脱贫攻坚工作推进会，会议主要对全县干部结对帮扶贫困户工作作部署；对开展“十二五”扶贫开发整村推进验收工作作安排；就如何做好当前和下一步脱贫攻坚工作作部署。

2016年5月11日，召开县人民政府2016年度廉政工作会议，会议主要贯彻落实国务院、自治区、来宾市政府廉政工作会议精神，总结金秀县2015年政府廉政工作取得的成绩，客观分析存在的问题，安排部署2016年的政府廉政工作任务。

2016年5月20日，召开全区推进公共文化服务体系建设暨文化扶贫工作现场会，现场会主要实地参观了县瑶族博物馆、金秀特色文化街和古占屯、古池村公共文化服务中心，并在会议上作了“因地制宜，多措并举推动金秀县贫困地区公共文化服务体系建设”发言。

2016年6月16日，县召开全县招商项目建设推进会议，会议听取项目牵头单位作项目情况汇报（汇报内容包括：项目基本情况、存在困难和问题及下一步工作计划）及项目情况分析，并对下一步招商项目工作作了安排部署。

2016年7月7日，召开全县开放发展暨招商引资工作会议，会议主要听取了“1+4专项招商行动”工作组作项目情况汇报、县招商引资工作协调领导小组汇报2016年上半年工作情况及下半年工作计划、2016年下半年计划重点推进新开工项目牵头单位（县旅发委、县农业局、县民政局、县住建局、县供销联社）作情况汇报，县政府主要领导传达自治区、来宾市开放发展暨招商引资工作会议精神，做项目情况分析及工作部署。

2016年7月21日，召开中国油墨协会七届十一次常务理事会暨金秀县招商投资环境推介会议，会议主要由县委副书记、县长兰向东就金秀县的基本情况及旅游工作作情况汇报。

2016年7月21日，召开2016年来宾市城市工作暨年中工作会议，会议主要对全县上半年各项工作进行情况汇报，同时指出各项工作在开展过程中存在的困难和问题。会议指出下半年全县将重点推进脱贫攻坚十大工程、推进工业经济增长、提升特色农业发展、推动第三产业提质增效、狠抓招商引资和重大项目建设、加快城镇化建设步伐及进一步提升党建设工作水平。

2016年8月4日，召开全县2016年度贫困户脱贫摘帽“双认定”工作培训会议，会议的主要目的就是对一年以来金秀县各乡（镇）、各部门脱贫攻坚工作进行一次全面的大检验、大考核，并由县脱贫攻坚办和县统计局作具体业务培训。

2016年8月5日，召开2016年度年中工作会议，会议主要听取了县发改局、县扶贫办、县教育和科技局、县经贸局、县旅发委、县住建局、县农业局上半年工作汇报，县人民政府主要领导传达全区、全市城市工作暨年中工作会议精神。

2016年8月25日，召开乡村建设工作推进暨脱贫攻坚“一帮一联”工作培训会议，会议主要传达自治区“美丽广西·生态乡村”活动现场推进会议精神，总结部署全县乡村建设工作及脱贫攻坚“一帮一联”工作培训。

2016年9月7日，召开全面推进乡（镇）“四所合一”改革工作动员会议，会议主要部署金秀县全面推进乡(镇)“四所合一”改革工作,解读乡(镇)“四所合一”改革相关政策。

2016年10月14日，召开自治区级义务教育发展督导评估工作反馈会，反馈会上督导组对金秀县顺利通过了自治区级义务教育均衡发展督导评估验收。自治区督导评估组组长、教育厅副厅长孙国友用了“四个想不到”（即：想不到县长亲自抓教育！想不到推进速度如此之快！想不到专家组给如此高的评价！想不到工作如此之细、如此之实！），对金秀县推进义务教育均衡发展工作给予了高度评价。

2016年11月3日，召开2016年奋力完成年度目标任务冲刺会议，会议主要听取了各乡（镇）及县发改局、县经贸局、县统计局、县财政局、县扶贫办、县农业局、县旅发委作2016年前三季度工作情况汇报。会议指出在开展前三季度工作中存在的主要问题及2016年度目标任务。

2016年12月20日，召开2016年保障性安居工程跟踪审计进点会议，会议主要宣读审计通知书、简要介绍2016年金秀县保障性安居工程、农村危房改造建设任务管理及完成情况。

2016年12月27日，召开第三次全国农业普查工作会议，会议主要通报了金秀县第三次全国农业普查工作情况。

【重要活动】 2016年5月6日至8日，成功举办了“中国·金秀2016圣堂山杜鹃花旅游节”和“旅游发展论坛”等系列活动，业内多名旅游专家纷纷为金秀县旅游提出了众多的宝贵意见。

2016年9月24日，在南宁会展航洋城一楼中庭成功举办中国东盟博览会——国际时装文化周2016“梦幻·金秀”世界环球旅游形象大使总决赛暨世界瑶都金秀专场推介会。活动期间主要安排金秀特色旅游文化长廊推介展示和金秀县民族服饰展示，主要内容：有旅行社推出精品特色特价旅游线路、瑶族5支系民族特色文化展、金秀特产展销（养生、保健、生态等）、世界环球旅游小姐总决赛及大赛颁奖盛典。

2016年11月14日至16日，成功举办“中国金秀——世界瑶都2016·盘王节”活动，此次“盘王节”活动是自1985年以来，金秀县举办的规模最大、影响力最广、最为隆重节俭的一次活动，得到了国内外嘉宾，特别是瑶族同胞的高度赞誉。

2016年12月24日，成功举办“世界瑶都·大美金秀2016年首届大瑶山全国自行车挑战赛”，进一步带动自行车运动在金秀县的迅猛开展，推动全县旅游事业快速、健康发展。

（卓　舒）

县政府办公室

【概　况】 2016年金秀县人民政府办公室内设

综合股、秘书股、文电会务股、行政财务股、应急办（信访接待股）、信息督查股、侨务办公室、调处办、政务办、法制办。在职干部职工19人（不含自治县政府领导）。在县政府的直接领导下，办公室坚持党的基本路线，紧紧围绕经济建设中心，遵循参与政务、管理事务、做好服务的原则，积极开展各方面工作，当好自治县人民政府的参谋助手。自治县人民政府办公室秉承"和谐、严谨、实干、创新"的工作方针，扎实履行联系上下、协调左右、沟通内外的中枢职能，较好地完成了"为领导服务、为基层服务、为群众服务"的各项任务，为推动全县经济社会平稳较快发展做出了积极贡献。

主　任：黄贵恒（9月离任）
　　　　黄　恒（9月任）
副 主 任：梁德民（6月离任）
　　　　李红兵
　　　　潘　成
　　　　黄福荣（3月任）
　　　　吴越桂（5月任）
　　　　黄惠靖（6月任）
纪检组组长：廖云贵

【办文办会】　办文办会，是县政府办公室的一项重要和经常性工作，为充分发挥公文在行政工作中的作用，县政府办公室积极突出协调服务作用，严格执行中央"八项规定"，提高办文办会水平。要求对每一件公文认真把好政策关、文字关和程序关，积极倡导简洁、明快的文风，围绕全县各阶段中心任务，认真收集有关资料，确保文字材料真实可靠。2016年，分别制发政府文件26件，政府请示152件，政府性批复137件，政府办公室文件188件。筹备组织自治县人民政府综合性、专项会议及电视电话会议275次，承办各类大型会议及活动10次，圆满完成全区特色旅游名县工作推进现场会、金秀县2016年世界瑶都·盘王节活动等重大活动及县政府会议的组织服务工作。

【政务信息】　政务信息是为各级领导机关决策和指导工作提供科学翔实资料的依据，是政府办公室围绕县人民政府工作重心，紧扣领导和广大群众关心的热点问题，有计划、有目的地进行调研，是开发高层次信息的保证。自治县人民政府办公室强调突出透明高效，提高政务宣传水平，第一时间将自治县的重大决策、会议精神、重点工作以及政务信息、政府公文、政策法规等最新公开信息在网上发布，方便部门及群众查询，提高政务宣传的透明度。2016年编辑并分别向自治区上报政务信息3270条，获采用47条，为领导决策和经济社会发展提供了及时有效的参考服务。

【政务督查】　县政府办公室紧紧围绕县人民政府的重大决策、重大部署、重大事项，逐一分解落实责任部门和单位，定期跟踪，逐项"对账"，及时通报，联合县委督查室、县监察局等部门和新闻媒体，组成联合督查组，突出督导检查，不断提高政府工作落实效率，有效地推动了全县重大决策部署的落实。2016年，开展40次联合督查，编发(督查通报)24期，有效地推动了政府重点工作的落实。此外，自治县人民政府办公室还及时组织召开人大代表建议、政协提案交办会，并根据承办单位的任务量和群众关注程度，有针对性地催查、督办，及时掌握办理工作动态。2016年，办理人大议案113份，政协提案26份。

【协调服务】　充分发挥"协调服务"职能作用，切实做好上传下达、协调各方工作。县政府办公室在工作中注重发挥"总调度"和"中转站"作用，协调好上下关系，增强县政府领导班子的凝聚力和战斗力。有效地做好为民办实事工程、目标绩效考评等重大活动的沟通、协调工作，促进政府部门之间形成整体合力，共同促进地方发展。积极协助县政府领导抓好与部门的衔接工作，处理好日常事务，全力全速落实好领导交办、部门提报和群众反映的各类事项。同时制订帮扶实施计划和帮扶规划，2016年，政府办多次深入长垌乡长垌村、桐木镇桐木村、三江乡柘山村开展帮扶活动，直接帮助解决或通过积极协调相关部门为长垌村落实解决人饮工程款1.2万元、桐木村巷道硬化款23.5万元、三江柘山村兰厂屯巷道硬化款3万元、大磨屯巷道硬化款0.6万元、长垌村贫困户甜茶产业有机肥款1万元等为人民办好事实事11件。切实解决了群众反映的热点、难点问题，急群众之所急，解群众之所难，真真实实为群众解决了实际困难。

机关接待工作

【概　况】 2012年8月根据金编〔2012〕21号文件精神，成立中共金秀瑶族自治县委员会、金秀瑶族自治县人民政府接待办公室，核定领导职数为：主任1名、副主任1名；人员编制结构为：行政管理人员1名，专业技术人员2名。2013年11月，根据根据金编〔2013〕34号文件精神，中共金秀瑶族自治县委员会金秀瑶族自治县人民政府接待办公室机构级别定为相当正科级事业单位。2013年7月，根据来组通〔2013〕41号文件精神，同意中共金秀瑶族自治县委员会金秀瑶族自治县人民政府接待办公室参照公务员法管理。

主　任：李慧玲（3月离任）

　　　　聂　丽（3月任）

副主任：廖喜琼（6月任）

【工作职责】 负责县四家班子领导的公务接待；精心安排好公务接待中的食宿行；坚持有利于公务、简化礼仪、务实节俭、杜绝浪费、尊重少数民族风俗习惯的原则，按照接待规定，从严把好费用开支关；认真做好公务接待登记及费用统计工作；定期向县人民政府汇报公务接待及费用开支情况。

【人员情况及经费情况】 县接待办主任为正科级级别，2016年3月聂丽任金秀县接待办主任；2016年6月廖喜琼任金秀县接待办副主任；2017年4月廖婉湘任接待股股长、后勤保障股股长、食堂总务；2017年4月金颖红任县接待办综合股股长。县接待办是县委、县人民政府管理的全额拨款参公单位，年初由县财政划拨接待经费，保证日常接待工作的开展。

【工作开展情况】 截至2016年年底，完成公务接待共计465批次，5620人次，其中厅级以上领导243人次，处级领导1055人次，接待兄弟县市领导647人次。按规定圆满完成了："中国金秀·2016圣堂山杜鹃花旅游节""中国金秀——世界瑶都2016·盘王节"等重大活动接待工作，完成了全区推进公共文化服务体系建设暨文化扶贫工作现场会、党代会、人大政协两会等重大会议接待工作，完成了四家班子各种公务接待。

县政务服务

【概　况】 金秀瑶族自治县政务服务中心管理办公室于2010年4月经中共自治县委、县人民政府批准成立，设在县政府办公室。2013年11月，县编办下文改称为金秀瑶族自治县政务服务管理办公室，核定行政编制4人。主要职责：贯彻执行《中华人民共和国行政许可法》等行政审批法律、法规和国家、自治区、来宾市有关行政审批制度改革的方针、政策；负责推进行政审批项目集中办理，组织县直各职能部门为社会公众和行政管理相对人办理行政许可事项及相关配套的管理与服务事项，并进行规范和监督管理；负责审查县级各职能部门行政审批事项的授权，受理行政审批的相关投诉；负责对涉及两个以上部门行政审批项目联合审批的组织协调；负责对进驻政务服务中心的单位及其工作人员进行管理、考核、考评和奖惩；指导和监督各行政主管部门办事大厅、办事窗口的工作；提供行政审批法律、法规和政策咨询服务；负责自治县政务公开、政府信息公开工作，指导、协调全县政务公开、政府信息公开工作。根据自治区、来宾市的统一部署和在中共金秀县委、金秀县人民政府的正确领导以及有关部门的大力支持下，金秀瑶族自治县政务服务管理办公室全面落实自治区、来宾市关于深化政务公开加强政务服务工作部署和要求，不断完善"一服务两公开"（政务服务、政务公开、政府信息公开）工作的管理体制机制，努力提升政务服务质量和效率，深入推进行政审批制度改革，积极推动政府职能转变和社会管理创新，努力为促进全县经济社会又好又快发展打造优质的政务环境。

主　任：　韦卫忠

【政务服务】　规范县级政务服务中心管理。出台有《金秀瑶族自治县政务服务中心管理制度章程》，制定了人员管理、大厅管理、网络管理等36个规章制度，从审批服务的程序到工作人员的行为规范都作了严格的规定，进一步规范行政审批行为，提高审批效能。2016年，金秀县政务服务中心各窗口共受理各类行政审批服务事项26962件，办结27013件，当月办结率99.93%，办理提速率83.67%，群众满意率达99.99%，无超时办件。进一步推进基层政务服务中心建设。2016年，金秀县积极开展基层政务服务中心标准化建设，全县10个乡（镇）、81个村（社区）已全部建立了基层政务服务中心，覆盖面达到100%，此外，金秀县2016年继续推进14个村级政务服务中心规范化建设，统一标准，统一式样，统一配置，通过规范化建设以点带面，为全面推行金秀县“一服务两公开”工作奠定了良好的基础，为全县群众办事提供了良好的政务环境。2016年，全县基层政务服务中心受理行政审批服务事项4552件，办结4552件，按时办结率100%。

【政务公开和政府信息公开】　县政务办积极采取措施，进一步推进政务公开政府信息公开：以文件的形式下发了《关于做好2016年政务公开、政府信息公开有关工作的通知》（金政办发〔2016〕4号），完善本级政府门户网站、自治区政府信息公开统一平台建设，积极部署基层信息化平台，进一步扩大公众的知情权，迎合公众关注、参与、监督政府工作、生产和生活的需求。2016年，金秀县通过统一平台、政府门户网站、政务微博微信共发布信息4254条，并通过网络政民互动栏目答复网上咨询投诉28条；重点以《来宾市政府信息公开统一平台运行管理办法（试行）》《来宾市人民政府办公室关于建立我市政府网站定期巡查通报长效机制的通知》《金秀瑶族自治县人民政府办公室关于加强全县政府网站运行维护建立常态化监测工作机制的通知》等文件精神为突破口，实行月检查通报制，每月月初检查通报上月的政府网站和统一平台信息更新情况，督促各有关部门加强整改，切实落实责任，明确分工，做好政府网站和统一平台的内容保障工作；积极筹备，成功举办金秀县第四届“政务公开日”活动，共计整理问题56件，发放便民手册3500余册、资料4600余份，现场解答咨询300余件，为进一步推进便民服务奠定了基础。

机关事务管理工作

【概　况】　根据金秀瑶族自治县机构编制委员会《关于确定金秀瑶族自治县机关后勤服务中心（金秀瑶族自治县机关事务管理局）机构级别的通知》（金编〔2016〕4号），县编委会确定金秀局的机构级别为相当正科级，设领导直属3名（1正2副）。2016年6月30日，县人民政府以金政干〔2016〕12号文件任命了县机关事务管理局的局长、副局长，至此，县机关事务管理局领导机构正式成立。在该局领导机构成立之前，县机关事务管理局的人员、财务等一直由县人民政府办公室代管，相关工作混合开展，没有具体的职能分工。根据金秀瑶族自治县人民政府有关机构改革和职能调整的规定，设立金秀瑶族自治县机关事务管理局，为县人民政府直属机构（参照公务员法管理）。局机关内设办公室、车辆管理中心、节能股、后勤服务股、会务股、房产管理股、保卫股、财务股等8个股（室、中心）。核定编制50名，其中行政编制19名，事业编制31名。后勤服务控制数19名。以“管理科学化、服务人性化、保障精细化”为重点，解放思想，主动作为。

局　长：梁德民（6月任）

副局长：梁春丽（6月任，10月离任）

陶　瑜（6月任）

【公共机构节能】　为顺利完成节能工作目标任务，及时出台《自治县2016年公共机构节约能源工作实施方案》等相关文件，对工作目标、工作重点进行细化。一是在2016年申请专项资金10万元用于节能、节水示范单位的创建，县卫计局、科技局、药监局、水利局等4个创建单位均已完成了创建任务，为其他单位的节能改造工作树立了榜样；二是为进一步提高广大职工的节能意识，以节能宣传周为契机，发动各乡镇及县直有关单位开展广泛的节能宣传活动，收到良好效果；三是抓好新闻报道工作，在人民网和中国网东盟频道发表了《水电之乡盛开节能之花》宣传作品，在得到采用之后，凤凰网和搜狐公众平台等主流媒体进行了转发，宣传效果明显。四是大力推进合同能源模式，促成县住建局实施的从香草湖至金平路口加油站的130盏太阳能路灯项目，全长约7公里，总投资89.7万元。

【公车管理】 金秀县公务车辆制度改革从2015年10月启动，至2015年12月底基本完成。从2016年1月1日起，县本级保留的60辆公车按照“集中管理、统一调度”的原则全部纳入车管中心平台进行管理。由县机关事务管理局会同县财政局、发改局、审计局、监察局、物价局等单位一起，完成了封存车辆评估公司、拍卖公司的聘请，以及车辆拍卖前的修整工作。2016年9月12日在金秀县成功举办封存公车的拍卖会，拍卖会当天共拍出公车78辆，成交总价为123万元，拍卖所得全部上缴国库。为保障全县机关事业单位的公务活动正常开展，车管中心认真履行职责，扎实抓好县本级保留公车的统一调度、维修保养及司勤人员的管理和培训工作，为县机关事业单位下乡、出差以及自治县重大节庆活动等公务活动做出积极贡献。认真贯彻执行《金秀瑶族自治县人民政府办公室关于印发自治县本级机关应急和机要通信车辆管理与使用办法（试行）的通知》精神，并制定和完善公务用车调度审批、经费预算、维修保养等相关配套制度，规范公务用车各个管理环节。为每辆公车配置了行车记录仪，并着手研究将所有公务用车纳入信息管理平台，实现“全县一张网”管理模式。至2016年年底，共完成超过5600车次出车任务，并确保全年车辆安全运行。

【办公用房管理】 为认真贯彻落实来宾市办公用房工作领导小组和县委、县人民政府的有关文件精神，把加强组织领导放在工作的首位，建立和完善了办公用房组织机构，强化工作职责，着力贯彻落实，确保强有力的组织领导，安排专职人员负责金秀县县直机关办公用房的日常管理工作。出台办公用房统一管理细则，为进一步加强和规范机关事务工作，推进办公用房集中统一和规范化管理夯实基础。积极推进全县党政机关办公用房“五个统一”管理，全面开展全县党政机关办公用房清理整改、调剂分配工作，组织对县直行政事业单位和党政机关办公用房进行全面清理整改，14个超标使用办公用房单位。腾退办公用房（含服务用房）共计47间，面积594.46平方米，大体上完成了办公用房的整改和调配工作。建立健全县直机关办公用房普查台账，规范统计各种工作环节，实现县直机关办公用房普查全覆盖，确保统计数据真实、准确、完整。

【会务工作】 认真做好会务工作。负责县委、县人民政府召开的会议及全县性大型会议的会务工作，负责县行政中心相关会议室的统一调度和安排，认真对待每场会务工作，对重大会议提前筹备，抽调认真负责、富有经验的同志参与会务准备工作，精心组织会场布置、会中服务、环境卫生、会前报到等相关工作。2016年以来，会同县委办、人大办、政协办先后完成了自治县第十一次党代会、人大会和政协第九届长青会议等一类会议的保障工作，同时出色地完成了盘王节主会场的现场布置及秩序维护工作，为节庆活动成功举办做出了贡献。2016年，由县机关事务管理局承担各类会议的会务工作达451场次，其中在县本级召开的会议194场次，上级以电视电话形式召开的会议121场次。较好地完成了相关会议的保障任务，为机关工作的正常运转作出了努力。

【后勤服务】 为优化办公条件，提高行政效率，县机关后勤服务工作始终坚持“科学管理，优化服务”的理念，大力抓好后勤规范化管理。一是做好县行政中心公共区域内的环境卫生和绿化工作，实行分区负责制，每天设专人检查责任区域内的环境卫生和绿化状况，对有“脏、乱、差”现象的区域及时进行整改，对花草树木进行及时的修剪、施肥、更换等工作。二是着力做好县异地任职领导干部周转房的管理，对领导干部周转房内的水、电、网络、液化气等设施进行周期性的检查和日常维护，并对周转房内外的环境卫生进行日常保洁。三是做好办公用品采购的管理工作，对有需要添购的办公用品一律严格履行规范化的申请审批制度。四是做好公共设施及办公设备的维修和更换工作，对管理范围内的公共设施和办公设备实行每周巡查制度，发现问题，及时按程序报修和更换。

县调处办

【概　况】 1984年以前，未设专门调处机构，金秀县土地山林水利权属纠纷均由县人民法院调处科和县司法局调解处理。1984年1月，县人民政府根据自治区人民政府办公厅桂政办〔1984〕118号文件精神，成立金秀县人民政府调解处理土地山林水利权属纠纷办公室（简称“县调处办”）；2014年10月，根据《中共金秀瑶族自治县委员会、金秀瑶族自治县人民政府关于自治县人民政府机构设置的通知》（金发〔2014〕20号），县调处办在县人民政府办公室挂牌，主要职责是负责对辖区内土地山林水利权属纠纷调解、处理的组织协调、督促指导工作，并负责县人民政府交办的土地山林水利权属纠纷案件调解、处理的具体工作。2016年，内设信访接待股和调处股2个机构，核定编制数4名；主任1名、副主任1名、干部1名、后勤服务事业编1名，实有工作人员6名。

主　任：潘发清（4月离任）
　　　　吴越桂（5月任）
副主任：吴越桂（4月离任）

【调处成果】 2016年，共排查受理“三大纠纷”新发案件31起（其中土地纠纷7起、山林22起、水利2起），调结28起，调结率90.3%。调结纠纷面积24.53公顷，历年“三大纠纷”积案21起，调结17起，调结纠纷面积106公顷，调结率81.0%。全年接访群众102人次，依法、依规办结18起群众来访咨询事项，及时有效地化解人民群众内部矛盾。2016年，全县没有发生因“三大纠纷”调处不力而引发严重危害社会稳定的重大群体性事件和恶性刑事案件，圆满完成金秀县年初制定的年内新发案件调结率达90%以上，历年积案调结率达80%以上的任务目标。县调处办被广西壮族自治区调解处理土地山林水利纠纷工作领导小组评为2016年度全区“三大纠纷”调处工作先进集体。（廖至明）

中国人民政治协商会议金秀瑶族自治县委员会

【概　况】 2016年，县政协常委会在中共金秀瑶族自治县委员会的正确领导下，坚持以马列主义、毛泽东思想、邓小平理论、“三个代表”重要思想、科学发展观为指导，认真贯彻落实十八大和十八届三中、四中、五中、六中全会精神，把服务和促进发展作为第一要务，牢牢把握团结和民主两大主题，认真履职，积极作为，完成了金秀县政协八届六次会议、金秀县政协九届一次会议确定的各项任务，为推动

全县经济社会科学发展作出了积极的努力。

主　席：朱转保（8月离任）
　　　　梁爱华（8月任）
副主席：肖龙玉
　　　　张国华
　　　　黄　萌
　　　　李先洋（9月离任政协副主席，9月任政协副处级干部）
　　　　陆志忠（8月任）
　　　　莫球生（8月任）
秘书长：盘寿亮

办公室

主　任：盘寿亮
副主任：韦宗山

提案委员会

主　任：黄淑英
　　　　文俊传（6月任）
副主任：郭达兰

学习文史资料和民族委员会
主　任：梁雪敏
副主任：吴昊原（6月任）

【专题调研工作】 2016年，金秀县政协围绕中共金秀瑶族自治县委员会工作部署，对事关全县发展大局的重要问题进行专题调研，为县域经济发展提供了决策支持，年内共协调服务驻金秀的市政协委员完成视察工作4批人次以上。县政协委员开展视察、调研活动10批人次以上，对金秀县县域义务教育均衡发展、扶贫易地搬迁、招商引资、交通基础设施建设工作情况进行视察调研，形成了《关于自治县油茶产业发展情况的调研报告》《关于县城〈山水瑶城景区〉管理问题的调研报告》，报告所提意见和建议得到了县委、县人民政府的高度重视，来宾市委常委、金秀县委书记韦德斌同志作出批示："县委常委会专题听取两个调研报告"。县委副书记、县长兰向东也作出批示："县政协该专题调研工作情况报告很细很实很好，为县政府开展好工作提供了决策的参政议政第一手材料，并提出了建设性的意见和建议，请雷斌、成金、占强三人研阅，抓好落实抓出成效"。

【提案办理工作】 坚持把提案工作作为政协基础性工作来抓。县政协八届六次会议以来，共收集到委员提案29件，立案23件，全部得到答复办理。县政协九届一次会议以来，共收集到委员提案33件，立案26件，全部得到答复办理。绝大多数委员对承办单位答复意见表示满意或基本满意。很多意见和建议得到了采纳，为促进自治县经济社会健康快速发展发挥了积极的作用。提案工作取得了较好成绩，在2016年11月2日召开的全市政协提案工作现场会上，金秀县政协作了典型发言，介绍了提案工作经验。

【民主评议工作】 充分发挥政协委员中特邀监督员、行风评议员、人民陪审员的作用，继续加强民主监督工作，支持委员认真履行职责，积极反映社会各方面的意见，为改进部门工作发挥了较好的作用。对行政执法部门的依法行政、履行职责、端正行风、廉洁自律、提高办事效率等进行民主监督，促进了部门工作的改进。

【委员视察工作】 2016年组织委员围绕金秀县义务教育均衡发展、扶贫易地搬迁、招商引资、交通基础设施建设工作情况等开展了专项视察活动，提出了意见和建议，并完成《关于自治县推进县域义务教育均衡发展工作的视察报告》《关于自治县招商引资工作情况的视察报告》《关于自治县交通基础建设情况的视察报告》《关于自治县扶贫易地搬迁工作情况的视察报告》提交县委、县人民政府作决策参考。

【反映民意工作】 2016年自治区政协把金秀县列为反映社情民意工作联系点，为发挥政协信息"直通车"作用，召开了社情民意工作座谈会，建立了信息员队伍，聘请了一批关注民生、有责任心的特约通讯员，对县政协社情民意工作作出了部署。金秀县政协机关领导利用视察、调研、走访等活动，广泛收集社情民意，及时反映社会各阶层的心声。全年共向上级政协报送社情民意86条。

【走访委员工作】 加强走访和联系委员工作，制定《政协金秀瑶族自治县委员会领导联系常委联系委员制度》。机关班子利用政协会议和视察、考察、调研、协商活动，主动加强与工商联和无党派人士的联系，深入到委员所在单位走访委员，与委员以及委员所在单位领导交心、谈心，了解委员的工作和生活情况，征求委员对政协工作的意见。在沟通交流中理顺情绪、凝聚人心，不断营造民主和谐的政治环境。

文史工作　《金秀文史》第九辑《金秀村寨史略》丛书完成出书。配合来宾市政协完成了金秀瑶族自治县非物质文化遗产名录的收集整理工作任务。

【"两学一做"专题教育活动】 自治县政协党组暨机关党组按照中央和自治区党委、市委和自治县党委的部署和要求，加强党风廉政建设，落实"两个责任"，始终把思想教育和制度建设作为一项重要的工作来狠抓落实，组织党员领导干部深入学习贯彻习近平总书记系列重要讲话精神，切实抓好党员领导干部的思想教育建设。经过教育主题教育活动，全体党员干部职工受到了马克思主义群众观点的深刻教育，思想作风建设、联系群众、服务群众意识得到了进一步提高和增强。

【对外联谊工作】 加强与各地政协的联系与交流，认真做好上级政协和各地政协到金秀县视察、考察、调研的服务工作。配合自治区政协民族和宗教委在金秀县开展的“加快发展少数民族文化旅游”专题调研和来宾市政协在金秀开展的“瑶族医药的传承与发展”专题调研。配合区内外兄弟县（市、区）政协考察团到金秀县开展交流学习活动。积极参加政协工作经验研讨学习活动。加强与各地政协的联系与交流，全年共接待区内、外政协组织26批300余人次来金秀县考察学习，在交流中积极宣传推介金秀。

【精准帮扶】 积极组织干部职工深入机关扶贫工作联系点——忠良乡德香村委各村屯、学校、群众开展联系帮扶行动，帮助基层群众解决行路难，饮水难问题，引导群众发展生产，脱贫致富，积极为群众办实事好事。争取和协调落实项目资金100多万元，解决通路、通水、巷道硬化和改善教学环境等基础设施建设，有效改善了所联系村的居住环境。协调有关部门安排项目资金68万元支持的德香村委村级公共服务中心建设，通过开展结对帮扶工作，全县政协委员联系的贫困户共有219户983人通过2016年度摘帽“双认定”并予以公示。

重要会议

【政协金秀瑶族自治县第八届委员会第六次会议】 政协金秀瑶族自治县第八届委员会第六次会议于2016年1月29日—30日在县城召开，应到委员130名，实到委员121人。会议四项议程：听取和审议了政协金秀瑶族自治县第八届委员会常务委员会工作报告；听取和审议政协金秀瑶族自治县第八届委员会常务委员会关于八届五次会议以来提案工作情况报告；列席自治县十五届人大六次会议；审议通过了政协金秀瑶族自治县第八届委员会第六次会议政治决议和其他决议。会议还安排了10名委员就文化教育、乡村旅游、非公有制经济发展、文化遗产保护、特色产业发展、交通事业、社会管理等方面工作进行了大会发言。

【政协金秀瑶族自治县第九届委员会第一次会议】 政协金秀瑶族自治县第九届委员会第一次会议于2016年8月22日—23日在县城召开，该届委员130名，实到会议委员126人。会议五项议程：听取和审议政协第八届金秀瑶族自治县委员会常务委员会工作报告；听取和审议政协第八届金秀瑶族自治县委员会常务委员会提案工作情况报告；列席自治县第十六届人民代表大会第一次会议；选举政协第九届金秀瑶族自治县委员会主席、副主席、秘书长、常务委员。梁爱华当选为政协第九届金秀瑶族自治县委员会主席、肖龙玉、黄萌、陆志忠、莫球生当选为政协第九届金秀瑶族自治县委员会副主席、盘寿亮当选为政协第九届金秀瑶族自治县委员会秘书长，许李军、李春梅、余小聪、张友响、范艳红、郭军、祝远胜、盘威、梁照全、黄翔、黄雪华、覃会雅、谭海明当选为政协第九届金秀瑶族自治县委员会常务委员；审议通过政协第九届金秀县委员会第一次会议各项决议。

【政协第八届委员会常务委员会第十八次会议】 2016年1月22日县政协第八届委员会常务委员会第十八次会议在县城召开，会议由朱转保主席主持，副主席肖龙玉、张国华、黄萌、李先沣，秘书长盘寿亮，常务委员覃学康、杜伟、郭达兰、赵德金、盘威、黄雪华、卢政通、许李军、金荣、钟健、全琼、覃康平，县政协各委办主任、副主任出席会议，常务委员祝远胜因事请假。会议三项议程：听取县人民政府办公室副主任潘成报告县政协第八届五次会议以来提案办理工作情况；表决通过县八届六次会议各项议程、《常委会工作报告（草案）》、《提案工作报报（草案）》；通过关于撤销何日福、梁庆华、石才伟政协金秀瑶族自治县第八届委员会委员资格的决定。

【政协第八届委员会常务委员会十九次会议】 2016年6月29日县政协八届委员会常务委员会十九次会议在县城召开，会议由朱转保主席主持，副主席肖龙玉、张国华、黄萌、李先沣、秘书长盘寿亮，常务委员覃学康、杜伟、郭达兰、赵德金、盘威、卢政通、黄雪华、许李军、钟健、覃康平出席会议，县委组织部副部长黄立喜出席指导会议，（常务委员祝远胜、金荣、全琼因事请假）。会议举手表决一致通过：文俊传县政协提案委员会主任；吴昊原任县政协学习文史资料和民族委员会副主任；免去黄淑英的县政协提案委员会主任职务。

【政协八届委员会常务委员会第二十次会议】 2016年7月27日县政协八届委员会常务委员会第二十次会议在县城召开会议由朱转保主席主持，副主席肖龙玉、张国华、黄萌，秘书长盘寿亮，常务委员覃学康、杜伟、黄雪华、郭达兰、祝远胜、盘威、许李军、卢政通、钟健、覃康平，县政协各委办主任、副主任出席会议，副主席李先沣、常务委员金荣、全琼、赵德金因事请假，会议协商通过县政协第九届委员会委员名单。

【政协八届委员会常务委员会第二十一次会议】 2016年8月12日县政协八届委员会常务委员会第二十一次会议在县城召开，会议由朱转保主席主持，副主席肖龙玉、张国华、黄萌、李先沣，秘书长盘寿亮，常务委员赵德金、覃学康、黄雪华、郭达兰、覃康平、全琼、盘威、杜伟、钟健出席会议，常务委员卢政通、许李军、金荣、祝远胜因事请假。会议三项议程：审议通过县政协第八届常委会工作报告（草案）；审议通过县政协第八届常委会提案工作情况报告（草案）；协商通过召开县政协第九届委员会第一次会议有关事项。

【政协九届委员会常务委员会第一次会议】 2016年11月7日县政协九届委员会常务委员会第一次会议在县城召开，会议由梁爱华主席主持，副主席肖龙玉、黄萌、陆志忠、莫球生，秘书长盘寿亮，常务委员许李军、李春梅、余小聪、张友响、范艳红、郭军、祝远胜、盘威、梁照全、黄翔、黄雪华、覃会雅、谭海明出席会议，县政协处级干部朱转保、李先沣，各委办主任、副主任列席会议。会议五项议程：学习十八届六中全会精神；传达来宾市政协第四届委员会第一次会议精神；学习习总书记“七一”讲话精神；讨论通过两个调研工作报告；协商通过县政协2016年度委员视察方案。

【政协九届委员会常务委员会第二次会议】 2016年12月30日县政协九届委员会常务委员会第二次会议在县城召开，会议由梁爱华主席主持，副主席肖龙玉、黄萌、陆志忠、莫球生，秘书长盘寿亮，常务委员许李军、李春梅、余小聪、张友响、范艳红、郭军、祝远胜、盘威、梁照全、黄翔、黄雪华、覃会雅、谭海明出席会议，县政协处级干部朱转保、李先沣，各委办主任、副主任列席会议。会议三项议程：听取县人民政府副县长覃世明通报2016年全县经济社会发展情况；审议通过自治县政协常委会2017年工作要点；协商2017年调研课题；学习自治区第十一次党代表大会精神。

（盘寿亮）

金秀县纪律检查　监察

纪检监察工作

【概　况】 中共金秀瑶族自治县纪律检查委员会成立于1970年12月25日，金秀瑶族自治县监察局成立于1978年6月23日，两个部门于1993年合署办公，主管党的纪律检查工作和行政监察工作。2016年11月，根据金编〔2015〕10号《关于调整金秀瑶族自治县纪律检查委员会（监察局）内设机构的批复》、金编〔2016〕34号《关于设立中共金秀瑶族自治县委员会巡察工作领导小组办公室和中共金秀瑶族自治县委员会巡视工作联络办公室的通知》、金编〔2016〕35号《关于设立金秀瑶族自治县反腐倡廉信息教育管理中心的通知》文件，自治县纪委监察局定编23人（其中，行政编制18名，事业编制3名，后勤服务事业编制2名），属县正科级单位，设办公室、党风政风监督室（县级人民政府纠正行业不正之风办公室）、信访室（举报中心）、第一纪检监察室、第二纪检监察室、案件审理室（案件申诉复查工作办公室）共6个职能室和1个二层公益一类事业单位（金秀瑶族自治县反腐倡廉信息教育管理中心）。中共金秀瑶族自治县委员会巡察工作领导小组办公室（县委巡察办）和中共金秀瑶族自治县委员会巡视工作联络办公室（县委联络办），设在县纪委监察局，与县纪委党风政风监督室合署办公。至2016年年底，县纪委监察局共派驻16名纪检组组长、纪（工）委书记到自治县的直属机关单位，自治县共有专（兼）职纪检监察人员74人。

纪委书记：莫克兵（5月任）
纪委副书记：黄辉明
莫永辉（4月任）
纪委常委：连丽玫
覃　欣（3月任）
陈如杰
黄禹非（3月任）
监察局局长：黄辉明
监察局副局长：连丽玫
陈如杰（6月任）
黄禹非（6月任）

【中共金秀瑶族自治县第十三届纪律检查委员会第六次全体会议】 中国共产党金秀瑶族自治县第十三届纪律检查委员会第六次全体会议，于2016年2月4日在金秀瑶族自治县召开。到会的纪委委员17人，列席代表108人。会议认真学习贯彻十八届中央纪委六次全会、自治区十届纪委七次全会和来宾市三届纪委七次全会精神，回顾总结2015年全县党风廉政建设和反腐败工作，研究部署2016年任务。全会审议通过《忠诚履职担当从严监督执纪　推动党风廉政建设和反腐败工作取得新成效》工作报告（草案）。县委书记韦德斌出席会议并讲话。

【县纪委换届】 根据县委《关于同意召开中国共产党金秀瑶族自治县第十四次代表大会的通知》精神和自治区党委、来宾市委、县委有关规定，组织全县各级党组织和广大共产党员对十四届纪委委员、候补委员和纪委委员候选人初步人选进行了推荐、酝酿。在此基础上，于2016年7月召开了县委常委会议，集体讨论，确定了中共金秀瑶族自治县十四届纪委员会、候补委员和纪律检查委员候选人预备人选并报经市纪委同意。经中共金秀瑶族自治县第十四届纪律检查委员会第一次全体会议选举产生中共金秀瑶族自治县第十四届纪律检查委员会领导班子成员，名单如下：纪委书记莫克兵，纪委副书记黄辉明、莫永辉，纪委常委连丽玫、覃欣、陈如杰、黄禹非。

【反腐倡廉宣传教育】 2016年金秀瑶族自治县纪委不断强化党风廉政建设的警示宣传教育力度，创新模式，推陈出新，将查办案件与宣传教育相结合，强化以案促教、深化警示教育作用。开好集体廉政座谈会。组织召开全县领导干部集体廉政谈话会4次，集体廉政谈话680多人（次）。开好警示通报大会。召开全县中央八项规定精神通报会，通报全县落实中央八项规定精神情况，全县副科级以上领导干部有366名参加了会议。开好典型案例剖析会。召开专题会议深入剖析典型事例，结合"两学一做"学习教育，全县对赵某海违纪违法事件和县水产畜牧系统系列违纪违法案件进行警示学习，以案示警，以案示纪。做好警示廉政知识测试。先后举办落实全面从严治党"两个责任"专题辅导和组织开展全县党员干部廉政知识测试。看好廉政警示教育片。定期与不定期组织观看中央、自治区廉政警示教育片，开展心得讨论；制作拍摄微电影《低保风波》在市、县两级电视台播放和在各乡（镇）组织播放。3万名党员干部接受教育。用好警示教育基地。组织3批次600多人次到自治区中渡监狱、来宾市桂中第一党支部廉政教育基地接受教育。开展以案说法、以案说纪活动，让党员干部接受深刻地警示教育。金秀县的做法得到了《广西纪检监察信息》刊发推介。发好廉政警示短信。利用中秋节、国庆节等重要节假日发廉政短信8000条，加强党员干部提醒教育。写好警示宣传信息。撰写好廉政警示宣传信息，发挥警示教育作用。2016

年县纪委在《中国纪检监察报》《广西日报》《广西纪检监察信息》《来宾日报》《来宾纪检监察网》等市级以上主流媒体发表反腐倡廉信息稿件147多篇；利用新媒体，编发、转发“廉洁金秀”微博423条，“清廉瑶山”微信536条。

【聚焦主业，查处违法违纪案件】 金秀县纪委监察局始终把案件查办工作放在党风廉政建设和反腐败斗争的突出位置，突出主业主责，持续落实“三转”，种好自身“责任田”，坚持铁面执纪、铁拳惩腐“零容忍”，严防“灯下黑”，研究制定“县纪委＋乡镇纪委”案件审查制度。发挥纪委办案协调主导作用。充实调整反腐败工作协调小组，对案件进行研判分析和调查处理。制定下发《自治县关于查办党员和国家工作人员涉嫌违纪违法犯罪案件中加强协作配合工作实施细则》和《自治县关于开展查办腐败案件体制机制改革工作的实施意见》，完善了纪检监察机关与公、检、法等司法部门和政府执法部门信息沟通、线索移送、工作优势资源互补等方面的工作运行机制，形成纪委主导，其他部门协同办案的工作思路，凝聚查办案件的整体合力。县纪委采取主要领导对查办案件工作负总责制度，在制定方案、组织力量、协调各方等重要环节，亲自部署，亲自检查，各领导班子成员落实包案责任制，着力解决办案过程中遇到的阻力和难题。深入开展查处发生在群众身边的“四风”和腐败问题专项工作。先后召开5次专题会议，督促巡查组调研“下访查”、审计线索“具体查”、上级移交“重点查”、民生领域“深挖查”、管理数据“精准查”、开门接访“主动查”，着力发现解决“四风”和腐败问题。其间，全县共排查并核实问题线索265条，督办57件，立案查处105件（平均每万人口立案数排全市第一）。

【强化扶贫领域监督执纪问责工作】 及时调整充实扶贫领域监督执纪问责工作领导小组成员，成立2个县委巡察组，于10月上旬起对2个乡（镇）、8个县直单位开展为期一个半月的扶贫领域专项巡察。全年共查处扶贫领域违纪违法案件55件，给予党政纪处分55人，其中涉及村级干部24人，涉及乡镇干部27人，涉及县级干部4人。

【主动下访转作风接地气】 由县纪委领导班子成员带队，分别对全县10个乡（镇）开展公开大接访活动。实行领导班子成员带头包片带案下访制度，对全县10个乡（镇）进行包片包干，每月带着矛盾隐患、信访积案和群众诉求下访。整合力量，联合信访室、纪检监察室、党风政风监督室等科室，组织相关人员联合做好信访初核和下访工作。打造阳光信访，畅通信访渠道，规范信访秩序，提高信访工作效率。特别关注对群众身边的“四风”、扶贫领域案件的办理，维护民利，解决民忧，切实纠正损害群众利益的不正之风。

【实行“县纪委＋乡镇纪委”案件“零申诉”】 按照乡镇办结的案件由县纪委统一管理、统一审核把关的原则，开展“县纪委＋乡镇纪委”工作，坚持以案代训的原则，做到“一案一讲解，一案一培训”。同时，完善乡案县审工作制度，统一规范“受理、审理和反馈”的乡镇案件报结审理工作流程，并落实相关责任。加强对执行党纪政纪情况的监督。2016年，县委高度重视查办违纪违法案件工作，切实加大了纪律审查力度，把案件质量作为纪律审查工作的重中之重来抓紧抓好。年内信访举报总量135件（次），信访初核135件（次），初核率达100%。全县纪检监察机关共立案116件，同比增长123.08%，给予党政纪处分116人，其中涉及科级领导干部31人，移送检察机关处理1人，挽回经济损失510多万元。

党风廉政工作

【概　况】 2016年，根据来宾市党风廉政建设责任目标要求，结合金秀县的工作实际，制定并签订《金秀瑶族自治县2016年度党风廉政建设目标管理责任书》，明确责任，进一步完善党员领导干部廉洁从政各项制度，抓好党员领导干部任职廉政谈话、述职述廉、诫勉谈话、约谈等各项工作。认真贯彻实施《中共金秀瑶族自治县委员会贯彻落实中央〈建立健全惩治和预防腐败体系2013—2017年工作规划〉的实施办法》，制定《自治县2016年党风廉政建设工作要点》，按照县委印发《自治县落实全面从严治党党委（党组）主体责任清单》《自治县落实全面从严治党纪委（纪检组）监督责任清单》《金秀瑶族自治县2016年落实党风廉政建设主体责任和监督责任考评细则》要求扎实认真地开展党风廉政建设工作。

【加强监督检查】 加强督查通报。开展六大纪律执行情况的监督检查2次，下发《关于对组织开展2016年度全县落实“两个责任”、中央八项规定精神、扶贫领域监督执纪问责工作及政治纪律、组织纪律、工作纪律等六大纪律执行情况进行督查的情况通报》《关于对违反会议纪律情况的通报》等通报文件。2016年共对落实“两个责任”不力的41名领导和干部进行问责。严明换届纪律。从纪检干部、组工干部中抽调30名精英干将，组成5个自治县县乡换届风气督查组开展换届风气督查，未发现存在违反换届纪律情况。取消因存在廉政问题的22人民主推荐建议人选资格，确保换届风清气正。市委换届风气督查组对金秀县2016年县、乡换届风气测评满意率达100%。确保政令畅通。组成督查组围绕全市工作目标，对中央、自治区和市委全面深化改革等重大决策部署落实情况的监督检查3次，重点督查新型城镇化建设综合改革、商事登记改革、分级诊疗工作等改革内容，提出意见建议39条并督促及时整改。

【强化作风建设】 坚持日常监管。开展作风整治明察暗访6次、会风会纪检查9次，对13个单位给予全县通报批评。先后3次组织开展落实中央八项规定精神自查自纠，全县各（乡）镇、各单位和全体干部职工均分别签订单位整改《承诺书》《“十决不”承诺书》，17个单位自查出问题并立整立改。突出重点检查。8月对落实中央八项规定精神重点督查发现6类20个方面的具体问题；9—10月专项检查发现9类“私车公养”问题，涉及5个乡（镇）、21个县直单位，已对情节严重的一名正科级领导干部和一名干部进行立案查处。强化责任追究。查处违反中央八项规定精神问题案件41件，给予党纪政纪处分41人，并适时分批对典型案例点名道姓通报曝光。

【抓好“四种形态”谈话提醒工作】 出台《自治县开展监督执纪“四种形态”谈话提醒工作的实施意见》，对全县128名领导干部开展监督执纪“四种形态”谈话提醒，对存在苗头性问题的32名党员干部进行批评教育，对有轻微违纪行为的5名党员干部及时进行了诫勉谈话，防止小问题演变成大问题。

【积极探索县乡巡察工作】 落实人员经费，成立县委巡察工作领导小组、巡察工作办公室和巡视工作联络办公室，成立2个巡察组开展专项巡察，在三角乡试点探索乡（镇）党委巡察工作。

【加强队伍建设】 扎实推进“三转”。分解落实2016年纪律检查体制改革6项重点工作任务。及早摸底全县机关单位机构、编制、人员、业务、廉政风险点等情况，草拟《自治县纪委向自治县一级党和国家机关派驻纪检机构的方案（草案）》，稳步推进县纪委派驻机构全覆盖工作。以县委办公室名义下文精简县纪委监察局参与的议事协调机构至17个。结合落实“两个责任”等督查工作，县委书记与其他县委常委分别带队开展落实纪委“三转”情况督查。加强干部队伍建设。对派驻纪检组长［纪（工）委书记］实行“单列考核”。调整10个乡镇纪委书记（新任8人），落实3名县纪委常委正科级干部待遇。创新出台新提任副科级领导干部到纪检监察部门挂职锻炼实施意见，选拔2名新提任领导干部到县纪委监察局挂职锻炼。着力改进干部作风。举办2次换届后全县纪检监察干部业务培训班，选派52人（次）到市县跟班学习、参加区市业务培训。及时印发《关于调整自治县纪委监察局领导班子成员分工及联系乡（镇）、县直和部分驻县中直、区直单位的通知》，强化对下级纪委的领导、管理和指导。完善内部监督机制，2016年共对4名违纪的纪检监察干部进行立案查处，预防“灯下黑”。

（李琼洁）

军　事

人民武装部

【概　况】 2016年，军队新时期改革拉开序幕。1月16日0时0分，原广州军区停止运行，广西军区转隶中央军委国防动员部领导，军分区人武部系统转属为国防动员单位。军委国防动员部提出了省军区人武部系统应急应战指挥部、同级党委军事部、同级政府兵役部、后备力量建设部等部门职能要求。县人民武装部在改革强军大背景下，紧跟形势，积极适应新体制，新职责，稳心定神，主动作为，在政治建军、民兵工作、征兵工作、国防动员和国防教育等方面勇于探索实践，取得新了的成绩。人武部机关党支部被来宾军分区评为“先进党支部”、人武部获评为“来宾市拥政爱民先进单位”“来宾军分区安全稳定工作先进单位”；政委简国兵被广西军区评为“优秀团级单位主官”。

【思想政治建设】 2016年，县人武部按上级部署，认真开展“两学一做”专题教育活动和改革强军主题教育，彻底肃清“郭、徐”流毒影响，进一步筑牢听从指挥、拥护核心的政治自觉，进一步增强党委和党小组的组织力和战斗力，全体干部职工改革期间稳心定神，安心工作，锐意进取，为金秀武装工作提升发展筑牢基础。6月23日，军分区政治部主任赵云飞代表军分区党委参加了县人武部“两学一做”教育活动专题民主生活会，对专题教育开展情况予以肯定。

【民兵工作】 4月14日，在县民兵训练基地组织一期32人的民兵应急连预任班排长集训。5月10日—13日，在县民兵训练基地组织一期民兵工作“三落实”骨干集训，包括全县专武干部、各村民兵营长和应急连班排长及其他专业分队队长、副队长。10月16日—21日和11月2日—6日，组织县民兵应急连在县民兵训练基地进行封闭式集训，训练了队列、射击、投弹、防暴队形和长跑，11月6日，军分区陈坤山参谋长带队对应急连成建制考核，总成绩为全市第3名。训练期间，三角乡党委和政府慰问了驻训官兵。是年盘王节，应安保指挥部请求，人武部组织县民兵应急连队员进行了3天的安保任务。10月8日—11月18日，按上级要求，与公安、卫生、林业等部门做好神舟十一号返回舱应急搜救方案，启动应急民兵进行驻地备勤。

【征兵工作】 2016年，县征兵办采取了“精准发动、情感征兵”的策略，圆满完成征兵任务大学生兵员比例较上年高15年百分点，高出上级指标26个百分点。新兵主要去向为海南海警、海南武警和第16集团军，市委常委，县委书记韦德斌逐一与新兵合影留念。年底，继续组织县征兵办和乡镇征兵办，对新入伍士兵逐家上门家访、春节慰问和荣送“光荣军属”牌，召开自治县年度退伍老兵座谈会，县长兰向东亲自与会并作重要讲话。

【国防动员】 对县国动委机构和机制情况组织了调研，形成调研报告报县委、县政府，为开好年度县武委会和国动委会奠定基础。11 月 30 日，召开县武委会和国动委会议，成立韦德斌为第一主任、兰向东为主任的新一届县武委会和国动委会。对机构设置进行了完善，实行综合办双主任制，由县武装部部长和县政办主任兼任，县武装部长分管军事需求统筹，县政府办主任分管协调；其他 6 个专业办公室实行正副主任军地交叉任职制。会议提出了实现县武装工作“十三五”提级发展的奋斗目标，强调坚持和完善好专业办公室季度合署办公制度，以进一步发挥好县武委会和国动委会在和平时期军民合力建设武装的职能作用。

【国防教育】 与县教育局协调，11 月县教育局下文在全县开展校园国防教育“六个一活动”：一天一首军歌、一月一部电影（军事类）、一级一套教案、一年一个竞赛（国防杯文体赛）、一年一次大课、高中一所团校（青年国防团校）。

【基础设施】 按中央军委习主席关于军队停止有偿服务的指示，我部于 6 月底停止租赁 11 间临街门面，按时间节点要求顺利完成停止有偿服务工作。

【拥政爱民】 2016 年是金秀县精准脱贫攻坚第一年，部长参加县交通建设指挥部任副总指挥，武装部扶贫联系点调整为忠良乡林秀村；部长扶贫联系点为忠良乡六干村、义务均衡教育达标联系学校为桐木那马小学；政委联系点为忠良乡林秀村，义务均衡教育达标联系学校为桐木高仁小学。两位部领导对扶贫和义教均衡达标工作非常重视，多次深入村屯和学校调研，共同谋划产业发展和基础设施建设。另外除统筹使用好领导为民办实事经费外，还发动捐款 1 万余元进行帮扶。全年共帮建六干村龙表屯村民活动中心 4 万元、林秀村 2 万元和高仁小学 7000 元苗木绿化，慰问林秀村六干村困难群众 20 户 4000 元，协调县民政局对六干村一名孤儿落实了身份认证和待遇。

【其他工作】 4 月 15 日，广西军区参谋长屈绍刚带工作组在金秀县就人武部军事化试点工作进行调研，首长对金秀县的准备工作和调研思考予以了高度肯定。7 月 22 日，组织县四家班子领导过军事日，按照县委书记、县人武部第一政委韦德斌意见，将人员范围扩大到乡镇主要领导，基层反响很好。11 月 24 日，县委召开年度议军会，研究解决了优质兵员促进金、国防坑道管护费和常驻营区民兵队伍组建等问题，会议决定实施自治县“双拥模范县”申创工作。当年部队通报立三等功以上人员：黄青玉，桐木镇仁里村人，防城港军分区教导队班长，2016 年参加广西军区组织的特战集训成绩优异荣立三等功。

中国人民武装警察金秀县中队

【概 况】 中国人民武装警察部队金秀瑶族自治县中队（以下简称“中队”），受武警来宾市支队和中共金秀瑶族自治县委、县政府双重领导。2016 年，武警中队按照“听党指挥 能打胜仗 作风优良”的总要求，以保卫国家安全、维护社会稳定、保障人民群众安居乐业为使命，大力加强革命化、正规化、现代化建设，认真贯彻落实《军队基层建设纲要》，提高部队全面建设水平，增强部队战斗力，圆满完成了以执勤处置突发事件为中心的各项任务，为金秀社会稳定、经济发展、民族团结做出了应有贡献。中队机构设置涉密，在此不做体现。2016 年，武警中队建立有党支部、团支部和军人委员会三个组织。中队党员和团员，在各项工作中，发挥了先锋模范作用。

【政治思想教育】 2016 年，中队按照全军统一部署和武警部队总队党委年度工作安排，在中队深入开展改革强军的主题教育活动。整个教育活动聚焦为中共十八大胜利召开营造安全稳定环境这个年度工作总目标，贯穿迎接、保卫、学习、贯彻党的十八大精神这条工作主线，突出忠诚核心、拥戴核心、维护核心这个根本，用好赞颂新成就、展示新面貌这个载体，抓住助力改革强军、助推备战打仗这个落点，把学习贯彻习主席系列重要讲话精神特别是“军事篇”“武警篇”贯穿始终，与全面彻底肃清流毒影响结合起来，与庆祝建军89周年结合起来，与加强党员干部政治能力训练结合起来，引导官兵进一步铸牢忠诚品格、聚力改革强军、强军兴军，坚决维护习主席这个核心，坚决听从党中央、中央军委和习主席指挥。

【战备执勤】 执勤是中队的中心工作。2016年，中队加强执勤教育，强化中心意识。通过对典型案例的剖析学习，树立官兵“哨位就是战场，执勤就是战斗”的思想，提高警惕性，搞好警惕性和责任意识以及执勤纪律教育，提高责任意识，克服麻痹思想和一些常见病，多发病。确保在处置突发事件时能够拉得出，打得赢。同时落实执勤制度，正规执勤秩序。坚持支部抓勤、议勤及“三共”“八联”制度，支部每月对执勤情况进行分析、研究。根据重大节日及敏感期适时召开“三共”会议，将有关执勤重大指示及典型案例通报目标单位，会诊隐患问题，协调目标单位加装了岗楼1、2号哨楼道外隔离栏、对备勤室墙面和防水进行了维护、安装指纹面部识别系统，消除了执勤隐患。结合新兵补入、重大节日等时机，及时修订方案，并组织方案演练。充分发挥好勤务值班员、领班员、网络查勤员、哨兵的互控起到互管互控作用，确保执勤目标的安全。

【军事训练】 根据武警部队加强实战化训练，检验战斗力标准的通知，中队本着安全管理和提高战斗力标准原则，加强快速上刺刀、装退子弹等训练，切实提高官兵快速反应、有效处置能力。同时紧盯弱点抓训练。五公里武装越野、教学法和单兵综合战术科目是年度考核中的短板，中队坚持每天体能不断线，狠抓组训者备课试讲试教。将分队科目训练与执勤情况处置训练相结合，研究开展三员一兵一组一班协同演练及执勤方案演练，有效提高了官兵完成提高战斗力标准和确保中心圆满完成的能力。

【正规化建设】 2016年中队注重抓管理、促养成，依法从严正秩序。严格按照《依法开展工作规范》抓落实，坚持“以严治散、以严促建、以严保安”要求，落实制度保安全。既严在观念上。围绕变单纯管、一味控为培养人、塑造人；变搞土政策、土办法为依法管、照章办；变重管轻教、方法单一为管教并举、综合施策；变保姆式抓、突击式管为强化内功、启发自觉，将安全理念形成惯性、安全工作抓成常态，又严在规范上。结合条令法规学习、执勤安全教育整顿等活动，不断强化官兵条令意识，严格“四个秩序”，坚持点滴抓规范、持久抓养成，按照有里有面的要求树形象、强筋骨、促正规，做到一言一行体现素养、一表一册体现细节、一品一物体现作风。

【后勤保障建设】 按照武警部队提出的“后勤变前勤”具体要求，坚持保中心持续用力，保生活真情为兵，保安全万无一失，狠抓后勤规范化管理。提高保障能力，及时修订完善各类后勤方案，抓好后勤战备训练；严格落实早餐“1126”中晚餐“6211”模式，提高伙食管理水平；大力加强后勤队伍建设，扎实开展后勤岗位练兵活动，伙食保障能力提升明显。加强后勤管理，严格落实伙食管理的各项制度，对照后勤工作方面存在的问题认真进行自查，通过查找伙食管理中存在的突出问题、薄弱环节及安全隐患，不断提高后勤精细化管理标准。坚持每天炊事班搞好伙食自评，每周经济民主组收集官兵伙食意见，精心制定食谱，合理营养搭配，确保官兵吃出营养、吃出健康。大抓勤俭节约，通过开展以“节约光荣、浪费可耻”群众性大讨论活动，引导官兵勤俭节约、从我做起。军人委员会向全体官兵发出倡议，饮食上开展“光盘行动”，生活中做到随手关灯、关水，珍惜每一粒粮、每一度电、每一滴水。

【军民共建】 2016年，中队官兵多次前往驻地附近的孟村、金村、刘村、昔地村、六拉村，走访慰问困难群众，并积极开展国防知识宣讲。中队官兵利用新兵下队、儿童节、教师节及老兵退伍等时机前往金秀共和希望小学看望慰问师生，并根据教学需求向其捐助一批体育器材、图书资料和学习用品。八一建军节前夕，中队官兵邀请金秀共和希望小学部分优秀师生至中队参观见学、过军事日，开展联谊活动。中队官兵牢记全心全意为人民服务的根本宗旨，始终与驻地人民群众同呼吸、共命运、心连心，坚持尊重换支持、真心换真情、有为换在位的工作思想，大力开展军民共建活动，积极参与地方建设，无论是打击犯罪还是参与精神文明建设，无论是抢险救灾还是处突一线，无论是绿化植树还是兴修水利，到处都有官兵爱民助民的身影。

武警金秀县消防大队

【概　况】 2016年，中国人民武装警察部队来宾市金秀县消防大队在总队、支队党委和县委、县政府的领导下，围绕"听党指挥、能打胜仗、作风优良"强军目标，以班子和队伍建设为根本，强化火灾隐患综合治理，打造过硬消防铁军，扎实推进基层基础建设，圆满完成了各项工作任务，确保了队伍和火灾形势的"双稳定"。2016年，大队被自治区消防总队评为"2015—2016年度全区公安消防部队先进党支部"；被共青团来宾市委员会评为"青年文明号"；被来宾市公安消防支队评为"2015年度先进大队"和"2015—2016年度全市消防部队先进基层党委"，还有多名消防官兵获得各级表彰奖励。

【思想政治教育】 抓住班子建设这个根本，党委领率能力明显提升。抓学习转观念，创新力明显提升。大队认真贯彻民主集中制，扎实推进学习型班子建设，严格落实党委中心组理论学习计划，共组织学习7次、12个专题；固定每周二为集中学习日，党委成员带头参加，并带头破解瓶颈问题，研究解决问题8个，撰写调研论文4篇。抓民主树导向，公信力明显提升。先后召开2次民主生活会，查找问题、揭短亮丑，提高了班子发现问题、解决问题、推动发展的能力。完善会议程序、落实议事规则，确保党委会、执法例会、月工作例会等列会制度化、规范化、常态化。同时广泛倾听接纳意见和建议，提升了党委决策的公信力。抓制度强监督，拒腐力明显提升。坚持把党风廉政建设纳入党委重要议事日程，与业务工作同部署、同落实、同检查。严格执行"三不一末"制度，组织官兵观看廉政警示教育专题电影和深入看守所开展警示教育，实现了零投诉、零信访、零案件的目标，部队高度纯洁稳定。由来宾消防支队纪委委托来宾市统计局调查队回访群众满意度调查表，金秀县消防大队满意率高达98.6%，也是来宾各县市最高的。

【军训与消防执勤】 抓住灭火救援这个主业，打造消防铁军卓有成效。抓经常促规范，正规化建设卓有成效。科学谋划，细化工作责任，进一步明确工作目标，采取有力措施推进各项中心工作扎实有效开展，推动消防事业和部队建设又好又快发展。大队根据总队、支队年度岗位练兵计划的统一部署，结合辖区灾害特点，大力开展执勤岗位练兵活动。2016年，大队共开展灭火救援实地演练30次，制定修订各类预案39份，排查消防水源20次，圆满完成了各重大节日消防安全保卫工作。截至7月31日，大队共接警出动82起，出动消防车164辆，消防官兵984人，抢救和保护财产价值600余万元，成功处置了"5·8"营救甘棠村被困村妇和抗洪抢险等急难险重任务。抓素质促提升，多种形式消防队伍建设卓有成效。先后组织联合训练6余次，开展联合演练8次；推行巡查帮扶工作制度，强化对专职消防队的业务指导；召开多种形式消防队伍推进会，对专职消防队建设进行规范。

【社会化消防工作】 抓住消防安全这个中心，火灾防控能力显著增强。强化火灾隐患综合治理。按照"谁检查、谁签字、谁负责"的原则，实行责任区域包干，先后开展6大消防安全专项整治行动。截至7月，大队共检查单位735家，排查火灾隐患1213处，督促整改火灾隐患1211处，下发行政处罚文书29份，临时查封7家，三停单位6家，推动3个重大火灾隐患单位落实整改，火灾四项指标均大幅下降。消防执法服务更贴民心。以"强素质、正风气、树形象"系列活动为抓手，实行提前介入、上门服务，推出《消防便民利民"六项措施"》《业务受理行为举止和文明用语规范》等服务规范，进一步提高消防行政审批效率。截至7月，全县共受理消防行政审批事项30件，均在法定期限内提前10天以上办结。大队主动上门为12个重点项目提供技术服务，消防监督执法实现零错案、零投诉、零复议、零举报、零信访，大队业务窗口和工作人员多次荣获“红旗窗口”和“先进个人”称号。强化全民消防宣传教育。以宣贯国家九部委消防宣传教育“七进”工作为主线，组织开展“开学第一课”“119”消防宣传月等活动，并组建完善了“学生志愿者服务队”“孟村志愿者服务队”，并每天定期更新微信、微博，编印消防扑克、环保购物袋、消防宣传单等各类消防宣传资料8000余份，开展各类消防安全讲座15次，发放消防宣传资料10000余份，发送消防安全提示短信2万余条，解决各类消防问题23条。

【勤务保障】 抓住服务保障这个基础，消防工作和队伍建设长远发展。经费增长幅度开创新高。严格落实广西《地方消防经费管理办法》，推动县委县政府先后3次召开议军会、常务会、办公会研究消防经费保障及落实等问题。大队2016年预算为488万元，比2015年265.08万增长84%，基本支出经费保障标准和政府专职消防员人员经费保障标准已达标，经费总额及增长幅度均开创历史新高。基础建设突飞猛进。推动政府无偿划拨大于20亩土地用于武警金秀县消防大队建设，已通过政府立项，现已初步完成大队总平面图绘制工作。车辆装备建设提档升级。大队推动政府投入149万元购买了2辆“四个一”作战单元车辆，2016推动县政府投入128.3万元购买灭火救援装备。经过统一采购，中队消防员基本防护装备、消防员特种防护装备、抢险救援器材、灭火器材配备率及储备率已达80%。

【拥政爱民】 2016年，武警来宾市金秀县消防大队始终以全心全意为人民服务为宗旨，千方百计为群众解难事、干实事、做好事。大队官兵节日走访慰问孤寡老人、留守儿童、退伍伤残老兵，开展慰问活动8次，完成消防安全保卫任务7次，帮助群众办好事办实事15次，为群众送水近200立方米，义务劳动7次，冲洗街道30公里，捐款6000元，献血2万毫升，用实践行动诠释了“忠诚可靠、服务人民、竭诚奉献”三句话精神。

社会团体

县总工会

【概　况】 金秀瑶族自治县总工会在职人员7人，其中：主席1名，副主席1名，内设三部一室（组织民管部、法律劳保宣教部、财务部、办公室）。2016年，县总工会在县委和上级工会的领导下，认真落实"两个责任"，积极开展"四风""两学一做"教育活动，深入学习贯彻中共十八大和十八届四中、五中全会精神，贯彻落实习近平总书记系列重要讲话精神，坚持以职工为本，主动依法科学维权，以发展为第一要务，切实履行维护、建设、参与、教育等各项职能，充分发挥工会联系职工群众的桥梁纽带作用和工人阶级在自治县改革、发展、稳定中的主力军作用。

主　席：李先沣（3月任）

副主席：覃瑶升（2月离任）

梁茂基（3月任）

【职工文体活动】 春节期间在桐木镇开展形式多样的文娱体育活动，县总工会投入1.2万元，各基层工会自筹资金20多万元。"三八"国际劳动妇女节组织女职工参加市总举办的全市女职工手工艺品展中"坳瑶男装"手工刺绣荣获特奖。"五一"组织金秀县职工参加"中国梦·劳动美"2016年来宾市职工之声大合唱比赛荣获三等奖，与共青团县委、县民族和宗教事务局联合举办庆"五一"迎"五四"民族团结趣味运动会，10月中旬组织各基层工会会员参加2016年来宾市职工气排球赛。

【推进"两个普遍"】 加大依法组织工会工作力度，不断创新建会思路、组建形式和入会方式，切实提高工会组织率和职工入会率。截至11月，全县已建工会组461家(其中,2016年新建工会组织18个)，完成全年建会目标的138%；全县会员数达17729人（其中新增会员879人），完成全年发展会员目标的174%。按市总工会（来工发〔2016〕19号）文件精神贯彻落实，集中开展农民工入会大行动和工会工作站以及园区"职工之家"建设。并努力完成市总下达的2016年发展农民工会员目标任务。认真制定工作方案，明确工作目标，落实工作重点。在建筑集中区域建立桐木镇重点工程工会工作站。维护职工安全健康权益。组织全县企业职工报名参加"安康杯"竞赛活动，组织210名农民工开展广西第三届农民工技能大赛。认真开展安全生产检查和事故调查处理工作；推动企业普遍推行工资集体协商。以非公有制企业为重点，县总工会从源头上维护职工的劳动经济权益，帮助和指导企业工会与用人单位续签和新签《集体合同》《工资集体协商合同》21家，签订覆盖率达83%以上；25人以下正常经营企业签订区域性《工资集体协商合同》8份，覆盖企业430家，续签及新签行业性《工资集体协商合同》4份，覆盖企业32家，25人以下企业签订覆盖率达80%以上。

【帮扶救助】 精准建立健全全县困难职工档案，建立在档困难职工136人，其中低保户类困难职工15人；低保边缘户类困难职工40人；意外致困户类困难职工81人。开展元旦、春节送温暖活动，共帮扶慰问了困难职工（含农民工）、劳动模范、下岗职工及环卫工人共183名，发放慰问金26.13万元。8月份开展送清凉活动，为松源林产一线职工及金秀县城的环卫工人、桐木镇环卫工人及桐木镇90个自然屯的保洁员，共计324人，送去了绿豆975公斤、红糖903公斤、白糖192公斤、王老吉清凉饮品324件等价值3.5万元的防暑物资。开展金秋助学活动，共资助了62名困难职工子女，其中大学生41名，高中生21名，发放资金15.45万元，于9月10日前通过银行卡发放形式全部发到被资助的学生手中。

【划拨财政经费】 长期以来，因财力紧张等原因，金秀县每年财政划拨的工会经费几乎为零，经常遭到自治区总工会的通报、批评，一定程度上损害了金秀县的形象。2016年，县委、县人民政府高度重视此项工作，预算安排了381万元的财政工会经费已拨到位。向上级工会争取工会工作补助经费85932元，按比例下拨给各乡镇工会，逐步扭转了工作的被动局面。

【做好劳模服务工作】 按照区总和市总安排，至11月份，县总工会共组织9名市级以上劳模到区外进行疗养，8名自治区劳模免费体验。

【开展服务工作】 县总工会严格按照县委、县人民政府的要求，按照“产业第一、能力至上”的原则，深入实施“结对帮扶”工程，采取“领导领村、干部包村”等措施，精心组织，多次深入联系点村屯与村干部、农户研究帮扶工作，制定帮扶方案，扎实推进，共实施项目4个，其中基础设施项目1个，产业发展项目3个。实现大樟乡双化村基础设施改善，特色支柱产业发展，贫困农户收入增加，自我发展能力提高。该会结对帮扶共32户121人，其中2016年脱贫12户45人；2017年脱贫12户46人；2018年脱贫8户30人。结对帮扶脱贫工作正按计划有序推进2016年，该会联系的双化村预计实现15户54人脱贫，占应脱贫户数的46.88%，应脱贫人数的44.63%，脱贫户数、脱贫人数分别超额完成年初计划任务。另外，县总工会为联系点村屯拨付基础设施建设资金、开展“七一”活动经费共计4.1万余元，“六一”及12月中旬，该会到均衡教育联系学校大樟乡中心小学、大樟乡互相小学开展慰问活动，给小学生们送去价值2000余元的体育用品。

团县委

【概　况】 中国共产主义青年团金秀瑶族自治县委员会（简称“团县委”），属党群部门。1953年4月成立，名称为中国新民主主义青年团广西省大瑶山瑶族自治区（县级）工作委员会，名称几经变更，现为中国共产主义青年团金秀瑶族自治县委员会。1955年3月，在县城召开自治区（县级）第一次青年团员代表大会，选举产生团自治区（县级）委领导成员，成立中国新民主主义青年团自治县委。1957年，中国新民主主义青年团自治县委改名为中国共产主义青年团自治县委。1972年中国共产主义青年团自治县委改名为中国共产主义青年团金秀瑶族自治县委员会，沿用至今。2016年共青团金秀瑶族自治县委员会内设办公室、组织部、宣传部、青农部、学校部、青工部、希望工程办公室等机构；团县委编制3人，1—9月粉实有工作人员1人，10月后实有工作人员2人。2016年，团县委紧紧围绕中共自治县委、自治县人民政府各项中心工作，以“服务大局　服务社会　服务青年”为总基调，充分发挥共青团先锋模范作用，为青年就业创业、成长成才提供服务，认真实施党建带团建、青少年造林绿化、青年志愿者行动、预防青少年违法犯罪等工作。2016年，全县共有青年团员3675人，有基层团委17个，团（总）支179个，其中乡镇实体化大团委建设192个。专职团干部13人，女团干8人。2016年，黄莉丽荣获2016年度“广西优秀共青团干部”荣誉称号；覃道腾荣获首届“来宾青年五四奖章”。

书　记：黄莉丽

【团建基础工程】　坚持以党建带团建工作模式，全县各级团组织始终以团的建设和推进团的事业发展为重点，不断强化共青团的组织功能和服务功能，提高团的凝聚力、战斗力和社会影响力。做好团员注册、团证颁发工作，加强团员发展审批、团费收缴、团组织活动阵地和团员教育评比等。扎实推进党建带团建工作。重点在全县基层团组织中开展“三力”团支部创先争优活动。同时依托村级党员活动中心，抓好村级团组织活动场所建设，全县100%行政村挂牌建立“青少年之家”，鼓励推荐优秀青年加入中国共产党。创新基层团组织建设。以“乡镇大团委建设”活动为载体，依托乡镇实体化大团委建设创新基层团组织构建，并选优配强各级团组织领导班子，积极推动35岁以下村“两委”干部兼任村团支部书记，青年致富带头人、大学生村官和在校大学生兼任村团支部副书记。抓好团干部“青春引擎”全员培训、新任团干部（青年骨干）大培训活动、农村青年致富工程、青年人才素质提升工程、农村青年返乡创业创新工程、新兴创新工程大力引导农村青年发展“电商”产业。着力抓好“两新”组织团建工作。依托县工业园区开展非公企业建立团组织，创建非公团组织，创建社会性组织类别的团支部，并开展丰富多彩的活动，把开展团组织活动与提高团员综合素质、促进企业生产经营和加强企业文化建设结合起来，探索出了一条“两新组织”团建的新路子。

【青少年思想道德教育】　2016年，团县委加强青少年爱国主义、社会主义核心价值观教育，开展统一团、队主题活动，举办青少年法制教育讲座、法制模拟情景剧、在学校开展“模拟法庭”。在“五四”、“六一”等节日加强青少年理论知识的学习；在雷锋日、环保日开展医疗、维权、清洁、结对关爱帮扶等志愿服务活动；利用“七一”、国庆节、重阳节走进敬老院服务老人等活动；在清明节开展缅怀革命先烈活动，接受革命传统教育；开展法制文化基层行下乡文艺演出、交通安全知识讲座、青少年法制教育讲座，通过开展各类主题活动提升青少年思想道德素质。

【少先队工作】　2016年，团县委以大力培育和践行社会主义核心价值观作为少先队工作和中学共青团工作载体。抓住建党、建团周年纪念日、抗日战争胜利71周年、中共十八届五中、六中全会等重大节日为契机，深入学习领会习近平总书记系列重要讲话精神，扎实开展“两学一做”专题教育，广泛开展“我的中国梦”、“我为社会主义核心价值观代言”、10月13日第67个少先队建队纪念日“红领巾相约中国梦——听党的话，做好少年”和“向国旗敬礼”等主题教育实践活动，引导青少年树立和践行社会主义核心价值观，坚定走中国特色社会主义道路的理想信念。帮助青年构筑起强大的精神支柱。深入开展学雷锋活动。以“青春扶贫大行动之弘扬志愿者精神”为主题，组织广大青年集中学习宣传雷锋精神，举办“雷锋榜样进校园”等活动，引导青少年从小事做起、从身边做起，时刻树立为他人服务的意识，践行基本道德规范，弘扬社会文明新风。创新活动载体激发青年活力。举办“法制征文演讲”主题活动，引导全县广大青少年参与其中；启动“中华学子青春国学”主题活动，引导青少年进行经典书籍的阅读，在传统文化的熏陶中接受传统文化的沐浴，在阅读中养成尊老爱幼、懂得感恩传播社会正能量。四是积极运用新媒体和先进文化手段进行引导。通过建立基层团组织QQ群，团组织实名微博，团县委微信公众号、微信群等办法来引导青年，还通过浏览中国青年网、广西团区委、来宾团市委网站主页等形式，对青少年思想进行正确引导。

【青年科技活动】　继续积极参与“电商广西、电商东盟”和“党旗领航·电商扶贫”等工程建设，着力培育一大批本土优秀创业创新人才，引导广大青年主动顺应经济发展新常态，切实增强青年创业创新意识，积极推荐青年创业能手参加2016广西青年创业创新大赛。电商企业金秀瑶族自治县乡水瑶生态土货项目在农民工专项赛全国总决赛中荣获全国优胜奖。切实加强农村青年的创业劲头，充分发挥农村青年的先锋模范和生力军作用，积极推进农村青年创业创新，开展了“百场创业创新沙龙进农村”活动、电商培训项目。搭建青年交友平台。通过举办“青春携手　共创未来”等交友活动，给青年搭建相识、相知、相恋的交友平台，丰富金秀青年业余文化生活。

【青少年志愿服务活动】　组织引导广大青年投身青年志愿服务队伍中，以社会所需、他人所难为服务出发点和落脚点，充分发挥青年志愿者的正能量。成立青年就业创业志愿服务队。组建了一个以政策宣传志愿者、青年创业志愿导师为主的青年就业创业志愿服务队，为金秀县青年提供及时有效的就业创业服务。成立绿色家园志愿服务队。“美丽金秀、生态家园、青年当先”是金秀县志愿服务品牌活动之一，我们先后组织近千名志愿者到公路沿线、乡镇街道、农村开展清洁家园、清洁水源、清洁田园义务劳动、义务植树，引导人民群众共同打造青山碧水的美丽金秀。组建爱心志愿者服务队。以“关爱空巢老人、残疾人、农民工、留守儿童”为主要服务对象，由社会各界爱心人士组织建立起多支志愿者服务队。爱心志愿者利用节假日时间，开展系列关爱活动。四是积极组织发动团员青年及各界爱心人士注册成为志愿者，科学、系统的管理全县志愿者，推进志愿者队伍建设，全县注册志愿者共计1700多名。

【预防青少年违法犯罪工作】　深入开展不良行为青少年、闲散青少年、服刑人员子女、流浪青少年和农村留守儿童等五类重点青少年群体的服务和管理，组建了常态化的预防专兼队伍；积极开展“青少年权益工作创新”工作，深化共青团与人大代表、政协委员“面对面”活动，建立沟通协调制度。积极围绕青少年违法犯罪、青年就业创业、社会教育与青年全面发展、新生代青年农民工社会融入等热点问题征求意见和建议，在全社会营造关心支持青少年工作的浓厚氛围；组织开展未成年人保护法宣传教育活动。扎实开展“送法进校园”活动。配合自治县教育局、司法局组织开展了形式多样、内容丰富的法制宣传教育活动。10月，在金秀县民族小学开展“模拟法庭”活动；12月，在头排中心校开展“实现中国梦，法治伴我行”普法教育情景剧展演活动；并在各中小学开展法治征文演讲比赛。深入开展法制“四进”宣传活动，确保法律在学校、机关、社区、农村青少年中得到普及，增强青少年的自我防范意识和自我保护意识。

【青春扶贫行动】　“青春扶贫行动”是共青团落实国家扶贫开发工作决策部署的具体举措，是共青团参与精准扶贫的重要载体。为深入落实中央《关于创新机制扎实推进农村扶贫开发工作的意见》和全面推进精准扶贫的决策部署，大力弘扬社会主义核心价值观，大兴友善互助，守望相助的社会风尚，充分发挥广大团员青年在全面建成小康社会扶贫攻坚战中的生力军和突击军作用，重点深入开展青年支援扶贫，拓展青年志愿者服务领域，组织青年志愿者参与扶贫开发建档立卡和精准扶贫工作，围绕教育关爱、医疗卫生、农业科技、文化生活等内容，为青少年服务。“微心愿认领”活动：深入金秀县贫困山区收集贫困留守儿童的微心愿，动员团员青年认领微心愿，争做圆梦人，帮助贫困留守儿童实现愿望，解决困难，向社会传递扶贫济困、友爱互助的青春正能量；“亲情关爱对子”活动：组织机关、企事业单位青年和青年志愿者与贫困留守儿童结对子，通过家庭走访、亲情连接、伙伴交流等方式，帮助贫困留守儿童感悟家庭温暖、感受社会关爱；“公益捐助”活动：春节前夕，为贫困大学生送去返乡车票；2月在长垌乡、罗香乡、忠良乡等贫困村开展“女童保护”公益捐助活动。5月县委统战部、团县委联合松原林产企业到六巷乡大岭村开展共青团助力脱贫攻坚大行动，给10贫困村民送去价值3万元的4000多羽鸡苗；6月广西青年企业家协会的七家会员单位在三江乡开展“一个阅览室·一支小牙刷”主题捐赠活动。

县妇女联合会

【概　况】　金秀瑶族自治县妇女联合会（简称县妇联），2002年机构改革后，核定干部编制3名，其中正副职领导各1名，一般干部1名。2011年

5月，增加一名工勤人员即工人（司机）编制。10个乡镇妇联，均配备专（兼）职妇联主席1名；77个村民委、4个社区妇代会组织，均配备有妇代会主任。2016年，县妇联认真做好妇女儿童维权工作，服务于妇女儿童，为民办实事好事；开展“五好文明家庭”“最美家庭”评选活动，全县共有李光烨和梁雪莉2户分别被评为区级、市级“最美家庭”。开展禁毒，防治艾滋病、妇女宫颈癌、乳腺癌免检查筛等宣传活动，发动广大城乡妇女积极参与两癌查筛。举办家庭教育讲堂，预防未成年人犯罪等活动。

主　席：陆爱桂（6月离任）
　　　　柳筱瑜（6月任）
副主席：覃彩云（6月离任）
　　　　黄　芳（6月任）

【开展节庆活动】 “三八”妇女节活动丰富多彩。县妇联在县城举办了“男女平等与时俱进　和谐生活幸福共享”为主题“三八”妇女节文艺晚会1场，并组织召开金秀县正科级以上女领导干部庆祝“三八”妇女节座谈会。深入基层开展维权活动，宣传反家庭暴力法等。“六一”儿童节活动精彩纷呈。到长垌小学、那么屯“儿童家园”等组织开展庆“六一”游园活动；举办了3期家庭教育报告会；并资助县民小、县幼以及贫困村儿童家园“六一”节活动经费共15000元。

【维护妇女儿童合法权益】 开展好维权周宣传活动，深入基层，采取多形式，开展了“法律进乡村，助力精准脱贫攻坚”宣传活动，宣传《中华人民共和国反家庭暴力法》等法律、法规，如与政法部门开展文艺演出、发放宣传资料和在县电视台播放《中华人民共和国反家庭暴力法》，对《中华人民共和国反家庭暴力法》等知识进行了讲解。联合县法院创建“妇女儿童维权岗”，接待妇女儿童来信来访12件，调处率100%。切实做好女童保护工作，邀请中国乡村儿童联合公益“女童保护”志愿者到金秀县开展女童保护知识讲座5次。

【开展寻找“最美家庭”活动】 开展寻找“最美家庭”活动，全县共有李光烨和梁雪莉2户分别被评为区级、市级“最美家庭”。做好区级、市级“五好文明家庭”评比活动。开展巾帼志愿者服务活动。全年组织巾帼志愿者活动13次，如组织巾帼志愿者到香草湖清理垃圾，在植树节开展2016年“植百年巾帼树，造家庭幸福林”义务植树活动。

【开展服务关爱帮扶工作】 主动服务，积极搭建妇女发展平台。搭建创业就业平台。与县人社局等部门开展了1场“春风行动”现场招聘会，发放资料2000多份。关心弱势贫困妇女儿童，加强“妇女之家”“儿童家园”及基地建设。2016年，开展“七一”慰问扶助困难党员活动，捐助1000元慰问长垌乡道江村困难党员5名。慰问了8名家庭困难妇女、困难留守儿童50名，送去慰问金共计9000元。为4名“两癌”妇女争取到“贫困妇女两癌专项资金”4万元，争取得到中国空军4万元资助留守贫困儿童100名。认真抓好“妇女之家”“儿童家园”建设，头排镇头排社区、大樟乡大樟村“妇女之家”被确定为自治区级示范“妇女之家”，分别取得专项资金1万元；创建自治区示范“儿童家园”8个，投入专项资金16万元。四是创建巾帼科技示范基地，帮助和引导金秀县庞桶瑶药种植加工“妇”字号基地牵手产业脱贫、就业脱贫和爱心脱贫，该基地被确定为自治区巾帼科技示范基地，获得专项资金4万元。

【开展巾帼脱贫行动】 组织到亿草丰茂瑶药有限公司组织开展“产业到家　牵手妈妈”巾帼脱贫行动2次，通过结对帮扶，解决了18名贫困妇女就近就业和增加家庭收入，从而实现家庭脱贫。举办家政培训和家政服务员技能比赛活动。5月13日，到桐木镇三友村三寨屯开展家政培训“大篷车”进村活动，6月6日在职校举办家政服务培训班1期，33人参加，6月7日在县职校举行家政服务员技能比赛。切实做好扶贫小额信贷工作。加强业务下培训和深入村屯开展宣传发动工作，给贫困妇女发放宣传资料2000多份，并在妇联系统召开了扶贫小额信贷工作推进会，对该项工作再培训、再部署。2016年，为3093户建档立卡贫困户发放妇女小额担保贷款贷1.3337亿元，扶持贫困妇女创业就业。

【关爱妇女和留守儿童行动】 一是抓好阵地建设，2016年，县妇联巩固创建“妇女之家”81个，创建了儿童家园9个，并为“儿童家园”“妇女之家”购置了图书、羽毛球、乒乓球等体育器材，为妇女儿童提供了良好的娱乐活动场所，促进了社会主义精神文明建设。二是开展爱心活动，积极动员全县广大妇女干部，联合广大志愿者与留守儿童结成帮扶对子，做农村留守儿童的“爱心妈妈”“爱心爸爸”，发动教师做代理家长，解决留守儿童学业失教、生活失助、亲情失落、心理失衡、安全失保的问题。三是关注留守儿童的成长和学习，县妇联、团县委组织大学生志愿者，利用暑假和周末到儿童家园开展“大学生志愿者返乡服务儿童家园活动”10场次，共有68名志愿者和530名儿童参加了活动。四是充分发挥和体现“妇”字号基地的女能人示范带头作用得到，在“妇”字号基地，在女能手的示范、带动、引导下，广大农村妇女已成为推动农村经济发展，建设社会主义新农村的重要力量。五是对全县农村留守妇女基本情况进行了摸底、排查和信息录入工作，共录入留守妇女146人。指导各乡（镇）建立了留守妇女档案，全面掌握金秀县留守妇女情况。

【开展家庭教育活动】 推荐2名优秀骨干教师参加区妇联举办的家庭教育培训，为金秀县的家庭教育培养师资力量。深入学校、村屯举办家庭教育大讲堂5场，参加讲座的家长达1000多人。

【开展国策宣传活动，弘扬先进性别文化】 开展男女平等基本国策宣传活动。深入基层开展宣传活动，并将男女平等基本国策宣传列入2016年村“两委”女干部培训内容。层层培训女干部提升素质。选派3名乡村女干部参加上级组织的培训学习。举办全县村“两委”女干部培训班1期，共有98名乡（镇）妇联主席或专干、村委（社区）女干部和三星级以上“妇女之家”负责人参加了培训班的学习。 （罗筱敏）

县科学技术协会

【概　况】 金秀瑶族自治县科学技术协会成立于1978年12月，属中共金秀县委领导下的人民群众团体组织，是县委、县政府与全社会各界科技工作者联系的桥梁与纽带。协会成立初期，与县科学技术委员会合署办公，1984年从县科学技术委员会分出单独办公。金秀瑶族自治县科学技术协会（简称“县科协”）从科学技术委员会分出来后，原工作人员2人，后增加人员到5人，机构设置有办公室、学会部、科普部等工作部门；2002年机构改革后编制2人，工作人员2人，只设置科协机关办公室；2016年年底编制3人，在职人员3人，实有人数3人。

主　席：钟　宾（4月离任）
　　　　李金阳（4月提名）
副主席：卢洪东（兼）
　　　　杨为志（兼）
　　　　张发远（兼）
　　　　涂世钊（兼）
　　　　梁晓芳（兼）
　　　　彭晓玲（兼）

【主要活动】 2016年组织和参与开展3次较大规模的科技普及活动：中国流动科技馆在金秀展出、青少年科技创新大赛活动、全国科技活动周活动、十月科普大行动及“爱科学月”活动。张贴“抗灾救灾”“节能减排”“科学生活”等科普挂图23套143份；完成县城科普宣传橱窗和10个乡镇48个行政村（社区）的宣传栏内容制作两期并及时张贴167张。结合《科普法》和《全民科学素质行动计划纲要》的宣传贯彻实施要求，继续与县广播电视局开办《科普大篷车》知识栏目，针对不同的季节，播放相关的农村适用技术52期。

【科技培训】 2013年，会同县科技局、扶贫办、农业局、畜牧局、林业局、妇联、团委、总工会、民族局、组织部等部门及各乡镇党委、政府采取多种形式组织农村党员、基层干部和农民因地制宜地开展农村实用技术培训工作，全年科协（含少普队）开办培训班12期，培训人员1230人次，完成年度培训任务。

【青少年科普教育】 组织开展未成年人科普活动。2016年10月28日，组织全县中小学校开展科技创新大赛活动，完成县级评选，并组织上报来宾市科协。全县有94份作品获得表彰。通过开展中小学生科技创新成果及青少年创新活动，培训制作青少年科学DV及少年儿童科学幻想绘画。从而更好地推动金秀县青少年科技教育活动的开展，引导青少年发现和探索身边的科学问题，丰富和提高金秀县科技辅导员业务水平和科学素养。

【科普惠农兴村计划】 根据中国科协、财政部和广西科协、财政厅的统一部署，根据金秀县农村科普工作的特点，组织申报各级项目共四个。其中，“金秀瑶族自治县金秀镇生态大鲵保护和发展养殖协会”“金秀县六巷青山生姜种植协会”分别获得2016年全国“科普惠农兴村计划”先进集体和农村科普带头人荣誉称号，获得奖补资金25万元。组织自治县2006年以来获得全国、自治区“科普惠农兴村计划”项目先进单位和个人参加广西第7次“科普惠农兴村计划”成果展和“农产品对接洽谈会”活动。2016年12月6日组织金秀县六巷生姜种植协会、金秀瑶族自治县大瑶山茶叶产业协会、金秀瑶族自治县亿草丰茂瑶医药基地等农村专业技术协会、科普示范基地到广西科技馆参加活动，其中广西金秀瑶族自治县亿草丰茂瑶医药基地所带瑶浴药品最受市民青魅。

县归国华侨联合会

【概　况】 金秀瑶族自治县归国华侨联合会（以下简称“县侨联”），属中共金秀县委领导下的人民群众团体组织，是县委、县政府联系广大归侨侨眷的桥梁和纽带。金秀县旅居海外的华人华侨及港澳同胞有近80人，分布在世界8个国家和地区。2016年，全县有归侨侨眷280多人，其中归侨1人（来自于马来西亚）。侨眷的海外亲属主要分布在马来西亚、泰国、英国、美国、新加坡、日本、加拿大、缅甸、印尼、越南等国家。2016年，县侨联编制1人，实有工作人员1人。

主　席：覃　芬

【侨务理论学习】 2016年，县侨联在县委、县政府和县委统战部及上级主管部门的领导下，坚持以“三个代表”重要思想、中共十八大精神为指导，落实科学发展观，认真贯彻落实区、市侨务工作会议精神，紧紧围绕县委、县政府的工作部署，坚持“以侨为本，为侨服务”为宗旨，切实贯彻国家的侨务方针政策。在做好侨联日常业务工作的同时，积极参加上级侨务部门举办的各种侨务干部学习班，2016年9月参加了区侨办举办的全区侨务干部培训班，通过学习，提高理论水平和政策水平，进一步认识到新形势下侨联工作的责任感和紧迫感。

【专题教育活动】 开展“三严三实”专题教育，深入学习贯彻中共十八大和十八届三中、四中、五中全会精神，深入学习贯彻习近平总书记系列重要讲话精神，紧紧围绕协调推进“四个全面”战略布局，对照“严以修身、严以用权、严以律己，谋事要实、创业要实、做人要实”的要求，聚焦对党忠诚、个人干净、敢于担当，着力解决“不严不实”问题，切实增强践行“三严三实”要求的思想自觉和行动自觉，努力在深化“四风”整治、巩固和拓展党的群众路线教育实践活动成果上见实效，在守纪律讲规矩、营造良好政治生态上见实效，在真抓实干、推动改革发展稳定上见实效。讲规矩、营造良好政治生态上见实效，在真抓实干、推动改革发展稳定上见实效。通过“三严三实”“守纪律讲规矩”集中教育学习，认识到了开展这次活动的重要性和必要性，是党的群众路线教育活动的深入发展，有助于进一步推进党员干部作风建设和推动中心各项工作开展。是党员干部贯彻“三严三实”要求，以身作则，真抓实干，提升思想道德水平、凝心聚力干好工作的保证，进一步净化党风党性党纪教育。

【为侨界服务】 为广大归侨、侨眷服务，维护他们的合法权益是侨联的工作重心。2016 年，该会始终坚持把贯彻《中华人民共和国归侨侨眷权益保护法》作为一项政治任务，努力为侨服务办实事，通过各种渠道以多种形式认真做好群众工作。年初看望慰问了 6 户归侨侨眷及台属，给他们送去了慰问金和慰问品，带去党和政府及侨联组织的关心和问候送到了归侨侨眷的心坎上。同时该会把信访工作作为侨联联系群众的重要渠道，本着“侨胞利益无小事”的原则，认真接待来访的侨眷，在侨务政策允许的范围内协调有关部门为归侨侨眷解决一些实际困难，对他们提出的问题都能帮助和协调解决。上门走访侨眷，进一步倾听侨众的心声，了解他们的诉求，在及时反映、切实解决他们具体问题的过程中，化解潜在矛盾，增进彼此之间的感情，有效地促进了金秀县侨界的稳定和发展。2016 年年初按照来宾市侨联及县委统战部的工作布置，认真开展侨情调查摸底工作，建立完善侨眷信息库。对金秀县辖区内台属、侨属进行重新审核，完善档案，摸清底数，全面掌握台胞台属、侨胞侨眷人数，及时掌握涉台、涉侨人员的思想动态、生活状况、存在困难及其愿望，及时帮助他们解决实际困难和问题。

【积极参政议政、依法维护侨益】 县侨联认识到民主参与是为侨服务的有效途径，注意发挥在人大和政协舞台的作用，认真撰写高质量的议案和提案，为自治县各项事业发展和以法护侨做了大量的工作。在自治县召开“两会”之前，自治县侨联积极与其他政协委员取得联系，围绕中心议题交换意见，积极反映侨界的呼声、意见和建议，共撰写联合提案 2 份。

【海内外联络联谊】 参加全市侨联系统开展的各种联谊活动并积极调整工作思路，利用接待区、市及县外对口部门前来交流工作经验的接待机会，沟通交流工作，促进友谊，并以热情的接待，优质的服务，积极主动向他们宣传金秀。

【脱贫攻坚工作】 县侨联除了积极做好本职业务之外，始终服从县委和县政府的统一安排和布置，积极配合做好中心工作。2016 年 3 月，帮扶联系点由六巷乡门头村调整到三江乡长乐村，按照脱贫攻坚工作的要求，多次入户了解贫困户基本情况、填写《扶贫手册》，完善相关扶贫材料。与村委共同探讨基层组织建设、村务管理、优势产业发展、改善民生等事项。2016 年 5 月 8 日联系点三江乡长乐村委永红屯因受洪灾影响，原饮水管道 800 余米遭损毁，造成整屯 28 户 163 人饮水困难。县侨联得知此情况后，积极帮助解决资金肆仟元用于购买水管及时修复饮水管道，使村民们及时恢复正常的生活生产。

（覃　芬）

县工商业联合会

【概　况】 金秀县工商业联合会是面向工商界，以非公经济企业和非公有制经济人士为主体的人民团体的商会组织，是县委、县人民政府联系非公有制的桥梁和纽带，是县人民政府管理和服务非公有制的助手，具有统战性、经济性、民间性有机统一，现有十个乡（镇）商会，会员 678 名，会员企业 30 家。

主　席：黄雪华

【理想教育】 推进以“守法诚信，增强企业发展信心”为重点的理想信念教育实践活动，引导非公有制经济人士正确认识和把握经济发展新常态，适应新常态。通过下基层商会、走会员企业等形式，组织学习相关会议精神，增强非公有制经济人士发展企业信心。

【参政议政】 2016 年完成《金秀县民营企业创新发展的现状与思考》的调研并形成报告；提交《关于县级相关部门设立大瑶山农产品销售网络的建议》《关于促进我县茶叶健康发展的建议》等五条提案；配合区联做好非公经济规上企业、年轻一代非公经济人士现状调查工作。为县委、县政府制定相关工作措施提供决策依据。

【服务发展】 2016 年 4 次组织 57 人次相关非公有制经济人到外地交流、联谊，拓宽企业的合作渠道，帮助企业解决“走出去”中遇到的融资、信息的获取、风险防范等问题；走访了 46 个企业、130 多名非公经济人士，了解他们在发展生产中需求，为非公企业宣传国家鼓励发展实体经济的政策措施，努力搭建民营企业与政府相关部门沟通的平台；认真组织素材，5 次在金秀电视台、1 次在来宾电视台报道自治县非公有制经济工作亮点，宣传非公有制经济人士的新形象；举办一期法律知识讲座和一期“非公有制素质提升班”，提升非公有制经济人士的素质。

【精准脱贫】 组织 41 家非公企业，一个乡镇商会参与精准扶贫工作，实现 2016 年全县 28 个贫困村精准扶贫非公企业全覆盖。出资 73 万元发展茶叶生产和优质谷生产等产业；捐助 6.1 万元帮助建设公共基础设施；举办参加人数达 81 人两期技术培训班，提高劳动技能和种养技术；安排贫困人口就业 206 人（次），增加贫困户的家庭收入。

【公益事业】 以金秀县非公有制经济人士“扶贫济困救助基金”和“百企助百村”为平台，引导非公有制经济人士投身光彩事业和社会公益事业。全县非公经济人士共捐款 12.6 万元参与光彩事业和社会公益事业。

【政治安排】 协助做好非公经济人士的政治安排。负责 2 名非公经济人士担任自治县十五届人大代表、15 名非公经济人士担任金秀县九届政协委员推荐及综合评价工作。

【换届工作】 按照区统战部、区工商联等相关部门的要求，做好自治县工商业联合会第五代表大会换届工作，指导各乡镇商会与县级商会同步换届。严把非公有制经济代表人士综合评价关，把思想政治强、行业代表性强、参政议政能力强、社会信誉好、热心商会事业的非公有制经济代表人士吸引到工商联组织中来。2016 年 12 月底，自治县工商业联合会、县、乡（镇）两级商会的换届工作圆满完成。黄雪华当选为金秀县第五届工商业联合会主席、自治县第五届商会会长。

（陈晋湘）

文学艺术界联合会

【概　况】 金秀瑶族自治县文学艺术界联合会（以下简称“县文联”）是由金秀县各文学艺术家协会及其他文学爱好者组成的人民团体。县文联的主要职责是组织、指导、协调各协会及其文艺工作者开展各种文艺创作活动和文艺理论研究工作，挖掘、弘扬民族文化，培养民族文艺人才。2016 年，县文联下设作家、戏剧、音乐、舞蹈、美术、书法、摄影、民间文学艺术、赏石、诗词及老年诗书画和楹联等 11 个协会和学会，新吸收 36 名各类优秀文学艺术人才充实到各协会中，登记在册会员 108 名。核定行政管理人员编制 1 人，设兼职主席 1 名，由中共金秀瑶族自治县委员会宣传部一名副部长兼任；兼职副主席 3 名，实有工作人员 2 名。其中，副主任科员 1 名。办公室 1 间（约为 21 平方米）位于自治县行政中心 1 号楼 1 楼，配置有办公专用桌椅 3 套，电脑 3 台（其中，2 台为 2012 年前购置，现已无法正常使用），激光多功能打印机 1 台，520 尼康单反相机 1 台，铁皮档案柜 1 组，木质沙发 2 套（每套 1 张长沙发、2 张单人沙发、1 张长茶几、1 张短茶几），旧木质档案柜 3 组，简易书画台 1 张。县文联荣获 2016 年来宾市文联系统先进集体称号，杜绍康荣获来宾市文学艺术先进个人称号。

主　席：杜绍康（兼）
副主席：卢冰若（兼）
罗伟才（兼）
赵松佐（兼）

【文学创作】 县作家协会会员在各级报刊以及《麒麟》《瑶都》等刊物上发表文学作品共 80 多篇。

【书画创作】 完善县书画创作室建设。举办书画爱好者开展书画交流活动 2 次，书画展出活动 1 次，接待各级书画家到创作室开展书画创作5批（次）。组织书法协会会员12人深入部分乡镇开展“送春联下基层”活动，免费为群众书写春联2300多幅。

【戏剧创作】 举办戏剧培训班3期。选送小品《同圆发财梦》参加自治区文艺戏曲评选。借助“民族、生态、长寿、养生”等文化品牌，把文化与旅游紧紧融合起来，继续完善提升瑶族历史舞台剧《瑶都神韵》和盘瑶族舞台剧《瑶韵深牌》。《瑶都神韵》实现了每周一演的常态化演出目标，2016年驻场演出20场。《瑶韵深牌》面向游客和群众进行4场公演。完成盘瑶族历史舞台剧《瑶韵深牌》、瑶戏《深山夜话》、彩调剧《大爱无垠》和电影文学剧本《金玉瑶》等4个文化精品的申报工作。

【文艺工作】 加强对已建成的桐木、七建、头排、三角、三江等9个基层群众文化文艺活动基地示范点的指导培训工作。完成10个乡（镇）、4个社区、77个行政村的地方彩调剧、桂剧、壮剧、木偶等4个剧种的普查，共普查24个民间剧团，27位民间戏剧艺人，并做好录像存档工作。

【文　化】 举办首届“锦秀城杯”广场健身舞大赛，联合广西金秀庆达房地产开发有限公司举办首届“庆达杯”广场健身舞大赛，共有来自金秀县、鹿寨、兴宾、象州等四县区85支参赛队伍，参赛队员达1400名，吸引6万多人（次）观众驻足观看。联合桐木镇雅韵旗袍会举办“仙境莲花　醉美旗袍”展示活动。

【文艺活动】 一是在三角乡举办首届生态文化旅游节活动，瑶族文艺演出、捉泥鳅比赛和“嫁郎”、瑶族长桌泥鳅宴等丰富、有趣的民俗活动，吸引近千名本地、外地游客前来参与，助力当地群众脱贫增收。二是组织开展各类文艺演出50场，其中第八届文艺大展演30场，组织农村文艺队进城演出20场。在“2016年中国金秀——世界瑶都盘王节”活动期间，完成盘王节系列活动中的瑶族歌舞展演以及大型盘瑶族传统文化《瑶韵深牌》展演3项大型活动。三是联合自治县文化体育广电局、卫计局、武装部、老干局、民族局等部门举办迎春文艺晚会、防艾宣传文艺晚会、国防教育和征兵文艺晚、“九九”重阳节文艺晚会、“民族团结宣传月”文艺演出等。四是举办摄影活动。举办县级摄影技巧培训班2期，培训县、乡（镇）摄影爱好者200多人次。发挥六巷乡、三角乡民俗摄影基地的作用，配合广西摄影家协会会员到基地采风3次。4月，在自治县瑶都广场举办《2016年壮族“三月三”摄影作品展》，展出本土摄影家协会会员摄影作品64幅（组）。9月，举办2016年盘王节“神奇瑶都，美丽金秀”摄影大赛，共收集到全国182名摄影爱好者的参赛作品2002幅（组），参赛作品从不同的角度展示了金秀为秀丽的自然景观、深厚的文化底蕴和迅猛发展的成就。评选出特等奖1名、一等奖2名，二等奖4名，三等奖8名，优秀奖20名，入选奖100名。获奖作品进行展出，并刊登在《瑶都》季刊上。

【文艺期刊】 《瑶都》季刊是金秀县唯一一本刊物，它是宣传“世界瑶都”和“瑶都文化”的重要平台。季刊内设置有瑶乡印痕、行云流水、圣堂来风、山溪吟咏、戏曲走廊、青青梅子、域外弦音、星座地带、竹楼夜话等栏目。全年出版4期（其中秋冬季为合刊出版），发表各类文学作品124多篇，其中本土文学作品96篇。此外，还指导桐木镇文联出版《桐木文苑》刊物。

【人才培养】 选派6人参加了自治区及来宾市的培训学习。组织各协会会员到桐木、头排、罗香、三江等地举办了摄影、舞蹈、戏剧、声乐专题培训班。全年举办各类艺术培训班30期，培训人次820人次。邀请自治区及来宾市专家到金秀县开展了2期摄影、写作专题培训班，200多名摄影爱好者和文学爱好者参加了培训。加强指导古占山子瑶、孟村茶山瑶、圣堂湖盘瑶、罗运坳瑶、门头花蓝瑶的节目编排工作。组织艺术协会深入校园开展文艺辅导活动。

【采风活动】 组织摄影、文学、书画、剧艺等协会的会员到六巷乡、三角乡、大樟等地开展采风活动3次。收集到采风文学作品60多篇、摄影作品120幅,在《瑶都》季刊上发表采风作品20篇(幅)。全年接待来宾书画院、防城港市港口区等各级文学艺术采风团体7批（次）。

【志愿服务活动】 组织开展文化志愿服务活动8次，县书法诗词志愿服务队分赴10个乡（镇）及一些瑶寨开展“我们的中国梦　文化进万家”义务送春联活动，为群众免费书写春联2300多幅；县文艺志愿服务队利用春节期间深入农村开展“文艺进万家　欢乐下基层”文艺慰问演出活动25场次。与市文联联合组织志愿者到六巷乡中心小学开展送温暖活动，为该学校送去了一批文艺书籍，与8名老师结成文艺文学对子，资助8名贫困学生各500元；桐木镇文联志愿服务队举办青少年教学比赛和“广场舞”比赛志愿服务活动。

（吴金莲）

县残疾人联合会

【概　况】 金秀瑶族自治县残疾人联合会（以下简称“县残联”）成立于1990年12月26日，联合会机关为副科级，隶属于县民政局。1996年12月升格为正科级，从县民政局分离单列，隶属于中共金秀县委。县残疾人劳动就业服务站于1999年12月26日成立，是县残联下属单位。2001年机构改革后，县残联编制3名，设领导职数1名，工作人员2名。各乡镇于1999年上半年成立残疾人联合会，残联助理由乡（镇）民政办主任兼任。2015年底，县残联编制5人，领导职数1名，工作人员4名（其中残疾人劳动就业服务站人员2名）。

理事长兼副主席：梁德强

【基层组织建设】 在上级残联的指导和扶持下，全县10个乡（镇）、4个社区、77个村民委均建立残疾人协会，共有残疾人专职委员90人，残疾人专职委员均得到一定补助，其中张寿彬、韦祖生和覃金和等11位乡（镇）和社区残疾人专委继续聘为自治县残联政府购买服务人员，聘期1年。按照中国残联统一部署，7月至9月三个月，组织开展残疾人基本服务状况和需求专项调查数据动态更新工作。金秀县在6月下旬对调查员进行培训，7月初，全县10个乡镇专项调查员100多人，深入全县81个村（社区），对4114名残疾人基本状况与需求进行调查，填写有效残疾人调查表4114份,社区调查表81份。全县残疾人在基本生活保障、医疗、养老、教育、康复、培训就业、对国家政策的认识等方面均有明显改善和提高，对自身权益保障和诉求需求越来越重视，全县残疾人整体状况有较大进步。

【信访与维权】 2016年以来，全年共接待残疾人来电来访22件，在来电来访中要求落实低保、临时救助、农村危房改造等诉求，所有来信来访100%回复。

【残疾人康复】 完成七彩梦项目救助听力3人、人工耳蜗3人，脑瘫2人、孤独症儿童2人、智障儿童8人；救助9名重症精神病患者在头排精神病院住院治疗，年救助4000元/人；18名轻度患者得到服药救助，年救助450元/人；发放彩金免费辅具135件、儿童辅具9件、为47名低视力残疾人适配助视器47件；完成定向行走训练10名；完成肢体残疾社区康复任务18例；完成智障儿童社区康复任务8名；完成白内障复明手术任务64例。完成成人助听器救助项目4人。

【残疾人扶贫】 实施社保助残工作。做好困难残疾人生活补贴和重度残疾人护理补贴（以下称“两项补贴”）的申请审批工作，“两项补贴”实行应补尽补，动态管理。1—4月由乡镇残联、民政办通知符合条件的残疾人进行申报，县残联在接到审批表后10个工作日内进行审核，送民政局进行审批，5月份以后进行动态管理。11月份困难残疾人生活补贴享受对象为822人，重度残疾人护理补贴对象为1010人，“两项补贴”每人每月补助资金均为50元,由民政局负责发放。实施生产助残，帮助农村残疾人发展生产增加收入。继续实施“党员扶残”项目。78名轻度肢体残疾人享受项目扶持。完成扶助对象的调查、确认和填表申报工作。8月资金发放到位，每个扶助对象1000元。开展残疾人实用技术培训。全年举办4期培训班。主要培训内容：砂糖橘种植、黄龙病防治和家禽养殖等技术，共培训残疾人及其家属130人次，使他们掌握1门以上农村实用技术。建立“阳光助残扶贫基地”。2014年8月初，桐木凤兴养殖场确定为金秀县“阳光助残扶贫基地”，2016年继续实施该项目。6月份扶持161名贫困残疾人养殖肉鸡，比上年增加扶持10名，每人获得0.5公斤以上的免疫童鸡、饲料及兽药价值1230元，国庆节开始上市销售，人均增收2000元以上。实施生活助残，不断提高残疾人生活水平。实施“阳光家园”项目。对200名智力、精神和重度肢体残疾人进行筛查、填表、申请、审批。7月份发放补贴1500元/人年。发放残疾人机动车燃油补贴。发放2016年度全县残疾人机动轮椅车燃油补贴187人，每人260元，共发放资金4.862万元。实施残疾人居家无障碍改造工作。全年任务10户，完成10户。根据不同需求，实施卫生间、扶手、热水器等改造项目，提高残疾人生活质量和水平。户均投入资金4000元。实施教育助残，不断提高残疾人的受教育水平。资助1名（黄振平）残疾学生读高中、4名（李金花、莫小聪、陈志欣、梁巧玉）残疾人子女读大学，共资助资金11500元。五是实施就业助残，维护残疾人劳动就业权益。扶持残疾人个体就业、灵活就业和自主创业。扶持李菊兰等10人开展小商品经营及种养创业，扶持资金共3万元。扶持2名残疾人开办小微企业，经费2.5万元。

【文化和体育】 在3月“爱耳日”，5月“助残日”期间，通过手机发“扶残助残”宣传短信2万条；5月份选拔青少年残疾人运动员张洪瑜等3人参加2016年全区青少年残疾人田径锦标赛，张洪瑜从此被选为自治区青少年残疾人运动员；在10月份组织本县19名残疾人运动员参加来宾市第二届残疾人运动会，获金牌1枚，银牌5枚，铜牌5枚，比第一届1金2银3铜多5枚奖牌。组织残疾人参加“我的中国梦·来宾市第二届残疾人书法绘画摄影作品展”获得摄影二等奖作品一件，书法三等奖作品一件，优秀奖作品一件；五是组织联络工作得到加强。经考核，把12名乡镇及社区残疾人专职委员转为政府购买服务合同工，安排在乡镇残联协助开展残疾人工作，残疾人工作得到加强。

【其他业务】 坚持按指定医院及专家检测鉴定办理残疾人证，办证前报办公室审批，录入系统前经领导审批。2016年共办理“残疾人证”276本。项目建设进展情况：一是“残疾人托养中心”建设项目于4月2日动工，6月份正式下基础，项目在建第四层，12月封顶。二是做好残疾人康复中心和综合服务中心项目申报前期工作。

（张叶英）

红十字会

【概　况】 2016年，金秀瑶族自治县红十字会机关事业编制2名，其中领导职数1名（专职副会长1名）；专干1名。职责是积极协助政府开展人道主义工作，开展救灾备灾、社会救济救助、“红十字博爱送万家”及相关知识宣传活动等工作。

会　长：庞月嫔（兼任）

常务副会长：祝远胜

【宣传活动】 2016年5月8日是第69个世界红十字日，5月7日在县城民族广场开展了主题为“红十字：处处为人人”纪念世界红十字日暨中国第九个防灾减灾日宣传活动，向群众宣传红十字知识和防灾减灾知识。发放《红十字会法规选编》、《应急救护知识普及手册》、《捐献造血干细胞知识读本》、红十字基本知识、人体器官捐献知识以及防灾减灾知识等宣传资料共300余份（册）。

【救助救护】 2016年，开展“红十字博爱送万家”活动。在2016年春节前，自治区红十字会分配给金秀县100个温暖箱，价值3.5万元。在受益乡镇人民政府的配合下，这批送温暖物资，于春节前全部发放到贫困对象手中，给受益的贫困群众送去了温暖。同时，县人民政府副县长、县红十字会会长庞月嫔亲自走访慰问长垌乡长垌村委的部分贫困家庭，切实把党和政府的关爱送到困难群众手中；5月8日至10日，受南支槽和西南暖湿气流共同影响，金秀县各乡镇普降暴雨到大暴雨，全县10个乡镇受灾严重，为了更好地协助政府做好灾后重建等救助救灾工作，经过积极争取，上级红十字会调拨给自治县家庭包120个，价值36600元；夹克衫318件，价值16440元。这些救灾物资都按要求及时发放到急需救助的灾民手中。2016年全县无偿献血896人次，献血量1711单位（每单位200毫升）。

【项目建设】 2016年，县红十字会向上级红十字会积极争取获得自治区红十字会分配给金秀县一个“博爱家园”建设项目，总投资为15万元，该项目落实在金秀县罗丹村委罗丹屯。该项目实施时，结合罗香乡人民政府在罗丹村罗丹屯实施村屯综合整治项目，共同整合资金（总投资45万元，其中博爱家园项目15万元、发动村民集资9.5万元），为项目村修建了避险广场约600平方米、安全通道（巷道）约800米、安装太阳能照明路灯11盏、建设四墩位公共卫生厕所一个、维修学习娱乐活动室85平方米等。该项目基础设施建设已于2016年9月竣工投入使用。

（祝远胜）

法 治

政法工作

【概　况】　中共金秀瑶族自治县委员会政法委员会是中共金秀县委领导、管理政法工作的职能部门。负责组织、协调、指导全县维护社会稳定工作；检查全县政法部门执行宪法、法律、法规和公正司法的情况；组织、协调全县社会管理综合治理工作；研究和加强全县政法队伍建设和领导班子建设的措施，协助中共金秀县委、中共金秀县委组织部考察、管理政法部门领导干部；协助纪检、监察部门查处政法部门领导干部违法违纪案件；组织、协调、指导全县防范和处理邪教组织工作，推动各项工作措施的落实。县社会管理综合治理委员会办公室（简称综治办）、县维护社会稳定领导小组办公室（简称维稳办）、县防范和处理邪教问题领导小组办公室（简称防范办）、县国家安全领导小组办公室（简称国安办）、2015 年成立的金秀瑶族自治县法学会均在县政法委挂牌。2016 年，核定人员编制为行政编 7 人，事业编制 2 人，机关工勤编 1 人，后勤控制数 1 人，实际在职人员为 11 人。中共金秀县委政法委认真贯彻落实全国、全区、全市政法工作会议精神，把维护社会稳定作为全县的一项中心工作之一，切实抓紧抓好。不断加强政法队伍建设，提高队伍的理论和执政水平，增强政法队伍的执法能力，使各政法部门形成维护社会稳定工作整体合力，共建平安和谐新金秀。

书　　　记：彭卫东（5 月任）
副　书　记：廖后杰
　　　　　　梁兵亮（6 月任）
综治办主任：廖后杰
副　主　任：滚智辉
维稳办主任：梁兵亮（6 月任）
副　主　任：罗春安
防范办主任：廖后杰
副　主　任：甘凤兰
国安办主任：梁兵亮（6 月任）
副　主　任：钟贤明（11 月任）

【建设平安金秀】　2016 年，全县政法机关同心协力，以促进社会公平正义和保障人民安居乐业为目标，保持“严打”方针不动摇，严厉打击各类违法犯罪活动。2016 年 1—2 季度，社会稳定八项动态指标在全区排名分别为第 17 名、52 名，3—4 季度排名分别为第 59 名、第 10 名，全年总排名为第 24 名。群众安全感在全区排名第一季度第 40 位；第二季度第 19 位；第三季度第 38 位；第四季度第 7 位，全年评分第 12 位，为全县的经济发展和群众生活创造一个法治公正、治安良好的社会环境。县公安局共立刑事案件 382 起破 200 起，破案率为 52.4%，上年同期立案 357 起破 140 起，破案率为 39.2%。共抓获刑事作案成员 223 人，刑事拘留 98 人，逮捕 92 人，抓获网上逃犯 12 名。破获了桐木、三角、忠良命案 3 起，实现了“命案全破”的目标。

通过破案，有效维护了金秀县社会稳定，严厉打击了各类刑事犯罪活动，不断提高打击犯罪的能力和水平，切实维护了社会治安大局持续稳定。县检察院共受理各类刑事案件172件199人，审结各类刑事案件154件173人，提起公诉案件149件166人，不起诉5件7人，收到一审生效判决案件148件189人。纠正遗漏同案犯11人，纠正侦查活动违法4次，同时加大查办职务犯罪案件力度，深入推进职务犯罪预防工作立案查处职务犯罪案件8件8人，其中大案4人，侦查终结并移送审查起诉5件5人，提起公诉2人，法院作出生效判决9人（含上年积存数），坚持重点领域重点预防。预防部门积极开展畜牧系统、水利系统专项预防工作，开展警示宣传教育活动20次，开展行贿犯罪档案查询数1316次，完成预防调查报告10篇，职务预防案例分析9篇，结合办案提出检察建议被相关单位采纳6件。通过行使刑事检察职能，有力地震慑了犯罪，增强了人民群众的安全感，维护了社会和谐稳定。县法院共受理各类案件1308件，结案1244件，结案率为95.11%。旧存新收289件执行案件中，申请执行标的5234.65万元，执结274件，执结率94.81%，可供执行案件数151件，执结145件，执结率96.02%，标的到位3082.46万元，标的到位率96.34%。同时加强信息宣传和法制教育宣传工作，对外投发新闻稿件被高院采用的信息为3条，撰写的《金秀县法院探索双语调解模式效果好》被区高院及最高法院采用，国家级电视媒体《法治天下》栏目组邀请金秀县法院刑庭法官作客演播厅；拍摄微电影《行走的国徽》加大在微博、微信、本院网站等新媒体上的正面宣传，扩大法院工作影响力。积极响应党委政府提出“生态立县、旅游强县、依法治县”的发展战略，在景区巡回办案、开展法治宣传、法律咨询等工作，成功调解214起涉及旅游产品买卖纠纷系列案件，有效地维护了金秀县旅游产业的健康发展和社会的和谐稳定。县司法局的法律援助以“关注民生、改善民生、保障民生”为重点，创新工作方式，建立健全县、乡、村、屯四级法律援助网络，形成“一县一中心、一乡（镇）一站、一村一室、一屯一点，一点一员”的工作格局，构建由基层法律服务工作者担任村、社区法律顾问的“一村一法律顾问”，法律援助覆盖全县10个乡镇81个村（居）委，并通过“12348”法律服务热线电话、“12348”微信服务平台、来宾市“12348”网上公共法律服务网站等“便捷化”的网络平台，提供办事指南、申请、预约、查询等服务，实现了“让群众少跑腿、让数据多跑路、用信息服好务”的便捷化服务。2016年完成法律援助案件102件，接待法律咨询52人次，为受援群众挽回经济损失61万元。2016年全县共排查矛盾纠纷隐患1499起，调解1499起，调解成功1445起，调解率100%，调解成功率达96.40%。

【开展创建平安校园活动】 针对全国多地发生的暴力伤害中小学生、幼儿园儿童的恶性事件，自治县政法机关继续加强校园周边安全防范工作，加强警力巡逻力度。同时，充分发挥法制副校长和法制辅导员的作用，对学生进行自我防护及法律法规宣传。该工作开展以来，全县未发生有侵害学校、幼儿园师生的安全事件。

【扎实推进“神剑”专项工作】 通过拉横幅、张贴通告、发放宣传资料微信、微博、短信、电视媒体等灵活多样的方式，结合精准扶贫工作，动员群众主动上交私存的枪爆物品。公开举报电话和举报线索奖励办法，大力宣传涉枪涉爆相关法律法规。通过发放宣传资料2.01万份，张贴通告3000张，“神剑”专项行动成果显著，打击涉枪涉爆工作排名全市第一。

【法治金秀建设】 拓宽普法教育渠道，巩固政法宣传阵地，不断提高群众知法、守法、用法的意识。县政法部门通过联合多部门、多形式、多渠道、全方位开展反邪教、国家安全、公安反恐和“七五”普法教育宣传活动，取得了良好的社会效果。利用各乡镇的圩日，在群众最密集的时间段和地段设置宣传阵地，做到了全县10个乡镇的全覆盖宣传；通过举案说法、广播、电视、橱窗、法制宣传栏、知识问答等形式大张旗鼓地进行宣传法律知识，不断拓宽宣传阵地；积极在报刊、网络等媒体上报送法治建设信息及工作动态；四是加大政法综治宣传力度。

政府法制工作

【概　况】 金秀瑶族自治县法制局于1991年5月成立，1997年1月正式更名为金秀瑶族自治县法制办公室（简称县法制办），2001年12月，根据金秀县机构改革方案在县人民政府办公室内挂牌。2016年年末，行政编制3名，在职人员5名。内设办公室、行政复议室和法律顾问室，是县政府办理法制工作事项的工作机构。

主　任：李红兵

副主任：韦佳彤

【行政复议和行政诉讼】 县法制办认真贯彻行政复议法及其实施条例，充分发挥行政复议在行政监督、解决人民内部矛盾和维护社会稳定方面的重要作用。2017年以来审理了行政复议案件5件，切实维护公民、法人和其他组织的合法权益，保障和监督行政机关依法行政。2017年，代理行政诉讼案件12件。对案件认真进行把关，并明确具体职责分工，其中复议维持3件，撤销1件，不予立案1件，每一案件都确定具体审查人，确保政府的裁决合法有效吗，致力于将政府在行政裁决案件方面的败诉率降到最低。

【政府规范性文件】 县法制办始终将规范性文件制定审查工作作为依法、科学、民主决策的重要内容来抓。严格执行规范性文件的制定程序，没有按自治区规范性文件监督管理办法制定规范性文件，一律不得上常务会。严格把好合法性审查关，始终坚持合法性与可行性并重的原则，提高发文的科学性和实效性。根据法律、法规、规章和国家方针、政策的调整以及实际情况的变化，2016年，再次对规范性文件进行全面清理，确保政令的合法有效。严格按照规定报送市政府法制办和自治县人大常委会备案，主动接受其指导和监督。

【发挥法制参谋助手作用】 做好法律服务工作的主动性、预见性、针对性和实效性，充分发挥法制在政府工作中的参谋、助手和顾问作用。更加注重听取公众意见。每一项重大决策都要通过座谈会、听证会等形式听取公众意见，切实保障社会公众的知情权和参与权。充分发挥政府法制机构的参谋助手作用。对重大、疑难法律问题，先由自治县法制办进行充分讨论，形成建议和意见，为自治县政府常务会审议提供决策参考，事实证明经过听取公众意见和政府法制部门审查后做出的决策的合法可行，没有一件引起法律纷争。2017年至今金秀县法制办审查各类重大、疑难法律问题78件。全程参与与对较大信访案件处理，提供法律服务，促进部门正确适用法律，妥善处理问题，减少重复上访、群访、集访的发生。

【行政执法监督检查】 根据年度工作重点，采取有效措施，进一步加强行政执法和政府法制监督工作力度，不断地规范行政执法行为，取得了显著成效。

公安工作

【概　况】 2016年，县公安局在县委、县政府和市局党委的正确领导下，以中共十八大、十八届四中、五中、六中全会和习近平总书记的系列重要讲话精神为指导，以“两学一做”教育为契机，按照“抓队伍、转作风、强基础、创品牌、争进位、保平安”的总体思路，紧紧围绕建设“平安金秀、和谐瑶都”这一主题，突出维护政治稳定、严打整治斗争、执法规范化和队伍正规化建设等重点工作，为全县经济建设、各项社会事业的发展和人民群众安居乐业创造了稳定和谐的治安环境。2016年年末，金秀瑶族自治县公安局设有3个室、2个中心和10个大队，下辖11个派出所、1个看守所、1个拘留所；共有民警154人；民警数占全县常住人口的万分之9.79，职工7人，协（辅）警72人，文职32人。

党委书记、局长：焉　东（5月离任）

何　拔（5月任）

党委副书记、政委：龙刚玉
党委委员、副局长：岑恒龙
黄浩声
盘小君
张国宁
党委委员、副政委：罗晓基
党委委员、纪委书记：梁雪芹
党委委员、政工主任：刘 芳

【110工作】 2016年，金秀瑶族自治县公安局110报警服务台共接到报警13713次，比2015年下降28.97%（警情类报警1316次，其中抢劫、抢夺警情报警2次；警情类报警次数比2015年上升43.26%、受理求助587次、提供咨询136次、骚扰电话11502次、其他无效报警306次，无效报警率为30.6%）；接警后，处警1704次，出动警力5220人次，比2015年分别上升52.96%、上升48.26%；通过110接处警，抓获各类违法犯罪嫌疑人284人，侦破刑事案件202起，查处治安案件286起，救助群众587人次，受理警务监督投诉23起，比2015年分别上升12.3%、上升14.26%、上升2.36%、上升86.59%、下降16.23%。2016年年末，该局辖区共有社会管理视频监控系统摄像头1083个（其中，公安机关建设的共有203个，社会力量建设的共有880个）。

【经济犯罪侦查工作】 2016年，县公安局共受理经济犯罪案件13起（比2015年上升53.84%，立案13起，比下降53.84%，涉案金额2980.94元，比2015年上升2918.32%）；侦破经济犯罪案件3起与2015年持平；抓获犯罪嫌疑人3人，刑事拘留2人，逮捕2人，移送起诉2人，立银行卡犯罪案件3起，侦破3起，涉案金额54363.14元。

【治安管理工作】 2016年，县公安局共受理治安案件516起，查处288起，处理违法嫌疑人523人，其中治安拘留342人次，分别比2015年上升21%、上升1%、下降5.54%。全年共立刑事案件453起破244起，破案率为53.9%，上年同期立案425起破168起，破案率为39.5%，破案率与上年同比上升14.3%。查处赌博案件60起，处理违法犯罪嫌疑人206人；"黄赌毒"案件168起，调解治安案件34起，处罚499人次，其中罚款123人次，拘留342人次，收缴折款21505元。推进城区复合型警务机制改革，2016年年末，在街面共设有警务工作站3个、流动警务点1个（其中2016年新增流动警务点1个）；共配备民警6人、协警36人（其中2016年新增配备民警1人、协警4人）。推行"一村一警务助理"警务模式，2016年该局辖区行政村"一村一警务助理"覆盖率达100%，选任81名村干部任本村警务助理。年末，该局辖区共有帮教小组11个，有帮教力量22人，列为帮教对象113人（其中，2016年新增建立帮教小组1个，新增帮教力量2人，新增列为帮教对象37人）。共有治安保卫委员会78个、治安保卫人员31人（其中2016年新增治安保卫人员5人）。

【刑事侦查工作】 2016年，县公安局共立刑事案453起，侦破244起，破案率为53.9%，立案、破案分别比2015年上升了6.6%和14.3%，抓获犯罪嫌疑人267人（其中抓获网上逃犯12人），刑事拘留125人，逮捕115人，移送起诉173人；打掉犯罪团伙9个、成员50人（其中黑恶犯罪团伙2个、成员17人）。其中，立命案3起，侦破3起，破案率100%；立"盗抢骗"等侵财犯罪案件234起，侦破67起，抓获犯罪嫌疑人49名，缴获被盗摩托车28辆及其他赃款赃物一批。共破涉枪涉爆案件78起，区厅督办案件1起，打掉涉枪涉爆犯罪团伙3个，端掉制枪窝点3个；抓获涉枪涉爆违法人员82人，现已逮捕、直诉72人，收缴枪支81支，子弹59发，铅弹900颗，雷管5枚，导火索20余米；群众主动上缴各类枪支123支。破获盗抢骗案件81起，逮捕19人，移送起诉26人。

【禁毒缉毒工作】 2016年，县公安局共侦破毒品刑事案件19起（其中新型毒品案件18起），其中重特大案件4起、重大案件1起、一般案件14起；查处毒品治安案件118起；缴获各类毒品664.65克［其中海洛因143.9克、冰毒354.75克、氯胺酮（K粉）162.2克、麻古0.7克，其他毒品3.1克］；

缴获毒资1000元；缴获易制毒化学品0千克；抓获毒品违法犯罪嫌疑人25人，逮捕直诉25人；抓获吸毒人员219人，强制隔离戒毒32人，社区戒毒29人，社区康复13人，药物维持治疗32人，吸毒人员管控率75.94%，禁毒工作首次实现三大考核指标全额完成。2016年年末辖区有美沙酮治疗门诊1个。

【道路交通管理工作】 2016年，金秀瑶族自治县公安局辖区共发生道路交通事故275起（其中简易程序处理253起，一般程序处理22起，简易程序处理人员受伤及经济损失不在统计范围内），死亡17人，受伤26人，直接经济损失65000元，比2015年道路交通事故分别上升21.14%、死亡人数下降19.05%、受伤人数下降7.14%、直接经济损失下降0.76%。2016年，县公安局道路交通管理部门查处交通违法行为22164起，教育处罚行人和非机动车交通违法行为2668起，暂扣各类违法车辆418辆。2016年年末，该局辖区重点路段中小学、幼儿园周边共设有护学岗5个，配备护学警力（含协警）14人。年末，金秀瑶族自治县公安局辖区机动车保有量43492辆（其中，汽车12165辆、摩托车31327辆、电动自行车8366辆），比2015年新增机动车4016辆（其中，汽车1034辆、摩托车1182辆、电动自驾驶员512人、电动自行车驾驶员0人）。2016年，县公安局辖区共有流动车管服务站1个、摩托车带牌销售服务点4个。办理摩托车入户126辆，办理摩托车驾驶员考试261人，办理摩托车年检127辆，办理摩托车带牌销售行车1800辆；机动车驾驶员63466人（其中，汽车驾驶员48422人、摩托车驾驶员15044人），比2015年新增机动车驾驶员1612人（其中，汽车驾驶员1100人、摩托车212辆）。

【消防管理工作】 2016年，辖区共发生火灾46起，直接经济损失87.35万元，比2015年分别上升76.92%。县公安局消防部门接警出动53次，出动消防官兵636人次，出动消防车106辆次，抢救、疏散遇险群众22人，抢救财产价值321元，保护财产价值656.7元。2016年，金秀瑶族自治县公安局消防部门检查单位1159家，发现火灾隐患或有违法行为场所1826处，督促整改1816处，实施行政处罚47起，临时查封12家，责令“三停”（停产或停业、停止使用、停止施工）10家，罚款21.38万元，拘留3人，分别比2015年上升48.59%、上升142.50%、上升147.75%、上升56.57%、下降25%、下降16.67%、上升29.42%、持平。

【户政管理工作】 2016年，全局（分局）辖区常住人口总户51310户，比2015年增加120户，增长率0.23%；全局（分局）辖区常住总人口157224人，比2015年增加686人，人口自然增长率万分之43.63，其中壮族等少数民族人口130740人（其中瑶族62052人）。2016年，全局（分局）辖区登记流动人口3021人，比2015年减少1774人，增长率百分之负11.28。2016年，该局（分局）户政部门审批各类户口准迁手续1201人；办理居民户口簿5017本，办理户口准迁证1051张、户口迁移证874张；办理第二代居民身份证12542张，异地办理居民身份证（广西）1362张、临时居民身份证2092张；办理流动人口居住证1张；办理出生登记1973人、死亡注销登记1110人；登记出租房屋109户、211间；投入经费15万元，钉挂门（楼）牌1200块。转移安置农业人口0.2万人，城镇人口38048人，金秀县城镇化率达百分之24.20。

【出入境管理工作】 2016年，共受理申请出国（境）材料4020份，其中大陆证材料141份、单程证材料4份、往来港澳通行证材料2875份、护照材料1212份。全年共查处越南籍“三非”外国人13人（均在金秀县三江乡壬子屯查获），遣送“三非”外国人13人。共立涉外行政案件2起，处罚13人。辖区内常住越南籍三非人员11人，常住缅甸籍三非人员1人，常住越南籍外国人员1人，所生子女28人，其中子女已落户的有23人，还有5人没有落户；外国人临时住宿登记644人。新增录入“两库”人员409人；接通知撤控“两库”人员16人。

【2016年所获奖情况】 2016年，县公安局有5

个集体、14名个人获得县级以上（含县级）荣誉称号，其中3个县级先进集体、1个市级先进集体；1个集体三等功、1人立个人二等功、5人立个人三等功；6个先进个人；1个全区优秀人民警察。

表9　　2016年度金秀县公安局奖励荣誉一览表

序号分类	获奖日期	单位或姓名	荣誉称号	颁奖单位
1	20160125	巡警大队	集体三等功	来宾市公安局
2	20160128	指挥中心	先进集体	金秀县公安局
3	20160128	纪检督察室	先进集体	金秀县公安局
4	20160128	网安大队	先进集体	金秀县公安局
5	20161019	国保大队	市公安局国保部门业务技能比武竞赛第一名	来宾市公安局国保支队
6	20160125	范来友	个人三等功	来宾市公安局
7	20160125	陈辉特	个人三等功	来宾市公安局
8	20160125	兰兰	个人三等功	来宾市公安局
9	20160125	张程	个人三等功	来宾市公安局
10	20160125	周辉	个人三等功	来宾市公安局
11	20160128	李雪菲	先进个人	金秀县公安局
12	20160128	梁理盛	先进个人	金秀县公安局
13	20160128	莫建军	先进个人	金秀县公安局
14	20160128	吴庆国	先进个人	金秀县公安局
15	20160128	曾福军	先进个人	金秀县公安局
16	20160128	赵小忠	先进个人	金秀县公安局
17	201603	吴业克	全区优秀人民警察	广西公安厅
18	201606	黄金山	市公安局第二届“金枪手”射击比武79微冲实战射击科目第一名	来宾市公安局
19	201612	文新建	个人二等功	广西壮族自治区委员会组织部

森林公安

【概　况】　2016年，金秀县森林公安局内设办公室、警务保障股、政工督察股、法制股、刑事侦查大队、治安大队6个队室，下辖金秀、三角、头排、忠良、罗香、大樟、城中、大瑶山等8个派出所，全局人员核定编制65名，其中政法专项编制61名，后勤服务事业编制4名。2016年年底，实有在职人员60人（民警56人，工勤人员4人）。其中，本年度招录4人，调出3人，退休1人。2016年县森林公安局积极开展各种严厉打击破坏森林资源和野生动植物资源违法犯罪行为的活动，全力维护森林资源生态安全，确保了林区治安大局的和谐稳定。全年破获各类破坏森林资源刑事案件46起，查处林业行政案件248起，抓获各类违法犯罪嫌疑人326人。2016年，县森林公安局有1个集体、12名个人获得县级以上（含县级）荣誉称号，其中1名个人立二等功；1个集体、12名个人获嘉奖。

2017年3月，金秀瑶族自治县公安局给县森林公安局刑事侦查大队授予2016年度先进集体嘉奖，给覃道腾、唐广鹏、张裕鹏、覃明飞、钟崇铭授予先进个人嘉奖；2016年5月，共青团来宾市委、来宾市青年联合会授予覃道腾首届来宾市青年五四奖章；2016年7月，中共金秀瑶族自治县委员会授予覃道腾优秀共产党员荣誉称号；2016年12月，国家林业局森林公安局给覃道腾记个人二等功一次，来宾市森林公安局给韦庆成、田云、罗程飞3人记嘉奖一次；2017年4月公安部授予覃道腾“全国优秀人民警察”荣誉称号。

局　长：岑恒龙
政　委：赵荣春（7月离任）
　　　　陆友怀（12月任）
副局长：陆友怀（12月离任）
　　　　吴　强

【队伍建设】　2016年，全县森林公安队伍建设紧紧围绕“生态立县、依法治县”工作思路，坚持以邓小平理论、“三个代表”重要思想、科学发展观为指导，全面贯彻落实中共十八届四中、五中、六中全会精神，认真抓好思想政治工作和干部队伍建设两大根本任务。组织开展了“查处发生在群众身边的‘四风’和腐败问题和‘学律令，严纪律’等主题教育活动”，重点抓领导干部及党员干部思想作风建设，把思想作风建设与落实党风廉政建设责任制的各项具体工作紧密结合，做到统一部署，统一落实，同时推进。在活动中，结合“两学一做”专题学习教育活动，认真学习习近平总书记系列讲话精神、党章和《中国共产党廉洁自律准则》及《中国共产党纪律处分条例》，以及中纪委十八届五次全会、自治区纪委十届六次全会和市纪委三届六次全会精神，切实提高对党风廉政建设和反腐败工作的认识，加强自身廉政建设。通过学习，加强了党员干部的思想道德建设，增强了自觉执行党风廉政建设责任制的原动力。以高度的责任感和执行力，切实担负起森林资源保护和林业执法主力军的责任，为推动全县森林生态安全建设提供更强有力的服务保障和推进全县森林公安事业发展打造一支过硬队伍。格执行中央“八项规定”、公安部“五条禁令”“三项纪律”，自治区纪委“十个严禁”，严格公务用枪和警车管理使用，从基本的行为准则和标准规范抓起，严格考勤制度、上班着装、请销假制度、局领导也严格执行领导干部请销假、外出报告制度。进一步严格民警24小时值班制度和领导带班制度，强化队伍管理，培养民警良好的职业风范，保障各项警务工作正常、有序开展。2016年，县森林公安局队伍稳定，民警没有违法违纪事件发生。2016年，金秀县森林公安局组织开展对局中层领导调整配备工作。积极主动协调县委政法委、县委组织部等相关部门，取得了较好的成果。2016年3月，共提拔了派出所正、副职12人。并配齐了领导班子队伍。同时，对党支部进行了新的换届选举，确定了新一届的党支部委员会，并发展新党员3名，培养入党积极分子3名，预备党员转正3名。

【林区社会治安】　2016年，县森林公安局相继开展了“神剑2号3+X专项行动”“保护候鸟和其他野生动物资源专项行动”“夏季打击整治涉林违法犯罪专项行动”等一系列严厉打击涉林违法犯罪活动的专项行动。在各项行动中，紧紧围绕上级部署的行动目标，结合自身实际，精心组织、突出重点、重拳出击，取得了丰硕的战果。

【森林资源管理】　2016年，共受理各类涉林案件175起，其中刑事案件立53起破46起［非法采伐、收购、运输国家重点保护植物案4起破3起，盗伐林木案3起破2，滥伐林木案41起破36起，失火案立1起破1起，放火案立2起破0；故意毁林立2破2，非法占用农用地立破1（年前案），非法收购国家重点保护的珍贵、濒危野生动物案破1起年前案］，行政案件立248起查处248起。出动警力10200人次，机动车辆5003车次，打击处理各类违法犯罪人员326人次（逮捕6人，采取其他强制措施72人，行政处罚248人），移送起诉28人（含直诉）。收缴罗汉松2株，闽南2株，猴子1只，收回被占用林地122亩，刑事案件涉滥伐、盗伐案件蓄积量1395.7795立方米，出材量750.2806立方米，行政案件滥伐、盗伐共涉案蓄积量164.1606立方米，出材量100.9474立方米；查处非法运输木材135.8439立方米等，为国家和林农挽回经济损失300多万元。为保护全县森林和野生动植物资源，保障全县经济建设的顺利进行做出了应有的贡献。

【候鸟保护】 从2016年10月1日起，森林公安局在全县范围内大力开展保护候鸟和其他野生动物资源专项行动以及“清网行动”，根据群众举报、踩点布控，成功捣毁了多处非法猎捕野生鸟类窝点，查获国家二级重点保护动物穿山甲1只，野生鸟类680只、“三有”动物豹猫2只、江腹松鼠（死体）3只，山蚂s 25只，黄梢蛇15条，眼镜蛇17条和银环蛇4条。共清理捕鸟盆1130多个，收缴鸟网340余张，放生野生鸟类10只。严厉打击了犯罪分子的嚣张气焰，进一步加强了野生动物资源保护力度。

【创新工作机制】 2016年，金秀县森林公安局实行对林区不定时巡查，对发现的问题立即进行源头调整，并建立健全情报信息预警机制，利用上半年时间开展一次民情、林情、社情的调查，详细掌握辖区内各项信息资料，进一步完善和更新三情档案，牢牢把握林区治安管理主动权。同时，首次投入使用无人机巡护山林，通过高科技手段，有效解决了复杂地理环境下难以获取办案数据的难题。仅用半小时左右的时间就完成了约50公顷的林区清查任务。它的使用标志着金秀县森林公安局警务运行模式由地面向空中拓展，为平安金秀建设发挥重要作用。

【“一场一警”工作】 2016年，金秀县森林公安局加强了对金秀、大瑶山、城中三个派出所的“一场一警”的建设工作，现已完成了圣堂山警务室、金秀至忠良乡十六公里警务室主体工程建设并投入使用，警务室的建设成为联系群众的桥梁和纽带，有效的维护周边的治安稳定。

【定点帮扶工作】 2016年，金秀县森林公安局根据实际情况，共驻点帮扶了忠良乡林秀村和巴勒村2个贫困村，共派出扶贫干部23名，确定了75户帮扶对象，与之签订《广西脱贫攻坚精准帮扶手册》，为贫困户脱贫致富想办法出主意，帮助制订经济发展的计划、措施。并且每月都组织帮扶责任人到农户家上门走访，其间共完成了政策宣讲、了解帮扶结对对象基本情况、验收发展产业项目、八有一超工作、填写并完善帮扶手册，帮助联系村搞好环境综合治理规划，协助搞好脱贫户脱贫验收工作，积极宣传党的各项强民富民政策。切实地为县贫困村经济贫困户办好事、办实事。同时，还投入资金26100元帮助贫困村群众解决生产生活等问题，有力地促进了全县经济建设和社会各项事业的发展。

（温 颖）

检察工作

【概 况】 2016年，县人民检察院内设政工科、办公室、人民监督员办公室、侦查监督科、公诉科、反贪污贿赂局、反渎职侵权局、监所检察科、民事行政检察科、控告申诉检察科、检察技术科、法警大队、案件管理办公室、驻桐木镇检察室、驻头排镇检察室共15个职能部门。全院共有编制36人（含事业编制1人）。2016年，自治县检察院有干警32人，工人1人，在编人员共33人。其中，检察官18人（含高级检察官9人），占在编人员的56%；助理检察员1人，法警3人，书记员8人，办事员1人，当年9月新招干警2人。当年调出2人（调市院1人、兴宾区检察院1人）。检察人员中大学本科以上29名，占在编人员的88%；大专4人，占在编人员的12%；其中，全日制本科13人，占在编人员的39%；在职本科16人，占在编人员的48%；其中法学本科（含全日、在职）24人。2016年，按照院党组的要求，认真做好队伍建设工作，发挥参谋助手作用，将党员学习教育与思想教育相结合；在抓好《党章》、党规党纪、习近平总书记系列讲话精神学习的同时，强化党员干部理想信念教育、宗旨意识教育；即此共组织全体党员4次专题党课、3次学习讨论、10次集中学习活动。进一步提高党员的办案水平、业务知识综合素质。开展“两学一做”教育实践和增强党性严守纪律、廉洁从政专题教育活动。做到规定动作做到位，自选动作有创新。做好本年度的检察干警招录计划、考核及新录用公务员的转正、登记等方面的工作。做好检察官职务套改、检察官员额遴选的工作。整理完善干部人事档案、软件的数据录入工作。落实本院考勤制度及加班补贴、组织参加农村联系点的精准扶贫，做好全院的年度考核、绩效考评事务，后备干部和中层干部的推荐和材料呈报工作。2016年来，完善修订了本院的《机关工作人员考勤制度》《机关公务接待制度》《公务用车管理制度》《领导干部重大事项报告制度》等相关规定。通过建立健全各项制度，形成用制度管人、管事、管物的管理机制。

2016年，全方位做好服务工作，做到材料汇报及时准确，保密、密码万无一失，上传下达、办文办会及时、规范、周密。对上级来文及时提出拟办意见呈送领导审批，对领导批示的文件及时转部门处理并督促落实。认真做好“两微一端”，网络传情呈报工作；通过利用纸质、网络媒体宣传金秀县人民检察院好人好事、亮点工作，当年，共向党委、政府及上级检察机关上报信息共20篇，宣传稿件被省级以上网络媒体采用57篇，被省级以上传统纸质媒体采用20篇，完成综合信息4条，动态信息8条，有2篇调研文章被省级以上杂志采用，有2篇调研文章被自治区检察院评为优秀调研文章。2016年度，1篇报告荣获最高人民检察院第二届全国检察机关惩治和预防职务犯罪“百优年度报告”；1篇案例分析广西壮族自治区人民检察院优质案例分析、1篇调查报告获自治区人民检察院精品预防调查报告；1篇专题研讨论文荣获自治区人民检察院论文三等奖；有一名干警荣获自治区检察院个人三等功一次。有5名干警分别荣获来宾市人民检察院个人三等功共6次；1篇论文荣获来宾市检察机关评为优秀奖。多名干警获上级部门表彰，树立了瑶山检察的良好风貌和检察形象，为全县广大人民增添了光彩。

党组书记、检察长：曾家秀（5月离任）
　　　　　　　　　黎其良（5月任）
副检察长：赵木群
　　　　　林　娜（4月离任）
　　　　　何剑平
纪检组组长：陆定怀

【队伍建设】 2016年，县检察院根据县委和上级检察机关的部署安排，以开展各种主题实践活动为载体，切实加强干警的政治思想教育。扎实开展“两学一做”专题教育活动，组织干警以集中学习、自主学习、专题研讨等方式开展学习教育活动，将学习教育与抓党员教育相结合，院党支部在抓好《中国共产党党章程》、党规党纪、习近平总书记系列讲话精神学习的同时，强化党员干部教育管理，强化理想信念教育，宗旨意识教育。通过深入开展理想信念、党性党风党纪和道德品行教育，干警更清晰、全面的把握了“两学一做”的精神内涵，树立了责任意识和全局观念，全体干警时刻保持严明的政治纪律、政治规矩和组织纪律，思想素质有了较大提高。强化制度建设，做好反腐防治工作。通过建立健全各项制度，形成用制度管人、用制度管事、用制度管物的管理机制，干警自觉遵守廉洁自律规定，规范廉洁从检行为。主动接受各级人大的监督，向人大汇报工作、举行检察开放日、邀请人大代表、政协委员评议检察工作、为驻金秀县的自治区以上人大代表、政协委员赠送《检察日报》《公诉人》等杂志及向县人大、县委、县政府、政协报送检察院的《情况反映》《检察工作简报》，反映我院的检察工作情况。继续向社会各界发放征求意见函，将收集到的意见、建议进行整理归类，逐项、逐人反馈，定期整改落实。坚持开展检察长接待日活动，不断拓宽检务公开渠道，通过微信、微博、门户网站等新媒体平台向人民群众发布重大案件信息、检察工作成效等检察动态，自觉接受人民群众的监督。

【反贪污贿赂检察】 2016年，县检察院以开展“两学一做”专项教育活动为契机，加大对职务犯罪的查办力度，认真完成年内工作目标。全年共受理贪污贿赂案件9件9人，初查9件9人，初查后立案7件7人，立案人数与上年同比下降22%。所立查案件均为贿赂案件，占立案数的100%，其中科级以上领导干部2人，占立案数的29%。年内已侦查终结并移送审查起诉5人，结案率为71%，未结2件2人，占立案数的29%；年内起诉贪污贿赂案件3件3人，起诉数相比上年有所下降。所起诉的贪污贿赂案件年内法院作出有罪判决7人（含上年积存），同比上升40%，这是近年来该局从未有过的；无无罪判决，无法院尚未判决案件。在立查案件的同时，不忘引导犯罪嫌疑人积极退赃，犯罪嫌疑人经本局办案人员释法说理，成功说服犯罪嫌疑人退赃共计209万多元，是该局成立以来追赃数额最多的一年。所立查案件涉及农业、林业、水利基础设施建设、惠农惠民等民生领域，反腐倡廉工作取得了实质性进展和良好的社会效果。

【反渎职侵权检察】 2016年，以自治区检察院开展“规范化建设年”为契机，结合“两学一做”主题教育活动，健全办案机制，突出办案重点，提高办案质量，加大对渎职侵权的查办力度，共受理渎职侵权案件线索1件（市院交办），初查案件线索1件，立案侦查1件1人，立查案件为涉多个罪名案件（以滥用职权罪、受贿罪立案），所立案件为大案，与上年同期相比有所下降；所立案件已经侦结并移送审查起诉，侦结的件数和人数与上年同期的2件2人均有所下降；起诉数为零，比上年同期下降；撤案数及不起诉数均为零，与上年同期持平。有罪生效判决数为2人（即陶某、毛某勇为粮食直补案），但该案法院在判决时只认定贪污罪，未定滥用职权罪，比上年同期1人上升100%。上年起诉的韦某纠、金某革、胡某华涉嫌滥用职权罪、受贿罪一案，于2016年9月29日收到一审判决，但该判决只认定韦某纠1人渎职犯罪，金某革、胡某华2人只认定受贿而没有认定渎职罪名，经检委会讨论认为该判决认定事实错误，导致法律适用不当、量刑畸轻，而提起抗诉。后法院发回重审，当年未作出判决。所立查案件涉及畜牧、粮食系统等民生领域，主要涉嫌滥用职权、玩忽职守、受贿等。

【刑事检察】 2016年，牢固树立“立检为公，执法为民”思想，紧紧围绕“强化法律监督，维护公平正义”的检察工作主题，以事实为根据，以法律为准绳，以宽严相济刑事司法政策为准则，扎实工作，锐意进取，以每个案件的公正审理为目标，认真审查移送的每一起案件，抓紧抓好办案质量，坚决从重从快，严厉打击各类犯罪活动，为维护广大群众安全生产和良好的社会环境贡献力量。一是侦查监督。2016年共受理公安机关移送审查逮捕案件85件107人，与上年（81件145人）同比，受理案件件数上升了4.9%，人数下降了26.2%，其中：批准逮捕犯罪嫌疑人76件94人，不批准逮捕9件13人。批准逮捕人数下降27.13%（上年为129人），不批准逮捕人数下降18.75%（上年为16人）。从案件批捕的情况看，案件类型呈多样化：其中涉嫌妨害社会管理秩序罪案18件25人，涉嫌侵犯财产案27件33人，涉嫌侵犯公民人身权利、民主权利案20件24人，涉嫌危害公共安全案11件13人，涉嫌破坏社会主义市场经济秩序案9件12人。（1）立案监督案件10件（上年10件），与上年持平。其中，监督立案6件6人，监督撤案4件4人。其中，立案监督案件判决有期徒刑5人（上年8人），同比下降37.5%。所做的立案监督案，都是在审查案件中发现及主动与公安机关沟通交流中发现。（2）提前介入刑事案件、参加现场勘查案3件，向公安机关发出《纠正违法通知书》3份（上年为4份），同比上年下降25%。此外还为侦查机关办理延长犯罪嫌疑人侦查羁押期限8件14人。（3）纠正漏捕犯罪嫌疑人1人（上年同期2人），同比下降50%，法院作出有罪生效判决1人（上年同期6人）；此外向公安机关发出纠正漏捕建议书1人，未执行。2016年纠正漏捕案判处3年以上有期徒刑以上刑罚数0人，与上年同期持平。（4）纠正侦查活动中违法情形数3件（上年同期4件），同比下降33.3%。书面纠正侦查活动违法情形数3件，已完成目标任务。纠正漏捕全年目标为判决3年有期徒刑以上刑罚数

2人。二是公诉。2016年，公诉部门共受理各类刑事案件194件234人，上年同期受理137件233人，件数同比上升41.61%，人数同比上升0.43%；受理强制医疗1件1人（已决定不提出申请）；审结各类刑事案件186件216人（上年同期130件204人），件数同比上升43.08%，人数同比上升5.88%；审结后提起公诉案件180件208人，上年同期126件198人，件数同比上升42.86%，人数同比上升5.05%；不起诉9人（其中捕后不诉2人），上年同期6人（其中捕后不诉1人）。案件判决：2016年，共收到一审生效判决刑事案件171件218人，上年同期122件211人。提出抗诉案件2件4人，上年同期0件；法院采纳抗诉意见1件（另外1件已发回重审，法院尚未审结）。案件质量：无撤回起诉案件，无无罪判决案件，与上年同期持平。职务犯罪案件：共受理职务犯罪案件7件7人，其中贪污贿赂案件6件6人，渎职犯罪案件1件1人。审结职务犯罪案件5件5人（均为反贪移送案件），审结率（件）71.43%；提起公诉4件4人，不起诉1人（其中捕后不诉0人）。共收到一审生效判决6件7人，其中贪污贿赂案件5件5人，渎职犯罪案件1件2人。截至2016年12月止，未审结职务犯罪案件共有2件2人。未成年人刑事犯罪案件：共受理未成年人刑事犯罪案件4件7人，审结5件7人，其中起诉3件5人，移送市院1人，不起诉2人，共收到法院生效判决3件5人。侦查、审判活动监督：共对侦查活动书面提出纠正5件次（上年同期4件）。共对审判活动书面提出纠正0件次（上年同期2件）。年内共纠正遗漏同案犯罪嫌疑人12人，上年同期11人，同比上升9.09%。

【监所检察】 2016年，积极履行监所检察职能，强化监督意识，全心全意维护监管秩序稳定和在押人员合法权益，依法监督监外执行五种人犯的执行，取得了良好的法律效果和社会效果。年内看守所羁押人犯总数为179人，其中已投送监狱服刑或者取保候审等原因出所93人，留所服刑13人，当前在押人犯73人；本年度登记在册的监外执行刑罚人犯共计331人，其中依法解矫人犯102人，尚处于考察期间的人犯229人。通过定期和不定期的方式对全县各派出所和司法所监督检察共5次，发现公安机关违法违纪或者执法不规范的情况9次，发现司法局违法5次。向违法单位发出书面违法通知书14件14人，所提出的问题均得到纠正。全年书面监督纠正监管活动违法7件，上年6件，同比上升16.67%。书面监督纠正监外执行履行职责不当14人，上年11人，同比上升27.27%。监所部门立案侦查职务犯罪数。全年无立案侦查职务犯罪数。采纳释放或变更强制措施建议数。采纳释放或变更强制措施建议11人，上年8人，同比上升37.5%。

【控告申诉检察】 2016年控告申诉部门按照加强权利救济、加强监督制约、加强矛盾化解的总要求，全面提升不服检察机关处理决定刑事申诉案件办理质量和效果，不断强化对法院生效刑事裁判的法律监督，稳步推进国家赔偿和刑事被害人救助工作。当年共受理举报线索11件15人（上年同期16件18人），件数同比下降31.25%，人数下降16.67%。受理的举报线索均属本院管辖，其中初核移送立案5件5人（年同期4件4人），件数与人数同比均上升25%，对举报线索进行初核的案件，均移送本院反贪污贿赂局5件5人，其中受贿罪4件4人，行贿罪1件1人；移送本院反渎职侵权局1件5人，是滥用职权罪案件。对于举报线索，均能在7日内进行分流，没有超期办理的情形。共受理、办理各类控告申诉信访、来访案件24件27人（上年同期21件24人），件数同比上升14.28%，人数上升12.57%。受理的信访、来访案件，做到件件有答复。其中，受理控告案件5件6人；受理申诉案件17件19人。办理刑事被害人救助案件8件8人，救助金额人民币30000元。当年，完成高检院及自治区检察院交办案件1件，同比上升100%（上年同期为0件）。不立案举报线索审查数1件。同期持平。刑事被害人救助数8件，完成年初计划的133.3%，同期持平。利用各种媒体、网络，结合下访巡访，进乡村、进企业、进社区，开展举报宣传活动，共出动宣传车辆10台次，参加活动干警56人次，接受群众咨询400余人次，分发宣传资料1000余份。认真开展检察长接待日活动，共开展检察长接待日52次，接待来访人员15余人次。并通过电视，手机短信等媒体工具认真开展法律宣传，向社会公布“12309”全国检察机关统一举报电话。

【检察技术】 2016年技术部门，围绕检察技术中心职能，积极拓展案源，深化检察信息侦查的融合发展，确保技术办案质量，落实分级保护建设整改、做好信息化运维工作。共办理技术案件40件（上年47件，同期下降14.9%）。其中，办理技术协助案件数15件（上年24件，同期下降37.5%），技术性证据审查案件为25件（上年23件，同期上升8.7%）。全国统一应用软件共升级4次、进行后台调整25次、排除故障问题96次、视频会议联调及保障84次，维护维修电脑及打印机210次，努力做到检察信息化的正常运维。

【民事行政检察】 2016年，贯彻落实中央关于司法体制改革的有关文件精神，坚持落实民事行政检察监督工作格局多元化，工作机制一体化，以监督程序的司法行为规范化要求的落实为抓手，积极推进民事行政检察各项工作的科学有序开展。共受理民事案件5件，审查案件数3件；民事行政审判活动违法、执行监督检察建议1件。

【人民监督】 2016年，县检察院按照上级检察机关的安排部署，继续完善人民监督员制度工作，充分发挥外部监督作用，全年共受理案件5件5人，其中监督拟撤销案件的“三类”案件4件4人（行贿2件，单位行贿受贿1件，受贿1件），不起诉1件1人（受贿案），经人民监督员评议后同意作撤案或不起诉处理。

【职务犯罪预防】 2016年，预防部门把案件的查办、职务犯罪预防、检察宣传有机结合起来。共开展警示宣传教育活动36次，开展行贿犯罪档案查询数1752次，专项预防1件，完成预防调查报告11篇（上年14篇），职务预防案例分析10篇（上年11篇），结合办案提出检察建议被相关单位采纳8件。其中，报送的预防年度综合报告在全国检察机关第二届预防惩治职务犯罪年度综合报告评比中获评“全国优秀年度报告”，开展的水利工程建设专项预防项目在全区人大代表评选中获评“精品专项预防项目”。

【案件管理办公室工作】 2016年，依托全国统一业务应用系统，加强对案件的统一进出口管理，对受理或移送的案件材料，严格审查是否有管辖权，材料是否齐备等；严格登记每一案，严把案件进口关。共受理登记报捕案件85件107人（上年是73件132人），受理提请延长侦查羁押案件8件14人（上年是11件102人），受理移送审查起诉案件194件234人（上年是130件223人），共接收各类案件卷宗327册（上年是389册），送案审核案件274件（上年是248件）。以上受理案件全部准确录入统一业务系统并移送到办案部门。每日通过对案卡的检查，查看办案部门是否填录完整、是否存在预警或者超期现象，全年向办案部门口头发出流程监控预警案件11件次（上年25件次），杜绝了填录不及时、案件超期的现象。共受理登记入库涉案赃证物821件（上年是231件），登记赃证物出库790件（上年是208件）。涉案赃款入库221.0898万元（上年是28.4288万元），赃款出库124.6498万元（上年是21.9908万元）；接待律师查询、查阅案件26人次（去年是11人次）；组织案件质量评查报告2篇。同时，纠正案件数据质量问题49类，编写案件统计分析报告11篇。在案件信息公开网中，共发布程序性信息453件，重要案件信息15件，法律文书151份。自从电子卷宗系统运行以来，共制作案件202件267册，文件页数33472页。提供刻录光盘26张。共纠正数据质量问题25处，保证了报表数据的准确性，报表无错漏。为业务部门的各项业务工作情况提出一些有效建议，给领导决策、业务指导和评议工作提供了应有的依据和参考资料。

【驻乡镇检察室工作】 2016年，县检察院驻桐木镇、头排镇两个检察室，以发挥派驻乡镇检察室职能作用，着眼检力下沉，为基层服务。认真做好来访接待、法制宣传、法律监督、社区矫正帮教、发现职务犯罪案件、参与调解和职务犯罪预防等工作。全年两个检察室共受理民事行政申诉案2件、处理社区矫正情况反映12件、接待群众和法律咨询16件、进行法律宣传和讲座5次，积极参与社会矛盾纠纷的化解工作，为维护农村社会稳定做出贡献。

【社会治安综合治理】 2016年，积极参与社会治安综合治理。配合有关部门加强对校园周边、医院、城乡接合部等重点地区治安突出问题的专项整治，针对办案过程中发现的社会管理问题，及时向有关部门提出堵塞漏洞、排除隐患、完善制度的检察建议，得到相关部门高度重视及采纳。坚持开展检察长接访和下乡巡访工作，切实解决群众反映的突出问题，一年来无涉检进邕进京上访案件。发挥派驻乡镇检察室职能作用，从注重监督向注重服务与监督并重延伸，受理接待群众和法律咨询25件、开展法律宣传和讲座5次，受教育人数1000余人次。配合有关部门加强对社区服刑人员、刑满释放人员等特殊人群的服务管理。落实检察官以案释法制度，推进法治教育进机关、进乡村、进社区、进学校、进企业，进一步深化检察环节社会治安综合治理工作。在打击职务犯罪工作中，坚持查办案件与规范行为并重、采取强制措施与保障合法权益并重、惩治犯罪与挽回损失并重、严格公正廉洁司法与理性平和文明规范司法并重原则。组织扶贫工作队，到单位联系点大樟乡新村开展精准扶贫工作，全院干警先后8次深入农户核实情况，建档立卡，根据实地走访，座谈会等形式破解发展难题，根据贫困户实际和意愿，制定帮扶措施。在认真摸底调查的基础上，与53户贫困户“认门结亲”，逐户建档立卡，因地制宜、因人制宜制订帮扶措施，切实为贫困群众脱贫致富提供精准帮扶。同时，帮助解决联系点项目建设中遇到的问题，为扶贫联系点大樟乡新村村委、玲马村委捐赠2.9万元建设资金，解决资金短缺问题；为联系学校新村小学捐赠办公用品、学习文具等物资共计2000余元，为互助小学捐款6000元，院领导班子成员为贫困学生捐款800元。继续派出7名干警下村挂职，宣讲法律知识，对社会矛盾纠纷进行排查化解，有力促进了社会的和谐稳定，不断完善联系群众、服务群众长效工作机制，加强与人民群众的血肉联系。

（闭建武）

法院工作

【概　况】 2016年，金秀瑶族自治县人民法院内设立案庭、刑事审判庭、民事审判一庭、民事审判二庭、行政审判庭、执行庭（局）、司法警察大队、办公室、政工科、研究室、纪检监察室、审判监督庭（审管办）共12个职能部门，下辖桐木、头排2个基层人民法庭。全院共有编制65个。2016年，自治县人民法院共有在编干警56人，其中审判员27人（含助审员），书记员21人，司法警察8人。其中，具有硕士研究生学历1人，在职研究生1人，本科学历50人，占89.28%，大专学历4人，占7.14%。2016年，自治县人民法院加强队伍建设，努力建设高素质法院队伍。强化能力训练。围绕提升法官驾驭庭审、认定事实、适用法律、化解矛盾纠纷、做群众工作、信息化应用等能力，扎实开展正、副院长、庭长带头办案、观摩优秀示范庭、案件质量评查等岗位培训活动，法官业务水平显著增强。此外，由于办案效果突出，自治县人民法院一篇裁判文书获评2016年度全区法院优秀裁判文书三等奖。强化文化建设。充分发挥法院文化陶冶情操、滋养心灵、塑造人格、弘扬法治的重要作用，引导广大干警树立坚守司法职业良知，增强事业心、责任感，凝聚法院工作正能量，2016年自治县人民法院荣获来宾市民族团结进步先进集体。强化司法廉洁。认真贯彻执行各项规定，做到令行禁止。强化内外监督，推行廉政风险防控，规范“三公经费”和公务用车管理。深入推进作风建设，集中开展执法“不作为、乱作为”等专项整治活动，坦诚面对在班子建设、司法业务建设和司法队伍建设中存在的薄弱环节，认真分析原因并进行整改，以严格执纪、严肃问责的高压态势，使作风建设得到长久坚持、持续改进。一年来自治县人民法院无违法违纪等情况发生。强化基础建设。2016年自治县人民法院机关立案诉讼服务大厅业务用房和桐木刑事审判业务用房已通过立项审批，目前两个项目按进度完成建设任务，预计2017年6月底投入使用，届时将给辖区群众提供更加高效便利的司法服务。全面加强基层法院基础设施建设，大大改善基层法庭干警的办公、生活等条件，人民法庭的各项规范化管理走在全市前列。一年来自治县人民法院干警荣获区、市表彰 19 人次。

党组书记、院长：吴选刚（4 月离任）
闭军疆（5 月任）
党组成员、副院长：胡 明
莫庆师（5 月离任）
兰春晖（6 月任）
副院长：王 歆
党组成员、政工科科长：李强锋
党组成员、纪检组组长：韦庆文

【刑事审判】 县人民法院在刑事审判工作中严把案件事实关、证据关、程序关和适用法律关，正确贯彻宽严相济刑事政策。强化未成年人权益的司法保护，积极推进量刑规范化工作，确保量刑结果均衡和过程公开透明。2016 年，自治县法院共受理各类刑事案件 189 件，结案 183 件，结案率 96.83％。工作中，重拳打击群众反映强烈、严重扰乱社会秩序和危害公共安全的非法买卖枪支、滥伐林木、盗窃等多发性犯罪，并通过邀请党员干部旁听和媒体及时报道的方式，达到了良好警示效果。

【民商事审判】 在民商事案件审判执行中，坚持把调解贯穿于审判执行全过程。针对自治县人民法院地处少数民族地区，民风淳朴的特点，把更大的精力花在民商事调解工作上，继续深化少数民族调解工作品牌，开展少数民族法官与少数民族诉讼主体一对一的对接调解活动，加大对兼通汉语、少数民族语言的法官和本地少数民族法官的培养。加大诉前调解、对接调解力度，加强与村委会、居委会、人民调解委员会、司法所、交警大队、妇联等组织的联系，及时有效化解矛盾。2016 年，县人民法院院共受理民商事案件 776 件，结案 760 件，结案率为 97.93%，以调解和撤诉方式结案 634 件，调撤率达 85.1%，年均一审服判息诉率达 95% 以上。

【行政审判】 在行政审判中积极探索行政诉讼协调机制，审理行政案件时，注重协调干群关系，努力化解官民纠纷。2016 年，共受理行政案件 12 件，审结 12 件，结案率 100%。自治县人民法院在审理行政案件时，认真落实来宾市关于行政复议与行政审判“五项制度”，扎实开展涉诉矛盾纠纷集中化解，坚持集中接访与带案下访相结合，努力推行行政首长出庭应诉制度，行政案件的审理工作得到政府和人民群众的支持和理解，所审结的案件社会效果好。

【执 行】 充分利用执行指挥中心开展执行工作，采取坚决有力的执行措施，从司法角度最大限度保护、关心和关注当事人的合法权益。2016 年 5 月初，县人民法院院在全区法院开展执行案件集中清理月活动中，3 名执行局干警荣获“全区法院执行案件集中清理月活动先进个人”。2016 年 11 月份，第二个执行清理月中，自治县人民法院超额完成清理任务，活动取得良好的社会效果，进一步提升了人民群众对执行工作的满意度，有效树立了人民法院执行权威，有力打击了“老赖”嚣张气焰。2016 年，自治县人民法院共受理各类执行案件 291 件，结案 282 件，结案率 96.91%，执行标的 5237.78 万元，结案标的 4541.84 万元。执结标的到 3132.73 万元，执结标的到位率 59.81%。有财产可供执行案件执结 156 件，实际执结 150 件，实际执行率 96.15%；有财产可供执行案件执行标的到位率 96.40%。依法向社会公布失信人“黑名单”72 人次，司法拘留 1 人，拒执罪公安立案侦查 2 件。

【立案与审判监督】 2016 年，县人民法院全年共审查立案登记民商事案件 766 件，登记立案刑事案件 177 件，审查立案登记执行案件 262 件，审查立案登记再审案件 1 件，办理立案审查裁定案件 3 件。共接待群众来访 50 人次，解答法律咨询 71 人次，处理群众来信 4 件。2016 年，县人民法院共审理再审、发回重审案件共 3 件，其中驳回 1 件，撤销 1 件。坚持依法审理再审案件，严格履行审判监督职责，接受检察机关的监督。对发回重审和再审案件，以及决定再审案件，能够坚持以法律为准绳、以事实为依据，依法审判。在工作中注意与检察机关的相互沟通和协调，力争把问题解决在抗诉之前，从而减少到没有抗诉，节省司法资源，达到共同维护司法公正和司法权威的目的。坚持在开庭前开好预备庭，进行庭前证据交换和收集新证据。开展庭审评议工作，确保审判人员在合议庭评议时，能够按照事先写好的审理报告，讲清终审判决情况、当事人申诉理由、对方当事人答辩理由、双方当事人争议的焦点、再审查证的情况和具体的处理意见。坚持做调解工作，讲究办案艺术，确保办案的法律效果与社会效果统一。

（刘慧华）

司法行政

【概　况】　金秀瑶族自治县司法局内设办公室、法制宣传股、公证处、基层工作股、法律援助中心、社区矫正股等6个股室处中心，下辖10个基层司法所。金秀瑶族自治县司法局主要负责普法依法治理、公证、人民调解、安置帮教、社区矫正、法律援助和法律服务等职能工作，和公安局、检察院、法院一道打击各种犯罪分子，为社会稳定扫清障碍，为创造和谐稳定的社会环境、公平正义的法治环境、优质高效的服务环境做出应有的贡献。至2016年年底，司法行政系统政法编制36个，实有31人，地方事业编制1个，实有1人。2016年，在全县司法行政系统开展“两学一做”学习教育的活动中。利用座谈会、专题讲座、培训班等多种形式，学习习近平总书记系列重要讲话精神、宣传自治区第十一次党代会精神的热潮，学习宣传《党的十八届六中全会精神的通知》文件精神等，通过学习把思想和行动统一到习近平总书记系列重要讲话精神和中央的决策部署上来，补足“精神之钙”和“谋事之需”，提升党员干部讲政治、守规矩，懂全局、管本行，抓重点、破难题，抓落实、求实效，讲担当、善作为，崇廉洁、拒腐蚀的能力。坚持统筹兼顾，推动学习教育与中心任务、日常工作有机结合，充分发挥司法行政在人民调解、法治宣传、法律服务、法律执行等方面的职能作用。积极开展查处发生在群众身边的“四风”和腐败问题专项工作。2016年该局全年组织培训7次，参训238人次；局长参加区司法厅培训2次，市司法局培训2次；股室负责人参加区司法厅培训3次6人次，市司法局培训4次17人次。通过培训提高了干警的整体素质。

党组书记、局长：韦荣泉（3月任）
副局长：钟　宾（5月任）
　　　　韦威马
　　　　陶金合
纪检组长：连丽邕

【法制宣传教育】　2016年，金秀瑶族自治县司法局认真做好“红水河百里法治文化长廊”金秀段建设工作，在县工商局与县地税局间的小公园建立一个法治文化公园，在桐木镇河堤休闲场所树立一排法治宣传展板，完成来宾市安排的“红水河百里法治文化长廊”二期建设任务；充分依托圩日、农家民俗日、“3·8”妇女维权周、“3·15”消费者权益保护日、“4·15”全民国家安全教育日、“科技活动周”“12·4”国家宪法宣传日等节日，深入到农村、集镇、社区等广泛宣传法律法规知识。2016年每个所都能开展一次法制文艺演出，进一步增强了人民群众遵纪守法、依法办事的法治意识；认真组织开展“七五”普法考试工作，2016年是“七五”普法的第一年，认真制定《“七五”普法读本一》的订书与普法考试工作；组织开展法制六进活动。年初与教育局共同印发《关于进一步加强全县青少年学生法制教育工作的实施方案》，为法律进校园打下坚实的基础；为全县小学生征订的《来宾市法制教育读本（小学）》3700册，同时还订购了3100册《来宾市法制教育读本（初中）》发放给全县中学生。利用精准扶贫的契机，积极开展法律进乡村活动。据统计，2016年共发放法治宣传单15000多份，宣传手册6000余本，展出展板30多块，开展文艺演出10余场，建成法治文化广场一个。

【人民调解】　2016年，金秀瑶族自治县司法局积极开展了各类纠纷排查调处工作，加大纠纷排查调处力度，抽调富有调解经验的司法干警参与全县重大矛盾纠纷突出问题化解工作。“一村（社区）一法律顾问”工作在六巷乡青山村委组织的农村协会和农村合作社开展试点；成立了自治县旅游纠纷人民调解委员会、医疗纠纷人民调解委员会，解决发生在县内的各类旅游纠纷案件，对金秀县旅游业的发展和社会稳定起到了较好的保障。为优化基层工作职能，构建基层司法行政服务平台，形成保稳定的综合优势，提高化解基层矛盾纠纷的效能。县司法局在县、乡（镇）、村居（社区）三级建立调解委员会，配备专职调解员。全县有县级公共法律服务中心1个、乡（镇）公共法律服务中心10个、村（社区）调委会81个，形成了县、乡（镇）、村（社区）三级公共法律服务工作体系。2016年，调解纠纷1751件，调解率100%，调解成功1685件，调解成功率96.23%，维护了社会大局稳定。

【社区矫正　安置帮教】　金秀瑶族自治县司法局突出社会管理创新，积极推进社区矫正和安置帮教工作。按高标准建成了包括宣告室、教育培训室、个别谈话室等社区矫正功能室，充分利用功能室的作用对社区服刑人员进行集中教育、入矫宣告等。2016年，全县共接管社区矫正对象699人，接管的矫正对象未出现漏管、脱管。金秀县司法局特殊人群帮教基地在六巷乡青山种植专业合作社正式挂牌成立，作为过渡就业和劳动技能培训场所。巩固刑释解教安置工作。通过政法、人事劳动、民政、扶贫“四支队伍”共同抓好安置帮教工作。2016年，累计接收社区矫正对象708人，累计解除512人，在册矫正人员196人。共接收刑满释放人员回归人员73人，安置73人，帮教安置率100%，无重新违法犯罪发生。

【法律援助、法律服务、公证】　法律援助以“关注民生、改善民生、保障民生”为重点，创新工作方式，构建由基层法律服务工作者担任村、社区法律顾问的“一村一法律顾问”，法律援助覆盖全县10个乡镇81个村（居）委。丰富公共法律服务手段。通过“12348”法律服务热线电话、微信服务平台、网上公共法律服务网站等“便捷化”的网络平台，提供办事指南、申请、预约、查询等服务，实现了“让群众少跑腿、让数据多跑路、用信息服好务”的便捷化服务。2016年共接待群众来访、来电、来信咨询52次、办理各类法律援助案件105件，确保了受援对象的应援尽援，为受援群众挽回经济损失61万元。全面提高公证服务水平，改过去被动服务为主动服务，充分利用中午时间，积极为老、弱、病、残等弱势群体提供上门公证服务，公证工作成绩显著。2016年，共办理各类公证事项120件，涉及金额200余万元，无“私证、人情证和错假证”出现。

【精准扶贫，完善驻村工作】　2016年，县司法局按照县委、县政府的要求，局领导、驻村第一书记带领全局干部职工多次深入联系点——大樟乡玲马村民委了解帮扶对象方方面面情况，每个干部职工均联系5户贫困户，共帮助88个建档立卡贫困户制定帮扶措施、帮扶计划，做到精准帮扶。

【公共法律服务体系建设】　为贯彻落实中共十八大、十八届三中、四中、五中全会关于加强公共服务体系建设的决策部署和十八届六中全会关于全面推进依法治国的重大决定，以及《国务院关于印发国家基本公共服务体系“十三五”规划的通知》精神，深入学习习近平总书记系列重要讲话精神、宣传自治区第十一次党代会精神的热潮，《学习宣传党的十八届六中全会精神的通知》文件精神，进一步建立完善覆盖城乡居民的公共法律服务体系，推进全县基本公共法律服务均等化，不断满足人民群众日益增长的法律服务需求。县司法局成立的“一村（社区）一法律顾问”工作在六巷乡青山村委组织的农村协会和农村合作社开展试点、金秀县司法局特殊人群帮教基地在六巷乡青山种植专业合作社正式挂牌成立、成立了自治县旅游纠纷人民调解委员会、医疗纠纷人民调解委员会、做好“红水河百里法治文化长廊”金秀段建设工作，在县工商局与县地税局间的小公园建立一个法治文化公园，在桐木镇河堤休闲场所树立一排法治宣传展板，完成来宾市安排的“红水河百里法治文化长廊”二期建设任务。2016年以来，金秀县司法行政工作在县委、县人民政府和来宾市司法局的正确领导下，紧紧围绕县委、县人民政府的中心工作，充分发挥司法行政工作职能，为维护全县社会大局稳定做出了积极贡献。

（罗玲兰）

经济贸易

招商引资

【概　况】　金秀瑶族自治县招商促进局内设办公室和投资项目股两个股室。编制5人，年底实有编制5人，其中局长1名，副局长1名。2016年，围绕“山上旅游、山下工业”的奋斗目标，深入分析国内生态经济发展的新形势，对全县的产业发展现状和面临的环境进行了充分的调研和论证，以生态工业、旅游、健康养生、瑶医瑶药为突破点，有针对性组织开展招商活动，进一步改善和优化投资环境，提高服务水平，招商引资工作取得了显著成效。

局　长：潘华生

副局长：金　榕（4离任）

余小聪（5月任）

【招商引资成果】　2016年，来宾市下达全县的招商引资任务为14亿元（其中外资任务500万美元）。2016年，全县招商引资到位资金15.69亿元，同比增长29.96%，完成全年任务的112.07%，其中外资到位资金1038万美元，同比增长70.77%，完成外资任务的207.6%，新引进的亿元项目5个，超出市政府下达的1个亿元项目的目标。2016年共签约正式合同的项目有6个，分别为金秀航空休闲旅游项目、锦绣瑶山·华东绿博园项目、怡程酒店项目、年产15万吨饮用天然泉水项目、莲花山景区升级改造项目、世界瑶都文化旅游产业园项目，项目总投资55.7亿元。同时，成功引进年纳税5000万元以上IPO上市培植企业一家（广西裕达工程有限公司）。

【创新招商思路】　2016年招商引资工作全面完成各项指标任务，可以归纳为三个特点：局面开、机制新、实效好。2016年以来，金秀县“1+4”专项招商行动组先后赴北京、上海、广东、浙江等地开展招商活动达20多次，共邀请了200多批次客商到金秀县考察，开拓了与各地的商会、协会和经济组织的广泛联系。

【发挥资源优势】　发挥金秀县生态、民族、旅游、瑶医瑶药的资源优势，整理了全县招商项目库，制作了《招商指南》、招商PPT和《项目投资扶持政策摘编》等基础资料；通过与深圳低碳产业协会联合举办了高峰论坛，以论坛创新招商；利用盘王节、东盟博览会举办节会推介会，促成了多项投资意向。2016年全县抓招商引资工作的力度是前所未有的，县委、县政府主要领导对招商引资工作高度重视，既当指挥员又当战斗员，主动、频繁外出开展招商工作。特别是在项目最艰难的商业谈判阶段，能够运筹帷幄，为招商队伍加油鼓劲，使全县招商引资工作多次闯过难关，并在关键谈判上取得成功。

【制定优惠政策】 2016年，发挥生态、民族、旅游、瑶医瑶药的资源优势，全面整理了全县招商项目库，制作了《招商指南》、招商PPT和《项目投资扶持政策摘编》等基础资料，对部分重大招商项目进行了策划包装，有针对性地进行招商洽谈。同时，把招商任务进行层层分解，抓落实抓成效，促成了多项在谈项目的投资意向。

【项目跟踪服务】 2016年，金秀县将“提前介入、全程跟踪、贴身服务”，加强政企之间协调沟通，减少办事程序，最大程度上减缩筹建周期。同时建立和完善招商引资工作月通报制度、重大项目负责制、落地项目回访制以及考核机制，让企业进得来、留得住、发展好。县招商促进局把项目跟踪服务作为一项重要工作来抓，对洽谈的有意向的项目，落实专人负责，全程跟踪服务，促成项目落地和开工；对已投产的企业，创造宽松的投资环境，深入一线了解情况，积极主动协调相关部门解决企业生产过程中遇到的问题和困难，营造亲商扶商助商的投资氛围。

（余小聪）

供销合作

【概　况】 金秀瑶族自治县供销合作社联合社隶属县政府领导下的一层参公事业单位。编制8人，设主任1名、副主任2人。2013年12月，经县机构编制委员会批准设立理事会、监事会机构。分别设理事会主任1名、副主任2名，监事会主任1名、副主任1名。2015年3月经中共金秀瑶族自治县委员会研究决定恢复成立金秀县供销合作社联合社党组、成立中国共产党金秀瑶族自治县纪律检查委员会驻金秀瑶族自治县供销合作社联合社纪检组：党组书记由监事会主任提任，党组成员：由理事会副主任和监事会副主任担任。下辖金秀、桐木、头排、忠良、罗香、六巷、长垌7个基层供销社和县级农资公司、土产日杂公司等2个直属公司。全系统有干部职工290人（其中，在职职工103，退休职工人187），固定资产6291万元。2016年，县供销联社在县委、县人民政府的正确领导下，认真贯彻落实中共中央、国务院《关于深化供销合作社综合改革的决定》和区党委、区人民政府《关于深化供销合作社综合改革的实施意见》精神，紧紧围绕“三农”工作大局，认真开展为农服务工作，不断推进体制改革和机制创新，各项工作都取得了一定成绩。荣获2017年度全市供销系统综合业绩考核二等奖。

党组书记：罗维戈（3月任）
党组成员：李真明（3月任）
　　　　　莫智灵（6月任）
　　　　　季永斗（3月任—9月离任）
　　　　　黄呈高（9月任）
理事会主任：覃学康（3月离任）
　　　　　　杨东云（3月任）
副主任：赵才显（2月离任）
　　　　李真明（2月任）
　　　　郭珍莲（3月离任）
　　　　莫智灵（6月任）
监事会主任：罗维戈
副主任：季永斗（9月离任）
　　　　黄呈高（9月任）

【主要经济指标】 2016年，全系统商品购进总额8977万元，占任务9600万元的93.51%，同比增长16.63%；商品销售总额9864万元，占任务10700万元的92.19%，同比增长12.73%；农副产品购进总额2463万元，占任务2500万元的98.52%，同比增长20.38%；消费品零售额3102万元，占任务3800万元的81.63%，同比增长20.61%；售给农民的农业生产资料4222万元，占任务4400万元的95.95%，同比增长5%；再生资源回收28万元，占任务35万元的80%，同比增长40%；项目完成投资总额1205万元，占全年计划投资1620万元的74.33%；经济运行继续保持良好的发展态势。

【综合改革工作情况】 2016年是金秀县全面深化供销合作社综合改革的开局之年。县供销社认真贯彻落实中央、国务院和区党委、区政府关于深化供销合作社综合改革文件精神，并结合实际制定工作方案，加大资金投入，深入各乡镇、基层供销社了解情况，协调解决改革中遇到的困难和问题。认真谋划改革新的思路。中共中央、国务院《关于深化供销合作社综合改革的决定》和区党委、区人民政府《关于深化供销合作社综合改革的实施意见》文件下发后，组织干部职工、各基层供销社及社属企业负责人进行认真学习，领会文件的精神，同时，结合金秀县实际，制定《金秀瑶族自治县关于深化供销合作社综合改革的实施方案》，该实施方案通过县政府常务会和县委常委会的审核并印发实施。为农服务有新的提升。以供销综合改革为契机，紧紧围绕“三农”工作大局，认真开展为农服务工作，创新农业生产服务方式，提升农产品流通服务水平。筹建了供销合作社县级综合服务中心，各项证照正在办理中。积极筹措资金，加快为农服务项目建设。2016年共争取到区社项目资金210万元，其中70万元用于罗香社综合服务楼改扩建，目前该项目基本完成；55万元用于新建六巷供销社日用品超市，该项目已竣工使用；85万元用于桐木供销社电子商务项目建设，该项目待桐木供销社大瑶山农资配送中心竣工后可启动，前期工作已着手进行。同时自筹资金，推进项目建设。自筹了905万元续建桐木大瑶山农资配送中心，年底可完成主体工程建设，主体工程完工后可进行招商引资合作经营；还自筹40万元新建了忠良社餐桌食品配送中心。向区社申报2017年头排镇供销合社日用品超市项目，计划投资600万元。加快发展电子商务，已注册了县电子商务公司，引进“厂家网”落户忠良、桐木、三江等乡镇，助推了农村电子商务发展。积极探索开展土地托管服务工作，引导各农民合作社、联合社开展土地托管业务，年内已实施土地托管1200亩。五是积极开展农民实用技能培训，年内已开展3期培训，受训人数320人。基层组织建设有新的进展。2016年，加大对基层社的建设，不断增强发展的实力和服务能力。农民专业合作社规范发展。在县供销社的指导下，各乡镇的农民专业合社组建工作有序推进，已完成新建任务4个，在筹建6个，12月底前可完成。成立了县供销合作社资产运营管理有限公司并正常运营。组建农民专业合作社联合社，搭建了供销合作社“三位一体”组织架构，任务年初已分解到各乡镇，现已完成建设2个，8个正在筹建，12月底前全部建成。创新农村金融保险服务，已协调保险公司，引导各综合服务站（社）开辟各项保险便民服务。积极探索“县基合一”“一县一社”的管理模式，制定了“县基合一”实施方案，为今后基层供销社的持续发展奠定基础。

【做好联系中心工作】 全力抓好扶贫工作。2016年，高度重视扶贫工作，多次召开专门会议进行研究，主要领导多次带队深入扶贫联系点，认真开展帮扶工作，贫困户的认定和帮扶工作进展顺利。在产业扶贫方面，投入3000元，开展砂糖橘弥桃种植培训班各一期，同时抓好六眼屯道路规划和建设，力争2017年项目资金建好该道路，协调幸福院项目建设资金6万元。结合“两学一做”学习教育开展“党旗领航，机关联企助村”活动，“七一”之际，供销社党支部与村委党支部在小冲村委共同联欢庆祝建党九十五周年，给党员上党课、重温入党誓词，捐给村委活动经费1200元，并慰问贫困户党员3人，每人发给慰问金200元，共计金额1800元。“六一儿童节”班子领导成员亲自带队慰问贫困户学生，并捐赠现金1500元给六眼小学和小冲小学。

烟草商业

【概　况】 1989年12月，金秀县烟草专卖局（公司）成立。2004年烟草行业进行经营体制改革，取消三级法人代表资格，由原“金秀瑶族自治县烟草专卖局（公司）”改制为“金秀瑶族自治县烟草专卖局（营销部）”，2011年4月拆除旧办公大楼及宿舍在原址重建，局（营销部）搬迁至桐木镇梧桐大道租用房子进行办公。2016年11月新办公大楼正式启用，金秀县烟草专卖局（营销部）位于金秀县桐木镇桐惠路，实行“一套班子、两块牌子、合署办公”和“统一领导、垂直管理、专卖专营”的体制。下设综合管理股、专卖监督管理股、市场部、物流中转站、市场管理中队、内管派驻组等6个股室（组、中队），共有在岗员工27人，其中正式职工4人，合同工23人，大学本科以上学历2人（全日制），管理和服务卷烟零售户797户。

局长、经理：李金友

副局长：韦祖斌

副经理：黎国佑

【营销业绩】 总体销售情况：2016年销售卷烟总量4633.06箱，完成全年任务的100.72%，同比减少257.27箱，下降5.26%；单箱额21920.14元，完成全年计划96.46%，同比增加1229.51元，增长10.59%。各类别卷烟销量情况：一类烟销量544.91箱，同比增长4.22%，占比12%；二类烟销量297.37箱，同比下降2.3%，占比6.4%；三类烟销量3357.18箱，同比下降4.07%，占比72.46%；四类烟销量424.7箱，同比下降19.55%，占比9.17%；五类烟销量5.86箱，同比下降82.98%，占比0.13%。

【专卖管理】 2016年全年共查获各类涉烟案件36起，超计划8起。其中，万元案件7起，千元以上案件14起，千元以下15起。查处实物23.28万支，其中假烟19.3万支，本地区真烟1.72万支。

【专销零“三位一体”提升现代终端建设】 以客户盈利为核心，强化终端功能，整合终端资源，构建现代终端工作新机制。进一步完善专卖管理员和客户经理一对一配对工作，加大专卖营销信息共享力度，调整绩效考核对应权重，体现全员营销，形成合力，全面提升服务的质量和水平。深入开展终端卷烟陈列专项改进工作。按照“拓展高端、凸显中端、萎缩低端”的陈列原则，全员参与，责任到人，按计划有步骤改进现有零售终端卷烟陈列，营造一、二类卷烟品牌丰富感，推动卷烟结构和客户盈利水平的提升。零售客户全程参与打造和维护，提升上传数据的及时性和准确性，提高系统使用率，强化终端功能的正常发挥。协同推进普通终端建设，以抓好改进终端卷烟陈列、配备标准地柜、消灭板柜为重点，推动客户服务工作深入开展。

【队伍建设】 开展最新修改涉烟法律法规学习、案卷制作培训、专卖法律法规模拟考试等活动，以学促发展，提高了专卖人员的文书制作、法律法规知识等综合素质，并在2016专卖技能竞赛中取得团体第三名的好成绩。

【卷烟市场清理整顿】 2016年继续保持与县政府，公安、工商等相关执法部门的密切联系，完善以政府部门为主导的卷烟市场清理整顿联合长效机制，坚持专项集中整治与市场日常监管紧密结合，先后开展了“元旦、春节”“清明、五一”“2016国门利剑”“雷霆”经营状况督查等专项行动，通过各项活动的有效开展，辖区卷烟市场净化率进一步提高。加强大要案件查处工作力度，对重点区域的市场监管，积极排查有效线索，与相关执法部门形成合力，积极开展大要案是经营与查处工作，全年查获影响辖区卷烟销量的万元以上案件7起，同比增长66%，查扣假非烟23.28件。严格办证纪律，严把审核关，将办证、监管等环节关口前移，加强数据分析，有效解决了部分“睡眠证”等问题，2016年全年新办证37本，新增许可证数量在可控范围内。

【加强物流配送管理工作】 推进精益物流管理，全面推广实施流程标准化、表单标准化、现场管理标准化和作业标准化建设。实现货款回笼率100%，配送0差错率，配送成功率100%，中转卷烟出入库0差错率。

粮食流通

【概　况】 2016年，金秀瑶族自治县粮食局，在县财政局挂牌，内设机构有粮食监督检查和调控综合股、粮食流通与科技发展股2个股室。核定人员编制5个，其中行政编4人、工勤编1人。全县粮食系统共有机构4个，其中行政部门1个，事业单位1个，国有粮食企业2个，职工总人数88人，从业人员18人。

局　长：陆志忠（县财政局局长兼，5月离任）

兰　轲（县财政局局长兼，5月任）

副局长：李全球

【粮食购销】 2016年，粮食流通体制继续进一步深化改革，粮食购销市场全面放开，金秀县粮食局在新的形势下，与时俱进，及时调整思路及对策，帮助粮食企业协调粮食收购资金、有效仓容、人员配置等问题，采取行之有效的措施，加大企业产业化经营，引导国有粮食企业发挥粮食购销主渠道作用，为政府宏观调控、确保粮食安全奠定基础。2016年全县国有粮食企业在严格执行国家相关政策的前提下，按购得进、销得出的原则随行就市，全县国有粮食企业共收购粮食3063吨（原粮，下同，其中救灾粮82吨，县储1781吨，直补订单1200吨），销售粮食3063吨（其中，救灾粮82吨，直补订单1200吨，其他粮200吨、县储粮1581吨）。目标任务完成情况：直补订单粮收购1200吨，县级储备粮平均库存、应急成品粮平均库存、粮食风险基金规模、全社会粮食销售量、全县完好仓容以上6项目标任务均完成任务100%。国有粮食购销企业实现经营利润。2016年金秀县粮食局仍列为直补订单收购县，订单计划共涉及18个村民委，650户农户，签订650份订单合同。共收购订单粮食1200吨，完成任务100%，向种粮农户兑现直补资金28.8万元，力争把惠农政策落到实处，实现企业增效、农民增收。

【粮食仓储管理】 2016年，全县国有粮食企业共投入维修危仓老库资金65万元，维修库点4个，维修总库容0.5万吨。粮食企业按照储粮要求，采取绿色、环保的科学储粮技术，加强储粮仓储管理，组织业务骨干参加自治区粮食局举办的各种业务培训，提高粮食收购、储存、运输、加工等业务水平，实现科学保粮、规范管粮。储粮粮仓常年达到“一符四无”国家标准。

【粮食流通监督检查】 2016年县粮食局深入开展《粮食流通监督检查条例》颁布纪念日及世界粮食日宣传活动，通过召开粮食经营者及经纪人座谈会、举办培训班、出墙报、印横幅、发宣传单等方式，利用通讯、媒体、宣传车，深入全县各乡、镇村屯宣传粮食经营政策法规，使《条例》深入人心、家喻户晓，增强粮食经营者及经纪人法律意识。年初制订工作计划时把粮食流通监督检查工作列为重要日程，制定《金秀县2016年粮食流通监督工作要点》，由监督检查股重点组织对7家持有“粮食收购资格许可证”的企业开展粮食库存、粮食安全、市场整顿等专项工作，一年来共组织监督检查18次，出动人员54人次，检查各类粮食企业51个次，并逐步完善粮食执法机构和制度，继续搞好执法资格、执法业务和素质培训，积极健全粮食执法体系，推进粮食执法工作，与工商、卫生、质监等部门不定期特别是在重要节假日联合检查，全面打击无证收购及销售粮食行为，维护正常的粮食流通秩序。确保粮食购销市场有序、健康地流通。

【粮食应急措施】 2016年，县粮食局为确保全县粮食安全，维护社会安定，进一步完善粮食应急体系，自治县人民政府完善并印发了新的《自治县粮食应急预案》，配合相关部门，明确责任，确保突发事件粮食有效供给，结合“放心粮油工程建设”，确定了10个粮食应急供应网点和3家粮食应急加工网点，签订好协议，明确责任和义务，向财政争取到10万元的网点供应经费，确保突发事件时粮食持续供应，并积极配合民政部门到灾区一线了解灾情，核实群众受灾情况，及时组织粮源，一年来共向全县灾区提供了大米82吨。确保受灾群众“有饭吃、不挨饿”，维护了社会稳定。

【粮油诚信体系完善】 确保粮油质量安全是保障人民健康水平的重要举措，是体现以人为本，关注民生的一项民心工程，为更好地为耕者谋利、为食者造福，2016年金秀县粮食局根据自治区、来宾市人民政府的要求，对2013年以前创建的12家“放心粮油超市专柜”、经销店在监管方面不断地完善，创新，在年初、年中、年末对他们经营商品的质量、进货渠道、明码标价、环境卫生等等经营情况进行检查，发现问题及时解决处理，进一步提高粮油品质诚信，确保群众吃上“放心粮油”。

【粮食仓储设施建设】 根据广西粮食仓储设施建设规划和自治区党委政府对全区粮食仓储设施建设工作要求，金秀县仓储设施建设重点项目是金秀县粮食储备库仓储改造建设项目，项目建设内容为规划用地面积12976.4平方米，扩建、新建中心粮库仓容1.6万吨、总投资2614万元。经过多方努力，已争取到上级部门粮仓建设第一期补助资金200万元，本级财政配套资金80万元，用于建设仓容为2853吨的8号仓库，于5月9日正式开工，拟于10月9日竣工。但由于2016年雨水比较多，对工期的进展造成严重的影响，2016年无法按时竣工。二是应急大米加工厂建设项目，已动工建设，建成后将进一步提高金秀县的粮食应急供应保障能力。

财政·税务

财　　政

【概　况】 金秀瑶族自治县财政局内设办公室（人事教育法规股）、综合股、预算股（公务用车管理办公室、行政审批办公室）、国库股、行政政法股、教科文股、经济建设股、社会保障股、农业股（县农业综合开发办公室）、农村财政财务管理股（县农村综合改革工作领导小组办公室）、企业股、县金融工作领导小组办公室（债务管理股、政府采购监督管理股）、会计管理股、行政事业单位国有资产管理股、财政监督检查股（纪检监察室）、粮食监督检查和调控综合股、粮食流通与科技发展股等股（室）17个，下设财政投资评审中心、政府采购中心、财会培训考试中心、财政资金管理所、财政信息管理办公室、预算编审中心、国库支付中心等二层机构7个，下设10个乡（镇）财政所，共有编制80人，现有人员75人，其中局机关行政编制实有17人，机关后勤编制实有4人，二层机构及财政所编制54人。2016年是自治县“十三五”规划实施的第一年，也是实施全县脱贫攻坚的第一年，自治县财政局紧紧依靠上级财政的支持，在县委、县人民政府的正确领导下，紧紧围绕年初目标任务，严格执行财政收支预算，不断完善国库集中支付和部门预算管理等各项财政改革，通过加强财政管理，强化财政监督，大力开展增收节支，努力提高财政资金的使用效益，大力支持自治县发展特色经济产业，财政工作取得了较好的成绩。

局　长：陆志忠（5月离任）
　　　　兰　轲（5月任）
副局长：肖宗勤
　　　　杨为志
　　　　季永斗（9月任）
纪检组长：梁　鸿（6月离任）

【财政收支】 2016年全县财政收入17433万元，比上年17167万元增长1.55%，其中国税部门完成8431万元，地税部门完成6784万元，财政部门完成2218万元。2016年全县财政支出130982万元，比上年115717万元增加15265万元，增长13.19%。

【支持经济社会发展】 支持企业发展。积极向上争取财政扶持企业专项资金，夯实和壮大工业发展，促进县域经济科学发展。2016年，落实502.45万元资金支持企业技术改造、外贸出口及企业上规模奖励、县工业园区建设；加大支持新办微型企业，落实117万元，支持一批特色产业，如中草药、大鲵养殖、油茶、旅游产品等开发项目和科技型企业共39户。支持“三农”发展。2016年继续加大对“三农”资金的投入力度，为打赢金秀县“十三五”脱贫攻坚战打好基础。一是扎实开展专项扶贫，加大财政扶贫资金投入力度。

2016年，各级财政安排投入金秀县扶贫专项资金共计7615.37万元，其中县级预算安排扶贫专项资金883.44万元，比2015年同期545万元增加了338.44万元；中央及自治区财政安排的专项扶贫资金4，871.93万元，比2015年同期2761万元增加了2110.93万元；市级安排资金60万元，比2015年同期增加了60万元。二是清理、盘活财政存量资金投入扶贫开发。2016年金秀县财政共收回存量资金5，672万元，其中可统筹使用2957万元，可统筹资金中用于扶贫开发的金额为1，480.13万元，占比50%。三是统筹整合涉农部门资金，集中力量脱贫攻坚。2016年金秀县共统筹整合各级财政涉农专项资金22121.31万元投入到12类扶贫项目，其中整合中央资金14025.49万元，整合自治区资金7650.22万元，整合市级资金269.6万元，整合县级资金176万元。

【公益事业发展】 2016年，共投入“一事一议”财政奖补资金828.9万元，其中中央和自治区补助资金529万元，县级财政配套奖补资金176万元，拉动农民群众筹资筹劳84.4万元，村集体和社会捐赠39.5万元；农民投工投劳35013个标准工日，实施村级公益事业建设项目村道硬化47个共计48公里。为加大农村基础设施建设，另投入美丽乡村建设资金267万元，其中完成村屯道路硬化2个共计6.7公里，完成村屯防洪堤283米，安装太阳能路灯40盏，道路硬化330米，种植苗木2000株，村级公共文化议事中心建筑面积200平方米。

【惠农惠民工程实施】 教育惠民工程：投入11018.64元推进县域学校布局结构调整和教育重点项目建设；营养改善计划补助872.24万元；寄宿制生活补助497.51万元；中小学公用经费1400.79万元；贫困大学生补助14.86万元；高中助学金165.74万元；高中免学费156万元；学前入园补助82.47万元；职校免学费31.20万元。强基惠民工程：农村安全饮水工程投入16万元。安居惠民工程：城镇保障性安居项目——公共租赁住房、廉租房建设投入1278万元；农村危房改造项目投入1689万元。农补惠民工程：2016年，通过“农补网”直接向农户发放农业支持保护补贴（即“三补合一”）资金1，241万元，发放退耕还林补助资金159万元，森林生态效益补偿资金1901.24万元，农机补贴资金69万元，农资综合补贴资金775万元。生态惠民工程：投入农村环境综合整治资金和污染防治项目资金1400万元，助力农村环境综合整治；投入污水垃圾处理项目2600万元，投入地质灾害防治和地质遗迹保护项目资金516万元。通畅惠民工程：投入一般公路建设项目和“千村公路通畅”项目资金8664万元；投入“美丽金秀·绿色乡村”专项资金230万元，在13个屯实施屯内道路硬化示范项目，深入推进绿色家园等活动、促进生态文明建设。卫生惠民工程：投入卫生计生领域项目建设资金492万元。扶贫惠民工程：大力支持贫困村的基础设施建设，重点解决事关贫困村发展的短板问题，消除脱贫攻坚的障碍。从存量资金统筹安排了418.7万元支持县发改部门和各乡镇在贫困村屯实施道路、桥梁、路灯、人畜饮水建设；投入易地扶贫搬迁工程381.51万元；投入乡村旅游富民工程300万元。

【支持社会保障事业】 2016年，县财政不断加大社会保障和社会救助的投入力度。一是进一步健全养老保障体系，全年城乡社会养老保险支出2011万元；二是落实城乡居民最低生活保障制度，城乡居民最低生活保障支出2157万元；三是建立健全基本医疗保障制度，新型农村合作医疗支出5978万元、城镇居民基本医疗保险支出153.8万元；四是完善城乡医疗救助制度，城乡医疗救助支出390万元。

【支持科技、教育、文化事业发展】 2016年，县财政不断加大对科技、教育、文化的投入。科技支出226.64万元，比上年减少76.36万元，下降25.2%。教育支出30824.15万元：学前教育支出1448.70万元；小学教育支出15996.93万元；初中教育支出5508.77万元；普通高中教育支出

1662.59 万元；高等教育 28.72 万元；职业教育支出 790.89 万元；其他普通教育支出 1946.71 万元；普通教育管理事务支出 274.26 万元；进修及培训 88.58 万元；教育费附加安排支出 227.52；其他教育支出 382 万元，比上年增长 4138.36 万元，增长 15.5%。文化事业支出 1829.78 万元，比上年减少 259.22 万元，下降 12.4%。

【加强政府集中采购】 2016 年，共审批使用各类资金采购项目 504 项（次），采购预算 24106.26 万元，采购金额 22069.48 万元，节约资金 2036.78 万元，节资率达 9.23%，较好地完成了各项政府集中采购工作。

【加强财政性投资项目管理】 坚持基建投资项目“先评审，后下达预算；先评审、后招标、采购”的原则。2016 年，全年已审结 65 个项目工程的招标预算控制价，送审金额 23645.09 万元，审定金额 22708.88 万元，审减不合理资金达 936.2 万元，审减率 3.96%，充分发挥了财政投资评审对财政资金的“节支增效”作用。

【加强“三公”支出管理】 中共十八大后，特别是中央八项规定出台后，自治县积极落实规定要求，完善配套相关制度，规范接待管理、严格监督问责，以实际行动落实中央八项规定精神，“三公”经费明显降低。2016 年，全县公务接待支出 620 万元，比上年减少 97 万元，下降 13.53%；因公出国（境）支出 0 万元，比上年减少 1 万元，下降 100%；公务车辆购置及运行费支出 688 万元，比上年减少 270 万元，下降 28.18%。

【深化农村金融改革】 着力推广“农金村办”模式及抓好农村金融“四级联创”，2016 年，金秀县已有 57 个村委设立有“三农金融服务室”，四个乡镇（桐木镇、头排镇、长垌乡、六巷乡）已实现所有行政村全覆盖，建立有 2 个示范乡镇和 10 个示范村；已评定信用乡镇 2 个（长垌乡和六巷乡）、信用村 27 个、信用户 13006 户，创建面分别为信用乡镇 20%、信用村 35%、信用户 34%。

税 务

国家税务

【概 况】 金秀瑶族自治县国家税务局，简称“县国税局”，位于广西壮族自治区中部偏东的山水瑶城，是主管国家税收工作的行政管理机构，于 1994 年 9 月由原金秀县税务局分设成立，内设办公室、政策法规股、税源管理股、收入核算股、纳税服务股（办税服务厅）、征收管理股、人事教育股、财务管理股、监察室和机关党办等 10 个股室；1 个直属机构：稽查局；1 个派出机构：桐木税务分局；1 个事业单位：信息中心。2016 年在职职工 48 人，退休职工 18 人。负责管辖全县 3 镇 7 乡共 3946 户纳税户，主要征收增值税、消费税、企业所得税、车辆购置税；全县重点税源行业主要有机糖制造、水力发电和民爆化工等三大行业。

党组书记：陈海新（3 月离任）
柯伟波（3 月任—8 月离任）
莫镕伟（8 月任）
局　长：陈海新（3 月离任）
莫镕伟（6 月任）
副局长：潘维舒
钟恣龙
覃雪燕（8 月任）
纪检组组长：覃雪燕（8 月离任）
余德光（9 月任）

【税收收入】 2016 年，金秀县受经济下行压力的影响，经济增速放缓，重点税源仍然处于爬坡过坎期，全县税收收入形势严峻，组织收入工作面临着不少困难。全年共组织各项税收收入 8774 万元，组织总局考核口径税收收入累计入库 8774 万元，完成总局考核口径税收 5400 万元任务的 162%。

【税收减免】 2016 年，依据税收优惠政策，对 636 户小规模纳税人减免增值税 343362.14 元；对 10 户小型微利企业减免企业所得税 92634.50 万元，享受面达100%。

【纳税服务】 全面推进国地税合作深度融合，在金秀和桐木办税大厅设立了4个国地税综合业务窗口，成功实现国地税业务一窗通办服务模式，为纳税人提供更优质、更便捷的纳税服务；创新性的在金秀和桐木办税大厅成立国地税联合党支部，以党员的先锋模范作用引领办税服务品质的持续提升；深入开展“便民办税春风行动”，不断优化改进服务模式，大力倡导“马上就办”的服务理念，办税效率有效提高；不断优化便民办税举措。在办税大厅添设POS机、自助办税服务终端、免费开放无线局域网等便民服务设施，办税服务质效提高，纳税人获得感和满意度持续增加；全面落实“纳税人满意度调查”工作，认真做好一体化、网格化、个性化、信息化、标准化五项服务，并在“联户进企”工作中深入企业3193户，其中增值税一般纳税人151户、小规模纳税人651户、增值税双定户2391户，进一步融洽、和谐征纳关系；认真开展“问需求、优服务、促改革”联户进企专项活动，先后走访企业117户，个体工商户644户，其他纳税人合计88人次，回答咨询1112个，征集意见81个，并发放调查问卷300份，收回201份，聚焦纳税人反映强烈的突出问题，深化问题整改，优化纳税服务，努力实现征纳关系和谐，获得纳税人一致好评。深入推进信息化管税。取消34户纳税信用A级、B级纳税人增值税扣税凭证认证；大力推行应用“办税便利通”软件，加大推行12366综合服务平台宣传力度，积极拓展网上办税，有效实现纳税人和办税大厅的“双向减负”；加大政策宣传力度。扎实开展税收宣传月、政务公开日等宣传活动，共发放宣传资料3000余份，确保了政策宣传解释到位。

【营改增工作】 及时向县委、县政府特别是主要领导做好专题汇报，争取理解支持，确保营改增工作全面落实，平稳过渡。深入试点企业进行营改增政策解读，解答纳税人疑惑，同时利用纳税人学堂，邀请来宾市国税局业务骨干到县国税局举办营改增培训班，纳税人受训人次约100多人；通过金秀电视台播放发放《致营改增纳税人的一封公开信》1500多份，发放《营改增指南手册》500多份，确保试点纳税人吃透政策，按期申报、依法纳税。此次营改增地税共移交纳税人总户数812户，完成确认总户数762户，其中企业118户，个体644户，分行业建筑业28户，房地产业23户，金融业12户，生活服务业699户。完成25户试点纳税人税控系统专用设备发行工作，其中一般纳税人14户，小规模纳税人11；完成45户试点纳税人财税库银三方协议签约、税银划缴协议签约。开启“5+2”、“白+黑”工作模式，落实首问负责制，增设办税窗口，科学应对预计到来的办税高峰，同时实行局领导带岗值班，局领导分AB岗按周轮流到金秀、桐木两个办税服务厅值班，办税服务厅专门设置“营改增咨询岗”“营改增绿色通道”，并要求相关股室业务骨干下沉到办税服务厅，为纳税人提供营改增政策解答和业务指导。完成了3户建筑业、4户生活服务业、4户金融行业纳税人一对一专项辅导工作，有效落实营改增税负分析工作。通过一系列的应对措施，成功实现税制转换平稳过渡，2016年实现“营改增”增值税税款入库4374万元，其中建筑行业增值税累计入库2318万元；金融行业增值税入库242万元；服务业增值税入库80万元；房地产业增值税入库1320万元。

【党建工作】 坚持加强政治理论学习，积极贯彻各项学习制度，制订2016年中心组学习计划和党员干部理论学习规划，按月组织开展理论学习，邀请上级党组成员上党课、本局党组书记上党课共4次；认真落实经常性谈心制度，坚持抓早抓小；积极推行关爱党员干部工作制度，构建和谐党支部的浓厚氛围；创建办税大厅联合党支部，拓展了基层党建工作及国、地税党建共建深度合作的新思路、新局面；对局党总支部委员、县局机关党支部委员进行了换届选举，有效完善了基层党组织建设；抓实党员日常管理工作，办理党员转出手续3人、转入2人；认真做好党费的收缴和公布，做到管理规范，账目清楚；认真落实138户扶贫帮扶户的扶贫工作，分批次安排干部职工到对应贫困户进行结对帮扶，帮助解决生产、精准扶贫过程中遇到的困难；组织开展2016年县局机关党建与农村党建共建座谈会1次；举办学法用法联系点普法讲座1次；举行“党课到基层”活动1次；配合扶贫联系点开展人大选举工作1次；“七一”慰问农村联系点3名困难老党员1次；“六一”慰问三江乡庙村小学、桐木镇鹿鸣小学师生，分别捐赠慰问金2000元和500元；7月6日向三江村炉村屯捐赠价值10000元的道路建设水泥30吨；11月份到三江中心校和桐木镇鹿鸣小学开展捐资助学活动，分别捐赠助学金2000元和价值2000元的体育器材，充分发挥基层党组织在推动发展、服务群众、凝聚人心、促进和谐的作用。

【队伍建设】 按季召开道德讲堂活动，为广大干部职工学习道德模范、身边好人好事，传播社会正能量提供一个“精品讲堂”，在潜移默化中不断提升干部职工的文明素养；加强干部教育培训，不断强化干部队伍的业务素质建设。2016年组织干部职工参加上级局举行的各类培训班36期，参训人数达572人，人均参训天数超过13天；深入开展“岗位大练兵，业务大比武”活动，实现人均网络学习3个小时以上，集中学习3次，举行业务考试1次，在全局掀起学习业务、研究业务、比拼业务的浓厚氛围，充分调动干部干事创业的积极性；优化完善选人用人机制。坚持党管干部原则和好干部标准，选拔任用5名年轻中层干部到关键岗位挑起大梁，分配5名新录用公务员到办税大厅锻炼学习，为基层一线充实新鲜血液，将各股室中层领导配齐、配强，在全局营造干事创业合力。抓实干部队伍的政治待遇，积极落实医疗补助、规范津贴补贴、职务与职级并行制度、工资调整、绩效考核奖等工作，切实为干部队伍办实事、办好事，积极构建干部安居乐业、人心向上的和谐环境；抓好思想政治工作，维护干部队伍稳定。局党组积极开展交心谈心，了解每位干部问题的根源，化解存在的矛盾，努力解决干部职工在工作、生活、家庭遇到的困难；抓实离退休老干部的管理工作。2016年，在春节、中秋、重阳节等传统佳节，共组织看望离退休老干部6次，慰问干部职工生病家属4次。不断丰富干部职工的业余生活，组织气排球队参加全县、财税部门举办的气排球比赛，在丰富干部队伍文化生活的基础上不断凝聚全局的团结意识、拼搏意识。

地方税务

【概　况】 金秀县地税局成立于1994年9月28日，现有在职干部职工49人，其中男30人，女19人。党员38人，大专以上学历40人，占全局干部职工总人数的81.8%，中层干部平均年龄39岁。全局设立有7个内设机构、1个直属机构和5个派出机构。县局党支部多次荣获自治县“先进党支部”、创先争优“先进基层党组织”等荣誉称号，并在2016年顺利升级为党总支，下辖两个党支部，率先在全区县一级成立国、地税联合办税服务厅联合党支部，党的基层组织建设和领导班子建设成效显著。

局　长：张　军

副局长：梁海锋

咸冬松

李茂山（6月任）

纪检组组长：冯　丽

【税收收入】 2016年，县地税局将做好组织收入视为税收服务地方经济发展大局、检验税收征管各项工作质量的重要内容，着力强化密切监控、快速反应组织收入的工作机制，坚持做好严格管理、优质服务两篇文章。在具体工作中，主动调整内、外部各项管理资源，聚焦、聚力于组织收入，促成了税源日常管理、风险应对处置、政策宣传落实、内部考核监督、政府协同保障等机制的有效运行。与此同时，县地税局推出了服务企业的一系列举措，以微观经济的健康良性发展奠定了组织收入的坚实基础。2016年，共组织县政府考核口径收入6893万元，完成县政府全年税收任务6400万元的107.7%，超额完成493万元，超额完成7.7个百分点。

【全面落实服务发展工作】 “营改增”工作推

进平稳有序。加强与财政、国税部门的协作配合，认真落实工作责任。加强与县国税局的沟通联系、密切配合，全力以赴做好营改增各项工作，全面摸排辖区内纳税人纳税情况，并通过宣传册、“一对一”辅导等形式向企业宣传政策、讲解流程。“营改增”工作进入冲刺阶段以来，局党组带领全体干部职工坚持“5+2”“白加黑”工作要求，时刻奋战在大厅一线，攻坚克难。2016年5月1日00：07分，县地税局成功开具来宾市第一张二手房交易税票，2016年5月1日1：05分，又成功开具来宾市第一单二手房交易增值税普通发票，标志着全面推开营改增试点首战告捷，顺利实现营改增税制转换工作。

【全面落实结构性减税政策】 对各项税收优惠政策进行重新梳理，用好、用足、用活西部大开发、下岗再就业、小型微利企业、节能减排等税收优惠政策，进一步明确了减免税的权限设置、报批流程和备案管理，不折不扣地做好结构性减税政策的宣传、解释、落实工作，充分运用政策杠杆，帮扶企业解困，促进产业结构转型升级。2016年共落实4户纳税人享受西部大开发优惠政策，累计减免企业所得税206万元，落实微利企业43户，减免企业所得税16万元，民族自治地方企业缴纳属于地方分享的部分减免22.7万元。

【党建合作工作新思路】 县地税局和县国税局针对新形势下基层党组织建设的新要求，积极创新合作工作方式，以“两学一做”学习教育为契机，2016年4月1日，和县国税局在金秀县国地税联合办税服务厅和桐木分局联合办税服务厅同时成立联合办税服务厅联合党支部，通过共建广西首个联合办税服务厅联合党支部，以党建合作共建为着力点，加强联合党支部建设，发挥联合党支部在纳税服务一线的坚强堡垒作用和党员干部的先锋模范带头作用，深入推进国地税深度融合，力促转作风、优服务、提效能，取得了明显成效，得到了广西日报、广西电视台、新华网、人民网等媒体的宣传报道。

【依法治税】 以税收宣传月活动为契机，建立了“重在四月、贯穿全年”的税收宣传工作机制。在税收宣传月，按照区局统一部署，紧扣“聚焦营改增试点，助力供给侧改革”主题，按照节约、高效、优质的原则，以各种积极有效的形式，全面启动第25个税收宣传月活动，通过集中宣传手段，税收知识通过手册广泛传播、通过屏幕滚动更新的宣传长效机制，强化依法纳税意识。严格贯彻执行各项税收法律法规，认真落实各项税收优惠政策，进一步规范和完善相关减免审批手续，建立各类纳税人减免税台账，并进行跟踪管理，对到期的减免税户及时恢复征税，有效地防止了税款的流失。圆满完成2016年度企业所得税汇算清缴工作。

金融·保险

金　　融

人民银行

【概　况】 2016年是“十三五”规划的开局之年。一年来，中国人民银行支行在来宾市中支的正确领导下，在金秀县委、县人民政府的大力支持下，全面贯彻落实中共十八大、十八届三中、四中、五中、六中全会和中央经济工作会议以及人民银行上级行工作会议精神，主动适应经济发展新常态，坚持稳中求进工作总基调，以“严管理、提质效”为主题，进一步深化金融改革创新，贯彻落实稳健货币政策，维护区域金融稳定，做好金融服务和管理，科学高效履行基层央行职责。

党组书记、行长：陈振明

党组成员、副行长、纪检组组长：彭秀凤

【加强窗口指导】 2016年，继续贯彻落实稳健货币政策，加强窗口指导；合理运用货币政策工具，加强日常监测；加强信贷政策导向评估，引导金融机构优化信贷结构，发挥金融对经济结构优化和转型升级的促进作用；积极配合地方政府推进农村金融改革工作，加快农村信用体系建设和金融服务创新。截至12月末，全辖金融机构各项存款余额39.54亿元，比年初增2.43亿元，增长6.55%；各项贷款余额22.70亿元，比年初增2.16亿元，增长10.52%。其中，涉农贷款19.96亿元，比年初增2.27亿元，增长12.83%。

【发展普惠金融】 用足用好民贸民品生产贷款优惠政策和各项优惠政策，截至12月末，共发放民贸民品贷款1.30亿元，有力地支持了地方民族经济和当地农村经济的发展；继续推动万家成长型小企业信贷扶持工程，重点支持万家成长型小企业信贷扶持工程名录库内的小微企业发展，引导辖内金融机构加大对实体经济的信贷支持，有力地支持了县域实体经济的发展。

【精准扶贫】 认真落实金融支持精准扶贫各项工作，积极做好金融信贷支持贫困地区，支持贫困农户发展生产基础工作。2016年人民银行对农村信用社发放了1.3亿元扶贫再贷款，用于支持农村信用社扶持全县建档立卡贫困户贷款。截至12月末，使用扶贫再贷款累计支持全县4161户贫困户和一家扶贫企业，引导农信社发放扶贫贷款2.11亿元，有效满足建档立卡贫困户信贷需求。主动落实扶贫包村到户任务，积极履行基层央行社会责任。2016年，承担了金秀县忠良乡三合村的扶贫联系工作，并具体联系三合村山界、能段、长六3个自然屯共计35户贫困户的扶贫帮扶工作，行领导人均联系4户、普通干部人均联系2户贫困户。全年组织干部职工22次到贫困户家中走访，指导金融扶持、产业规划等，经联系贫困户和全行干部职工共同努力，至今已有17户贫困户签订了“脱贫摘帽”协议。2016年年末，支行筹集资金20000元，干部职工爱心捐款1800元，共筹集资金21800元用于春节前对联系贫困户的慰问。

【金融稳定】 2016年，在引导辖区金融机构在服务实体经济的同时，县支行认真做好金融风险防范工作。充分利用货币政策和窗口指导，按季召开全县经济金融运行分析会，适时召开金融机构负责人座谈会，加强对经济运行趋势研判和预测，加强信贷资金风险管理，加强贷款发放跟踪监测与信贷风险预警，加强信贷风险评估，认真识别与预判信贷风险，有效地控制了辖区区域性、系统性金融风险产生，确保了辖区金融平稳运行，全年未发生区域性、系统性金融风险。

【规范国库会计核算】 严格落实《广西国库会计管理基本规定实施细则》等核算规章制度，狠抓会计核算基础工作，守住资金安全底线，全年共办理各级预算收入15422笔，金额2.11亿元（不包括上级转移支付及调入资金），预算支出11488笔，金额14.18亿元，较好完成年预算收支核算任务，基础业务做到了无重大差错，国库资金无安全事故发生；深入开展国库监督工作，有效防范国库资金风险，全年通过柜面监督发现和纠正国库经收处和财税部门办理的不合规业务12笔，涉及金额278.86万元，通过国库事后监督发现和纠正不合规的国库核算业务、经收处业务、财税部门提交业务等共13笔，涉及金额5316.71万元。

【支付清算体系建设】 做好ACS系统的安全平稳运行工作，加强系统运行管理各类参数维护管理和业务管理，切实降低业务差错率；11月底完成对县信用联社移动金融和金融IC卡受理环境专项检查，有效督促信用联社改善移动金融和金融IC卡受理环境；引导金融机构改善农村支付环境，截至12月末，辖区银行业金融机构在营业场所布放ATM机等自助设备56台、POS机699台、自助服务中端设备34台，设立助农取款服务点77个，设立农村金融服务室46个，全县基本实现了100%金融机构全覆盖，辖区无空白金融机构乡镇存在。

【强化征信管理】 认真做好机构信用代码发放、信息维护、异议处理、企业信用报告、个人信用报告查询等工作；积极稳妥推进和开展信用村、信用乡（镇）建设，认真做好农户信用档案和小微企业信用档案建设，积极开展和推进农户、小微企业信用评价，12月末已经完成对金秀县六巷乡“信用乡镇”认定工作，社会信用体系建设稳步推进；采取多种形式开展面向政府部门、学校、企业、农户、社会公众等征信宣传活动。依法对农信社开展征信业务管理情况实施专项检查，对其违反征信管理相关法律法规的行为进行了行政处罚，进一步规范了征信业务工作。

【强化人民币流通管理】 认真做好假币收缴工作，全年共接收上缴假币53180元；做好人民币流通状况日常监测工作，及时了解人民币流通状态；组织开展人民币反假培训，提升辖内金融从业人员反假能力。

（易小青）

农业发展银行

【概　况】 中国农业发展银行金秀瑶族自治县支行（以下简称农发行金秀县支行），为农发行

表10　　2016年金秀县银行业金融机构各项存、贷款情况一览表

单位：亿元

年份	各项存款余额	其中：储蓄存款余额	各项贷款余额	其中：涉农贷款余额
2016	39.54	24.92	22.70	19.96

来宾市分行管辖的县级支行，属于国家政策性银行。内设办公室、信贷业务部、会计结算部等3个职能部门，下设对外营业部1个。现有职工9人，管辖金秀、象州两县政策性贷款业务。2016年，各项贷款余额12296万元，比上年增加2907万元；各项存款余额4261万元，比年初增加134万元。

行　长：杜秋涛

副行长：潘　俊

【存、贷款业务】　2016年农发行金秀县支行认真贯彻落实中共十八大、中央经济工作会议及上级行会议精神，在地方政府和上级行党委的正确领导下，全面贯彻落实总行“一二三四五六”总体发展战略和区分行“三个创新、四个全面”总体工作布局，坚定信心，迎难而上，加大业务发展力度，加强基础管理，着力防控风险，扎实开展“两学一做”学习教育，认真落实“两个从严”，取得了良好的工作成效。截至2016年12月底，各项存款余额4261万元，比年初增加134万元；各项贷款余额12296万元，比年初增加2907万元。

【金融服务】　2016年，农发行金秀县支行认真履行政策性银行职能，始终按照总行和区分行的统一部署和安排，围绕金秀、象州两县人民政府经济社会发展战略，坚持政策属性、坚持服务“三农”、全力服务国家粮食安全、服务现代农业、服务城乡发展一体化、服务扶贫攻坚计划，加大信贷投放力度，信贷支农不减弱，扎实抓好收购资金供应与管理工作，积极申报新型城镇化建设、农村路网建设、易地扶贫搬迁、农村水利建设等贷款项目，充分发挥了农业政策性金融支农骨干和支柱作用。一是支持金秀、象州两县直补订单收购和县级储备粮收购，全年累计发放粮食收购贷款3598万元，支持国有粮食企业收购粮食1375万公斤。一年来，没有出现给农民“打白条”的现象和区域性卖粮难的现象，做到“钱等粮”，保护了农民的种粮积极性。二是积极发放中长期水利建设贷款2000万元，支持象州县城区防洪工程建设；发放农发重点基金2100万元，支持象州县江宾园区体育馆项目建设，为支持金秀、象州两县扶贫攻坚工作做出积极贡献。

农业银行

【概　况】　中国农业农行金秀瑶族自治县支行（以下简称农行金秀县支行）为农行广西来宾分行管辖的县级支行，为金秀县唯一一家国有大型商业银行。截至2016年年末，辖内有支行营业室、桐木支行、头排支行3个营业网点，其中县城1个，乡镇2个，另外设在行式自助银行6个，离行式自助银行3个，共有在编在岗员工57人，全行人民币各项存款余额12.96亿元，各项贷款余额5.4亿元。

行　长：陈学军（代理、6月离任）

　　　　廖韦荣（7月任）

副行长：陈学军

　　　　蒙美秋

纪委书记：陈学军（兼）

【存款、贷款业务】　2016年，农行金秀县支行在金秀县委、县政府及上级行的正确领导下，在县人民银行的关怀与指导下，在金秀金融同行的帮助下，带领全行员工紧紧围绕“稳中求进”的总基调，贯彻“比学赶超、争创一流”的总要求，强化依法治行、从严治行理念，加强党建和作风建设，践行“两学一做”，深化改革创新，狠抓市场营销，严守风险底线，不断提升内部管理能力和市场竞争力，各项业务指标全面完成任务，各项管理工作取得新成效。2016年年末，全行人民币各项存款余额12.96亿元，比年初增加9846万元，其中储蓄存款余额7.74亿元，比年初增加5519万元，对公存款余额5.22亿元，比年初增加4255万元。全行人民币各项贷款余额5.4亿元，实际年增量比年初下降5274万元。其中个人贷款余额2.66亿元，账面实点增量2386万元，小微企业贷款余额为6144万元，比年初下降4620万元。

【服务三农】　从讲政治的高度和自身发展的角度出发，积极转变服务理念，提高对“三农”金融服务重要性和紧迫性的认识，围绕金秀县“旅游产业特色”及打通三农服务“最后一公里”路径的发展思路，有效拓展“三农”服务渠道。2016年12月末，在全县10个乡镇所有行政村发放惠农卡有效客户数为12149张，农户生产经营贷款余额1524万元，比年初增长696万元，惠农卡和农户小额贷款对行政村的覆盖率达100%。在10个乡镇68个行政村均设立了惠农通服务点58个，截至12月末的交易笔数9661笔，成立金融服务站两个。同时，还在辖内布放存取款机18台（离行式6台），POS机有效户124户，电子商务商户43家，E商管家55户，其中：e农/e商管家渠道商户净增14户，e农/e商管家终端商户净增41户，覆盖了金秀镇、桐木镇和头排镇及周边的村屯。此外，大力推广网上银行、掌上银行、电话银行、消息服务等电子银行业务，以上措施有效地解决了农民朋友普享基础金融服务的“最后一公里”。

【精准扶贫、精准脱贫】 精准扶贫工作开展以来，农行金秀县支行主动对接扶贫工作，积极主动投放贷款，上半年共计实现精准扶贫贷款增量1.03亿元，带动贫困人口共2140人实现良好的社会效益。发放“金秀瑶族自治县2016年教育均衡发展建设项目”4800万元，惠及在校建档立卡贫困学生1425人；发放“金秀瑶族自治县扶贫道路建设项目”7600万元，惠及建档立卡贫困户710人。一对一定点帮扶忠良乡中山村委60户贫困户，其中2016年脱贫18户，2017年脱贫25户，2018年脱贫12户，2019年脱贫5户。为摸清贫困户基本情况，截至6月末先后派出8支共45人次的攻坚扶贫小分队进村入户开展逐户调查和建档立卡工作。3月初，结合雷锋月活动主题，组织青年志愿者小分队，到忠良中心小学开展定点帮扶活动，支行领导与贫困留守儿童进行一对一帮扶，志愿者给留守儿童送去课外书、学习工具书、书包等物质一批。5月31日，行以“六一”国际儿童节为契机，由行领导挂帅，到忠良中心小学开展定点帮扶活动，支行领导与贫困留守儿童进行一对一帮扶，给留守儿童送去慰问金。

【优质服务】 农行是服务领域最广，服务对象最多，业务功能齐全的大型商业银行。服务业务范围覆盖了全国的大、中都市、乡村，并通达全世界；服务对象囊括了所有行业和各类用户；服务的手段不仅包括柜台服务、上门服务等传统方式，还推广了“95599”电话银行、网上银行、自助银行等高科技手段；除了常规国内，国际金融产品以外，还为客户在证券、保险、基金等行业架设了沟通桥梁，并延伸到社会经济领域的各个角落。更可根据客户的特别要求，度身定做金融产品。除此之外，还可以利用营业网点的优势为行业性、系统性客户提供“一揽子”理财方案。以覆盖面最广的网点网络体系和领先的信息科技优势，向全县客户提供便利、高效、优质的金融服务。

【风险管理】 2016年，农行金秀县支行坚持从严治党、从严治行，抓好内控合规管理。通过加强员工行为管理、开展员工规章制度学习活动、案防制度落实活动，千方百计压降农户不良贷款、严控案件风险、严控操作风险、加强党风廉政建设，防范腐败风险等各项措施，牢牢守住风险底线，实现全年安全运营。

（覃春钰）

信用合作社

【概　况】 2016年，金秀县农村信用合作联社

2016年农行金秀县支行存贷款业务发展状况表

表11　　　　单位：万元

各项存款余额	其中		各项贷款余额	其中	
	对公存款	储蓄存款		个人贷款	公司贷款
129617	52202	77415	54007	26643	27364

有12个管理部门（办公室、党务办、监察室、人力资源部、财务会计部、计划信贷部、稽核审计部、资产风险管理部、法律合规部、市场开发部、电子银行部、安全保卫部）及14个营业网点。2016年年底，共有在职在编员工140人。

党委书记、理事长：林　传（1月离任）
党委书记：潘兴志（1月任，4月离任）
党委书记、理事长：韦年兵（5月任）
党委副书记、主任：韦玉忠
党委委员、副主任：张火强
纪委书记：罗建斌（6月离任）
党委委员、纪委书记：韦尚产（11月任）

【存款业务】 金秀县农村信用合作联社认真贯彻落实自治区联社、银监部门、人民银行以及县委、县政府各项工作要求和有关会议精神，狠抓风险管理，大力拓展市场开发工作，努力提高存贷款市场份额，积极盘活存量不良贷款，化解经营风险，全力开展金融扶贫攻坚工作，及时完成金融扶贫投放任务，各项业务有序开展。2016年底，各项存款余额为217600万元，比年初增长14200万元。其中：单位存款余额为65474万元，比年初增加1281万元，增幅7.00%；个人存款152151万元，比年初增加12950万元。存款余额全社会市场占比为55.03%。

【贷款业务】 加强信贷管理，全力抓好贷款营销工作，坚定不移地落实金融精准扶贫工作，为地方经济发展提供坚实的金融服务保障。2016年年底，各项贷款余额15.6亿元，比年初增加20800万元。累计发放各项贷款96770万元，比上年同期多放12635万元。各项贷款增量与上年同期对比增加6503万元。其中，各项涉农贷款余额为145766万元，占贷款总额的93.41%，比年初增加22054万元，高于各项贷款增幅2.45个百分点；小微企业贷款余额为74316万元，占各项贷款的47.62%。贷款余额全社会市场占比为68.74%。2016年年末，联社应评级授信贫困户数总数为8036户（不含低保户647户，已授信户数8259户），授信贫困户比例为102.77%，授信金额为27761万元。年末，累计发放扶贫贷款3341户，累计发放金额14390万元。为贫困户早日走上脱贫致富的道路提供了资金保障。

【金融服务】 积极推进“五个挺进”工程，持续开展文明规范服务活动，不断提升金融服务水平。按照区联社“五个挺进”工程要求，加强网点网络建设，深入开展文明规范服务活动和消费者权益保护活动，金融服务深度与广度不断延伸。加大电子金融的投入和宣传，联社在全辖共设有自助设备32台，在77个行政村布设便民服务点68个，共布设桂盛通POS机510个，让广大群众享受安全便捷的金融服务。同时积极组织开展“消费者权益保护月”“金融知识普及月”“金融知识进万家”“金融知识万里行”“金融知识进校园”等系列活动，通过健身操比赛、宣传板报、折页、电视媒体、电子屏幕、横幅、户外广告等载体，宣介金融产品和服务，参与员工人数120人次，累计发放宣传资料4万余份。

【风险管理】 狠抓不良贷款管理，努力提高信贷资产管理水平。通过制定考核办法，施行激励机制，加强对不良贷款的管理和清收工作。认真做好不良贷款的监测工作，建立不良贷款台账，实行“名单制”管理，落实了清收责任，制定“一户一策”清收措施。同时抓好内控合规管理，规范业务操作，加强合规制度的学习，强化案件风险防控，确保全年零案件发生。

【履行社会责任和参与公益事业】 认真履行社会责任，积极发挥地方金融主力军作用和支持“三农”发展的服务宗旨，其中六巷信用社获得了广西银行业协会授予的“2016年度八桂老少边穷金融服务贡献奖”，上是县联社继2014年度长垌信用社获得的“最佳社会责任特殊贡献网点奖”的第二个获奖网点。同时，积极参与社会公益事业，2016年度共捐款近2万元用于头排、桐木的春节活动、大樟三古小学六一活动、二排村龙坪屯巷道硬化、大樟三古村委更换水管等。

广西金融投资集团有限公司金秀综合金融服务中心

【概　况】 广西金融投资集团成立于2008年7月28日，是全国省级第一家以“金融”冠名的金融控股集团，是自治区党委、自治区人民政府为进一步促进广西地方金融发展，更好地服报务广西经济建设和社会全面发展而组建的国有独资企业，由自治区人民政府直接管理。2013年，广西75个县都成立了综合金融服务中心，金秀综合金融服务中心也于2013年5月20日挂牌成立。2016年在册员工10人，办公地址设在金秀瑶族自治县瑶都大酒店一楼，2014年9月在金秀县桐木镇成立了服务部，2015年、2016年分别在头排镇、三江乡设立服务网点。该中心开展的主要业务：应急资金贷款、担保贷款、互联网理财、个人消费贷款农业保险、车辆保险、人身意外险等业务。

【经营业绩】 2016年，金秀综合金融服务中心累计为金秀中小企业提供贷款应急贷款金额4320万元，发放消费贷款115万元、营销理财产品845万元，累计保险保费1585万元。

【发展蓝图】 金秀中心将在金秀县委、县政府的大力支持下，积极实施集团公司“打造金融大百货公司”的战略方针，在发展壮大贷款担保业务的基础上，大力推进金融租赁、基金、消费贷款、互联网理财、保险等方面营销，充分发挥各项业务的金融乘数效应，为地方经济发展做出应有的贡献。

（韦江明）

邮政储蓄银行

【概　况】 邮储银行金秀县解放路支行成立于2011年12月02日，定位于服务社区、服务中小企业、服务“三农”。2016年辖内共有营业服务网点3个，共设ATM机7台。其中，自营机构8人，代理机构11人。

行　长：覃善芳

【业务经营】 2016年，邮储银行金秀县解放路支行各项存款余额19600万元，年新增1200万元。各项贷款余额4600万元，年新增900万元。

【三农服务】 2016年，邮储银行金秀县解放路支行加大水果种植行业信贷投放力度，截至年末累计向砂糖橘等柑橘种植农户发放小额贷款685万元，带动了部分农民增产增收。

【内控管理】 2016年，邮储银行金秀县解放路支行按照“强内控、促合规、防风险、提能力、保发展”的定位，健全内控机制、狠抓问题整改、强化专业履职，有效防范法律、合规与案件风险；组织开展“监管大讲堂”活动和“内控提升”活动，宣扬合规文化理念；组织各机构“一把手”对年度安防及合规履职情况进行述职，提高“一把手”责任意识，推动“一道防线”担负案防及合规首要责任，确保各项业务稳健发展，全年无案件发生。

保　险

人寿保险

【概　况】 2016年，中国人寿保险股份有限公司金秀支公司（以下简称国寿金秀支公司）围绕“稳中求进、奋力拓展”总基调，进一步强化发展基础，巩固发展根基，稳步提升公司经营成果，不断践行中国人寿“成己为人，成人达己”的“双成”理念，推进公司实现又好又快发展。

经　理：文俊蕻

【业务经营】 2016年，国寿金秀支公司继续发展农村小额保险、开发政府类法人业务，积极应对监管要求，强化风险防范的管控力度，总保费收入1607元，其中新单保费（含短险）739万元，续期保费868万元，总体同比增长16个百分点。

【保险理赔】 2016年，国寿金秀支公司加快理赔便捷服务，共理赔案件500多人次，合计赔付金额177万元。

【保险服务】 2016年，国寿金秀支公司强化理赔职能考核，开展多样化理赔服务，引导客户及时电话报案，协助客户收集理赔资料、提高理赔时效等，着眼细节、全方位提升客户满意度。同时公司也开展形式多样、丰富多彩的增值服务活动，落实区分公司VIP服务活动、积极配合业务渠道开展服务进职场活动。

【风险管控】 2016年，国寿金秀支公司进一步强化风险防范，避免恶性群体事件发生，严格落实治本抓源头工作，开展商业贿赂专项治理自查及进行关键岗位检查，进一步消除风险隐患；在销售人员中开展诚信宣传活动，将诚信教育、依法合规教育作为各类培训的必修课，做好涉嫌销售人员销售误导等违规行为的信访投诉的应对预案。对《保险从业人员行为准则》和《保险从业人员行为准则实施细则》执行情况进行自查自纠，规范展业的良好氛围，切实维护广大客户权益；认真开展反洗钱工作，履行反洗钱工作义务，落实反洗钱工作责任，强化反洗钱管控力度。

财产保险

【概　况】 中国人民保险中国人民财产保险金秀支公司（简称人保财险金秀支公司）成立于1986年4月。2016年，金秀支公司现有员工15人，分别在桐木镇、头排镇设立三农保险营销服务部，基本能辐射周边乡镇，满足客户的投保需求。在服务金秀瑶族自治县经济社会发展全局和广大客户的实践中，人保财险金秀支公司始终坚持“风雨同行、至爱至诚”的核心价值理念，充分发挥国有骨干保险公司职责，积极践行“人民保险、服务人民”的企业宗旨。

经　理：覃小青

【业务经营】 2016年，人保财险金秀支公司开办了车辆、财产、工程、船舶、货物、意外、健康、责任信用、保证等各类保险业务，积极服务地方经济建设，公司在大病保险、小额借款人、建档贫困户复退军人、乡村干部、学生、教师、农民工、农村独生子女等民生保险领域和政策性农房、能繁母猪、育肥猪、水稻、林木等三农保险领域不断探索，创新服务，参与社会管理和服务民生能力持续提升。2016年，政策性农险保费收入165.15万元。2016年，保费收入1367.69万元，同比增长9%，市场份额占52.35%，累计支出赔款金额415万元。

经济管理与监督

发展和改革局

【概　况】　2016年，县发展和改革局内设办公室（国民经济动员办）、国民经济综合股、固定资产投资股（行政审批办公室）、农村经济发展股、重大项目建设和工业环资股（自治县重大项目稽查办公室）、物价综合股，下设项目规划室；核定机关编制9人（含县物价局2名），另核机关后勤服务编制3名（含县物价局1名），事业编制3人。实有人员6人，其中局长1人、副局长2人。

党组书记、局长：范汉坤

副局长：黄呈高（8月离任）

陈　刚（3月离任）

严金水（3月离任）

廖正平（3月任）

卢国飞（3月任）

纪检组组长：卢国飞（2月离任）

【项目审批】　县发改局积极组织开展行政审批提速提效专项活动，集中清理审批事项和优化办事流程，推进行政审批阳光运行。依托各种公开媒体，把行政审批过程和结果动态公开，接受社会各界群众监督。所办理的事项均承诺办结时限比法定时限压缩50%以上。2016年经行政中心窗口审批项目75个，总投资13.6779亿元。其中，审批（含建议书、可研、初设）55个，总投资5.2947亿元；备案18个，总投资5.8867亿元；核准2个，总投资2.4965亿元。

【以工代赈】　2016年，实施以工代赈项目12项，总投资636万元，中央预算内资金622万元，地方配套14万元。年内完成工程投资592万元，开工率为100%。完成大樟乡大樟村大樟屯水利渠道6公里，2210人受益；完成长垌乡桂田村新排屯至田头屯、大樟乡双化村黄茆屯至六巷六青、罗香乡龙坪村古潭屯至平南县国安瑶族乡国安村六马山屯、六巷村至泗水公路（改扩建）、三江乡三江村大坪至长余（水毁道路修复）5项道路工程建设25.2公里，解决5288人行路及运输困难；完成金秀镇六段村将军屯、忠良乡永和村龙安屯、忠良乡石鼓村卜扇屯3项易地扶贫搬迁进村道路工程建设7.5公里，解决256人行路难问题；完成忠良乡石鼓村那来地坪桥和木厂桥、长垌乡长垌村桥3座桥梁工程建设33延米，解决6700人行路难问题。

【易地扶贫搬迁】　2016年，实施易地扶贫项目8项，新建住房3.5972万平方米，解决195户870人住房难问题。项目总投资4386万元，其中中央资金361.6万元。年内完成工程投资2966万元，占总投资67.6%，其中中央资金完成投资253.2万元。

【项目建设】　年内继续实行县四家班子领导联系

重大项目制度，制定下发《金秀瑶族自治县2016年“项目建设落实年”活动实施方案》，协调解决好项目建设中的困难和问题，加强项目的督查工作，切实抓好项目的落户和实施，确保项目有序推进。年内完成固定资产投资15.08亿元。2016年全县统筹推进的重大项目共75项，年度投资目标任务为19.7亿元，其中市级层面项目15个（新开工4项、续建5项、竣工投产3项、前期工作3项），市级层面项目完成投资5.89亿元，完成全年目标任务的100.5%。2016年推进中央预算内投资项目44个，开工项目工程44个，开工率100%。下达投资计划3572.25万元，累计完成投资2704.39万元，完成投资率75.71%，其中中央资金完成2222.25万元，完成中央投资率76.90%。2016年全县统筹推进西江经济带项目5项（新开工项目2项，在建项目1项，前期工作项目2项），项目总投资22844万元，年度计划投资2390万元，年内完成投资1962.69万元。

（李小云）

审计工作

【概　况】 2016年，县审计局机关内设5个职能股室，即：局办公室、财金审计股、经济责任审计股、经贸审计股、固定资产投资审计股，辖管政府投资审计中心1个；核定编制人数13人，其中，局机关编制（不含机关后勤控制数1人）9人；政府投资审计中心（2016年9月增加编制2人）4人，实有人数13人。其中，领导5人，主任科员2人，审计人员4人，后勤人员1人，机关后勤控制数1人。

党组书记、局长：李文涛

纪检组组长：文俊奎（6月离任）

韦运斌（7月任）

副局长：杨　玲

陶政华（4月任）

文俊奎（7月任）

【财政审计】 县审计机关对县本级2016年财政预算执行和其他财政收支情况进行审计监督，查出的主要问题：未按规定计提农田水利建设奖金和教育资金理68.68万元；预算单位超限额使用现金，公务卡使用率低。

【经济责任审计】 审计局机关根据中共中央办公厅、国务院办公厅下发《党政主要领导干部和国有企业领导人员经济责任审计规定》，审计机关加强对党政主要领导干部和国有企业领导人员任职期间履行经济责任情况进行。2016年，对领导干部经济责任审计8项，查出违规和管理不规范资金223.33万元，其中应上缴财政资金45.83万元；应调账处理资金33.86万元；其他问题资金143.64万元。

【专项资金审计】 审计机关对行业机构管理的本级保障性安居工程、“美丽广西·生态乡村”活动财政专项资金管理使用情况依法进行审计监督，存在主要问题是项目建设进度缓慢，导致资金使用率低（2016年该项目总安排投资建设资金916万元，至2016年10月31日，只使用116.4万元，资金使用占总项目安排资金的12.67%）。

【固定资产投资审计】 审计机关对县以及乡（镇）以政府投资为主的建设项目的审计预算执行情况和决算进行审计监督，防止建设资金流失和舞弊行为的发生。2016年，固定资产投资审计项目计88项，送审金额合计9402.93万元，审定造价8897.88万元，核减905.05万元，核减率为9.63%。

（黄进福）

统计工作

【概　况】 县统计局是县人民政府的综合性社会经济信息职能工作机构，依法担负着对全县国民经济和社会发展进行统计调查、统计分析、向社会提供统计资料和统计咨询意见，实行统计监督的任务。在县委、县政府的统一领导和上级业务部门指导下，认真履行统计工作信息、咨询和监督三大职能，努力加强统计基础建设，加大统计检查监督力度，不断提高统计数据质量，及时准确、科学高效地完成各项统计任务，为全县经济社会发展做出了积极的贡献。2016年年底，县统计局下设社会经济调查队。内设有办公室、农业股、工业能源股、城乡住户调查股、执法股、投资股、科技服务业股、贸易股等股室。现开设综合、核算、农业、工交、建筑、投资、劳资、服务、科技、商业、县域经济监测、基本单位调查、城乡住户调查、贫困监测等专业。全局在编人数12人，其中：局机关在编7人；城乡经济调查队5人。领导职数3人，专业统计人员9人，其中统计师1人、助理经济师1人、统计员8人。现代化办公设备齐全，有计算机25台，打印机11台，复印机2台、照相机1台。

局　长：覃会雅（3月任）

党组书记、副局长：卢文彪（3月任）

副局长：陶永强（6月任）

【统计工作管理】　2016年，县统计局，以学习习总书记系列讲话和党的十八大以来的全会精神为主线，紧紧围绕县委、县政府全年工作部署，以“两学一做”学教活动为抓手，以统计基础规范化建设和第三次全国农业普查工作为中心，着力推进统计改革，强化作风建设，夯实统计基础，打造诚信统计，推动统计工作再上新台阶。主动适应经济社会发展新常态，坚持依法统计，强化统计服务。围绕县域经济发展主题，围绕抓班子、带队伍、促建设、谋发展履职尽责，扎实推进各项统计调查工作，不断提升统计服务水平，充分发挥了统计在经济社会发展过程中的监测、咨询和服务作用。进一步解放思想，实事求是，与时俱进，开拓创新，以农业普查为重点，强化统计服务、统计改革、统计法制、统计信息化和统计基础和统计实务工作，切实做到学习教育和推动工作“两不误，两促进”，全面推进了全县各项统计工作的顺利开展，充分发挥了统计信息、咨询和监督的整体功能，为全县社会经济发展做出了积极的贡献。深入开展“数据造假、以数谋私”专项整治行动，确保扎实开展“数据造假、以数谋私”自查自纠工作，深入查摆问题根源，做到立行立改，为统计事业健康发展营造风清气正环境。继续加强“四下转四上”工作，努力挖掘新增长点，积极为“四下转四上”做好服务保障工作，集中解决业务、平台程序中存在的疑难问题，加强对企业申报工作的指导。围绕县域经济发展的总体目标，加强对全县经济运行状况进行全程的跟踪分析，及时为各级领导和决策部门提供参考，共完成信息30篇，编印统计信息30期。按照上级的工作部署，县统计局县、乡、村三级统计基础建设。做好县级统计档案整理和制度的建设；抓好乡镇做好统计制度的上墙工作；指导乡镇、村民委做好统计台账的基础工作。

【统计法制工作】　积极履行法治宣传教育、统计执法检查、普法依法治理主体责任和监督责任，以“四五”普法为契机，进一步推动统计普法工作，强化基础建设，保障统计法律、法规的全面实施，认真开展纪念《统计法》颁布二十周年地各项活动。通过发放统计法制宣传资料、悬挂宣传标语横幅一系列活动，在全县范围掀起了统计法制宣传的新高潮，不断推进普法教育进程，有效地加强了人民群众对《统计法》的认知程度，进一步确保统计对象的知法、守法，从而为各项统计工作的推进和开展打下了扎实的基础。切实抓好统计业务培训。2016年，县统计局采取多种形式举办基层统计员培训班，全年共举办各类统计业务培训班6期，参加163人次；完成统计从业资格考试和认定12人；在岗统计人员继续教育56人。通过各个层次的培训，不断提高统计人员的业务水平。认真开展统计专项执法检查，查处各类统计违法案件。年内共进行统计执法检查21个单位，在被检查的21个单位中，对这三个上报数据有误差的单位进行了口头警告，责令其进行认真整改。通过开展执法检查，提高了基层统计人员的法制意识，增强了统计法制观念。

【统计调查】　城乡住户一体化调查更加完善。以季度（月度）例会为平台，进一步加强对辅助调查员的专业知识培训。通过对调查网点的走访，加强对住户调查工作的督促、检查和指导，确保记账户所记录的数据真实、准确。切实抓好贫困监测统计调查，为真实反映金秀县的农村贫困状况提供依据。积极配合来宾市调查队开展企业投资环境调查，为切实改善金秀县投资环境，加大招商引资力度提供决策依据。组织开展了小康测评调查、妇女儿童统计监测、旅游、交通运输、邮政、文化教育、卫生、体育、社会保障、公用事业等全县性基本数据的调查统计工作。做好认口抽样调查。为做好2015年1%人口抽样调查工作，县统计局认真做好组织机构的成立、制定工作方案、落实普查人员和工作经费等各项工作。从而保障了2016年1%人口抽样调查工作顺利开展。扎实做好农业普查。第三次全国农业普查工作有序推进，扎实开展第三次全国农业普查区划分与绘图，普查小区划分等前期的各项工作，全面完成调查摸底工作和普查的业务培训、“两员”的选调工作。全县划分普查区96个，普查小区399个，共选调普查指导员96名、普查员589名。

工商管理

【概　况】 金秀瑶族自治县工商行政管理和质量技术监督局为县政府工作部门。内设11个职能股室，设10个工商行政管理所为派出机构（金秀、桐木、头排、罗香、忠良、长垌、大樟、六巷、三角、三江工商行政管理所），设1个二层公益一类事业单位（计量检定测试所）。2016年5月4日，根据自治县编委会2016年第2次会议决定，自治县市场开发服务中心划归县工商和质监局管理，作为县工商和质监局的二层事业单位。划转后县市场开发服务中心的经费来源方式、人员编制结构不变。金秀瑶族自治县工商行政管理和质量技术监督局行政编制45名，另核定机关后勤服务聘用人员控制数6名。计量检定测试所核定全额拨款事业编制编8名。市场开发服务中心核定编制数27名。全局现实有在职干部职工67人（其中局机关29名，基层工商所12人，计量检定测试所4名，市场开发服务中心22名）。

党组书记、局长：赵国兵

副局长：卓　芸（3月任）

林　明

林　艳（3月任）

罗明武（3月离任）

蒋江流（3月离任）

纪检组组长：李家兵（6月离任）

【经济登记管理】 全县共登记各类企业1104户，注册资本共计214660.05万元，比上年同期分别增长11%、25.5%。其中，私营企业共计871户，注册资本179038.42万元；其中，微型企业165户，注册资本共计1649万元。个体工商户共登记4864户，注册资本34143.42万元，比上年同期分别增长了19.4%、22.2%。全县共登记注册的农民专业合作社共201户，注册资金32748.74万元，成员总数2558人，其中农民成员2103人。其中，2016年新登记注册成立农民专业合作社64户，出资总额15090.6万元，成员总数706人，其中农民成员660人。全县共登记注册的家庭农场26户，注册资本1355万元，从业人数91人。其中，2016年新发展家庭农场12户，注册资本397万元，从业人数36人。

【简政放权取得新突破】 完成两项“硬任务”：在国家“五证合一”基础上，整合公安部门印章准刻证，于9月30日实施“六证合一、一照一码”改革；12月1日实施个体工商户“两证整合”。实施了“先照后证”改革，201项审批事项从前置变为后置，前置审批事项减少了85%。制定《金秀县实施“先照后证”改革后加强事中事后监管实施方案》，以县政府名义印发实施；牵头建立金秀县实施“先照后证”改革后加强事中事后监管联席会议制度，建立“双随机”抽查机制，推动重大改革任务落实。通过一年的努力，优化了全县市场准入环境，促进了新旧动能的转换，增强了市场主体“获得感”。2016年全县新增市场主体1082户（其中，个体工商户851户、私营企业139户、农民专业合作社79户，内资企业13户），平均每个工作日“诞生”3个市场主体。

【放管结合取得新成效】 市场主体信息公示制度有效实施。2015年度企业年报率89.1%，个体工商户年报率85.7%，农民专业合作社年报率84.7%，排名全市中等水平。“双随机、一公开”监管机制全面推行。建立了抽查事项清单、市场主体名录库和全县行政执法人员名录库、抽查实施细则等“一单、两库、一细则”，抽查了120户个体工商户、31户企业、2户农民专业合作社，依法将抽查结果通过企业信用信息公示系统向社会进行了公示。信息共享和联合惩戒成效显现。企业信用信息公示系统（广西）已于2016年11月16日正式上线运行，系统实现了各级部门对全县各类企业的所有信用信息的统一归集、共享和利用。全系统严格落实经营异常名录、严重违法企业名单等制度，进一步扩大“互联网＋市场监管”信用体系建设，全县有247家企业和36家农民专业合作社被列入经营异常名录，1235户个体工商户被标记为经营异常状态。

【品牌培育持续推进】 提升意识，积极引导本县企业增强商标品牌意识，依法使用并注册商标，特别是突出引导具有地方特色土特产品和农产品企业发挥自身优势，打造自己的品牌。培育指导，对金秀县瑶彩种养专业合作社、广西金秀瑶圣水矿泉水有限公司、金秀县桐木镇三友村峰贵水果农民专业合作社等25家企业进行商标培育、品牌推动帮扶工作。巩固提质，指导广西金秀圣塘山天然保健品有限公司的“瑶都”商标和广西金秀圣堂药业有限责任公司的“圣堂”续报广西著名商标。四是申报增量。指导广西金秀瑶粮米业有限公司的“瑶粮”商标和广西金秀县瑶皇酒坊酒业有限公司的“瑶居神液”商标申报广西著名商标。接受商标注册咨询48人次。据统计，金秀县已注册的各类商标有156个，广西著名商标5个，地理标志保护产品专用标志的2家，产品3个（金秀绞股蓝、大瑶山甜茶、金秀红茶），获广西壮族自治区服务业品牌1家（莲花山景区）。

【推动企业标准有新突破】 推动金秀县辖区内企业在全国企业标准信息公共服务平台注册企业信息，指导企业自行向社会公开企业产品和服务标准。指导企业共计公开产品标准22项，办理企业标准备案14个，排名全市前列。为提升企业质量管理水平打下基础。

【支持企业拓宽融资渠道】 充分发挥登记监管职能，积极运用股权出质登记等方式支持企业拓宽融资渠道，2016年共办理股权出质登记4件，出质股权2450万元，被担保债权4200万元。

【质量兴县工作】 深化开展质量兴县各项工作，推进金秀县质量兴县绩效考评顺利通过并获取“超额创新加分”考评加分最高分值成绩。其中，品牌建设共获6项，标准化建设共获16项，均排名全市前列，为推动金秀县质量兴县向质量强县跨越奠定基石。

【政务服务工作】 驻县政务服务中心的企业登记窗口共受理办件409件，已办结401件，办结率达98%；当场办结102件，即时办结率达24.9%；接受群众咨询超500余次，窗口服务质量群众满意率100%，许可服务实现“零投诉”。窗口A岗冯怡获2016年下半年政务工作“服务标兵”称号。

【依法履职护秩序】 为营造良好市场秩序，专项整治工作作为整顿和规范市场经济秩序的有效途径，2016年共立案查办查处各类违法案件18件，罚没款13.71万元，计量检定收入18.48万元。

【“红盾护农”专项行动】 以“红盾护农”行动为载体，严把农资经营主体市场准入关，加大农资抽检力度，严查农资违法经营行为。全年抽检农资12个品种，检验结果10个合格，2个不合格，不合格的2个申请复检，复检结果1个合格，另一个不合格，对不合格的产品已立案调查终结。

【商标广告监管】 查处将未注册商标冒充注册商标使用及侵犯注册商标专用权商品案件1件，已录入“两法衔接”平台。检查监测医疗广告18条次，药品广告25条次、保健食品广告35条次、医疗器械广告15条次，共93条次，未发现有医疗药品保健品虚假违法广告等行为。

【争创“无传销”县】 共出动执法人员309人次，出动执法车辆97车次，检查经营户955户次，督促有关单位完善相关台账，对上级要求提供直销企业的有关情况进行核查，在辖区内未发现有这些公司及分支机构有传销、违规直销及其他违法行为。全年开展打击传销知识讲座进村屯进校园各1次，顺利通过无传销县验收。

【特种设备安全监察】 开展安全大检查2次，不定期设备安全检查12次，检查设备60台（套），重点对全县在役的起重机械、电梯、锅炉、电梯使用专项安全检查工作。发出整改指令3份，查获无证经营燃气销售点一个、违规运输燃气充装瓶车辆一辆，并由县燃气站对违规燃气销售点、违规运输燃气充装瓶车辆进行处理。金秀县有起重机31部、电梯94部、锅炉35台、厂场车辆18辆、压力容器75台、压力管道980米。

【计量检定监管】 开展节前计量专项监督抽查工作。共计抽查21台用于贸易结算的电子计价秤，抽查4家加油站，均未发现计量违法行为。对广西金秀东达制糖有限公司农产品收购用汽车衡进行专项监督检查。经检查该企业所使用的2台汽车衡器均检定合格，且该企业在甘蔗收购过程中不存在计量违法行为和计量作弊行为。开展“医用三源”强制检定工作。对金秀县辖区内11家医疗卫生机构在用“医用三源”等医疗设备开展强制性周期检定。共检定“医用三源”设备25台，合格率100%。开展“民用三表”（电表、水表、燃气表）专项计量监督检查，未发现违法行为。开展电能表计量检定专项授权机构监督检查工作。对金秀县辖区内获得对社会开展电能表计量检定专项授权机构（金秀瑶族自治县电能计量测试中心）进行监督检查，未发现违法行为。检定燃油加油机185台（件），电子秤60台件（其中免费检定固定摊点电子秤42台件），压力表135块，电子汽车衡1台（件），天平26台（件），累计检定计量器具407台（件），保证了量值传递的准确可靠。

【卫星电视接收设施监管】 2016年，出动执法人员130人次，车辆51辆次，检查辖区内的电器类经营户、家电维修356户次、农贸市场45个次，对辖区内的电器类经营户、家电维修部、农贸市场等重点区域进行拉网式清查，严查经营户店面和库房，做到不留死角。共扣押卫星地面接收天线2面，高频头28个。

【产品质量检测】 配合中国检验认证集团广西有限公司、区化工产品质量监督检验站及区产品质量检验研究院共抽样送检家用电子电器、装饰装修材料等21个批次。抽取金戒指、手机、婴儿纸尿裤、竹纤维毛巾被、RO型水处理机、建筑模板6组样品送检，目前得出检验结果5组（手机检验结果不合格，金戒指、婴儿纸尿裤、竹纤维毛巾被、RO型水处理机检验结果合格），还有1组（建筑模板）暂未出检验结果；对金秀县6家红砖生产企业进行抽检（其中，烧结普通砖4家，烧结多孔砖2家），共计抽检6批次，合格6批次，合格率100%。

【消费维权促稳定】 开展“打假冒、反欺诈、保护老年消费者合法权益”专项整治行动，在金秀、桐木驱散了3次这类集会活动；开展“消费维权进校园”、假冒伪劣商品展厅开放日等各种消费维权专项活动。开展创建“诚信经营 放心消费”试点店工作，金秀县示范店2户（广西优易美生态农业开发有限公司和金秀县华兴购物中心），已获来宾市授牌。全年，受理消费者投诉20件，已办结20件，为消费者挽回经济损失20.35万元，获消费者赠送锦旗1面。特别是桐木镇的两起群体投诉成功调解，化解了社会矛盾，维护了社会和谐稳定。

【深入开展“两学一做”学习教育】 成立“两学一做”学习教育领导小组，制定了实施方案。认真学习党章党规和习近平总书记系列重要讲话，认真贯彻落实十八届五中、六中全会精神及自治区第十一次党代会精神。坚决拥护、坚决维护习近平总书记在全党的领导核心地位，坚定不移维护党中央权威和中共中央集中统一领导，坚定推进全面从严治党。

【强化“两个责任”落实】 认真贯彻落实党风廉政建设责任制。制定下发《金秀县工商和质监局党风廉政建设主体责任清单和纪检组监督责任清单》，局党组和班子成员、内设股（室）、工商所层层签订党风廉政建设责任状。抓好党员干部反腐倡廉教育，结合开展“两学一做”主题学习活动，组织党员干部职工学习习近平总书记关于反腐倡廉的一系列讲话，学习《中国共产党领导干部廉政从政若干准则》《中国共产党纪律处分条例》《中国共产党问责条例》等，共组织学习20次，观看《忏悔录》《权》等警示教育专题片。紧紧抓住工商和质监局权力运行以及工商和质监业务中可能诱发腐败现象的重点环节、关键岗位，明确系统内重点廉政风险点防范措施，切实加大对审批窗口、财务、执法等重要岗位的监督。四是认真贯彻落实中央八项规定。严格执行《财务支出有关规定》《公务出差审批规定》《公务接待规定》《公车使用管理规定》，加强对资金使用、公务出差、公务接待和公车使用的监管。

【加强基层党建】 按照上级布置要求，构建了局机关党委—党总支（工商和质监局党总支和小个专党部支）—党支部（工商和质监机关党支部、工商所党支部和小个专党支部）的组织管理模式，结合职能工作，采取“找、问、访”的方法，在小微企业、个体工商户、专业市场经营户中找隐形党员12名，组建了金秀、桐木、头排三个“小个专”党支部，完成了三级党组织班子选举报批工作。小个专党支部的组建成立，扩大了党组织在非公经济领域覆盖和影响力。各党支部都能正常开展“三会一课”，党员评议工作，完成2016年党费标准核定及收缴工作。开展“党旗领航·机关联企助村”活动。2次到联系企业（桐木矿场）党组织开展调研走访，在安全管理，注册登记方面给予政策指导，为矿场增加生产线搞好安全生产提供政策支持，同时与桐木矿场结对帮扶解决太山村委办公场所维修门窗问题。在“七一”建党日，局机关党支部、桐木工商所党支部到太山村党总支部开展共建联谊活动，上党课1次，慰问困难党员5人。

【扎实做好精准扶贫工作】 委派局党组成员、副局长林明担任扶贫定点村（桐木镇太山村）党组织“第一书记”，落实干部职工“一对一”实施帮扶贫困户91户349人，脱贫35户。2016年，举办了一期水果种植技术培训，培训水果种植户50人。在有限的公用经费中挤出资金，慰问困难五保户5户，贫困生及留守儿童10人，困难党员5名，资助该村巷道硬化、小学义务教育均衡发展资金1.7万元，全年资助资金约2.5万元。

【提升市场开发服务中心服务水平】 在县委、县政府及主管局指导下以“服务、创新、求实、奉献”为宗旨管理着全县各国有农贸市场，充分创造条件为广大农贸市场经营户提供良好经营环境和优质服务。市场开发服务中心现管理着全县所五个国有农贸市场和一个家畜定点屠宰场实体。主要职能是负责全县市场建设、维修和开发；市场的物业管理；门店、摊位出租和服务工作；市场内的防火、卫生和治安工作；协助市场管理机关维护市场秩序，按规定收取市场摊位费、设施租赁费和服务费，内部机构设有县中心办公室和财务室，下辖有金秀市场管理所、桐木市场管理所、头排市场管理所、大樟市场管理所。主要业务有两项，一项是管理农贸市场和收取市场服务费用；一项是管理头排家畜定点屠宰场。管理的农贸市场有金秀、桐木、大樟、忠良、七建（部分）等5个农贸市场，农贸市场建筑面积20000多平方米，2016年市场设施租赁费总收入170万元。

（聂　露）

食品药品监督管理

【概　况】 金秀瑶族自治县食品药品监督管理局（以下简称县食药监局）于2011年6月成立，前身为来宾市食品药品监督管理局金秀瑶族自治县分局，为县人民政府的组成部门。负责金秀县辖区内保健食品化妆品、药品和医疗器械生产、经营、使用的监督管理；负责辖区内食品生产、食品流通和食品餐饮环节的监督管理和酒类食品安全的监督管理；负责金秀县辖区内药品、医疗器械、化妆品不良反应监测工作；负责制定全县食品、药品、医疗器械、化妆品监督管理的稽查制度并组织实施。县食药监局内设综合协调办公室、食品生产监管股、食品流通监管股、食品餐饮监管股、药品生产监管股、药品流通监管股、保健食品化妆品监管股等7个内设机构；设有二层机构金秀瑶族自治县食品药品稽查大队，稽查大队在10个乡镇派设食品药品监督管理所；根据金秀瑶族自治县机构编制委员会《关于设立金秀瑶族自治县食品药品检验检测中心的通知》（金编〔2016〕9号）文件，县食品药品检验检测中心为县食品药品监督管理局的二层公益一类事业单位。局机关核定行政编制13人，后勤服务事业编制1人；县食品药品稽查大队核定参公编制5人；乡镇食药监所核定参公编制27人；县食品药品检验检测中心核定全额拨款事业编制5人。2016年年底，局机关实有在编人员9人，其中行政编制人员8人、后勤服务事业编制人员1人；县食品药品稽查大队实有在编人员5人；乡镇食药监所实有在编人员25人；县食品药品检验检测中心实有在编人员0人。

党组书记：庞瑞淳（6月离任）
　　　　　何金胜（6月任）
局　长：庞瑞淳（7月离任）
　　　　何金胜（7月任）
副局长：聂　丽（3月离任）
　　　　黄通友（3月任）
　　　　吕碧燕
　　　　覃毓铭
金秀瑶族自治县食品安全办主任：
　　　　庞瑞淳（6月离任）
　　　　何金胜（6月任）

【工作亮点】 食品检验检测机构建设工作有序推进。作为自治区首批食品药品检验检测资源整合试点县，2014—2016年，共收到自治区专项资金560万。2016年年底，项目已完成场地选址、设计和二次装修工作，设备安装工作也基本完成。该食品药品检验检测中心核定事业编5人，空编5人，2016年下半年县食药监局已将这5个事业空编作了2017年来宾市事业单位招录计划并上报了人社局。两个食品安全快速检测实验室完成建设并投入使用。2016年上半年在桐木镇、头排镇分别建成投入使用了2个食品安全快速检测实验室，这2个食品安全快速检测实验室是来宾市最先建成的食品快检实验室。2016年年底桐木镇食药监所已完成检测194批次，其中食品生产20个批次、食品流通118个批次、食品餐饮56个批次，完成全年快速检测任务量的105%，快检合格率为100%。头排镇食药监所已经完成196个批次的食品快速检测，其中食品生产23个批次、食品流通122个批次、食品餐饮的51个批次，完成任务数185的105.9%，快检合格率也为100%。此外，2016年县食药监局高度重视、落实部门责任分工，准确把握时间节点，强化环节衔接，扎实推进绩效考评各项工作。2016年，金秀县食品药品安全绩效考评工作在来宾市获得全市最高的加分值2.98分，由于来宾市食品药品安全绩效考评设置了最高加分值上限为1分，因此金秀县获得了食品药品安全绩效考评最高加分值1分。

【食品生产环节监管】 开展了九次专项整治行动。元旦春节十大节日食品生产专项整治。检查企业40家次，发现存在问题的生产企业2家，发出责令整改通知书2份。干米粉生产作坊专项整治。开展快速检测12个和监督抽检4个批次，均全部合格。绿豆糕生产企业现场检查和隐患排查。对辖区内7家糕点企业的检查和隐患排查，1家生产企业存在问题并发出责令整改通知书1份。三类食品非法添加和非法声称问题生产专项整治。检查辖区内1家配制酒获证生产企业，未发现该企业存在非法添加药物和非常宣传情况。鲜湿米粉生产企业专项整治。共检查3家企业，责令2家立即整改。食用植物油专项整治。检查了辖区内小油坊13家，不合格1批次，已立案查处。包装饮用水和米粉产品生产企业专项监督检查。下达责令整改通知书2份，已整改完毕。月饼生产企业专项监督检查。检查的全县7家月饼生产企业，没有发现问题。开展2016年金秀县学校校园及周边和重点接待单位食品安全专项监督抽检。

对3家鲜湿米粉小作坊开展监督检查抽检，共抽检3家3批次，均合格。全县2016年年底持有有效的食品生产许可证39家，落实了食品生产企业的第一责任人和质量安全主体责任。此外，积极使用食品生产企业现场监督检查系统开展现场监督。检查本辖区获证生产企业39家（其中停产23家），使用现场监督检查系统组织开展本辖区获证食品生产企业监督检查87家次，完成上级下达65%获证食品生产企业的监督检查任务，检查覆盖率高达100%。共下达责令整改通知书15份，2016年年底已全部整改完毕。

【食品流通环节监管】 共开展元旦春节期间食品流通市场专项整治、防控走私冷冻肉品流入食品生产企业综合整治行动、乳制品和含乳饮料专项整治、加强食品销售环节重点领域监管专项工作等专项食品流通安全隐患排查治理、中秋国庆及“两会”期间食品安全专项整治、2016年盘王节活动食品安全保障工作。全年总共出动执法人员217人次，检查食品经营户534户次。食品餐饮环节监管。深入开展专项整治行动。在关键时间点对食用盐、水产品、病死猪肉等进行检查以及开展了旅游市场食品安全、学校食品安全风险隐患排查整改行动、春季与秋季学期食堂安全检查及监督抽检等专项行动。共监督检查餐饮单位1299家次，出动执法人员603人次，下达限期整改182家。加强网络订餐平台的监管。全县共有21家入网餐饮服务经营者，均持有有效“食品经营许可证”，经营地址真实有效，未发现超范围经营。认真做好新旧证的换证工作。共受理312家餐饮服务单位递交的“食品经营许可证”申请书等相关材料，通过现场核查，已帮助这312家餐饮服务单位将以前使用的“餐饮服务许可证”统一更换为“食品经营许可证”。深入推进“明厨亮灶”工作。鼓励餐饮服务单位积极打造“透明厨房”，引导消费者参与餐饮服务食品安全监督。2016年度全县共完成餐饮服务单位74家，完成率为26%，单位食堂42家，完成率为30%。五是继续推进餐饮安全监督量化分级管理工作。共完成了419家餐饮服务食品安全年度等级规范评定，量化率为90%，其中A级8家，B级402家、C级店9家。

【保健食品化妆品监管】 深入开展专项整治工作。开展了“蓝健行动”专项整治工作，共检查辖区内保健食品重点经营企业24家，责令整改24家，已整改完毕3家；开展了保健食品非法添加和非法声称问题生产经营专项整治工作，共排查辖区内重点经营企业24家，没有发现有非法添加和非法声称的保健食品；开展了进口化妆品专项监督检查，经排查，在县城辖区内没有进口化妆品经营企业。一定强化日常监管工作。全年共检查保健食品化妆品经营企业221家次，下达《执法监督意见书》50份，化妆品违法违规行为责令整改15家，立案2件，结案2件。二是超额完成化妆品不良反应上报工作任务。完成化妆品不良反应数89例，完成全年任务10例的890%，化妆品不良反应监测上报工作在全市排名第一。

【药品生产安全监管】 开展医疗机构医疗器械使用质量专项检查。根据来宾市开展医疗机构医疗器械使用质量专项检查的通知要求，县食药监局对辖区内5家医疗机构（2家二级医疗机构和3家二级以下医疗机构）进行检查，已完成对5家医疗机构的检查及其中4家存在问题需要整改的医疗机构的复查工作。及时应对济南问题疫苗事件。全面详细检查了疾病预防机构及14家医疗机构、3家个体诊所，未发现济南非法经营的疫苗流入金秀县的情况。加强药品生产企业的日常监督检查。按照上级业务部门要求，加强对金秀县广西金秀圣堂药业有限责任公司，广西德坤瑶药业有限公司2家药品生产企业的检查和指导，广西金秀圣堂药业有限责任公司经整改后符合药品GMP要求，重新获得《药品GMP证书》并于9月底开始恢复生产。完成2016年药械不良反应/事件和药物滥用监测工作任务。全年完成药品不良反应监测报告173例，完成全年任务的145.38%；医疗器械不良事件病例报告56例，完成全年任务的224%。2016年药品不良反应监测上报完成率和医疗器械不良事件上报完成率均排在全市第一名。

【稽查工作】 立案查处方面。2016年共处理37

件“四品一械”案件（其中，食品流通环节立案12件，食品生产环节立案9件，药品环节立案7件，医疗器械立案1件，化妆品环节立案6件，餐饮环节立案2件），已结案33件；涉案货值金额32896.19元，罚款金额55428.2元；没收违法所得7119.04元，罚没款合计62547.24元。在以上食品药品案件中，无行政诉讼情况发生。加强食品安全抽检监测信息系统管理。落实了不合格食品核查处置信息填报专员，对不合格食品核查处置率为100%。加强12331投诉举报平台建设。共接到投诉举报案件17件（其中，有1件为自治区局转办下来的案件，有1件为市局转办下来的案件），咨询案件20件，均已按程序处理完毕并将处理结果及时向投诉举报人反馈。2016年县食药监局行政执法工作实现了“五个零”的目标，即零诉讼、零投诉、零复议、零赔偿、零上访。查办一般程序案件数量在来宾市各县（市、区）排名第一，食品药品稽查工作考核综合排名在来宾市各县（市、区）排名第二。

【监督抽检工作】 食品生产环节抽检。全年抽检任务为76批次(其中区抽49批次、市抽27批次)，完成抽检任务的100%，其中市抽3家已经停产。不合格4批次，不合格产品已全部立案查处。食品流通环节抽检。完成区抽食用农产品抽检245批次，完成全年任务240批次的102%，已收到218份检验报告中有1个批次的检验结果不合格；完成食品抽检11个批次，（市抽任务4个，区抽7个），完成全年的食品抽检任务的100%。食品餐饮环节抽检。食品餐饮环节抽检完成率100%。完成全年监督抽检39批次的任务，其中区抽12个批次，市抽27个批次，收到9批次的区抽检验报告和27批次市抽检验报告，均合格。保健食品和化妆品环节抽检。完成了上级下达的金秀县全年保健食品抽检任务5批次和化妆品全年抽检8批次的任务。四是药品环节抽检。完成上级下达的药品抽验任务13批次（其中，基本药物抽验8批次、药品快速筛查5批次），任务完成率100%，收到2份不符合规定的检验报告，均已在规定时限内完成核查处置工作。

物价管理

【概　况】 2016年，金秀县物价局内设办公室和收费（价格）管理股两个股室，

下辖价格监督检查分局和价格认证中心两个二层机构。共有编制7名，2016年年底在职人员8人。

局　长：金宝青（9月离任）

　　　　龚槐枢（9月任）

副局长：潘安庆

【价格变革】 根据桂价格〔2016〕14号《广西壮族自治区物价局广西壮族自治区交通运输厅关于废止桂价格〔2009〕500号文件的通知》，2015年12月1日起道路客运经营者可根据行业发展情况、市场需求、公司运营成本等自主确定道路旅客运输票价的具体收费项目和收费标准。根据桂价格〔2016〕30号《广西壮族自治区物价局关于取消液化石油气价格干预措施的通知》，从2016年4月1日起，取消全区液化石油气实行准确率控制和提价申报等价格干预措施，实行市场调节价管理，由经营企业根据购进价格和市场情况自行制定销售价格。

【价格管理】 2016年，主要完成了县城区居民生活用水阶梯价格、殡葬服务收费、银杉景区停车收费、岭祖大峡谷景区门票及停车收费的审批；公租房试行标准的核定；县幼儿园收费的调整。加强市场价格监测预警和分析。安排专人做好粮油肉蛋菜等重要商品的价格监测报告工作，积极跟踪上级价格研究机构对国内物价形势的分析，并及时向自治县人民政府分管领导汇报，提高政府应对市场异常波动的能力和市场价格突发事件的处置能力。

【价格监督】 以元旦、春节、五一、中秋、国庆等节假日为重点，组织开展市场巡查。主要围绕粮菜油肉蛋奶等生活必需品进行重点监管，以水、电、液化气，以及与旅游相关的住宿、餐饮、停车、

景点门票等价格和收费为重点行业开展巡查，保障了市场正常价格秩序。加大宣传力度，在"3·15"国际消费者权益日纪念活动，向消费者发放物价管理政策法规资料600多份，提高群众对物价管理工作的认知度与支持率。

【专项检查】 4月，按上级统一部署，县物价局对全县餐饮行业进行了专项行为整治，通过向县城范围内的餐饮经营门店、摊点发放规范价格行为提醒告诫书和价格政策宣传资料，检查明码标价等措施，对检查中发现的问题提出整改要求和改进建议，使金秀县城餐饮行业价格经营、诚信经营总水平得到了进一步的提高。客运票价已由政府定价变为市场调节价，多次对金秀、桐木汽车站检查指导客运票价的明码标价行为，维护了春运及日常客运的正常秩序。

【社会监督】 安排专人值守价格投诉举报电话"12358"，确保群众投诉渠道畅通。耐心解答咨询，及时化解价格矛盾和处理价格投诉。全年共接到群众投诉举报事件3件，受理价格咨询30件。价格咨询和举报案件，均做到事事有回音，件件有答复。

【价格服务】 2016年，共完成各类价格认证业务270件，评估总值5304万元。其中，涉案价格鉴定81件；鉴定值109万元；涉税物价格鉴证186件，评估值5129万元；价格认证、行政、纠纷调解等财产评估3起，评估值66万元。价格服务为促进自治县的司法公正、税收增长、社会和谐稳定发挥了积极作用。

（覃小红）

安全生产监督管理

【概　况】 金秀瑶族自治县安全生产监督管理局（以下简称县安监局）成立于2004年8月，为县人民政府工作部门。核定人员编制9名（其中行政编制8名，机关后勤事业编制1名），实有干部职工10人，内设办公室（行政审批中心）、工矿行业监督管理股、危险化学品安全监督管理股、烟花爆竹安全监督管理股、职业卫生监督股等5个股室，加挂金秀瑶族自治县安全生产委员会办公室牌子，实行一套人马二块牌子办公。下设一个事业单位即安全生产执法大队，核定事业编制4名，实有人数3人。2016年9月改为挂牌单位，在金秀瑶族自治县经济贸易局挂牌，核定人员编制9名（其中行政编制8名，机关后勤服务人员控制数1名），实有干部职工7人。

局　长：闭国烈

副局长：郭起松（3月离任）

　　　　刘桂森

纪检组组长：欧孔章（5月离任）

【安全生产责任制的落实】 认真贯彻执行党和国家安全生产方针政策和法律法规，定期组织召开各季度安全生产防范重特大事故工作会议，听取安全生产工作汇报，布置落实各项工作；始终坚持贯彻"安全第一，预防为主，综合治理"和"谁主管，谁负责"的工作方针，强化安全生产行政首长负责制，狠抓安全生产工作责任制的落实，做到职责明确，各司其职；县人民政府分别与各乡（镇）人民政府、县安委会成员单位、重点企业签订了2016年安全生产责任状44份，各相关单位和乡（镇）也分别与其行业（辖区）内各企业及二层机构签订

表12　2016年各类死亡控制指标完成情况表

年度	一般事故		较大事故		重大事故		特别重大事故	
	事故起数（起）	死亡人数（人）	事故起数（起）	死亡人数（人）	事故起数（起）	死亡人数（人）	事故起数（起）	死亡人数（人）
2016年	6	6	0	0	0	0	0	0

安全生产责任状，建立了一级抓一级、层层抓落实、职责分明的安全责任体系。进一步完善安全生产目标考评机制，将有关安全生产指标纳入中共金秀县委、金秀县政府年度目标管理考评，实行安全生产“一票否决”考核制度。2016年度全县安全形势总平稳，各乡镇各单位经考核考评均没有被实行“一票否决”。

【安全生产宣传教育培训工作】 积极开展安全教育培训，全面落实持证上岗制度。按照“一年新训两年复训”的原则，认真组织开展辖区内企业第一责任人、安全负责人、安全管理人员联合培训工作。2016年共举办培训班四期，其中培训非煤矿山及工矿行业安全培训人员136人，危险化学品安全培训人员193人，烟花爆竹安全培训人员114人，职业卫生安全培训人员81人。通过对企业负责人、安全员的培训，全面提高了企业管理人员的安全主体责任意识，同时要求各企业负责人加强对企业一线工作人员的安全教育培训工作，全面提高全体职工的安全意识。结合实际，制定《金秀瑶族自治县安全生产月活动方案》，成立工作组织机构，以“强化安全发展观念，提升全民安全素质”为活动主题，全面部署落实安全生产活动月各项宣传工作。法定宣传咨询日（6月17日）在桐木镇集中开展安全生产现场咨询活动，发放宣传资料15000多份，张挂宣传横幅8条，展出图片展30多幅。同日晚上在桐木广场举办安全生产文艺演出，增强活跃了安全生产宣传活动氛围，大力提高广大劳动者安全生产意识和安全素质。

【安全生产检查治理工作】 在全县范围内组织开展安全生产大检查工作，对全县所有乡（镇）、所有行业领域，所有生产经营企事业单位和人员密集场所进行检查。重点检查道路交通、金属非金属矿山、尾矿库、消防、危险化学品和烟花爆竹、冶金有色、建筑施工、水利、电力、农业机械、特种设备、食品药品加工、民爆器材等行业领域。突出重点地区，突出消防、化工、烟花爆竹、建筑等重点行业，突出学校、医院、商业和文化娱乐场所、车站、旅游景点等人员密集的公共场所，突出农民工等人员集中的劳动密集型企业，突出反复发生、长期未得到根治的重点问题开展检查。在集中开展安全生产大检查中，全县组织检查组149个，组织检查人员1000多人次；检查企业300余家，发现隐患1761处，填写现场检查记录68份，下发限期整改通知895份、停业整改通知11份，现场处理决定14起。

【开展安全生产领域打非治违专项行动】 根据上级统一部署，组织制定《金秀瑶族自治县人民政府办公室关于深入开展安全生产领域“打非治违”专项行动的通知》（金政办发〔2016〕168号）和《金秀瑶族自治县安全生产委员会关于印发全县安全生产百日攻坚战工作方案的通知》（金安委字〔2016〕12号）进一步落实责任，明确工作内容和要求，建立了部门沟通协调机制和政府统一领导、相关部门和公检法、纪检监察机关共同参与的联合执法机制，推进“打非”工作向纵深开展。全县各乡（镇）、各部门基本都按照安全生产“一岗双责”规定，各司其责，稳步推进各项检查工作，县安全生产大检查办公室认真做好大检查组织协调、督导检查及统计汇报工作。在集中开展打非治违联合执法工作中，全县派出检查组216人次，检查企业100多家，检查出一般事故隐患54项，对发现的一般隐患责令企业当场整改，对无法当场整改的，已下发限期责令整改指令书责令企业按期整改；打击查处的非法违法行为16起，其中停产整顿3家，关闭取缔1家，罚款1.2万元（为越界开采处罚）。

【建立重大隐患监控制度】 2016年，继续认真加强对重大安全事故隐患进行监控，建立健全区、市、县、乡（镇）、村委会五级重大安全生产事故隐患监督管理制度，层层做好安全生产防范与监控工作。在排查出的重大隐患中没有列入自治区重点监督的重大隐患项目，列为市级监控的重大事故隐患1项，列为县级监控的重大事故隐患9项，列为乡（镇）级监控的重大事故隐患6项，列为村级监控的重大事故隐患5项，由县人民政府在全县范围内通报各重大隐患项目，明确整改责任单位、整改责任人以及整改督办单位、督办责任人，要求全县各乡（镇）、各有关部门、各整改责任单位切实按照“谁主管、谁负责”的原则，认真履行安全生产职责，切实加强对重大安全事故隐患整治的领导，及时制定整治方案，做到整改内容、整改标准、整改措施、整改时间进度和整改责任人五落实。全年各项重点督促整改的重大安全隐患均按期按质完成整改工作，并分别对应该由市、县人民政府予以“挂牌销号”。

【安全生产事故调查处理工作】 按《生产安全事故报告和调查处理条例》规定，由县级人民政府调查处理的一般安全事故1起。受县政府的委托，由县安监局牵头组织事故调查组进行立案调查处理，经充分调查取证，县政府已批复结案，同意由县安监局切实按“四不放过”（事故原因未查清不放过，事故责任人未受到处理不放过，事故责任人和周围群众没有受到教育不放过，事故制订切实可行的整改措施没有落实不放过）原则追究有关责任单位和责任人的责任，给予企业及相关责任人处31.1万元，由于企业处于建设初期，资金周转较为困难，已交纳处罚金11.2万元，剩余款项已向县安监局按程序报请准予缓交手续。所交纳的罚金全部上缴国库。

【非煤矿山和尾矿库隐患治理】 经常检查各非煤矿山及尾矿库汛前、汛期和汛后检查，及时发现和处理存在的隐患和问题。2016年，共对2个矿场的沉沙池进行关闭停止使用，分别是桐木矿场（莲花坪矿区陈集强洗矿点沉沙池），广源矿业有限公司（宿对矿区洗矿点沉沙池），下达整改指令书10份，整改复查率100%；经常排查排土场、露天矿山边坡、矿井以及民工工棚等可能发生滑坡、坍塌和泥石流等突发灾害的隐患部位，发现问题及时整改和停业整顿；根据金秀县桐木镇鑫利尾矿库、金秀县桐木镇鑫亮尾矿库闭库工程安全设施设计方案，通过组织开展招投标，由重庆市佳信建设集团有限公司金秀分公司开展闭库工程建设，2016年12月份组织施工，利用自治区本级财政金属非金属矿山整顿关闭补助资金按合同已投入前期治理资金275000元（其中，鑫利135000元、鑫亮140000元）。

【作业场所职业卫生安全监管】 完成职业危害申报审查备案的企业30家（有两家已关闭）。积极深入到生产经营企业单位进行职业卫生知识宣传，积极开展《中华人民共和国职业病防治法》宣传周活动，抄写张贴宣传标语600条，悬挂横幅标语26条，发放宣传材料1100份，出动宣传人员22人次，出动宣传车12车次，现场咨询人50次数。举办了一期40家、86人的用人单位职业卫生管理人员资格培训班。认真做好全县工作场所职业卫生危害因素检测及“三同时”工作。2016年有4家企业委托检测部门进行工作场所职业病危害因素检测工作，10家企业已按规范设置职业健康公告栏和危害因素警示标志。

（黄燕平）

农林牧渔·水利

农林牧渔

农　　业

【概　况】 金秀瑶族自治县农业局(以下简称“县农业局”)，隶属于县人民政府的行政职能机构，主要职责是全面贯彻落实党和政府在农村各项方针政策和大力宣传农业法律法规，制定农业生产规划，开展农业技术推广，调优农业产业结构，加快农业产业化发展进程，为种植户提供产前、产中、产后服务。县农业局设置有县农业技术推广站、县经济作物技术指导站、县农村经济经营管理站、县种子管理站、县土壤肥料工作站、县农作物病虫害测报站、县糖蔗生产技术推广站、县水果茶叶技术指导站、县农业科学研究所、县农业技术推广中心、农业执法大队、县农产品质量安全检测站、办公室、法制股、财务股、区划股、信息股、科教股、农广校等十多个业务部门。全县三镇七乡都设置有农业技术推广站，负责乡镇的农业技术推广和日常农业生产服务工作。2016年年底，县农业局全系统核定编制94名，实有在职在编人员77名。2016年全县农民人均纯收入8490元，较2015年的5941元增长了42.90%。

党组书记、局长：陶学胜

副局长：廖　雄

李德宝

张发远

卢政通（9月离任）

纪检组组长：黄韬霖

【种子备案】 2016年，35个种子经营点登记备案，备案品种72个。其中，杂交水稻品种36个，销售水稻种45吨；30个杂交玉米品种经营点登记备案，销售玉米种25吨。

【农产品认证】 2016年，金秀县获得1个无公害农产品认证，全县无公害农产品、绿色食品、有机农产品、农产品地理标志认证共有8个，其中有机农产品3个，无公害农产品4个，农产品地理标志1个。

【粮食作物种植】 2016年，全县粮食作物种植面积1.0916万公顷，粮食总产量4.7815万吨。其中，稻谷6818公顷，产量3.6375万吨；玉米2100公顷，产量8568吨；豆类983公顷，产量1522吨；薯类1015公顷，产量1350吨。水稻品种主要以Y两优5876、Y两优087号、深优9528、中浙优8号、天丰优998等品种为主；玉米品种主要以迪卡007、迪卡008、正大619、正大999等品种为主。水稻推广技术主要采取水稻集中育秧与机插秧技术、水稻合理密植和防早衰技术、水稻测土配方施肥技术和水稻病虫害统防统治等栽培技术。玉米推广技术主要采取玉米免耕栽培技术、地膜玉米栽培技术、玉米测土配方施肥技术。

【经济作物种植】 2016年，全县的间套种面积2060公顷，主要套种模式：幼龄果园套种花生，甘蔗套种早熟西瓜，甘蔗套种黄豆，甘蔗套种花生，木薯套种西瓜、大豆等。全县的林下经济作物面积为1333公顷。蔬菜种植。2016年，全县蔬菜种植面积4572公顷，蔬菜总产量9.4927万吨。花生种植。2016年，全县花生种植面积596公顷，产量1443吨。木薯种植。2016年，全县木薯种植面积710公顷，产量3015吨。西瓜种植。2016年，全县西瓜种植面积511公顷，产量2.2012万吨。

【产业结构调整】 2016年7月22日，经金秀县十五届人民政府第42次常务会审议通过，正式下发《金秀瑶族自治县脱贫攻坚产业扶持实施方案》，扶持贫困户发展产业，全年共发放产业扶持资金1659万元，补贴范围包括水果种植、中草药种植、其他传统经济作物种植以及家畜养殖、家禽养殖和特色养殖等。自治县以柑橘、野生茶、甜茶为主要特色优势产业，在山外乡（镇）发展柑橘产业，山内乡（镇）发展野生茶和甜茶产业。此3项特色优势产业覆盖全县贫困户63.7%，达到自治区贫困县要有2～5个特色优势产业覆盖率60%的要求。

【农业经济经营管理】 2016年，新增注册合作社51家，全县有合作社188家。家庭农场新注册13家，全县有家庭农场37家。2016年，新增土地流转面积91公顷，全县土地流转面积3001公顷，占总耕地面积21.4%。

【科技培训与农技推广】 2016年，举办优质柑橘栽培与保鲜新技术、农作物栽培管理技术、测土配方施肥技术等实用科技培训130期，培训农民4.53万人次，印发技术资料2.08万份。遴选161个科技示范户，建立10个科研试验示范基地，组织25名农技人员到区内农技培训机构开展5天以上的集中培训，推进基层农技推广项目顺利实施。完成新型职业农民培训266人。遴选9名合作社骨干、家庭农场主、种植大户参加广西大学举办的第一期现代青年农场主培育培训班。另外还选派6名合作社骨干及家庭农场主参加中央组织部与农业部联合举办的两期农村实用人才带头人和大学生村官示范培训班。

【测土配方施肥项目】 2016年，冬种绿肥2667公顷，完成测土配方施肥示范面积1567公顷，完成秸秆还田6267公顷，增施有机肥料1867公顷，应用农业节水技术2533公顷。

【农作物病虫害防治】 2016年，发布病虫情报25期1700份，包括水稻、瓜类、辣椒、番茄、叶菜类、豆类、甘蔗、玉米、柑橘、茶叶等多种农作物病虫害。其中，发布经济作物病虫情报10期700份，指导防治面积1.832万公顷。发布水稻病虫情报15期1000份，指导防治面积1.55万公顷。在全年水稻发生的各种病虫鼠害中，水稻纹枯病、稻飞虱为中等偏重程度发生，鼠害、稻纵卷叶螟为中等程度发生，稻瘟病为中偏轻、局部中程度发生，三化螟为轻、局部中偏轻程度发生，稻瘿蚊、黏虫、稻蝽象、稻蝗甲、细条病、白叶枯病、稻曲病等为轻度发生。

【水果生产】 2016年度，全县水果总面积4800公顷，其中新植面积800公顷，投产面积3702.2公顷，总产量5.0132万吨，水果产值2.5066亿元。

【良种补贴】 2016年在广西范围内全面将农作物良种补贴、种粮农民直接补贴和农资综合补贴等三项政策（以下简称农业“三项补贴”）合并为“农业支持保护补贴”，政策目标为支持耕地地力保护和粮食适度规模经营。2016年金秀县农业支持保护补贴工作发放补贴资金1240.77万元，受益农户3.0301万户，补贴面积5493.27公顷。

（梁　成）

表 13　　2016 年金秀农林牧渔业总产值一览表

指标名称	单位	2016 年	2015 年	比上年同比增长 %
一、农林牧渔业总产值（上年价）	万元	132349	126665	4.49
农业	万元	80311	76620	4.82
林业	万元	20239	18209	11.14
牧业	万元	26562	26852	−1.08
渔业	万元	1896	1805	5.01
农林牧渔服务业	万元	3342	3178	5.16
二、农林牧渔业总产值（当年价）	万元	134233	126665	5.97
农业	万元	79786	76620	4.13
林业	万元	20144	18209	10.62
牧业	万元	29068	26852	8.25
渔业	万元	1894	1805	4.89
农林牧渔服务业	万元	3342	3178	5.16
农林牧渔业总产值构成	%	100	100	
农业	%	60.68	60.5	0.18
林业	%	15.29	14.4	0.89
牧业	%	20.06	21.2	−1.14
渔业	%	1.43	1.4	0.03
农林牧渔服务业	%	2.53	2.5	0.03

表 14　　2016 年农村基本情况统计表

指标名称	单位	2016 年	2015 年	比上年同比增长 %
村（居）委会数	个	81	81	0
#村委会数	个	77	77	0
自来水受益村数	个	73	72	1.39
乡（镇）村户数	万户	3.55	3.66	−3.01
乡（镇）村人口	万人	13.13	13.69	−4.09
乡（镇）村从业人员	万人	7.76	7.99	−2.88
男	万人	4.21	4.3	−2.09
女	万人	3.55	3.69	−3.79
#第一产业从业人员	万人	5.77	5.85	−1.37
农业机械总动力	万千瓦	11.56	11.50	0.52

续表

指标名称	单位	2016 年	2015 年	比上年同比增长 %
农用排灌电动机	台	74	74	0
农用排灌柴油机	台	1730	1730	0
农用运输车	辆	0	127	
农用水泵	台	0	2060	
机耕地面积	公顷	14426	13760	4.84
机播面积	公顷	3324	2736	21.49
机收面积	公顷	9382	6498	44.38

表 15　2016 年主要农作物播种面积表

指标名称	单位	2016 年	2015 年	比上年同比增长 %
年末耕地总面积	公顷	13033	13699	−4.86
一、农作物总播种面积	公顷	21387	21053	1.59
1. 粮食作物种植面积	公顷	10916	10846	0.65
＃稻谷	公顷	6818	6990	−2.46
＃早稻	公顷	3012	3095	−2.68
晚稻	公顷	2905	2975	−2.35
玉米	公顷	2100	1971	6.54
大豆	公顷	302	289	4.50
薯类	公顷	1015	947	7.18
2. 经济及其他农作物	公顷	10471	10207	2.59
＃油料	公顷	663	618	7.28
花生	公顷	596	558	6.81
油菜籽	公顷	65	58	12.07
甘蔗	公顷	2828	2872	−1.53
＃糖蔗	公顷	2775	2821	−1.63
木薯	公顷	710	736	−3.53
蔬菜	公顷	4572	4352	5.06
食用菌	公顷	41	38	7.89
年末桑园面积	公顷	600	600	0
年末果园面积	公顷	6915	4281	61.52
年末茶园面积	公顷	1793	1653	8.47

表 16　　2016 年主要农作物产品产量表

指标名称	单位	2016 年	2015 年	比上年同比增长 %
粮食作物	吨	47815	47861	−0.10
#稻谷	吨	36375	36134	0.67
#早稻	吨	18259	18090	0.93
晚稻	吨	13765	13861	−0.69
玉米	吨	8568	8379	2.26
大豆	吨	536	510	5.10
薯类	吨	1350	1911	−29.37
油料	吨	1515	1409	7.52
#花生	吨	1443	1342	7.53
油菜籽	吨	70	65	7.69
甘蔗	吨	244195	227340	7.41
烟叶	吨	18	18	0
木薯	吨	3015	3063	−1.57
蔬菜	吨	94927	89978	5.50
茶叶	吨	408	371	9.97
水果	吨	49276	44805	9.98

农业机械化

【概　况】　金秀瑶族自治县农业机械化管理局（以下简称县农机局），是县人民政府赋予实施行政职能的直属事业局（参照公务员管理），下设农机安全监理站（参照公务员管理）、农机技术推广站、农机学校。局机关内设有办公室、业务股、财务股，10 个乡镇均设有农机管理服务站；农机系统共有在编在职人员 34 人，临时聘用人员 2 人，中共党员 23 人，具有高级工程师职称资格 1 人，含（中级）工程师（含中级职称）资格 5 人，大学本科学历 11 人，公务用车 0 辆。2016 年，金秀瑶族自治县农业机械化管理局荣获 2016 年度全区农机安全生产工作先进单位；金秀县农机安全监理站黄翔在农机安全生产工作中功绩显著，广西壮族自治区人力资源和社会保障厅及广西壮族自治区农业机械化管理局联合给予记个人二等功，颁发公务员奖励证书。同时，黄翔被表彰为来宾市农机先进个人。2016 年，农机化宣传上新台阶，其中《广西农机化信息网》用稿件 26 篇、《来宾市农机化信息网》投稿件 39 篇，市县报刊用稿数 3 篇。

党组书记、局长：李惠玲（3 月任）

副局长：蒋国柱（3 月任）

　　　　赵立才（3 月任）

纪检组组长：卢勇超（3 月任）

【农机管理】　2016 年，全县农机总动力由 2011 年的 10.1 万千瓦时增加到了 11.55 万千瓦时，各类农业机械14667台/套，农业机械化耕种收水平达到了49.8%，2016年新增"全国平安农机"示范乡1个（长垌乡），示范村2个（滴水村委、长垌村委）示范户20户。2016年金秀县新增农机专业合作社2个：1个是金秀镇六段村茶叶农机专业合作社，该合作社成员21人，注册资金500万元，主要经营茶叶机械化加工，普及先进农机化技术；1个是罗香乡罗运村农机专业合作社，主要经营林下经济作物生产加工机械，推广普及先进农机化技术。至今共有农机专业合作社16个。各项管理目标完成情况。2016年，全县共检验拖拉机698台，占全年指令性任务100.4%，新增拖拉机、联合收割机入户74台；新增考试核发拖拉机驾驶证62本，占任务的100%；全县辖区范围内未发生农机伤亡事故，农机安全生产保持持续稳定的态势发展。农机人员培训方面，培训各类农机技能人员656人次，完成来宾市农机局下达全年任务的131.2%。农机补贴。全县2016年共获得农机购置补贴资金57.5万元，其中中央资金55万元，自治区资金2.5万元。截至12月底，共使用补贴资金67.67万元（其中，中央资65金万元，自治区资金2.67万元）。共发放指标确认书数386份，补贴机具507台，受益户数366户，机具回访120台，圆满完成了上级下达的任务。

【农机安全监理】 2016年，开展农机安全监理"为民服务，创先争优"示范窗口创建活动。县农机监理站规范便民服务措施，发扬"培训办证到乡村，年审检验到村屯，维修服务到田头，宣传动员到农家"精神，扎实推进"为民服务，创先争优"示范窗口创建活动。完成各类拖拉机年检698台，占指令性任务的100.4%；新增拖拉机入户74台；新增考试核发拖拉机驾驶证62本；全县辖区范围内未发生农机伤亡事故，农机安全生产保持持续稳定的态势发展。县农机安全监理站与农机手分别签订"农机安全生产责任书"698份。向机手及群众发放《"平安农机"倡议书》等多种宣传资料12000余份。向农机手发送安全提示短信息3500余条次。组织农机手强化学习，举办拖拉机驾驶人法律法规知识宣传教育5期，培训教育农机手160余人次；开展农机文化乡村行活动，安装农机安全警示教育宣传牌80余块，把一批农机安全生产挂图、手册等宣传资料送进乡村、进农户、进地头，努力为农民办实事，推动农机安全生产文化建设，不断提高广大农机手安全生产意识和驾驶操作、防险避险、自救互救等技能。通过一系列的行动，营造良好的农机安全生产氛围，提高机手安全防患意识，有效杜绝农机事故的发生。

【农机教育与培训】 2016年，来宾市农机局下达给金秀县农机局拖拉机驾驶员培训任务为50名。县农机局以县农机学校为阵地，采取多项联动，抢占各类人才培训工程，保持与自治县人社主管部门合作，把农机驾驶人员培训列入返乡农民工培训项目之一。经过农机校全体人员辛勤工作和各方面积极协调配合，全年培训农用拖拉机驾驶员为57人，完成任务的114%；按质按量超额完成来宾市农机局下达的农用拖拉机驾驶员培训任务，全县农机培训继续保持平稳态势。

【农机技术推广】 积极推广普及新机具、新技术的应用，共开展了3场现场会，完成任务的100%。新增建设茶叶机械化示范基地1个，完成上级下达的新增任务的同时积极有效的整合茶叶产业资源。完成水稻工厂化育插秧304亩，已超额完成预期目标任务。

林　　业

【概　况】 金秀瑶族自治县林业局（以下简称县林业局）内设办公室和财务股，辖后勤中心、林政办、乡镇林业工作总站、森防站、林业技术推广站、能源办、县防火办、水源林办8个二层机构，设大樟、河口、忠良、罗香、八里塘5个省级木材检查站，10个乡（镇）林业工作站实行"县乡共管，以县为主"的管理体制。2016年9月，重新核定编制147人，其中行政编制7人，事业编制140人。实有工作人员139人，其中行政编制人员13人，事业编制人员126人。有科技人员79人，其中工程师35人，助理工程师27人，技术员17人。据2016年的森林资源数据调查更新结果：全县土地总面积247129公顷，森林面积212481.51公顷。森林覆盖率为85.98%。全县活立木蓄积量1747.1510万立方米。

党组书记、局长：李小建（8月离任）
吴建春（9月任）
副局长：吴建春（8月离任）
苏金兰
黄进贵
纪检组组长：肖　萍

【森林资源数据更新】 根据2016年度全县森林资源数据更新调查结果，全县森林覆盖率为85.98%，活立木蓄积量1747.1510万立方米。按立木类型分：乔木林蓄积1692.7674万立方米，占活立木总蓄积量的96.89%；疏林蓄积1.2001万立方米，占活立木总蓄积量比例0.07%；散生木蓄积52.5815万立方米，占活立木总蓄积量的3.01%；四旁树蓄积0.6020万立方米，占活立木总蓄积量比例0.03%。按树种（组分）：杉木类蓄积量393.6064万立方米，占乔木林蓄积量的29.25%，马尾松类蓄积量89.5861万立方米，占乔木林蓄积量的5.29%，速生桉类蓄积量18.6550万立方米，占乔木林蓄积量的1.10%，阔叶树类蓄积量1179.5126万立方米，占乔木林蓄积量的69.69%。全县土地总面积247129公顷，森林面积212481.51公顷，林地面积中有林地面积206170.80公顷，占森林面积的97.03%，国家特别规定灌木林面积5359.22公顷，占森林面积的2.52%。非林地面积中农地乔木林面积49.87公顷，农地经济林面积592.22公顷，农地竹林面积25.93公顷，四旁绿化面积148.61公顷。

【森林防火】 2016年，金秀县调整充实了县森林防火指挥部，由县委书记韦德斌担任政委，县长兰向东任第一指挥长，副县长樊占强任指挥长，成员由县林业局等21个部门负责人组成，通过加强防火宣传，强化水源管理，切实制定预案，最大限度地减少了森林火灾的发生。2016年全县共发生森林火灾3起，其中较大森林火灾3起，总过火面积576.5公顷，受害森林面积59.85公顷，森林受害率为0.2884‰。

【造林绿化】 2016年，全县完成山上造林1327.8公顷，其中人工荒山造林70公顷，迹地更新1257.8公顷。同时，完成失范村屯绿化14个，一般村屯绿化300个。

【森林资源保护】 金秀瑶族自治县积极实施贯彻执行保护和发展森林资源任期目标责任制，把责任层分解落实到乡（镇）人民政府，通过开展打击破坏森林资源专项行动，加大林业案件查处力度，依法管护重点生态公益林，抓好林业有害生物防治和农村能源建设工作，有效地保护了森林资源。2016年，金秀瑶族自治县森林公安局全年共立刑事案53起破46起，综合破案率86.7%，其中非法采伐、毁坏野生植物案立4起破3起。盗伐林木案立3起破5起，滥伐林木案立41起破36起，失火案立1起破1起，放火案立2起破0起，故意毁林案立2起破2起，非法占用农用地案破1起年前案，非法收购国家重点保护的珍贵、濒危野生动物案破1起。年内盗采和猎杀野生动植物违法行为案件查处率100%。行政案立248起破248起。移送起诉28人，批捕、移送起诉率100%，逮捕犯罪嫌疑人6人，采取其他强制措施72人，行政处罚248人。2016年，经调整后，全县公益林面积为181.48万亩，其中集体和个人113.32万亩，国有林场29.93万亩，保护区38.23万亩，涉及13662户农户。2016年，全县继续实施森林生态效益补偿项目，落实管护责任，集体和个人所有的公益林补偿标准为每年每亩15元，国有中央部分的公益林平均补偿标准增加到每年每亩8元，共兑现公益林补偿资金1969.07万元。2016年，通过加强监测、检疫和积极防治，全县林业有害生物发生面积29400亩，防治面积29400亩，林业有害生物成灾面积为1200亩，成灾率为0.4‰。2016年，全县累计建沼气池达20166座，适宜建池入户率达84.24%；累计建设村级服务网点34个。年度安装太阳能路灯50盏，累计为19个自然屯安装352盏太阳能路灯；

2016年实施2处农村有机垃圾沼气化处理项目。

【水源林保护】 县水源林工作人员组成工作组深入林区村屯开展林业法律、法规和护林知识宣传教育工作。先后深入林区开展护林宣传10次，召开群众座谈会2次，印发宣传资料200多份。

【山林权属纠纷调处】 2016年，县林业局调结县内山林纠纷案件20起，配合上级调结跨市山林纠纷案件2起。

【木材生产情况】 2016年，县林业局按照上级下达的林木采伐限额，严格控制林木采伐量，依法发放林木采伐许可证。2016年，来宾市下达给自治县的林木采伐限额总数为29.8374万立方米（蓄积量），全县共核发林木采伐许可证2592份，核发采伐林木蓄积量154498立方米，出材量114770立方米。全县共签发木材运输证8830份，销售木材138217立方米。

2016年全县造林情况统计表

表17 单位：公顷

类别 年份	小计	造林合格面积			人工造林（荒山）				
		人工造林	迹地更新	低产林改造	小计	用材林	经济林	防护林	竹林＃毛竹
2016	1327.8	76	1251.8	0	76	54.3	14.8	6.9	0

表18 **2016年全县林业生产情况一览表**

类别 年份	来宾市下达指标（蓄积量）	商品材销售（立方米）				
		合计（出材量）	杉	松	桉	其他
2016	298374	138217	48875	5143	83793	406

表19 **2016年全县八角、油茶生产情况表**

类别 年份	八角			油茶		
	新造林面积（公顷）	年末实有造林面积（公顷）	当年产量（吨）	新造林面积（公顷）	年末实有造林面积（公顷）	当年油茶籽产量（吨）
2016	0	29333	9295	0	3666	2545

表20 **2016年林业生产情况表**

指标名称	单位	2016年	2015年	比上年同比增长％
荒山造林面积	公顷	76	408	−81.37
＃用材林	公顷	54	260	−79.23
经济林	公顷	15	145	−89.66
当年迹地更新	公顷	1252	1085	15.39
当年四旁零星植树	万株	40	30	33.33
当年幼林抚育作业面积	公顷	5670	5010	13.17

续表

指标名称		单位	2016 年	2015 年	比上年同比增长 %
成林抚育实际面积		公顷	24505	23450	4.50
林产品产量	油茶籽	吨	2680	2545	5.30
	油桐籽	吨	45	43	4.65
	松脂	吨	1668	1597	4.45
	竹笋干	吨	1165	1095	6.39
	八角	吨	9455	9295	1.72
木材采伐量		立方米	154500	112500	37.33
毛竹		万根	17.5	17.2	1.74
小杂竹		吨	2500	2350	6.38

水产畜牧渔

【概　况】 县水产畜牧兽医局，是县人民政府管理下的一个综合性的行政职能部门，主要负责自治县贯彻执行动物卫生方面的方针政策、法律法规、规划和计划，拟定重大动物疫病、人畜共患病防控政策、应急预案以及疫病控制和扑灭计划，监督和管理动物防疫、检疫工作，负责兽医医政、兽药药政管理，动物产品安全监督管理、官方兽医和执业兽医的管理，动物病原微生物的安全监管，组织实施动物卫生科技工作，依法对乡镇水产畜牧兽医站进行监督管理指导。2015 年年底，县水产畜牧兽医局下设 5 个中层机构：县动物卫生监督所人员编制 8 人，设所长 1 人，副所长 1 人，工作人员 6 人；县水产渔政站编制 2 人，设站长 1 人、工作人员 1 人；县动物疫病预防控制中心人员编制 6 人，设主任 1 人、工作人员 5 人；县畜牧站人员编制 2 人，设站长 1 人、工作人员 1 人；乡镇水产畜牧兽医站总编制为 26 个，其中金秀镇 3 个、桐木镇 7 个、头排镇 4 个、三江乡 2 个、忠良乡 2 个、三角乡 1 个、大樟乡 3 个、长垌乡 1 个、罗香乡 2 个、六巷乡 1 个，10 个乡镇水产畜牧兽医站现实有人数 21 人，缺编 4 个（六巷乡水产畜牧兽医站已纳入 2017 年事业单位招聘计划）。

局　长：苏通明

党组书记：卢洪东

纪检组长：闭世忠（1 月离任）

【畜牧业生产情况】 2016 年，全县肉类总产量 8423 吨，同比下降 −2.38%；水产品总产量达 1868 吨，同比增长 5.18%；生猪出栏 8.41 万头，同比下降 −4%；肉牛出栏 0.23 万头，同比增长 4.55%；山羊出栏 0.1 万只，同比增长 42.86%；家禽出栏 89.03 万羽，同比增长 1.82%。

【“圣堂鸡”养殖发展趋于稳定】 金秀县“圣堂鸡”养殖主要以金秀县态康家庭农场为主，目前存栏“圣堂鸡”商品鸡 3800 多羽、种鸡以及后备种鸡 1000 羽，为进一步扩大繁殖奠定了坚实的基础，使“圣堂鸡”品种得以有效的保护和发展。通过以点带面，全县圣堂鸡养殖存栏 7000 多羽。

【蜜蜂养殖业稳步向前发展】 全县养殖蜂蜜 5600 多箱，其中养殖 10 箱以上的规模养殖户有 95 户，年产蜂蜜 65 吨；由于金秀县的蜜源丰富且质量上佳，每到产蜂蜜时期，区内外的消费者都慕名而来购买蜂蜜，养蜂经济效益良好，有力地促进金秀县蜜蜂养殖业稳步向前发展。

【娃娃鱼养殖保持平稳发展】 全县共有规模养殖场6个，占地面积33.6亩，养殖面积9500平方米，全县存池各种规格娃娃鱼4万余尾，其中能繁亲本超过0.8万尾、后备亲本1万余尾，年可生产优质苗种4万余尾，成立了娃娃鱼养殖协会2个、合作社1个。全县有5家酒店（盘王谷大酒店、香草湖假日酒店、金秀瑶家湾特色风味馆、香草湖生态农庄、瑶家清水鱼农庄）获得经营利用许可证，逐步解决了人工养殖的经营利用难题。

【稻田养殖开展情况】 稻田特色水产养殖示范项目位于三角乡甲江村新村屯，养殖面积82.6亩，由金秀县万达种养专业合作社组织贫困户参与养殖。年内投放规格为5厘米以上的泥鳅苗24.78万多尾，已捕捞上市。

【畜禽养殖业向专业化、规模化发展】 认真开展了畜禽产业调整和升级改造宣传工作，积极引导有条件的散养户向专业化、规模化养殖发展。目前全县共有畜禽规模养殖场28个，其中规模养猪场19个、规模养鸭场7个、规模养鸡场1个、规模养羊场1个；共有养殖专业户273户。

【检疫申报点规范化建设】 2016年6月，10个乡镇11个动物检疫申报点均安装使用了产地检疫电子系统，各动物检疫申报点已正常运。为进一步推进产地检疫申报点检疫，更好地开展电子出证工作，自治区拨付11万元经费对产地检疫申报点进行规范化建设，主要用于购置电脑、打印机、扫描枪、U盘、备用电源等办公设备，金秀县于2016年7月初完成了采购并发放到各乡镇动物检疫申报点。

【推进肉食品安全溯源监管】 为了在食品源头抓好食品安全问题，保障肉食品安全，县畜牧水产兽医局对10家养殖企业进行了规模养殖场动态监管软件安装，其中畜禽规模养殖场6家，水产养殖场场4家。

表21　2016年畜牧水产主要产品生产情况表

指标名称	单位	2016年	2015年	比上年同比增长%
肉猪出栏头数	万头	8.41	8.76	−4
家禽出栏只数	万只	89.09	87.44	1.89
肉类总产量	吨	8422	8628	−2.39
#猪肉	吨	6286	6548	−4
牛肉	吨	216	207	4.35
禽肉	吨	1487	1460	1.85
蜂蜜	吨	95	90	5.56
蚕茧	吨	1712	1668	2.64
禽蛋	吨	367	356	3.09
水产品总产量	吨	1868	1766	5.18
#淡水捕捞	吨	12	10	20
淡水养殖	吨	1856	1766	5.10
水产品养殖面积	公顷	252	251	0.4
#池塘养殖	公顷	100	99	1.01
河沟养殖	公顷			
山塘水库养殖	公顷	149	149	0
其他养殖	公顷	3	3	0

水　利

【概　况】 金秀县水利局是县政府的水利建设管理与水行政执法部门，内设办公室和财务室，辖县防汛抗旱指挥部办公室、县水政水资源管理站、县水利工程管理站、县水土保持监督管理站、县农田水利管理站、县水电管理站、县城水源老山水库管理站7个二层机构，设凉亭坝水利工程管理所、二排河水利工程管理所、桐木自来水厂、头排自来水厂、全县10个乡镇水利站，其中行政单位2个（办公室和财务室），参公单位4个，事业单位15个，企业单位2个。2016年年底，核定编制68名，其中行政编制6名，参公编制18名，事业编制44名。水利系统实有工作人员83人，其中行政编制人员4人，参公人员8人，事业编制人员36人，企业人员（无编制）35人，其中女性24人、党员26人，大学本科18人、专科30人、中专7人、高中及以下学历28人，中级职称3人、初级职称34人、见习期3人、其他5人，35岁以下22人、36～45岁26人、46～54岁29人、55岁以上6人。在职职工年平均工资47746.99元，工人总人数37人。2016年度，自治县水利局被广西壮族自治区爱国卫生运动会授予“广西壮族自治区卫生先进单位”。

局　长：梁　森（9月离任）
　　　　罗志宏（9月任）
副局长：廖富贤
　　　　梁欢欢
纪检组组长：卢勇超（3月离任）

【水利固定资产投资】 2016年，来宾市水利局下达金秀县水利水电固定资产投资计划任务1亿元，比上年任务0.6亿元增加82%，实际完成投资1.0948亿元，完成计划任务的109.5%。2016年度的中央水利建设投资完成2304万元，完成计划任务的101.50%。改善饮水人口3123人，完成水利渠道防渗90.7公里，新增节水灌溉面积4950亩，改善灌溉面积4950亩，恢复灌溉面积6300亩。

【第六批中央财政农田水利重点县2015年建设项目】 项目建设区域包括桐木镇大蚕灌片和凉亭坝灌区两个，共涉及10个行政村，73个自然屯，人口2.67万人，灌溉面积2.7万亩。项目批复总投资2843.35万元，其中中央补助资金1200万元，自治区补助资金1200万元，县级配套300万元，群众投工投劳自筹143.35万元。项目建设主要内容为：改造山塘3座，改造堰坝2座，改造泵站3座，灌排渠系防渗改造198条，总长90.73公里，配套渠系附属建筑物284座。项目共分三个标段，中标单位分别是一标段贺州市荣盛工程建筑公司，二标段平南县水利电力建筑安装工程公司，三标段广西庆林建筑工程有限公司。监理单位为柳州中正水利工程监理有限公司。

【第六批中央财政农田水利重点县2016年建设项目】 项目建设区域包括三江乡同化灌片和桐木镇皆村灌片两个，总受益灌溉面积1.995万亩。项目批复总投资2838.53万元，其中中央补助资金1200万元，自治区补助资金1200万元，县级配套300万元，群众投工投劳自筹138.53万元。项目建设主要内容为改造山塘2座，改造堰坝25座，改造泵站2座，灌排渠系防渗改造94条，总长52.265公里，配套渠系附属建筑物183座。项目监理单位为广西递进工程咨询有限公司，项目共分四个标段，中标施工单位分别是柳州市龙江水电建设有限公司、广西方信建设工程有限公司、桂平市创源工程建设有限公司、广西鑫达强建设发展有限公司。

【“饮水净化”示范点项目】 金秀县被列为2016年全区300个饮水净化示范项目共有2处，分别为桐木镇古池村委古池屯“饮水净化”示范项目和金秀镇金村社村屯“饮水净化”示范项目。项目批复总投资152.08万元。工程项目于2016年12月通过竣工验收。

【农村饮水安全巩固提升工程】 2016年中央预算内投资农村饮水安全巩固提升工程建设任务，完成总投资235.55万元，有效解决了全县贫困人口1495人的饮水困难问题，为全县实现脱贫摘帽的“八有一超”目标提供了基础保障。

【中央财政农田水利设施维修养护经费项目】 2016年，自治区水利厅下达金秀县中央财政农田水利设施维修养护经费115万元，其中农田水利设施维修养护资金43万元，公益性水利工程维修养护资金72万元。主要建设内容包括桐木镇邓池水利渠道维修工程、桐木镇皆村九龙坝维修工程和长塘水库引水坝首维修等工程，2016年11月3日确定施工单位，12月底工程竣工投入使用。

【二排河东干渠节水配套工程】 二排河东干渠节水配套工程，工程概算总投资520.80万元（其中420.8万元用于二排河东干渠节水配套工程，

100万元用于灌区面上维修养护），资金来源为中央财政补助资金，工程项目位于头排镇，主要建设内容为新建进水塔1座、冲沙闸1座，对渠道进行全面清淤、疏浚、修整和加固等措施。由于该工程招投标时间跨度大，导致项目延期开工，目前该项目已完成70%工程量建设。

【中央财政小型农田水利项目】 金秀县中央财政小型农田水利项目（现代农业示范区）项目为2个，分别为忠良乡巴勒村现代特色农业示范区水利设施建设项目和金秀县瑶都桔香农业示范区水利设施建设项目。项目总投资303.03万元。项目业主为当地村民委，属民办公助项目，以村民自建的方式实施，由水利局负责项目前期审批工作、施工过程质量监督及工程验收工作。该项目于2016年12月中旬开工建设，项目在建设中。

【小型水利工程管理体制改革】 2016年年初，县财政拨付体改工作经费40万元，2016年5月，县体改办已完成10个乡镇办公设备的采购，采购的设备包括每个乡镇的一台电脑、一台打印机、一组档案柜。2016年10月26日，县政府印发《金秀瑶族自治县深化小型水利工程管理体制改革实施方案》。年内完成了全县水利工程权属的调查摸底、实地勘界、纠纷调处、登记备案、权属审核等工作。

【水政水资源管理】 县水利局按照水事巡查年度计划和水事巡查月度计划，采取定期巡查和不定期巡查，综合巡查和重点巡查相结合的方式，全年累计出动水政监察巡查29车次，89人次。2016年全县征收水资源费108万元，创历史新高。

【“精准脱贫”攻坚】 县水利局派驻一名第一书记到桐木镇古池村委开展挂点扶贫工作，同时另外安排一名同志协助第一书记开展“精准脱贫”工作。安排局机关42名干部对应帮扶79户贫困户，帮助引进项目2个，落实帮扶资金68万元，帮助联系到捐赠款物1.6万元，帮助实现21户贫困户光荣脱贫。

【防汛抗旱】 2016全县10个乡镇均受到不同程度洪涝灾害，农作物受灾面积为4510亩，受灾人口为782人，倒塌房屋12间，转移人口21人，无人员因灾死亡，直接经济损失达2132.6万元。全县农作物因干旱受灾面积达57228亩，其中桐木镇35170亩，头排镇12853亩，三江乡5650亩，大樟乡2755亩，三角乡700亩，罗香乡100亩。县水利局于10月18日，共向各乡（镇）拨付抗旱工作经费20万元，用于防旱抗灾工作，确保群众的生产和生活用水保障。

【水电站建设与管理】 2016年年底，自治县共有水电站25座，其中已建成运行或试运行发电的水电站有23座，总装机容量84200千瓦。年内运行或试运行发电的水电站21座，停机3座；在建水电站1座，即大樟河三级水电站；全年水电站建设完成固定资产投资1500万元。

（龚　健）

水库移民

【概　况】 金秀瑶族自治县水库移民工作管理局（以下简称县移民局）成立于2008年12月，为参照国家公务员管理单位，核定编制3人，其中设局长（副科级）1名，综合股（政策法规股）科员1名、后扶股科员1名。主要职责是贯彻落实国家和自治区水利水电移民工作的各项方针、政策和法律、法规；负责全县水利水电移民工程的管理、协调、监督、检查、指导，推进全县水利水电移民工作；负责与水利水电工程移民安置工作相关的部门进行协商沟通，向县人民政府提出解决水库水电移民安置问题的意见或建议；负责全县水利水电工程移民安置开发中长期规划和计划项目编报工作；制定移民工作管理办法及实施细则，并组织或指导实施；负责全县水利水电工程建设征地补偿、水库淹没处理和移民安置工作；负责全县水利水电工程移民后期扶持和移民遗留问题处理工作；负责全县水利水电工程移民资金的管理；承办自治县人民政府交办的其他事项。

局　长：韦　军

【落实水库移民扶持政策】 金秀县共有大中型水库移民1096人，按照纳入后期扶持范围的移民每人每年600元的补助标准，2015年自治区财政拨付金秀县移民补助资金65.76万元。全县享受直补资金移民264人，按自治区统一安排，按季度做好移民补助资金发放工作，全年通过银行直接打入移民个人账户直补资金15.84万元；全年项目扶持资金49.92万元，项目扶持受益832人，对实施项目扶持的移民村屯，县移民局严格按照各移民村屯的具体情况和群众意愿，做好扶持项目的前期规划设计工作，报水库移民工作领导小组审批后组织实施。

【移民基础设施建设】 2016年。累计投入移民基础设施建设资金共计576.6万元，1096人受益。库区移民村屯基础设施建设。坚持以实际出发，因地制宜，根据全县大中型库区移民村屯的实际情况，认真组织实施六巷乡青山村委至胶厂道路2.913公里，大樟乡旁往屯村内整治工程；六巷乡上、下六甲屯村内整治；长垌乡镇冲村冲口屯村内整治工程等，基础设施的建设，促进了库区和移民安置区经济社会的发展。积极做好灾后重建。受2015年“10·5”台风“彩虹”影响，兰督屯仅有的100多亩农田，全部被冲毁。2016年5月8日受南支槽和西南暖湿气流影响，致使六甲库区胶厂屯、兰督屯再次遭受洪水肆虐，防洪堤和出行道路冲毁。灾后县移民局及时向上争取资金414.6万元用于修复防洪堤，水毁农田的恢复，道路建设等灾后重建工作。

【“生态乡村”建设】 围绕自治区关于开展“美丽广西·生态乡村”活动工作部署，扎实推进生态建设工作开展，全县共有2个移民村屯，投资24万元建设“生态乡村”任务。为六巷乡上六甲屯、下六甲屯种植任务，已按规定任务完成。“生态乡村”的建设，美化环境得到进一步优化。

【移民培训】 组织移民村组干部、党员和移民骨干22人参加了《广西农业职业技术学院》培训的农家乐与观光农业学习等知识。此外，为了开阔库区移民群众视野，以转变移民思想观念、提高移民素质和劳动生产技能、帮助移民增产增收为核心，县移民局结合自身实际工作能力，于7月8日组织了六甲库区胶厂屯、上六甲屯、下六甲屯共20名群众到武宣县码头村参观学习生态乡村建设、农家乐经营经验知识，通过参观考察，拓宽他们的视野，为库区移民群众走上致富道路提供有效可靠的途径。

【信访工作】 县移民局高度重视抓好水库移民信访工作，将该项工作摆上重要议事日程，认真落实自治区、市水库移民信访工作各项制度，定期开展信息排查和领导接访、下访活动，及时掌握移民关心的热点和难点问题，并通过积极向上申报项目，实施道路交通、修复农田建设等民心工程，较好地解决了移民的实际困难，从而稳定了民心。全年实现水库移民零信访。

【移民资金管理】 加强移民资金管理，保证资金安全规范使用。该局严格遵守财务制度，实行统一管理、统一核算、专款专用、注重效益，建立健全财会制度和财会工作岗位责任制，规范财务核算，做到账实相符、账账相符。保证专款专用，不挤占、不挪用、不截留移民资金，切实维护移民群众的利益。

工业·信息

工业经济

经济贸易

【概　况】　金秀瑶族自治县经济贸易局成立于1997年3月，明确为金秀县人民政府经济管理职能部门。负责监测、分析工业经济运行态势，收集、整理、分析和发布经济信息；研究和规划工业布局、产业（行业）发展；负责全县工业行业规划，组织实施“工业富县”发展战略，研究提出提高工业发展水平、加快工业化进程的规划和目标、引导走新型工业化道路；负责全县工业企业技术改造的具体组织实施，指导企业进行技术创新和引进先进技术；合理开发和利用资源，组织协调工业环境保护和环保产业发展；研究和指导流通体制改革，培育发展和完善市场体系；综合管理工业企业安全生产。2016年，县经济贸易局全局在职干部职工15人。

党组书记、局长：赵卓德（4月离任）
局　长：张友响（5月任）
党组书记、副局长：谭达彬（4月任）
副局长：廖银香
　　　　张友响（4月离任）
　　　　莫伟成（4月离任）
纪检组组长：覃荣胜

【工业经济】　2016年，全县共有工业企业65家，其中规模以上13家。已初步形成以水电、化工、矿产、制糖、建材、农产品加工、林下经济等产业为主的工业体系。其中，水电、化工、矿产、制糖、农产品加工五大行业构成了自治县工业经济的主要支柱。产值超亿元企业3家（水利电业有限公司、松源林产有限公司、东达制糖有限公司）。

【发展规划】　自治县工业发展“十三五”规划已经县政府常务会议讨论同意并于2016年12月6日下发实施。自治县工业园区发展总体规划已于2016年10月10日完成县级征求意见，同时按来宾市三江口港产城新区的规划进行部分调整，已报市级进行评审，待市人民政府批复后，即可实施。

【项目建设】　三江乡杰新香料有限公司年产1500吨植物香料深加工项目已完成所有设备安装，锅炉已通过市技术监督部门验收，已完成烘炉工序，于11月3日正式试产；天宝天然饮用水有限公司年产13万吨天然饮用水项目正在进行设备安装调试，预计于2017年1月初试产；头排糖厂红糖生产项目已投产；连诚农产品贸易有限公司年产3万吨生鲜农产品加工项目已完成建设。圣堂药业新GMP扩能技术改造项目已完成设备的安装和调试；大益山年产15万吨天然饮用水项目已完成土地利用规划调整上报和生产区的三通一平工作。

【园区建设】 桐木工业集中区管理委员会于12月2日揭牌办公；完成瑶医药中小企业孵化基地建设前期工作；园区基础建设项目稳步推进。

【商务工作】 外贸出口有突破。2016年全县外贸进出口额为884.2万美元，比上年同期增长68.92%；完成培育限上企业1家；完成生猪活体储备三批共4200头。

【电商工作】 全县从事电子商务企业15家，出台了《关于加快农村电子商务发展助推贫困地区精准脱贫实施意见》，用激励政策推动电子商务加快发展，广西电视台“美丽广西天下购”已入驻金秀县贫困村，助力精准脱贫。与阿里巴巴的洽谈也在有序进行，新增本土电子商务企业2家，培育1家电子商务示范企业（乡水瑶农副产品贸易有限公司），并获得“中国创翼”创业创新大赛全国总决赛优胜奖及2016年广西电子商务创业大赛二等奖和来宾分赛第一名。

工管委

【概 况】 金秀瑶族自治县桐木工业集中区管理委员会（以下简称“自治县工管委”）于2016年9月30日设立，为金秀瑶族自治县经济贸易局管理的公益一类事业单位。核定全额拨款事业编制5名（其中行政管理人员编制2名，专业技术人员编制3名），领导职数2名（主任1名、副主任1名）。2016年12月2日在桐木镇雅文路2号挂牌成立。内设3个机构：办公室、规划建设部、招商服务部。

主　任：潘宝军（9月任）

【主要职责】 贯彻执行国家对工业园区开发的有关方针、政策，落实自治区、来宾市和自治县对工业园区开发的有关文件精神，并结合实际制定具体的实施方案。组织实施工业园区总体规划以及控制性详细规划。负责制定园区经济社会发展的各项规划、年度计划并组织实施。负责园区招商引资工作，同时依照有关规定评审、认定、审批进入园区的企业和项目；组织对外经济技术合作，审批或报批核准外商投资企业和项目。根据法律法规制定执行园区管理规定和优惠政策。负责工业园区经济统计及预测分析工作，合理提出产业划分和入园企业地块的供应。对工业园区内企业进行宏观指导、管理和协调，并做好服务工作。建立健全服务机构，完善服务功能，协同管理有关部门派驻工业园区内部机构的工作。组织实施工业园区基础设施、配套设施及公共设施的建设和管理工作，维护好园区内的各项公共服务设施。负责园区财政事务，管理园区国有资产。负责辖区内企业环境保护监督管理工作。负责工业园区安全生产宣传、教育、监督工作，协调园区内各企业搞好安全生产工作。负责园区行政管理、社会事务、社会治安综合治理。完成县委、县人民政府交办的其他工作。

电　力

【概 况】 金秀瑶族自治县水利电业有限公司是一家集发、供电于一体的企业，是经自治区经贸委批准、在金秀县行政区域内唯一开展供电业务的企业，并从事发电、电力基础设施规划、设计、施工安装和供电营业等业务。公司下设经理工作部、党群工作部、人力资源管理部、财务部、安全监察部、生产技术部、营销部、建设部，下辖和平、河口、香草湖等3个水电站、6个供电营业所、10个变电站和1个调度所，现有在职职工236人（其中，在编在岗正式员工216人，劳务派遣工20人）。公司所辖水电站总装机容量1.586万千瓦，2016年总发电量6258.79万千瓦时。拥有110千伏变电站2座，35千伏变电站8座，变电容量117.6兆伏安；110千伏线路37.10千米，35千伏线路267.24千米；10千伏线路655.57千米。配电台区1333个，配变总容量达154.406兆伏安。金秀县电网已经与来宾电网、荔浦县、蒙山县、藤县电网连通，为提高供电可靠性及供电质量奠定了基础。

总经理、党总支书记：韦贵周

副总经理：张劲松

　　　　　梁呈斌

罗　俊

党总支副书记：杨　军

【生产经营指标】 2016年，生产经营指标：供电量：完成22882.92万千瓦时，完成集团公司下达指标数的108.17%，同比上年增长了14.66%。售电量：完成21449.85万千瓦时，同比上年增长了15.62%。营业总收入：9135.59万元，完成集团公司下达指标数的97.95%，同比上年增长了2.85%。利润总额：315.32万元，完成集团公司下达指标数（预算）的164.23%，同比上年增长了9.67%。实现上缴税费：991.2万元（不含企业所得税），完成全年预算数的78.49%，同比上年减少200.17万元，下降了16.8%。

【电网建设】 完成2015年农网改造升级项目（10亿）施工任务，计划总投资为1202万元，主要项目为10千伏田村至六段线路改造和忠良乡巴勒村巴勒台区等64个台区改造工程，已完成工程验收。2015年农网改造升级新增项目（30亿元）计划总投资为4370万元，83个10千伏及以下项目已完工、验收；已完成35千伏三角变电站、35千伏长垌变电站改造扩建工作；调度自动化项目合同已签订，待开展施工阶段工作；35千伏田村至河口线路改造工程预计于2017年3月底完成。完成110千伏桐木变、大樟变、田村变3座变电站接入方案修编工作，并通过来宾供电局内审。完成金秀县“十三五”电网规划修编工作；完成2016—2017年小城镇中心村农网改造升级和机井通电项目可研报告上报工作，并得到自治区发改委批复；完成2017年农网改造升级工程可行性研究报告并上报集团公司。完成2016年第一批农网改造升级项目初步设计上报工作并得到集团公司批复。做好荔浦县35千伏青丰线路至金秀县金圣送电线路施工协调工作，已完成金秀县境内放线工作。

【供电服务】 继续推进高损台区（线路）检查和治理工作。将农网淘汰经重新校验合格的电表利用到高损台区，并对高损台区线路通道进行检查和清理，促使10千伏及以下线损降损工作取得明显成效。加大电力稽查力度，严堵电量损失漏洞。全年开展用电检查960次，查处违约用电210起，完成整改155户；查处窃电行为6起；共追补电量约2.5万千瓦时。全年共计校验各类计量电表34138只，有效保障供用电双方的交易公平；同时以优秀成绩通过了集团公司计量运行管理考核。出台新的营销工作考核制度，结合月度工作清单进行综合考核，促使线损、银行代扣率指标取得显著成果，回收率指标创历年新高。做好新增用户服务工作，全年新增高压用户16户，新增容量2350千伏安；新增低压用户1413户。有效提高电费非现金结算比率。全年81.04%用户实现电费银行代扣，同比上升3.77个百分点；新增金秀、头排、大樟三个点的自助缴费机，全年实现自助缴费213.05万元；各营业前台增设POS机，全年刷卡金额达460.23万元。加快自动化抄表步伐，全年实现自动化抄表专变319台，居民用户28098户。充分发挥短信平台作用提高供电服务水平。对供电区域内联系电话为移动号码的用户采取电费短信通知、催缴，取消纸质电费通知单，提高了电费缴收透明度，有效降低运营成本。开展基础资料收集工作，已基本完成用户基本信息收集，完成部分专变用户设备资料档案收集工作。全年供电可靠率为99.513%，电压合格率为97.901%，有效保障了供电区域的供电可靠性及电压质量。

（黄江萍）

信　息

电　信

【概　况】 中国电信股份有限公司金秀分公司（简称金秀分公司），管理金秀、桐木、头排等10个支局所。2016年年末，金秀分公司用工总量51人，其中在岗合同制员工24人；内退5人，离退休22人。党员16人。研究生及以上学历0人，本科（含双学士）学历6人，高中、技校26人。分公司总经理：陈如科（2012年7月3日任职）。

经　理：陈如科

【电信业务】 严格按照市公司工作部署，开展划小单元承包经营机制，2016年划分桐木支局、头排支局、金秀支局、政企支局四个化小单元。2016年，金秀分公司移动用户数到达11500户。同时大力开展农村宽带网络建设，完成FTTH光纤线路全覆盖，天翼宽带（IPTV）累计到达12200户，提升了天翼品牌知晓度，取得良好的市场反应，同时改善了乡镇营业厅的环境，服务工作进一步提升，受到客户一致好评。

【网络建设】 2016年完成FTTH光缆网建设47个，完成C网基站建设11个，行政村通信网络覆盖率提升到97%。按照《中国电信金秀分公司通信保障应急预案》要求，在汛期前对网络设备、线路隐患进行排查，使乡镇受台风影响中断为零；同时对全县通信机房、基站接地电阻不合格地网进行整改，降低设备故障率；加强综合值守，进一步完善防洪应急预案及重大事件应急预案，胜利圆满完成节假日及重大事件的通信保障任务。2016年加强电信装维服务工作，各项装维指标基本达标，各种宽带故障率、新装移修服务满意率得到提升；积极开展通信机房安全检查，对检查发现的隐患及时进行整改，确保全年无安全事故发生；加强光、电缆线路的日常维护、抢修、迁改、杆路修复，完成光缆线路迁改及修复皮长42.29公里，杆路升高11处，断杆抢修19起；5、6月份，受强对流天气影响，金秀山区普降暴雨，导致多个通信点受灾中断，由于及时启动防汛应急预案，对部分受灾点抢修及时，基本保障通信畅通。

【管理工作】 2016年，分公司完成县委、县人民政府的各项工作任务，积极参与新农村建设和脱贫攻坚工作，根据县政府的统一部署，组织开展挂点村委的驻村工作；大力支持地方经济建设。做好党支部建设工作。根据县委和市公司党委的要求，认真开展“两学一做”学习教育活动，狠抓党风廉政建设和行风评议活动；加强领导班子建设，严格遵守电信八条禁令；认真贯彻落实中央八项规定精神，组织开展“回头看”自查自纠活动。开展各项工会活动。完成工会会员代表和工会小组长的选举和员工的思想状况调查，实施改善基层员工生活条件，做好支局“四小”建设改造，给员工营造一个良好的工作和生活环境；积极做好员工的政治思想工作，为员工解决生活上的困难，不断提高员工的凝聚力。组织共青团和企业文化活动。认真做好“评先评优”的评选工作，开展自治区级“文明单位”和“和谐企业”的创建工作以及“青年文明号”的复核工作。高度重视安全生产工作，员工的安全生产意识逐步提高，安全生产责任心不断加强，安全防范技能不断改善。同时加强进行安全生产检查和隐患整改，严格遵守安全操作规程，组织安全生产知识学习和教育培训，开展员工进行消防应急演习。2016年较好的完成上级公司的安全生产工作计划和任务，全年没有发生安全生产事故，使公司通信建设和生产经营工作得以正常开展。

移动通信

【概　况】 中国移动通信集团广西有限公司金秀分公司，于1999年7月8日，从金秀瑶族自治县电信局分营正式挂牌成立，开始独立经营所有移动通信业务，隶属于中国移动通信集团广西有限公司来宾分公司。2016年12月金秀分公司在职员工43人，内部机构设有综合部、市场部、政企部、工程维护室，11个乡镇营业厅及18个指定专营店，营业厅与专营店分别负责县、乡镇客户的服务工作。2016年，分公司荣获“来宾市公司网络质量提升劳动竞赛三等奖”。

总经理：陈　睿（10月离任）

覃俊畯（10月任）

【通信建设】 2016年12月底，全县建成移动通信基站总数达200多个，实现金秀县域、乡镇100%覆盖，县二级公路移动通信信号覆盖率为95%，行政村覆盖率为98%以上；同时实现对县城以及 10 个乡镇的 4G 网络 100% 覆盖。

【经营状况】 2016 年 12 月，金秀分公司拥有在网移动客户 8 万户。在基本的语音业务的基础上，实现了家庭宽带、互联网专线、集团短信群发、车辆定位、移动办公 OA、企业互联网电视、移动会议电话等现代化信息技术的发展。

（郭慧明）

联通通信

【概　况】 2016 年，中国联合网络通信有限公司金秀分公司（简称“联通金秀分公司”），在册员工 21 人，其中合同制员工 20 人、退休员工 1 人、党员 4 人。内部设置办公室、网络部、集团客户部、客户营销部 4 个机构，金秀、桐木、头排三个乡镇自有营业厅，面向全县的微信公众号：jx6011567。

总经理：赵　军

副总经理：李艳红

【业务运营】 2016 年，完成业务收入 955 万元。客户规模 2.3 万户，市场占比 17.7%。

【网络建设】 2016 年，完成金秀、桐木、头排三个镇的 8 个新基站建设，完成金秀镇至桐木镇沿路的 3G 信号全面覆盖任务，完成 63 个宽带小区的开通。配合金秀县政府完成光缆线路的迁改。

（肖　露）

交通·物流

交　通

【概　况】 2016年年底，县公路里程达到927.103公里，新增乡村四级公路26.6公里。其中，国道二级公路117.035公里、省道二级公路125.59公里、县道三级公路4.937公里、县道四级公路63.58公里、乡道四级公路178.368公里、村道四级公路437.503公里。2016年年底，全县有77个行政村，已建成和得到上级下达建设沥青（水泥路）项目的行政村有77个，占行政村总数的1㊃00%，尚有王钳村委因受梧柳高速工程影响未建设和林秀村委12.2公里的沥青（水泥路）在建设中，其余行政村均已开通水泥路。交通运输系统设有金秀公路管理局和金秀瑶族自治县交通运输局（下辖公路管理所、道路运输管理所、货物运输服务站、公路养护站等4个事业单位）2个行政事业单位及广西来宾中兴汽车运输有限责任公司金秀汽车总站和新国线集团（来宾）运输有限公司金秀分公司等2家企业。2016年年末全县交通运输系统在职干部职工总人数142人。2016年，自治县交通运输局内设机构办公室、规划建设股、综合运输股、综合股（行政审批办公室）、交通备战办公室，年内核定编制7名，实际在职在编10人。主要工作职责是承担全县交通基础设施建设的规划和管理、公路的养护管理和技术指导、道路运输市场管理、路政管理、道路和水上交通安全监管等工作。

党组书记、局长：赵莫坤（9月离任）
　　　　　　　　黄贵恒（9月任）
党组成员、副局长：莫桂良
　　　　　　　　　刘国成（6月离任）
　　　　　　　　　严金水
　　　　　　　　　莫世锋（8月任）
纪检组组长：赵成武

【重大项目建设】 2016年金秀县交通局承担了两个道路重大项目分别为梧州至柳州高速公路。金秀县境段长19.5公里，经过县大樟双化、瓦厂和六巷乡门头、王钳等4个村委，2016年完成县境内放线工作和征地拆迁补偿工作，工程正在进行桥梁、隧道和路基土石方施工。贺巴高速公路（金秀段）。2016年，县政府与广西新发展交通集团有限公司达成一致意见，贺州（钟山）至来宾高速公路（金秀段）建设方案确定路线走向经荔浦县三河乡—修仁镇—金秀县头排镇—金秀县桐木镇往象州县境。工程项目可行性研究报告年内完成编制，并通过了评估，在加紧进行压矿、环评等前期工作。

【农村续建项目】 公路工程　2016年续建项目11个建设里程209公里，计划完成投资16612万元。其中，金秀至修仁公路38.5公里，计划投资3860万元，年底前工程已完工，待验收结算；巴勒至德香公路44.7公里，计划投资2936万元，年底前工程已完工；新村至大岭公路11.5公里，计划投资758万元；门头至王钳公路25.5公里，计划投资1795万元，一标段完成水泥路面铺筑14.648公里，完成投资830万元；老山口至罗孟公路8.7公里，计划投资640万元；长垌坳至南洲公路13.3公里，年底前工程已完工；金新线十二公里至平老岭景区三级路5.5公里，年底前工程已完工，待验收；山界坳至六茶口公路及支线24.12公里，计划投资1574万元，年底前工程已完工；大樟至六要坪（新兴）公路30.1公里，计划投资4434万元，年底前工程已完工，待验收；腊河口至罗丹公路3公里，计划投资220万元，已投入运行；古懂路口至新村公路4公里，计划投资283万元。

桥梁工程　2016年桥梁工程项目6个367延米，完成投资1784万元。其中，车田桥60延米，计划投资230万元，年内完工，待验收；大亮桥42延米，计划投资179万元，年内完工待验收；奔腾桥77延米，计划投资340万元，年内进行桥面铺装，完成工程量的90%，完成投资300万元；圣堂口桥60延米，计划投资250万元，年内完成8条桩柱混凝土的浇筑和10片梁板预制，完成工程量的50%；古麦桥76延米，计划投资290万元，年内工程通过验收结算；古范二桥桥长45延米，计划投资186万元，年内竣工验收；黄腰桥44延米，计划投资309万元，年内完工待验收。

安保工程　2016年安保工程项目3个，建设里程128.9公里，下达计划投资840万元。其中，金秀至修仁安保工程38.5公里，计划投资254万元，年内工程竣工验收。金秀至新圩公路安保工程60.447公里，计划投资393万元，年内工程竣工验收；中平至瓦厂公路安保工程29.956公里，计划投资193万元，年内工程竣工验收。

便民候车亭　2016年便民候车亭项目16个。其中，县农村公路建设办实施12个，县运管所实施4个，年内工程全部完工。

【农村新建项目】　2016年，上级分二批下达给金秀县的项目9个，总投资8081万元。其中，上级下达的补助资金5469万元，地方配套资金2612万元。2016年完成下达计划总投资6300万元。其中，忠良至石禁公路。建制村通沥青（水泥）路项目，建设里程12.2公里，下达项目计划投资916万元。其中，中央补助资金793万元、地方自筹123万元。2016年10月13日完成招投标工作，中标单位为广西瑞丰集团公司，中标合同价704.44万元，该项目2016年年末进行路基整修和局部路基加宽。腊河口至罗运公路。2016年10月预下达的第二批建制村通沥青（水泥）路项目，建设里程5公里，下达项目计划投资492万元。其中，中央补助资金325万元、地方自筹167万元。2016年年末进行财审工作。窄路基路面拓宽项目。窄路基路面拓宽改造项目1个，即金修线K0～K11公里。金修线K0～K11公里，计划投资169万元。其中，中央补助143万元、地方自筹26万元。该项目是在金秀至修仁公路一标段施工时同步实施，合同价为11万元，已通过竣工验收交付使用。六巷至罗丹三级公路。县乡联网路提级改造项目，六巷至罗丹三级公路为2016—2017年跨两个年度项目，下达建设里程33公里，下达项目计划总投资8250万元。其中，中央补助资金5280万元、市县自筹2970万元。该项目2016年年末完成初步设计，设计里程34.46717公里，环评报告和水保方案在编制中，财审工作正在进行。安保工程。2016年年安保工程项目2个。其中，杨柳至六段公路1.1公里、金平路口至罗香支线2公里的波形护栏。截至年底，项目均已完工。

【桥梁建设】　危桥改造。2016年危桥改造项目2个（即长垌桥和河岔桥）。长垌桥桥长48米，计划投资221万元。其中，中央补助资金165万元、地方自筹54万元。河岔桥桥长22米，计划投资165万元。其中，中央补助资金63万元、地方自筹102万元。2个项目2016年都在进行财审工作。新建桥梁。新建桥梁项目1个，即巴丹冲桥。巴丹冲桥长26米，计划投资150万元。其中，自治区补助资金67万元、市县自筹83万元。该项目2016年在进行财审工作。

【公路养护管理】　2016年，县公路管养里程

927.013公里。其中，县公路局管养的国、省道里程为242.625公里；县交通运输局管养的农村公路121条里程684.388公里（其中，县道5条68.517公里、乡道16条178.368公里、村道100条437.503公里）。由于历年县内水毁公路抢修工作未能得到全部修复，加上2016年大部分乡镇遭受到“5·8”特大暴雨和“妮妲”台风的侵袭，造成公路边坡塌方，路基被冲毁，路面损毁严重。县交通运输局按照《中华人民共和国公路法》“县道县管、乡道乡管、村道村管”的原则，将前提成熟的乡、村公路立即下放到乡、村管养，签订联养协议，框定养护里程和经费，确定养护标准，做好定期或不定期检查验收工作；采取“三个一点”和垫资方式多方筹集资金，按照“先通后善”的原则，积极投入水毁公路抢修工作，2016年清除塌方471处63309立方米，投入资金近200万元。公路绿化美化工作，至2016年年底，绿化公路463公里，绿化率达90%。其中县道绿化里程137公里，绿化率达95%；乡道绿化里程91公里，绿化率达95%；村道绿化里程235公里，绿化率达85%。

【公路路政管理】 2016年县交通运输局运用公路法律法规，维护路产路权，加强公路建筑控制区的管理，狠抓超限运输的现场管理和源头管理，完善公路交通标识、标线的设置，整治公路沿线增设道口违法行为，把路政管理逐渐推向规范化、法制化。2016年，发生路政违法案件16起。发生涉路审批案件2起，收取路产补偿费1400元。

【道路运输管理】 2016年，县交通运输局把好运输车辆的市场准入关，从严打击非法经营行为，促进客货运输健康发展。据统计，2016年，全县完成客运量339.7万人次，同比增长5.8%；客运周转量17063万人公里，同比增长7.5%；汽车货物运输量194.8万吨，同比增长6.2%；货运周转量5698万吨公里，同比增长6.3%。

【交通运输安全管理】 2016年，县交通运输局始终坚持“安全第一”“预防为主、综合治理”的方针和“管生产必管安全”“谁主管谁负责”的原则，局与所、所与站层层签订了《安全生产责任状》，严格落实安全生产一票否决制和责任追究制。年内，公路部门正常开展公路安全隐患排查和治理工作，定期或不定期检查在建续建农村公路和在养地方公路，排查安全隐患115处，设置安全警示牌200块，增设了交通安全标线120处，清理塌方471处63309立方米，投入资金200万元。运政部门上路稽查，年内出动执法人员425人次、机动车112辆次，检查车辆357辆次，查处违章车辆56辆次。2016年，召开安全学习会议10次，开展安全宣传6次，发放安全宣传资料600份；对维修企业和运输企业进行安全检查40次，下达整改通知书5份。2016年，金秀县辖区内未发生交通安全责任事故。

（梁明坤）

表22 2016年金秀县交通主要指标一览表

指标名称	2016年
公路管养里程（公里）	927.103
营运载货汽车（辆）	356
营运载客汽车（辆）	52
民用运输船（载货吨）	
公路货运量（万吨）	194.8
公路客运量（万人）	339.7
水路货运量（万吨）	
水路货运量（万人）	

物 流

公路运输

【概　况】 广西壮族自治区金秀公路管理局隶属桂中公路管理局，属一类公益性事业单位，负责县境内国省干线养护、路政等方面管理及养护工作；承担所管养国省干线公路的安全生产监督管理工作、应急处置工作以及承担所管养的国省干线公路行业信息收集和服务工作。2016年管养里程145.076公里。其中，国道323线（瑞金—临沧）22.69公里、省道307线（头排—穿山）26公里、X824线（桐木—金秀）34.32公里、县道646线（金秀—平南）62.066公里。内设机构有办公室、财务科、养护工程科、政工科、国有资产与安全科，下设路政执法大队、田村养护站二个二层机构。全局在职在编人员39人。

支部书记：赖　胜（7月离任）
刘意德（8月任）
局　长：梁安森（6月离任）
钟志勇（7月任）

【公路养护】　2016年，全局管养里程145.076公里，全线优良等路里程103.076公里，优良路率为71.05%，其中国省干线优良等路里程36.69公里，优良路率为75.35%。日常养护完成投资388.31万元，修补罩面面积70175.73平方米，清塌方1.6万立方米，修复桥梁栏杆8米，加固桥梁海底44.5平方米，桥面维修55.5平方米、疏通涵洞30个，种植路树1812株，割路肩水沟长草145.076公里，修整路树树枝82公里，路树刷白59公里，路缘石刷白32公里。

【路政管理】　全年共查处路产赔偿案件6件，路政许可新增1件，许可项目年审3件，收缴路产赔偿款37050元；查处超限运输案件29起，处罚总金额13900元，卸载车辆29台，卸载货物161.7吨。路政执法大队人员上路巡查189天，清理堆积物506平方米，清理非公路标志146块，清理临时搭棚1处。

【安全生产管理】　安全生产投入42.46万元。在G323线、S307线、X824线、X646线等线路路口增设斑马线和减速标志共10处；维修和增加护栏300余米，设置水毁塌方标志标牌块210块，警示锥形筒600个；发放安全宣传资料900份，现场接受群众咨询200人次。

（苏子平）

中国邮政

【概　况】　中国邮政集团公司广西壮族自治区金秀瑶族自治县分公司（以下简称“中国邮政集团公司金秀县分公司”）内设综合办公室、市场与网运部2个职能管理部门，下设的金融业务部、电商业务部、包裹快递部、邮务部4个生产部门挂靠市场与网运部。2016年年末，中国邮政集团公司金秀县分公司有员工49人；有邮政营业服务网点11个（桐木、头排邮政支局，秀水路、七建、三角、三江、忠良、大樟、六巷、长垌、罗香邮政所）；邮政储蓄网点2个（秀水路、桐木镇营业所）。

总经理：唐　华
副总经理：闭明健

【邮政业务】　主要经营国内和国际邮件寄递业务；报刊、图书等出版物发行业务；邮票发行业务；邮政汇兑业务；机要通信业务；邮政金融业务；邮政速递、物流业务；电子商务业务；各类邮政代理业务；农资配送业务等。

【邮政通信】　2016年年末，全县共有邮路27条，邮路总长度602公里，中国邮政集团公司金秀县分公司承担着全县邮件的投送工作。

【邮政代理金融业务】　中国邮政集团公司金秀县分公司始终坚持服务“三农”、服务中小企业、服务社区的定位，2016年建成17个叠加金融服务的“村邮乐购店”，解决了农民“足不出村”办理金融、购物、文化、便民等服务需求。2016年，全县代理金融储蓄余额规模为1.78亿元，有效卡、折客户共计1.46万户。

【包裹快递业务】　2016年，中国邮政集团公司金秀县分公司组建了包裹快递部，继续投入3辆电动三轮车和10台PDA（手持移动终端），全年累计完成包裹快递业务邮件交换量为13.42万件（其中投递包裹快递邮件10.48万件，收寄2.94万件），业务收入完成40万元，同比增幅36.4%。

【邮政服务“三农”】 2016年，中国邮政集团公司金秀县分公司加强对“村邮乐购”站点的运行管理，17个“村邮乐购”站全年共销售给农户大肥103吨，销售酒水385件，便民取款发生130笔，办理车险33笔，收寄包裹122件，投送包裹、信件1880件，邮政“一站式”服务逐步形成。

（闭传军）

表23　2016年中国邮政集团公司金秀县分公司业务量汇总表

年度 业务种类	进口邮件（万件）						出口邮件（万件）					
	特快专递	快递包裹	普通包裹	挂号	平信	报刊发行	特快专递	快递包裹	普通包裹	挂号	平信	报刊发行
2016年	2.37	7.90	0.21	0.68	16.67	118.24	0.85	1.98	0.11	0.68	4.00	

国土·城建·环保

国土资源

【概　况】 金秀瑶族自治县国土资源局，于2002年1月由县土地管理局和县地质矿产局合并组建而成。2016年9月20日县政府办公室下发《关于印发金秀瑶族自治县国土资源局主要职责内设机构和人员编制规定的通知》（金政办发〔2016〕105号）文件规定，局机关内设7个机构，分别为办公室（纪检监察室）、财务股、耕地保护与土地规划利用股、地籍与测绘信息股（行政审批办公室）、地质环境与矿产勘查开发管理股、执法法规与信访调处股、不动产登记局。局二层机构有县土地储备交易中心、国土资源执法监察队、县土地开发整理中心、县不动产登记中心。现有干部职工27人。自治县国土资源局机关编制9名，其中：行政编制8名，机关后勤控制数编制1名。领导职数：局长1名，副局长3名，局党组成员3名。

党组书记、局长：莫世锋（6月离任）
赵德良（6月任）
党组成员、副局长：赵保生
涂世钊
副局长：巫世友
党组成员、纪检组组长：苏　菻（6月离任）
党组成员、不动产登记局局长：苏　菻（5月任）

【耕地保护】 2016年，全县耕地总面积为13642.23公顷，基本农田保护面积9324.34公顷，完成了耕地保护目标任务。加快土地开发整理项目实施。全县两个土地整治项目已完成竣工验收。实施规模为453.1736公顷的桐木太山村等2个开垦项目，已完成项目工程复核、耕地质量评定及验收工作，预计可新增耕地200公顷。争取上级安排新增用地指标40公顷，各类建设用地项目在抓紧组织材料上报，已上报用地批次，面积12.7109。

【国土资源规划成果】 完成了金秀县土地利用总体规划（2006—2020年）、乡镇土地利用总体规划（2010—2020年）调整完善工作，先后通过县、市听证，报自治区国土厅验收并修改完善；完成了第三轮金秀县矿产资源总体规划编制各项前期工作；完成了全县地质灾害防治调查；着手开展金秀县土地整治专项规划；完成了金秀县基础测绘编制工作；完成了城镇周边永久基本农田划定成果、耕地质量等级评定成果等系列规划配套成果。为全县经济发展提供了坚实的国土规划保障。

【土地利用】 2016年，全县完成供地4宗，总面积10.529公顷，总成交价345万元；其中，挂牌出让3宗，面积9.861公顷，土地收益300万元。划拨土地1宗，总面积0.1919公顷，土地收益45万元。全县2012年至2016年取得23个省级政府批准的城市建设用地、单独选址项目用地，总合计面积为：119.5787公顷（其中单独选址项目7个，批准面积 14.237 公顷），2012 年至 2016 年已供地面积 58.8798 公顷。2016 年，全县共供地 164 宗，其中划拨土地 1 宗，总面积 0.1919 公顷；公开出让土地 1 宗，总面积 0.8721 公顷，总收入 300 万元；协议出让 2 批次，安置用地 162 户，安置土地面积 1.2150 公顷。办证土地登记 440 宗，登记面积 33.0368 公顷，其中初登记 22 宗，面积 13.0177 公顷，转让 395 宗，面积 2.0240 公顷，抵押登记 23 宗，面积 17.9951 公顷。

【矿产资源管理】 根据县人民政府的统一部署，严厉打击无证勘查和开采行为，全面查处越界开采等违法行为，加强矿产资源开发利用监督检查，大力推进矿产资源优化整合。争取了县财政预算落实金秀县第三轮矿产资源规划经费 35 万元。通过招标，选取编制单位，正在开展编制工作。认真做好采矿权出让工作。全年办理了金秀县桐木银山寨采石场石灰岩矿采矿权延续登记，还完成头排平地和罗香鸡冲两矿山的配号发证工作。收取延续采矿权出让价款 110 万元，收取矿山地质环境恢复治理保证金金额 7.5 万元。做好探矿权、采矿权年检工作。全年采用信息公示的方式进行年检，金秀县持有有效期采矿许可证的矿山企业共有 23 个，其中，县级发证 17 个，市级发证 4 个，区级发证 2 个，参加信息公示县级 15 个、市级 4 个区级 1 个。县级发证的矿山有 13 个提交年检材料参加年检，4 个免检。上级发证 6 个矿山除长乐铜矿外均已年检。金秀县在完成各年度探矿权年检工作的同时不断减少探矿证数量，提高探矿权勘查质量，全县探矿权由 2011 年 58 本证减少到 2015 年 26 本证，提高了探矿质量，有效监管历年探矿无序状态。

【地质灾害环境管理】 认真对辖区内的地质灾害隐患点进行排查，确保人民群众的生命财产安全，全县在册的地质灾害易发区和隐患点 256 处（包括历年新增），现有各类重点监控的地质灾害隐患点 26 处（为县级重点监测），涉及全县 10 个乡镇 25 个自然屯 1 个社区，威胁 3807 人的生命和 7052 万元的财产安全。编制完善方案，防患于未然。认真贯彻执行《地质灾害防治条例》，本着“以人为本、防范为先”结合金秀县认真编制完成《金秀县 2017 年地质灾害防治方案》（金政办发〔2017〕41 号）。充分发挥群测群防体系的重要作用，努力降低地质灾害造成的损失，调动多方力量及时预警并监测灾害隐患点，达到成功避让的目的。切实做好地质灾害防治工作，完善了县、乡、村三级地质灾害群测群防管理体系，配备监测人员 26 名，并配发雨衣、雨鞋、笔和笔记本等必要的装备；完善了各项规章，进一步落实地质灾害防治工作的“五项制度”，更新发放“两卡”116 份。做到未雨绸缪，防范未然，提高成功避让率。加大宣传培训力度，提高全民防灾意识。以“4·22”地球日、市科普活动为宣传契机，采取上街摆摊设点、发放宣传手册、宣传折页、宣传画、电视广播新闻媒体等形式，加大地质灾害防治知识的宣传力度。通过宣传，提高全民识灾、避灾、防灾意识，增强自救互求能力。加强协调配合，提高防范水平。汛期成员单位的密切配合，发布气候预测信息，为地质灾害隐患点单位及村寨做好防范、避让提供了保障。1—6 月份共开展地质灾害巡查、排查 21 次，出动人员 82 人次，车辆 27 辆，通过巡查、排查，有效地为受灾群众提供了安全保障。召开了全县地质灾害防治工作会，与各乡镇签订质灾害防治工作责任状。开展防灾演练。2016 年 5 月 18 日，在三角乡甲江村开展一次地质灾害应急预案防灾演练，参加人员 150 多人。积极做好全县旅游景区景点地质灾害隐患点的排查工作，对 5 个旅游区隐患点下发了整改通知书，督促业主加强对景区景点的巡查，落实监测人员等。开展矿山和水电工地地质灾害防治检查，对全县 21 个采矿权和 11 个水电站进行全面检查。做好地质灾害隐患点项目（长垌乡马安屯、六巷乡小岭开发区、金秀镇五里坳公园）的施工监管及服务工作。三江乡石门坎屯滑坡治理项目、罗香乡水湾屯泥石流已完成勘查、设计、财审，正在进行招拍挂，要求在 6 月底前务必要开工。长垌乡中心小学滑坡治理项目在进行工程勘察设计招标，在 8 月底一定要落实中标单位。

【执法监察】 通过印发资料、现场咨询等宣传形式，大力开展国土资源法律法规和政策的宣传教育，提高全社会的国土资源忧患意识和法制意识。加强国土资源监察网络建设，基本建立了县、乡、村三级监察网络体系，及时掌握国土资源利用动态。开展国土资源执法监察动态巡查。认真开展卫片执法检查工作，坚决贯彻执行国家关于加强土地的管理，强化政府耕地保护责任和土地违法违规查处责任。土地矿产卫片执法检查通过上级验收。制止零星开采、勘查重晶石违法行为2起，立案查处1起越界勘查矿产资源案件，对当事人金秀县钜龙矿业有限公司作出1.5万元处罚决定，已经结案。依法行政取得成效。2016年，县国土资源局因在依法行政方面工作突出，获国土资源部通报表扬，被评为“全国国土资源管理系统推进依法行政先进单位”。完成行政审批制度改革。完成了国土资源“审管分离”，成立了审批办，落实人员办公，各项制度进一步完善。基本完成行政审批制度改革，简化了审批程序，优化了审批流程，完成审批项目下放的上下衔接工作。四是完成不动产统一登记整合。按照自治区的统一部署要求，金秀县先后下发了自治县不动产统一登记局际联席会议制度、工作领导小组、工作方案、职责整合、机构“三定”方案文件等文件，并按要求于2015年11月26日挂牌成立县不动产登记局、县不动产登记中心，人员划转方案已确定，工作人员也逐步到位。开展“停旧发新”工作。

【地籍测绘信息化建设】 扎实开展地籍管理工作，积极推进地籍信息化管理，“十二五”期间完成了金秀县3个建制镇的城镇地籍数据库建设及更新，利用集体土地所有权登记发证成果建立了农村土地集体所有权数据库。对农村宅基地和集体建设用地使用权进行确权登记发证，全县发证率达到96.5%，并完成了数据库建设，为之后不动产统一登记打下坚实的基础。积极推进基础测绘建设，完成了全县22.6平方公里地籍测量，完成了县本级（2015—2020）基础测绘规划编制，为金秀县发展提供了基础数据。加快推进国土资源信息化建设及管理。建立了国土资源“一张图”及电子政务平台，完成了县国土局的机房改造和建设，乡镇国土所配备了用于“一张图”的笔记本电脑和手持GPS。2016年度国家下发金秀县土地遥感监测图斑3个批次共61个，总监测面积为1119.2亩，其中耕地面积为272.4亩；矿产疑似违法斑图共4个。

【法制建设】 国土资源法律法规宣传，利用“3·19”矿法宣传日、“4·22”世界地球日、“6·25”全国土地日、“8·29”测绘法宣传、“12·4”全国法制宣传日，通过设立宣传站、悬挂横幅、发放宣传资料、现场解答等多种方式，集中开展国土资源法律宣传活动。

【党风廉政建设“两个责任”】 按照要求，制定并印发了《关于落实党风廉政建设党组主体责任和纪检组监督责任的实施意见》和《局党组及其成员党风廉政建设主体责任清单》，进一步明确了局党组对全县国土资源系统的党风廉政建设和反腐败工作的主体责任。同时，还制发《县国土资源局2015年党风廉政建设和反腐败工作任务分解表》，局党组与局属各单位签订责任状，形成一级抓一级，齐抓共管的局面。在7月3日，县委落实党风廉政建设和反腐败工作党组主体责任集体谈话会后，局党组及时在局中层干部会上进行传达学习，认真开展党组落实主体责任集体谈话，局党组书记、局长就党风廉政建设和反腐败工作及落实“一岗双责”再次进行部署并提出明确要求。

【认真开展惩防体系建设】 把党风廉政建设责任制和惩防体系建设工作列入工作日程，加强领导，狠抓落实，成立了党风廉政建设责任制和惩防体系建设领导小组，对承担的工作任务进行了认真学习并及时分解到各责任股室，明确了主管和分管领导。实行构建惩治和预防腐败体系一把手负总责和班子成员分工负责，对具体任务进行分解细化，确保各项工作顺利开展。并多次召开反腐倡廉专项工作会议，认真学习相关文件精神，结合国土资源系统实际工作认真研究分析党风廉政建设责任制和惩防体系建设工作，结合实际，科学提出党风廉政建设责任制和惩防体系建设工作方案及2015年度工作意见，进行任务分解。

【严格执行政治纪律、组织纪律、工作纪律】 严格执行党的政治纪律。2016年，通过组织党员干部积极参加市局和县里的各种培训、邀请专家讲授党课等形式，认真开展政治纪律教育，引导广大党员干部牢固树立政治纪律观念。纪检组加强本系统内部的监督检查，坚决查处违反政治纪律的行为，切实维护政治纪律的严肃性。总体来看，局领导班子成员具有遵守党的政治纪律的自觉性。能够带头贯彻执行党的路线方针政策和中央、自治区、来宾市、县委的重大决策部署，坚决拥护中央权威，始终与习近平为总书记的党中央保持政治思想上的一致；自觉遵守《党章》和党内法规，坚持按照党的组织原则和党内政治生活准则办事；能够认真执行中央八项规定，认真开展“守纪律、讲规矩”主题教育活动，在加强作风建设上取得了较好成绩。严格执行党的组织纪律。局党组认真履行主体责任，切实抓好纪律执行。局党组“一把手”切实履职，坚持带头守纪，充分发挥表率、标杆作用。局纪检组认真履行监督责任，加强对组织纪律执行情况的监督检查，坚决查处违纪行为，确保纪律严格执行。6月份，局领导班子成员参加了“守纪律、讲规矩”主题教育联合组织生活会，在会上收集到了参会部门的意见。下一步，县局将认真开展整改工作，同时将在本系统召开中层以上领导干部民主生活会，更深入的挖掘全局在开展业务工作中存在的不足，做到立即整改。严格执行工作纪律。制定了系统的《考勤管理制度》，要求局纪检组严格执行考勤制度，采取按月通报考勤措施，对当月迟到早退、事假、旷工按照《考勤管理制度》和《中华人民共和国劳动合同法》相关规定给予扣款；对迟到早退、事假、旷工相对严重的股室由局纪检组对股室负责人进行诫勉谈话。

【认真开展“学用政策、狠抓落实、推动发展”工作】 加强学习，熟悉政策。加强领导干部职工的学习政策，营造重视学用政策，努力用好政策。提升素质，转变作风。引导广大干部群众始终保持奋发有为，只争朝夕的工作干劲，倡导简政、高效、务实的作风，着力解决“四风”和“不严不实”的问题。解放思想，转变观念。要伍知识结构，提升了业务水平，为工作有效开展打下了坚实基础。四是强化执行，兑现政策。通过学习研究政策，找准政策在本县的结合点、落脚点，形成政策执行跟踪、落实、督察的有效方式，提高效率，提升服务水平。五是主动对接，善用政策。积极与上级有关部门的对接，接轨，将优越条件和政策优势转换为项目和资金，转换为发展优势，推动工作创新发展六是建立机制，长用政策。建立学用政策、狠抓落实、推动发展的各种规章制度，形成学用政策抓落实的长效机制，着力解决学勇政策“一阵风”的问题。

城乡建设

【概　况】 2016年，县住房和城乡建设局内设办公室、计划财务股、住房制度改革办公室、城乡规划管理股、建设工程监督管理股、市政公用事业管理股、房地产市场监督管理股、行政审批办公室8个股室；下辖县城建监察大队、燃气管理站、房产管理所、建设工程质量安全监督站、园林绿化管理站、环境卫生管理站、恒泰垃圾处理场、新艺污水处理厂、自来水厂、建筑设计室、招投标管理站、白蚁防治所、路灯管理所、建筑安装工程劳动保险费管理站、城市规划综合技术服务站、墙体材料改革办公室、公共租赁住房和棚户区管理办公室、拆迁管理办公室、农村危房改造办公室、住房制度改革办公室、建筑工程公司21个企业事业单位，挂牌人民防空办公室及大瑶山风景名胜区管理办公室。全系统核定编制159名，其中核定局机关领导职数5名（正职1名、副职4名）。2016年年底，全系统实有在职干部职工120人。其中，局长兼党组书记1人、副局长3人、纪检组组长1人。

党组书记：黄伟国（4月离任）
　　　　　赵德峰（4月任）
局　长：黄伟国（4月离任）
　　　　赵德峰（5月任）
副局长：文俊传（6月离任）
　　　　莫球生
　　　　莫运锋（5月离任）
　　　　罗　平（6月任）

苏院生（11月任）

纪检组组长：覃荣胜（6月离任）

【城乡规划管理】 规划编制。完成县城总体规划编制基础资料收集工作；桐木镇总体规划修编通过县人民政府规划批复；桐木镇西环片区控制性详细规划编制与政法小区修建性详细规划编制、头排镇总体规划修编均在汇总各单位意见送设计单位调整设计方案；年内完成桐木镇龙腾屯规划编制并送自治区住建厅备案，同年被列入自治区传统村落名单。“一书两证”发放管理。2016年完成核发《建设项目选址意见书》25份。核发“建设用地规划许可证”91宗，总用地面积29.25万平方米。其中房地产开发项目3宗，建设用地面积5.11万平方米。核发“建设工程规划许可证”96宗，总建筑面积16.45万平方米。其中，房地产开发项目5宗，建筑面积6.8万平方米，总投资2亿元。

【城镇基础设施建设】 桐木镇百镇示范工程。项目经调整后由11个子项目组成，总投资为2027万元。截至2016年12月30日，已竣工7个子项目，完成投资1219万元，占总投资的60.14%。实施中的桐木镇滨江北路道路工程、桐木镇西环路东侧雨水管道工程、桐木镇金桐小区市政道路工程、X645县道路口至桐木道班路口道路整治工程4个项目，计划投资808万元，年内完成投资639万元，完成计划投资的79.08%。桐木镇污水处理厂及配套管网工程。年内完成厂区主体及附属工程、设备安装工程，埋设完成污水主干管5.5千米，具备通水试运行条件。项目计划投资2807.6万元，累计完成投资1870万元。下古陈村传统村落保护项目。完成房屋修缮与改造、古亭、路灯、巷道整治、环境整治、寨门、景观长廊、对歌楼、标志雕塑等，完成投资235.7万元。县城路灯安装工程。2016年11—12月，投资90万元完成自治县田村道班至自治县游客集散中心的太阳能路灯安装和维护工程；投资48万元完成金秀镇金秀村、白沙村、六拉村、昔地村四个村屯的巷道路灯安装工程。

【安居惠民工程】 廉租房、公租房项目。廉租房66套3880平方米，公租房48套3376平方米，廉租房和公租房共114套，位于自治县金秀镇城北东路2号。于2013年10月开工，2016年11月25日完成实物配租入户工作。桐木公租房项目120套，于2015年11月按“以购代建”方式建设，项目地址于桐木镇金桐小区，2016年完成公租房7#楼、8#楼、9#楼共90套的主体结构。农村危房改造工程。2016年自治县农村危房改造任务740户，其中建档立卡贫困户337户。2016年年底，建档立卡贫困户完成危房改造任务367户，超额完成30户；非建档立卡一般农户完成农村危房改造任务403户。2016年度各级财政安排自治县农村危房改造补助资金总额为1676.46万元。其中，中央581.3万元、自治区836.16万元，市级111万元，县级148万元。年内补助资金全部到位（即1676.46万元）。全年建档立卡贫困户补助资金933.4万元，非建档立卡一般农户补助资金697.74万元，大额补助45.32万元。

桐木镇向阳西路棚户区改造项目。项目改造安置房90套，于2014年12月25日开工建设，2016年年底累计动工建设的安置房83套，建筑面积20289平方米，累计完成投资1820万元（含拆迁安置费用）。

【建筑施工领域安全监管】 项目建设。完成报监登记项目26个，建筑面积25.313万平方米，投资额27234.94万元；竣工验收项目10个，竣工面积4.47万平方米，完成投资3163万元；核发施工许可证23个，总建筑面积16.30万平方米，工程投资1.59亿元；累计在建项目31个，总建筑面积33.24万平方米，工程总投资3.06亿元。工程执法检查。2016年，对全县所有在建工程项目进行了现场检查4次。检查的主要内容包括在建工程质量安全情况、参建各方履职情况及“三包一挂”（即违法分包、违法转包、违法发包、违法挂靠）等情况。累计检查在建项目68个，总建筑面积60万平方米，总造价达5亿元，涉及施工企业25家，下发整改通知书49份，下发扣分通知书109份。招投标管理和墙体改革。2016年完成公开招投标项目11个，中标项目金额3402万元；征收墙改基金 1155948.05 元，核退墙改基金 1035948.28 元。

【房地产开发销售】 2016 年全县房地产投资 3.24 亿元，占当年固定资产投资的 40%。年内销售商品房 310 套，面积 3.43 万平方米，成交金额 1.16 亿元，同比下降 49%。其中，住宅销售 286 套，面积 3.31 万平方米，成交金额 1.07 亿元，同比下降 40%；非住宅销售 24 套，面积 1166.61 平方米，成交金额 903.19 万元，同比下降 90%。

【市政公用事业管理】 城建执法。清理违规广告横幅 1186 条；纠正和整治违规占道经营和堆放 1098 处；整治处理工地违规运输 127 处；发现和处理各种安全隐患 154 起。配合交通部门查扣违规运输燃气车辆 2 部，收缴违规燃气重瓶 40 瓶、轻瓶 22 瓶。污水厂运营。2016 年污水处理厂正常运行 348 天。其中，设备设施检修 17 天。累计处理污水 66.61 万吨，日平均处理污水 2312 吨，污水厂负荷率达 77.09%；平均日进水 COD 浓度为 55.38 毫克 / 升，平均日出水 COD 浓度为 33.54 毫克 / 升，COD 全年累计消减量为 14.54 吨；平均日进水氨氮浓度为 10.26 毫克 / 升，平均日出水氨氮浓度为 8.54 毫克 / 升；氨氮全年累计消减量为 1.14 吨。自来水经营。年内售水总量 975414 万立方米，水费收入 201.56 万元，代征污水处理费 98.35 万元。自来水改扩建。完成县城供水管网管道铺设 5.9 公里改扩建一期工程验收，该工程投资 500 万元。完成高位调节水池征地工作，进入施工图设计阶段；完成县城供水管网改扩建工程管网二期和二标项目申报工作，建设资金 1000 万元。

（赵思思）

城投公司

【概　况】 金秀瑶族自治县城乡建设投资有限公司（以下简称县城投公司）是经县人民政府批准成立的国有独资公司，是县人民政府的城乡基础设施投融资平台，也是县人民政府实施国有资产经营和产业结构调整的主要载体。县城投公司成立于 2016 年 10 月，注册资金 2000 万元，下设综合管理部、投融资计划部、工程管理部 3 个部门。2016 年有员工 16 人。其中，总经理 1 人、副总经理 3 人。县城投公司办公地址：金秀镇民安路 11 号。

总经理：黄　宁（10 月任）

副总经理：王宇捷（10 月任）

廖培霖（10 月任）

赵阳萍（10 月任）

【公司职能】 经营范围。县城投公司经营范围有城乡基础设施、公益设施和重点工程的投资和建设；农村基础设施建设；农业、旅游业综合开发、房地产投资和旧城区改造；国有资产管理和营运；土地一级开发整理及运营；城乡公共资源开发；房屋场地租赁。融资职能。通过银行贷款、企业合作等多种渠道融通资金；科学合理的选择融资方式，认真编制资金使用计划，最大限度地降低融资成本；不断发展融资平台的造血机能和赢利能力，提高融资能力，保障融资平台的规范和可持续发展；建立规范高效的资金管理体系，确保各项资金来去明晰，专户归集，专款专用。投资、建设职能。按照县政府确定的城市基础设施近期规划及年度计划，负责完成政府指定投资项目的前期工作，并组织建设实施；通过招标或委托有资质的项目管理公司对投资项目进行全过程管理；通过跟踪监管、规范资金拨付流程、严格审核、委托中介机构进行技术操作等方式保障投资效益；严格执行“四制”管理，即：项目法人制、招投标制、监理制、合同制。

环境保护

【概　况】 2016 年，金秀瑶族自治县环境保护局内设综合股、规划财务股、办公室等 3 个股室，下辖环境监察大队、环境保护监测站 2 个二层机构，全局核定编制 13 名，2016 年年底实际在职人员 12 人（其中行政编制 4 人，事业编制 4 人，行政人员超编 4 人）。2016 年 7 月 22 日，县机构编制委员会下发《关于设立金秀瑶族自治县环境保护监测站的通知》（金编〔2016〕18 号）文件，明确核给县环境保护监测站财政全额拨款事业编制6名（其中领导职数1名，人员编制结构：行政管理人员编制1名，专业技术人员编制5名）。县环境监察大队2016年8月调入专业技术人员1人，2016年年底实际在职人员1人。

党组书记、局长：金显明

副局长：冯春生

孙　婕（6月任）

纪检组组长：李太中（1月离任）

【环保宣传】 以“6·5世界环境日”为契机，悬挂18条环保宣传横幅，发放宣传资料400余份，发放环保围裙150多条，发送手机短信10000多条。

【项目环评审批】 认真贯彻执行建设项目环境管理有关法律法规，进一步规范项目环评审批程序，加强对建设项目环评审批管理力度，严把项目环境准入关，提高环评执行率，为经济健康发展做好服务。规范审批，切实履行环保前置审批权。对不符合国家产业政策、选址不当、污染严重的项目坚决不批，严格控制污染增量。规范“三同时”（指建设项目需要配套建设的环境保护设施必须与主体工程同时设计、同时施工、同时投产使用）管理和规划环评管理，从决策源头防止环境污染和生态破坏。2016年，本级审批建设项目环评报告表3份、登记表14份，所审批的建设项目均符合准入条件，建设项目的环保手续的及时审批，有力保证金秀县建设项目顺利推进。

【主要污染物总量减排】 加强对县新艺污水处理厂、东达制糖有限责任公司等重点减排项目的监管，确保减排设施正常运行。桐木污水处理厂设施正在建设，还未开始运行。新艺污水厂案件立案查处，移交公安机关。

【环境监察执法】 2016年，共出动执法人员232人次，现场检查有关企业60家次，集中式饮用水水源地9处，共立案查处6起环境违法案件，责令限期改正或限期治理企业5家，共计罚款36.7235万元，结案3件，尚有3件违法案件在处理中。认真处理好辖区内发生的污染纠纷和群众来信、来访，全年共处理信访9件，办结9件，办结率100%。排污费征收工作顺利进行，已计算好12家企业的排污费，并下达征收排污费通知。

【生态环境监测】 经监测，全县地表水水质、饮用水水源地水质均达国家Ⅲ类标准（GB3838-2002 Ⅲ类），全县空气环境质量达国家二级标准（GB3095-2012），两项指标均符合来宾市空气质量目标考核要求。

【生态县建设】 坚持生态立县，以生态建设促发展、以建设提升生态环境质量，确保全面建设小康社会宏伟目标的实现，不断提高全县人民群众的生活质量和人居环境。努力争取广西重点生态功能区县域转移支付资金。认真编写考核材料和自查报告，客观、真实、准确地反映本县生态环境可持续发展战略，加强重点生态区生态环境保护和建设工作中取得较好的成效。2016年，金秀县获得国家重点生态功能区自治区级县域生态转移支付资金3361万元，同年9月24日被列入国家级重点生态功能区。生态村申报工作。2016年共向区环保厅报送了4个生态乡镇和17个生态村申报材料，其中4个生态乡镇和15个生态村通过自治区验收，被授予自治区级生态乡镇和生态村称号，为2020年实现生态县建设目标起到积极的推动作用。农村1000人以上集中式饮用水水源地保护区划分。全县7个1000人以上的农村集中式饮用水水源地保护区划分技术划定方案已编制完成并于2016年11月获得自治区政府批复。

【重金属危险废物治理项目】 金秀瑶族自治县冶炼厂于2015年12月获自治区下达1100万元项目指标用于重金属污染固体废物无害化处置费用，已完成了项目治理实施方案的编制、并报自治区环保厅、市环保局备案。10月17日该项目的场地环境调查与风险评估工作已经完成，编制任务并通过专家评审，场地调查与风险评估报告按专家提出意见修改后定稿并报市环保局评估技术中心备案。可行性研究已经编制完成，并报县发改局批复。环境影响评价工作的基础工作已经编制完成，并进行第一次和第二次公示。

【农村环境综合整治】 2016年金秀县获得自治区下达农村环境整治项目资金300万元。分别在六段村、平孟村、罗运村3个村屯建设集中式污水处理设施3套，分散式污水处理设施8套。六段村投资443246.66元、平孟村投资556229.53元、罗运村投资469697.54元；罗运村建设垃圾处理设施1套，配套勾臂式垃圾转运车、垃圾箱等转运设施，投资1251112.35元。项目已完成实施方案的编制、拟定建设用地、施工图设计和项目初步财审工作。金秀镇六段将军屯污水处理站已完成配电安装和污水管网建设、污水处理池建设。其他三个项目已经进场施工。

【环保标志发放】 2016年，全县共发放机动车环保检验合格标志证885份，其中汽油车782份，柴油车103份。为推进机动车环保检验合格标志发放工作走上正轨奠定了坚实的基础。

（黄美霜）

教育·文体广电

教育工作

【概　况】　金秀瑶族自治县教育和科技局成立于2002年1月，坐落于县城民乐路18号，属正科级行政单位，自治县人民政府职能部门之一。2016年，局机关内设办公室、人事监察股、科学技术股、财务审计股等机构，编制62人，在职人员60人。2016年，全县有各级各类中小学、幼儿园146所，在校生21447人。其中，公办幼儿园1所，民办幼儿园46所，在园幼儿5287人；小学92所，在校学生10001人；初中5所，校学生4129人；普通高中1所，在校学生1601人；中等职业学校1所，在校生人421人。各类专任教师1424人，其中：幼儿207人（公办幼儿园22人，民办幼儿园185人），小学781人，初中311人，普通高中86人，中等职业学校39人。师生比例：幼儿园1∶25.54，小学1∶12.81，普通初中1∶13.28，普通高中1∶18.62，中等职业学校1∶10.79。（以全县15.6万人口计算）每万人口在校生：幼儿园339人，小学641人，普通初中265人，普通高中103人，中等职业学校27人。学前教育三年毛入园率90.1%，九年义务教育巩固率63.38%，高中阶段教育毛入学率87%。各类学校占地面积及生均为小学29.9473万平方米、29.98平方米，普通初中11.1902万平方米、28.52平方米，普通高中3.1248万平方米、19.46平方米，中等职业学校4.669万平方米、125.85平方米。校舍面积及生均情况：小学13.049万平方米、13.06平方米，普通初中5.5814万平方米、14.22平方米，普通高中2.3744万平方米、14.75平方米，中等职业学校2.5718万平方米、69.32平方米。

党组书记、局长：赵德海（3月离任）
　　　　　　　　钟　春（3月任）
副局长：钟　春（3月离任）
　　　　赵德金（兼地震局局长）
　　　　冯春琦（4月任）
　　　　朱广平
纪检组组长：苏慧明

【教育经费收入与支出】　2016年，金秀瑶族自治县教育经费总收入29703万元，比2015年多3814万元，增长14.73%。其中，财政拨款收入28451万元，比2015年多2763万元，增长10.76%。教育经费总支出31170万元，比2015年多5951万元，增长23.60%。其中，财政拨款支出30399万元，比2015年多5355万元，增长21.38%。总支出中，人员经费支出20305万元，公用经费支出10865万元。

【学前教育】　2016年，金秀瑶族自治县教育系统完成第二期、启动第三期学前三年行动计划，用好用足中央和自治区的优惠政策，加大对多元普惠幼儿园的扶持，2016年有6所幼儿园申报自治区多元普惠幼儿园，扩大了普惠性学前教育资源覆盖面。认真贯彻落实教育部《3—6岁儿童学习与发展指南》精神，推进新建的幼儿园多种模式运行和学前教育集团化办学规模。学前教育三年毛入90.1%。

【义务教育】 3月2日，金秀瑶族自治县教育系统成立了推进县域义务教育均衡发展工作办公室，全面统筹推进全县义务教育均衡发展工作。通过召开动员会、培训会、推进会、升温加压会等形式，广泛宣传义务教育均衡发展的重要战略意义，为打赢义务教育均衡发展这场阵地战、攻坚战赢得了民心，提供了思想保障；深入实施“3456”工程，全力推进县域义务教育均衡发展。2016年，通过政府购买服务解决缺口资金4800万元，共投入资金9800多万元，共建设教育项目123个，采购教学仪器设备24万件（套），新增校舍面积积500M25体育运动场面积37210平方米。基本办学条件达到自治区学校标准化建设标准，2016年10月14日金秀瑶族自治县义务教育均衡发展顺利通过了自治区督导评估验收。

【高中阶段教育】 普通高中教育，2016年金秀瑶族自治县民族高中课改坚持与教研教改相结合，集中研修与分散研修相结合，选派优秀教师参加各级培训，切实落实自治区普通高中课程改革意见。2016年高考6人上一本线，151人上二本线，圆满完成上级部门下达的任务。

【中等职业教育】 2016年，金秀瑶族自治县职业技术学校加快落实创新办学体制机制。充分用国家加快发展现代职业教育政策，努力提高教育教学质量。组织学生参加广西中职对口升本科考试，取得7人录取一本院校，9人录取二本院校的好成绩；与广西机电工程学校联合开办汽车应用与维修专业，实现专业教师双向挂职顶岗培养机制；深化产教融合和校企合作；加快改革专业设置和课程体一系。县职业技术学校与县民族高中开展普职融通办学课程，2016年秋学期两校完成普职融通办学招生150人任务。两校互相派遣教师到对方学校挂职顶岗教育教学和管理工作。加强了“双师型”教师队伍建设。

【继续教育】 2016年，金秀瑶族自治县教育和科技局教师共培训3381人次。县高中部分教师参加高考新政下学校变革及多样化发展学习活动，参训教师32人；与深圳华夏区域教育教师培训中心合作开展中小学教师全员培训，培训涉及教师职业道德教育、教师心理健康教育、班主任工作技巧、教师教育教学技能等内容，参训教师1280人次；开展了学校领导职业道德法制教育培训班，邀请来宾市教育局纪委监察部门领导及县纪委监察局领导作主讲，参训人员有县教育和科技局机关各股室（办）领导、中小学校长、学校党支部书记、学校分管纪检工作的负责人，共154人参训；开展了2016年新招聘教师岗前培训工作，参训教师42人；与中国教师研修网合作开展中小学教师信息技术应用能力提升师资培训工作，其中：11名骨干教师短期集中培训（两天），425人参加网络远程培训（完成国家规定的50学时的学习任务）；开展财务人员等非教学岗位专技能培训以及信息技术员、实验员、科技辅导员等特殊岗位专业人员培训，为学校各项工作的规范化管理提供人力支持，参训教师1440人次。

【教师队伍建设】 2016年金秀瑶族自治县教育系统出台《金秀瑶族自治县中小学校长、教师交流轮岗实施方案》。建立校长、教师定期交流制度，全县城乡交流校长、教师139人，占可交流教师比例12.73%。其中，交流校长9人，交流教师130人，有效地促进了教师的合理配置，师资均衡。通过“公招”、“特岗教师招聘”，实施“小学全科教师培养计划”等渠道给全县教师队伍增添了新鲜血液，极大缓解了师资不足和教师老龄化的压力。2016年公开招聘了31名教师，按照报考岗位安排到校上班；招聘了9名特岗教师；有8名小学全科教师入职，已经全部安排到乡镇义教学校上班。实施《金秀瑶族自治县乡村教师支持计划》，建立了乡村教师职称评聘倾斜制度，中级专业技术资格教师到村小、教学点任教，可不受岗位结构比例限制到岗即聘。2016年全县义务教育学校中级职称以上的教师聘任率达 100%。

文化体育广播电视工作

【概　况】 金秀瑶族自治县文化体育广电局，规格为正科级，内设机构 8 个，分别为办公室、文化市场和新闻出版管理股、社会文化艺术股、体育股、新闻股、社会管理股、文化市场综合执法大队、广播电视新闻采编中心。2016 年局领导职数为局长 1 名，副局长 3 名。单位编制 32 名，其中行政编制 5 名，参公人员 23 名，事业编制 4 名。根据广播电视工作实际，实行了局台合一体制，电视台下设总编室、新闻部、专题部、播音室、播控室、广告部、广播电视新闻采编中心。成为宣传贯彻党的路线、方针、政策的主要载体。二层机构有文化馆、图书馆、博物馆、瑶族艺术研究展示中心、电影发行放映公司和 10 个乡镇文化体育和广播电视站。文化馆在编 8 人、图书馆 7 人、博物馆 7 人、瑶族艺术研究展示中心在编 21 名、电影发行放映公司在职人员 3 人（事业单位企业管理），乡镇文化体育和广播电视站受所在乡（镇）政府领导，业务上受县文化体育广电局指导。

党组书记、局长：李金阳（5 月离任）
　　　　　　　　李江山（5 月任）
副局长：张宝宗（6 月离任）
　　　　梁照全
　　　　欧孔章（6 月任）
　　　　陶青霞（5 月任）
纪检组组长：陶青霞（5 月离任）

【文化工作】 5 月份举办“中国・金秀 2016 圣堂山杜鹃花游旅节”系列活动，协助上海电影制片厂在金秀县搭建外景瑶寨拍摄电影过山榜之《绝世瑶妃》剧目拍完，依托金秀文化资源优势为经济优势，进一步宣传、推广金秀。《盘瑶深牌歌》《瑶族舞香龙》获得自治区非物质文化遗产名录。全年开展各类文艺演出晚会 50 余场，其中第八届文艺大展演 30 场，《瑶都神韵》剧目全年驻场演出 20 场，文化惠民演出进基层 3 场。11 月 14 日—16 日在县城成功举办 2016 年“中国金秀——世界瑶都盘王节”活动，完成了盘王节系列活动中的瑶族歌舞展演、盘王巡游以及大型盘瑶族传统文化《瑶韵深牌》展演 3 项大型活动，涉及全县 10 个乡镇，演员 800 多名，该次盘王节是自 1985 年以来，金秀县举办的规模最大、影响力最广、最为隆重节俭的一次盘王节，得到国内外嘉宾特别是瑶族同胞的赞誉；组织瑶族医药、瑶族织绣技艺、瑶族黄泥鼓舞参加 2016 年广西文化遗产日梧州主场城市暨非遗博览会，加强了文化合作交流，扩大了“世界瑶都”影响力。5 月 19 日—20 日全区创新公共文化服务体系建设暨文化扶贫现场会在金秀县召开，新建村级公共服务中心 5 个。

【文化馆】 举办各类艺术培训班 30 期，培训人次达 820 人次，完成全县 3 个镇 7 个乡，77 个村居委，4 个社区的地方彩调剧、桂剧、壮剧、木偶 4 个剧种的普查工作。普查 24 个民间剧团，27 位民间戏剧艺人。在对其系统普查的同时，进行录像存档并录入数据库系统上报、保存。

【图书馆】 新购图书 2000 余册，持证人数 3000 余人，举办培训班 13 期，培训人员达 500 人次，充分利用少儿阅览室、报刊阅览室、外借图书室、多媒体阅览室等对外服务窗口，提供借阅、咨询、文化娱乐等公共文化服务。接待读者已达 3.5 万余人次，阅览册次 3.7 万册次。开展各种读者活动 38 余次，参与群众达 1.3 万人，举办培训班 13 期，送书活动 9 次，送书达 1000 余册。

【博物馆工作】 获得世界瑶都——瑶族历史文化展第一届全区博物馆陈列展览十大精品评选活动优胜奖。年接待观众 30 万人次。聘请专家到博物馆举办 3 期培训班，参训人员达 30 人次。“馆藏文物预防性保存项目资金”获得国家文物局批准，征集民族文物 23 件套。

【体育工作】 做好 2016 年“农民体育健身工程”申报工作；国民体质监测对不同人群不同年龄进行监测，共 700 余人参加；公共体育场馆年接待体育爱好者2万余人次；成功举办“世界瑶都·大美金秀2016年首届大瑶山全国自行车挑战赛”，“广西体育彩票共享杯”篮球赛、第四届广西城乡万人气排球金秀赛区、自治县2016年庆“七一”气排球赛，全民健身运动会篮球赛、全民健身运动自行车骑行活动、第八届广西体育节开幕式暨2016年“全民健身、健康广西”百万群众健走活动金秀县分会场、“澳瑞特杯”广西跳绳王民间争霸赛（金秀县赛区）等系列活动，参加人数达到2000余人，参加第八届广西体育节暨2016年来宾市全民健身运动会县级球赛获得男子组第四名。全年全县共开展比赛活动40余次，参与运动员9000人，观众人数达6.5万人。2016年荣获广西十大民族传统体育特色之乡，并在瑶族盘王节期间成功举办“瑶族顶鼓”比赛活动，大力推进了金秀县民族体育工作的发展，使金秀县民族体育项目得到了更好传承和发展，认识民族体育、参与到民族体育活动的人群不断增加，民族体育运动水平不断提高。完成六巷乡大岭村委大岭屯全民健身工程《贫困村村级篮球场》项目任务和《金秀县“十三五”体育产业发展规划方案》《金秀县“十三五”全民健身实施规划》。

【文化市场】 检查网吧132家次，办结网吧案件3件，“扫黄打非”案件1件，销毁非法出版物1120余册（其中非法出版物100余册，黄色淫秽书刊、画报等60余册、盗版书刊120多余册），音像制品860余张。全年召开经营业主法规培训班2期，举办“2016年金秀县‘扫黄打非’进基层文艺专场晚会”，开展“扫黄打非”进“山水瑶城”景区活动，启动“拒绝盗版，打造书香校园”活动，接待咨询500余人次，共计发放宣传册3000份，报送工作信息32条。扎实开展“清源”“净网”“秋风”“固边”“护苗”行动，加大执法检查力度检查印刷业、出版物市场和非经营性互联网上网服务营业场所方面，联合公安、工商、文化、市场监管、综合执法大队等部门积极开展扫黄打非专项整治行动，全年，共出动检查420人次，检查文化经营单位180家次，发出整改通知书2份，取缔出版物游商地摊2家，收缴非法出版物212多册；联合公安机关等有关部门开展行动4次，查处发行违禁出版物经营活动案件1起，收缴违禁出版物54份，开展2016年春季中小学教辅材料出版发行专项检查工作，对金秀县2015年以来中小学教辅材料出版、印刷复制和发行情况进行了全面清理检查，出动执法人员40多人次，清理检查印刷企业4家，教辅材料零售单位8家，检查中没有发现盗版教辅材料现象。做好地面卫星接收设施整治工作，2016年，联合执法4次共出动车辆10辆，人员30余人次，建立长效机制，规范和维护金秀县广播电视正常的传播秩序。文化市场综合执法大队获得2015—2016年度全市文化市场综合执法重大案件办案先进单位。

【广播电视】 2016年，电视台共采、编、播出新闻1925条，获得中央电视台采用播出新闻7条，获得广西电视台采用31条；获得来宾电视台采用101条。制作专题10个，为金秀县各项建设营造了浓厚的舆论氛围。县广播电视台18人到广西职业技术学院进行业务培训，加强新闻策划，开办专栏报道等宣传方面取得一定成效。围绕“十八届三中、四中、五中、六中全会”“县、乡换届选举年”“两学一做”“精准扶贫”等系列活动进行宣传报道。扎实做好重大节日安全播出，全年未发生安全播出事故，获得自治区新闻出版广电局2016年维护县级播出机构秩序先进单位。

【广播电视事业】 投入资金210万元完成金秀县新闻出版广播电视工程项目，极大改善电视台办公条件和播控能力。投入65万元完成“十二五”广播电视高山无线发射台站金秀林场转播台扩建工程项目，建筑面积125平方米，极大改善群众收听收看难的问题。

【农村公益电影放映】 全年放映任务924场，放映928场，民语电影140场，完成全年放映任务。2016年在瑶族艺术中心一楼增设数字影院，影院名称“金秀县秀河数字影院”，于2月19日正式对外常态放映，全年放映517场，总收入71815元。

（梁文忠）

地方史志编纂

【概　况】　1993年9月机构改革后，将中共金秀瑶族自治县委员会党史资料征集小组办公室与金秀瑶族自治县县志编纂委员会办公室合署办公，简称：金秀瑶族自治县史志办公室，实行一套人马两块牌子。县史志办公室编制人数4人，实有在职人数5人，其中领导职数2人，正、副主任各1人。5人的年龄都是50岁以上，平均年龄53.6岁；学历情况为本科2人，大专3人。有办公室3间，实用面积约50平方米。

史志办主任：苏忠伟（4月离任）
　　　　　　邱祖华（5月任）
史志办副主任：吴秀明（6月离任）
　　　　　　　张宝宗（6月任）

【党史资料征集】　2016年继续开展建国前来宾市党史资料征集工作。征集抢救党史资料，拓展党史资料征集抢救工作的内容和领域。通过创造条件，通过图片、互联网等多种技术来记录历史，使征集的资料更加符合“亲历、亲见、亲闻”的特点。金秀县共有4位征集对象，一位远在湖南长沙，有两位在桐木镇，一名在县城。

【宣传党史活动】　2016年，金秀县史志办联合县委宣传部、团县委、妇联等单位，积极开展党史纪念、宣传教育活动。在清明节前，组织青年团员、少先队员到金秀县剿匪纪念公园开展招募等活动，派出专人给参加纪念活动的青少年讲述瑶山剿匪活动的小故事。4月1日，联合县委组织部组织县直单位老党员和新入党的党员到金秀县剿匪纪念公园开展“缅怀革命先烈，继承革命遗志”活动，全体党员重温入党誓词，共300人参加活动。

【《金秀县志（1988—2005）》的终审修改工作】　县志终审工作　《金秀瑶族自治县志(1988—2005）》在2015年12月通过自治区终审后，根据相关专家提出的修改意见和自治区地方志办的要求，要推进《金秀瑶族自治县志（1988—2005）》的终审修改工作。为确保县志修改工作顺利推进，经反复研究、讨论，县史志办于2月初将起草的修改工作方案报到县委审核。县委、县政府于3月11日以文件的形式将修改方案下发到各乡镇、各单位，开启金秀县第二轮县志终审修改工作的序幕。

县志修改培训工作　结合方案的要求，县史志办自3月21日至23日按类别分7批次组织各单位负责修志的人员进行培训，共培训71个单位142名业务骨干，为确保修改质量打下了基础。强化内部业务骨干的培训，针对该办干部基本没参加过县志工作这一现状，在组织本办全体干部参加完全县的业务培训后，继续组织本部门的培训工作，通过强化培训，进一步明确了县志终审修改的主要方向和重要任务，为指导好全县县志修改工作奠定了基础。

县志总纂工作　县史志办结合实际，将全县县志修改指导工作任务落实到个人，由个人负责加强与各单位的沟通并进行指导。《金秀瑶族自治县志（1988—2005）》已进行到总纂阶段，聘请了文字功底扎实的老同志从语句、词语、错别字，标点符号等方面进行效改，确保志书语法语句的质量，严防细微之处出现硬伤。

【党史业务工作】　2016年继续开展中华人民共和国前来宾市党史资料征集工作。征集抢救党史资料，必须不断地研究新情况、解决新问题，不断地拓展党史资料征集抢救工作的内容和领域，用情、用制度，抓好党史资料征集工作，为党史事业不断向前发展注入新的生机活力。通过创造条件，通过图片、互联网等多种技术来记录历史，使征集的资料更加符合“亲历、亲见、亲闻”的特点。

【《金秀百年大事记》材料收集】　县史志办落实人员收集《金秀百年大事记》的素材。在收集大事件的同时，注重新颖、独特性事件的收集，突出反映金秀地方特色，地方风貌和人文景观，这样可以丰富大事件的内容，增强其可读性和资料性。已收集到素材800条150千字，在编写的过程中，努力把握好历史发展的脉络，对大量的历史事件去粗取精，去伪存真，做到政治观点正确，所述事件准确。

【《金秀年鉴（2016）》编撰工作】 4月底，向自治区申报“精品年鉴”工程项目，结合金秀县的实际，启动2016年年鉴编撰工作。

【其他工作】 积极主动地完成上级交办的各项工作任务，按时完成来宾市年鉴。按照撰稿要求，具体制定我办的组稿方案，选派人员对2016年度县情资料进行了广泛认真的收集、整理，完成撰稿任务，经审核后，及时上报，按时报送《来宾年鉴2016》组稿材料。

档案管理

【概　况】 1952年5月，金秀瑶族自治县成立时，设立有县档案室（1958年12月改为县档案馆，配备专职干部3人）。1959年4月，成立金秀县档案科（1986年5月改为自治县档案局）。1997年县档案局与档案馆合并，为中共金秀县委直属事业单位。2002年机构改革后，继续维持局馆合一体制，定编5人，其中正副局长2人、干部3人，赋予行政职能为自治县档案管理的行政和业务管理部门。内设办公室、监督指导股、管理利用股。

局（馆）长：赵卓德（4月任）

副局（馆）长：魏羽晨

【开展馆藏传统载体档案数字化工作】 2016年，县档案局继续大力开展档案数字化建设工作，把此项工作作为工作亮点来抓紧抓好。2016年完成1666卷192029页数字化扫描工作，新增录入文件级目录30331条。数字化扫描的档案已全部挂接到档案管理系统，开始提供数字化查阅。档案数字资源利用服务已经成为县档案信息资源开发利用的新手段。通过档案数字资源的应用，在方便人民群众的同时对馆藏档案实体起到了极大的保护作用。县档案局档案数字化工作走在全市前列，获得了市档案局的好评。

【创新指导机关单位做好档案整理业务工作】 2016年，县档案局要求各单位做好档案收集进馆工作，由于人员少任务艰巨，采用边接收、边指导，跟班学习等方法，即整理档案单位把档案拿到县档案馆，由县档案馆业务骨干现场指导规范整理，整理完毕符合进馆的档案直接进馆保存。2016年有统计局、经贸局、农业局、工商质监局、环保局、县直属机关工委、水库移民局、忠良乡等8个单位派专人在县档案馆边学边做，从而加快了各单位档案整理进度。另外，对一些已掌握基本档案知识的单位，自治县档案局则派员走出去服务指导，如水利局、民政局等。

【档案接收与利用工作】 2016年，县档案局（馆）共接收档案进馆1262卷（纪委监察29卷、调处办90卷、三角乡121卷、卫计局192卷、创特办22卷、文体广电局75卷、统计局635卷、政府办98卷）；接待利用者181人次，利用档案645卷（册），充分发挥档案的凭证作用，最大限度地满足机关和人民群众的利用需求。

【开展档案宣传工作】 2016年，县档案局组织开展开展“6·9国际档案日，档案与民生”主题宣传活动。向干部群众及学生展示了档案宣传挂图，发放档案法等宣传资料200份，详细回答群众咨询的问题。通过县电信公司手机短信平台群发档案宣传短信11000条。该次活动，让广大干部群众进一步了解了档案知识。

【档案执法暨质量检查工作】 2016年县档案局对全县各单位的档案开展执法暨质量检查，促进各单位档案质量的提高。检查中，严格执法程序，采取听、看、议的形式进行实地检查。对存在问题的单位，均当场一一指出，并提出整改意见，确定复查时间，档案局在规定时间再次深入受检单位进行复查。对检查结果没有异议的，受检单位填写好《档案年度检查及档案执法检查评分表》，并由主管或分管领导、档案员签名认可检查结果，主管或分管领导签写好完成整改的时间。在全县72个县直机关（垂直管理机构）单位中对全县24个县直机关（垂直管理机构）单位进行档案工作年度抽查检查，获得优秀单位4个；合格单位18个；不合格单位15个。

（全　云）

科学技术

科技管理

【概　况】 1987年8月，成立金秀瑶族自治县科学技术委员会，1997年1月，更名为金秀瑶族自治县科学技术局（以下简称县科技局）。2002年，因机构改革，科技局和教育局合并为金秀瑶族自治县教育和科技局。由于工作性质不同，合并后，科技和教育仍然分别办公，办公地址在金秀县夏园小区圣堂一巷27号，并且完全承担着独立部门所承担的工作任务。下设二层机构科学技术情报研究所。金秀县地震局于2008年8月成立，并挂牌在科技局，实行一套人马两块牌子办公机制，2016年科技局（含科技情报所）在职干部职工10人。主要职能：承担着统筹规划和组织协调全县科技工作、营造科技工作环境、组织科技推广和成果转化、组织实施科技项目、为中小企业和农民提供科技服务、开展科普工作的能力，承担防震减灾等职能工作。

教育和科技局副局长兼地震局局长：赵德金

【科技项目工作】 2016年，金秀县科技局共组织实施的科技计划项目共7个，分别是：科技富民强县——茶叶产业提质增效科技示范与应用（科技部立项项目）、科技特派员服务金秀县茶叶等优势特色产业和贫困村建设示范、桐木镇科技服务站建设与特色产业科技服务示范、金秀县科技帮扶示范—新农村科技服务建设示范、科技进步示范县建设——金秀县、县域产业科技扶贫专项—金秀县茶叶产业科技扶贫示范、金秀县茶叶产业科技信息公共服务平台建设。

2016年，完成了“金秀县科技帮扶示范—新农村科技服务建设示范”“科技进步示范县建设—金秀县”“县域产业科技扶贫专项—金秀县茶叶产业科技扶贫示范”“桐木镇科技服务站建设与特色产业科技服务示范”“金秀县茶叶产业科技信息公共服务平台建设”“金线莲、心叶紫金牛良种选育繁育与规范化种植研究”“金秀县大樟乡互助村科普示范村建设与示范”“金秀县基层科技能力建设示范”等8个项目的结题验收工作。年度内申报了“金秀县大瑶山特色茶树种质资源库建设与应用研究”“金秀县贫困村科技特派员服务创业及科技能力建设示范”等2个项目，均获自治区科技厅批准立项实施。

【专利申请工作】 为更加深入贯彻落实《广西壮族自治区人民政府关于在全区开展全民发明创造活动的决定》，完成市级下达给金秀县专利发明申请任务，县科技局落实专人负责专利申请，组织开展专利申请工作。1—12月共申请专利105件，其中：发明专利57件，实用新型和外观设计48件。授权量16件，有效量24件（见下表）。

表 24　　2016 年 1—12 月来宾市各县（市、区）专利申请授权情况表

地区		申请量（件）					授权量（件）					有效量（件）	
市	城区县	合计	同比增长 /%	发明	实用新型	外观设计	合计	同比增长 /%	发明	实用新型	外观设计	有效发明	比上年增长 /%
来宾市	金秀	105	98.11	57	28	20	16	33.33	6	2	8	24	50.00

【科技成果转化】　2016 年来宾市首次对所辖县（市、区）进行绩效考评，下达给金秀县科技成果转化任务 1 件。通过大力宣传国家、自治区、市关于促进科技成果转化的法律法规和优惠政策，帮助企业了解、掌握、使用好各项优惠政策，努力营造有利于科技成果转化的社会氛围。10 月底，县瑶医医院的发明专利“瑶王保健酒及其制备方法”被广西潇清瑶方健康科技有限公司以 10 万元购买，在六个县（市、区）中金秀县率先完成了市下达的科技成果转化工作任务。

【科普活动工作】　2016 年全国科技活动周金秀县桐木镇科普大集活动于 5 月 24 日在金秀县桐木镇举行，该活动组织 29 个县直成员单位共 86 人、桐木镇政府干部职工 19 人参加。科普大集广场活动采取科技图片展览、科技服务、科普知识有奖竞猜、行业咨询服务、医疗卫生咨询、法律知识宣传、赠送实用技术资料、科技书籍及卫生义诊等形式进行宣传和咨询活动。此次活动各成员单位根据本单位职能印制并发放各种宣传资料 25000 份，各种图书 6000 多册，参加科普大集活动的群众 1800 多人次。

【科技培训工作】　组织自治区、市、县 14 名科技特派员和金秀县农口科技人员深入农村、深入田间地头，广泛开展农村实用技术培训、技术指导、技术咨询、技术服务。2016 年共举办各类实用技术培训班 32 期，培训 3000 多人次，技术指导 800 多人次，发放宣传资料 6000 多份。

气象工作

【概　况】　县气象局主要承担本行政区的气象科技信息、大气探测、农业气象及决策、人工增雨、雷电灾害防御等业务工作任务，服务于当地政府和各行业。2016 年，金秀瑶族自治县气象局以气象服务为核心，继续发展气象服务科技，通过多个监控平台把好质量关，服务方向保持多元化，服务手段与省局、市局接轨，及时推陈出新，与时俱进，服务质量得到进一步提高，新增的电子显示屏和农村预警大喇叭等新设备在农村气象灾害防御及防灾减灾服务体系中发挥了重要作用。2016 年底，自治县气象局内设观测站、气象台、气象服务与防雷中心、人工影响天气作业办公室、防灾减灾办公室，设局长 1 名、副局长 2 名，工作人员 9 名。

局　长：陶炳新

副局长：韦勇娟

韦铭贵

【县城气象情况】　2016 年县城年平均气温 17.7℃，极端最高气温 32.7℃，出现在 6 月 2 日，极端最低气温 −3.3℃，出现在 1 月 24 日。年降水量 2400 毫米，主要集中在 4—9 月的汛期。年内出现霜冻 10 天，结冰 2 天，大风 6 天。年内主要出现的自然灾害为低温冷害及暴雨洪涝灾害。

【气象服务】　金秀县气象台通过气象大喇叭、电子显示屏、电子邮箱、微博等多渠道途径发布气象服务信息 78 期、各类预警信号 71 期、农气旬月报 32 期，专题气象信息 12 期，重大气象信息专报 3 期，各类预报预警信息发布及时有效，较好地发挥了气象工作在保障工农业生产、群众生活等方面的重要作用，特别是在汛期期间，狠抓汛期气象服务工作，应急响应期间安排人员 24 小时值班，做好天气监测及预报工作，在全县防灾减灾工作中发挥了重要作用。积极开展气象为农业服务工作，

做好春秋种、冬夏收等农事关键时期的专项气象服务及异常天气的决策服务。适时发布春播春种、秋播秋种等天气预报，每月发布农业旬、月报，为合理安排农业生产，趋利避害提供了科学决策依据。2016 年，继续通过 LED 显示屏、预警大喇叭及新浪微博三种有效信息发送渠道，将气象信息发送到村到户，提供实时天气预报和气象科普知识。组织全县气象信息员到金中进行集中培训，并经常组织人员到乡镇及学校进行气象防灾减灾科普宣传。通过各种信息渠道和信息平台，针对不同层次的客户需求，广泛发布气象信息和气象资料，为社会各界提供准确、及时的气象信息服务。2016 年金秀县被列入中央财政“三农”项目实施县，目前已按照实施方案完成三江乡、三角乡、头排镇、桐木镇四个乡镇的气象服务站标准化建设；完成三江乡农业核心示范区田间小气候站的建设；完成三江乡标准化乡镇的申报工作。

【人工影响天气工作及防雷业务工作】 强化人工影响天气工作，在 2016 年，县气象局开展了 2 次人影作业，两次过程共计发射火箭增雨弹 19 枚，人工增雨效果良好。而是加强人影基础设施建设。为增加县气象局人影科技实力，在金秀县九公里处新安装地面播撒系统（焰炉）一套，并完成了金秀县桐木镇三友村（原七建养老院）人工影响天气作业站项目建设任务。加强防雷设施建设。2016 年金秀县气象服务与防雷中心共完成防雷装置设计技术评价 30 项，新建防雷装置竣工验收项目 24 个，防雷安全定期检测项目 32 个，基本完成防雷业务年度年度目标管理任务。加快推进防雷体制、行政审批等改革。2016 年按照来宾市气象局要求开展防雷综合治理检查，落实气象行政审批改革工作和加强防雷市场监管，做好相关防雷行政审批项目取消后的后续监管工作。规范防雷工作管理。

防震减灾

【概　况】 县地震局于 2008 年 8 月成立，在县教育和科技局挂牌。成立以来，地震局贯彻落实《中华人民共和国防震减灾法》及《广西壮族自治区防震减灾条例》，根据自治区、市防震减灾工作的要求，主要负责编制防震减灾规划和计划并组织实施；建立地震监测预报工作体系；负责本辖区新建、扩建、改建、建设工程抗震设防要求的监督管理和行政审批工作。

县教育和科技局党委书记、地震局局长（兼）：
赵德金

【地震监测】 全面加强地震宏观观测网、防震减灾知识宣传网，震情、灾情速报网和防震减灾助理员队伍建设。2016 年全县建立了 11 个地震宏观观测点，聘请了 11 名宏观观测员和 10 名防震减灾助理员。完成《广西地震烈度速报与预警系统项目》金秀民族小学、忠良乡及六巷乡地震基本台站招标、选点、勘察和基础建设，并通过自治区验收合格。该台站主要用于测定地震对台站附近场地的峰值加速度，计算各观测点的地震影响程度，进而给出完整的地震影响场，在震后数分钟内向政府和社会发布，为人员伤亡估计、经济损失评估、应急救援决策和工程抢险修复决策提供依据。并为全区地震烈度速报与预警服务。

【震害防御】 2016 年里共办理抗震设防核准、审批手续 34 项，地震行政审批纳入基本建设管理程序的程度为 100%。加强易发生次生灾害的重点企业或重点部位的地震安全检查工作，并加强对建设工程场地地震安全性评价的管理。加强中小学校舍、公共卫生设施和农村危房改造工程建设项目的地震安全管理力度。

【地震应急】 2016 年，县地震局会同有关部门，适时修订完善更新《金秀瑶族自治县地震应急预案》，督促指导乡镇人民政府及县直防震减灾指挥部成员单位及时制订、修订完善地震应急预案，并报县地震局备案。全县修编完善各级种类《地震应急预案》33 个，其中县政府 1 个，县级单位 22 个，乡镇政府 10 个，初步形成严密、有序的全县预案网络体系。年度内指导全县 18 所中小学校开展了防震减灾应急演练。通过演练，进一步加强学校自然灾害应急处置能力，提高了学校师生的紧急避险、自救自护能力。

【地震宣传】 2016年利用“防灾减灾日”、“科技活动周”等活动有效地开展科普宣传和政策咨询，通过现场发放资料、讲解等形式，向广大群众普及防震减灾科普知识。各项活动累计发放自行编印的《防震减灾科普知识》宣传手册及其他各类资料共计3000余份，接受咨询及现场答疑400余人次。利用金秀县广播电视台播放了地震科教系列片《守护生命》，扩大了宣传面，达到全民受教育的目的，进一步强化公众的防震减灾意识，提高应对地震灾害能力。

卫生计生

卫生工作

卫生计生局

【概　况】 县卫生和计划生育局设办公室、规划信息股、财务股、法制与监督股、疾病预防控制股、医政医管股、基层卫生股、妇幼健康服务股、瑶医药管理股、计划生育基层指导和家庭发展股、考核科技教育股、流动人口服务管理股、艾滋病防治股、纪检监察室等14个内设机构。县卫生和计划生育局机关行政编制11名。领导职数：局长1名、副局长3名。2016年，全县卫计系统共有干部职工812人（其中在职在编340人，编外聘用472人），高级职称4人，中级职称89人，全县总人口15.59万人，每千人口拥有卫生技术人员4名，总开放床位750张，每千人口拥有床位数4.5张。在国家西部政策的关心支持下，金秀县坚持以乡（镇）卫生院改造为重点，改善农村医疗保健服务条件。全县有县级综合医院、瑶医医院、卫生计生监督所、疾病预防控制中心、妇幼保健院各1所，乡（镇）卫生院11所（其中中心卫生院4所），村级卫生室77个，县、乡、村三级医疗卫生保健网络健全。全县公立医疗机构有卫技人员660人，其中医药人员155人，中（瑶）医人员120人，有乡村医生78人，100%村医经过理论培训及实践技能考核，能西会中。县人民医院为二级甲等医院2所中心卫生院为一级乙等卫生院，其余普通卫生院全部为合格卫生院。全年总诊疗人数644500人次，住院病人20400人次，医疗总收入161000000元。

党组书记、局长：覃会川
副局长：余凤琴
　　　　罗敏强
　　　　梁晓芳
纪检组组长：李　宾（12月离任）

【创建“中国瑶药之乡”】 《金秀瑶族自治县瑶医药十三五规划》于2016年10月27日顺利通过国家及自治区级的专家评审，规划明确了创建“中国瑶药之乡（金秀）”工作目标，成立了金秀县创建“中国瑶药之乡”工作领导小组，出台了金秀县创建“中国瑶药之乡”实施方案，于11月9日召开创建“中国瑶药之乡（金秀）”新闻吹风会，得到了国家、自治区、市级媒体及时、多层次、多角度、全方位的充分宣传报道。为打造“中国瑶药之乡（金秀）”这一金字品牌形成浓厚氛围，金秀的瑶医药文化将更多、更好地服务于金秀人民群众。

【公立医院综合改革】 推进县级公立医院综合改革，坚持公立医院公益性质，以破除以药补医机制为关键环节，全面深化县级公立医院管理体制、补偿机制、价格机制、药品采购、人事编制、收入分配、医保制度、监管机制等综合改革，建立起维护公益性、调动积极性、保障可持续的运行新机制；坚持以改革促发展，加强人才队伍为核心的能力建设，不断提高县级公立医院医疗卫生服务水平。

【实施国家基本药物制度】 药品（中药饮片除外）零差率销售。于2015年10月1日零时起，县人民医院、县瑶医医院、县妇幼保健院3家县级公立医院全部按照相关文件规定调整了医疗服务价格，全县所有公立医院均全部按照文件规定实施药品（中药饮片除外）零差率销售。以破除以药补医机制为关键环节的公立医院改革有力度，成效明显。2016年，全县公立医疗机构零差率销售药品金额2512万元，共为群众减负377万元。

【实施分级诊疗试点工作】 提高基层医疗服务能力，分级诊疗让常见病、多发病在基层得到有效治疗，逐步改变群众小病直接到大医院的就医观念和习惯，起到积极的推进作用。

【人事工作稳步发展】 人才招聘工作。开展2016年乡（镇）卫生院招聘工作，招聘18名医务人员分赴各乡（镇）岗位工作，医护人才得到进一步保障。顺利完成年度卫计系统专业技术任职资格的报考及评审相关工作。为全县各公立医院的专业人才梯队建设奠定坚实基础。

【基层医疗卫生服务体系建设】 2016年，全系统共获中央预算内投资基建项目2个，项目计划总投资530万元，其中六巷乡卫生院公共卫生服务楼及污水处理已竣工并投入使用；金秀瑶族自治县疾病预防控制中心检验业务综合楼项目主体工程已竣工。

【基本公共卫生服务均等化】 2016年持续实施健康扶贫政策，贫困人口健康得以保障。为农村贫困群众就医开通生命“绿色通道”，住院患者实行“先诊疗、后付费”新模式。积极推进贫困人口家庭医生签约服务工作，建立健全贫困户健康档案，完善慢性病贫困人口健康管理。2016年，贫困人口因病致（返）贫患者人数3735人，已救治3640人，救治率99.46%。建立健康档案管理116500人，贫困人口家庭医生签约人数21365人，签约率100%。开展“光明扶贫工程”工作，对40名贫困白内障患者进行白内障集中救治。

【妇幼保健工作】 母婴安康及地贫防治年度任务全面完成，农村孕产妇住院分娩率、孕产妇死亡率、婴儿死亡率、婚检率、产前筛查率、“两癌”筛查等十四项妇幼保健项目均完成年初制定的目标任务指标。

【防治艾滋病】 2016年，在各部门和相关单位的共同努力下，各项考核指标完成良好，艾滋病防治工作取得初步成效。全国报告现住址为金秀县的艾滋病感染者和病人39例，与上年同期（40例）比，下降2.5%。2016年对艾滋病感染者及家庭共429户993人提供城乡低保救助。其中，1月新增1户1人；12月新增1户1人。全年累计救助11916人次，对艾滋病感染者及家庭共4户15人提供医疗救助。对艾滋病感染者及家庭共2户4人提供临时救助。

【卫生计生监督执法】 继续加大打击非法行医及打击“两非”力度以及医疗市场整顿工作，对持证医疗卫生机构单位进行了医疗卫生监督100余频次，针对存在的问题，均给予下达卫生监督意见书督促其整改，对存在违法行为的2家医疗机构给予罚款，罚款金额7000元；会同县公安局、县食药监局、县妇联、县卫生监督所等部门开展联合行动，共取缔了流动牙科摊点4摊、游医3起、查处了非法行医“黑诊所”3家，罚款17900元，没收违法所得20000余元。

【公共场所卫生监督】 做好旅店业和美容美发场所量化及监督执法工作，公共场所持证有效单位245家，对有效单位的监督检查覆盖率达100%，监督检查频次达260余次；旅店业和沐浴场所量化率达100%，美容美发业量化率达86%以上，监督检查包含持证、卫生管理、公共物品清洗消毒、艾滋病防控及宣传、公共场所禁烟宣传等多种内容，并针对存在问题下达了220余份卫生意见书督促其整改，对无证从事旅店业的单位进行了处罚，共处罚了3家，处罚金额1500元。

【生活用水卫生监督】 强化生活饮用水监督及宣传工作，在对各乡镇供水单位的日常监督中，针对存在问题下达了整改意见书，进一步规范日供水能力千吨以上的集中式供水单位，对1家无证供水单位进行了罚款1000元处罚。

【消毒产品卫生监督】 对消毒产品生产单位及经营单位进行监督检查，对辖区内的2家生产企业及30家经营单位围绕消毒产品索证、标签标识等检查内容开展卫生监督工作，针对存在的问题，下达意见书督促整改，对5家违反《消毒管理办法》生产、经营单位给予了立案查处，根据存在问题责令其限期整改并处罚金11000元。

【学校卫生监督】 加强对学校卫生的监督工作，对辖区内的18所中小学校及20余家公／私立幼儿园进行了有关生活饮用水、传染病防治及幼教人员是否持证上岗的监督工作，监督频次达70余次，下达了卫生监督意见书40余份；并做好高考、中考前期的专项监督检查，确保考生在高考期间能安心安全进行考试。对一家幼教人员无健康证明的幼儿园进行了处罚，罚款金额为2000元。

【医疗与传染病防治卫生监督】 认真开展艾滋病防治的监督，对61家医疗机构、30家村卫生室、7所学校、105家旅店、60家美容美发及休闲场所进行艾滋病防治监督检查，根据存在问题下达卫生监督意见书75份。

【行政审批】 清理规范一批卫生许生行政审批事项。按照上级工作统一部署，修改县卫生计生行政许可标准化操作规范并在政府信息公开统一平台发布，同时对县卫生计生行政审批事项目录进行了相应的调整，进一步规范了县卫生计生行政审批事项。编制并公示县卫生计生“双公示”目录及行政许可台账和行政处罚台账工作。

【爱国卫生工作】 按照上级统一部署开展爱国卫生宣传月活动、生活饮用水卫生监测工作、重点地方病监测工作、控烟宣传活动、农村改厕、自治区卫生乡（镇）、卫生村、卫生单位的创建及复审工作。

【中（瑶）医药事业】 始终把瑶医药事业摆在与经济社会发展同等重要位置，围绕瑶族的养生文化大力推动瑶医药的发展，建设瑶医药养生及五个瑶族支系长寿文化展示区、瑶医药特色保健体验区及“经典老班药”瑶药材种植园区，打造生态宜居瑶医药文化园，争取用几年的时间，将金秀县建设成为全国重要的瑶族医药生产基地。委托专家编制规划《金秀瑶族自治县瑶医药“十三五”规划》于2016年10月27日顺利通过国家及自治区级的专家评审。瑶药产品深加工，为继续加快瑶医药产业开发的步伐，上半年“产后三泡浴剂”的包装已重新设计，委托广西中医药大学瑞康附属医院研究“产后三泡浴剂”浓缩剂的生产。8月底新产品问世，10月份在来宾市及全区医疗机构推广使用。为提升县瑶医医院等级、打造全国唯一一所公立瑶医医院品牌，根据自治区中医药管理局“十三五”发展中医、壮瑶医药的目标任务以及自治县工作目标任务，经院领导会议研究决定，从6月份，正式启动瑶医医院创甲工作，为金秀县创建全国基层中医药工作先进单位奠定基础。

【农村妇女住院分娩补助项目实施】 全县2016年农村活产人数1835人，住院分娩人数1834人，农村孕产妇住院分娩率达到来99.95%，高于责任指标（98%）要求。

（黎飞鹏）

妇幼保健

【概　况】 2016年，全县有孕产妇1813人，建卡数1801人，建卡率99.34%；产检数1782人，产检率98.31%；早检数1770人，早检率96.46%；孕产妇系统管理数1743人，孕产妇系统管理率96.19%；住院分娩率99.95%，其中农村户籍产妇住院分娩1645人，发放农村孕产妇住院分娩补助1685人（含嫁至金秀县由男方所在地发放补助的），补助率达102.43%，2016年自治区下达金秀县补助指标1632人，任务完成率103.24%；全县新法接生率100%；无孕产妇死亡及新生儿破伤风发生。新生儿死亡6人，新生儿死亡率0.32%；婴儿死亡3人，婴儿死亡率0.32%，5岁以下儿童死亡13人，5岁以下儿童死亡率0.71%。全县7岁以下儿童11782人，7岁以下儿童保健覆盖人数11258人，7岁以下儿童保健覆盖率95.55%，系统管理10886人，系统管理率92.40%。产妇孕产期接受HIV检测1812人，孕产妇HIV检测率100%。自治县管理HIV阳性孕妇共5人（金秀户籍5人，非金秀户籍0人），继续妊娠孕妇数5人，孕妇服药数5人，已娩5人，服药5人，孕产妇阻断率100%，HIV阳性产妇所生儿童服药率100%。2016年乙肝表面抗原阳性产妇174例，所娩活产数176人，其中注射新生儿免疫球蛋白176例。注射率100%。2014年继续免费赠补叶酸预防神经管缺陷项目，共给1500人发放叶酸，叶酸补服率100%。继续开展免费婚前医学检查工作，结婚登记1052对，婚检1012对婚检率96.20%，婚检HIV检测率100%。新生儿疾病筛查率98.09%，听力筛查1812人，筛查率98.75%。地贫筛查孕妇双方阳性93对，进行地贫基因诊断53对，地贫基因诊断率56.98%，需要进行产前诊断夫妇20人，其中进行地贫产前诊断12人，符合地贫基因诊断补助30队，地贫基因诊断补助率100%，符合产前诊断补助人数4例，实际产前诊断补助4例，产前诊断补助率100%。权限出生医学证明发放有效证件本。

金秀瑶族自治县瑶医医院

【概　况】　金秀瑶族自治县瑶医医院是目前全国唯一一所国家事业性、公益性、非营利性瑶医药特色医院。其前身为金秀瑶医门诊部（成立于1986年），2004年4月升级为金秀县瑶医院（医院总部设在金秀县第一大镇桐木镇，医院成立时在职职工仅为8人，固定资产仅为4000多元）。在各级党委、政府及上级卫生计生部门的关心和扶持下，现医院已发展为下辖瑶医医院桐木总部、金秀县瑶医门诊部，金秀县瑶药研究所和金秀县瑶医药康复疗养保健中心的综合医院。医院在积极发挥瑶医药优势为广大群众健康服务的同时，还承担着自治县瑶医药产业开发的重任。医院桐木总部占地面积10亩，建筑面积3600平方米左右，开设床位60张；金秀瑶医门诊部业务用房为1000平方米左右，开设床位20张；金秀瑶医药康复疗养中心占地面积36亩，开设床位100张。医院现有在职职工121人，其中卫生技术人员91人，副高职称1人，中级职称20人，初级职称57人，其中瑶医、中医技术人员占总卫生技术人员的75%。医院开设有瑶医脑病科、瑶医妇科、瑶医外科、瑶医内科、瑶医针灸推拿科、壮医科6个临床科室，医院坚持走民族医药发展特色之路，积极使用瑶医独特诊疗技术：瑶药外洗、点烧、薰、烫、佩戴、放血、骨灸、药物灸、药棍灸、针灸、针挑、陶瓷针、捶击、推拿、指刮、风弓刮、碗刮、青蒜刮、稻草刮等瑶医传统疗法和大瑶山原生瑶药为广大群众提供价廉、质优的健康服务。医院除了充分发挥“五虎、九牛、十八钻、七十二风”等104种经典老班瑶药的治疗作用外，还积极使用大瑶山常用1000多种原生态瑶药，为广大群众治疗常见病及各种疑难顽症。医院的特色民族瑶医药在老年人常见病及多发病的防治方面取得显著疗效，尤其是瑶医药在治疗肿瘤、糖尿病、风湿类风湿性关节炎、脑中风后遗症（偏瘫）、顽固性皮肤病、重度水（烫）火烧伤等疑难杂症方面独具优势，在区内外享有较高的声誉。

【瑶医文化】　瑶医医院继承瑶医药历史文化，也在发展瑶医药文化。由瑶医院承担的“瑶药‘产后三泡’颗粒剂医疗机构制剂的研究课题（2012.1—2014.12）”被科技厅列为2012年千亿元产业重大科技攻关工程项目，于2014年4月获得院内制剂注册批文，成为广西首个获批准的瑶药院内制剂。上半年“产后三泡”的包装已重新设计，现已委托广西中医药大学瑞康附属医院生产。2016年7月底出产品，2016年8月份瑶医医院成功注册“产后三泡”和“瑶圣三泡”商标，自筹资金10万元开展“产后三泡”在来宾市及全区医疗机构的推广使用。2015年5月份该院向科技厅申报的作为瑶医脑病科重点专科的瑶药院内制剂——“瑶医治疗脑中风后遗症康复外洗剂”科研项目，于2016年完成科研项目的中期验收评。2016年瑶医医院又申报了9个专利，共申报的18个专利，有7个专利已经获受理并获得了专利证书，其余11个已获得国家专利局的受理通知书。其他各项科研项目也进展顺利，为瑶医药的发展走出坚实的一步，为瑶医药在全区及全国的推广使用奠定了重要的基础。

【瑶医医院发展】 瑶医医院于2016年启动与广西瑞康医院进行科研合作并建立名院、名科共建合作单位项目，千方百计筹集多方资源，加快瑶医药研究开发的速度。

至2016年，瑶医医院的职工人数由成立之初的8人增加到108人，门诊量由2004年的0.8万人次增加到6万多人次；业务用房由2004年的“上无片瓦，下无寸土”发展到占地面积达10亩，业务用房为4000多平方米；固定资产由2004年成立之初的4000元增加到现在的2000多万元；床位由原来的5张增加到80张初具规模，成为集医疗、康复、保健、养生、科研、教学为一体的瑶医药特色医院。前来医院就诊的病友，除了当地的群众外还有60%病友来自北京、上海、浙江、湖南、安徽、广州、深圳、南宁、桂林、柳州、宜州、金城江、来宾及鹿寨县、荔浦县、蒙山县、象州县、桂平县、武宣县、平南县等各地市县的群众。2015年医院的门诊量达6万多人次，住院人数达2000多人次。医院在发展道路上越走越快。

为尽快将自治县瑶医医院建成全国示范性县级瑶医药特色医院和全国瑶医药人才培训基地，打造全国目前唯一一所公立瑶医医院品牌，按照县委、县政府发展瑶医药的总体规划和自治区中医药管理局“十三五”发展中医、壮瑶医药的目标任务以及自治县工作目标任务，经院领导会议研究决定，于2016年6月正式启动创建二级甲等民族医医院工作。经过六个月创甲工作的开展，瑶医医院在人才队伍建设、医护制度规范、医院治疗环境方面等提升很大。已经过自治县预演考核，正在积极面对即将到来的正式创建二甲及民族医医院考核。瑶医医院已经启动的新院项目三期工程（建设用地34.5亩，总投资8000万元，建设面积达50000多平方米。）首期1000万元，建设面积为5000多平方米的业务综合楼已竣工验收；二期投资2850万元，建筑面积达9500平方米的建设项目，主体建筑楼于2016年12月封顶，预计于2017年6月启用；三期工程正在做前期筹备工作。新院建成后将新增床位300张，新院除了设置完善的瑶医药物特色治疗和康复功能外，同时还设置有瑶医药养生及五个瑶族支系长寿文化展示区、瑶医药特色保健体验区，瑶族习用104种（五虎、九牛、十八钻、七十二风）“经典”瑶药材种植园区，重点打造生态宜居瑶医药文化园。新院一、二期项目完成后瑶医医院将建成全国首个集瑶医药康复、瑶医药教育、瑶医药养生保健体验及瑶医药长寿文化展示的AAA级瑶族特色文化旅游景区。充分体现了县委、县人民政府以生态、健康、长寿为主题，全力打造民族医药特色旅游名县的发展思路。

县人民医院

【概　况】 金秀瑶族自治县人民医院始建于1952年，属一所集医疗、预防、保健、教学为一体的综合性国家二级甲等医院。医院总院设在县城，医院分院设在桐木镇；人民医院是金秀县的医疗服务中心和业务指导中心，承担着全县15.6万人的医疗、保健、急救和康复医疗服务。县医院现有在职职工357人，退休职工55人。卫技人员281人（其中，医生97人、医技46人、护理138人），工勤及其他人员76人。在编人员126人（财政差额编119人、自收自支编4人、工勤编3人），编外人员231人，实际开放床位286张。医院占地面积2.2万平方米，业务用房面积达2.7万平方米。金秀县人民医院设办公室、医务科、护理部、质控科、感控科、行风办、财务科、工会、信息科、设备科、防保科、病案室、医保科、妇幼信息科等14个职能科室；金秀总院设急诊科、内儿科、外科、妇产科、五官科、手术室、口腔科、血透室等8个临床科室；分院设急诊科、内科、妇产科、普外科、骨伤科、手术室、口腔科等7个临床科室。医院现拥有德国西门子6排CT、德国诺道夫腹腔镜、美国强生超声刀、德国西门子心腹两用彩超、日本奥林巴斯电子胃肠镜、日本岛津直接数字化摄影系统（DR）、医用钬激光治疗仪、贝克曼AU480全自动生化分析仪、鼻窦电动手术刀等一大批高精尖医疗设备，为临床诊断治疗及科研提供了良好的条件。

医院科室设置齐全，各临床科室除能完成二甲医院常规的诊疗项目外，甲状腺疾病及腰腿痛的外科治疗更是县医院的特色优势诊疗项目，吸引了周边县市较多患者到我院就诊。每年的甲状腺手术均在500例以上，腰椎间盘手术在200例以上。

近几年来，骨科不断引进新技术，成功开展髋、膝等关节置换术，高位脊柱手术、颅脑外科微创手术等高难度的手术项目；普外科及妇科还常规开展了腹腔镜微创手术，泌尿外科正常开展经皮肾镜及输尿管镜碎石术、钬激光碎石术、前列腺汽化电切术等多项新技术项目；麻醉科配合胃肠镜室常规开展无痛胃肠镜诊断技术及配合妇产科开展无痛分娩和无痛人流新技术项目。微创手术的开展创伤小、愈合快、减轻了病人的痛苦，缩短了住院时间。骨科还开展髋、膝等关节置换术，颈椎、胸椎手术、颅脑外科微创手术；普外科及妇科开展腹腔镜微创手术，宫腔镜治疗术，泌尿外科开展经皮肾镜及输尿管镜碎石术、钬激光碎石术、前列腺汽化电切术。

计生工作

【概　况】 2016年全县低生育水平持续稳定。有关指标值详见下表。

表25　2016年金秀自治县生育水平、出生人口等情况统计表

指标年度	2016年
人口自然增长率（‰）	5.9
出生人口性别比	107.5
孕产妇死亡率（%）	0
婴儿死亡率（‰）	4.36
政策外多孩率（%）	0.9
计生利益导向政策落实率（%）	100
流动人口计划生育免费技术服务率（%）	100
产前筛查率（%）	87.98
全员人口数据库信息准确率（%）	97.43
全员人口数据库信息变更及时率（%）	97.56
出生人口录入率（%）	100
生育登记和再生育审批录入率（%）	100
跨省流动人口计划生育服务信息协查反馈率(%)	96.5

【诚信计生】 2016年，印发《诚信计生基层群众自治示范村（居）评选活动方案》和《开展争当优秀诚信小组长活动实施方案》，按方案开展创建评比活动，共评出基层群众自治示范村3个，优秀诚信计生小组长20人。

【综合治理出生人口性别比】 2016年召开综合治理出生人口性别比偏高问题工作会议2次，研究工作中存在的难点和重点问题。全面启动出生实名登记信息管理系统建立信息互通制度，开展性别比治理专项督查。

【人口文化宣传教育】 紧贴群众健康生活需求，开展内容丰富的宣传服务活动，组织医务人员为现场群众进行测血压、测血糖等免费体检及义诊服务。县卫生和计划生育局组织乡（镇）卫计办现场还开展了优生优育、妇幼健康、疾病预防等咨询服务及健康扶贫、计划生育等政策宣传，现场发放卫生计生宣传品1500多份，接受群众咨询200多人次。年内共开展各类计划生育宣传服务活动20场次，发放宣传资料3万份，宣传标语20多条，广播、电视专栏宣传50次，文艺演出52场。

【技术服务】 2016年，积极开展新一轮“国优”创建工作，出台创建活动方案，召开专题会议，布置创建工作。推动全县卫生计生部门工作理念的转变、促进基层计划生育管理服务水平的提升，满足人民群众日益增长的计划生育、优生优育、生殖健康需求，提高群众的满意度。

【流动人口计划生育】 深入开展“人口流动，健康同行”主题服务宣传活动以及关爱“三留守”人员服务工作；区间统计流动人口个案信息录入率达到95%以上，信息反馈率和及时率达96%。与统计、民政、卫生、公安等部门进行信息互通，及时互通流动人口信息。强化部门协作和区域协作，把出生缺陷干预——地贫筛查、免费孕前优生健康检查、爱心保险、生育关怀等惠民项目覆盖到所有的流动人口，推进流动人口计划生育基本公共服务均等化。

【奖励扶持】 全县符合国家奖扶对象483人，奖扶金额630720元；享受特扶家庭（自治区、市）奖励扶助15人，奖扶金额100080元；广西（金秀）55～59岁奖扶对象143人，奖扶金额102960元；各级奖扶、特扶资金100%到位。

【计划生育管理与服务】 2016年，县委办、县政府办牵头派出由县人口和计划生育领导小组成员单位领导、县卫生和计划生育局工作人员组成的考核组，对10个乡（镇）的党政线、计生线和33个签状部门进行考核评估，结果全部合格，通过来宾市考核验收。

【计划生育利益导向机制】 2016年，金秀县在新农合参保方面为农村计划生育家庭6154户共18175人缴纳参合费2181000元。2016年度计生爱心保险任务数2800户，已完成投保总数3315户。其中，完成自治区任务数2710户，占任务数96.79%，地方财政补助605户，发放保险卡3315张。有19户计生家庭获保险公司理赔，总赔付金额194208元，完成率100%。开展小额贷款贴息项目宣传服务工作，全县共完成小额贴息贷款统计共49户，96万元，其中独生子女户20户，双女结扎户14户，诚信计生家庭户15户。按10万农业人口20户计算，金秀县完成任务的163%。完成2016年到期应贴息128户，应贴息金额183000元。有效地保护了计生户利益和支持了计生户发展生产。

【计划生育经费投入】 2016年，全县计划生育事业费补助资金10863200元，支出10441200元，计划生育事业费补助资金执行率96%。计划生育配套经费401400元，其中计划生育奖扶经费201400元，孕前优生健康检查经费15万元，免费技术服务经费50000元。各项经费到位切实保障计生工作的有效推进。

【计划生育协会】 2016年，县、乡（镇）计生协会安排经费和物资一批15600元，共走访慰问计生困难家庭20户。县、乡（镇）计生协会充分发挥优势，在“三八国际劳动妇女节”期间，与妇联组织育龄妇女开展游园、计生知识竞赛、咨询服务等活动。开展免费康检和政策咨询，宣传科学的婚育新风。

旅游业

综述

2016年，金秀县积极申报国家全域旅游示范区和国家中医药健康旅游示范区，11月，被国家旅游局列为第二批国家全域旅游示范区创建单位。

强调理念引领，构建全域旅游发展新格局。深化全县旅游“一盘棋”思想。2016年，金秀县抢抓被国家旅游局列为第二批国家全域旅游示范区创建单位的机遇，结合全县发展实际，认真安排部署，讨论研究部署推进旅游规划、景区开发、招商引资、宣传营销活动等旅游重点工作，进一步整合了各方力量，形成以政府为主导，市场为主体，群众参与的大旅游新常态。制订详细工作计划。制订《金秀瑶族自治县创建国家全域旅游示范区工作计划》，明确“1个宣传、2个提升、4个推进、4个启动、5个完成”的主要任务，积极构建“产业围绕旅游转、产品围绕旅游造、结构围绕旅游调、功能围绕旅游配、民生围绕旅游兴”的全域旅游发展格局。构筑全域旅游新格局。根据“一城一镇两带三地”的旅游空间布局，融入“商、养、学、闲、情、奇”等要素，加大旅游产品开发力度，提升旅游产品档次，形成立体化、多功能的生态旅游产品格局。重点打造圣堂山生态旅游区、世界瑶都文化旅游景区、银杉公园景区、圣堂湖养生休闲旅游区、莲花山瑶族文化生态园区、百里瑶寨风情画廊。加强旅游区域合作。充分利用金秀县的旅游资源和区位条件，积极主动加强与周边县市、重要旅游景区沟通合作，构建环大瑶山旅游圈。在2015年联合桂平市开展的桂广高铁沿线广州、佛山、中山、江门4个城市旅游宣传推广活动的基础上，2016年继续完成了广东深圳、珠海、东莞、茂名、湛江，广西南宁、桂林、柳州、梧州、玉林等地的宣传推介，并根据市场反馈信息适时加强金秀旅游各目标市场广告宣传的投入力度，不断扩大金秀旅游的知名度和影响力。

突出特色优势，打造全域旅游特色品牌。优化旅游环境。依托金秀县良好的自然生态资源、多彩民族文化和“中国长寿之乡”“广西特色旅游名县”等品牌，打造“百里瑶寨风情画廊”旅游带，发展生态旅游、乡村旅游、民俗风情文化游和“农家乐”等品牌旅游项目，推动旅游资源由粗放开发向统筹整合、集约开发转变。打造美丽乡村风景线。以“圣堂山—莲花山”旅游精品线路为核心，辐射推进县城—桐木镇—三江乡、县城—罗香乡、县城—忠良乡、县城—六巷乡沿线景观开发提升工程，形成一村一韵、一线一风格，打造4条美丽乡村风景线，形成全域旅游精品品牌。发掘和打造特色民族文化。深化“1+6”瑶族博物馆模式，完成长垌乡山子瑶博物馆、金秀镇金田村盘瑶博物馆、金秀镇六段村茶山瑶博物馆建设。重新编排大型歌舞《瑶都神韵》和《瑶韵深牌》民族风情表演向市场推出。不断完善特色产品。深入挖掘瑶浴养生、瑶医瑶药、康体运动休闲、生态科普、自驾车游、瑶族长桌宴、瑶族文化寻根等特色服务项目，不断丰富全域旅游服务内容，满足不同层次、不同需求游客的需求。

抓好产业联动，促进全域旅游协调发展。积极申报国家中医药健康旅游示范区。以旅游业为优势主导产业，实现区域资源有机整合、产业深度整合发展和全社会共同参与，通过旅游业带动经济社会全面发展的一种新的区域旅游发展理念和模式，推动旅游业与养老相结合，与中医药健康服务业深度融合，成为特点鲜明、优势明显、综合实力强、具有一定影响力的全域旅游示范县。积极申报“天然氧吧”示范县。依托金秀县良好的生态自然环境，开展“天然氧吧”示范县申报工作。加快产业融合。按照城景融合、城乡融合的理念，推进平道五彩田园、六段（茶叶）农业核心示范区、三江（柑橘）农业核心示范区等生态农业开发项目，发展田园观光游、乡村采摘游、民俗体验游等乡村旅游产业。

注重人才培育，夯实全域旅游发展基础。加强旅游从业人员培训。多次组织开展酒店员工、景区、乡村旅游从业人员等系列旅游行业培训班，2016年培训各类旅游从业人员1200多人次，为金秀县全域旅游示范县的创建和旅游产业的发展提供了人才保障。制订旅游人才发展计划。聘请专业机构在全县范围内开展旅游人才调查摸底工作，制定完善旅游人才发展目标和工作计划，并立即组织实施。提升全县整体旅游服务水平。组织全县旅行社、星级酒店、旅游景区、旅游车队、购物场所等涉及旅游行业服务行为，按照国家标准和行业标准的要求，认真开展旅游行业标准培训活动。

金秀瑶族自治县旅游发展委员会

【概　况】 2016年，金秀县旅游产业发展主要围绕“325”（即“3个启动，2个提升，5个完成”）重点工作目标，加大工作推进力度，完善旅游基础设施建设，加强宣传和促销工作，积极申报国家全域旅游示范县和国家中医药健康旅游示范区，加快促进旅游产业跨越发展。2016年，全县共接待游客354.09万人次，旅游总消费26.13亿元，同比增长分别为23.05%和37.24%，其中入境游客5143人次，创外汇236.86万美元，同比增长为4.3%和30.57%。金秀瑶族自治县旅游发展委员会，设办公室、质量监督股、财务股等3个股室，下辖金秀瑶族自治县旅游质量监督所、金秀瑶族自治县旅游规划发展中心和金秀瑶族自治县旅游开发公司三个二层机构。旅游发展委员会共有编制6个，实有人数6人。设主任1名，副主任3名，工作人员2名。旅游质量监督所共有编制8个，实有人数6人，设所长1人，副所长1人，工作人员4人。旅游规划发展中心共有编制2个，实有人数2人，设主任1人，工作人员1人。自治县旅游开发公司实有人数72人。设总经理1人，副总经理3名。

主　任：李　雪
副主任：莫炳登
梁永帅（4月离任）
孙　婕（7月离任）
杜绍和（6月任）
梁潇憋（6月任）

【旅游项目建设】 启动圣堂山创建国家地AAAAA级旅游景区、“百里瑶寨风情画廊”项目、六段“拉迦部落”AAA级景区3个旅游重点项目。启动《圣堂山景区地AAAAA级旅游景区资源评价报告》编制工作，截至2016年年底，在进行编制。完成《百里瑶寨风情画廊规划》的编制工作，于2016年7月26日通过了专家评审；《金秀瑶族自治县平道旅游扶贫试点村规划》《金秀瑶族自治县六巷乡大岭村旅游扶贫攻坚实施规划》《金秀瑶族自治县大樟乡花炉村旅游扶贫攻坚实施规划》也于8月25日通过了专家评审。启动六段“拉迦部落”AAA级景区创建工作：完成了修建性详细规划的评审和政府审批工作，并联合各相关部门，迅速启动了六段新村的旅游服务设施和六段老村旅游厕所、红豆杉步道、茶园观光等项目建设，加快推进项目落地。着力提升山水瑶城景区和青山瀑布景区2个景区建设：成立了自治县山水瑶城景区管理委员会并明确了管委会及各成员单位职责，进一步加强景区的管理和指导。编制香草桥至香草湖农庄沿河景观带的图纸，有序推进土地征用工作；

编制县城金秀河水轴景观的设计图，完成了景观设计征求意见收集。完成青山瀑布景区临时停车场的建设，正在实施观景平台、亲水步道等工程建设。顺利推进银杉公园、古占瑶寨AAA级旅游景区、自治区级旅游服务标准化示范县、圣堂山景区索道建设、星级酒店创建5个旅游项目建设。完成AAAA级旅游景区的材料申报，并通过广西旅游A级景区评定委员会评定验收。金秀县与桂林展卓实业投资有限公司签订《金秀航空旅游休闲项目投资协议书》，该项目已启动建设，2016年年底，在支付项目征地款和规划设计等工作。完成《自治县瑶浴服务规范》等地方标准的申报材料，申报材料已报到自治区质量技术监督局进行审定。同时，完成《自治县旅游标准示范县工作实施方案》，正式启动旅游标准示范县创建工作。11月，国家林业局作出《国家林业局关于不同意在广西大瑶山国家级自然保护区实验区圣堂山景区修建客运架空索道的行政许可决定》（林资许不准〔2016〕2号）后，金秀县积极与上级林业部门汇报、对接，向国家林业局申请行政复议。来宾市旅发委多次对万兴酒店创建国家3星级酒店相关工作进行指导，12月22日，桐木万兴酒店创建国家3星级酒店通过来宾市旅游饭店星级评定委员会的评定验收。

【招商引资工作】 2016年，金秀县不断加大旅游招商力度，招商引资成果丰硕。与桂林展卓实业投资有限公司签订《金秀航空旅游休闲项目投资协议书》。于11月15日，与中景信旅游投资开发有限公司签订“金秀县莲花山景区旅游项目合作开发和运营项目”正式投资协议，通过五年时间将莲花山景区打造成为国家AAAAA级景区。世界瑶都瑶族文化产业园项目于11月16日与广西师范学院师园学院签订正式协议。

【旅游扶贫工作】 制定《金秀瑶族自治县旅游扶贫工作方案》，全面推进金秀县贫困村的旅游精准扶贫工作，把长垌乡平道村、平孟村、六巷乡大岭村、大樟乡花炉村、金秀镇六段村等5个村屯列为重点乡村旅游扶贫村。当年，4个贫困村的规划通过评审。2016年8月，县旅游开发公司被列为全国“公司＋农户”旅游扶贫示范项目，县鑫辉旅行有限公司陶柳燕被列为全国“能人带户”旅游扶贫示范项目。同时，加强乡村民族文化、瑶医药养生文化、自然山水风光的挖掘、整理、开发建设力度，发展民族特色商品的乡村旅游区、农家乐、民族风情表演、民俗体验等旅游经营项目，吸收更多的贫困人口参与旅游发展。2016年，通过旅游扶贫，金秀县实现300户989人脱贫。

【精品旅游民宿开发】 2016年10月，县旅发委会同相关部门、乡镇组成调研组，就乡村旅游发展现状、旅游民宿开发情况进行了专题调研，形成了《自治县旅游民宿发展调研情况报告》和《自治县民宿旅游建设工作方案》。计划在2017—2019年，用三年时间，建成民宿旅游示范点15个、发展特色民宿200户以上、床位数达到1000个以上，为全县精品旅游民宿产业的培育和开发奠定了坚实的基础。制定《自治县生态乡村民宿旅游建设管理暂行办法》和《自治县生态乡村民宿旅游和农家乐建设奖励暂行办法》，为加快民宿旅游发展提供有力保障。2016年年底，各有关乡（镇）均已启动生态乡村民宿旅游建设工作，六巷乡、长垌乡、忠良乡、罗香乡已率先动工建设各生态乡村民宿旅游示范点。

【旅游宣传和促销工作】 加强户外广告宣传，在桂林至南宁高速路跨桥、柳州至梧州互通等地布局了7面高速路广告，在金秀县境内的主干道布局了8块高炮广告；充分发挥金秀旅游网站和大瑶山旅游微信平台的作用，及时发布金秀县旅游、文化、民族等方面的信息。举办节庆活动，5月6日至8日，成功举办了“中国·金秀2016圣堂山杜鹃花旅游节”和“旅游发展论坛”，业内多名旅游专家纷纷为金秀县旅游提出了众多的宝贵意见。11月14日至16日，成功举办“中国金秀—世界瑶都2016·盘王节”，吸引了众多游客前来参与。坚持“走出去，引进来”开展宣传，当年，广东佛山旅游协会、深圳旅游协会等旅行社多次到金秀县进行采线，并签订了合作协议。6月3日，广州“千人游瑶山活动”正式启动，截至年底，共组织了广州等地4

万多人次的专线游客到金秀县旅游。2016年，广东团队游比2015年增长65%。

【强化监督管理】 加强旅游服务质量监管，创新旅游市场监管手段，畅通市场监管的信息渠道，提升旅游项目、旅游产品和服务环节质量，优化旅游消费环境。同时，加强安全监管，成立旅游安全监管工作领导小组，建立旅游安全监管长效机制，完善各种安全应急预案，加强对景区景点、星级宾馆酒店、星级农家乐、旅行社的安全监管，使游客的安全感进一步增强。2016年第一、第三季度、第四季度，金秀县游客满意度在全区特色旅游名县中名列第一。

广西大瑶山国家级自然保护区

【概　况】 广西大瑶山国家级自然保护区位于广西中部偏东的大瑶山山脉上，东经北纬23°40′～24°28′、109°50′～110°27′之间。总面积25809.2公顷，其中核心区5741.5公顷、缓冲区5795.5公顷、实验区14272.2公顷，森林覆盖率96.1%，是一个亚热带森林生态系统类型的自然保护区。1993年，金秀瑶族自治县政府确定大瑶山自然保护区的面积界线以及林木的处理办法；1994年5月，自治区林业厅桂林政字〔1994〕067号文设立广西大瑶山自然保护区管理处。1997年12月，根据《中华人民共和国自然保护区条例》及国家有关规定，自治县人民政府再次下文确定自然保护区的山界林权，并依法给保护区核发山界林权证书。随后不断加强保护区的建设和管理，2000年4月国务院批准建立广西大瑶山国家级自然保护区。2001年大瑶山自然保护区升格为国家级自然保护区后，自治区林业局委托原柳州地区林业局（现来宾市林业局）代管。2003年，来宾市编委下文设立大瑶山国家级自然保护区管理局，编制45人。2016年，保护区共有管护人员101人。来宾市编委编制核减2名，现编制43名。管理局内设行政科、财务科、保护科、技术科、旅游科，下设7个保护站16个护林点。保护区内动植物资源丰富，种类繁多。据2008年的大瑶山自然保护区综合科学考察，保护区内有陆栖脊椎动物481种，其中鸟类287种，占广西鸟类的60%，占全国鸟类的22%；两栖类占广西的75%；列为国家一级重点保护野生动物有鼋、瑶山鳄蜥、蟒蛇、云豹、林麝、金斑喙凤蝶等6种，国家二级重点保护野生动物有大鲵、虎纹蛙、猕猴、穿山甲等46种。有维管束植物216科、855属、2232种，植物种类占亚热带植物区系的86%，大瑶山保护区是广西植物资源最为丰富的地区之一。有国家一级重点保护植物银杉、伯乐树、南方红豆杉、合柱金莲木、异形玉叶金花、瑶山苣苔等6种；有二级重点保护植物白豆杉、福建柏等16种。大瑶山山体庞大，林广、雨多、河密，是珠江水系重点源头之一，被誉为是一座庞大的“天然绿色水库”。境内分布着集雨面积10平方公里以上的河流25条，呈辐射状流向周边柳州、来宾、桂林、梧州、贵港五个市8个县41个乡镇，年产水量24亿立方米，蕴藏发电量23.05万千瓦；为570多处引水工程、1620多座山塘水库和590处山区水电站提供水源。灌溉着周边200多万亩农田和1500万多亩耕地，为近200万人口提供生产生活用水。

局　长：龙　清

副局长：谭海明

　　　　廖日香

【干部队伍建设】 深入学习贯彻落实中共十八大、十八届三中、四中、五中全会和习近平总书记重要系列讲话、自治区党委十届六次全会、市三届八次全会精神。按照市、自治县及上级部门的工作安排部署，大瑶山保护区根据实际工作，深入开展“两学一做”专题学习教育活动，引导大瑶山保护区党员、领导干部把思想和行动统一到中央决策部署上。提升了保护区全体干部职工的政治素质，为更好的服务保护区的保护事业，建设美丽中国做出自己应有的贡献的思想保障。积极选派人员参加国家、区、市级举办的培训班。2016年，大瑶山保护区参加了国家林业局举办的“新版《野生动物保护法》解读暨野生动植物保护管理培训班”；自治区公务员培训中心举办的“新闻照片处理基础班”和“办公室人员综合素质培训班”以及自治区森防办举办的“2016年度全区森林防火办主任培训班”；来宾市委党校举办的“来宾市2016年第一期财务工作人员综合素质能力提升班”“2016年公务员全员培训班”等培训班。按要求在广西教育培训网进行“互联网+政府管理与服务创新”网络专题培训以及全员培训。同时，为了提高大瑶山保护区管理局全体干部职工（包括聘用护林员）的业务知识水平和业务工作能力，进一步提升大瑶山保护区管理水平，大瑶山保护区举办了大瑶山自然保护区管理业务培训班。使保护区职工进一步统一了思想认识，提高了政治素质和业务能力，增强了干部职工的使命意识、责任意识，进一步提高了保护区管理人员整体文化素质和管理水平。

【提高群众保护意识工作】 采用多种形式对保护区周边村屯的群众进行宣传教育，减少群众对保护区森林资源的破坏并扩大保护区的社会影响力。大瑶山保护区重新设计印制了2万册宣传单、3000册“醉美大瑶山”宣传册以及制作了10块永久性宣传牌。利用2016年野生动植物保护宣传月，组织200多名小学生到银杉保护站参与大瑶山自然保护区体验生态环境活动，让更多的学生体验大瑶山良好的生态环境，增强学生珍惜资源、倡导节约、保护环境等重要意识。该次活动共发放300多份宣传单、200多份宣传册。在保护候鸟“清网行动”中，大瑶山保护区共悬挂横幅8条，向金秀县中国移动用户发宣传短信10000条，在保护区周边村屯张贴通告50多张，发放宣传单300多份。大瑶山保护区利用2016森林旅游节、2016年爱鸟周宣传活动启动仪式、2016年生物多样性日暨中国自然保护区制度建立60周年纪念公众活动、2016年全国科技活动周金秀县科普大集活动等活动为契机，全面面向全国、广西区内以及大瑶山保护区周边社区进行宣传，共贴出20多张标语，发放100多份图书和4000多份宣传单、宣传册。

【打击不法分子】 巡山护林是保护区的重要工作之一，2016年大瑶山保护区在宣传预防为主的基础上，主要采取了以下措施积极巡山、依法治区，严厉打击了不法分子。划定责任区进行巡护管理，平时保护科不定期深入各站、点林区和护林员一起巡护，随时掌握林区情况，对林区不同情况采取灵活的解决方式进行保护。2016年来重点检查盗挖、偷运罗汉松及砍伐保护区内其他林木和捕鱼的工作，并组织保护科人员和护林员到被盗罗汉松的站点和长滩河野生鱼重点区域进行巡护。大瑶山保护区进行了森林巡护系统建设，已完成人员培训和仪器的发放工作以及巡护系统的测试工作，这对今后更科学的巡护提供了条件。根据自治区林业厅、来宾市林业局保护候鸟“清网行动”的安排部署，大瑶山保护区根据各站、点情况开展各项摸底、排查工作，利用摸底情报进行周密部署。以保护科为主要力量，抽调各站、点精兵对辖区进行交叉检查。在“清网行动”中，大瑶山保护区共成功捣毁6处非法猎捕鸟窝点，收缴鸟类80多只，收缴鸟网长约1300多米，收缴各类捕猎工具17余只，对50多名非法进入保护区人员进行宣传教育。与金秀县森林公安合作，坚决制止破坏保护区自然资源的违法行为。全年一起处理林政案件10起，结案9起，1起在侦查中，有力地打击不法分子，维护林区的正常秩序。

【生产科研工作】 大瑶山保护区积极利用保护区的资源条件开展生产科研工作，2016年完成的工作主要有：协助各大院校以及科研机构（包括中国农业大学、广西大学、广西师范大学、广西林勘院等）进入保护区开展科研教学工作；6月，与广西林勘院合作开展了大瑶山保护区野生动物资源监测。继续开展国家林业局重点工程（野生动植物保护及自然保护区建设工程）经济效益监测工作，完成保护区和周边社区（琼伍村和永和村）数据监测工作。开展实地核查保护区人为活动工作，核查23处疑似地点和27段公路，得出保护区内2013—2016年未有新增加的人为活动。完成巡护路的除草维护设计工作。完成银杉土县坪和六巷乡生物防火林带的建设，总长7公里，宽20米。完成龙道山红豆杉林业科技示范基地的补植和阔坎抚育，补植苗木25000株，阔坎抚育115亩；完成207亩小叶罗汉松杀虫和抚育工作。在野生动物疫源疫病监测方面，坚持每日上报制度，未发现异常情况。

【加强项目建设与管理】 大瑶山保护区围绕着“争项目就是争资金，争项目就是抓发展”的理念，把向上争取资金和项目列入重要工作日程。2016年完成的项目和争取的资金有大致完成森林巡护系统建设和森林防火监控系统建设工作，已经完成投资68万元。获得中央财政森林生态效益补偿资金302.78万元，完成2016年大瑶山保护区林业中央财政补助资金的项目申报工作，补助资金已到位80万元，与广西师大合作完成了大瑶山数字标本馆制作项目，馆内收藏数字标本和图片2000多份，配备数字触摸屏5台，充分展现了广西大瑶山丰富的多样性。完成大瑶山国家级自然保护区界牌界桩验收工作。大瑶山保护区基建二期工程全部完工，在进行验收资料整理等工作。

【开展生态旅游】 大瑶山保护区在加强森林保护，坚持在保护的前提下继续积极开展旅游，加强旅游行业管理，认真积极地抓好旅游工作。主要工作成绩：完成广西大瑶山森林公园自然遗产保护利用设施建设项目上报材料工作。参加开展自然保护区违法修建旅游项目综合检查工作。积极参加来宾市安全生产委员会办公室关于加强安全生产隐患排查治理体系建设。对在保护区内开展旅游的各景区进行安全检查排查，发现问题及时汇报，并给予相应的整改建议。认真统计每月的旅游人数及上报工作。协助做好圣堂山索道项目的上报工作。已完成项目对保护区的影响评价报告、环评，并通过专家评审，所有上报材料均已报至国家林业局。银杉公园创AAAA景区工作有序开展，并准备申报验收。根据专家意见，天堂山景区项目正在进行环评材料的修改工作。

【野生动物疫源疫病监测】 作为野生动物疫源疫病国家级监测点，大瑶山保护区坚持每日向国家林业局野生动物疫源疫病监测总站报告监测情况，及时反馈信息，为全国大局防控工作提供数据。监测队伍建设。局领导对野生动物疫源疫病监测工作高度，把该项工作作为工作重点来抓，并深入学习领会国家、自治区下达的有关野生动物疫源疫病监测工作的文件精神，切实按照上级要求贯彻实施。通过召开管理局会议，多次强调野生动物疫源疫病监测的重要性，提高工作人员的思想认识，要求工作人员要本着对国民身体健康和国家公共卫生安全高度负责的态度开展监测工作。完善监测体系。发挥保护区的网络资源，充分利用有限的人力、物力、财力，将野生动物疫源疫病监测与巡护人员的日常工作紧密结合起来，并根据大瑶山保护区自身特点，建立适宜的监测体系。在保护区原有的‘管理局—保护站—护林点—管护人员’管理模式的基础上建立了野生动物疫源疫病监测体系。管护人员将监测任务与日常巡护任务结合开展。通过现有的管护网络进行监测，范围能够遍及整个保护区，杜绝了监测盲区，并且重点区域重点监测。一线监测员配发了野生疫源疫病野外采集仪，可立即通过该采集仪上报监测数据，使数据上报更可靠更快速。日常监测和汇报。在野生动物疫源疫病监测方面将每项工作任务具体分解到人，按照“谁主管谁负责，谁当班谁负责”的工作要求对监测过程中的每个细节进行了量化，要求做到早发现，早上报，并保护好现场，决不瞒报漏报，大大强化了每个干部职工责任和安全意识。一年来，将日常疫源疫病监测工作和野生动植物保护监测巡护工作结合起来，强化迁徙候鸟期间疫源疫病监测，在鸟类迁徙前组织专门力量到位到岗，进行重点看护，掌握了候鸟迁飞、集群活动动态和疫情信息，并坚持日报、月报、年报和快报制度。应急物资的储备。2016年，大瑶山保护区做好了防护服、消毒液等必要的监测物资储备，并分配到第一线监测点，确保在发生紧急情况时应急物资有保障。经过一年的监测工作，保护区野生动物没有疫情发生。

社会生活

民政事业

【概　况】 金秀瑶族自治县民政局成立于1952年5月，属正科级行政单位，县政府职能部门之一。2016年，局机关内设机构有办公室（法制股）、优抚股、救灾救济股、财务股、社会福利和社会事务股、基层政权建设和区划地名股、民间组织管理股、社会救助股。县老龄办、县安置办归属县民政局管理。下属6个单位：县救灾服务中心、县城乡低保工作办公室、县婚姻登记处、县福利院、县低收入居民家庭经济状况核对中心、县殡葬管理所。有干部职工17人，本科学历5人，大专12人，中共党员11人，40岁以下干部职工5人。县民政局2016年荣获来宾市爱国拥军先进单位。

县民政局机构与领导成员

局长、党组书记：龚槐枢（8月离任）

梁　森（8月任）

副局长：陆秀华

盘文合

廖红英（6月离任）

陆爱桂（6月任）

纪检组组长：陶耀林

【社会救助】 全县新增建档立卡贫困人口纳入低保范围的贫困人口数为3710人，增加后低保对象中的贫困人口数11158人，增加后农村低保对象总数14546人，增加后低保对象与贫困对象的重合率为76.71%，增加后低保对扶贫的贡献率为34.85%。完成了自治区民政厅下达的新增符合条件建档立卡贫困户纳入农村范围的任务。扎实做好城乡低保发放工作。全县累计发放城镇低保资金2800800元，救助对象9326人次，补助水平人均每月达到300元；累计发放农村低保资金20785200元，救助对象157400人次，补助水平人均每月达到140元。五保供养经费累计支出2714500元，农村五保对象生活得到保障。做好医疗救助工作。本着救急难的原则，对城乡特困户进行医疗救助，同时为城乡困难群众进行临时救助，全年医疗救助共救助了17972人次，累计发放医疗救助资金3124000元；临时救助共救助288人，累计发放临时救助资金281500元。

【防灾救灾】 加大灾害应急救助力度。实行汛期值班制度，落实带班领导、值守人员，坚持24小时值班制度。规范灾情报送的相关程序、范围及要求。全年发放应急救灾衣被17100床套，确保每个受灾群众有饭吃、有水喝、有衣穿、有临时地方住，有病能及时救治。为农村住房购买政策性保险。全县共有69户因各种自然灾害住房倒损得到理赔，共获理赔金319200元。扎实开展冬春灾民生活救助工作。冬春期间投入救助资金1444890元，救助人口达12032人次，其中发放衣被5160套（床），救助人口6990人次，发放粮食60500公斤，救助人口 5042 人次。

【优抚安置双拥】 全面落实优抚政策，2016 年，全县共有优抚对象人数 885 人，全年累计发优抚对象抚恤金、定期定量生活补助金 5369600 元。2016 年 12 月底，全县共发放义务兵家属优待金 69 户，共发放义务兵家属优待金 824600 元。做好重点优抚对象一人一档案信息采集工作，按照政策要求做好优抚对象相关信息的录入工作，2016 年新增录入上报 29 人审批 15 人，待批 14 人，病故优抚对象 21 人。有序开展伤残军人评残、伤残等级调整工作，为需要换证、补证工作的人员提供服务。认真做好退役士兵安置工作。做好 2016 年冬季退役士兵的接收准备工作等各项工作。上半年共发放退役士兵一次性自主就业补助金 213000 元。接收转业士官 7 月底全部安置完毕。扎实抓好双拥工作的落实。在春节、“八一”建军节开展对市、县驻军及基地，优抚对象进行慰问，共发放慰问金 618700 元。2016 年送部分退役士官到来宾职业中心学术培训。

【基层政权建设】 深入推进基层政权建设和社区建设。建立健全村民委员会及村务监督委员会，各村屯完善“三会”组织，居民自我管理、自我监督和参政议政意识不断增强。将村干部的培训教育纳入了干部教育规划，不断整合资源。调整提高村（社区）干部待遇，使原来的村“两委”干部从“不愿做”到“争当选”的转变。与县界毗邻七个县（市）分别签订了共建平安边界协议书。

【地名区划】 开展第二次全国地名普查工作。填好地名普查登记表，对不规范地名、重名进行整治；对地名来历、含义不清的及地名实体概况不规范的进行调查和补充，搜集到地名目录 2800 多条，已填写地名登记表 2600 份。

【社会福利和社会事务】 落实了孤儿保障政策，全年共办理收养登记手续 17 例，发放孤儿保障金 159000 元。完成“两留守”人员摸底排查和建立了信息数据库。按要求推进福利彩票发行工作。全年共发放重度残疾人护理补贴资金 561400 元，累计发放困难残疾生活补贴资金 493900 元。救助生活无着落实流浪乞讨人员 540 人，为 2 例唇腭裂患者施行康复手术补助。全年全县共办理结婚登记 1262 对，离婚登记 469 对，结婚证补领 373 对，补发离婚证 27 件。

【民间组织管理】 全面实现行业协会商会与行政机关脱钩；对新成立的组织统一社会信用代码赋码，全县在册登记的社会组织 158 家，其中社会团体 125 家，应参加年检 110 家，民办非企业单位 35 家，应参加年检 25 家，年检率均达 100%。

【老龄工作】 为 60 岁以上老年人办理优待证，为老年人出行提供方便。2016 年，共办理老年优待证 127 份。提高高龄老人补贴标准。对全县高龄老人补贴范围和标准进行调整，发放对象由 90 周岁以上老人扩大到 80 周岁以上老人，并提高补助标准。加强老年协会组织机构建设和管理，制定相关的制度并上墙，指导老年协会开展日常活动。

【民政项目建设】 为加快金秀县瑶医瑶药的发展，积极打造以瑶医瑶药为主题的养生康体服务中心，县民政局与金秀瑶族自治县亿草丰茂瑶药有限公司进行了充分接洽，该公司计划在县民政福利园区投资人民币约 2800 万元，建设中国金秀瑶医瑶药养生康体服务中心项目。双方拟定了项目投资协议书，并报经金秀瑶族自治县十六届人民政府第 5 次常务会议审核同意，按照《中国金秀瑶医瑶药养生康体服务中心项目投资协议书》实施。

（撰稿人姓名）

扶贫开发

【概　况】 扶贫开发工作主要通过基础设施建设、产业开发、培训、信贷、社会帮扶、贫困村互助资金试点等方式开展新一轮扶贫开发攻坚战工作，2016 年，全县共有贫困村 28 个，占全县 77 个行政村总数的 36.4%，贫困发生率 25 以上的面上村 16 个，占 49 个面上村的 32.65%，2016 年年初全县贫困人口8708户、32074人，贫困发生率为20.74%，年底全县脱贫人口由32074人降至目前的21312人，减少贫困人口2760户10751人，3个（桐木镇三友村和长垌乡的平道村、平孟村）贫困村实现了脱贫摘帽。2016年，金秀县把脱贫攻坚作为重大政治任务和最大民生工程抓紧抓好，努力构建政府、市场、社会“三位一体”大扶贫格局，坚持“治标”与“治本”结合、“输血”与“造血”并重、“扶贫”与“扶智”并举，以预脱贫村为主战场、预脱贫户为主要工作对象，聚焦帮扶，精准发力，扶贫开发工作成效显著。

主任、党组书记：胡志辉

副主任：李真明（3月离任）

吴昊原（6月离任）

罗明武（3月任）

赵才显（3月任）

刘国成（6月任）

纪检组组长：黄秀萍（6月离任）

莫冬艳（6月任）

【扶贫资金到位情况】 2016年，扶贫部门到位财政专项扶贫资金4996万元。其中，包括自治区扶贫办、财政厅下达金秀县第一批财政专项扶贫资金1606万元；自治区扶贫办、财政厅下拨第二批财政专项扶贫资金418万元，中央财政资金853万元。县财政局追加2015年“美丽广西　生态乡村”屯级道路专项资金64万元；扶贫小额贴息资金205万元；脱贫攻坚资金50万元；政府新增债券1800万元。

【贫困村基础设施建设】 2016年，共投入资金4723万元，完成扶贫基础设施工程、村屯绿化等贫困村基础设施建设。其中，通过实施扶贫基础设施工程，投入资金1166万元，完成8个乡镇14条水泥路和3座桥梁建设；投入710万元对9个乡镇16个项目的建设，现已完成了15个项目的建设，有1个项目正在建设中；增加1800万元的国债资金对10个乡镇20个项目的建设。已完成了9个项目建设，其余项目正在建设中；村屯绿化项目资金84万元，扶持5个乡镇5个村委13个自然屯实施村屯绿化建设，已全部完工；第二批中央财政专项扶贫资金963万元，实施10个乡镇31个项目建设，已完成6个项目的建设，其余在建设中。

【产业扶贫开发项目】 2016年，总共投入帮扶资金1600多万元，扶持贫困户发展特色种植、养殖业，以及低产改造等，其中甜茶种植1929.4亩，补助金额57.877万元；草珊瑚种植1367.7亩，补助金额136.77万元；水果施肥10900.9亩，补助金额653.633万元；油茶种植1831.8亩，补助金额28.5755万元；经济作物种植2659.4亩，补助金额251.8478万元；中草药种植839.95亩，补助金额39.2887万元；传统种植3330亩，补助金额96.436万元；水产养殖131.3亩，补助金额12.999万元；娃娃鱼养殖1252亩，补助金额1.71万元；家禽养殖5.0603万羽，补助金额125.6162万元；罗汉果种植130.4亩，补助金额7.82万元；生猪养殖2254头，补助金额211.656万元；养牛养殖72头，补助金额9.0935万元；特色养殖2714头/棒，补助金额9.7325万元；蜜蜂养殖872箱，补助金额15.95万元；覆盖全县28个贫困村，带动了5000以上贫困人口脱贫。

【扶贫培训项目】 举办农民实用技术培训班2期培训118人次，使贫困农民掌握1～2门实用技术，农村劳动力转移就业2176人，完成任务的103.62%；贫困户“两后生”培训231人；贫困生“雨露计划”补助的申报工作。已有本科新生69人，高（中）职新生172人成功在网上申报雨露计划补助。同时，有56名2015级贫困学生提出书面申请。2015年已享受补助的79名学生中在2016年仍有56名未脱贫学生将继续享受补助，以上贫困生补助对象348人，投入资金76.35万元。

【旅游扶贫合作试点项目】 进一步推进长垌乡平道村、平孟村、金秀镇六段村、六巷乡大岭村、罗香乡横村旅游产业扶贫工作，平道村古占屯国家AAA级旅游景区创建工作有序进行，平道村“五彩田园”花卉观赏项目开放接待游客，启动了六段拉珈部落国家AAA级景区建设。打造树立一批公路沿线农家乐示范村屯，带动1200多贫困人口脱贫。

【扶贫生态移民工程】 2016年，深化拓展扶贫搬迁“四种新模式”，带动县、乡、村“三级联动”，圆满完成上级下达任务。2016年3个屯已搬迁入住235人，占年度任务561人的41.9%。

【金融扶贫工作】 2016年，落实1800万元风险补偿金，可撬动金融贷款2亿多元。累计发放贫困户扶贫小额信贷4161户、21056.84万元，发放的资金全部用于增收、改善生产生活条件和自我发展能力的项目。2016年9月18日—20日，全区财政扶贫资金管理暨金融扶贫培训班上金秀县进行了典型经验交流发言。

【中央专项彩票公益金支持革命老区整村推进项目】 金秀县划定为三类革命老区县，其中罗香乡、长垌乡、大樟乡、桐木镇4个为革命老区乡镇，占全县乡镇总数的48%，有革命老区村（含居委会）35个，占全县行政村总数的43.2%，辖331个自然屯，总人口8.0273万，全县列入“十三五”规划贫困村有28个，其中老区贫困村桐木镇1个（三友村）、罗香乡2个（罗运村、山茶村）、长垌乡3个（平道村、平孟村、长垌村）、大樟乡2个（花炉村、双化村），占全县贫困村的28.57%。游客集散服务中心一处190万元，其中横村游客服务中心于2016年年底竣工完成。

【公共服务工作】 2016年，金秀县农村低保标准提高到2500元/人年，农村低保中建档立卡贫困人口数8529人，占下达任务的92.9%。县财政帮助无能力贫困户购买新农合共360人，落实了财政资金30万元为2016年预脱贫人口购买人身意外保险。

【生态补偿到村到户补助工作】 2016年，金秀县正在不断向帮上级主管部门汇报协调，将重点公益林森林生态效益补偿基金的补偿标准，由每年15元/亩提高到每年50元/亩以上，全县将可以实现2852户贫困户9982贫困人口增加收入。同时，2016年自治区林业厅落实安排给金秀县聘用贫困人口生态护林员280名，补助资金280万元，金秀县根据实际，增加落实经费31.08万元，2016年共计划聘用777名贫困人口为护林员。

【电商扶贫工作】 2016年，金秀县成立“金秀镇‘乡水瑶’党员电商中心户”电商扶贫平台，采取“建立党员供货网点—创立特色品牌—中心户包装网销”的运营模式，带动、联合域内行业10多名党员电商，累计销售2000多万元品牌土特产，创建“乡水瑶”瑶族瑶浴、庞桶药浴、艺耕堂、野生绞股蓝等电商品牌10多个，实现利润600多万元，直接受益党员和贫困户1000多人，单项人均增收2000元以上，有效实现了贫困户创收。加强与广西空店资产管理有限公司对接，依托该公司38万多注册用户、1万多家线上空店、1000多家线下空店和300多家城市实体店的互联网平台优势，及时成立了“空店”扶贫工作机构，制定了扶持政策，安排专项扶持经费，全力推进“空店”模式建设，确保全县28个贫困村全覆盖，从根本上解决贫困户农产品的销售难题，提升了农产品附加值，全力提高贫困户的收入水平，把“空店”精准扶贫模式打造成“第一书记”抓党建促脱贫攻坚的民心工程。

【社会扶贫工作】 2016年以来，金秀县切实做好“一帮一联”工作，共选派了28名优秀干部担任28个贫困村党组织第一书记，按照5∶4∶3的比例，结对帮扶贫困村28个，定点帮扶单位43个；结对帮扶贫困户8706户、贫困学生3112人，帮扶干部2746人，实现贫困村和贫困户帮扶全覆盖。一年来帮扶干部入户总次数5.3万次，共帮扶金额（含物资折款）5200万元，帮助贫困户解决问题13200多个。

（黄　丹）

人力资源和社会保障

【概　况】 2016年，金秀瑶族自治县人力资源和社会保障局（以下简称县人社局）机关内设7个股（室），包括办公室、公务员管理股、事业单位管理股、工资福利与退休股、社会保险就业股、劳动保障监察股、调解仲裁管理股。局属单位6个：社会保险事业局、就业服务中心、人才交流中心、劳动监察大队、劳动人事争议仲裁院、城乡居民社会养老保险管理中心。全县人力资源和社会保障工作深入贯彻科学发展观，着力推进就业、社会保障、人才工作、收入分配、人事制度改革、劳动关系等工作，为促进经济发展、构建和谐社会和全面建设小康社会提供有力人才保障和智力支持。

党组书记、局长：陶杰华

副局长：黄立喜（4月离任）

　　　　李昌才（4月任）

　　　　姚雪云

　　　　韦利民

纪检组组长：蒙凤英

【人事管理】 根据《中华人民共和国公务员法》《公务员录用规定（试行）》（中华人民共和国人事部令第7号）《关于印发〈新录用公务员试用期管理办法（试行）〉的通知》（人社部发〔2011〕62号）和《新录用公务员任职定级规定》（中组发〔2008〕20号），2016年自治县政府机关招录公务员36名（参公人员24人），瑶族公务员10名，占录用公务员总数的27%，壮族18人，占录用公务员总数的50%，新招录公务员一年后全部转正定级，获准进行公务员登记。2016年，共组织全县所有公务员参加了2期网络培训，培训通过率达到98%；组织全县事业单位工作人员参加了专业技术人员公需科目继续教育培训，培训通过率达到99%。根据自治区、来宾市调配有关政策及《金秀瑶族自治县人事调配工作规定（试行）》，自治县政府机关2016年调配公务员33人，专业技术人员86人，工勤人员5名。全年政法部门1名公务员辞去公职。

【劳动就业】 按国家有关安置退役士兵的管理办法，2016年共安置退役士兵4人。根据《金秀瑶族自治县人民政府办公室关于转发〈来宾市事业单位公开招聘工作人员实施细则〉的通知》精神，遵循“公开、公正、公平”的原则，2016年共面向全区招录事业单位工作人员121人。评出高级职称26人，中级职称17人，初级职称39人，大中专毕业生专业技术职务资格定职1人。2016年度，根据县委组织部的要求，公开招募了“三支一扶”（是毕业生基层落实政策，指大学生在毕业后到农村基层从事支农、支教、支医和扶贫工作）人员12人。县人才中心积极为存档人员提供优质的档案托管和个人人事代理服务。2016年，新接收大中专毕业生档案593册；档案调出236份，整理档案1670份。为1500多名（次）学生提供档案服务。2016年，做好2016届离校未就业高校毕业生实名登记和就业服务工作。回县人才中心报到共365人。其中：综合类本科毕业生110人，综合类专科毕业生171人；师范类本科毕业生18人，师范类专科毕业生24人；卫生类本科毕业生12人，卫生类专科毕业生29人，卫生类中专毕业生1人。办理档案托管365份。2016年县人社局创新就业工作思路，加大技能培训力度，送培训服务下乡，提高就业人员的技能水平。协同培训机构，转变服务观念，送培训服务下乡，开展多项实用性技能培训，增加就业人员的含金量，提高再就业率。1—12月，县人社局联合柳州商贸学校、来宾汽车运输学校，开设电氧焊、电工、计算机维修工等培训项目，举办了多期培训班。县就业服务中心在组织开展农村劳动力转移培训方面，共培训农村转移劳动力100人，其中：计算机操作员40人，创业培训60人。通过对县农村劳动力组织开展职业技能培训，大大提高了下岗失业人员和进城务工农民的就业能力，也为企业提供了更多的高技能人才，有力地促进县内劳动

表26　　2016年金秀职业培训、技术培训情况表　　（单位：人）

年度	培训人数	取得专项能力证书或职业资格证书人数	等级
2016年	100	87	初级（五级）

表 27　　2016 年自治县劳务输出情况表

（单位：人）

年度	劳务输出人数	劳动部门组织	其他部门组织	自发组织
2016 年	2176	—	—	2176

表 28　　2016 年劳动就业情况表

（单位：人）

年度	安置城镇就业人数	下岗失业人员再就业人数	“4050”人员再就业人数
2016 年	633	156	105

力实现转移就业。另外，2016 年金秀县通过劳动部门、其他部门和自发组织等有序劳务输出渠道，劳务输出人数达2176人，分布于广东、福建、江苏、浙江以及海南等（省）地区。

【失业再就业】　2016 年县就业服务中心在发展经济和调整产业结构、规范人力资源市场、完善就业服务、加强职业教育和培训、提供就业援助等方面制订具体措施，努力实现社会就业更加充分的目标。1—12月，金秀县城镇新增就业人数633人，城镇失业人员再就业人数 156 人，安置就业困难人员 105 人。

【社会保障】　实施公务员管理的单位公务员的基本工资，由职务工资和级别组成；机关技术工人的基本工资，由岗位工资和技术等级工资组成；普通工人的基本工资，直接由岗位工资构成；事业单位工作人员的基本工资，由岗位工资加薪级工资组成。2016 年按国人部发〔2006〕58 号、国人部发〔2006〕59 号、桂政发〔2006〕50 号、人社部发〔2016〕12 号、桂人社发〔2016〕57 号等相关文件规定，及时为金秀县机关、事业单位在职人员 5468 人次办理职务（岗位）晋升、年度考核晋升工资档次（薪级）、高定工资、学历晋升、提高艰边津贴、基本工资调标等审批手续。2016 年，自治县机关事业单位离退休人员数增至 1994 人（其中机关及参公事业单位 740 人，其他事业单位 1254 人）。同时根据县政府的文件精神，对金秀县机关事业单位退休人员约 4128 人次办理改革前获得相关荣誉改革后退休补助、提高艰边津贴、调整基本养老金等审批手续。2016 年，劳动仲裁和劳动监察合署办公共受理各类劳动争议案件 147 件，现已结案 146 件，未结案 1 件。其中调解结案 135 件，调解成功率为 92.4%，仲裁结案率为 99.3%。仲裁裁决结案 11 件，终局裁决 7 件，年底前终局裁决占裁决案件比例 63.6%。全年共查处违法投诉案件 146 起，涉及劳动者人数 250 人，受理案件的结案率达 100%。下达劳动保障监察书面审查通知书 389 份，下达限期改正指令书 20 份。向行政主管单位发出“拖欠农工工资案情通知书”18 份，追回拖欠农民工工资 316.95 万元。督促用人单位缴纳社会保险费 35.75 万元。2016 年，

表 29　　2016 年自治县机关、事业单位职工人数和工资情况表

单位情况		年末职工总人数	职工年工资总额（千元）	年人均工资（元）
机关单位		1084	96090	88644
其中	执行公务员工资制度	985	89003	90358
	执行工人工资制度	99	7087	71586
事业单位		2621	168822	64411
其中	参照公务员法管理单位	283	21146	74721

一共受理9件工伤认定申请，已经结案9件，结案率为100%。同时开展依法收取、退还农民工工资保证金工作，截至2016年共收取农民工保证金约170.5593万元，已退还农民工保证金约55.7314万元。

【社会保险】 2016年，全县参加社会保险的各类企业242个单位，参保人数15758人，［其中企业职工（不含退休人员）5103人，机关事业单位职工（不含退休人员）3950人］。企业职工养老保险基金征缴收入4186万元，城镇职工（含个体工商户）养老保险待遇发放11372万元，养老金发放率为100%。2016年，全县城乡居民参保缴费56300人，参保率95.39%，参保缴费34064人，续保率91.18%，参保缴费金额440.63万元，发放基础养老金18940人，发放率100%，支出2061.36万元。2016年，基本医疗保险参保人数20355人（其中，职工9070人、居民11285人），完成年任务数19400人的104.93%。基金征缴收入3005万元，完成调整后的目标任务1400万元的214.65%。城镇职工基本医疗保险支出1903.69万元。2016年，参保人数5647人，缴纳工伤保险费99.6万元。完成年任务数5600人的100.84%。基金征缴收入133万元，完成目标任务80万元的166.25%。工伤保险支出9.8万元。2016年，全县参保人数为4382人，缴纳生育保险费11万元。根据来政发〔2010〕97号文件规定，从2012年1月1日起实行市级统筹。2016年，生育保险参保人数6120人，完成年任务数5780人的105.88%。基金征缴收入112.5万元，完成目标任务50万元的225%。生育保险支出87.8万元。按照《自治区人民政府批转自治区劳动厅关于扩大社会保险覆盖范围加强基金征缴工作意见的通知》（桂政发〔1999〕31号）和《自治区人民政府办公厅关于我区事业单位参加失业保险有关问题的紧急通知》（桂政办发〔1999〕26号）的有关规定，2016年度征缴失业保险费和发放失业保险遇等事项如下：失业保险参保人数4762人，完成年任务数4600人的103.53%。基金征缴收入180万元，完成调整后的目标任务147万元的122.45%。

新农合管理工作

【概　况】 2016年，金秀县新农合工作按来宾市市级统筹管理，全市执行统一的补偿标准。2016年新农合人均筹资标准为540元，其中中央财政补助300/人，自治区财政补助95元/人，县级财政补助25元/人，农民个人缴费120元/人。年内全县参合农民129251名，参合人数较上年增加944人，参合率达99.81%，高于上级下达任务97%的考核目标。2016年应筹集新农合基金6979.554万元，基金实际到位为7002.26万元，其中农民缴纳参合资金1295.47万元，中央财政补助3900.24万元，自治区财政配套1227.88万元，县级财政配套323.13万元，部门代缴资金255.54万元。1—12月，全县参合农民已获医药费报销319637人次，发生医药总费用9107.45万元，共报销新农合基金6112.39万元，基金使用率为87.29%。

【重大疾病补偿保障】 2016年纳入重大疾病补偿保障的病种为27种，不分医院等级均按70%比例报销。全年有1233人次获得重大疾病补偿，发生医药总费用1258.38万元，补偿806.62万元，人均医药费用10206元，人均补偿6541.94元，实际补偿比64.1%。

【参合贫困人员报销】 根据《自治区卫生计生委、财政厅关于落实精准扶贫新农合倾斜政策的通知》（桂卫发〔2016〕14号）精神，调整提高建档立卡参合贫困人员住院报销比例5个百分点，并通过发放通知及进村入户宣传等方式将新农合倾斜政策落到实处。自倾斜政策实行起至今，金秀县参合贫困户共获医药费用报销人数501人（次），发生医药总费用309.01万元，共报销新农合基金199.89万元。

民族宗教事务

【概　况】 2016年，自治县民族和宗教事务局与少数民族语言文字工作办公室合署办公。办公地址位于金秀镇民乐路19号，属政府行政单位，机关编制5人，其中行政编制3名，机关后勤编2人。实际在职人员8人，其中在编人员人，行政编3人，机关后勤编2人，超编3人。少数民族语言文字工作办公室1987年4月成立，自1993年起一直与县民族和宗教事务局合署办公，属参公事业单位，办公室主任由局长兼任，编制3人，实际在职在编人员3人。民族和宗教事务局，设局长、党组书记1名，副局长2名，纪检组组长1名。

局　长：罗志宏（9月离任）

党组书记、提名局长：赵莫坤（9月任）

党组成员、副局长：黄秀萍（10月任）

陈　刚（10月任）

党组成员、纪检组组长：刘金花

【民族文化】 2016年，自治县以大瑶山瑶学学会名誉举办盘王节活动，活动主要内容包括《瑶韵深牌》主题晚会展演、祭盘王（含盘王巡游）、瑶族原创歌舞展演、瑶族织绣展示、瑶医瑶药展示体验、“神奇瑶都·美丽金秀”摄影评比膳食、金秀特色美食评比展销、金秀民族特色产品产销、旅游观光体验、民族民风展示体验、招商引资等11项。此次盘王节各项活动都按照方案高标准、严要求、零差错得到有效的开展。

【民族扶贫】 2016年，自治县获得自治区民委下达的优秀贫困少数民族学生入学专项补助资金3.2万元，名额为16人。其中，大学生入学补助经费2.4万元，共8个名额；高中生入学补助经费0.8万元，共8个名额。自治县民族和宗教事务局，全力做好金秀县少数民族优秀专项。

【民族宣传工作】 2016年，金秀瑶族自治县紧紧围绕民族宣传月主题，结合“壮族三月三”宣传周活动，制定方案，成立了领导小组，在全县各乡镇开展健身操、文艺演出、山歌对唱、摄影作品展、旅游门票优惠、民俗表演、长桌宴、瑶族织绣等活动，内容丰富多彩，宣传声势浩大，宣传氛围浓厚，取得很好的节日效果。自治县民族和宗教事务局认真做好金秀县民族工作信息宣传报道工作，获得自治区民宗委评为年度先进集体。

【创建工作】 2016年，金秀瑶族自治县民族团进步结示范点创建工作安排在基础较好的金秀民族小学。该校按照创建要求，成立了创建活动领导小组、制定了创建活动方案。金秀民族小学举办了一个50人的瑶族织绣办班学习五瑶的织绣技术，举办了一个50人的瑶歌传唱班学习、传唱民族歌谣，组建校园瑶族鼓舞队学习瑶族舞蹈等活动项目。2016年，完成了民族团结公园工程建设项目竣工验收及交接管理工作，按照金秀瑶族自治县县委、县人民政府要求，重点做好民族团结公园的后续工作：对公园景观亭乱写乱画现象进行处理；召开了民族团结公园景观亭命名研讨会；协助有关单位完成公园亮化、制作公园简介等工作。

【民族经济项目】 2016年，县民宗局组织实施了大樟乡桥凳屯、主巷道古浪屯巷道、平阳屯进村道路硬化项目，罗香乡下新柱屯进村道路硬化和勤冲屯巷道硬化项目，项目资金共59万元，直接受益群众1515人。自治区民宗委下达第二批少数民族发展资金136万元，主要做好项目前期准备工作，此项目资金在2017年上半年投入项目建设。2016年，获得自治区民宗委、区财政厅、区人民银行共同认定金秀瑶族自治县“十三五”期间民族贸易企业8家，当年办理银行贷款1.01亿元，获得国家贴息280万元。为进一步落实国家民贸民品优惠政策，为金秀县民贸民品工作深入开展，为民贸企业协调解决贴息贷款问题。

【事务工作】 2016年对全县宗教情况进行深入调研，依法管理宗教事务，开展宗教政策法规学习月活动和认真组织宗教人员参加区、市举办的培训班；建立健全县、乡（镇）、村（社区）三级宗教工作网络和乡（镇）、村（社区）两级宗教工作责任制、建立宗教工作领导小组或宗教工作联系会议制度；积极引导宗教与社会主义社会相适应，积极开展宗教宣传月和慈善周活动，解决宗教实际问题。

（黄秀萍、刘　娟）

乡镇

金秀镇

【概　况】　金秀镇位于大瑶山腹地，是县城所在地，东面与忠良乡毗邻，南面与罗香乡、长垌乡交界，西面与桐木镇、象州县大乐镇为界，西北面与三角乡相邻，北面与荔浦县、三江乡接壤，是自治县政治、经济、文化中心。距来宾市 212 公里（公路），交通便利，通信发达。全镇辖六拉、金田、和平、六段、长二、共和、罗孟等 7 个行政村和荣兴、民乐等 2 个社区 53 个自然屯。2016 年全镇总人口 18913 人，其中非农业人口 9747 人、农业人口 9166 人，瑶族占总人口数的 72.5%。土地总面积 303.223 平方公里，耕地面积 6390 亩，林地面积 405810 亩（其中公益林面积 175956 亩），森林覆盖率 90.9%，是大瑶山国家级自然保护区、国家森林公园、广西重点水源林区所在地。盛产大红八角、木耳、香菇、竹笋、中草药、野生红茶、绿茶、石崖茶、甜茶、绞股蓝茶、灵香草等名贵土特产品。绞股蓝茶远销全国各地和东南亚等海外国家，极负盛名。2016 年，金秀镇紧紧围绕自治县“生态立县、旅游强县、农业稳县、工业富县、交通活县、依法治县”发展战略和“打基础、精产业、兴经济”的工作方针，以促进农民增收加快脱贫致富为主要任务，突出基础设施建设、特色产业、生态民俗旅游三大重点，为实现“首善之镇、幸福瑶乡”的奋斗目标而努力。全年实现农业生产总值 6302 万元；完成固定资产投资 3.32 亿元；实现财政收入 5427 万元；农民人均纯收入达到 4910 元；贫困人口脱贫率达 37.4%，脱贫人口 970 人。2016 年，金秀镇荣获自治区生态乡镇、自治区乡镇统计规范优秀单位、自治县义务教育均衡发展优秀单位等称号。

书　记：兰　轲（4 月离任）
　　　　秦龙珍（4 月任）
副书记：梁兵亮（4 月离任）
　　　　覃宏生
　　　　白海强（9 月任）
人大主席：梁兵亮（4 月离任）
　　　　　郑黄斌（7 月任）
人大副主席：罗国斌（7 月离任）
　　　　黄立海（7 月任）
镇　长：覃宏生
副镇长：郑黄斌（7 月离任）
　　　　覃　飞（4 月离任）
　　　　陶政华（4 月离任）
　　　　莫金辉（7 月任）
　　　　罗国斌（7 月任）
　　　　赖荣英（7 月任）
组织委员：黄　麟（5 月离任）
　　　　　陈集勇（5 月任）
纪委书记：卢文泉（4 月离任）
　　　　　臧　凤（4 月离任）
宣传委员：郑黄斌（5 月离任）

黄　麟（5月任）

统战委员：罗娥英

党委委员：

武装部部长：谭达彬（4月离任）

黄位祥（5月任）

【党建和政权建设】 党建工作。金秀镇党委建立党的基层组织70个，其中党委1个，党总支5个，党支部70个（“两新”组织11个），共有党员767名，其中2016年新发展党员9名，预备党员转正式党员11名。“两新”组织党员50名，占党员总数的5.6%。女党员243名，占党员总数的31.7%。少数民族党员648名，占党员总数的84.6%。35岁及以下的党员108名，占党员总数的14.1%。大专以上学历的党员136名，占党员总数的17.8%。镇党委立足镇情实际，深入农村基层调研，2016年确定《“农村党建＋非公党建”及“基层党建＋电商扶贫”创新双模党建促脱贫》和《探索“基层党建＋”新模式引领脱贫双促进》两个书记创新项目工程，开展建设“基层党建＋乡水瑶党员电商服务站”和“基层党建＋六段茶旅”党建创新项目。深入开展“两学一做”学习教育活动，全年共组织党课56场次，组织“四讲四有”学习讨论会44场次，开展廉政警示教育会5次；共悬挂户外宣传牌16块，宣传横幅18条，展出宣传展板17块，发放各种学习宣传资料700多份，利用微信群组织党员自学及讨论18次。

政权建设。2016年5月17日，召开中国共产党金秀瑶族自治县金秀镇第十一届党员代表大会第一次会议，代表89名，选举产生了中国共产党金秀瑶族自治县金秀镇第十一届委员会和纪律检查委员会。同日，中国共产党金秀瑶族自治县金秀镇第十一届委员会选举产生了中国共产党金秀瑶族自治县金秀镇第十一届委员会书记秦龙珍、副书记覃宏生；中国共产党金秀瑶族自治县金秀镇第十一届纪律检查委员会第一次全体会议选举产生了中国共产党金秀瑶族自治县金秀镇第十一届纪律检查委员会书记臧凤、副书记罗娥英。2016年7月19日，召开金秀镇第十一届人民代表大会第一次代表会议，代表54名，选举产生第十一届镇人大主席郑黄斌、副主席黄立海，选举产生第十一届镇人民政府镇长覃宏生、副镇长莫金辉、黄麟、罗国斌、赖荣英。2016年10月底，金秀镇顺利完成了团委、妇联2个群团组织换届。

【经济综合实力】 农业。全面落实中央惠农政策，进一步促进农业持续稳定发展。2016年全镇农作物播种面积是5240亩，其中粮食作物3851亩（稻谷1390亩、玉米1380亩、豆类331亩、红薯750亩）、经济作物140亩（花生10亩、木薯130亩）、其他农作物1249亩。

畜牧业。2016年生猪出栏5200头，同比增长3.02.1%，家禽出栏2.94万羽，同比增长3.05%；肉类总产量达484吨，同比增长3.03%，水产品总产量达66吨，同比增长1.5%，全镇畜牧业总产值1257万元，同比增长3%，渔业总产值35万元，同比增长2.03%。

特色产业。结合金秀镇山区地理、气候环境优势，唱好“山字经”。依托长滩生态菌种植企业，进一步扩大生态菌种植规模，实现了150万菌棒的种植目标；完成了六段茶叶现代特色农业（核心）市、县两级示范区创建工作；在共和村建立了中草药种植示范基地，并完成了86亩的黄花倒水莲示范种植和15亩的育苗基地建设；在和平村一带大力发展柑橘类水果种植；在金田村分别建立了100亩的珍珠李、50亩的蓝莓和20亩的优质葡萄种植三个农业观光示范园。

生态旅游。结合六段生态移民搬迁工程的推进和六段茶叶核心示范区的建设，着力抓好六段拉珈部落AAA景区的建设；把金村、六段、新村、白沙等村屯列为民宿旅游示范村，极力推进民宿旅游的发展，在六段、新村、白沙三个村屯完成了30个床位的建设，有力地助推了全镇民宿旅游的发展；以美村、孟村、金村、社村、新村、六段等村屯为主体，引导群众整合资源大力发展农家乐，在提升改造原有农家乐的基础上，将特色农业与旅游业融合发展，大力发展“山水田园型、农家乐型、节庆休闲型”等休闲农业；以民族文化为主题的六段拉珈生态农庄、以品评特色水果与体验田园情趣为主题的百果庄园、以品尝娃娃鱼为主题的亲水农庄初具规模。

【社会各项事业】 基础设施建设。2016年，金秀镇完成了长二、六段、共和、罗孟通村水泥路建设，全面实现村村通水泥路的目标；完成了十二公里至平老岭三级旅游公路的建设；完成了罗孟朝阳、新建，六段将军，共和坤林、古卜、十八等村屯道路的改扩建和硬化工程。完成了六段、三片、社村等村屯的农田水利渠道和排灌渠道建设，完成了杨柳和六仁的农田防洪堤建设；对双永屯河道进行抢修；完成了社村、金秀、将军等村屯饮水设施的改造升级；完成了罗孟河综合整治；实现了圣堂桥至奋战、老山林场防洪堤工程年内开工建设的目标。对各个村委的公共服务中心进行升级改造，全面提升服务质量和水平；进一步完善了罗孟、长二、六仁等村屯的文化活动中心建设工程。

民生工程。全年共发放救灾救济粮6500公斤，棉被200床，夏凉被500床，衣裤890套，毛巾被350床，蚊帐300床。2016年金秀镇城市低保在享人数为172户，294人，发放保障金额1088112元；农村低保在享人数379户，1117人，发放保障金额1903320元。享受医疗救助45人，救助资金12.3万元，临时救助2户，救助资金5000元。积极开展双拥活动，春节和重大节日期间慰问各种优抚对象，58人次，慰问金3100元，棉被31床。全面推动老龄事业发展，年内80周岁以上高龄补贴共发放397人，其中80～89周岁的341人，90～99周岁的56人。年内共上报阳光家园和党员扶残47人，补贴扶持资金5.1万元。重度残疾人护理补贴147人，补贴资金7.35万元，困难残疾人生活补贴73人，补贴资金3.65万元。

人口与计划生育。2016年，全镇计生总人口9508人，全年出生人口122人，人口自然增长率5.9‰，符合政策生育率100%；完成国家免费孕前优生健康检查夫妇155对，完成任务100%。

社会稳定。2016年，全镇进一步加强社会治安综合治理，扫除黄、赌、毒等社会丑恶现象，刑事、治安发案率同比下降65.1%、29%；全镇（村、居调解委）共排查调处各类矛盾纠纷325起，调解率100%，调解成功312起，调解成功率96%。认真抓好群众来信来访工作。2016年，全镇没有发生恶性群体性突发事件。

【清洁乡村】 加强《广西壮族自治区乡村清洁条例》的宣传，全镇共发放宣传手册500份，悬挂横幅9条，使条例深入人心、家喻户晓；抓好农村垃圾常态化处理，对二级公路沿线13个村屯实行“村收镇运县处理”管理模式，其余边远村屯修建了垃圾焚烧炉，垃圾终端处理得到有效解决；进一步扩大生态乡村示范点的建设，完成沙坪、坪山、新建、林香等村屯的巷道建设以及新建、将军的排污工程建设；实施了社村和将军两个绿化示范村建设。

【项目建设】 2016年，引进大益山（象棋山）饮用水厂和瑶族文化产业园总投资13.5亿元；聚宝城、金湖雅居、印象金秀、金秀大酒店、怡程酒店、夏园小区H栋等续建项目有序推进，绿博园已经进入实施阶段；拉珈圣泉正式投产营运，广西金秀大瑶山天宝天然泉水有限公司的项目建设基本完成。全年完成招商引资13.5亿元，到位资金2.68亿元。

桐木镇

【概　况】 桐木镇位于金秀瑶族自治县西北部，地处金秀、象州、鹿寨三县的交汇点和金秀县城出口大通道上，距离县城32公里，距规划中的贺巴高速公路金秀出口30公里，省道307线穿境而过，南通贵港、梧州，西可至柳州、南宁，北达桂林，东达贺州，扼守来往金秀县城的必经之路，是串联桂林—来宾—柳州区域旅游大动脉及衔接金秀大瑶山内外旅游项目的重要节点，交通十分便利，地理区位优势独特。桐木镇总面积204.86平方公里，其中城区面积3.5平方公里。全镇耕地面积108384亩，其中水田59204亩，旱地48180亩。辖高仁、太山、桐木、古池、鹿鸣、大蚕、龙庆、仁里、古院、那马、七建、皆村、三友、那安14个村民委和1个社区，90个自然屯，2015年年底总人口5.2万人，其中城中人口1.8万人，壮、汉、瑶等多个民族聚居的小集镇。桐木镇自然资源十分丰富，享有“鱼米之乡”和“大果枇杷”镇之称。盛产优质谷、西瓜、辣椒、柑橙、大果枇杷、蜜桃、糖蔗、糯玉米、马蹄等农副土特产品，特色养殖瑶香鸡、瑶香鸭发展规模不断创大。主要矿产有重晶石矿、铁矿、铝矿、铜矿等，尤其以重晶石矿蕴藏量大而闻名区内外。桐木交通便利，经济发达，贸易繁荣，是方圆百里内有名的商贸重镇，农副产品更是远销湖南、广东、香港、北京等地，产品供不应求。2016年，全镇农业总产值完成5.48亿元，同比增长6.6%，工业总产值完成9.56亿元，财政收入完成2606万元，全社会固定资产投资累计完成4.14亿元，超过目标任务值6.13%。

书　记：秦建华

副书记、镇长：梁茂基（4月离任）

李远福（4月任）

副书记、人大主席：韦群飞（4月离任）

罗宏升（4月任）

党委委员、副镇长：李远福（4月离任）

候志军（4月任）

党委委员、纪委书记：盘莹锋（4月离任）

梁永帅（4月任）

组织委员：黄福荣（3月离任）

蒋江流（3月任）

宣传委员、副镇长：陈衍宁（4月离任）

赵海斌（4月任）

统战委员：廖韦霜

党委委员、武装部部长：莫若诚

人大副主席：覃小玲（7月离任）

刘燕玲（7月任）

副镇长：廖木兰（4月离任）

覃小玲（4月任）

蒙　健（4月任）

【经济综合实力增长】　2016年，该镇以抓好工业建设为强镇、富县的动力引擎，以便捷的交通条件和优越投资环境，创造企业引得进来、稳定得下来的发展空间，同时加强项目的招商引资力度，推动企业技术升级，盘活全镇工业企业的发展活力。工业聚集区建设全面推进，完成了桐木工业集中区2.4万平方米标准厂房、配套办公楼、园区道路及配套排水渠道等建设。全面推进三大园区的建设打造基础［即木材加工示范园区、农副产品加工园、民族医药和产业园（含瑶医瑶药孵化基地）］。通过整合三合胶板厂一带土地约90亩，实现了金秀县专业森林消防队土地置换，解决了木材加工示范园区建设用地问题；通过招商引资工作，将工业园区厂房规划为瑶医瑶药中小型企业孵化基地，成功引进2家瑶医瑶药加工公司。通过培育规模以上企业，提高企业生产能力。广西金秀华瑶水泥厂完成了规模以上企业申报工作，全镇规模以上企业新增至12家。种植业：走科学化、规模化的发展路子，做大做强优质谷、水果等主导产业。2016年，全镇粮食种植总面积达6.92万亩，粮食总产量达2.17万吨；蔬菜种植面积稳定在3.5万亩以内，年平均产量达到4.6万吨。全镇水果种植总面积累计达到了6.3万亩，新增种植水果面积达1万亩，柑橘类的水果面积达5.4万亩，超额完成了人均一亩果目标任务。全年共发放农资综合补贴资金592.32万元，其中农机补贴资金32.32万元，支农补贴560万元。林业：开展绿色家园建设，完成60个村屯绿化，建成了那么屯、小马生态乡村示范屯，人工造林4034亩，种植绿化苗木6.06万株。养殖业：2015，全镇建立了生猪养殖专业合作社5个，规模养殖场87家，年平均出猪量保持在4.5万头，瑶香鸡、瑶香鸭年平均出栏达8万羽，渔牧业年平均产值达1.4亿元。

【城镇基础设施建设】　城镇基础设施建设。完成《桐木镇城镇总体规划（2015—2035）》审议和审批工作，进一步明确了桐木镇建设方向。按照“县城副中心，经济心中”思路，不断提升城区建设步伐。2016年实施道路“百镇示范”工程建设，瑶医院至公路局市政道路两侧扩建工程、污水处理厂建设工程、滨江北路防洪堤建设工程等一系列重大项目建设基本完工，西环路城建项目锦秀城一期、金桐小区基本竣工，旧城改造现代城项目已竣工，向阳西路、西一路完成60%工程量，桐木城镇化水平和品质进一步得到提升。城镇建设土地储备有保障。完成政法小区、锦秀城、商贸城、污水处理厂等土地征用约500亩，政法小区、金鸿驾校、商贸城、工业园区场地迁坟共870多座，完成30余亩土地平整工作。“美丽桐木·生态乡村”工作扎实开展。通过建设古池“美丽乡村”示范建设项目——公共文化广场，积极打造集“文化+农业+电商+旅游中转站”于一体的“美丽古池”，依托生态乡村建设奖补资金10万元，实施了那么屯巷道硬化。完成了鹿鸣村等3个村民委自治区级生态乡村申报。通过实施一系列城镇工程逐步将桐木建成环境优美，宜居生态城镇。扎实开展生态环境治治理。与县直各职能部门共同开展城区及农贸市场周边“两违”打击力度执法行动，拆除农贸市场周边违章建筑6000余平方米，整治了滨江路车辆乱停放、占道经营点、乱设摊点行为，科学合理划定河东果蔬摊位90个，消防安全隐患得到有效的治理。

新农村建设。村屯道路建设取得突破性进展，全镇14个村民委，一个社区，下辖90个自然屯，已完成了83村屯的道路建设。整合扶贫资金及“一事一议”财政奖补项目800多万元，其中“一事一议”资金投入241万元，完成上坪至公举、王岗进村道路及那傍屯环村道路，三友村峰贵道路，甘棠至古院村等11个村屯的道路建设。

水利建设。桐木镇多次经受洪灾的影响，在县水利项目资金的扶持下，进一步加快了水毁渠道的修复及完善农田水利渠道网的建设，投入资金2839.18多万元，完成了91.5公里水利渠道三面光硬化，为全镇农业健康持续发展提供了保障。

人饮工程建设。投入资金235.5万元，实施了七建村、皆村2个连片区人饮网管改造、太山村及古池村实施了4个自然屯的人饮工程。城乡基础建设得到了较大的提升。

“美丽桐木”建设。经常性地对城区卫生、秩序等集中开展综合整治行动，共拆除违章建筑6000多平方米，进一步规范了城区秩序。积极推动农村垃圾整治工作，建成了全县各乡镇中唯一的垃圾中转站，建立了屯、村、镇三级共建“清洁家园”长效机制，实现了“清洁乡村”向“生态乡村”建设的转变。加大各村屯环保资金的投入，通过深入开展评选“最美乡村保洁员”和“优秀乡村保洁员”活动，进一步提高群众环保意识，农村“脏、乱、差”的现象得到有效整治，打造了小马屯、那么屯、三寨屯3个县、镇生态乡村示范点项目，龙庆村、皆村村、那安村、三友村、古池村、仁里村6个自然村顺利通过了自治区创建生态村工作，为开展第三阶段“宜居乡村”活动的开展提供了坚实的基础保证。

【科教卫生和文化体育工作】 科技教育。推进义务教育均衡发展，投入368.2万元对桐木中学、桐木中心小学等13所学校进行校园文化建设，13所受检学校代表全市顺利通过自治区级均衡义务教育评估验收。加快基础设施建设，总投入1824万元实施了全镇12所小学、一所中学基础设施建设，教学硬件建设得到提升。制定了班子成员帮扶制度，明确各班子成员联系帮扶困难贫困学生和教职工，并经常开展走访慰问活动，解决困难学生和教职工的实际困难和问题，帮助他们树立工作和学习的信心，师生的素质得到了全面提升。加强与村委、项目负责人、学校师生之间的沟通，相关负责领导经常利用双休、节假日到点入村开展工作，对工作中遇到的各种问题做到了及时发现，及早解决。五是主动与各部门进行沟通协调，对一些影响整体工作项目的重要问题，及时召开专题会义研究解决，并落实责任领导做好跟踪协调工作，为项目推进扫清了障碍。如通过协调，解决了三友小学、七建小学、皆村小学及太山小学等一些新建教辅用房的迁移网线、电线、电杆等问题。深入实施科教兴邦战略，落实科技帮扶资金，有效实现了以科技增效益，促发展的目标。

医疗卫生。桐木镇进一步完善镇、村二级公共卫生服务体系建设，对全镇10个村卫生室实行乡村一体化管理，包括基础建设、医疗设备、中医药服务及办公设备等管理，不断提升乡村公共服务水平；镇中心卫生医院通过深入挖掘瑶医瑶药独特疗效，打造了推拿、针灸、足疗、刮痧等一系列特色保健项目，荣获自治区创建全国农村中医药先进单位称号；认真做好新型农村合作医疗工作，2016年参合率达99%；发放城乡大病医疗救助金50.14万元，完成了艾滋病防治降“两率”、

“降消”等工作任务；扎实开展疾病预防控制和食品卫生安全监管工作。继续做好计生服务工作，转变职能，提升了服务水平，计划生育工作各项指标全面完成，近年来，荣获来宾市人口和计划生育先进乡镇及创建全国人口和计划生育优质服务先进县等一系先进称号。文化体育：全镇文化体育事业蓬勃发展。一是协会组织进一步发展壮大。自在开展春节文体活动以来，由政府引导，协会参与，社会组织承办了4场大型广场舞，盛邀了象州县、荔浦县、鹿寨县开展四县篮球友谊赛，各项文化社团活动精彩上演，深受广大群众喜爱。二是特色文化宣传阵地进一步加强。总投入300多万的古池屯公共文化服务中心正式投入使用；整合“三求工程”资金实施了古院村、太山村公共文化服务中心建设；启动了社区公共文化服务中心建设规划工作。三是加强了社会正面宣传引导，通过多层次、多角度宣传了桐木镇扶贫、经济建设等成果，如在人民日报等多家重点报刊及电视台宣传三友村第一书记李峰扶贫先锋事迹。

【社会事业发展】 扶贫工作。2016年，桐木镇严格按照“六个精准”的要求，积极开展“精准扶贫”工作，在市、县挂点单位的大力支持和帮助下进村入户，完成脱贫799户2692人，采取了科技发展、产业扶持、金融扶持、住房改造等一系列有力措施，坚决打赢脱贫攻坚战。同时积极争取各项项目资金，扶持贫困户发展种、养殖业，努力改善贫困人口生产生活条件。

邮政电信。全镇有邮政所、电信、移动金秀分公司、联通金秀分公司各一个。全镇14个村、一个社区通高压电，90个自然村通程控电话，设有7个卫星地面接收站，每家每户都可以看到中央一套、广西频道等15个频道的节目。

社会保障。扎实推进新型农村和城镇居民社会保险制度，增加了惠民成果的覆盖面，完成了7103人64.6万多元养老金，参保缴费人数7620人，参保率71.27%，同期增加了3%，其中银行代扣代缴率98.96%。困难群众临时救济对象户22户，发放了临时救助资金4万元，发放物资合计3570件。2016年，全镇享受农村低保户1220户3087人，发放低保金428.18万元，城镇居民低保92户168人。发放低保金60.27万元。认真做好新型农村合作医疗工作，2016年参合率达99%；发放城乡大病医疗救助金50.14万元，完成了艾滋病防治降“两率”“降消”等工作任务；扎实开展疾病预防控制和食品卫生安全监管工作，全年保持公共卫生和食品药品安全。

【党的建设及政权】 坚持党要管党、从严治党的原则，认真贯彻落实中央八项规定，全面落实廉政建设责任制，认真履行“一岗双责”，加强涉农资金监管，建立健全惩治和预防腐败体系。全面落实公车改革，严控“三公”经费和一般性开支。2016年7月20日召开桐木镇第十八届人民代表大会第一次会议，全镇有人大代表77名，全镇村委定工干部60名，村民小组长90名。

头排镇

【概　况】 位于县城西北部53公里处，东接三角乡，西连鹿寨县四排乡，南邻桐木镇，北面与三江乡接壤。交通方便，四通八达，国道323线与省道307线成“T”字形公路交叉穿境而过。总面积10742.25公顷，耕地面积1533公顷，森林面积2653公顷，北部属低山区，其余为平原和丘陵，山脉呈东北、西南走向。境内海拔最高的山峰是月皇岭，在镇政府驻地东北部5公里处，主峰海拔947.9米。1951年前为修仁县一个乡，1951年8月撤修仁县并入荔浦县后，成立头排区，1956年划入鹿寨县管辖，1958年改为头排人民公社，1962年改称头排区，1966年复名头排人民公社，1983年又改称头排区，1984年划入自治县管辖，1987年6月改称为头排乡，1995年4月由乡改为建制镇。辖头排、二排、夏塘、同扶等4个行政村及头排社区。全镇有44个自然屯，21051人。镇内居住着壮、汉、瑶、苗、仫佬、侗、回、毛南、彝族等9个民族，其中壮族占83%，汉族占14%，瑶族占3%。2016年，全镇农业总产值完成2.13亿元，同比增长4.86%；镇属工业总产值完成2.4亿元，同比增长3.7%；全社会固定资产投资完成1.3亿元，同比增长4.3%；形成固定资产的招商引资额2813万元，同比增长6.8%；财税收入完成3372万元，同比增长1.4%；农村居民人均可支配收入7106元，同比增长22.87%。全镇经济社会综合发展指数位居全县前列。

书　记：李江山（4月离任）
　　　　翁善才（4月任）
副书记、镇长：翁善才（4月离任）
　　　　　　　盘　璇（7月任，4月任头排镇委员副书记）
副书记、人大主席：
梁柏成（4月离任）
吴大胜（7月任，4月任头排镇委员会副书记）
党委委员、副镇长：李太合
党委委员、纪委书记：韦萍燕（4月离任）
　　　　　　　　　　赵李鑫（4月任）
组织委员：潘信英（4月离任）
　　　　　郭起军（5月任）
宣传委员、副镇长：
郭起军（4月离任）
文春燕（7月任，4月任头排镇人民政府副科长级干部）
统战委员：吴大胜（4月离任）
　　　　　陈　奕（5月任）
党委委员、武装部部长：
陈　奕（5月离任）
陶　威（5月任，4月任头排镇委员会副书记）
人大副主席：梁　亮（4月离任）
方　慧（7月任，4月任头排镇人民代表大会副科长级干部）
副镇长：黄立海（4月离任）
　　　　陈衍宁（7月任，4月任头排镇人民政府副科级长级干部）
　　　　韦江华（7月任，4月任头排镇人民政府副科长级干部）

【农林业】 2016年，完成全镇4个村委4746户，33173块宗地，29548.380亩承包地的归档整理。共签订承包合同4526户。全镇新种植砂糖橘4000亩，全镇水果种植面积突破2万亩，实现了“山外人均一亩果”的特色产业发展目标。粮食作物种植面积完成2万亩，新成立家庭农场1家，全镇家庭农场连片种植超500亩的规模水果种植园区目前已达到9家。2016年全镇新增农业专业合作社4家，全镇农业专业合作组织已达12家，为全镇产业发展注入新活力。全镇共引进头排干切粉、头排红糖、马蹄、香芋等涉农品牌声誉满载，产品供不应求。加大投资力度引进肉牛、蛋鸡、孔雀等特色养殖品种。林下经济产值5600万元，完成造林面积1908亩，完成森林生态效益补偿4300亩。

【水产畜牧】 全年全镇完成肉类总产量为1910吨，与上年同期增长1.2%；完成水产品总产量为858吨，与上年同期增长1.5%；完成生猪出栏17260头，与上年同期增长2%，生猪存栏2894头，其中母猪存栏140头；完成禽出栏20.71万羽，与上年同期增长1.3%，家禽存栏69470羽；完成牛出栏470头，与上年同期持平，牛存栏210头；完成山羊出栏390只，与上年同期增长8%，羊存栏503头，与上年增加了125只，增长30%。全镇全年共免疫猪口蹄疫免疫8926头，猪蓝耳病6422头、猪瘟9534头、牛口蹄疫338头、山羊665头、禽流感160215羽，新城疫112451羽，狂犬病852只，免疫密度常年保持在95%以上，有效防止了国家规定的各种重大动物疫病的发生。全年疫苗使用量为：禽流感疫苗165250毫升、新城疫131500头份、兰耳苗6940毫升、猪瘟苗21280头份、猪口蹄疫疫苗23100毫升、牛口蹄疫疫苗3350毫升、狂犬病疫苗852头份及相应配套的耳标、连续注射器、针头和耳钳一批。

【城镇建设】 2016年，城镇管理水平进一步提升，“四所合一”顺利完成组建，便于开展管理服务工作。整治街道五乱行为常态化，重点整治国道线、省道线乱停车、停车难、道路拥堵等突出问题，加强停车位管理，因地制宜新增临时停车点。大力开展街道硬化、绿化、亮化工作。2016年，在国道、省道以及镇中街硬化面积超过2000平方米，新装路灯50盏。国道323线与省道307线成“T”

字形交叉穿境而过。每天有客车来往于南宁、柳州、桂林、梧州、贺州、金秀及广东、福建等地，2016年，全镇所有行政村都通村级水泥公路，自然屯水泥路到村口达37个，占全镇自然屯的86%。

【商业贸易】 有月皇岭宗教生态旅游圈和二排河漂流两个主要旅游项目，镇内有众多商业、服务行业，建有宾馆、饭店、旅社等百余家，OK厅、网吧、娱乐室数十家，是一个集商贸、旅游、娱乐为一体的乡镇。

【项目建设】 2016年，头排轻工业园区完成总体规划，投资3000万元的鸿达鑫城二期项目建设推进顺利，完成工程建筑面积5万平方米。投资580万元的头排中心幼儿园已逐步完工。总投资2800万“五小”水利建设在施工。投资80万元完成了那贯、古樟、寻寨道路硬化“一事一议”工程。投资70万元打造二排蛋鸡养殖扶贫产业示范点。投资4613万元占地10.16亩的紫云华府头排大酒店和投资1400万元的瑶医精神病医院完成土地平整和评审工作。旧市场改扩建规划图纸已经出来，同时完成召开了市场周边住户及头排工商界的征求意见会议。向农发行申报了所有城区综合整治的项目资金，完成了投资1000万元的城区污水处理厂的选址和前期工作。完成投资115万元的社保中心和农村土地流转中心项目建设。

【招商引资】 完成县下达3个1000万元的招商引资任务。占地28亩，投资4000万元的连诚商贸公司改扩建项目（年生产3万吨生鲜农产品加工）已全面完成；东达集团投入4000万元的技改项目在实施，年底已完成红糖生产线投资1830万元的技改，投资80万元的垃圾焚烧场的建设已完成选址工作。

【社会事业均衡发展】 教育。全镇教育环境再上新的台阶，全镇新建5栋教学楼、2栋教师周转房，对8栋教学楼进行改扩建，各个义教功能场所硬件和软件建设得到自治区、来宾市专家组的充分肯定。

科技。2016年举办各类柑橘种植、黄龙病防控、特色养殖等农业技术培训班累计28期，受益群众达4560多人次。

人口与卫生。2016年，全镇出生人口270人，死亡110人，人口自然增长率为6.8‰，其中一孩出生98人，二孩出生158人，多孩出生14人，多孩计划外出生1人，计生率为99.6%，多孩政策符合率92.86%。顺利完成国家免费孕前优生健康检查170对的任务，完成新农合参合率99%，完成指标任务。

文化体育。设有综合文化站1个，全镇5个行政村（社区）建有农家书屋5个，文艺队32支、篮球队18支，气排球队10支，建立文化活动基地38个，未成年人文化活动基地5个，并正常开展活动。2016年，全镇新注册了文体协会，调整充实了篮球协会、乒乓球协会、文艺协会等。2016年，成功举办了第七届夏季篮球联赛、第2届女子气排球赛。各种文艺演出会演等大型综合文体活动精彩纷呈，2016年送戏下村、政策宣传等共举办各类文艺晚会26场次，受益群众达1万余人次，不断扩大头排文化之镇的影响力，促进文化大发展。设有1个卫星地面接收站，闭路电视用户占全镇的98%以上。

邮政电信。全镇通信发达，村村通程控电话，电信、移动、联通三大通信公司网络覆盖全镇。中通、圆通、申通、天天等快递公司都设有营业点。

社会保障。城镇低保13户18人。追缴资金10300元。认真完成灾民救助工作，全年救助人数1191人。

【精准扶贫】 产业扶贫。全镇水果种植面积达到2.8万亩，预计2016年产值比上年翻一番。同时，在水果、马蹄、玉米等产业的基础上，成功引进食用菌种植和蛋鸡、孔雀、肉牛等特色养殖增强脱贫发展后劲；项目扶贫。完成200万元产业补助资金发放。投入扶贫等各项资金450万元用于二排村基础设施建设，解决了“十一有”的脱贫硬性指标。2016年，全镇共向贫困户发放贴息贷款432户1800万元，已经完成年度任务；“空店”扶贫。利用互联网搭建“空店”平台，实现二排贫困村“空店”精准扶贫模式，将贫困户自产农产品直销变现，累计交易额 1.5 万元。同时，教育扶贫、社会扶贫等扶贫工程得到统筹推进，各种不同类型的贫困人口得到有效帮扶。全年共完成年度两批脱贫摘帽 333 户 1339 人，完成县年度下达任务数的 100%。

【文明乡村建设】 2016 年，头排镇投入 30 多万元打造出了平田屯、黄泥屯、江洲屯和新村屯生态乡村示范点。同时，通过开展美丽街道、美丽通道、美丽村屯三个层面提升生态乡村新成效。组织开展思想道德法制教育、党的群众路线教育实践、践行社会主义核心价值观、双进双住等活动。全年总共调处大小矛盾纠纷 200 多起，社会治安状况进一步好转，公共安全感满意度调查长期保持全市中上。

【生态环境保护】 头排镇气候湿润，空气清新，气候宜人，无污染项目，环境质量好。农村沼气池使用率达 79%，太阳能使用率达 79%，农村改厕率达 90%。形成垃圾“户集—村收—镇运—县处理”的垃圾收集体系，达到乡村整齐整洁效果。

【党建工作】 全镇 5 个党总支部，党代表 91 名，5 月 19 日召开十五届第一次党代会。“两学一做”专题学习教育活动方面：制定实施《头排镇开展“两学一做”学习教育，启动党建“五 +”新模式工作方案》。全镇以“两学一做”为载体，以“五 +”模式为平台，把“两学一做”融入各项工作中，力求活动取得实效。投入 20 万元资金在新建成的政务服务中心打造党员优质服务模范岗，及打造二排、同扶村委党建示范点。全镇人大代表 53 名，7 月 20 日召开第十七届第一次人民代表大会。全镇村委定工干部 21 名，村民小组长 192 名。

三江乡

【概　况】 三江乡地处金秀瑶族自治县北面，东南与三角乡相连，西南与头排镇毗邻，西与鹿寨县四排乡、寨沙镇接壤，北与荔浦县茶城乡、修仁镇接壤，国道 323 线由南至北贯穿全境。乡政府驻地三江街。电话区号 0772，邮政编码 545711，距金秀县城 67 公里，距荔浦县城 29 公里，往西至柳州市 110 公里，往北至桂林市约 130 公里。中华人民共和国成立前，三江乡地属修仁县管辖，称三江街。民国时为修仁县西圆乡驻地，中华人民共和国成立初期，撤修仁县，建制荔浦县仍属荔浦县管辖。1953 年，三江乡从荔浦县划拨柳州地区鹿寨县头排公社，改设三江大队。1984 年，三江大队划拨金秀瑶族自治县管辖，改设村级乡人民政府。1987 年 10 月，三江乡、同化乡、合兴乡，和三角乡的长乐、柘山、古范三个村公所合并成立乡级人民政府，称为三江乡。2016 年年末辖三江、同化、古范、合兴、长乐、柘山 6 个村民委 52 个自然屯 66 个村民小组。属于山区，四周为低山，中有小片平原，地势东北高西南低。境内最高山峰天堂山，海拔 940.7 米。土壤为沙质土。气候：属亚热带气候，其特点为气候温和，雨量充足。平均气温为 18.6℃，7 月气温为 25.8℃，1 月份气温为 9.7℃；年均降雨量 1722.2 毫米；年均无霜期日数为 354.5 天；每年寒露风出现在 9 月中旬。水文：主要河流有石榴河，石榴河源于荔浦县的蒲芦瑶族乡，古范河源于三角乡，两河于乡内汇合后流入头排镇。矿藏及其他自然资源：有丰富的铜矿资源及木材资源。全乡辖区面积 209.7592 平方公里，其中陆地面积 175.7592 平方公里，占 83.79%；水域面积 34 平方公里，占 16.21%。耕地面积 748.07 公顷（其中水田 182.07 公顷），水果种植面积 882.7 公顷。2016 年，全乡户籍登记人口数 10643 人，常住人口 8926 人；总人口中男性 5462 人，占 51.32%；女性 5181 人，占 48.68%；18 岁以下 1755 人，占 16.49%，出生人口数为 122 人，死亡人口数为 95 人。土特产主要柑橘类水果、山野葡萄、珍珠李、红阳猕猴桃、竹笋、香菇、八角、罗汉果、中草药、红米花生、马蹄、生姜等。水果产品不但畅销本县及周边数县，还远销上海、广东等多个省市，出口越南、新加坡诸多东盟国家。2016 年水果总产值达 9000 多万元。2016 年农业总产值完成 10825 万元，社会固定资产投资 5500 万元，农民人均纯收 6950 元。2016 年，获得“2016 年广西乡级统计工作规范优秀单位”称号，瑶都桔香农业（核心）

示范区获评广西县级示范区称号。

党委书记：陈素珍（4月离任）
　　　　　卢冰若（4月任）
党委副书记、乡长：何显贵（4月离任）
　　　　　　　　　李峻廷（7月任）
党委副书记、人大主席：郭世珍（4月离任）
　　　　　　　　　　　李智军（7月任）
党委副书记：温林静（4月离任，挂职）
　　　　　　石英明（4月任）
党委委员、副乡长：李智军（4月离任）
　　　　　　　　　潘丽萍（7月任）
党委委员、纪委书记：潘丽萍（4月离任）
　　　　　　　　　　梁　港（4月任）
党委组织委员：宋富强
党委宣传委员、副乡长：莫炳艳
党委统战委员：赵成斌
党委委员、武装部部长：谭宝信（4月离任）
　　　　　　　　　　　岑成龙（4月任）
人大副主席：叶柳伶
副乡长：覃会雅（4月离任）
　　　　韦萍燕（7月任）
　　　　梁　亮（7月任）

【工农业实力增强】 工业。2016年木材厂4家，年产值达600万元。广西金秀瑶族自治县亿草丰茂瑶药有限公司年产中草药产品产量超过400万吨，年产值超过了3000万元。2016年，引进杰新天然香料深加工生产项目，该项目落户在三江村下思屯，厂房和基础设施已完成建设，2016年累计完成投资4670多万元，进入试产阶段。该厂正式投产后，将实现三江乡历史"规上"企业零的突破。

农业。粮食作物以水稻为主，2016年粮食作物播种面积8109亩。经济作物以种植水果为主，主打果类为砂糖橘、马水橘、柑橙等，基本形成了三江砂糖橘和红皮花生、同化红阳猕猴桃、长乐生姜和茶叶、柘山罗汉果、合兴山野葡萄等为主的区域化布局、规模化生产和品牌化经营的"一村一品"产业格局。2016年经济作物播种面积1312亩；其他农作物播种面积5276亩。全乡水果种植面积已超过1.3万亩。

林业。大力实施"绿满八桂"工程，2016年完成植树造林面积3831.4亩。大力发展石崖茶、毛竹、优质油茶等种植；合理采割松脂；发展林下食用菌种植，拓展了农民的增收渠道。

水产畜牧业。以生猪、家禽养殖为主。2016年全乡今年出栏生猪6265头，牛64头，羊146头，家禽44855羽。肉类总产量568.1吨，禽蛋产量5.6吨，水产品产量142吨。生猪存栏2630头，牛存栏85头，羊存栏320只。春、秋防全乡共免疫猪口蹄7082头、牛口蹄133头、羊口蹄310头、禽流感26972羽，各项指标免疫占应免疫数均达100%。同时重点发展鲟鱼及山鸡等特色养殖，进一步扩宽农民增收的渠道。水产业主要养殖中华鲟鱼、鲤鱼、草鱼、塘角鱼等，辖区内有冷水鲟鱼养殖场1个，年产商品鲟鱼3万尾。

【城镇和基础设施建设】 全乡规划合理，交通便利，政府所在地三江街内部的各条道路多数已硬化，有一个圩厂，总面积为1800平方米。全年完成了8个屯级巷道硬化，对长余、冷水、何家坪、那么、蜈蚣岭、六桂、平箭、大小金、磨刀石等屯进行进屯道路硬化共12.76公里，在下思、壬子、长乐和古范村修建了6条机耕路共计10公里，还先后实施了3个村屯路灯"亮化"项目和3个便民候车亭的建设。另外，完成六桂、大金人饮工程，改善樟木、六岭饮水点困难问题，帮助庙村、新村加固桥坝建设，疏通长余、炉村等河道建设；实施平步垌水利渠道建设和2016年重点县水利建设项目一标和二标段建设，完成六桂、大金人饮工程。此外，配合国家重点项目滇西北高压线输送工程项目第十八标段征地工作，涉及三江乡有21座塔位，已完成17座塔位征地。

【科教卫生文化工作】 教育。2016年全乡共有幼儿园3所，均为公建民营性质，在园幼儿、教师120多人；中心校下辖中心小学1所、教学点10所。在校小学生497人（不含学前），小学教职工56人。根据全乡教育师资现状，各村小、教学点仅开设学前班、一、二年级，三年级以上全部到中心小学就读，对偏远学生采取住校方式管理，确保学生入学率。小学适龄儿童入学率100%，九年义务教育覆盖率达100%。村校、教学点基础设施建设基本完善，均建有教学楼，除大步小学无校门围墙、大坪小学正在建设外，其余9所学校均建设有校门、围墙，大大提升了学生安全管理。每个村校、教学点均设有伙房，聘请炊事员，负责学生午餐，全乡村小学、教学点实施营养改善计划覆盖率达100%。

科技。坚持水果产业化发展，走科技化、现代化发展之路，努力培育高科技新品种的优质水果，打造红阳猕猴桃、珍珠李种植示范基地，壮大三江本地品种红皮花生的种植和推广，扩大罗汉果种植面积并开展罗汉果采后加工处理。注重科技培训，2016年举办培训班47期，受益群众达5000多人次。全乡在县工商局注册登记农村合作社共7家，分别为三江水果合作社、古范利丰水果合作社、柘山水果合作社、三江乡绿林草珊瑚种植合作社、文和农产品流通合作社、三江乡福裕源红阳猕猴桃水果专业合作和三江乡龙希养猪专业合作社。2016年，成立了一个农民专业合作社联合社，即金秀瑶族自治县桔香园水果专业合作社联合社，成立了一个乡级供销综合服务站和一个乡级供销综合服务站。各合作社探索以“农户＋基地＋合作社”模式的产品销售方式，打开合作社整体带动农产品销售的良好局面，稳定全乡农产品的市场价格。

文化艺术。全乡有广播文化站1个，设有培训室、阅览室、科技培训室等，基础设施健全，是“国家二级文化站”。全乡6个行政村，村村有综合楼、篮球场、舞台、文艺队、篮球队，村级公共服务中心建设完善。全乡农家书屋6个、村级政策理论学习中心6个，占行政村总数的100%。至2016年年底，全乡共成立协会1个，文艺团队11支，国家非遗彩调剧队4队。年内文艺队在各村屯开展各类主题文艺演出活动20多场次；在盘王节庆典活动中，三江乡选拔28名人员参与尖头盘瑶特色服饰展示演出和传统盘王鼓表演活动，为全县宣传工作增添一份色彩。

医疗卫生和计生。三江乡境内有卫生院1所，诊所3家。2016年乡卫生院在职职工15人（其中在编8人，单位内聘7人），核定编制12人，业务用房2栋，使用总面积共800平方米，2016年建成职工周转住房1栋140平方米。乡卫生院肩负辖区基本公共卫生、基本医疗及预防保健、康复和乡村一体化管理等职能工作。2016年，门诊及住院人次共计41200人次，业务总收入115万元。全乡6个村委卫生室建设全部完成。村卫生室各村医可提供简单的公共卫生及基本医疗服，为全乡辖区居民的健康服务打下了良好的基础。村卫生室各村医可提供简单的公共卫生及基本医疗服。2016年，全乡新农合参合率达99.89%。年内全乡区间出生人口122人，计划生育率为97.54%，征收社会抚养费0.2万元；完成免费孕前优生检查96对；打造三江村下思屯诚信计生和幸福家庭长廊、三江街人口文化宣传一条街。

【社会各项事业发展】 扶贫。2016年全乡脱贫“双认定”工作完成183户、757人，完成县下达的控制数，并顺利通过上级的检查验收。通过结对帮扶，各类型的贫困户都得到了有效扶持，全年完成了贫困村6个自然屯的“一事一议”巷道硬化工程，完成大金、小金进屯道路建设，冷水、何家坪进屯道路建设项目正在实施中，贫困村基础设施条件进一步改善。完成了346户贫困户1167.12万元小额信款、105.43万元贫困村产业补助、36万元贫困户水果种植补贴的发放工作。全乡通过开展两个批次的“双认定”工作，圆满完成了183户757人的脱贫摘帽任务。

交通运输。国道323线由南至北贯穿全境。每天有客车（大客车）130多班次和微型客车来往于柳州、桂林、梧州、贺州及金秀等地。至2016年，全乡6行政村均有通村水泥公路，完成长乐村小金至大金、小金至磨刀石2公里屯级道路硬化；三江村长余、横岭2公里屯级道路硬化；合兴村六桂进屯路0.5公里道路硬化工程；完成柘山屯柘山至柳水、兰厂道路拓宽硬化工程；荔浦县修仁镇至金秀县二级公路，全长39.95千米，已建成通车。

生态乡村建设。平步屯获“绿色村屯”称号；“三化”建设成效明显，已完成“村屯绿化”建设项目有炉村、寨球屯2个示范点；完成六桂、大金人饮工程，改善樟木、六岭饮水点困难问题；完成长余、冷水、何家坪等村屯“道路硬化”建设项目8个。

社会保障。2016年年末有敬老院1个，床位30张；五保村2个，床位18张。扎实做好救灾救济工作，全年发放冬春荒粮5750公斤，救助230人，发放救灾物资450件，救助人口449人；救助受灾农户4户，共计获得保险理赔1.2万元；获医疗救助22户，22人，共计获得救助金3.6816万元；享受城镇居民低保19户34人，共发放低保金发放保障金1.16592万元。2016年享受农村低保327户877人，共发放保障金额126.5328元；五保供养65人，发放资金19.5万元。同时，新农保工作有力推进，全乡投保5462人，合计资金34.185万元。

土地确权工作。2016年深入推进6个村委、63个村民小组、2193户家庭、二调面积6462.9亩的土地确权试点工作。通过测绘实际所得面积10942.5亩，通过调查重新登记家庭数2593户，完成入户调查率100%，已全部完成此项工作，为全县土地确权工作积累了经验，做出了示范。

乡村文明建设。2016年，组织开展公民思想道德法制教育主题活动、深化开展学习习近平总书记“七一”讲话和市第四次党代会、市“两会”主要精神宣讲活动、“双进一回”活动和“两学一做”学习教育活动，“美丽三江、宜居乡村”活动、“实现中国梦，法制伴我行”主题活动。扎实做好计划生育、社会维稳、禁毒防艾、反邪教等工作。

【党建工作】 2016年年底，全乡共有党总支部5个，党支部42个，中共党员404名，发展新党员6名，培训入党积极分子28名。2016年全乡人大代表56名，党代表79名，于5月18日和7月20日，分别召开中国共产党三江乡第九届代表大会第一次会议和三江乡第十七届人民代表大会第一次会议。全乡村委定工干部共20名，屯级党支部书记与村民小组长共计103名。实行党政班子成员党建“一岗双责”分工责任制，把党委书记“第一责任”、分管领导“直接责任”、班子其他成员“一岗双责”、村级党组织负责人“具体责任人”的职责明确到人，层层抓落实。以瑶都桔香农业示范区和红心猕猴桃种植示范基地为依托，年内打造1个富民产业党建示范点，培植了2个党员创业示范基地，培树了2名基层党组织书记扶贫帮困标兵、5户党员带富示范户和20户精准脱贫光荣户。同时，全面落实村级“微权力”清单制度，推进了“农事村办”工作；制定方案，强化整改，完成了1个软弱涣散基层党组织的整治转化工作；严把程序和纪律，抓好了2个基层党组织的换届工作，换届风气测评满意率达100%；扎实开展统一战线工作，抓好了商会换届和“百日攻坚”“百企助百村”等活动。此外，还投入80多万元经费加强阵地建设，丰富党员活动，共为群众办实事好事1930余件。组建非公企业党组织一个，扩大党组织的覆盖面。严格按照程序抓好党员发展工作，一年共发展新党员7名，组织党员培训13期560多人次。严肃党内政治生活，全面开展党员组织关系和党员档案大清理，共排查出失联党员1名，给予除名处理。扎实做好党费收缴清查工作，督促3名党员补缴了党费。强化推进“两新”党组织百日攻坚工作，实现了组织、工作、党员“三覆盖”。党委、政府扎实开展基层党建问题调研，认真履行主体责任。及时调整和充实乡党建工作领导小组成员，全年共召开4次党建工作分析推进会，以深入推进1项活动、5大行动和7项任务落实为重点，深入开展基层党建专项督导4次，加大了党建工作力度。出台《干部职工管理制度》《领导班子议事决策制度》等，抓好领导班子和干部队伍的管理。

三角乡

【概　况】 三角乡位于金秀瑶族自治县北部，辖三角、龙围、小冲、六定、甲江、江燕等6个村民委员会，共41个自然屯。土地总面积206平方公里，2016年年末全乡总人口5866人。境内居住瑶、壮、汉等民族，瑶族人口占总人口的92.1%。全乡现有耕地面积4073亩，森林覆盖率达93.34%。三角乡是一个山地多、耕地少的典型的“八山一水一分田”的边山穷乡镇，乡政府驻地三角街，距县城50公里，距省道S307线10公里。主要农业产品有木材、八角、油茶、中草药材、柑橘和菜叶等。矿产品主要有铜矿和铅锌矿，是自治县主要铜矿区之一。

2016年全乡农林牧渔总产值完成3609万元，同比增长4%；固定资产投资额达2140万元，完成上级下达任务的107%；社会消费品零售总额为1086万元，同比增长10.6%；居民人均纯收入突破5500元；人口自然增长率0.36‰。2016年，新植水果650亩，全乡水果面积达2750亩；同时抓紧发展野生茶，新植野生茶650亩，全乡茶叶面积达3030亩；实施珍珠李、红心猕猴桃、甜茶叶、草珊瑚等新品种的种植，重点是中草药种植，全乡中草药面积达4000亩。2016年，全乡共招商引资1000万元。

党委书记：赵德峰（4月离任）
　　　　　陈玉凤（4月任）
党委副书记、乡长：金　海（4月离任）
　　　　　　　　　李　海（4月任）
党委副书记、人大主席：李　海（4月离任）
　　　　　　　　　　　盘莹锋（4月任）
党委委员、副乡长：罗宏升（4月离任）
　　　　　　　　　李永双（4月任）
党委委员、纪委书记：范艳红（4月离任）
　　　　　　　　　　廖祖坚（4月任）
党委组织委员：黄小青（2月离任）
　　　　　　　潘信英（4月任）
党委宣传委员、副乡长：曾福健（4月任）
党委统战委员：李永双（4月离任）
　　　　　　　吴苑妮（4月任）
党委委员、武装部部长：曾福健（4月离任）
　　　　　　　　　　　苏金林（4月任）
人大副主席：方　慧（7月离任）
　　　　　　唐扬飞（7月任）
副乡长：秦海燕（7月任）

【基础设施建设】 2016年，三角乡规划项目建设35项，估算总投资达5.58亿元，其中基础项目20项，估算总投资4.36亿元；民生项目9项，估算总投资0.868亿元；产业项目6项，估算总投资0.35亿元。其中，投入286万元实施三角屯、大岭屯、新坪屯，大口屯，新村屯、六坪屯、坪村屯、高村屯8个村屯道路硬化及三角屯、六排屯、旧村屯3个村屯路灯亮化项目，三角乡农网升级改造工程和小水利体制改革工作都已完成。截至年底，投资16万元实施政府所在地部分路段硬化美化，35万元实施三角街至大岭屯道路硬化、路灯安装、路灯维修等项目。

【扶贫开发工作】 2016年，全乡贫困户脱贫“双认定”完成135户493人。产业扶贫方面，共投入资金150多万扶持贫困户300多户，全乡共新植野生茶382亩、甜茶168亩、草珊瑚1324亩、水果650亩以及其他的“多套餐”、短、平、快产业。项目扶贫方面，全年共争取6条扶贫公路项目，总投资金为263万元。2016年，已完成了大口、大岭、六坪3条道路的硬化，其他的3条都在施工当中，预计2017年3月份完成。旅游扶贫方面，加快推进“两江”旅游项目申报，稳步推进旅游扶贫村建设，2016年成功举办三角乡首届生态文化旅游节，带动贫困人口17人脱贫。金融扶贫方面，开展了信贷评级授信和放贷工作，评级授信406户。已发放贫困户扶贫小额信贷121户，贷款额563万元。易地搬迁扶贫方面，三角乡已完成江燕屯的32户172人整村搬迁任务；同时上报2017年到2018年计划易地搬迁158户571人。创新“空店”扶贫方面，利用互联网搭建“空店”平台，实现全乡2个贫困村“空店”精准扶贫模式全覆盖，将贫困户自产农产品直销变现。

【社会各项事业】 卫计工作。始终把人口与计划生育工作放在与经济建设同等重要的位置上抓紧抓好，以稳定低生育水平、提高人口素质为核心，深入开展“三好一满意”和“婚育新风进万家”活动，一把手亲自抓，负总责，切实把计划生育工作纳入重要议事日程，明确目标，落实责任，依法行政。采取抓基层、打基础、抓后进、促平衡的办法。

均衡教育发展。全年义务均衡发展工作落实项目资金182万元，于2016年10月顺利通过自治区督导评估。通过认真落实国家各项教育惠民政策，发放补助9.15万元183人次；发放助学金0.24万元；落实营养改善计划14.36万元；学前教育三年毛入园率由32%提高到56%以上；通过开展农村科普惠农行动，举办实用技术培训班3期200多人次，发放宣传资料600多份。同时，三角乡还对2016

年全乡14名新考取重点高中、大专、大学的学生给予每人600元至3000元的奖励，共计2.2万元。三角乡人民政府因推进义务教育均衡发展工作突出被县委、县政府评为县先进单位。

社会综合治理。加强社会治安综合治理和平安三角建设工作。认真解决信访维稳突出问题，妥善处理群体性事件。认真贯彻落实上级安全生产工作决策部署，强化安全责任落实，开展隐患排查治理，深化安全生产各项工作措施。积极推进防汛各项措施和任务的落实，由于责任到位，措施得力，在2016年“5·8”和“6·15”强降雨灾害中，及时启动应急响应，组织各方力量第一时间投入到抗灾救灾工作中，全乡在强降雨过程中无人员伤亡和重大财产损失。社会保障工作。全乡共发放救济粮食3750公斤，救助群众150户627人。发放救济物资956件，救助群众407户1387人。发放医疗救助金5.6万元，困难群众和灾民生产生活得到较好救助、妥善安置。同时，做好农村“三留守”人员和残疾人的关爱工作。

文化体育广电事业。2016年，三角乡积极争取项目向三角村、六定村农家书屋配送图书4800册书架6组；实施“村村通”直播卫星工程接收设备41面；实施文化共享工程，配备办公电脑、打印机、服务器等7件。

实施惠民工程。2016年，三角乡为年满60周岁城乡居民发放基础养老金，为参保人员缴费提供财政补贴为5.4万元。实施民政惠民工程，发放城乡低保金4户6人共2.12万元，发放农村低保金356户731人共125.45万元，发放残疾人补贴55人共计3.3万元。实施安居惠民工程，2016年，三角乡实施江燕屯35户异地搬迁工程和农村危房改造任务约40户。实施教育惠民工程，义务教育均衡项目及校园文化建设有效推进，到位资金182万元，档案完成100%。实施卫生计生惠民工程，2016年新农合参合人数5396人，参合率99.28%。实施交通惠民工程，实施完成8个村屯道路硬化和3个村屯路灯亮化项目。

态文明建设。抓好生态乡村建设工作。三角乡创建“自治区级生态乡镇”相关申报工作已通过公示期。抓好植树造林、村屯绿化和林政资源管理工作。完成造林面积1077亩，占县林业局下达造林任务的107.7%，全面完成县下达三角乡的11个村屯绿化任务的绿化工作。全乡共发放林木采伐许可证蓄积量9718立方米，出材量7111立方米。突出抓好森林防火工作。上半年全乡没有发生森林火灾。加强环境保护工作。大力开展环境宣传教育和农村环境综合整治工作，美丽三角持续呈现。

忠良乡

【概　况】 忠良乡位于金秀瑶族自治县城东北部，辖中山、车田、林秀、三合、永和、双合、六干、六卜、德香、石鼓、巴勒等11个行政村97个自然屯108个村民小组。乡西部与北部属中山，其余属低山和山丘。年平均气温18℃，7月份27℃，1月均温为9.4℃。年平均降雨量1896.4毫米，年平均日照为1200小时左右，平均无霜期为300天左右。气候灾害有倒春寒、寒露风、冰雹、霜冻、暴雨、大风、洪水等。土壤以山地土壤为主，有红壤和黄壤两种，花岗岩成土次之，沙石成土在乡境内也达到154.7公顷。珍稀野生动物有大鲵等，银杉保护区分布有银杉混交林。矿产资源主要有铅锌、铜、金、花岗岩等，分布在永和村卜泉和三合村岭祖一带；卜泉、岭祖一带有面积8平方公里的花岗岩体。全乡土地面积为336.3484平方公里，耕地面积1.7476万亩，其中水田0.2959万亩、旱地1.4517万亩。2016年年底，总人口11281人。城镇常住人口436人，城镇化率3.9%；2016人口出生率8.16‰，死亡率3.45‰，自然增长率为4.7‰。境内土特产品种主要有红薯干、野生茶、石崖茶、八角、笋干、水果等。2016年红薯折粮375吨，八角25万公斤，笋干2.5万公斤，石崖茶34.6万公斤，水果24.9万公斤。此外，桐油、棕衣以及各种中草药材等，都有一定的产量。巴勒村生产的红薯干，色鲜、味美，品质甚优，产品畅销县内外。2016年，全乡工农业总产值12650万元，农民人均纯收入4590元，社会固定资产投资4021万元。

书　记：赵德良（4月离任）

苏忠伟（4月任）

人大主席：吴立敏
乡　长：谢春丽
副书记：吴立敏
　　　　谢春丽
人大副主席：罗延锋（5月离任）
　　　　　　杨　丽（5月任）
党委委员、副乡长：侯志军（4月离任）
　　　　　　　　　盘全志（4月任）
　　　　　　　　　李威宏（4月任）
副乡长：文春燕（4月离任）
　　　　王万年（4月任）
组织委员：梁明福（4月离任）
　　　　　陶小兰（4月任）
宣传委员：苏志云
统战委员：陶天明
纪委书记：梁　港（4月离任）
　　　　　钟华钧（4月任）
党委委员、武装部部长：盘全志（4月离任）
　　　　　　　　　　　罗延锋（4月任）

【经济发展】 农业。水稻、玉米、生姜、蔬菜、木薯、花生和红薯等种植面积稳定发展。产业结构持续优化。野生茶、水果、林下中草药等特色种植面积不断扩大，2016年砂糖橘种植面积达1500亩，新植野生茶2100亩，种植草珊瑚700亩，成功引进金秀县现代农业发展有限公司在土县平老岭种植了1200亩的珍珠李，成功创建了自治区乡级巴勒薯光现代农业（核心）示范区。新成立各类专业合作社5家，家庭农场3家。同时，农村土地承包经营权确权登记颁证和第三次全国农业普查工作有效推进等等。

林业。继续实施“幸福家园·绿色金秀——全国志愿者生态扶贫植树交流”公益活动和“绿满八桂”造林绿化工程，完成义务植树造林3.924万株，造林面积达1784.8亩，签订生态公益林管护面积12.9046万亩，发放公益林补偿金19.3434万元，未成林地及中幼林抚育7833.27亩，全乡新增绿化村屯39个（其中2个示范点自然屯），绿化面积达50.8亩，全乡森林覆盖率达86.29%，超额完成指定任务数。2016年全乡查处盗伐林木行政案件12起，没有发生森林火灾，森林资源得到有效保护。

畜牧业。以猪、马、家禽为主。2016年，全乡生猪存栏5860头、出栏4085头，牛存栏35头，马存栏910匹，家禽存栏12368羽。六卜养殖场已逐步成为全乡规模养殖的一个亮点。重大动物防疫工作顺利开展，各项指标免疫占应免疫数均达100%，无重大动物疫情发生。

工业。工业产业发展滞后是制约忠良乡经济社会快速发展的主要因素，2016年以来该乡多次对辖区内6家发电站，8家木材加工厂，11家茶叶加工厂进行调研，指导企业加强改革，完善管理，优化结构，取得了显著效果，全年全乡电站发电量达1.13亿千瓦，产值3162万元；竹木加工2万立方米，产值2400万元，全乡工业总产值5562万元，比上年增长3%。

商业贸易。2016年年底，全乡有商业网点230个，从业人员252人。每逢新历3、6、9为圩日，圩场面积5500平方米，每次赶圩日人数为650多人次。

财政金融。2016年木材加工业、小型水电站、个体商业发展较快，工商税与日俱增，财政收入增加。金融存款余额11800万元，设有1家信用社。

【基础建设】 积极推进政府所在地的城区综合整治项目，完成了城区供水管网改造和城区第一期外立面改造工程，同时启动了城区新区开发和市场扩建工程，解决了城区陈年垃圾的填埋处理，完成了城区街道太阳能路灯的安装。大力推进乡村交通基础设施建设，该乡共争取到53个项目7700万元资金，顺利完成巴勒、双合、六干、石鼓、德香的村村通水泥路建设工作；启动建设了投资704.4万元的忠良至石禁四级公路建设工作；投入19万元启动巴勒村产业路的建设工作；投入23万元修复了双合根广至根念水毁屯级公路；争取到5个“一事一议”建设项目，主要为古寻、车田、平务、下六雷及巴勒5个屯的巷道建设。争取到三个新农村建设项目，包括投资12万元的德香六桂巷道建设、投资8万元的巴勒巷道、投资6万元的岭祖三队巷道。争取到2个生态乡村建设项目，主要为投资10万元的永泉路灯建设，投资20万元的巴勒生态乡村建设。向县扶贫办争取10多个项目，争取到114.8万元启动六干村冲口至六岭屯级路硬化工作。争取137.6万元启动六卜村上下六雷至六桂尾屯级公路的建设工作，解决了上六雷行路难的历史问题。争取到17.5万元解决了土县500米的进屯路。争取到5万元解决了兰厂桥到德香水泥路路基的扩宽。争取到19.6万元解决了平务屯的进屯路。争取到30多万元解决了德香六桂进屯路建设。争取到70万元修建了林秀古寻进屯水泥路，扶贫办帮助实施了车田新安进屯沙石路等等。向县发改局争取30多万元修建扩宽了林秀村六音六门沙石路，10多万元修建上平庙桥梁。

【社会各项事业】 邮政电信。2016年，全乡有邮政所、电信、移动金秀分公司、联通金秀分公司各一家。

招商引资。主要是引进农林土特产加工、竹木加工、小水电等项目。

教育。投入330万元启动忠良中心校教学综合楼、校园文化的建设工作；投入120万元完成忠良中学教学楼、学生宿舍的维修及校园文化建设等工作，有效改善了办学条件，全乡义务教育均衡发展工作达标率为100%。

科技。坚持石崖茶、毛竹产业化发展，走科技化、现代化发展之路，注重科技培训，2016年举办培训班22期，受益群众达2300人次。

医疗卫生。2016年全乡有卫生院1所、诊所1家。新型农村合作医疗工作有序推进，全乡参合率达98.58%；艾滋病防控、乙肝疫苗普种、甲流防控等工作全面开展。

文化体育。继续推进文化体育“两个示范”建设，积极争取资金配备更换了一批村级文化体育设施设备，加强农村青年篮球、汽排球技能培训，进一步活跃农村体育文化活动，并做好文化站、农家书屋免费开放工作。全年举办各类体育赛事6场次、文艺演出活动3场次，培训体育骨干文艺人才人次180，下村播放电影132场。扎实开展思想道德法制建设，积极推进思想道德法制进机关、进学校、进农村、进企业活动，在忠良中心校、车田村委、永和村永泉屯建设了3个宣传教育阵地，在忠良乡街建设社会主义核心价值观宣传一条街，社会主义核心价值观深植民心。

扶贫。2016年全乡完成贫困户脱贫327户1332人。动员了418名干部职工结对帮扶了1141户贫困户，这些帮扶干部从政策宣传上讲，从产业落实上帮，从思想观念上带。2016年共有379户1473人申请易地搬迁；贫困户产业验收共计675户，涉及的产业主要有鸡鸭、生猪养殖、中草药等其他经济作物种植，涉及金额共计117.2万元，产业补助资金已全部发放给农户。忠良乡贫困户贷款授信1067户，共计3369.67万元，已发放小额贷款389户共计1365万元。组织发动81户贫困户融资250万元投入到古沙沟景区经营，实现利益分红，积极探索试行贫困户增收的新模式；此外向县水产畜牧兽医局争取到13多万元资金，购买了6700多羽鸡苗，无偿发给六卜村137户贫困户养殖。向县林业局争取到了一批有机肥料发放给六干、六卜村的困难群众使用等，落实扶贫基础设施项目建设资金327.91万元，补助扶贫产业扶持资金116.9129万元。

生态环境保护。忠良乡气候湿润，空气清新，气候宜人，无污染项目，环境质量好。农村沼气池使用率达4.6%，太阳能使用率达8.1%，100%的自然屯都建造垃圾池，实施了农户门前“包扫、包集、包整洁”的三包责任制，形成垃圾“户集村收村运村处理”的垃圾收集体系，达到乡村整齐整洁效果。

社会保障。全年发放城市低保金额18.406万元，发放农村低保金额393.32万元，发放医疗救助金额9.23万元，发放“五保供养”救济资金15.99万元，发放优抚抚恤资金17.32万元。做好残疾人新农保补贴，共补助47人发放资金3008元，为残疾人办理证件5人。稳步推进新农保工作，全年发放新型农村居民养老保险金132.4万元，惠及1316名群众；16～59周岁人员参保缴费3166人，缴费资金共计32.6万元，全乡参保率达86.3%。此外忠良乡全力做好民政应急救助工作，如德香村六干屯赵有区户房子意外被烧，忠良乡及时派出应急工作组，带上大米、棉被等救灾物资，连夜第一时间赶到第一现场，开展慰问救助，送去慰问金4000元，向保险公司争取保险理赔金1.8万元，通过深入细致地开展政府工作，努力为百姓提供暖心服务。2016年年末，有敬老院1个，床位36张。2016年发放救灾粮5000万公斤，衣被22140件（床），发放农村医疗救助款9.27万元，发放农村低保金425.052万元、城镇低保金10.68万元，发放抚恤金17.32万元、临时救助金3.46元，协调县保险公司房屋因灾损毁理赔农户45户，赔付资金8.34万元；新型城乡居民养老保险工作取得新成效，全乡参保率达100%，其中代扣代缴率达97.44%；发放基础养老金90元／月，发放率达100%。

【党建工作】 党建示范点建设成效显著。乡党委以巴勒村党总支部和忠良中心校党支部为示范点，积极争取项目资金扶持巴勒村完善各项基础设施建设，持续强化屯级组织“四会一组合议共建”机制，大力开展社会主义核心价值观宣传教育和思想道德法制教育活动，并结合“美丽广西”乡村建设活动，全面发展“三农”，着力打造巴勒村“创建自治区县级现代特色农业示范区”，以大力发展特色民俗生态旅游以抓手，努力着手把巴勒村打造成集生态、旅游、特色农产品、民族特色等为一体的新农村典范。党建品牌建设全面巩固提升。以“扶贫成效明显、乡村面貌美化、基层组织强化、干部作风转化”为目标，以扶贫攻坚问题为导向，深入开展“四强化四促进以党建责任担当促脱贫攻坚”，为群众提供了全方位、多层次的服务，提升了党群共建工作合力。组织各级党员深入开展“三争一创”活动。树立了巴勒村富民产业党建示范点，新培育双合村党员覃建明的茶叶种植专业合作社和三合村党员黄健能高山皇菊种植示范基地、新树立2名基层党组织书记（含贫困村党组织第一书记）扶贫帮困标兵：巴勒村党总支书记陶建富、石鼓村第一书记徐鸿贵；5户党员带富示范户和20户精准脱贫光荣户。驻村市、县美丽广西扶贫工作队员和第一书记共争取到项目资金693万元，为群众实施了道路、桥梁、巷道、人饮等设施建设。党建创新工作扎实推进。2016年以来，乡党委通过强化机制建设，积极整合资源，全力帮扶巴勒村委建成“领导班子好、党员队伍好、工作机制好、工作业绩好、群众反映好”的“五个好”和“有坚强有力的领导班子、有本领过硬的骨干队伍、有功能实用的服务场所、有形式多样的服务载体、有健全完善的制度机制、有群众满意的工作业绩”的“六个有”党建示范点。积极引导巴勒党总支部以推动“一区一社”（即自治区乡级现代特色农业示范区和巴勒红薯产业专业合作社）及党建规范化建设为抓手，实施各项设施建设，深入抓好党建规范化和“三争一创”等工程，力争达到“党建有创新、党员有示范、农村有实惠、脱贫有成效”的“四有”目标效果。继续深化拓展农村基层“三个五”争创活动和“三评三定”制度，强化屯级组织“四会一组合议共建”机制的实施，提升和巩固了巴勒村党总支部、忠良中心校等党组织建设成果，推进面上10个村党总支部规范化建设。

（蒙文海）

长垌乡

【概　况】 长垌乡位于金秀瑶族自治县西南部，距县城28公里，东南面与罗香乡交界，西面同象州县大乐乡接壤，南面与六巷乡相邻，北面同金秀镇相连，县道341线从乡境内穿过，交通便利。境内土地肥沃，全乡土地总面积196.52平方公里，耕地面积5480亩，其中水田2970亩，森林覆盖率91.65%。全乡下辖7个村民委56个自然屯，2018年年末总人口5833人，有盘瑶、山子瑶、茶山瑶、花蓝瑶四个瑶族支系。全乡主要产业有林木、八角、茶叶，粮食生产以水稻为主，旱禾、玉米为辅。矿产资源丰富，主要有铁、铜、铝、锌、重晶石、石英石、花岗岩等。长垌乡旅游资源极其丰富：辖区内著名的景点有圣堂山、圣堂湖景区、古占乡村旅游区、青山瀑布群景区、滴水田园综合体、平道乡村旅游区等。

党委书记：刘呈程

人民政府乡长：梁　敏

人大主席：冯春琦（7月离任）

梁宝善（7月任）

党委副书记：梁　敏

冯春琦（3月离任）
梁宝善（3月任）
党委委员、副乡长：梁宝善（7月离任）
黄柱旺（7月任）
党委纪委书记：黄位祥（3月离任）
卢文泉（5月任）
党委组织委员：覃　欣（3月离任）
沈现斌（5月任）
党委宣传委员：赵海斌（3月离任）
沈李东（5月任）
党委统战委员：陈金生（5月离任）
蒋昌文（5月任）
党委委员、武装部部长：蒋昌文（5月离任）
陈金生（5月任）
人大副主席：陶松格（7月离任）
蒋　俊（7月任）
副乡长：郑黄燕（7月任）

【农业工作】 长垌乡大力培育和发展特色农业产业。采取“公司+农户”的模式和订单销售等措施鼓励农户大力发展甜茶种植，2016年全乡甜茶种植面积超过1.2万亩，产量1800吨以上，产值3960万元，甜茶已成为长垌乡农民增收致富的重要产业之一。全乡存池娃娃鱼1.8万余尾，娃娃鱼庭院养殖农户86户，养殖娃娃鱼1800多尾。示范区建设效果明显，投入资金270多万元，完成青山秀水生态观光旅游示范区创建工作，并获自治区乡级示范区认定。农村土地确权工作全面铺开，完成外业勾图面积1798亩，完成总任务的32.5%，完成二次公示率（可发证率）达33%，全面完成年度工作任务。大力培育新型农业经营主体，全年完成新增注册农民专业合作社2家，新增注册家庭农场1家。

【重点项目建设】 2016年长垌乡统筹抓好重大项目建设。成功签订古占航空旅游休闲区项目、印象古占·盘王生态体验园等项目，完成《过山榜之绝世瑶妃》电影拍摄基地在长垌乡镇冲村的建设。加快推进基础设施建设项目，全年共争取到各类项目32项，建设资金2092.9万元，主要解决了卫生院桥，9个屯通村水泥路，7个屯的巷道硬化，3个村委的旅游基础设施以及城区的防洪堤等项目，长垌至大乐等外联通公路已开展前期工作。围绕重点产业和项目开展招商，加大对印象古占·盘王生态体验园、平道峡谷生态旅游景区、长垌风情小镇、滴水生态园等一批重大项目招商引资，加强项目对接洽谈力度，凝聚各方力量，破除一切难题，为项目落地扫除障碍。

【旅游业发展】 投入500余万元建设的青山瀑布景区，以“公司+农户”的经营模式在7月营业；古占屯国家AAA级旅游景区创建工作有序进行，平道村“五彩田园”花卉观赏项目按期建成开放。完成平道村委旅游扶贫整村规划，完成平孟村委旅游扶贫整村规划的现场勘察。滴水村委百里瑶寨项目正在建设中。溶洞屯、平道古占屯、马安屯分别被列为市、县、乡民宿旅游示范点。长垌乡初具规模的“农家乐”已开始向“民宿”业态阶段发展。圣堂山、圣堂湖景区获评广西生态旅游景区，圣堂湖景区成为金秀县首个智慧旅游景区。“中国·金秀2016圣堂山杜鹃花旅游节”等系列活动在长垌乡成功举办。长垌旅游知名度和美誉度不断提升。

【社会事业均衡发展】 教育事业。切实巩固“两基”成果，认真贯彻执行金秀县委关于发展教育的“六个一”工作部署，抓好义务教育学校标准化建设，顺利通过自治区义务教育均衡发展验收。

卫生计生工作。长垌乡基本公共卫生服务各项指标均达到自治区要求，医改工作稳步推进。新农合参合率达93.59%；全面实施二孩政策，全乡区间人口出生63人，人口自然增长率5.6‰，低于责任指标的2.3‰，累计建立居民健康档案4548余份，累计建档率达到95.17%，完成孕前优生健康检查的育龄夫妇共55对，全面完成全年卫生计生工作目标。长垌乡严格执行国家基本药物制度，所有药品实行零差价销售。全乡群众建立了居民健康档案，0～6岁适龄儿童可免费接种包括乙肝、卡介苗、脊灰、百白破、麻疹等国家免疫规划疫苗，接种率均达90%以上。严密监测和报告计免针对性疾病的发生与流行；加强重大疾病的预防控制工作，全年无突发公共卫生事故发生，无重特大食品药品安全事故发生。

文化体育工作。2016年，全区创新公共文化服务体系建设暨文化扶贫现场会在长垌乡成功召开。“世界瑶都·大美金秀2016年首届环大瑶山全国自行车挑战赛”等系列竞赛活动在长垌乡成功举办。2016年多次举办民歌、民族舞培训班和开展“我的中国梦·文化进万家”等大型文艺演出活动。

社会保障。2016年，长垌乡健全和完善了最低生活保障制度，确保应保尽保，全年共发放城乡低保资金118.78万元，其中建档立卡贫困户72.2万元。城乡居民养老保险参保率为93.59%，全年发放城乡居民养老金734人，790671元。新农合参保率为97.7%,城镇登记失业率控制在3.67%以内。

社会综合治理。2016年长垌乡共排查出各类纠纷48件，成功调解46件，调结率达96%，受理土地纠纷、山林纠纷、水利纠纷(简称“三大纠纷”)案件6件，调处6件，调结2件。深入开展“法律六进”“七五”普法等活动，不断推进法治长垌建设;扎实开展安全隐患排查整治工作，有效预防安全生产事故和交通、消防事故，妥善处置危害公共安全等突发事件，各类社会犯罪活动明显减少，公众安全感指数和满意度不断提升。

【扶贫开发工作】 2016年,长垌乡贫困户脱贫“双认定”完成127户、506人，平孟、平道2个贫困村达到脱贫摘帽标准（其中平道村委为自我加压提前脱贫村委），并顺利通过上级核验，超额完成目标任务。开展“一帮一联”工作,整合区、市、县、乡共180人结对帮扶309户贫困户，建立健全贫困户“一户一档一册一卡”台账。加大产业资金投入，共投入扶贫资金75万余元帮扶贫困户发展甜茶、水果、生姜及生猪养殖等特色种养殖产业，全乡贫困户2016年种植甜茶1146.77亩、野生茶203亩、油茶200亩。充分利用地处金秀县旅游核心区、农家乐旅游链比较成熟及特色种养殖规模较大的优势，大力开展旅游扶贫工作，发展农家乐。大力推进易地搬迁工程,完成87户297人的搬迁申报工作，已完成建房35户。深入实施金融扶贫工程。对全乡291户符合评级授信的贫困户全部开展评级授信工作，给197户贫困户发放贷款830万元。抓好雨露计划工作，全乡共20人次享受雨露计划补助。加强扶贫数据平台建设，创新脱贫工作方式及管理模式，自主研发的脱贫动态跟踪管理信息系统“小康长垌”，在全市乃至全区扶贫领域中率先实现电子动态信息化管理，该系统将在全县推广使用。

【党建工作】 全乡有一个基层党委，下设7个党总支部，44个党支部；有党员336名，现有乡三家领导班子成员12人，其中党委委员9名，政府班子组成人员4名（与党委交叉任职3名）、人大班子组成人员2名（与党委交叉任职1名），研究生学历2名，大学本科学历8名，大专学历1名，女同志3名，全乡人大代表46名，党代表76名，村级“两委”定工干部21名（其中女性10名），村民小组长54名。长垌乡认真执行《党政机关厉行节约反对浪费条例》《机关事务管理条例》和中央八项规定，建立健全一系列规章制度，进一步完善依法行政的长效机制；进一步规范公务接待，认真贯彻落实公务用车改革有关规定，对本级保留的公务用车进行统一管理；从简安排会议，减少会议召开和文件下发；加强预算执行监管和财政专项资金的管理，按要求及时公开“三公”经费预算；落实好领导干部报告个人有关事项制度。加强政治理论学习，不断提高依法行政能力；坚持民主集中制，提高科学决策能力和水平；部署落实党风廉政建设各项工作，落实“一岗双责”责任；扎实开展“两学一做”学习教育和党组中心组理论学习，健全完善政府班子行政决策制度；坚决服从乡党委领导，自觉接受乡人大的法律监督，反腐倡廉建设和政风建设工作得到有力推进，“四风”专项整治工作取得明显成效，形成风清气正的政治生态。

罗香乡

【概　况】 罗香乡位于自治县东南部，东邻贵港市平南县马练瑶族乡，南接平南县大鹏镇、国安乡。西连六巷乡、长垌乡。北部与金秀镇、忠良乡相连。乡政府驻地距县城68公里，金秀至平南二级公穿境而过。辖罗香、平竹、山茶、大垌、罗丹、罗运、琼伍、龙坪、大新等9个行政村、96个自然村。主要以瑶、汉族为主，其中瑶族人口占总人口74%。2016年年末，总人口13792人，人口自然增长率5.98‰。全乡总面积297.31平方公里，耕地面积1335公顷，其中水田257公顷，旱地1078公顷。乡境内自然资源丰富，主要山峰有黄婆揽孙、龙军山、罗香山、观音山等，龙军山位于乡政府驻地西南5公里处，为原始森林区，最高峰海拔975米，有珍稀的国家一级保护野生动物瑶山鳄蜥。主要河流有大垌河、罗丹河、罗香河。水电、矿产、旅游资源具有很大的开发潜力。名优土特产有八角、白牛茶、竹笋、香菇、木耳等。清朝年间，平南官府曾以白牛茶进贡皇上，颇负盛名。2016年，全乡实现农业总产值完成10154万元，同比增长6%；工业总产值完成1152万元；全社会固定资产投资完成10351万元，同比增长10%；农民人均纯收入5600元，同比增长29%。其他各项经济指标均比2015年有较大增长。种植业：完成农作物播种面积约13080亩，农业生产保持稳定。野生茶产业加快发展，特色种植规模化发展。新植野生茶2500亩，水果种植约600亩，技术指导茶叶种植示范户6次，举办柑橘黄龙病防控技术培训班。养殖业：特色养殖业发展迅速，“圣堂鸡”品种选育工作有序推进，商品鸡出栏数稳定并略有增长；蜜蜂规模化养殖和家庭（定点）养殖不断扩大；成功引进了一个茶叶加工厂，扩大了罗香乡茶叶的购销渠道。林业：全乡森林覆盖率保持在93.3%以上，上年度增加地类面积共176.3公顷同时，加强森林保护，严格执行森林采伐限额制度，有效地打击无证采伐、滥伐林木等违法行为，乡林业公安派出所全年共立各类森林案件28起，其中刑事案件12起，查破8起，采取强制措施9人，移送人民检察院起诉5人，取保候审4人；查处林业行政案件16起，处罚16人，已全部办结，切实维护了林区正常的生产经营秩序。

书　记：王炳吉（5月离任）
赵石官（5月任）
人大主席：覃毓桂
乡　长：赵石官（7月离任）
蒋春平（7月任）
副书记：赵石官（5月离任）
蒋春平（5月任）
覃毓桂
副乡长：盘林锋
赵德财
余小聪（5月离任）
覃　飞（7月任）
祝贤萍（7月任）
人大副主席：卢小云（5月离任）
莫春琏（7月任）
纪委书记：蒋春平（5月离任）
卢小云（5月任）
组织委员：廖祖坚（5月离任）
黄贞欢
宣传委员：赵德财
统战委员：沈李东（5月离任）
黄元涛（5月任）
武装部部长：李灵福

【城镇建设】 抓好罗香乡集镇区瑶族风情小镇建设工作，投入23万元完成风貌改造试点建设工作。巩固提升环境综合整治成果，完成腊河口环境综合整治（二期）工程，共投入资金21.7万元，完成主道右则人行道改造提升和市场维修改造工程；投入资金50万元，完成乡劳保所挡土墙和地坪硬化建设、完成二级公路至乡卫生院的道路硬化、完成横岭至六合的太阳能路灯安装45盏。抓好罗运屯和横村屯乡土特色建设工作。投入资金34万元完成了罗运屯公共活动中心建设，投入资金23万元完成了罗运屯至盘王庙的道路建设，罗运屯的风貌改造、停车场、旅游公厕、观景台等旅游基础设施建设正在建设；完成了横村屯的吊桥建设和横村大桥的主体工程建设。

【基础设施建设】 争取到扶贫基础设施建设资金194.63万元分别用于建设平潭进、罗能进屯道路硬化及那翘桥、白牛停车场、大四屯巷道硬化、滑坪漫水桥和巷道硬化项目；县民族局29万元分别用于建设勤冲屯、新柱屯巷道硬化及罗运屯文化活动室建设；争取到自治区环保厅30万元和县扶贫办16万元用于修建勤冲屯道路硬化项目，争取到自治区环保厅120万元用于腊河垃圾焚烧项目建设；争取到县安监局30万元用于山茶村委龟地屯二桥项目建设。

【社会事业发展】 教育工作。乡领导班子联系罗香中学，帮助学校解决实际困难，全乡每个领导干部联系一名贫困学生，在思想上、生活上给予更多的关心和关怀。全乡小学适龄儿童入学率达100%，初中入学率100%。卫生和计划生育工作。开展城乡镇居民医疗保险和新型农村社会养老保险工作，已参保3161人，参保率75.28%；60岁以上人员养老金发放1274人，发放率100%；深入开展精准识别贫困村贫困户工作，结合精准识别的开展，积极协助抓残疾人贫困户的识别工作，切实抓好卫生和人口计生工作。全乡新农合参合率达100%；2016年，全乡期末人口总数为13792人，已婚育龄妇女2134人。区间出生109人，死亡32人，人口自然增长率为5.98‰，控制在责任指标7.9‰以内。全乡出生男性56人，女性53人，出生人口性别比为106。控制在责任指标110以内。参加免费孕前优生健康检查育龄夫妇共85对，目标人群覆盖率为100%。与扶贫部门对接取得数据，全乡整村推进贫困村计生贫困户467户，其中已落实专项扶贫项目贫困计生家庭181户，扶贫覆盖率为38.76%。人口和计划生育工作目标管理各项工作指标全面完成。文化体育工作。在节日期间开展篮球、气排球、拔河比赛等各种体育健身活动，做到了每个节日都有活动；下到村屯组织文艺队开展文艺辅导活动、排练文艺节目等工作。2016年，共举办农村文艺培训班6期，举办文艺晚会10场，举办暑期青少年舞蹈、书法培训班2期。社会保障工作。2017年全乡共有67人获五保供养，共发放救助金额220800元，23户44人获城镇低保，共发放资金152716元；农村医疗救助共33户88人，共发放救助金额79342元。冬春救助放物资救助共336人，其中毛毯20床，男装100套，女装80套，男保暖上衣30件，女保暖上衣30件；共发放救助粮11414市斤。劳动就业工作。完成城镇新增就业人数214人；完成失业人员再就业人数86人；就业困难人员再就业人数22人；完成农村劳动力转移就业人数415人，登记失业率为3.6%，控制在4.1%以内。

【“清洁乡村”活动】 坚持以“清洁环境、美化乡村、培育新风、造福群众”为总体目标，深入开展“清洁乡村”工作，完善村屯垃圾处理软、硬件，进一步提高垃圾处理能力。扎实推进“美丽罗香·生态乡村”建设工作，实现清洁乡村常态化，投入资金127余万元完善农村垃圾处理设施。深入实施“绿满八桂”造林绿化工程，完成绿化示范村屯建设2个，确保森林覆盖率保持在93.3%以上。同时，罗香乡成功申报成为自治区文明乡镇。

【惠农政策落实】 2016年林农粮补贴资金共66.6万元、农业支持保护补贴21.3万元；村级公益事业建设一事一议财政奖补项目试点项目6个，争取到财政奖补资金42.70万元；通过招商引资，引进公司采取“公司+合作社+基地”的模式落实了360亩百香果种植项目，公司已与农户签订收购合同，并指导农户进行备耕种植工作。野生茶种植面积8000多亩，建成勤冲屯标准化种植示范基地1个480亩。甜茶种植面积1200亩。七叶一枝花繁育基地50亩。特色养殖业不断壮大。山泉水鱼存池11000尾，瑶山凤鸡和圣堂鸡养殖规模达5.2万羽，蜜蜂2.8万箱。2016年罗香乡全面完成自治县下达任务337户1287人的脱贫目标。

【社会治安】 全乡社会和谐稳定，全年共发生“三大纠纷”120起，调结110起，且大部分在村委调结；共立刑事案件9起，破案7起，逮捕5人，刑拘6人；立治安案件6起，查处治安案件6起，调解案件1起，强制隔离戒毒0人，治安拘留5人，罚款0人。

【党　建】 结合“守纪律　讲规矩”主题教育活动，对照党章和“三严三实”要求，认真抓好领导班子建设，不断增强班子团结和战斗力；抓好乡党委中心组学习活动，切实改进工作作风，提高服务群众工作水平。坚持民主集中制，集中研究决定“三重一大”事项；全面完成9个行政村的规范化建设，基层组织服务群众阵地进一步完善；完成非公企业联合党组织筹建和软弱涣散党组织的整顿。

【政权建设】　7月，召开第十五届人民代表大会第一次会议，选举产生人大主席、人民政府乡长及人大副主席各1名，副乡长4名。截至年底，全乡有人大代表52名，党代表81名；村委定工干部30名、村民小组长128名、屯支部书记50名。

大樟乡

【概　况】　大樟乡位于大瑶山山脉的西南部，与三县一市交界，东南连桂平市紫荆镇和平南县大鹏镇，南邻武宣县东乡镇，西北部与象州县百丈乡、妙皇乡接壤，距金秀县城80公里，沿路通往金秀县桐木镇、象州县大乐镇、中平镇、百丈乡。全乡总面积372.4647平方公里。下辖8个村民委75个自然屯，总人口12289人，以瑶族和壮族为主。东部和南部属山区，北部为平原，具有丰富的原始森林群落和水资源，境内主要河流有大樟河、三江河、瓦厂河。全乡有林面积34.8万亩，森林覆盖率85%，亚热带和山地气候特征明显，年平均气温18.4℃，年平均降雨量1400毫米。农田7320亩，耕地面积24060亩。主要农副产品有优质谷、茶叶、生姜、八角、糖蔗、板栗等。2016年，全乡农业总产值完成8480万元，同比增长2.9%；完成工农业总产值8411万元，同比增长7.5%；全社会固定资产投资累计完成5444万元，同比增长81%。2016年，全乡粮食种植面积5100亩，水果种植面积3550亩，野生茶新植面积600亩，总面积达1800亩，新植水果350亩，总面积达4000多亩。2016年县级下达的造林总任务是1500亩；一般村屯绿化42个；全民义务植树3.9万株；中幼林抚育3500亩；经实地核查，完成率100％。全乡应兑现面积12.6万亩，兑现补偿资金173万元。2016年枫木坳电站发电量达3230万千瓦，年产值达904万元；大樟河电站总产值达410万元；广西秀瑶圣水矿泉水有限公司堡上屯山泉水厂2016年年产58万桶桶装水和8658件瓶装水，年产值达68.8万元；2016年全乡共加工茶叶300吨，产值360多万元。2016年大樟乡生猪出栏2468头，肉牛出栏91头，肉羊28头，家禽出栏1.968万羽，肉类总产量达248吨，年底猪存栏1410头，其中能繁母猪285头；牛年末存栏75头；羊年末存栏310头；家禽年末存栏1.9万羽。

党委书记：陈玉凤（4月离任）
　　　　　曾福民（4月任）
党委副书记、乡长：秦晓珍
党委副书记、人大主席：盘　璇（4月离任）
　　　　　　　　　　　韦群飞（4月任）
党委委员、副乡长：韦军贵（4月离任）
　　　　　　　　　谭宝信（4月任）
党委委员、纪委书记：黄柱旺（4月离任）
　　　　　　　　　　陶小金（4月任）
组织委员：沈现斌（5月离任）
　　　　　吴庆丰（5月任）
宣传委员、副乡长：韦硕健
统战委员：郭炳宏（5月离任）
　　　　　廖会芳（5月任）
党委委员、武装部部长：赵明书（5月离任）
　　　　　　　　　　　郭炳宏（5月任）
人大副主席：盘　洁（5月离任）
　　　　　　陈　思（5月任）
副乡长：盘　洁（5月任）
　　　　赵明书（5月任）
　　　　莫金辉（5月离任）

【新农村建设】　2016年，大樟乡新农村建设和“一事一议”方面的项目有5个，其中道路硬化1个，巷道硬化5个，总投入资金2005.495万元，分别是：大樟乡村委那婆、玲马村委桐六屯、中南屯、新村村委新村屯、九贺屯巷道硬化项目。“清洁乡村”活动取得阶段性成果。全乡投入资金33万元购置环卫车辆、垃圾桶，修建垃圾池和清理河道。目前全乡共配有保洁员6名，垃圾运输车2辆，垃圾填埋场1个，两轮手推车22辆，三轮摩托车1辆；建设焚烧炉23个、简易垃圾池45个，发放垃圾桶共计1000多个，全乡75个自然均配备基本的垃圾处理设施。共计处理村屯陈年垃圾45处，清运或掩埋陈年垃圾150多吨，发动2800多名群众参与清理了156个存在卫生死角的村屯的垃圾；反复清理河道建筑垃圾以及多处存在各类生活污染垃圾的场所，共计清理各类垃圾约500立方米；清理卫生死角垃圾200多袋；清理田园废弃农药瓶1900多个，秧盘3万多张，清洁田园面积2000亩。全乡面貌发生较大变化，乡街道及农村卫生环境得到较大改观。危房改造补贴资金及时发放。完成57户农村危房改造任务，补贴总金额达129.28万元；争取了农机购置补贴资金4.4万元，受益群众12户。

【社会事业均衡发展】 教育工作。大力实施义教均衡建设，不断提升大樟中心小学、互助小学软硬件设施，教师精神风貌和校园面貌焕然一新，顺利通过自治区级验收。进一步关心学校师生身心健康，教师队伍综合素质不断提升，适龄儿童入学率为100%。

文化体育工作。实施村级公共文化服务中心，积极组织开展节日文化活动；积极保护和传承非物质文化遗产“八仙舞”，发掘盘瑶族民间民俗艺人。在“中国金秀——世界瑶都2016·盘王节”活动中，大樟乡玲马屯民间艺人参演了《瑶韵深排》，表演舞蹈《捉龟舞》《收兵出兵》和瑶语演唱等；展现出了浓厚的盘瑶族文化底蕴，高秀屯民间艺人表演的“八仙舞”大放异彩。2016年年末，有文化站1个，文化活动中心5个，业余文艺队12个。

医疗卫生工作。全乡基本公共卫生服务各项指标均达到自治区要求，全年无突发公共卫生事故发生；医改工作稳步推进，新农合参合率达99.98%；全面实施二孩政策，人口自然增长率为5.6‰，出生人口性别比低于责任指标，孕前优生完成101对参检，完成率达101%。加大食品药品安全专项整治力度，加强对学校食堂、餐饮单位、超市、农贸市场及节假日期间的食品安全监管和保障工作，全年无重特大食品药品安全事故发生。

扶贫开发工作。2016年，全乡贫困户脱贫“双认定”完成330户、1380人，完成下达目标任务。与此同时，给750户贫困户发放产业扶贫资金186.4万元，为265户贫困户争取扶贫小额信贷贷款资金1153万元，解决贫困户发展资金不足的难题。改善贫困村基础设施的项目16个，其中道路交通8个，桥梁4个、巷道硬化3个，人畜饮水1个。预计投入资金累计约2854万元，受益群众约6000人；另外，投入约130万元资金用于大樟乡城区水网改造工程，受益群众约2000人，其中贫困户300人。

基础设施。大樟乡采取强有力措施，共有26个重大投资项目及基础设施建设项目得到落地和实施，涉及道路交通10个，桥梁5个、巷道硬化6个，人畜饮水1个，其他5个。其中，投资1727万元的大樟至新兴水泥路项目完成全线路基铺垫，已进行水泥路面13.5公里硬化；投资约250万的垃圾集中处理中心，已开始实施；投资130万元的城区集中供水工程项目，已完成规划设计提交财审；投资92万的大樟黄卯屯至六巷六青屯泥结碎石道路建设即将竣工验收，双化村古浪屯至大坳2公里水泥路建设项目已竣工；投资400多万的奔腾桥建设年底将完成主体工程，高秀桥建设有序推进；总投入190多万的互助村桥凳屯、双化村古浪屯、新村村新村屯巷道硬化、互助村六龙屯寨门修护、玲马村平阳屯通村水泥路、桐六屯通村水泥路，大樟那婆屯巷道硬化等一批民生项目已全部竣工；总投资约410万的九贺屯通村水泥路、花炉村三柏至口村道路建设项目、大兴公路5公里至玲马屯水泥路建设项目和市场排水系统建设已加快推进。

民政及社会保障。2016年，城镇最低生活保障户数36户，人数76人，月人均303.34元；农村最低生活保障户数479户，人数1497人，月人均137.49元；有敬老院1个，农村五保集中供养14人，农村五保分散供养29人；城乡医疗救助32户107人次77200元；自然灾害受灾人口936人，直接经济损失1780500元，已救济人口936人；国家抚恤、补助各类优抚对象37人。一系列的有力措施，确保了经济收入困难、生活水平相对较低的民众有饭吃、不受冻、不挨饿。

【综治维稳工作】 社会治安综合治理和平安大樟建设工作不断加强。继续组织开展“三大纠纷”大排查、大调处、领导包案下访工作。2016年乡、村两级人民调解委员会共受理纠纷78起，调解78起，调解成功77起，调解率100%，调处成功率98.7%。其中，村级人民调解委调解51起，调解成功51起。通过一系列强有力的措施，确保了全乡社会的稳定，人民群众安居乐业。

【党建工作】 加强政治理论学习，不断提高依法行政能力；坚持民主集中制，提高科学决策能力和水平；认真执行中央“八项规定”。2014年乡人民政府及办公室组织召开的会议7次，同比下降16.7%；以乡人民政府或党政办名义发文数量为88件，同比下降18.3%，“三公经费”支出同比下降16%。同时，征兵工作和双拥工作扎实开展，2016年夏秋征兵我乡有1名优秀青年应征入伍，完成上级下达的征兵任务。以“为民务实清廉”为主题，坚持按照“照镜子、正衣冠、洗洗澡、治治病”的总要求，认真开展“两学一做”学习教育。通过坚持学习与实践、教育实践活动与中心工作、纠正“四风”问题与破解发展难题三结合，实现了活动开展与经济社会发展“双促进”的目标。建立健全屯级“四会一组合议共建”制度，在全乡75个自然屯均设立了屯级党支部、村民理事会和屯务监督委员会，有条件的自然屯还成立了农村产业协会组织，实现屯务工作全面推进。

六巷乡

【概 况】 六巷乡位于金秀县城西南部96公里处，是瑶族聚居地之一，地处大瑶山脉五指山下，位于中低山和低山地貌区，东北部属中山区，西南部属低山区（多为丘陵），山势呈东北—西南走向，四周边缘为丘陵、河谷。东北部有著名的广西第五高峰圣堂山，东部有来宾市第二高峰五指山。土壤以山地土壤为主，分为红壤、黄红壤、黄壤，土质为沙质土。主要河流有门头河、古麦河、滴水河流入象州。夏季，湿润多雨；冬季，干冷少雨。全年冬暖夏凉，阴雨天多，日照少，湿度大。1月份平均气温10.3℃，7月份平均气温28.2℃，年平均气温为18.4℃。年平均降雨量1727毫米。年平均降雨日190.5天，年平均日照1095小时，年平均无霜期325天左右。全乡总面积203.1平方公里，耕地9628亩，其中水田2176亩，水源林29.2万亩，森林覆盖率达89.8%。乡政府下辖五个行政村48个自然屯，1575户5607人，其中瑶族人口占56%，有盘瑶、坳瑶、山子瑶和花蓝瑶四个瑶族支系，因各个支系的语言、服饰、习俗和文化不同而形成浓郁的民族风情。辖区内圣堂山、五指山、大凳河峡谷、小江河峡谷、老虎潭峡谷、青山瀑布、下六甲水电站库区风光、六中公路1号2号3号石壁、王同惠纪念亭、费孝通工作遗址、独木吊桥、广西杉树王和盘瑶、花蓝瑶、坳瑶、山子瑶四个瑶族村寨等景区景点，是瑶族历史文化考察、旅游观光、避暑探险的好去处。地处南亚热带向中亚热带的过渡地带，物产丰富。著名的地方农林特产有杉木、八角、生姜、木薯、花粉、灵芝、香菇、木耳、原生古茶、甜茶、油茶和柿子果等。已探明的矿产资源有铁矿、锰矿、硅矿等。2016年，全乡完成工业总产值达3744.5万元，同比增长18%；农业总产值完成5339万元，同比增长3.67%；全乡社会固定资产投资累计完成3100万元，同比增长43.3%；财政收入完成672.55万元，全乡居民可支配收入8490元，农民人均纯收入5778元。

书　记：秦龙珍（3月离任）
　　　　金　海（4月任）
人大主席：吴春梅
乡　长：曾福民（3月离任）
　　　　高如金（7月任）
副书记：吴春梅
　　　　曾福民（3月离任）
　　　　高如金（4月任）
　　　　李成全
人大副主席：刘　剑（7月任）
副乡长：黄丽华（7月任）
　　　　韦献明（7月任）
组织委员：黎　波（5月任）
宣传委员：黄丽华（5月任）

统战委员：陶　萍（5月任）
纪委书记：韦　琦（4月任）
武装部部长：胡　将

【特色产业发展】 野生茶产业快速发展。充分利用“千年古茶”树群资源优势，打造六巷乡野生茶独特品牌，2016年种植野生茶1147亩。2016年，全乡共有野生茶2595亩。有序推进野生茶示范基地、门头生态标准化野生茶种植基地和门头茶厂改扩建工作。有机生姜稳定增长。全年种植生姜2300余亩，年产量4600吨，价格达到5元/公斤，成为六巷乡主要产业。油茶产业稳中有进。2016年，全乡油茶种植6590多亩，挂果投产油茶4580余亩。七彩椒产业发展平稳。七彩椒是六巷乡近两年来重点发展特色产业，时间短，收入较高，成为群众增收致富的新路子。培育草珊瑚、甜茶等中药材新兴产业。草珊瑚是六巷乡2016年作为群众脱贫发展的重要产业之一，在林下种植具有良好的经济效益，全年种植410亩。甜茶产业也快速发展，全年种植1265亩。

【植树造林工作】 有林地面积14667公顷，其中杉树、松树等用材林7.3万亩，水源林13.71万亩，经济林5.1万亩，竹林2550亩，全乡森林覆盖率达89%。经济林中有油茶1400亩，八角4.42万亩，其中挂果八角3.16万亩，年产八角125万公斤以上，是农民收入的主要来源之一。木材蓄积量为281618立方米，每年可生产木材4100立方米，主要是杉木和松木。有天然林7万亩、人工林12万亩，各村都有分布。天然林和人工林分别占林地面积的24%和41.6%。珍稀树种有罗汉松、沙椤、桫椤、福建柏和广东五针松等，主要分布在五指山、圣堂山及其周围，其中罗汉松分布面积最大，有2800亩，其他树种呈零星分布状态。乡设立林区派出所和古麦、六巷两个水源林保护站，负责全乡森林保护工作。有石坪顶林场，1983年建立，隶属于国有金秀林场。位于石坪项，用地面积5889公顷，木材蓄积量24185立方米。2016年以“生态民族文化旅游”之乡为发展定位，注重各村屯的项目建设和“生态乡村”示范点工作整合。春季面上造林共完成造林约800亩。实施村屯绿化示范屯2个，一般村屯绿化25个。发放森林生态效益补偿资金近200万元。

【畜牧业生产】 以猪、牛、山羊、家禽为主，2016年，生猪出栏1567头，存栏2839头；牛出栏26头，存栏141头；山羊出栏63头，存栏63头；家禽出栏19424只，存栏8850只。全年水产品总产量达1.5吨，肉类总产量达169吨。

【工商业发展】 2016年，全乡完成工业总产值达3744.5万元，同比增长18%，工业企业：六甲水电站、胶厂水电站、青山拼板厂、王钳拼板厂、青山茶叶加工厂等企业。商贸业：六巷农贸市场始建于1952年10月，位于六巷街中心，以街道两旁供销社营业门面、私人建房门面和企事业单位门面而形成，面积1200平方米。交易以日用百货、副食品、蔬菜、八角、香菇、木耳、竹笋、甜茶、生姜和木薯等。

【旅游产业】 六巷乡继续围绕“生态立乡”的发展战略，以“生态民族文化旅游之乡”为发展定位，注重各村屯的项目建设和“生态乡村”示范点工作整合。2016年在全乡范围内继续面向所有村屯实施“清洁乡村”，鼓励群众积极主动参与，发挥主力军作用，努力做好“宜居乡村”建设承接。2016年，全乡共完成造林面积约1000亩。实施村屯绿化示范屯2个，一般村屯绿化25个。绿化项目共种植罗汉松、桂花、红苞木等2000余株。发放2016年度森林生态效益补偿资金132416.87亩，金额195.31万元。切实改善群众的生产生活条件，大力实施村屯亮化工程。通过市领导帮助争取20万元资金解决门头屯太阳能路灯40盏，着力建设和谐、亮丽的生态农村。

【社会事业发展】 文教体工作。全乡五个行政村公共文化服务中心免费开放，并在重大节日开展群众性文化娱乐活动。继续实施贫困生帮扶制度，营造尊师重教氛围。积极向上争取项目，义务教育均衡发展总投入270多万元，建设中心幼儿园、公厕、球场、塑胶跑道、仪器室等，校园基础设施不断完善，办学水平不断提高，加快推进学校标准化建设，顺利通过自治区义教均衡发展工作验收，促进学校教育均衡发展。

卫生计生和食品药品安全工作。2016 年全乡共出生 46 人，计划内出生 41 人，计划外出生 5 人，其中符合政策生育率为 89.1%，人口性别比为 130，死亡人数为 12 人，人口自然增长率 7.05‰，控制在责任指标值 7.9‰以内。应参加国家免费孕前优生健康检查计划怀孕夫妇为 55 对，已参加 55 对，完成率 100%。全力打好艾滋病防治攻坚战。积极探索和构建食品药品安全社会共治新格局，全年全乡无重大食品药品安全事故发生。

邮政电信。全乡境内有邮政所、电信所、移动服务站各 1 家。全乡 5 个行政村、48 个自然屯中全部用上高压电；全乡实现了村村通电话，中国移动设有六巷、大岭、门头、古卜坳、石坪项、兰督、冲尾等个 7 基站，网络覆盖全乡；中国联通设有六巷 1 个基站，网络覆盖政府所在地和六巷村。

社会保障工作。有五保村一个，占地 2.65 亩，建筑面积 1680 平方米，可提供 30 个床位，配备管理人员 2 名，建有娱乐室，活动场地宽敞，生活设施齐全。向 418 户困难群众 1246 人，救助发放救济粮食 7500 斤、救助衣物 320 件、毛巾被 650 床等物资；对全乡农村低保户 197 户 622 人核发低保金 58 万元；核发全乡农村五保户 40 人生活补贴 14.61 万元；对 80 岁以上老人 157 人发放高龄补贴 9 万元；对农村医疗救助 15 户 28 人核发资金 4.5 万元；五是对老复员军人和参战退伍军人优抚对象及遗属发放补贴 5.3 万元；六是发放养老保险金人数 741 人，发放金额 67 万元。

【脱贫攻坚】 抓好产业扶贫。全乡 325 户（含产业交叉户）贫困户获得了 56.96 万元的产业扶持资金。扶持贫困户发展水果、茶叶、生姜、中草药等特色产业 682 亩，发展家禽养殖 10000 多羽，发展牲畜养殖 379 头。实施金融扶贫。全乡符合申请政策贫困户 343 户，完成评级授信 343 户，完成率达 100%，授信金额 1350 万元，放贷 235 户 908.4 万元；实施易地扶贫搬迁。六巷乡易地搬迁扶贫采取分散安置方式，实施易地搬迁扶贫。全乡共有建档立卡贫困户申请 2016 年、2017 年易地搬迁 107 户 420 人。其中，圣堂移民新村 11 户住户已完成主体建设。贫困村项目推进顺利。扎实推进贫困村基础设施建设，青山至大岭村水泥路、大岭至大欖水泥路、河岔至架梯水泥路、河岔至泗水屯砂石路等项目已完工。贫困村产业发展有新突破。大力推进农村合作社建设，先后成立了青山生姜合作社、青山油茶合作社、大岭生态农业合作社。全面推进产业发展，实行长中短期产业相结合，发动群众种植甜茶、生姜等产业，实施“农户 + 合作社”模式产业扶贫。9 月 24 日，在青山村委举办首届“生姜文化旅游节”，拓宽青山、大岭村委贫困户农产品销售渠道，吸引市内外游客近千人参加，活动当天群众直接获利数万元；创新推行“空店”扶贫。利用互联网搭建“空店”平台，六巷贫困村推行“空店”精准扶贫模式，将贫困户自产农产品直销变现，单日农产品成交易额达 7500 元，是全县最高的单日成交纪录，首月交易额达 2.1 万元。2016 年，全乡贫困户脱贫“双认定”完成 126 户 449 人，完成县级下达控制数。

【重大项目建设】 2016 年在六巷乡统筹推进的项目有：梧柳高速 6 标、7 标项目（六巷段）投入资金 5 亿多元，已完成六巷境内隧道贯通，桥梁桩基、墩柱完成建设，路面正在施工建设中，梧柳高速公路金秀段确定设置王钳互通，并与项目同步实施；投资 900 多万元的朗冲路口至河岔三级路（路基）正在重启修建；争取专项资金 300 多万元对中国传统村落下古陈屯进行建设，完成生态石墙、村屯巷道、古民居、景观长廊、对歌楼、生态博物馆等主体修缮改造；小岭小区边坡塌方治理工程投资 240 万元，工程实施过半；建成投入使用的有架梯水泥路、青山至大岭水泥路、香桥至胶厂水泥路、青山村古麦桥、六巷中心幼儿园、大岭至大欖水泥路、下六甲电站上坝水泥公路、门头至新村水泥公路、泗水屯进屯砂石路等 9 个项目总投资 2700 万元，在 2016 年年底已全部完工。

【党建工作】 全乡设 5 个党总支部，36 个党支部，其中屯级党支部32个，现有党员323名（其中党政机关党员30名，农村党员264名、困难党员35名，女党员69名，大专以上52名，高中及中专79名，初中以下75名）。其中青山村党总支部有13个屯级党支部，92个党员。六巷村党总支部有8个屯级党支部，81名党员；王钳村党总支部共5个屯级党支部，32名党员；门头村党总支部共4个屯级党支部，39名党员；大岭村党总支部有3个屯级党支部，25个党员。抓党建促脱贫工作。践行"两学一做"学习教育活动，全乡共组织集中学习12场次，上党课14场次，学习讨论会14场次，廉政警示教育会6次，悬挂户外宣传牌50块，宣传横幅18条，宣传展板25块，发放各种学习宣传资料1500多份，利用微信群组织党员自学及讨论11次。推进"书记创新工程"，落实县委"122520"党建工程。即打造完成1个富民产业党建示范点（大岭村），新培植2个党员创业示范基地（青山生姜种植协会合作社、油茶种植协会合作社），新选出2名基层党组织书记（含贫困村党组织第一书记）扶贫标兵，5户党员带富示范户和20户精准脱贫光荣户。做好领导班子换届，提供坚强组织保障。根据县委关于做好乡镇领导班子换届工作的部署和要求，六巷乡党委高度重视，精心筹备，严肃换届纪律，规范换届程序，于5月19日至7月19日分别召开了中共六巷乡第十四届党员代表大会第一次会议和六巷乡第十四届人民代表大会第一次会议，圆满地完成了三家班子换届的任务。加强作风建设。按照"一岗双责"，在全乡范围内开展党风廉政建设工作，严格落实党风廉政建设党委主体责任和纪委监督责任。通过大力宣传，强化组织领导开展廉政警示教育，认真查处发生在群众身边的"四风"和腐败问题。一年来，全乡共查处3起案件，给予1人行政警告处分，1人党内严重警告处分，1人开除党籍处分。

统计资料

表 30　一、2016 年金秀人口情况统计表

表一：

乡镇＼指标	总户数	总人口			分年龄段人口			
		合计	男性	女性	0 ～ 17 岁	18 ～ 34 岁	35 ～ 59 岁	60 岁以上
合计	51310	157224	80901	76323	32116	38585	60707	25816
金秀镇	6513	18293	9218	9075	3764	4171	7456	2902
桐木镇	17420	52469	26833	25636	10653	12096	20196	9524
头排镇	7156	20917	10657	10260	4176	5213	8167	3361
三角乡	1737	5841	2916	2925	1157	1400	2330	954
忠良乡	3303	11274	5813	5461	2432	2887	4328	1627
罗香乡	4542	13774	7558	6216	3043	4154	4836	1741
长垌乡	1741	5820	2928	2892	1212	1455	2252	901
大樟乡	3854	12410	6460	5950	2482	3109	4828	1991
六巷乡	1588	5642	2981	2661	1156	1560	2045	881
三江乡	3456	10784	5537	5247	2041	2540	4269	1934

表二：

指标名称	单位	2016 年	2015 年
年末常住人口	万人	12.95	12.77
城镇人口	万人	4.52	4.37
城镇化率	%	34.90	34.22

表 31

二、2016 年地区生产总值

指标名称		单位	2016 年	2015 年	累计比上年同期增长 %
1. 地区生产总值		亿元	28.75	27.5	3.2
其中：第一产业		亿元	8.41	7.96	4.4
第二产业		亿元	6.30	6.28	−1.5
# 工业		亿元	4.15	3.72	8.2
第三产业		亿元	14.04	13.25	4.7
2. 地区生产总值的构成	第一产业	%	29.2	29.0	
	第二产业	%	21.9	22.9	
	第三产业	%	48.8	48.1	
人均地区生产总值		（元 / 人）	21919	21619	2.1

说明：地区生产总值及各项增加值绝对值按现行价格计算，增长速度按可比价格计算

表 32

三、农业生产主要经济统计表

（一）2016 年农林牧渔业总产值及构成

指标名称	单位	2016 年	2015 年	累计比上年同期增长 %
一、农林牧渔业总产值	亿元	13.42	12.67	4.5
农业	亿元	7.98	7.66	4.8
林业	亿元	2.01	1.82	11.1
牧业	亿元	2.91	2.69	−1.1
渔业	亿元	0.19	0.18	5.0
农林牧渔服务业	亿元	0.33	0.32	5.2
二、农林牧渔业总产值构成	%	100	100	
农业	%	59.5	60.5	
林业	%	15.0	14.4	
牧业	%	21.7	21.2	
渔业	%	1.4	1.4	
农林牧渔服务业	%	2.5	2.5	

说明：农业总产值绝对数按现行价计算，增长速度按上年价格计算

（二）2016年农村基本情况统计表

指标名称	单位	2016年	2015年	比上年同比增长%
村（居）委会数	个	81	81	0
#村委会数	个	77	77	0
自来水受益村数	个	73	72	1.4
乡（镇）村户数	万户	3.55	3.66	−3.0
乡（镇）村人口	万人	13.13	13.69	−4.1
乡（镇）村从业人员	万人	7.76	7.99	−2.9
按性别分：男	万人	4.21	4.3	−2.1
女	万人	3.55	3.69	−3.8
其中：第一产业	万人	5.77	5.85	−1.4
农业机械总动力	万千瓦	11.56	11.50	0.5
农用排灌电动机	台	74	74	0
农用排灌柴油机	台	1730	1730	0
机耕地面积	千公顷	14.43	13.76	4.8
机播面积	千公顷	3.32	2.74	21.5
机收面积	千公顷	9.38	6.50	44.4

（三）2016年主要农作物播种面积表

指标名称	单位	2016年	2015年	比上年同比增长%
年末耕地总面积	千公顷	13.03	13.70	−4.86
一、农作物总播种面积	千公顷	21.39	21.05	1.59
1. 粮食作物种植面积	千公顷	10.92	10.85	0.65
#稻谷	千公顷	6.82	6.99	−2.46
#早稻	千公顷	3.01	3.10	−2.68
晚稻	千公顷	2.91	2.98	−2.35
玉米	千公顷	2.10	1.97	6.54
大豆	千公顷	0.30	0.29	4.50
薯类	千公顷	1.02	0.95	7.18
2. 经济及其他农作物	千公顷	10.47	10.21	2.59
#油料	千公顷	0.66	0.62	7.28

续表

指标名称	单位	2016 年	2015 年	比上年同比增长 %
花生	千公顷	0.60	0.56	6.81
油菜籽	千公顷	0.07	0.06	12.07
甘蔗	千公顷	2.83	2.87	−1.53
#糖蔗	千公顷	2.78	2.82	−1.63
木薯	千公顷	0.71	0.74	−3.53
蔬菜	千公顷	4.57	4.35	5.06
食用菌	千公顷	0.04	0.038	7.89
年末桑园面积	千公顷	0.60	0.6	0
年末果园面积	千公顷	4.78	4.28	11.7

（四）2016 年主要农作物产品产量表

指标名称	单位	2016 年	2015 年	比上年同比增长 %
粮食作物	吨	47815	47861	−0.10
#稻谷	吨	36375	36134	0.67
#早稻	吨	18259	18090	0.93
晚稻	吨	13765	13861	−0.69
玉米	吨	8568	8379	2.26
大豆	吨	536	510	5.10
薯类	吨	1350	1911	−29.37
油料	吨	1515	1409	7.52
#花生	吨	1443	1342	7.53
油菜籽	吨	70	65	7.69
甘蔗	吨	244195	227340	7.41
烟叶	吨	18	18	0
木薯	吨	3015	3063	−1.57
蔬菜	吨	94927	89978	5.50
茶叶	吨	408	371	9.97
水果	吨	49276	44805	9.98

（五）2016 年林业生产情况表

指标名称		单位	2016 年	2015 年	比上年同比增长 %
荒山造林面积		公顷	76	408	−81.37
# 用材林		公顷	54	260	−79.23
经济林		公顷	15	145	−89.66
当年迹地更新		公顷	1252	1085	15.39
当年四旁零星植树		万株	40	30	33.33
当年幼林抚育作业面积		公顷	5670	5010	13.17
成林抚育实际面积		万公顷	2.45	2.35	4.50
林产品产量	油茶籽	吨	2680	2545	5.30
	油桐籽	吨	45	43	4.65
	松脂	吨	1668	1597	4.45
	竹笋干	吨	1165	1095	6.39
	八角	吨	9455	9295	1.72
木材采伐量		万立方米	13.84	11.25	23.02
毛竹		万根	17.5	17.2	1.74
小杂竹		吨	2500	2350	6.38

（六）2016 年畜牧水产主要产品生产情况表

指标名称	单位	2016 年	2015 年	比上年同比增长 %
肉猪出栏头数	万头	8.41	8.76	−4
家禽出栏只数	万只	89.09	87.44	1.89
肉类总产量	吨	8422	8628	−2.39
# 猪肉	吨	6286	6548	−4
牛肉	吨	216	207	4.35
禽肉	吨	1487	1460	1.85
蜂蜜	吨	95	90	5.56
蚕茧	吨	1712	1668	2.64
禽蛋	吨	367	356	3.09
水产品总产量	吨	1868	1766	5.18
# 淡水捕捞	吨	12	10	20
淡水养殖	吨	1856	1766	5.10

续表

指标名称	单位	2016 年	2015 年	比上年同比增长 %
水产品养殖面积	公顷	252	251	0.4
# 池塘养殖	公顷	100	99	1.01
山塘水库养殖	公顷	149	149	0
其他养殖	公顷	3	3	0

表 33　四、2016 年工业主要指标一览表

指标名称	单位	2016 年	2015 年	比上年同比增长 %
全部工业总产值（当年价）	亿元	12.16	10.71	10.1
规模以上工业个数	个	14	14	0
其中：规模以上工业总产值	亿元	9.65	8.48	12.2
# 轻工业	亿元	4.31	3.37	27.9
重工业	亿元	5.33	5.11	4.3
# 中型企业	亿元	1.03	1.02	1.0
# 内资企业	亿元	9.65	8.48	13.8
全部工业增加值（当年价）	亿元	4.15	3.72	8.2
规模以上工业增加值	亿元	2.93	2.83	10.3
规模以上工业企业资产合计	亿元	10.69	9.70	10.21
规模以上工业企业负债合计	亿元	6.61	5.93	11.47
规模以上工业企业所有者权益	亿元	4.09	3.77	8.5
规模以上工业企业主营业务收入	亿元	9.22	8.22	12.2
规模以上工业企业利润总额	亿元	0.19	0.32	−40.6
规模以上工业企业本年应交增值税	亿元	0.2	0.27	−25.9
规模以上从业人员年平均人数	人	1265	1316	−3.9

表 34　五、2016 年能源主要指标一览表

指标名称	单位	2016 年	2015 年	比上年同比 +、−%
能源消费总量	等价值，万吨标准煤	12.49	12.69	−1.58

续表

指标名称	单位	2016年	2015年	比上年同比 +、-%
单位 GDP 能耗	吨标准煤 / 万元	0.4404	0.4616	-4.59
单位工业增加值能耗	吨标准煤 / 万元	0.28	0.42	-32.24
全社会用电量	万千瓦时	14205	15726	-9.67
单位 GDP 电耗	千瓦时 / 万元	491	563	-12.81

表35 六、2016年交通运输邮电业情况表

指标名称	单位	2016年	2015年	比上年同比 +、-%
境内公路里程	公里	934	906	3.10
公路旅客周转量	万人公里	6967	9181	-24.12
公路货物周转量	万吨公里	5272	5064	4.11
邮电业务总量	万元	21733	14791	47.03
#邮政业务总量	万元	737	535	38.00
电信业务总量	万元	20996	14256	47.28

表36 七、2016年劳动工资统计主要指标表

指标名称	单位	2016年	2015年	比上年同比 +、-%
1. 城镇单位在岗职工年末人数	人	6305	6308	-0.05
#国有单位	人	5108	4615	10.68
城镇集体单位	人	715	968	-26.14
其他经济单位	人	482	725	-33.52
#企业	人	1571	2068	-24.03
事业	人	2347	2134	10.1
机关	人	2387	2106	13.34
2. 城镇单位在岗职工工资总额	万元	42396	36832	15.11
#国有单位	万元	35928	29364	22.35
城镇集体单位	万元	4303	4611	-6.68

续表

指标名称	单位	2016 年	2015 年	比上年同比 +、-%
其他所有制单位	万元	2166	2857	-24.19
# 企业	万元	8217	8957	-8.26
事业	万元	16175	13982	15.70
机关	万元	18005	13893	29.60
3. 城镇单位在岗职工年平均工资	元	66953	59797	12.00
# 国有单位	元	70293	63546	10.62
城镇集体单位	元	59509	57559	3.39
其他所有制单位	元	44324	39303	12.78
# 企业	元	51504	47187	9.15
事业	元	69159	65674	5.31
机关	元	75477	65662	15.00

表 37 八、2016 年固定资产投资、建筑业主要指标统计表

指标名称	单位	2016 年	2015 年	比上年同比 +、-%
固定资产投资	亿元	15.47	18.10	-14.6
1. 房地产投资	亿元	4.68	2.55	83.5
2. 项目投资	亿元	10.79	15.56	-30.6
（1）5000 万元及以上项目投资	亿元	4.70	5.55	-15.4
（2）500 万～5000 万元项目投资	亿元	6.09	10.0	-39.1
建筑业企业个数	个	3	3	0
年末从业人员	人	388	693	-44.0
建筑业总产值	亿元	0.67	1.16	-42.2
竣工产值	千元	41719	81620	-48.90
房屋建筑施工面积	平方米	53154	83423	-36.30
房屋建筑竣工面积	平方米	26575	56755	-53.20
# 住宅	平方米	12679	28513	-55.53

表 38 九、2016 年贸易、旅游、服务业主要指标一览表

指标名称	单位	2016 年	2015 年	比上年同比 +、-%
一、贸易业:				
社会消费品零售总额	亿元	8.50	7.73	10.0
# 批发业销售额	亿元	2.50	2.41	3.8
零售业消售额	亿元	7.97	7.09	12.4
住宿业	亿元	0.48	0.42	11.9
餐饮业	亿元	1.25	1.12	11.30
二、旅游业:				
接待旅游人数	万人次	336.48	282.36	19.17
旅游总收入	亿元	25.72	18.56	38.60
星级饭店数	个	5	5	0
A 级景区数	个	7	7	0
三、服务业:				
行政事业单位总数	个	333	324	2.80
从业人员平均人数	人	5212	5157	1.10
本年收入合计	亿元	14.80	12.39	19.45
本年支出合计	亿元	15.10	11.51	31.19
规模以上服务业单位数	个	4	4	0
从业人员平均人数	人	336	347	-3.17
营业收入	万元	2181	1668	30.76

表 39 十、2016 年财政、金融、保险业主要指标一览表

指标名称	单位	2016 年	2015 年	比上年同比 +、-%
1. 财政收入	万元	17433	17167	1.55
# 公共财政预算收入	万元	9624	10235	-6.0
税收收入	万元	6748	6770	-0.32
公共财政预算支出	万元	130982	115837	13.10
# 教育、医疗、卫生、科学技术和农林水事务支出	万元	72996	62878	16.09

续表

指标名称	单位	2016 年	2015 年	比上年同比 +、-%
财政八项支出	万元	85082	72279	17.71
# 一般公共服务支出	万元	15334	12298	24.69
2. 金融各项存款余额	万元	395441	371092	6.56
# 住户储蓄存款余额	万元	249226	229493	8.60
金融各项贷款余额	万元	227014	205370	10.54
3. 保险业务中保费收入	万元	4324	3403	27.10
# 财产险	万元	2016	1709	18.0
人身险	万元	2308	1695	36.20
赔偿、给付	万元	1473	1028	43.30
# 财产险	万元	706	482	46.47
人身险	万元	767	546	40.48

表 10

十一、2016 年教育、卫生基本情况表

指标名称	单位	2016 年	2015 年	比上年同比 +、-%
1. 教育：职业中学	所	1	1	0
在校学生数	人	1618	266	508.27
专任教师	人	39	44	−11.36
普通高中	所	1	1	0
在校学生数	人	1601	1571	1.91
专任教师	人	86	94	−8.51
普通中学	所	6	6	0
在校学生数	人	5730	5505	4.09
专任教师	人	397	401	−0.10
普通小学	所	29	97	−70.10
在校学生数	人	10001	9851	1.52
专任教师	人	781	797	−2.01
幼儿园	所	46	49	−6.12
在园儿童	人	5287	4456	18.65
专任教师	人	207	193	7.25

续表

指标名称	单位	2016 年	2015 年	比上年同比 +、-%
2. 卫生：卫生机构数	个	136	136	0
卫生技术人员	人	718	662	8.46
# 执业医师、执业助理医师	人	254	231	10.00
注册护师、护士	人	228	215	6.05
卫生机构床位数	张	750	635	18.11
参加新农合人数	万人	12.95	12.83	0.94
新农合参合率	%	99.53	99.30	0.23

表 41 十二、2016 年城乡居民收入与消费情况表

指标名称	单位	2016 年	2015 年	比上年同比 +、-%
1. 农村居民：人均可支配收入	元	8490	7847	8.2
# 工资性收入	元	2292	2198	4.3
家庭经营纯收入	元	4028	3807	5.8
财产净收入（成本法）	元	31	56	-44.6
转移净收入	元	2139	1786	19.8
生活消费支出	元	7129	6730	5.9
食品	元	2474	2384	3.8
衣着	元	264	244	8.2
居住	元	1565	1442	8.5
生活用品及服务	元	428	499	-14.3
交通和通信	元	945	743	27.2
文化教育、娱乐	元	832	780	6.7
医疗保健支出	元	577	602	-4.2
其他用品和服务	元	44	36	22.2
2. 城镇居民：人均可支配收入	元	29068	27116	7.2
# 工资性收入	元	19802	18576	6.6
经营净收入	元	4636	4007	15.7
财产净收入（成本法）	元	2397	2222	7.9
转移净收入	元	2232	2311	-3.4

续表

指标名称	单位	2016 年	2015 年	比上年同比 +、−%
生活消费支出	元	16953	16264	4.2
食品烟酒	元	6513	6215	4.8
衣着	元	1231	1401	−12.1
居住	元	2765	2560	8.0
生活用品及服务	元	740	785	−5.7
交通通信	元	2399	2221	8.0
教育文化娱乐	元	2135	1923	11.0
医疗保健	元	982	936	4.9
其他用品和服务	元	188	222	−15.4